权威·前沿·原创

皮书系列为
“十二五”国家重点图书出版规划项目

中国上市公司发展报告（2015）

ANNUAL REPORT ON THE DEVELOPMENT OF CHINESE LISTED COMPANIES (2015)

中国社会科学院上市公司研究中心
主　编／张　平
副主编／张　磊

社会科学文献出版社
SOCIAL SCIENCES ACADEMIC PRESS (CHINA)

图书在版编目(CIP)数据

中国上市公司发展报告. 2015/张平主编. —北京：社会科学文献出版社，2015.8
（中国上市公司蓝皮书）
ISBN 978-7-5097-7872-2

Ⅰ.①中… Ⅱ.①张… Ⅲ.①上市公司-经济发展-研究报告-中国-2015 Ⅳ.①F279.246

中国版本图书馆CIP数据核字（2015）第173292号

中国上市公司蓝皮书
中国上市公司发展报告（2015）

主　　编／张　平
副 主 编／张　磊

出 版 人／谢寿光
项目统筹／吴　敏
责任编辑／吴　敏

出　　版／社会科学文献出版社 · 皮书出版分社（010）59367127
地址：北京市北三环中路甲29号院华龙大厦　邮编：100029
网址：www.ssap.com.cn
发　　行／市场营销中心（010）59367081　59367090
读者服务中心（010）59367028
印　　装／三河市尚艺印装有限公司

规　　格／开　本：787mm×1092mm　1/16
印　张：27.75　字　数：467千字
版　　次／2015年8月第1版　2015年8月第1次印刷
书　　号／ISBN 978-7-5097-7872-2
定　　价／98.00元

皮书序列号／B-2014-383

《中国上市公司蓝皮书》
编　委　会

摘　要

本报告在总结2014年宏观经济运行呈现的通缩风险特征的基础上，通过杜邦分解和反事实分析得出在通缩情形下上市公司运营能力降低、较弱的偿债能力和更高的融资成本拖累了企业价值创造能力的提升，要摆脱“债务—通缩”魔咒和实现价值能力创造依赖于健全的资本市场体系，但目前期限错配严重的银行部门贷款、发展滞后的低融资成本债券市场和波动剧烈的股票市场均表明中国实现金融结构证券化转型、降低社会融资成本任重道远，为此，总报告提出在未来资本市场建设中要加强顶层设计、加快软预算部门改革，推进以股权市场和债券市场等直接融资为主的多层次资本市场体系建设。为了更全面呈现中国上市公司创值能力差异，分报告《中国上市公司价值评估研究》从综合财务状况、估值与成长性、创值能力、公司治理与社会责任、创新能力与战略资源、市场特征六个方面选取指标，对2014年中国分行业上市公司的价值创值能力进行排名，最终筛选出价值较高的上市公司并形成中国创值漂亮100投资组合。2014年漂亮100投资组合一个比较鲜明的特征是ICT、生物医药、传媒、金融等轻资产类服务业公司在资本市场表现不俗。在此基础上分报告《互联网经济中的服务业》单独对互联网经济中的服务业进行了分析，研究发现互联网在有关服务业上市公司的应用主要发挥了减少信息不对称或交易成本的作用，从而改善了多样化供求的匹配和消费者体验，但仍未表现出明显的增长效应。中国互联网经济中的服务业上市公司差强人意的创值能力及科教文卫领域服务业上市公司互联网经济发展滞后都充分表明互联网经济服务业的发展还不足以承担减速换挡治理中经济增长动力重构的重任。专题报告进一步分析了与互联网经济相关的服务业上市公司的发展态势、经营模式，如医疗服务、非银金融（证券业）、零售等行业。“新常态”下中国经济增长不仅依赖于互联网等新业态、新模式，也取决于改革的深入推进，作为助推中国经济在“新常态”下持续增长和促进上市公司价值创造的一些重要举措，“一带一路”、“中国制造 2025”、国企改革等在专题报告中也得到了反映。此外，专题报告还对人们较为关注的国防军工及环保行业进行了分析，发掘这些行业的投资机遇及可能面临的挑战。

目　录

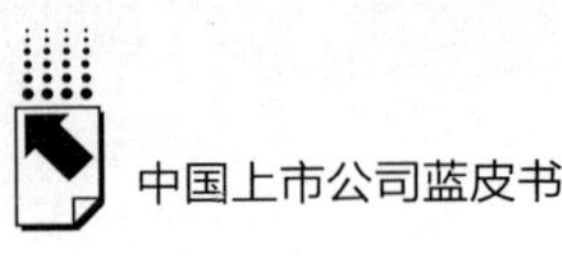

BⅣ 附录

皮书数据库阅读使用指南

CONTENTS

B I General Report

B II Subsidiary Reports

B III Feature Reports

BIV Appendix

总 报 告

BLUE BOOK

General Report

新常态 新转型

——2015 年经济展望与上市公司价值创造

张平 张鹏 张磊 王习*

摘 要：2014 年中国宏观经济在“新常态”路径上呈现出减速阵痛和转型调整的两大特征。受结构性减速的影响，需求“三驾马车”羸弱导致传统规模扩张模式下累积的潜在风险显性化，实体经济去杠杆和产能过剩使得宏观经济通缩风险增大。通过对历年中国上市公司价值创造能力的分解，我们发现在通缩情形下 2014 年上市公司运营能力降低、较弱的偿债能力和更高的融资成本拖累了企业价值创造能力的提升，上市公司转型改革还有很长的路要走。为了应对经济下行压力和促进经济结构战略性调整，2014 年中国资本市场在激活

* 张平，中国社会科学院经济研究所副所长、研究员，中国社会科学院研究生院教授、博士生导师；张鹏，中国社会科学院经济研究所助理研究员；张磊，中国社会科学院经济研究所研究员；王习，中国社会科学院上市公司研究中心助理研究员。

微观主体创新、促进传统行业转型方面发挥了巨大作用，多层次资本市场的初步建立及相关制度的推进，有利于企业特别是中小企业从资本市场融资，帮助其更好地逃离“死亡之谷”。但与此同时，期限错配严重的银行部门贷款、发展滞后的低融资成本债券市场和波动剧烈的股票市场表明中国要实现金融结构证券化转型、降低社会融资成本任重而道远。因此，要加快软预算部门改革，推进以股权市场和债券市场等直接融资为主的多层次资本市场体系建设，降低无风险利率，促进上市公司走出“债务—通缩”魔咒，实现价值创造能力提升。

关键词： 中国上市公司 创值能力 资本市场

随着中国经济步入“新常态”，经济减速与转型并举，宏观经济在稳中求进的同时潜在的通缩风险也在不断加大。2014 年下半年开始中国经济出现大的转型，突出标志是配置金融资源方式的快速转变，带动了企业创新和融资活动的变革。金融配置方式从传统的以资产抵押贷款追求规模扩张的杠杆模式转向以未来收益增长贴现的股权融资模式，即公司融资从传统的间接融资向直接融资转型，成功建成和激活多层次的股权市场，资本化率达到 83%，达到全球发达经济体资本化率的常年均值水平。2015 年上半年新三板已经成功上市近 2600 家企业，加上各地方的股权转让系统，链接到 PE、VC，产业并购基金形成了一个新的公司融资生态，即代表着未来新技术革命方向的公司的融资门槛越来越低，这直接激起亿万人民大众创业、万众创新的热潮。与 2005 年的第一次资本化浪潮截然不同，这一次是以创新、并购为主，并兼顾多层次股权市场的建设，与时代创新、创业的经济转型特征相吻合，金融配置方式的改变直接引领了微观企业的创新。

转型特征既包括了当下的转变，又蕴含了整个“十三五”期间的系列转型任务，包括：①利率市场化和人民币国际化都在快速推进，金融价格形成

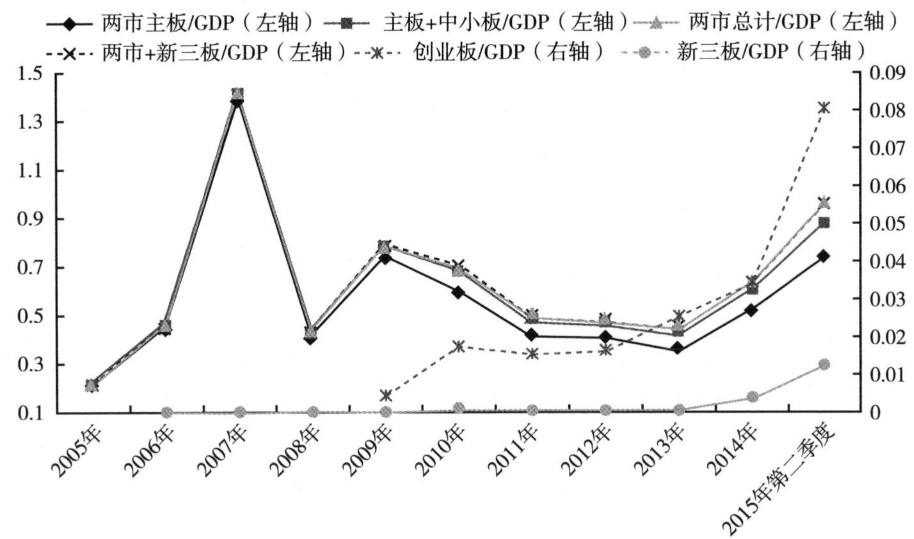

图1 中国各层次资本市场市值占GDP比重

体系的根本性改革在稳步推进；②跨区域大发展，如“一路一带”、京津冀、长江经济带等推动中国区域发展新格局的形成；③“互联网+”正在积极推动中国智能制造、现代服务业的发展，带动跨领域、跨行业的系列创新进步；④自贸区试点的推广，以积极应对新一轮全球化的发展，特别是以区域谈判为基准的新一轮贸易、投资和服务一体化发展。展望“十三五”，中国只有通过创新，才能提高TFP对经济的贡献比重，完成从高速增长到持续增长的转型。

转型过程中，经济减速和通缩困扰着经济的健康发展。2015年GDP增长预计为6.9%，基本完成7%的计划增长目标，2015年上半年GDP平减指数为负值，从2012年3月PPI转为负值以来已经持续3年有余，生产部门的通缩已经传递到总体经济，总体经济进入通缩境地，通缩直接削减了公司的利润，同时导致真实利率升高，企业财务费用增加、投资能力下降。债务—通货紧缩是中国经济转型升级困难的重要症结所在。

本报告以中国金融体系和资本市场大变革为主线，通过对上市公司这一价值创造和资源配置主体进行分析，探讨中国微观主体转型的特征，层层剥离以价值创造ROE为核心的各项因素，发现上市公司价值创造的难点，凸显以资本市场建设为核心的改革措施在破解上市公司转型升级和宏观经济走出“债务—通缩”魔咒上的重要意义。

一 2015年经济预测

2014 年中国经济增长 7.4%，2015 年上半年经济增长 7%，预计全年经济增长 6.9%，基本实现 7% 的经济增长目标。通货膨胀（CPI）保持较低的水平，预计全年为 1.2%，生产者指数（PPI）全年为负值，值得注意的是，第一季度衡量全社会价格总水平的 GDP 平减指数转为负值，为 -1.2%，中国经济全面进入通缩，并且 GDP 平减指数与 PPI 走势相同，这将加剧通缩的风险（见图 2）。

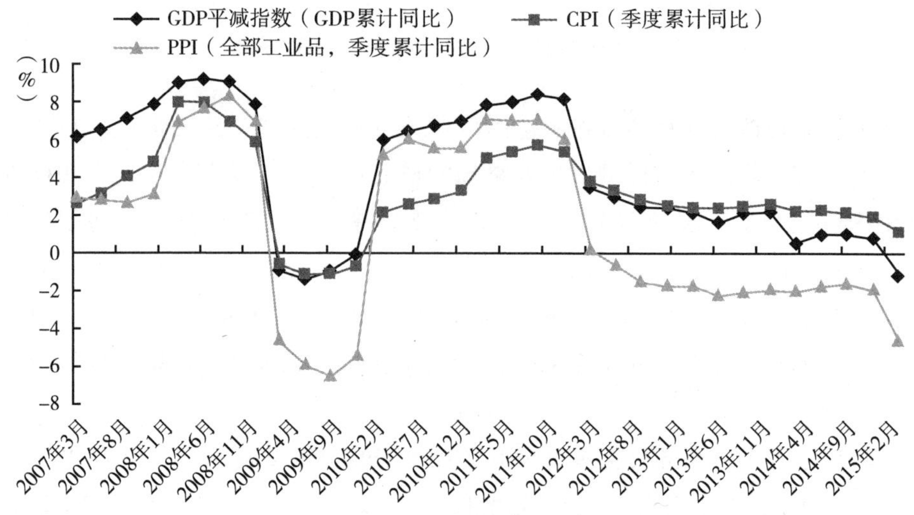

图 2 价格指数变动

从经济增长的三大动力来看，第一，投资下降。中国经济主要依靠基建投资拉动，但住房与制造业投资增速都在不断下滑，并且投资的资金到位率下降，说明信贷对投资持非常审慎的态度，预计全年投资增速不会有明显的提高，主要原因有：①银行坏账增加，且仍需为“地方政府融资”在建项目继续贷款，不断增加拨备，同时，银行受限于存贷比、高存款准备金率、风险评级，难以释放更多的流动性给周期长、收益率低和有风险的项目；②地方政府由于负债率高、土地销售不畅、税收收入减少等，难以配套国家的积极财政政策，而国家财政支出受到很多体制性限制，可支出水平下降，财政支出的乘数效应不足；③降息和取消住房购买限制，使住房刚需逐步释放，但由于租金回报率过低、房价上涨空间预期不明朗、企业整体居民住房投资意愿下降，投资需求更倾向于国家鼓励的股票市场以博取资本利得；④企业融资后再投资传统的重资产产业的积极性下降，更倾向于投资轻资产的创新型产业，这直接导致资本开支的下降，这与全球新的产业发展转型导致资本开支下降的趋势一致。第二，消费稳定。中国居民消费一直较为稳定，由于股市的财富效应和政府普遍提薪，消费对经济的贡献率稳步上升，消费者信心提升。不过仍然需要关注以下三个方面的问题：一是经济增速下滑会降低消费者的收入预期；二是消费结构升级与国内供给的不匹配，随着收入水平的提高，人们从物质消费转向服务消费，特别是教育、医疗、娱乐、旅游、体育、养老等服务消费，然而这些部门发展的严重滞后影响了消费结构的升级；三是消费结构升级后，高品质消费品供给不足和消费者权益得不到有效维护，降低了消费者的购买意愿，近期降低关税、提升食品质量的方法有助于增强消费购买的意愿。第三，衰退式顺差难持久。出口下降，且进口下降得更快，导致顺差增大，这属于衰退式顺差，当然，进口下降也包含了大宗商品价格下降的利好因素，但更主要的是国内需求下降。出口出现负增长的主要原因是国际需求不足、全球贸易增速低于GDP 增速，这说明全球一般贸易市场疲软。在全球服务贸易增长较快和中国服务贸易存在逆差的背景下，如何在稳定人民币的前提下提高中国贸易竞争力成为下一阶段经济复苏的关键。

从货币和价格来看，中国面临的通缩机制的挑战依然是严峻的。通缩机制的特征是一个动态过程，一方面生产者价格持续下降会不断侵蚀企业的利润，降低企业的净资产回报率；另一方面价格下跌导致真实利率上升，融资成本不断提高，加大企业负债支出。这一过程在开始时往往不被人们所关注，并且多数企业靠增加负债来进行对抗，然而持续时间越长，其造成的危害就越大，大量的货币无法注入实体经济，企业的货币周转缓慢。政府只有通过采取降低融资成本、修复资产负债表等综合措施才能遏制通缩机制的蔓延。中国从 2012 年 3 月生产者价格指数转为负值以来已经持续了 3 年多的时间，未来预计仍将持续，生产部门的通缩已经对实体经济产生了严重的侵害，传统实业部门的转型仍需政府在政策方面给予巨大的支持，通过减息、提高折旧率、并购等多种方式进行调整才能帮助企业加快转型。

根据 GDP 环比预测，2014 年第四季度环比增长 1.5%，为近 5 年的最低值，而 2015 年第一季度的环比增长仅为 1.4%，第二季度相比第一季度有所上升为 1.7%，上半年经济增长维持在目标值 7% 的水平。但受基建和房地产投资增速下滑、工业领域持续通缩及外贸增长乏力等因素影响，预计全年 GDP 增长达到 6.9% 的水平（见表 1）。

表 1　主要经济指标预测

主要经济指标	2014 年	2015 年上半年	2015 年预测
1. GDP 实际增长率(同比,%)	7.4	7	6.9
2. 居民消费价格(CPI)上涨率(同比,%)	2	1.3	1.2
3. 生产者价格(PPI)上涨率(同比,%)	-1.9	-4.8	-4.7
4. GDP 平减指数(同比,%)	1.1	-0.46	-1.4
5. 社会消费品零售总额名义增长率(同比,%)	12	10.4	11.2
6. 投资名义增长率(同比,%)	15.7	11.4	10.2
7. 贸易顺差(美元)	3829	2740	4400
8. M2 货币余额(同比,%)	12.2	11.8	10.1
9. M2/GDP(2015 年按预测值)	2.01	—	2.07
10. 资本化率(%)	67	103	85
11. 非金融上市公司净资产回报率(%)	8.7	—	8.2

中国经济下滑也直接影响到上市公司的业绩增长，通过把脉企业营运状况可以观察到宏观经济总体运行态势。一般而言，受现代企业制度浸润深、强制信息披露制度等因素影响，上市公司相对于非上市企业在市场经济条件下竞争力较强，经过资本市场的洗礼更能展示其独特的经营方式和卓越的创新和管理能力。以沪深 300 股票的业绩增长与 GDP 作对比（见图 3），上市公司的业绩与 GDP 同步的下滑趋势说明，微观经济中拥有最有利的竞争条件的公司仍然没有摆脱宏观经济下滑的影响，微观创新步伐和转型需要时间。

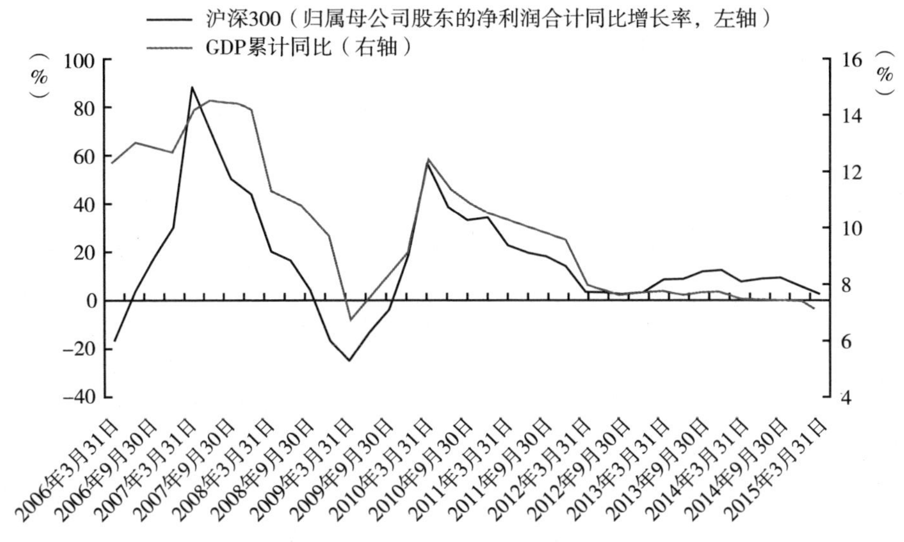

图 3　沪深 300 与 GDP 增长率

二　上市公司价值来源与价值创造

上市公司持续经营差异之根本体现在价值创造能力上。股东之所以投资某一家上市公司，在于其未来股利净现值之和大于所投资金成本，若企业经营状况良好，则企业未来现金流充足、盈利能力较强，持续的现金流不仅能够使股东回报得到保障，也可以让企业有足够的资金进行研究与开发以增进其创新能力。投资者基于公司未来良好的经营预期也推动了股价的上升。相反，若上市公司的价值创造能力较弱，经营业绩没有得到改善甚至持续出现亏损，将使企业发行的股票进入 ST 序列或强行退市。站在所有者的角度，上市公司价值创造主要是使所有者投资得到回报，所有者资产即公司净资产产生的净利润越大越好，因此这里使用以分析净资产收益率（ROE）闻名的杜邦方法对上市公司价值创造能力及其影响因素进行层层分解，通过纵向分析上市公司净资产收益率变化及其背后的原因，探讨宏观经济特别是近年来工业领域持续通缩的微观原因，同时，通过测算上市公司融资成本来推定企业实际利率，进而研究在通缩机制挑战下上市公司面临的融资成本高企、去杠杆和恢复市场出清等困难。

（一）中国上市公司的价值来源

以上市公司净资产收益率为核心，利用各主要财务比率之间的内在关系，对企业财务状况及盈利能力进行综合评价。中国上市公司受到资本市场不完善、税负不统一及相关制度不断变化调整的影响，企业期间费用和税负构成企业净利润波动的重要因子。融资成本变化就是这方面比较明显的例证。基于上述分析，使用杜邦财务分析框架对净资产收益率进行分解，使用息税前利润代替净利润计算企业的营运效率，这样可以综合分析企业融资成本（财务费用）和税负对企业价值创造能力的影响，公式为：

$$ROE = \left[\frac{EBIT}{\text{营业收入}} \times \frac{\text{营业收入}}{\text{总资产}} - \frac{\text{利息支出}}{\text{总资产}}\right] \times \frac{\text{总资产}}{\text{所有者权益}} \times (1 - \text{税率})$$

式中，营运利润率中息税前利润使用净利润、财务费用与所得税之和衡量。营运利润率和传统杜邦分析中销售净利率的主要区别在于财务费用和所得税。利息支出与总资产之比用来衡量上市公司的借贷成本，但现实中通常用负债或有息负债来代替总资产，这样计算出的结果更能准确地反映上市公司的借贷成本。

中国上市公司的收益率差异在行业间表现得非常明显，特别是金融公司和非金融上市公司。为了剔除行业间差异，使用申万证券行业分类标准将上市公司中银行、房地产和非银金融等金融类上市公司去除，并删除了 ST 类股票，具体计算结果如图 4 所示。通过图 4 可以发现，上市公司 ROE 经历了先上升后下降的趋势，呈倒“U”形。ROE 自 2001 年以来不断提高，在 2007 年达到峰值 15.6% 之后，虽然 2008 年金融危机后强刺激使得 ROE 在 2010 年有过短暂回调，但是总体仍呈下降趋势。

为了剖析变化背后的原因，首先观察杠杆率即权益乘数的变化趋势。非金融上市公司权益乘数自 2001 年以来呈一直上升趋势，反映了上市公司资产负债率不断提高，上市公司债务负担越来越重。根据国际货币基金组织的研究，2013 年底中国非金融企业的债务总额为 12 万亿美元，占 GDP 的比重为 120%，根据标普的估计，中国非金融企业的债务总额为 14 万亿美元，而美国非金融企业的债务余额为 13 万亿美元，考虑到中美 GDP 总量的巨大差异，可以发现中国企业债务率远高于美国企业，中国企业负债已

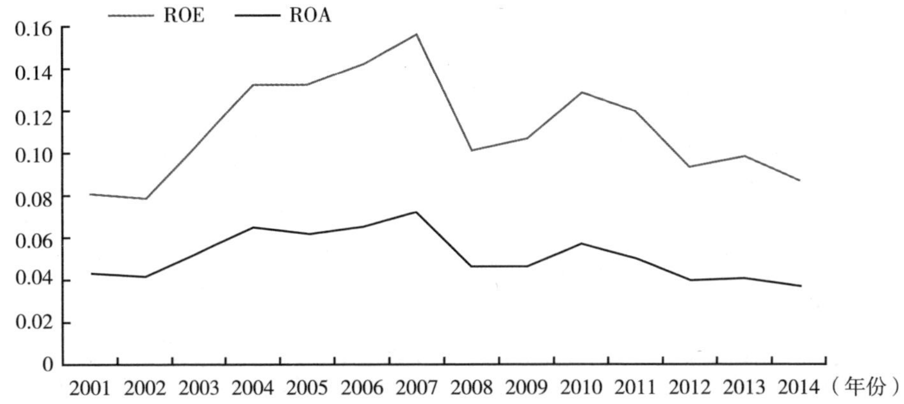

图 4　上市公司 ROE 和 ROA

超过警戒线①。上市公司高负债率在合理阈值范围内可以拉动 ROE 回升，但随着债务率的快速攀升，杠杆效应逐渐式微，并且累计的债务风险对企业及宏观经济构成了潜在的威胁。作为验证，通过图 5 可以发现 2001 年以来上市公司 ROA 变化趋势和 ROE 变化几乎一致，可以认为资产负债率的变化是 ROE 变动的重要来源。尽管上市公司负债融资带来了 ROE 的改善，但改善的空间正在不断收窄。图 5 描绘了 ROE 和 ROA 之差及其拟合线，从其变化趋势可以佐证负债拉动效率上升在 2007 年达到阈值之后逐渐降低，因此 2008 年之后经历"四万亿元"及其配套的信贷猛增并没有带来上市公司效益的持续改善，单纯依靠强刺激、投资拉动增长的效应正随着中国经济从规模供给转向质量提高为主的"新常态"后变得愈发不可持续。

上市公司依靠负债率上升扩大产能不仅制造了越来越多的无效投资，还导致产能过剩问题越来越严重。由表 2 可以发现，上市公司总资产周转率自 2011 年以来不断降低，说明越来越多的资产并没有带来企业收入的提高，原材料、在产品和库存商品滞压严重，产能利用率下降，企业的资产运营能力堪忧。从 2014 年沪市上市公司年报中可以发现，一些中游传统行业产能过剩问题严重，经营业绩惨淡，以钢铁业和有色金属冶炼业为例，钢铁行业 2014 年实现

① 李扬、张晓晶、常欣：《中国国家资产负债表 2013》，中国社会科学出版社，2013；余永定：《谨防企业债务危机》，《资本市场》2014 年第 11 期。

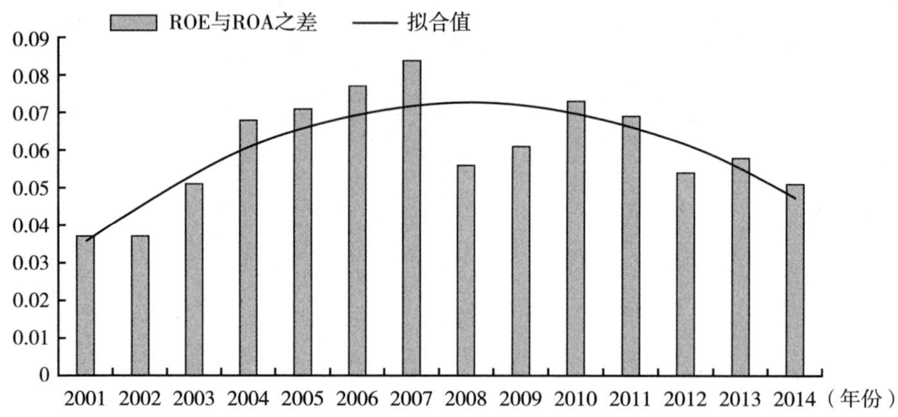

图5　上市公司 ROE 与 ROA 之差

营业收入7539亿元，净利润46.8亿元。但扣除非经常性损益后的净利润同比下降达87%，整体行业销售净利率仅为1.18%，亏损面高达30%。有色冶金行业2014年实现营业收入4557亿元，同比下滑1.65%，并且整体行业净亏损112亿元，即使剔除中国铝业等个别公司亏损较大的影响后，整体行业净利润仍同比下滑14.58%。因此，产能过剩促使企业降价销售，销售收入减少，在近年来劳动力成本上升和需求市场低迷的背景下，“一低一高”挤压了上市企业的利润空间。随着产能过剩问题的不断累积发酵，企业去产能压力巨大，这会进一步压低企业产成品出厂价格，这也是中国工业企业PPI持续三年多下降的重要原因。

表2　上市公司净资产收益率、影响因素（杜邦分解）

年份	净资产收益率(ROE)	营运利润率(EBIT)	总资产周转率	借贷成本	权益乘数	实际税率	融资成本率	利息保障倍数	短期偿债能力
2001	0.080	0.116	0.588	0.009	1.854	0.267	0.046	7.235	0.298
2002	0.078	0.110	0.624	0.011	1.917	0.287	0.053	6.073	0.309
2003	0.104	0.117	0.704	0.010	1.969	0.262	0.049	7.858	0.318
2004	0.132	0.123	0.782	0.010	2.069	0.261	0.045	9.703	0.298
2005	0.132	0.110	0.849	0.010	2.161	0.272	0.045	9.744	0.303
2006	0.142	0.106	0.904	0.010	2.197	0.243	0.061	9.326	0.274
2007	0.156	0.115	0.902	0.010	2.154	0.229	0.071	10.438	0.235

续表

年份	净资产收益率(ROE)	营运利润率(EBIT)	总资产周转率	借贷成本	权益乘数	实际税率	融资成本率	利息保障倍数	短期偿债能力
2008	0. 101	0. 076	0. 888	0. 012	2. 265	0. 189	0. 071	5. 585	0. 199
2009	0. 107	0. 086	0. 764	0. 009	2. 336	0. 199	0. 054	7. 504	0. 228
2010	0. 129	0. 090	0. 857	0. 008	2. 321	0. 192	0. 056	9. 456	0. 190
2011	0. 119	0. 081	0. 891	0. 009	2. 371	0. 204	0. 057	8. 093	0. 141
2012	0. 093	0. 071	0. 848	0. 011	2. 409	0. 217	0. 062	5. 532	0. 151
2013	0. 098	0. 074	0. 826	0. 010	2. 438	0. 207	0. 053	6. 042	0. 147
2014	0. 087	0. 074	0. 771	0. 011	2. 424	0. 213	0. 061	5. 045	0. 152

注：权益乘数为总资产与所有者权益之比，它与资产负债率的关系为：权益乘数 =1/（1 - 资产负债率），显然资产负债率与权益乘数的变化方向相同，换言之，两者都能用来表示上市公司负债率变化。

资料来源：Wind 资讯。

上市公司负债率的攀升无疑会加大其利息支出，造成企业期间费用上升，进一步压低上市公司的净利润。表2 中利息保障倍数及短期偿债能力（经营活动现金流占流动负债比重）2010 年以来都明显下降、短期偿债能力大不如前，利息支付占利润的比重越来越高、利息支付更多地依赖投资和筹资获得现金流，说明上市公司短期经营风险正在加大，随着宏观经济步入下行轨道，宏观经济上升时期累积的高负债率使得财务费用吞噬了上市公司的净利润空间。在宏观经济风险加大和企业经营业绩不佳的情况下，银行风险溢价升高和企业资产价值下降使上市公司融资难问题凸显，上市公司融资成本不断上升，从表 2 中融资成本率即上市公司财务费用占有息负债的比重可以发现，中国上市公司融资成本率近年来基本维持了增长的趋势，2014 年达到了 6. 1% ，图 6 表明上市公司融资成本率远高于基准利率，若再考虑 PPI 紧缩因素，上市公司的实际融资成本率可能高于 9% ，在其 ROE 水平之上。

虽然利率市场化等改革措施加速推进，但受中国政府软预算约束和产业结构积重难返等问题的影响，在高利率环境下信贷资源更容易向房地产、地方融资平台和国有企业等领域集中，这不仅形成了巨大的资金黑洞，也不利于产业

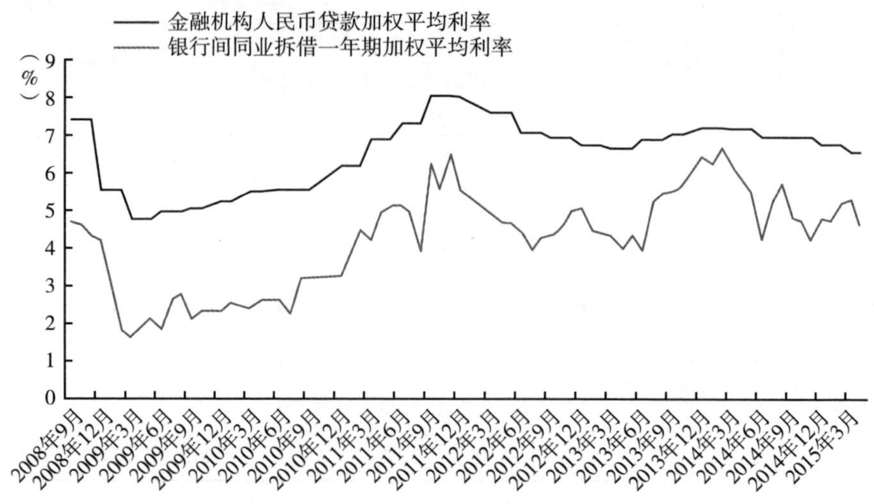

图 6　银行间同业拆借利率和贷款平均利率

结构调整和去杠杆化进程，延长了通缩机制下市场对过剩资源的清洁过程。此外，在“蛋糕”大小相对固定的情况下，可能对其他经济主体，特别是中小企业形成挤出效应。近年来虽然货币政策一宽再宽，但是中小企业融资难、融资贵的问题依然十分突出。资金越紧张，对于那些没有传统固定资产抵押、资金可得性差的中小企业及民营企业来说，其融资难的问题就越突出，而具备资产抵押条件的房地产行业、地方融资平台和国有企业通过非标等途径，资金可得性强，虽然支付了更高的成本，但仍然可得到融资。资本的逐利效应使得大量资金流向房地产市场和地方融资平台公司，加剧了资源的错配和浪费。因此，在积极推进利率市场化改革和发展多层次资本市场体系的同时，要切实明确政府职能，推进国有企业混合制改革，减少财务预算软约束导致的债务快速扩张对其他领域正常融资的挤出效应。

前期“过度”负债的负面效应正在中国企业中弥漫开来，特别是在一些传统行业中表现得尤为明显。根据 Wind 资讯数据，截至 2014 年底，黑色冶金行业 10564 家和有色冶金行业 7236 家统计企业中累积亏损的分别达到 1921 家和 1294 家，占比分别高达 18.2% 和 17.9%，高于制造业行业平均水平，二者的资产负债率分别为 66% 和 64%，受债务率较高的影响，财务费用分别比 2013 年上涨 16% 和 19.5%，远高于利润的增长率。但制造业内部分化明显，以医药和精密仪器制造为代表的先进制造业的资产负债率分别为 43% 和 45.9%，但受通缩实际利率上升影响，其财务费用分别比 2013 年上升 14.5% 和 8%。在通缩的背景下，传统行业较高的债务率根本无法维持，债务和通缩相互作用导致的经济下滑，不仅使传统行业生存困难，也拖累了整个经济的效率。

（二）与宏观相连的反事实分析

上市公司价值创造可能面临的一些难题，如上市公司产能过剩、资产负债率较高、融资成本较高等，直接压低了上市公司运营利润的提高即价值创造 ROE 的上升。但上文的分析更多的是建立在理论演绎的基础上，并没有太多的经验进行佐证。在此基于高盛杜邦分析框架建立实证分析模型并使用反事实分析方法量化影响上市公司 ROE 的积极因素（如营运利润率、资产周转率）和负面因素（如杠杆率、融资成本和税收）。反事实推理是指对过去已经发生的事实进行否定且重新表述，以建构一种可能性假设的思维活动，典型的推理模式是“如果 A 可以推导 B”，那么其反事实分析框架就是“如果不是 A 将会使得 B 如何变化”，反事实分析在因果推理分析中占有重要的地位。反事实分析方法突出了在某因素保持不变的情况下因变量的变动大小，这特别适合分析在消极因素保持不变的情形下 ROE 的变动趋势。反事实分析方法的运用能从量化角度说明中国上市公司去产能、去杠杆及降低融资成本等改革的迫切性和必要性。

利用杜邦分解的数据，将 ROE 对表 2 中第 3 列至第 7 列的数据在控制自相关的情形下进行 OLS 回归得出各项因素的回归系数。考虑到样本小的特征，通过使用 bootstrap（1000 次）、jackknife 等方法得到回归系数的标准误差，结果显示上述两种方法和 OLS 下各项系数的显著性变化不大，都在 10% 以上水平上显著，提示结果较为稳健。具体而言，营运利润率、资产周转率、利息支出、杠杆系数及实际税率对 ROE 的回归系数分别为 1.45、0.17、-2.27、0.06、-0.14，这说明提高上市公司营运利润率、资产周转率和杠杆率能够带来价值创造，过高的利息负担和税负是破坏上市公司价值创造的推手。

表 3　2011 年前后中国上市公司 ROE 跳跃幅度及解释因素

项　目		均值		2011 年后变动	解释比
		2001～2010 年	2011～2014 年		
ROE		0.116	0.099	-0.017	—
影响因素	营运利润率	0.105	0.075	-0.030	2.559
	资产周转率	0.786	0.834	0.048	-0.480
	借贷成本	0.010	0.010	0.000	0.000
	权益乘数	2.124	2.411	0.286	-1.009
	实际税率	0.240	0.210	-0.030	-0.247
	合计	—	—	—	0.822

2011 年以来中国经济出现减速，上市公司净资产收益率也在强刺激所带来的上涨后开始进入下滑通道。我们首先观察 2011 年后 ROE 与 2011 年之前的变化幅度及这些变化幅度多大程度上可由 ROE 分解的 5 个因素进行解释。从表 3 的计算结果来看，2011 年后相比之前，ROE 下降 1.7%，5 个因素可以解释 ROE 变动的 82% 的比例。具体而言，营运利润率的提高能够带来上市公司 ROE 的上升，而权益乘数和实际税率的升高使得上市公司 ROE 下降。值得注意的是，资产周转率可能受 2001 年和 2002 年极端值的影响，其对上市公司 ROE 的解释为负；借贷成本由于分母为资产而非有息负债，其样本区间内变化趋势不太明显，造成其对 ROE 变动的解释不显著。

表 4　2011～2014 年中国上市公司 ROE 反事实预测值及变动因素

年份		2011	2012	2013	2014
CFA 预测值	营运利润率	0.161	0.150	0.151	0.138
	资产周转率	0.108	0.090	0.100	0.096
	借贷成本	0.124	0.103	0.106	0.095
	权益乘数	0.111	0.083	0.087	0.075
	实际税率	0.121	0.097	0.102	0.089
实际数据		0.119	0.093	0.098	0.087
预测值与实际数据之差	营运利润率	0.042	0.057	0.053	0.051
	资产周转率	-0.011	-0.003	0.002	0.009
	借贷成本	0.005	0.010	0.008	0.008
	权益乘数	-0.008	-0.010	-0.011	-0.012
	实际税率	0.002	0.004	0.004	0.002

接下来，使用反事实分析（Counter-Factual Analysis，CFA）方法来分析2011年之后中国上市公司ROE变动的内在机制。反事实分析方法的基本思路是：对任意一个待考察的影响因素，假定整个考察期内该因素各年的取值均与其考察期的初始值水平相同（即假定该因素在整个考察期内不发生变化），代入上文估计高盛杜邦分解方程式中该因素的估计系数，从而得到各年“不考虑该因素时序上变化”的预测值（即所谓的“不含该因素”的CFA预测值），并将其与实际数据进行对照，从而揭示出在考察期内该因素对ROE增长率的解释力度。

从表4的结果来看，2011～2014年ROE的实际值分别为0.119、0.093、0.098和0.087。如果同期“营运利润率”一直维持在2001～2010年的平均值，那么相应的反事实分析预测值分别为0.161、0.150、0.151、0.138，预测的ROE将比实际的ROE有实质的提升，分别为0.042、0.057、0.053、0.051，容易发现其值基本处于上升趋势，这提示上市公司营运利润率提高能够带来ROE回升，并且企业营运利润率对ROE的影响基本呈递增趋势。从资产周转率指标来看，若2011～2014年维持在2001～2010年的均值水平，那么将使得上市公司ROE反事实预测值分别较实际值变动－0.011、－0.003、0.002、0.009，这说明资产周转率对ROE的影响是递增的，近年来ROE的下降拖累了整体ROE的提高，产能过剩导致资产周转率下降，且降价销售持续压低了PPI，导致工业领域持续通缩，这再次说明去产能、去库存刻不容缓。

观察借贷成本因素，若2011年后借贷成本维持在2001～2010年的低水平，那么这一低水平的融资成本将使得ROE提升0.005、0.010、0.008、0.008，显示实体经济融资成本较高对上市公司价值创造造成了伤害。与借贷成本变动较为相似的是实际税率，这说明在经济进入增速换挡期后对实体经济进行实质性减税比较迫切。表4的第5行表征了权益乘数变动对上市公司ROE的影响，权益乘数反映了上市公司杠杆率的高低，若上市公司2011年后杠杆率维持在2001～2010年的均值水平，那么预测值与实际值之差为－0.008、－0.010、－0.011、－0.012，且－0.008 > －0.010 > －0.011 > －0.012，这说明虽然2011年后政策刺激使杠杆率持续拉升带来了ROE的提升，但可以发现靠负债拉动效率的空间在不断收窄，这与上文的分析结果一致。

（三）上市公司“漂亮100”和创值方式转变

令人欣喜的是，中国部分企业发展转型和创值能力建设已取得一定成效，根据本研究的企业创值模型选取的漂亮 100 股票表现得尤为明显。参考各行业上市公司价值评估综合排名位于前 30% 的上市公司，并兼顾超配和低配的行业，选出最能代表本行业未来发展方向和盈利驱动的上市公司，构成漂亮 100 投资组合。

表 5　漂亮 100 投资组合

行业	相关受益公司
计算机	同花顺、四维图新、恒生电子、银之杰、天泽信息、华宇软件、捷成股份、北信源、太极股份
医药生物	恒瑞医药、泰格医药、翰宇药业、一心堂、华润三九、上海医药
传媒	三六五网、华录百纳、蓝色光标、华策影视、中南传媒、歌华有线
休闲服务	宋城演艺、中国国旅、众信旅游、中青旅
通信	网宿科技、烽火电子、鹏博士、天源迪科、中兴通讯、宝信软件
电子	歌尔声学、欣旺达、利达光电、天音控股、大唐电信、上海贝岭、同方国芯、奋达科技
军工	中航动力、振芯科技、中国卫星、中联重科、海特高新、威海广泰
非银金融	华泰证券、招商证券、广发证券、海通证券
公用事业	国电清新、碧水源、桑德环境、先河环保、雪迪龙、万邦达
电气设备	保变电气、平高电气、新时达、宏发股份
汽车	上汽集团、江铃汽车、长安汽车
交通运输	大秦铁路、外运发展、中海发展、东方航空
纺织服装	海澜之家、富安娜、罗兰家纺
食品饮料	伊利股份、洋河股份
建筑装饰	中国铁建、中国中铁、中国交建、中国电建、中国建筑、中工国际
有色金属	五矿稀土、盛屯矿业
银行	兴业银行、南京银行
轻工制造	晨鸣纸业、奥瑞金
家用电器	老板电器、华帝股份、美的集团、格力电器
机械设备	中国南车、上海电气、机器人、松德股份
建筑材料	亚泰集团、东方雨虹
房地产	万科 A、保利地产
采掘	无
农林牧渔	海大集团、大华农、中粮屯河
综合	无
商贸零售	海宁皮城、老凤祥
化工	无
钢铁	无

将这100只股票采用市值加权的方法构建"漂亮100指数"，同时将该指数2015年1月1日至2015年5月30日的业绩与沪深300指数的业绩进行对比，发现漂亮100指数在此期间取得了17.08%的超额收益。

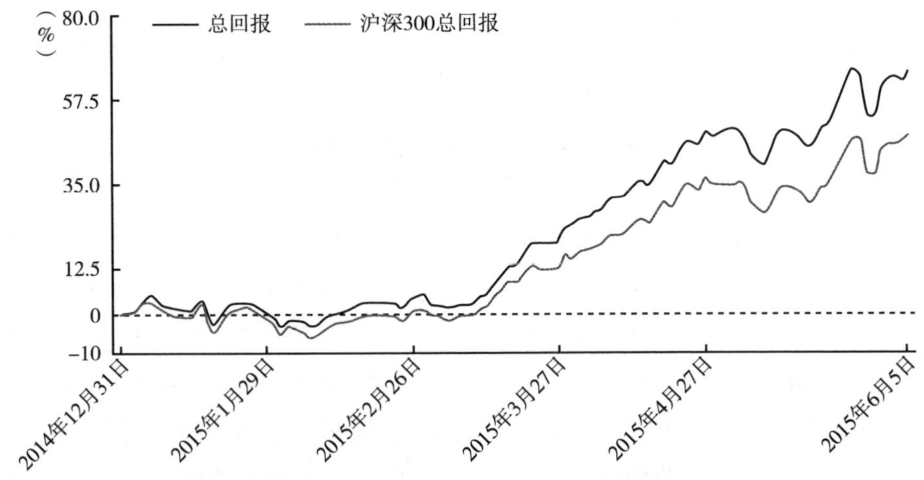

图7　漂亮100指数与沪深300指数业绩对比

资料来源：Wind资讯。

2014年下半年以来，一轮国家牛市开启，中国经济进入积极转型期，以抵押资产扩大规模进行融资的间接金融转变为依据成长进行贴现的直接融资，股市并购活动活跃。多层次资本市场的逐步建立和完善，解决了长期困扰中小企业的融资难问题，只要是认真创业的公司即可以融资，万众创业、全民创新。资本市场的改革，创新了更多的风险管理工具和融资方式、完成了注册制等市场化改革。国有资产资本化率不断提高，有助于解决地方债务问题。通过财富效应完成投资向消费的逐步转型。一个基本事实是股市推动了中国经济的转型，从当前的格局来看，价值创造模式发生了重大变化，股票行业的市值权重同样也发生了变化，2015年6月的5000点与2007年8月的5000点相比，2007年"五朵金花"代表的传统产业顶峰盛宴已经衰落，银行市值占比从22.41%下降到9.47%，非银金融占比从9.45%下降到7.18%，房地产占比从6.89%下降到4.53%，有色、钢铁占比现在已经剔除到了前十大外。2015年的5000点，医药生物占比从2007年5000点时的2.53%跃升到5.92%，成为第四大权重股，计算机占比更是从2007年5000点时的0.9%提升到5.4%，机械制造占比在并购重组后提高到5.86%，可见中国产业结构向医药生物、“互联网+”、工业4.0等积极转型。从漂亮100公司也能明显看到这一趋势，钢铁行业没有一家，重资产行业走下神坛，而代表新技术革命、新需求方向的轻资产公司正在崛起，每一轮资本市场的繁荣都是通过“泡沫激励”的方式来推动转型，价值创造是转型的结果，会有很多公司中在“泡沫”中消亡，2015年的牛市核心是转型，价值创造方式发生转变，但价值创造仍需要时间的检验。

三　中国资本市场发展

众所周知，中国在改革开放之初选择了国家隐性担保下的银行信贷扩张金融结构。选择这样的金融结构与当时中国经济的两大特征密切相关：存在干中学的规模经济效应；具备接近正态分布的大众需求市场，投资信贷个体风险可以得到有效分散。这意味着只要将生产规模迅速扩大，就足以降低生产成本，并开拓市场；同时，也能够有效分散投资信贷风险。由此可见，实施适应性货币（供给）政策，并向银行存、贷利差提供隐性担保，就能够收到激励银行信贷扩张、加速投资和经济增长的奇效。正是得益于国家隐性担保下的银行信贷扩张等一系列政府动员性市场经济体制机制的共同作用，2003年中国人均GDP达到1000美元，开始步入中等收入国家行列，从而实现经济起飞。经济赶超任务的加速完成在带动国内生产要素价格飙升的同时，也带来了市场需求结构的深刻变化。根据张平等的研究，① 2014年中国人均GDP超过7000美元，接近中高收入需求转变的状态，而发达地区更是全面进入了厚尾，甚至长尾区间，中国集中需求的人口分布正逐步让位于“厚尾”需求，服务业、商品多样性、复杂性和品质的需求越来越大和越来越高。市场需求的日益多样化和碎片化对规模扩张的传统增长方式形成严重的负面冲击。市场需求的多样化和碎片化一方面压缩了规模经济的空间，降低了通过规模扩张消化要素价格上升成本的潜力；另一方面加大了投融资风险分散的难度。这就要求我国加速发展资本市场主导的金融新结构，实现从信贷化向证券化的历史跨越。与信贷化主要依赖规模扩张和风险分散实现风险后摊不同，证券化主要通过

① 张平、王习、张磊、符旸、张鹏：《中国经济从规模供给转向“需求—价值创造”——2014年经济转型和上市公司价值创造评估》，载《中国上市公司蓝皮书》，社会科学文献出版社，2014。

有效投融资风险定价实现风险匹配和风险转移，从而在适度提高创新、创业投资的风险偏好的基础上，促进技术创新外溢效应的发挥，消化要素价格上升成本。

2014 年以来，中国资本市场进行了一系列的改革，并激发出了巨大的市场热情，股票指数一路攀升。对此，尽管很多宏观的解释，如经济下滑导致货币放松、无风险利率下降、国家积极的激励增长的政策等，但最为重要的仍是在中国经济转型中资本市场作为金融配置的地位发生了根本性的变化，下文将分析资本市场建设、中国金融结构转变等本质性因素，以便深刻地理解资本市场的作用、地位及其面临的挑战。

（一）证券化的金融结构调整集中体现在多层次股权交易市场和投资体系建立上

1. 多层次股权资本市场建立

在传统经济模式式微并亟须转型和新兴经济模式、业态的逐渐崛起的过程中离不开资本市场的支持。根据 UNECE 的研究，[①] 新经济企业在萌芽期到初创期的过程中资金支持通常依赖于自由资金，现金流较为紧张，很大一部分会落入“死亡之谷”（见图 8），因此这一阶段为了支持创业者逃离“死亡之谷”，政府补助显得尤为重要。李克强总理在 2015 年政府工作报告中提出，推动大众创业、万众创新，大力发展众创空间等新举措。国务院办公厅印发的《关于发展众创空间推进大众创新创业的指导意见》指出，通过建立低成本和开放式的众创空间、降低创新创业门槛、鼓励科技人员和大学生创业、支持创新创业公共服务、加强财政资金引导、完善创业投融资机制、丰富创新创业活动和营造创新创业文化氛围八大措施支持创业，从增加财政资金补助、创造优良的创业空间等方面入手增加萌芽期到初创期企业的资金渠道，助推高科技新兴企业更好地逃离“死亡之谷”。

随着创业者的创新逐渐由思想转变为具体的创新产品，企业从初创期到成长初期通常还会面临现金流状况紧张的现象，这主要是由于新产品会经历开拓市场及逐步被市场接纳的过程，天使投资和风险投资（VC）等专业投资者的出现不仅可以帮助企业降低信息不对称风险，还能更好地为企业提供资金、渠

① United Nations Economic Commission for Europe, *Policy Options and Instruments for Financing Innovation*: *A Practical Guide to Early-Stage Financing*, New York and Geneva: United Nations, 2009.

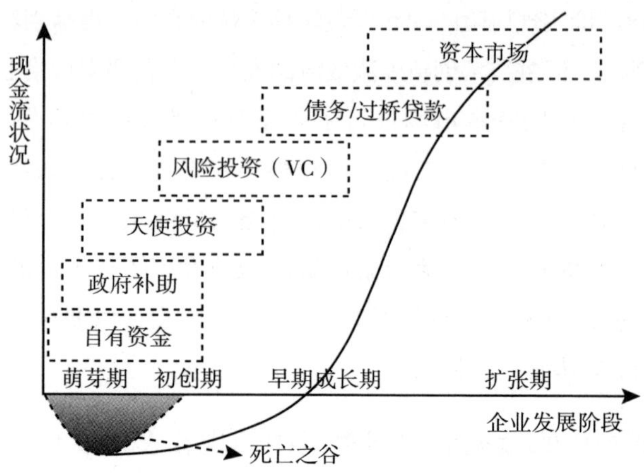

图8　企业不同发展阶段的资金来源

道支持及管理和经营方面的先进经验，使企业的现金流状况逐渐得到改善。最后，在扩张期企业将更多地依赖债券、股票等资本市场的融资便利支持。当前，中国多层次资本市场逐步建立，形成了五个层次的交易市场，包括主板市场、创业板市场、新三板市场、各地方股权转让系统，以及由中国人民银行积极推动的基于互联网的众筹股权投资将成为第五层次的权益转移市场，加上产业基金、PE（私募股权基金）、VC（风险投资基金）、天使投资形成了覆盖企业从萌芽、初创、成长到成熟等不同时期融资支持的渠道，多层次资本市场在支持传统经济形式转型及新兴经济形态成长过程中发挥着越来越重要的作用。

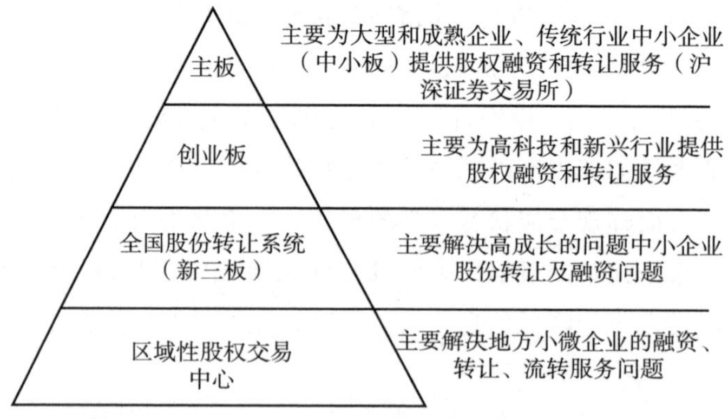

图9　中国多层次资本市场体系

从制度建设方面来看，随着多层次资本市场的建立，市场化发行改革将在2015年完成，股票注册制发行将加速，其中包括：①推动证监会从审核制过渡到注册制的职能转变，监审分离，企业发行股票和上市首先由证券交易所初审，初审通过后，再上报证监会审查，证监会对拟发行公司不作价值判断，主要审查是否合规、信息披露是否真实，并逐步把股票发行权下放到证券交易所；②推动市场中介机构的发展完善，强化上市公司信息披露制度、公司治理和内部风险控制制度的建设；③加快推进《证券法》的修改及实施，为注册制改革提供法律保障。针对创业板门槛较高的问题，降低上市公司入市财务门槛限制，特别是以“互联网+”为特征的新业态企业更要注重对其成长性的评判而非一味地追求盈利方面的考察。新三板挂牌条件对公司现金流、净资产、股本总额均无要求，只需公司存续期满两年，且具有持续盈利的能力，这让很多处于初创期的中小企业找到了融资平台，此外，随着做市商制度的施行及市场指数的不断完善，新三板将加速扩容（见图11），并向连续交易市场过渡。目前，竞价交易、转板制度、投资者适当性管理等规则纳入了新三板政策安排清单，随着新三板制度的进一步完善，以及主板新兴产业板的研究、创业板市场改革的加速，我国“金字塔”式的多层次资本市场体系将显现雏形。

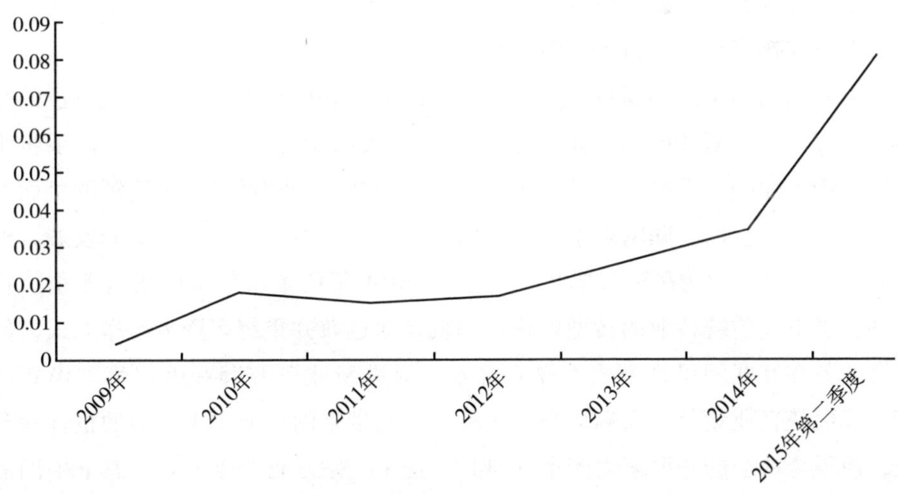

图10　创业板市值占GDP比重

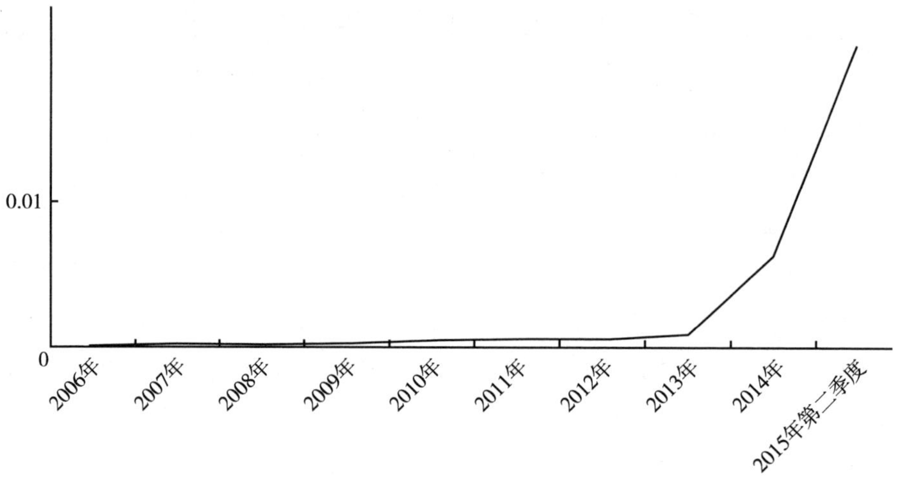

图 11　新三板市值占 GDP 比重

多层次资本市场的形成，直接促进了企业的转型和融资，特别是中小企业的融资难问题已经得到部分缓解，只要中小企业能切实地转型升级，大量资金都会跟、追、投。而没有竞争力的上市公司，在资本市场则会逐渐被投资者“遗弃”。因此，股票市场淘汰没有竞争力的公司、推动公司转型与创新是其最重要的配置资源功能的体现。

2. 并购市场活跃，推动资源优化

以互联网为特征的新技术革命对人类的生产和生活方式产生了全方位的影响，一方面，我国传统产业正面临转型与升级的困难，上市公司生存举步维艰，传统产业的局部财务、经营风险可能对整体金融和经济产生连锁的负面效应；另一方面，以互联网思维或经营模式的新兴行业迎来了井喷式的发展，电子商务、TMT、生物医药等成长性行业在 2014 年资本市场上的表现不俗。在这种背景下，传统行业的转型思路之一就是通过兼并重组等资本运作方式，使传统业务在互联网思维模式下提质升效，促进新业务开辟和组织管理模式转变，以促使企业竞争力大幅提升。此外，并购带来的产业中观层面的整合和升级，使得全社会的全要素生产率（TFP）上升，有力地支撑了新常态下中国的经济转型和成功跨越“中等收入陷阱”。

2014 年以来，国家和相关部门相继出台各项举措鼓励增发并购，并以此作为传统产业转型和促进经济业态向更高级转变的重要抓手。从国家层面来看，2014 年 3 月 24 日国务院正式下发《关于进一步优化企业兼并重组市场环境的意见》（以下简称《意见》），旨在实现体制机制进一步完善、政策环境更加优化、企业兼并重组取得新成效等主要目标，有效发挥兼并重组促进产业结构调整的积极作用。《意见》中特别提到了多种金融服务创新和充分发挥资本市场的核心作用，比如，推动商业银行并购贷款业务，允许企业采用多种融资工具，增减定价弹性，鼓励证券公司开展兼并重组融资业务，各类财务投资主体可以通过设立股权投资基金、创业投资基金、产业投资基金、并购基金等形式参与兼并重组，等等。此外，《意见》从行政审批、交易机制、产业引导等方面提出了一些革新配套措施，全方位、多角度地推进并购重组的市场化改革。为配合国务院《意见》精神和促进相关政策落地实施，中国证监会于 10 月 23 日公布了修订后的《上市公司重大资产重组管理办法》和《关于修改〈上市公司收购管理办法〉的决定》，新的办法主要包括：取消不构成借壳上市的出售行为的审批及要约收购的审批；取消向非关联第三方发行股份购买资产的门槛要求和相应的盈利预测补偿强制性规定，鼓励交易双方经协商签订符合自身特点、方式更为灵活的业绩补偿协议；完善发行股份购买资产的定价机制；完善借壳上市的定义，执行与 IPO 等同的要求，并强调创业板公司不可借壳上市；丰富并购重组的支付工具，如增设优选股特别条款，增设定向发行可转债、定项权证及并购基金等并购支付和融资工具的规定。2015 年以来，在相关并购法律法规不断完善的基础上，监管层针对实施中的一些具体事项进行了灵活调整，不仅取消了一些对配套投融资的限制性规定，而且简化了流程。1 月 26 日，国务院发文表示，除“借壳上市”须继续严格审核外，上市公司其他并购重组均取消行政审核。缩小审批范围、简化审批流程将大大降低企业的并购重组成本，真正的市场化并购将掀起高潮。3 月 30 日财政部与国税总局发布《关于个人非货币性资产投资有关个人所得税政策的通知》，改革影响个人投资创业热情、阻碍企业并购重组的个税征收政策，以分期缴纳取代此前的一次性缴纳政策。个税分期缴纳将为上市公司并购重组减负，同时公司可以灵活设计重组方案。4 月 24 日对《〈上市公司重大资产重组管理办法〉第十三条、第四十三条的适用意见——证券期货法律适用意见第 12 号》进行了相应修订，扩大了募集配套资金比例，明确募集配套资金的用途，要求将募集配套资金比例从交易总金额的25%扩大至不超过拟购买资产交易价格的100%，同时明确了募集配套资金用于补充流动资金的比例不超过募集配套资金的50%，为此，增发比例的上升、配资用途的增加都将增强上市公司并购的灵活性。

根据Wind资讯的数据，2014年A股上市公司公告的交易案例数量约4450起，披露交易规模1.56万亿元，较2013年同期（1189起、5023亿元）分别增长274%和210%，涉及上市公司超过1783家。并购重组作为权益市场的重要一环，对于未来中国经济转型而言具有重要作用。首先，过去效率低的粗放型经济发展方式导致中国部分行业出现产能严重过剩、产品价格大幅下跌的情况，这些行业盈利和获取现金能力大幅降低，并购重组通过提高产业集中度、促进企业优胜劣汰、改进现有产能来提升上市公司质量。其次，过去中国企业的内生增长动力较强，但是在当前经济发展动力逐步减弱、产业技术升级的背景下，传统行业的内生增长面临严峻的挑战，传统产业上市企业通过横向和纵向并购进行优质资产的产业链整合、消化过剩产能、促进产业转型升级。或者通过跨行业并购新兴行业来实现跨界转型，实现业绩和市值的增长，从而实现内涵式的纵深和外延式增长，中国经济结构调整的阵痛将会减轻，经济增长换挡期也将被缩短。再次，很多产能过剩行业过去的规模扩张都离不开银行信贷的支持，而这些产业过去抵押品质量较优同时具备国资背景令银行更倾向于为这些企业提供贷款，但是当这些企业现金流和经营出现困难时往往也令银行贷款面临较大的风险。通过并购重组不仅可以提高上市公司的效率，还可以缓解现金流压力，促进协同效应的产生。究其原因，如果目标企业管理效率低下或并购企业采用先进的管理技术，则目标企业通过并购可以产生协同效应，进而提升目标企业估值和并购收益。此外，当目标企业为夕阳或传统产业时，通过并购新兴技术企业（如互联网、TMT、新兴科技等行业企业），可以盘活存量资金注入新的领域，提高企业资金使用效率。另外，如果企业并购中采用债务融资或可转债等融资方式，还可以通过减少税收支出、增加企业净利润来产生财务协同效应。从2014年上市公司并购情况来看，一些传统产业上市公司通过并购新兴行业企业，有效地帮助了其逐步实现转型，通过多元化降低企业经营风险，增强企业在变化环境中的应变能力和抵御风险能力，从而降低偿债风险和实体经济的系统性风险。最后，利率市场化深入推进、海内外金融资本参与和各项金融工具降低了上市公司并购标的选择难度和融资成本，为开展多元化并购业务提供了广阔的空间。以并购基金为例，目前并购基金逐渐成为并购市场不可替代的重要金融产品，是参与并购交易和推动并购市场发展的重要力量，企业需要拓展并购基金的来源，提高并购基金的杠杆率，畅通并购基金的退出渠道。在政策支持下，未来并购基金的发展潜力巨大。考虑到并购重组具有消化产能过剩、实现经济转型和降低金融市场风险的功能，未来并购市场或将更加活跃。

3. 金融衍生品和开放步伐加快

2014 年中国资本市场开放步伐加快，在资本项目尚未完全可兑换的条件下通过开启沪港通试点，创新了跨境证券投资的模式。从沪港通运行的情况来看，两地套利空间引发的资金流动不仅没有缩小中国内地资本和国际资本市场的风险溢价，反而使得两地市场同样标的的上市公司价格有不断背离的趋势，这说明国内股票市场制度建设滞后，相信随着 IPO 注册制改革等因素畅通新股发行渠道和退出机制，两地之间的套利空间和风险溢价会逐渐抹平，使 A 股真正回归价值投资。从资本市场的其他积极因素来看，上海自贸区设立了面向海内外投资者进行原油期货交易的国际能源交易中心，境内企业到境外上市审核程序也得到了简化，证监会还为包括新兴产业企业在内的境内企业到境外上市创造了条件，鼓励 B 股上市公司以介绍方式到境外市场上市，这一系列举措都为企业“走出去”铺平了道路。在品种创新方面，原油期货、上证 50ETF 期权和 10 年期国债期货等新产品、新工具的相继推出，完善了期货品种，提高了投资者风险管理水平。

从资本市场参与主体来看，2014 年 5 月中国证监会发布的《关于进一步推进证券经营机构创新发展的意见》明确了证券经营机构行业创新发展方向，激发了参与主体的市场活力。随着融资融券标的物的不断放开，2015 年股票市场的一个突出的事实就是融资买入股票的融资额急剧上升，从 2014 年的千亿元的水平上升到 2015 年中期的 2.1 万亿元的水平，融资融券的价格发现、市场稳定、增强流动性及加强风险管理的作用得以发挥。随着两融业务的不断扩大，目前证监会就《证券公司融资融券业务管理办法》向市场公开征求意见，具体内容包括：提高管理办法的法规层级；建立逆周期调节机制，对融资融券进行宏观审慎管理；在监管上强化风险监测，强调中证金融的统计与监测

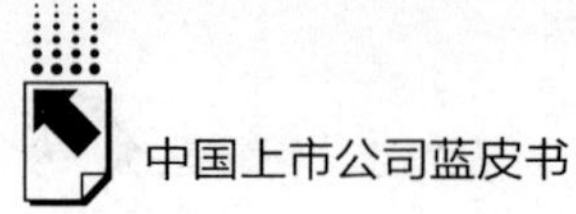

监控职责；明确监管底线，规定证券公司从事融资融券业务的六种禁止行为；强化投资者权益保护；允许融资融券合约合理展期、优化客户担保物违约处置方式；等等。这些措施将进一步规范证券公司融资融券业务的发展，加强监管和风险防范。

中国市场的开放度不断提高，风险管理工具也将伴随而行。截至2014年底，跨境证券投资累计成交1881亿元。取消境内企业境外上市申请的财务审核，2014年境外上市融资364亿美元，同比增长109%。推动RQFII总额度增加到8200亿元，试点范围扩大至法国、韩国、德国等地，促进了人民币离岸市场的发展。沪港通、深港通、QDII2等一系列开放步伐都在按部就班地推进，中国人民币SDR评估的加快，人民币国际化将在2015年底或2016年初完成，资本项下开放迅速推动中国资本市场的国际化进程，这也是资本市场变化的关键。

（二）多层次资本市场仍有待完善

虽然2014年股权市场表现不俗，但现有的多层次资本市场发展无疑与通过证券化改善创新资源配置、转变经济增长方式的目标尚有很大距离，具体地表现在以下几个方面。

1. 中国银行部门贷款规模居高不下，并存在严重的期限错配问题

如图12所示，银行部门贷款占GDP比重中国与美国较为接近，大部分年份处于100%～120%。不过，考虑到美国自20世纪90年代中后期以来实行金融混业经营体制，其银行部门贷款实际上涵盖了所有发放贷款的金融机构，即除了包括通常的中央银行、商业银行和储蓄机构外，还涉及养老金基金和其他诸多市场化基金，而金融分业经营的中国银行部门贷款只包括银行业机构和银监会监管的非银行金融机构，如信托投资公司、金融租赁公司和汽车金融公司，中国银行部门贷款规模明显被低估。① 更重要的是，在改革开放以来一直高歌猛进的货币化进程又充分表明中国银行部门贷款主要来自高流动性的短期

① 根据Wind提供的资料，美国提供贷款的银行部门包括：①存款性机构，如美联储、私人存款机构、特许存款机构、美国银行子公司、信贷联盟和在美外资银行机构；②社会和私人养老金，如养老基金、私人养老基金和州及地方政府雇员退休基金；③市场化基金，如货币市场共同基金、共同基金、封闭式基金和交易所交易基金。

资金，从而引发严重的期限错配问题。早在 1990 年，中国 M2/GDP 就已超过 0.8，2015 年有望突破 2，再创新高，而同期美国货币化指数通常只有中国的一半。

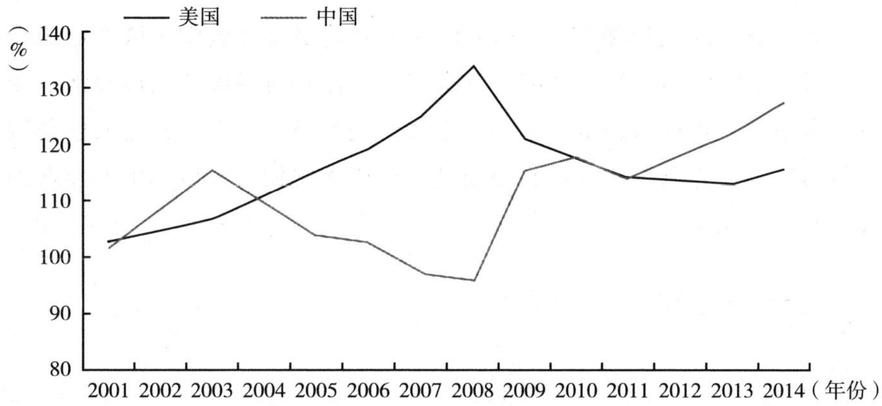

图 12　银行部门贷款占 GDP 比重

注：GDP 采用支出法计算。

资料来源：Wind，CEIC。

2. 低融资成本的债券市场的发展严重滞后

股权融资和债券融资是上市公司直接融资的两大来源。债券市场和股票市场作为资本市场发展不可缺少的两个轮子，发展多层次债券市场不仅能畅通货币政策传导机制、降低融资成本和提高资金配置效率，而且是发展多种金融创新工具、加快金融开放的客观需要。因此，债券市场和股票市场应协调发展，这样才能形成完善的资本市场，提供风险与收益相匹配的投资工具供各类投资者选择。根据资本市场 Modigliani-Miller 理论、Myers 和 Majluf 提出的融资优序理论，[①] 考虑到融资成本的差异，企业融资安排存在偏好排序，一般情况下企业会首先考虑内部留存收益情况选择内部融资，其次会选择风险较小的银行贷款和债券融资，最后才会考虑融资成本较大的股权融资。因此，从美国等发达国家的经验来看，企业债券融资规模大于股票规模，成为企业融

① Stewart C. Myers，Nicholas S. Majluf，"Corporate Financing and Investment Decisions When Firms have Information that Investors Do not Have"，*Social Science Electronic Publishing*，1984，13（2）.

资的主要来源。受货币政策相对宽松以及国家严厉监管影子银行等因素影响，2014 年中国债券市场取得了显著的进步，利率市场化加速推进，债券品种不断丰富，债市行情趋好，企业债券融资占社会融资总规模的比例从个位数上升为两位数，截至 2015 年 5 月保持在 12.5% 的水平上，高于非金融企业股票融资规模（见图 13）。但从促进经济转型和降低中小微企业融资成本等来看，中国债券市场的功能还很有限，在债券市场服务实体经济、促进经济新常态下企业价值创造方面还有很大的挖掘空间。在此通过分析美国债券市场的发债特点并与中国债券市场进行对比来发掘中国债券市场存在的问题及其发展方向。

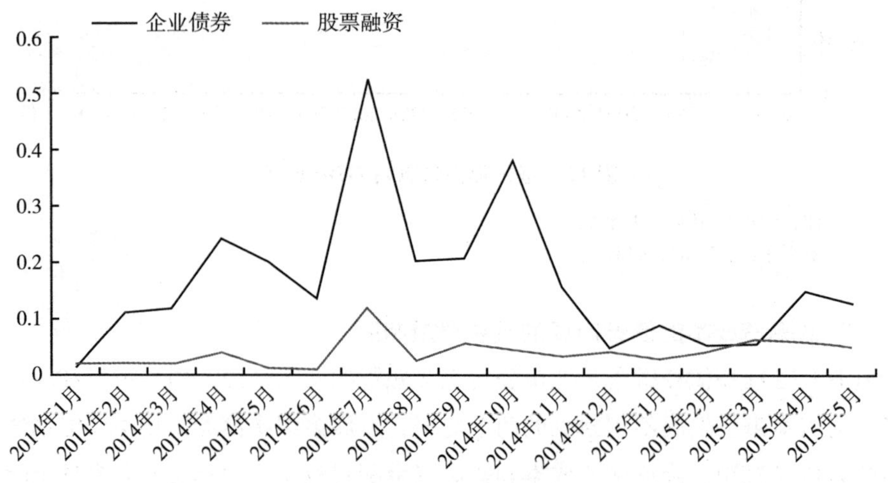

图 13　股票和债券融资规模

（1）债券市场规模有限，以国债等政府债规模为主，企业债券发展较为滞后

20 世纪 80 年代财政部恢复国债发行以来，中国债券市场形成了交易所场内市场和场外市场相结合并以场外市场为主体的市场格局。规模上，中国债券市场余额从 2007 年的 26.8 万亿元增长到 2014 年的 63.6 万亿元，其占国内生产总值比重在 2014 年达到 56%（见图 14）。品种上，中国债券市场形成了国债、地方政府债、金融债、企业债、公司债、中短期票据、资产支持证券、可转债等品种，并且国债占债券总余额的比重逐年下降，金融债、企业债及公司

债所占比重稳步上升，其他品种债券从无到有并处于不断增长的过程中（见表6）。为了横向比较中国债券市场发展状况，以世界上最大的债券市场美国为例进行说明。美国债券余额占GDP比重的变化趋势与中国基本一致，但一直稳定在200%以上。与此形成鲜明对比的是，中国即使在最高的2014年该比重也只有56%。从品种上看，美国债券市场的主要债券品种包括国债、抵押类债券、公司债券、市政债券、货币市场工具、联邦机构债券及资产支持债券。据美国证券业及金融市场协会的统计，截至2014年末美国债券市场总余额约为38.99万亿美元。其中，国债规模最大，为12.5万亿美元，占债券市场总规模的32%；其次为抵押类债券（8.72万亿美元）和公司债券（7.84万亿美元）分别占总规模的22%、20%；占比较小的依次为市政债券（3.65万亿美元，9%）、货币市场工具（2.9万亿美元，7%）、联邦机构债券（2万亿美元，5%）、资产支持债券（1.34万亿美元，3%）。分品种变化趋势而言，从2007~2014年，国债的增长速度最快，从4.5万亿美元增长至12.5万亿美元，增长了178%；公司债券的增长也较为迅速，从5.25万亿美元增长至7.84万亿美元，增长了49%；货币市场工具、抵押类债券、联邦机构债券及资产支持债券则呈现下降趋势，分别减少了32.9%、6.9%、30.2%、31.1%；市政债券规模保持相对稳定，从3.42万亿美元增长至3.65万亿美元，仅增长6.7%。

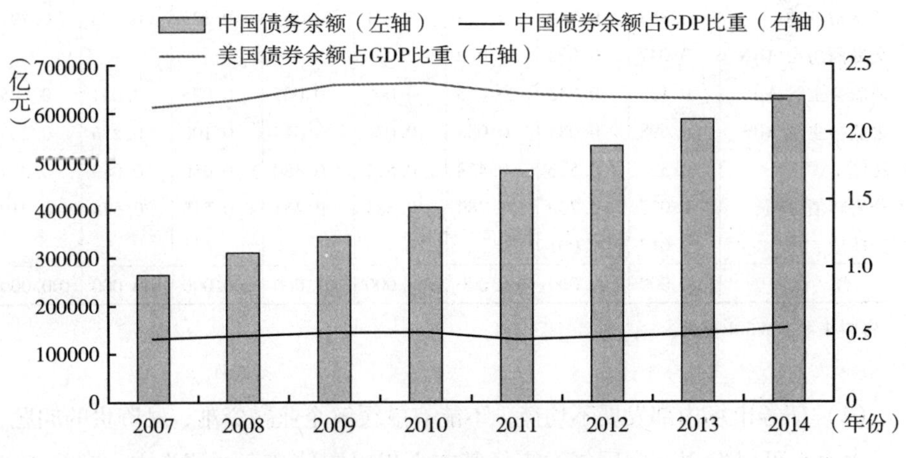

图14 中国、美国债券市场规模比较

表6　中国债券市场各品种占比

单位：%

类别	2014年	2013年	2012年	2011年	2010年	2009年	2008年	2007年
国债	26.676	29.030	29.651	32.443	33.135	33.965	34.866	41.643
地方政府债	3.233	2.874	2.475	2.677	1.934	1.104		
央行票据	1.174	1.822	4.409	8.663	17.901	22.397	29.457	26.377
同业存单	1.668	0.113						
金融债	33.662	34.640	34.556	32.604	27.971	27.846	26.327	25.308
企业债	8.132	7.783	7.332	5.843	5.235	4.461	3.101	2.593
一般企业债	8.099	7.761	7.306	5.815	5.210	4.431	3.071	2.556
集合企业债	0.033	0.023	0.027	0.028	0.025	0.029	0.031	0.037
公司债	2.137	2.334	2.095	1.292	0.796	0.618	0.255	0.087
一般公司债	1.851	2.183	2.045	1.292	0.796	0.618	0.255	0.087
私募债	0.286	0.151	0.050					
中期票据	9.429	10.018	9.562	8.832	6.577	4.776	1.064	
一般中期票据	9.390	9.954	9.491	8.785	6.551	4.769	1.064	
集合票据	0.039	0.064	0.071	0.047	0.027	0.007		
短期融资券	4.906	4.390	4.510	3.704	3.217	2.482	2.669	2.483
一般短期融资券	2.959	2.813	3.165	3.504	3.145	2.482	2.669	2.483
超短期融资债券	1.947	1.577	1.344	0.201	0.073			
定向工具	4.910	3.167	1.732	0.401				
国际机构债	0.009	0.010	0.015	0.018	0.019	0.022	0.019	0.023
政府支持机构债	2.830	2.935	2.783	2.592	2.330	1.618	1.253	0.908
资产支持证券	0.868	0.149	0.123	0.031	0.054	0.129	0.326	0.291
交易商协会ABN	0.047	0.032	0.022					
证监会主管ABS	0.123	0.033	0.013	0.005	0.005	0.023	0.051	0.085
银监会主管ABS	0.698	0.084	0.088	0.026	0.049	0.106	0.276	0.205
可转债	0.323	0.536	0.478	0.519	0.380	0.066	0.089	0.077
可分离转债存债	0.027	0.200	0.280	0.381	0.451	0.515	0.575	0.210
可交换债	0.017	0.001						
合　计	100.000	100.000	100.000	100.000	100.000	100.000	100.000	100.000

资料来源：Wind资讯。

（2）债券市场内部发展不均衡，不能有效缓解企业融资难、融资贵的问题

由表6可以发现，中国债券市场基本上仍以国债和金融债为主，缓解企业融资问题的公司债、集合企业债及私募债发展较为滞后。企业债中主要是一般

企业债，占比最大的主要是城投公司等融资平台，通过发行债券弥补地方融资平台前期累积债务利息及本金，随着地方融资平台债务问题凸显，一般企业债发行规模近年来稳步上升，2014 年底达到 8.1%。与之形成对比的是，集合企业债 2014 年仅占债券总规模的 0.033%（见表 6），说明债券市场对缓解中小企业融资难、融资贵的问题的针对性差，功能十分有限。通常集合企业债的发行主体为多个中小企业而非一般企业债的单个企业，在融资规模上，集合企业债要求单个企业发行额度不超过其净资产的 40%，总体额度还要由发改委根据项目情况来审批，最后分到每个企业的额度将根据企业情况有所区别，通常融资规模较小。此外，一般企业债对单个企业的规模、盈利能力、偿债能力要求较高，因而中小企业发行企业债存在较大难度，这样中小企业转向集合企业债成为其融资的一个渠道。另外，集合企业债的发行费用是分摊给每个企业的，所以发行费用相对较低。因此，集合企业债对中小企业来说是降低融资成本、缓解企业现金流状况的一剂良药，未来我国要大力发展集合企业债，拓宽中小企业债券融资渠道。随着金融创新步伐加快，近年来私募债从讨论进入实体运行，2012 年 5 月 23 日上海证券交易所和深圳证券交易所分别发布《中小企业私募债试行办法》，私募债相对于一般企业债券的优势十分明显：①私募债发行采用备案制，对发行企业的净资产和盈利能力未做门槛要求。②资金使用期限更长，满足了中小企业成长期融资期限相对较长的需求。私募债的发行期限通常在一年以上，能够满足中小企业中长期的资金需求，减少目前普遍存在的因借短期贷款发展长期生产而导致期限错配问题。③与银行贷款相比，融资成本相当，但远低于民间借贷利率，在银行普遍对中小企业惜贷的情形下，私募债成为缓解很多中小企业资金饥渴的“甘露”。从表 6 中的变化趋势来看，2012 年首推私募债以来，私募债发行量逐年升高，其在公司债内部的占比越来越高。

（3）缺乏深度的国债市场，影响了无风险利率收益曲线的形成，对企业债市场影响较弱，二者发展双双受到拖累

国债收益率曲线反映了随着债券期限的变化对投资者风险的补偿情况，在西方发达国家通常为其他金融产品及衍生品的定价基准，但我国国债收益率曲线并不能很好地反映市场上资金供求关系和成为其他金融产品定价的有效参考。这其中的原因，一方面是由二级市场的分割所致，另一方面是国债债券期

限结构存在缺陷，短中长期配置不合理，中长期配置过高导致收益率曲线扁平化，这既不利于市场化利率的形成，也会拖累改革转型、“僵尸企业”的存在延缓了市场出清。此外，我国债券市场发行主体较为单一，发行主体是国家、金融结构及大型国有企业等国家信用，不能形成与风险对等的发行定价机制，对打破刚性兑付不利。如图 15 所示，在 2007 年全球金融危机爆发之前，美国国债未偿余额占 GDP 比重稳定在 30% 左右，危机后美国国债市场迅速扩张，国债未偿余额占 GDP 比重从 2007 年的 31.2% 飙升至 2014 年的 71.79%，上涨了 1 倍多。如图 16 所示，正是得益于与量化宽松货币政策相配合的国债市场扩张对无风险利率的压抑，美国企业债未偿余额占 GDP 比重仅从 2007 年 36.23% 上升至 2014 年的 45.75%。美国银行部门贷款占 GDP 比重更是从 2007 年的 214.99% 下降至 2014 年的 115.77%。中国国债和企业债市场发展之间的联系则弱得多。2001 ~ 2014 年，中国国债未偿余额占 GDP 比重基本稳定在 15%。企业债发展则更加滞后，直到 2011 年企业债未偿余额占 GDP 比重才超过 10%，2014 年，相应的比重才超过同期的国债未偿余额水平。因此，未来中国应放宽发债主体条件，促使更多的企业和上市公司依靠债务市场来解决融资问题，形成市场化利率体系，这样既有利于长期无风险利率的下降，降低融资成本，缓解困扰企业的融资难、融资贵问题，也有利于企业债市发展壮大，成为中国未来转型和资本市场发展的重要标志。

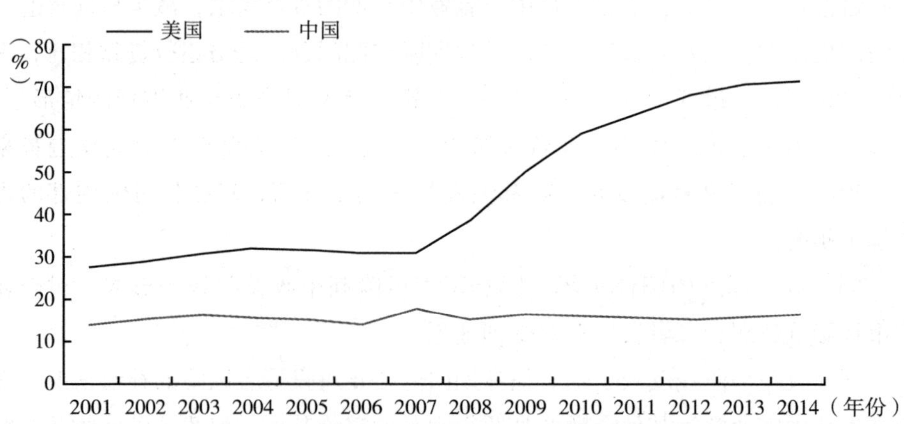

图 15　国债未偿余额占 GDP 比重

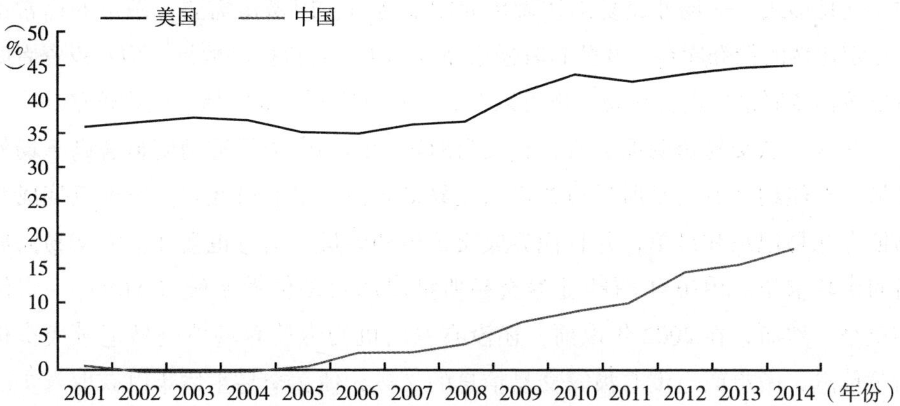

图 16 企业债未偿余额占 GDP 比重

（4）中国多层次债券市场建立仍较弱，制度创新及工具创新仍需加强

从中国债券市场的交易来看，中国债券市场 90% 的发行与交易活动发生在银行间交易场外市场，交易所债券、私募债交易占比较低，流动性差，最近 P2P 的加入丰富了债券的交易体系，但最根本的问题仍然是过于集中在大型银行机构间，而不是一个包含广泛的投资人的体制，因此以银行间交易为主的债券市场本质上仍是间接融资市场而非直接融资市场，限制了债券直接融资市场功能的发挥。一般投资人很难参与其中，这当然与中国的债券市场以国债为主有关，品种较少是根本性问题，对比美国债券市场就能看得很清楚，市政债券、抵押类债券等很多品种都没有，而市政债券在美国个人中占 43%，共同基金中占 28%，二者共占了 71%，而国内地方债均是机构，私人难以参与其中。多层次债券交易市场和多品种债券的开发是非常重要的，否则难以推动银行的市场化改革。

美国债券交易分为场外和场内两种交易形式。其中，由做市商（Dealer）或柜台市场（OTC）进行的场外交易占美国债券交易的绝大部分，仅有少数的美国国债和公司债券在交易所进行场内交易。这两种交易形式在交易机制和交易透明度方面有很大区别。

首先，从债券交易机制上看，场内债券交易是依照“订单”机制，即在交易所将全部订单汇入标准单，形成债券总账，依照时间优先和价格优先的原则对买、卖订单进行收集，经纪人对收集的客户订单进行一定的撮合。而美国债券的主要交易形式——场外交易则按做市商制度运行。因做市需要，做市商通常留有一定比例的债券库存，并公布其做市债券的买、卖价格和数量。债券投资者既可以按其意愿报价进行交易，也可以在交易双方协商下确定债券交易价格。

其次，从交易透明度上看，在交易所进行的场内交易透明度显著高于场外交易。在纽约证券交易所进行的场内交易，客户可以通过经纪商查询近期成交的债券交易记录和订单，并且债券成交价格和数量等信息也会在债券交易完成时向市场发布。1976 年纽约证券交易所推出的自动债券系统（ABS）一直沿用至今。然而，在 2002 年以前，还没有专门机构为债券场外交易记录成交价格等信息，做市商也没有披露交易信息的义务，债券交易主体难以获取真实的交易信息。直至 2002 年，在美国证券交易委员会（SEC）要求下，美国证券交易商协会（NASD）才创建 TRACE 交易系统，披露场外交易市场信息。

至今，主要的四类美国债券，即美国国债、联邦机构债券、市政债券、公司债券都发展了自己的交易信息披露平台，依次为 GOVPX、AGENCYPX、EMMA 以及上述提到的 TRACE 交易系统。其中，美国国债交易平台 GOVPX 和联邦机构债券交易平台 AGENCYPX 被 ICAP 收购，但证券监管机构仍可以随时监查其交易信息。市政债券交易系统 EMMA 由市政债券规则制定委员会（MSRB）负责运作，公司债券交易系统 TRACE 由美国金融业监管局（FINRA）负责。

相比而言，中国场外做市商参与主体过度集中于银行等大型金融机构，非银机构很难参与其中，报价券种集中于国债、金融债而非信用债，报价期限集中于中短期债券而长期债券较少，这不仅不利于债券市场流动性的提高，也影响了市场化利率的形成。就交易透明度而言，丙类账户违纪现象、内幕交易反映了监管制度的缺失和完善监管制度的紧迫性。

3. 股票市值波动巨大，存在偏高的融资系统风险

证券化具有增加直接融资、降低间接融资的功能，能够有效地盘活存量，改善金融结构，分散金融风险。股权市场融资正在成为中国上市公司融资的重要渠道之一，但从中国资产证券化率（市值/GDP）发展趋势来看，股权市场融资波动较大，资本化率不稳定，股权市场的投机意味较浓，亟待将中国股权资本市场从投机性转变为价值回报性，使资产证券化率在稳步达到发达国家的水平时也相对保持稳定。如图 17 所示，中国上市公司总市值占 GDP 比重从 2005 年的 35% 迅速飙升至 2007 年的 178%，但受全球金融危机的影响以及其

后的调整，2012 年降至 40%，2015 年中期回到了 80%，中国股权资本市场的波动与巴西等中等收入国家的波动一致，相较于发达国家波动较大。

从长远发展来看，推动更多金融资源通过资本市场进行配置、提高直接融资比重，是全球金融体系发展的趋势，也是经济社会发展的必然要求。特别是当经济处于结构调整和转型升级时，直接融资体系的风险共担、利益共享、定价市场化和服务多层次的特性，使其更有利于推动中小企业和创新型企业成长壮大，从而有效地促进经济转型。中国企业目前最主要的融资方式仍是间接融资，如通过银行贷款和依托信托产品、委托贷款等银行表外融资，甚至民间借贷等渠道。企业通过股市直接融资的比例不高，因此股权市场扩容是必需的。股市扩容不仅是数量的扩容，而且要有质量的扩容，且扩容的质量是股市持续稳定发展的前提保障。实施注册制意味着股市扩容，股市扩容意味着更多的企业通过上市融资实现发展，上市股票供给的增加和退出机制的完善，有利于防止股市大涨和大跌，使资本化率保持在较为平稳的水平。

综上所述，期限错配严重的银行部门贷款、发展严重滞后的低融资成本债券市场和波动剧烈的股票市场均表明中国实现金融结构证券化转型、降低社会融资成本任重而道远。

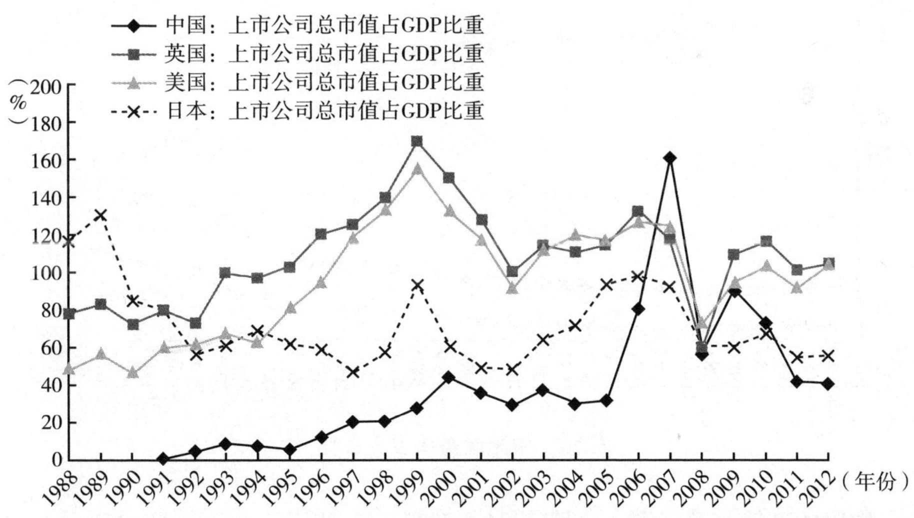

图 17　股票资本化率的国际比较

四 盘活存量、深化改革，促进中国企业价值创造能力提升

（一）盘活中国高储蓄和高投资存量，加快转型和促进资源全球配置

中国经济的巨大体量和资本市场的繁荣，使得经济金融深化（M2/GDP）、资本化程度都达到了较高的水平，近年来中国企业“走出去”步伐加快，个人出境游人次逐年上升，一个有意思的现象就是中国人出境后其聚集地的房地产等资产价格均上涨，这表明无论是作为整体的国家还是微观的企业与个人，中国经济实力的快速提升都有目共睹，中国确实“有钱”，事实如下：①中国储蓄占世界总储蓄的24%，为世界各国最高；②中国外汇储备全球最高，2014 年底为3.84 万亿美元；③中国的储蓄占 GDP 比重为全球最高，达到51%；④中国近年来成为外资投资第一目标地，2014 年外商直接投资总额为1196 亿美元。

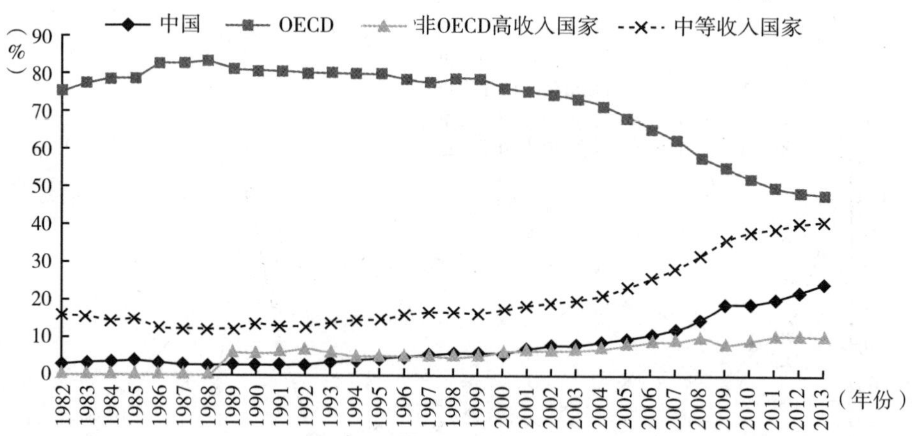

图 18 中国储蓄率世界占比

中国的高储蓄源于第一阶段 1994～2005 年，得益于中国经济的开放，沿海开发区的发展打下了微观企业的基础，1994 年人民币并轨改革和全球化红利，推动中国分享到全球化繁荣。特别是 1994 年人民币汇率并轨改革、大幅

度贬值，使得中国1995年以来成为贸易顺差国，各地方利用大量优惠政策吸引外资，形成了中国的双顺差，即贸易和资本项下双顺差，贸易盈余和FDI直接推高了外汇储备，中国的投资和贸易活动推动了储蓄的快速增加。

中国的贸易竞争力和投资吸引力均来自农村剩余劳动力的转移，市场的规模经济性质及地方的优惠政策，包括税收、利息、土地等优惠政策，形成了中国在对外贸易中的比较优势，而由于剩余劳动力和政府补贴直接推高了资本分配份额，中国投资回报率居全球之首，吸引了来自国内外的投资。

2005年人民币升值推动了全球套利资金的流入并开始重估中国资产，以房地产价格为代表的资产价格大幅度上升，大量资金通过贸易渠道涌入国内，外汇储备攀升逼迫央行释放超额货币，运用存款准备金进行对冲后，我国的货币发行仍以20%的速度增长，2005年前社会融资总规模仅有1万亿元，而后2014年上涨到16.4万亿元，新增贷款也是与之相匹配。人民币升值推动了中国的财富创造，房地产价格推动了城市化、城市基础设施、银行贷款及重化工业的大发展，中国储蓄、外汇储备、投资率都不断创出新高。居民、企业、政府的投资允许使用资产抵押的杠杆方式，推动了资产价格的进一步上涨，中国财富快速增长，中国成功地跨入了全球中高收入组。IMF评估认为人民币汇率水平已经达到均衡水平，人民币对美元2014年2月创出6.06的汇率新高后，到目前基本上稳定在6.20左右，人民币升值推动财富聚集的阶段也告一段落。

中国“有钱”后的投资却备受争议——失衡论和掠夺论。2007年前中国大量买入美国国债，压低了美国国债的到期收益率，导致美国长期利率过低，推动了美国泡沫经济的形成，即所谓的“过度储蓄”问题的讨论；而当中国“走出去”后，到发展中国家投资、进口资源，结果导致了所谓的“资源掠夺”论。中国人因勤劳而积累的储蓄由于不能善用，备受争议，其中的重要原因：一是源于中国采取东亚出口导向经济发展模式，经常项目顺差使得储蓄增加；二是由于汇率管制，人民币不能成为世界主要的交易和储蓄货币，需要美元背书，加之金融市场不发达无法进行资源合理配置以保持增值，使得储蓄转化为低效率的美国国债，没有将钱用在刀刃上。

“走出去”战略也没有沿着全球产业升级的一般规律进行。按产业升级的一般规律，当制造业发展到一定程度，原材料进口规模下降，中间品进口规模增加，产业分阶梯转移，而我国制造业成熟后，原材料进口规模没有下降，反而提升，对外投资以购买资源为主，产业转移速度很慢，地方政府不愿意将长链条的制造业转移出去，大量进口原材料到国内加工，使中国继续成为“污染天堂”。产业难以升级的主要原因在于重工业和全链条产业提供的增值税税收收入较高，成为地方政府税收收入的主要来源。因此，只有加快财税制度改革，建立财权与事权相符的地方财税制度，才能促进我国在“走出去”的过程中通过产业转移推动国外落后地区发展，使本国产业升级与国外发展相结合，实现资源的全球合理配置，同时避免“外泄产能”“抢资源”等不良性争论。

国内投资同样备受诟病，国有企业和地方政府软预算约束管理和无序竞争，导致大量低水平、重复建设等无效投资。片面追求规模和地方相互竞争等问题在经济上升期都被快速扩张的事实所掩盖，可一旦受到减速的影响，债务负担、产能过剩及腐败就成为规模扩张时期遗留的问题。正是由于国内无效投资、产能过剩、高负债问题，一步一步蚕食了投资收益率，使其开始全面下滑。中国的大量外汇资产成为美国国债的主力，美元对人民币的贬值和低利率也导致投资收益率不高，现有的“管制汇率”制度无法让微观主体配置资源，导致外汇财富收益率过低。

（二）加快金融市场改革，降低无风险利率，促进上市公司走出“债务—通缩”魔咒

一国持续的高投资需要高的投资回报率，并通过高的利率“动员”高储蓄，基本上是投资决定储蓄。从非金融上市公司计算的净资产回报率来看，2007 年达到了高点 15.7% 后 2014 年下降到 8.9%，通缩的压力加大，净资产回报率仍会进一步下降。白崇恩等计算的全国投资回报率从 2007 年的 15% 下降到了 2013 年的 5%。[①] 与投资收益率相伴的是资金成本，即实际利率 = 利率 − 物价。通缩条件下，物价变为负值，真实成本不断上升。

投资回报率下降受到多种因素的影响：①工业化推动的规模经济递增阶段结束，城市化率预计 2018 年超过 60%，制造业和城市化带动的投资下降；②人口红利转折，劳动力无限供给阶段结束，劳动力供给下降，工资占初次分

① 白重恩、张琼：《中国的资本回报率及其影响因素分析》，《世界经济》2014 年第 10 期。

配的份额逐步提高，压缩了资本报酬份额；③干中学技术进步阶段结束，TFP贡献近年来下降；④制度改革贡献率下降，资本回报率逐步下降。中国隐性担保体制下的高储蓄动员机制和信贷投放方式已难以为继。政府隐性担保下的金融创新无法使金融产品进行风险定价，造成金融秩序混乱，市场参与者主要围绕金融监管缺陷进行监管套利，其结果是形成金融机构间的收益率—融资竞争，推动了融资成本上升，金融部门的高成本转嫁给实体部门，实体部门承担了更高的融资成本，这无益于提高投资回报率，反而促使大量资金离开实体，转向金融投资、资金空转。加快金融体制转型、推动利率市场化和国际化、深化软预算部门改革是解决投资率下降问题的关键。

随着中国资本项下对外开放，未来的金融冲击是非常严重的，当前中国和美国进入了一个相反的经济——宏观政策周期时，这种周期的非一致性会引发外部金融的冲击。现实表明，中国经济正处于增速下滑、不断降息的过程中，而同期美国经济则不断走好，预计2015年将进入加息周期，虽然利率水平相差较大，但美国的净资产收益率高于其贷款成本（$ROE > r$），长期投资将会向美国转移。当前，中国十年期的利率为3.5%（十年期国债到期收益率），而美国十年期国债利率为2.5%，如果两边“一升一降”，预计到2016年底，美国短期加息到1%，十年期国债利率提升到3%，而中国降息，一年期为1.5%，十年期国债利率为3%，中美两国的长期息差就完全收敛了，短期息差也缩小，大量短期资金必然流出中国，这无疑会加剧中国的紧缩状况，因此加快市场效率的提升是管理外部冲击的重要一环。

（三）推动软预算部门的改革，完善金融改革的配套选项

全球关于低利率化的讨论的核心是低利率化是否隐含了长期经济衰退，靠低利率能否推动技术创新、带动服务业的全球化发展，或找到高固定回报的“硬资产”，否则推动任何需求泡沫都会耽误未来发展的机遇。

中国当前同样面临潜在增长率下降和储蓄过多问题，中国高储蓄和高投资能力应当布局全球的创新资源和投资高回报率的“硬资产”。这里面除了涉及国家战略外，如“一带一路”、设立“亚洲基础设施投资银行”，国内一个重要的方面就是加速金融体系改革和转型，让微观主体更有效地配置资源，推动创新，形成创新制高点，同时推动人民币国际化改革，鼓励以全球视野来获取

创新资源和高收益的“硬资产”。这方面的改革涉及多个方面，归结起来有以下内容。

第一，建立多层次资本市场体系，包括股权和固定收益市场，同时配合监管转型，推进资本市场效率提升。

第二，加快利率和汇率的市场化改革，让风险与收益相匹配，提供人民币国际化投资的便利性，增加中国国际投资的效率和主体的多样性。

第三，以改革换发展，特别是软预算部门的改革，地方政府、科教文卫事业单位的改革，国企改革，垄断部门改革等，打开国内发展的空间。

总之，市场化改革的特征就是要打掉“纵向”计划或行政分割的体制，转向依据市场配置资源的“横向”体制，通过资本市场将中国人的储蓄有效地转化为安全和有创新收益的投资，有效地推进中国财富的持续积累和持续增长。

参考文献

[1] Stewart C. Myers, Nicholas S. Majluf, “Corporate Financing and Investment Decisions When Firms have Information that Investors Do not Have”, *Social Science Electronic Publishing*, 1984, 13 (2).

[2] United Nations Economic Commission for Europe, *Policy Options and Instruments for Financing Innovation: A Practical Guide to Early-Stage Financing*, New York and Geneva: United Nations, 2009.

[3] 白重恩、张琼：《中国的资本回报率及其影响因素分析》，《世界经济》2014 年第 10 期。

[4] 李扬、张晓晶、常欣：《中国国家资产负债表 2013》，中国社会科学出版社，2013。

[5] 余永定：《谨防企业债务危机》，《资本市场》2014 年第 11 期。

[6] 张平：《通缩机制对中国经济的挑战与稳定化政策》，《经济学动态》2015 年第 4 期。

[7] 张平、王习、张磊、符旸、张鹏：《中国经济从规模供给转向“需求—价值创造”——2014 年经济转型和上市公司价值创造评估》，载《中国上市公司蓝皮书》，社会科学文献出版社，2014。

分 报 告

Subsidiary Reports

B.2

中国上市公司价值评估研究

王习　王亚菲*

摘　要： 当前我国经济处于“三期叠加”阶段，资本市场的重要性被提升到一个新的高度，并呈现了一些新特征，包括资金面全面宽松、资本市场加杠杆、国家战略的充分体现、对外开放程度越来越大、并购市场异常活跃。本文在2014年的基础上提出了能够反映资本市场新特征的六大因素对上市公司进行评估和排名，结果发现互联网正在重构传统产业、国企改革进程显著加快，而在当前货币宽松周期的背景下，杠杆率较高和融资成本较高的行业估值修复明显，另外结合2014年年报来看，金融和非金融行业业绩加速分化。

关键词： 中国上市公司　并购市场　互联网　国企改革

* 王习，中国社会科学院上市公司研究中心助理研究员；王亚菲，中国社会科学院上市公司研究中心助理研究员。

本书总报告从中国宏观经济角度研究经济增长路径的演变，分别从资本市场和上市公司的角度评估行业的转型与效率的提升。在此基础上，本文将利用2014年年报的最新数据对上市公司进行实证研究和排名。在2014年的基础上，本文结合国内外著名的研究理论，提出了上市公司评估六因素模型，分别在财务状况、估值与成长性、创值能力、公司治理与社会责任、创新能力与战略资源、市场特征六个方面设立若干指标，对企业价值进行评估和排名，最终筛选出价值较高的上市公司。

一　总体概述

（一）新常态下呈现的经济新特征——“三期叠加”

2014年中央经济工作会议提出，“我国经济正在向形态更高级、分工更复杂、结构更合理的阶段演化，经济发展进入新常态，正从高速增长转向中高速增长，经济发展方式正从规模速度型粗放增长转向质量效率型集约增长，经济结构正从增量扩能为主转向调整存量、做优增量并存的深度调整，经济发展动力正从传统增长点转向新的增长点。认识新常态，适应新常态，引领新常态，是当前和今后一个时期我国经济发展的大逻辑”。

在2014年12月召开的中央经济工作会议上从需求“三驾马车”、生产、市场竞争、资源环境约束、风险等角度对“新常态”中的趋势性变化进行了详细的阐述，并提出了“新常态”的“四个转向”的发展方向和“八个更加”的工作要求。

2015年初，政府提出了“三期叠加”的概念，即我国经济处于增长速度换挡期、结构调整阵痛期及前期刺激政策消化期。相比之下，“新常态”包含的内涵更加广泛，是对未来我国经济发展的全面概括，但从本质来看，“新常态”的基本特征就是“三期叠加”。2012年以来我国的经济表现符合“三期叠加”特征，而由于结构调整令经济增长动能青黄不接以及前期刺激政策导致的政府、企业债务过高等问题需要较长时间才能解决，因此至少未来两年的经济运行特征依然可用“三期叠加”进行概括，经济结构性减速仍将继续。

发展方向——“四个转向”

- 经济发展进入新常态，正从高速增长转向中高速增长
- 经济发展方式正从规模速度型粗放增长转向质量效率型集约增长
- 经济结构正从增量扩能为主转向调整存量、做优增量并存的深度调整
- 经济发展动力正从传统增长点转向新的增长点

工作要求——“八个更加”

- 更加注重满足人民群众需要
- 更加注重市场和消费心理分析
- 更加注重引导社会预期
- 更加注重加强产权和知识产权保护
- 更加注重发挥企业家才能
- 更加注重加强教育和提升人力资本素质
- 更加注重建设生态文明
- 更加注重科技进步和全面创新

基本性——“三期叠加”

- 增长速度换挡期
- 结构调整阵痛期
- 前期刺激政策消化期

图1　中央经济工作会议上有关“新常态”的描述

资料来源：中航证券金融研究所。

（二）资本市场新常态——资本市场的重要性被提升到一个新的高度

股市成立的初衷在于优化资源配置，令金融资本更好的服务实体经济，企业通过股市可以更方便地获得融资及进行并购等资本运作，助力企业发展，而投资者也可以通过股市取得与风险相符的收益、实现资金的优化配置，经济的运行效率将因此被大大提高。

资本市场比以往任何时点都显得重要，第一，经济转型需要资本市场发力。过去的经济增长方式已经难以持续，2014 年经济的运行格局在悄然发生着变化，房地产的长周期拐点已经愈发清晰，随着人口年龄结构的改变，年轻人口数量的下降将令购房需求见顶回落，房地产景气高点已经过去。历史经验证明，所有经济体的转型和结构的升级都离不开金融的服务与支持，以美国为例，无论从摩根大通收购卡耐基工厂实现企业做大做强，还是硅谷模式催生高科技企业带动美国创业浪潮这些案例来看，资本市场都是帮助企

业实现转型升级、资本扩张，以及实现大众创业的有效途径，随着华尔街的繁荣，美国高新技术产业逐步取代传统工业产业成为经济增长的支柱。第二，管理层已经意识到发展资本市场的重要性，并为未来资本市场发展勾画出蓝图。无论是并购重组、鼓励创新还是多层次资本市场建设都令市场看到监管层大力发展资本市场和改革资本市场的魄力。第三，间接融资正在向直接融资转变。在当前中国货币宽松常态化及全球量化宽松的背景下，流动性旺盛，但以银行为代表的间接融资，考虑到信用风险和抵押物质量，贷款严重倾向于产能过剩行业，代表未来经济转型的高技术产业企业因其高风险特性而面临融资难问题。从充分性和必要性角度来看，未来资本市场将因其透明和高效的特征，成为战略性新兴产业投融资的重要场所，从而承担更多经济转型的重任。

具体来看，资本市场的新常态包括以下几个方面。

1. 资金面全面宽松，降低实体经济融资成本

2014 年 11 月底央行降息其实已经宣告了货币宽松通道的正式确认，在定向宽松货币政策成效有限、社会信用创造萎缩、真实利率依然高企及经济下行压力较大的情况下，以总量调节工具为主的全面宽松政策非常必要。这样的全面宽松政策，一方面有利于对冲经济下滑风险，另一方面可以降低通缩风险。不过当前实体经济融资成本依然高企，同时经济下行压力仍然较大，未来央行货币政策调整将相机抉择，只要经济没有企稳，货币宽松就将延续。央行副行长、外管局局长易纲表示，“降息空间则要看经济走势”。持续的宽松措施将为信贷扩张创造条件，价格型与数量型工具的配合，将令社会整体利率水平下移。

2. 资本市场加杠杆，未来市场波动率会加大

以两融为代表的杠杆工具的兴起正在成为决定股市量能的主要因素，目前两融覆盖的所有 A 股的自由流通市值比例已经超过 70%，截至 2015 年 4 月底，融资融券余额已经由 2014 年 7 月的 4000 亿元左右增长至超过 1.8 万亿元的规模，股市的赚钱效应正在吸引居民通过股市加杠杆来调整大类资产配置，不过考虑到资金成本，在股市加杠杆的投资者短期投机意味更浓，或对资本市场产生助涨助跌的作用。

3. 国家战略被充分体现

国家战略调整是转变经济发展模式和实现经济转型的重要手段，而资本市场往往提前预判和放大国家战略调整的影响，比如2010年至今，计算机、可选消费和医疗市值占A股市值比重不断上升，恰恰反映了新兴产业崛起、消费升级及人口结构转型的国家战略调整。2016年比较看好自贸区、“一带一路”、军工和体育产业升级等主题投资，这些主题会因国家战略的倾斜而出现较好的投资机会。

4. 对外开放与估值国际比较

2015年第一季度周小川行长指出，“‘十二五’规划提出了加快推进人民币实现资本项目可兑换，2015年正好是第十二个五年规划的最后一年，中国打算通过各方面改革的努力来实现资本项目可兑换，同时将为人民币加入SDR（特别提款权）货币篮子做准备”。为了加入SDR货币篮子，2015年资本市场将更加开放，2014年QFII和RQFII扩容以及沪港通的顺利实现标志着资本市场开放程度将逐步提升，未来随着深港通以及A股纳入MSCI指数的实现，境内外投资者的投资将会更为灵活和便利，海外投资者的加入将会令A股市场投资者的结构有所改变，与国内投资者不同，境外投资者更看重上市公司的基本面和估值，更偏向于蓝筹股和高股息率个股，鉴于此，本文将在价值评估模型中设立股息率因子来筛选符合海外资本偏好的投资标的。

5. 并购市场异常活跃

在IPO受限以及上市公司再融资监管政策大幅放松的背景下，2014年以来，企业增发家数和增发募资规模大幅增长，增发逐步取代IPO成为股市募资的主要渠道，结合当前中国经济的发展现状和未来转型来看，首先，过去粗放的、效率低下的经济发展方式导致中国部分行业出现产能严重过剩、产品价格大幅下跌的情况，这些行业盈利和获取现金能力大幅降低，并购重组通过提高产业集中度，促进企业优胜劣汰并且改进现有产能，从而提升上市公司质量；其次，过去中国企业的内生增长动力较强，但是在当前经济发展动力逐步减弱、产业技术升级的背景下，行业的内生增长面临严峻的挑战，并购重组可以帮助上市公司延长产业链，或者通过跨行业并购进入新的行业，从而实现内涵式的纵深和外延式的增长，中国经济结构调整的阵痛将会减轻，经济增长换挡期也将缩短；最后，很多产能过剩行业过去的扩张都离不开银行信贷的支持，抵押品质量较优同时具备国资背景令银行更倾向于给这些行业提供贷款，但是当这些行业企业现金流和经营出现困难的时候往往也令银行贷款面临较大的风险，通过并购重组能提升上市公司组织效率及业绩水平，增强其在变化环境中的应变能力和抵御风险能力，从而降低偿债风险和实体经济的系统性风险。考虑到并购重组具有消化产能过剩、实现经济转型和降低金融市场风险的功能，未来并购市场或将更加活跃。

（三）公司价值评估驱动因素分析

1. 六因素综合评价指标体系

在2014年版蓝皮书中，结合国内外公司价值评估理论，综合考虑内在价值、外在价值、企业治理等方面，我们设计了衡量各驱动因素的六因素评价指标体系。2015年考虑到资本市场出现的货币宽松常态、加杠杆程度上升、国家战略体现及对外开放等新特征，我们在综合评级指标体系中增加市场特征因素来综合评价上市公司价值。

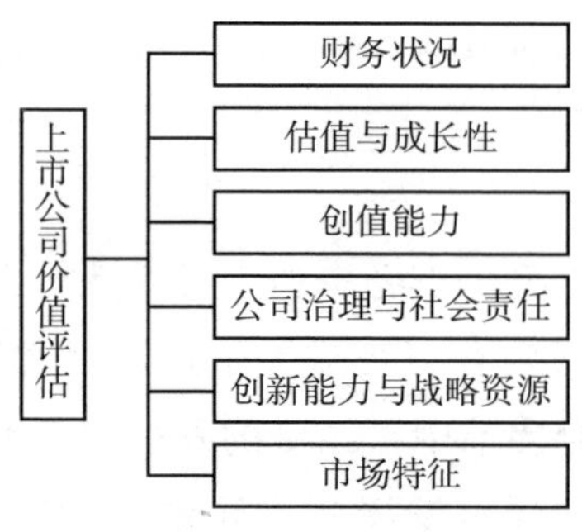

图2　上市公司综合评级指标体系

2. 样本选择和数据来源

本研究以A股上市公司为样本，剔除所有ST类股票，相关数据来源截至2015年5月1日，包括2010～2014年的年报数据，所有数据均来自万得资讯金融研究服务，采用R软件对数据进行处理。

3. 分行业评价指标体系

表 1　申银万国行业分类

单位：家

序号	Wind 代码	申银万国行业划分	上市公司数量
1	801020. SI	采掘	57
2	801760. SI	传媒	56
3	801730. SI	电气设备	134
4	801080. SI	电子	132
5	801180. SI	房地产	143
6	801130. SI	纺织服装	75
7	801790. SI	非银金融	33
8	801040. SI	钢铁	33
9	801160. SI	公用事业	99
10	801740. SI	国防军工	29
11	801030. SI	化工	223
12	801890. SI	机械设备	208
13	801750. SI	计算机	118
14	801110. SI	家用电器	48
15	801710. SI	建筑材料	63
16	801720. SI	建筑装饰	59
17	801170. SI	交通运输	83
18	801010. SI	农林牧渔	77
19	801880. SI	汽车	95
20	801140. SI	轻工制造	74
21	801200. SI	商业贸易	93
22	801120. SI	食品饮料	58
23	801770. SI	通信	58
24	801210. SI	休闲服务	29
25	801150. SI	医药生物	173
26	801780. SI	银行	16
27	801050. SI	有色金属	92
28	801230. SI	综合	48

资料来源：Wind 资讯。

（1）财务状况

设立财务指标综合反映企业在筹资、投资和经营全过程中的财务状况。对于所有28类上市公司设立不同的财务指标，进行定量的指标计算，利用层次分析法计算各种指标对企业财务状况的影响系数，分行业对上市公司财务状况进行排名。需要注意的是，考虑到银行业、证券行业及保险行业的财务报表与其他行业存在显著的不同，以及房地产行业核心竞争力的特殊性及其对当前中国GDP的产业支柱作用，故针对这四个行业设立与其他一般性行业不同的财务指标。

表2 财务状况评价指标

行业	类别	财务状况指标
银行业	收入驱动力	净息差
		生息资产扩张速度
	收入结构	非利息收入占比
	资本水平	资本充足率
	资产质量	不良贷款率
		拨备覆盖率
证券行业	规模	净资本
	盈利能力	净资产收益率(ROE)
	营运能力	资产周转率
	偿债能力	杠杆率
	收入驱动力	经纪业务市场份额
		融资融券业务市场份额
保险行业	盈利能力	净资产收益率(ROE)
		给付率
	营运能力	退保率
		费用率
	偿债能力	资产负债率
房地产行业	财务安全性	短期风险头寸
	战略理性	财务安全底线－净借贷资产比
	营运效率	营业利润率
		存量资产周转率
	公司规模	流通股市值
其他行业	现金流动性能力	流动比率
		速动比率
		现金到期债务比
		现金流动负债比

续表

行业	类别	财务指标
其他行业	长期偿债能力	资产负债率
		产权比率
		利息保障倍数
	营运能力和财务弹性	应收账款周转率
		存货周转率
		营业周期
		全部资产现金回收率
		现金满足投资比率
	盈利能力和盈利质量	销售净利率
		销售毛利率
		净资产收益率(ROE)
		销售现金比率
		现金运营指数
		投入资本回报率

（2）估值与成长性

对所有 28 类上市公司设立价值指标、成长性指标和稳定性指标三类指标，进行定量的指标计算，利用层次分析法计算各种指标对企业估值与成长性的影响系数，分行业对上市公司进行排名。

表 3　估值与成长性评价指标

行业	类别	估值与成长性指标
所有行业	价值指标	基于一致预期的市盈率
		扣除非经常性损益的市盈率
		市净率
	成长性指标	营业收入增长率
		净利润增长率
	稳定性指标	股价收益率稳定性
		盈利稳定性
		非经常性项目频率

（3）创值能力

对所有类上市公司设立经济增加值（EVA）和市场增加值（MVA）指标，

进行定量的指标计算，利用层次分析法计算 EVA 和 MVA 因素对企业创值能力的影响系数，分行业对上市公司进行排名。

表 4　创值能力评价指标

行业	类别	创值能力指标
所有行业	过去的股东价值创造指标	经济增加值(EVA)
	未来的股东价值创造指标	市场增加值(MVA)

（4）公司治理与社会责任

上市公司与非上市公司相比，实现股东利益最大化的目标更为重要，同时由于融资结构的复杂利益相关者参与公司治理的重要性显著增加，上市公司股权结构、公司治理方面的重要性显著增加。本文引入股权激励、信息披露质量、外部责任和内部责任等指标对上市公司价值进行评估。

表 5　公司治理与社会责任评价指标

<table>
<tr><th>行业</th><th>类别</th><th>公司治理与社会责任</th></tr>
<tr><td rowspan="11">所有行业</td><td rowspan="3">股权激励</td><td>股权激励比例</td></tr>
<tr><td>高管持股比率</td></tr>
<tr><td>重要股东二级市场交易</td></tr>
<tr><td>信息披露质量</td><td>审计意见类型</td></tr>
<tr><td rowspan="3">外部责任</td><td>社会贡献率</td></tr>
<tr><td>税款上缴率</td></tr>
<tr><td>资产纳税率</td></tr>
<tr><td rowspan="4">内部责任</td><td>资本保值增值率</td></tr>
<tr><td>职工劳动生产率</td></tr>
<tr><td>职工获益率</td></tr>
<tr><td>职工薪酬支付率</td></tr>
</table>

（5）创新能力与战略资源

对所有 28 类上市公司设立创新经费及营销能力指标、资金支持能力指标，进行定量的指标计算，利用层次分析法计算创新能力因素对企业价值的影响系数，分行业对上市公司进行排名。

表 6　创新能力与战略资源评价指标

行业	类别	创新能力与战略资源
所有行业	创新经费及营销能力	研发经费投入强度
		营销投入强度
	资金支持能力	内部融资能力
		资产担保比例
		资产质押比例

（6）市场特征

结合资本市场的新常态，在市场特征方面设定四类指标，分别是利率敏感度指标（除金融行业外）、国企改革标的、企业规模扩张（除金融行业外）和国际资本关注指标（除金融行业外）。上市公司加杠杆程度往往与股价短期涨跌有关，对中长期表现的参考意义不大，故暂不在这方面设定指标。

表 7　市场特征评价指标

行业	类别	市场特征
所有行业	利率敏感度指标（除金融行业外）	净负债率
		综合融资成本
	国企改革标的	实际控制人类型
		股权激励方案
	企业规模扩张（除金融行业外）	ROE 与综合融资成本比较
	国际资本关注指标（除金融行业外）	股息率

4. 运用层次分析法计算各指标得分

首先，根据前文划分的财务状况、估值与成长性、创值能力、公司治理与社会责任、创新能力与战略资源、市场特征六个驱动因素，建立起企业价值评估的指标体系。

然后，根据各个因素及指标的相对重要程度来确定其权重。通过对各指标的两两比较，得出每一指标相对于另一指标的标度值或者得分。相对重要程度的度量如下。

针对打分结果，对各因素及其下的指标分别构造判断矩阵，计算判断矩阵的最大特征根和一致性指标，进行一致性检验。满足一致性检验的判断矩阵的

表 8　专家打分规则

标度	含义
1	表示两个因素 X_i 和 X_j 相比,具有相等重要性
3	表示两个因素 X_i 和 X_j 相比,X_i 比 X_j 稍微重要
5	表示两个因素 X_i 和 X_j 相比,X_i 比 X_j 明显重要
7	表示两个因素 X_i 和 X_j 相比,X_i 比 X_j 强烈重要
9	表示两个因素 X_i 和 X_j 相比,X_i 比 X_j 极端重要
2,4,6,8	表示两个因素 X_i 和 X_j 相比,在上述两相邻等级之间
倒数	表示 X_i 和 X_j 比较得出判断 a_{ij},则 X_j 和 X_i 比较得出判断 $a_{ji}=1/a_{ij}$

特征向量的各个分量即是各个指标对上一级指标（因素）的权重。利用该权重计算企业价值评估值。

由于行业众多，将 28 类行业按照产业特征分为制造业和服务业两大类，再按照产业结构和功能的相似性进一步划分为 11 类子行业，每一类子行业代表一种专家打分权重，通过对这 11 类子行业打分，得出所有 28 类行业的专家打分结果。考虑到银行业、证券行业和保险行业的财务报表和财务指标不同，对这些行业采取不同的专家打分表，房地产行业也因财务指标不同而采用不同的专家打分表。

表 9　专家打分表类型

产业	产业结构和功能	包括的申万行业
制造业	上游能源	采掘、有色金属
	中游制造	化工、钢铁、建筑材料、建筑装饰、电气设备、机械设备、轻工制造、国防军工
	下游需求	房地产、汽车、家用电器、农林牧渔、纺织服装、食品饮料
服务业	物流	交通运输
	TMT	电子、计算机、传媒、通信
	金融	银行、非银金融
	酒店和旅游等	休闲服务
	公用事业	公用事业
	零售	商业贸易
	医药	医药生物
	其他	综合

5. 上市公司排名说明

（1）主营业务不一致的上市公司

行业排名严格按照申银万国行业分类进行，申万的行业分类标准主要从投资管理的角度出发，上市公司主营业务收入与利润来源是行业分类时考虑的重要指标。申万对上市公司行业分类维护和调整的周期原则上为每年一次，不过考虑到上市公司可能因在调整周期内发生借壳上市、重大资产重组、资产收购及本身主要经营业务变化等而导致收入结构发生变化，有一些上市公司在当前的申万行业划分中将与其主营业务相背离，从而影响同行业比较及上市公司排名，这些上市公司包括但不限于表 10 所列，特此说明。

表 10　部分申万行业划分与主营业务相背离的上市公司

上市公司	申万行业分类	现主营业务
广东鸿图	汽车	汽车、金融投资
大连电瓷	电气设备	电气设备、货物进出口
中安消(原飞乐股份)	电子	计算机
熊猫金控(原熊猫烟花)	化工	多元金融
神州高铁(原宝丽来)	餐饮	交通运输
多伦股份	房地产	互联网金融
跨境通宝(原百圆裤业)	纺织服装	服装、电商
凤凰股份(原耀华玻璃)	汽车	房地产
易食股份	食品饮料	文化传媒
*ST 新都	休闲服务	文化传媒
江苏三友	纺织服装	医药
泰亚股份	消费	计算机
九九久	化工	医药
三元达通信	通信	多元金融
宏达新材	化工	传媒(分众传媒)

资料来源：Wind 资讯。

（2）最近一年发生 ST 摘帽的上市公司

年报披露期往往是 ST 股票摘帽高峰期，年报业绩的改善令不少 ST 公司摘去市场警示的帽子，这些公司的股票受到市场热捧，从而会产生较高的估值指标。不过这些公司的基本面并未发生与股价相符的利好改善，所以这些公司的估值与成长性指标的参考意义不大。这些公司包括但并不限于表 11 所列，特此说明。

表 11　部分 ST 摘帽的上市公司

上市公司	摘帽时间	上市公司名称	摘帽时间
南华生物	去＊ST:20150330	昌九生化	去＊ST:20150318
商 业 城	去＊ST:20150302	南钢股份	去＊ST:20150209
宁波东力	去＊ST:20150313	常铝股份	去＊ST:20150319
保变电气	去＊ST:20150317	民和股份	去＊ST:20150402
三毛派神	去＊ST:20150327	新疆天业	去 ST:20150402
上海三毛	去＊ST:20150302	石化油服	去 ST:20150330
北 大 荒	去＊ST:20150323	精功科技	去＊ST:20150227
山东海化	去＊ST:20150323	京城股份	去＊ST:20150323
贤成矿业	去＊ST:20150209		

资料来源：Wind 资讯。

（3）申万行业细分

我们使用的行业分类为申万一级行业分类，且申万行业的分类细分到三级，而有些行业内部不同二级行业之间及三级行业之间财务状况、估值状况等指标相差较大，所以有些行业的排名会呈现某一、二级行业或者三级行业所有上市公司排名均高于其他行业或者三级行业的上市公司的情况，为此，将上市公司与其所在细分行业（申万二级或者申万三级）的可比上市公司进行对比能够得出更为准确的排名。

二　上市公司财务状况指标释义

考虑到不同行业的经营特性，将上市公司分为三类，即金融行业、房地产行业和非金融地产行业，并针对这三类行业分别设立三类指标：金融行业财务指标、房地产行业财务指标和非金融地产行业财务指标。金融行业财务指标主要从资产规模、收益率、资产质量和风险等角度评估上市公司，房地产行业财务指标主要从财务安全性、战略理性、运营效率和规模角度评估上市公司，非金融地产行业财务指标主要从现金流动性、长期偿债能力、营运能力与财务弹性和盈利能力角度衡量上市公司财务业绩。我们先给出一般性指标定义，再结合不同行业给出特殊性指标定义和行业内公司排名。

（一）金融行业财务指标

1. 银行业

（1）收入驱动力

生息资产扩张速度 =（本年生息资产规模 - 上年生息资产规模）/上年生息资产规模

意义：反映作为银行利息收入重要来源的生息资产增长速度。

分析逻辑：在中间业务收入占比不高以及净息差逐年变动幅度不大的情况下，中国银行业的利润驱动主要依靠生息资产扩张，生息资产扩张速度很大程度上决定了银行净利润的增长水平。

净息差 =（银行全部利息收入 - 银行全部利息支出）/全部生息资产

意义：反映银行净利息收入的收益率，相当于营业利润率的概念。

分析逻辑：净息差是银行放贷收益的集中表现，反映银行综合平衡资产负债和成本收益后的定价能力，净息差越高银行的利润率就越高，零售客户多、客户规模小及融资期限短的银行净息差往往较高。

（2）收入结构

非利息收入占比 = 中间业务收入/营业收入

意义：反映银行除生息资产收益以外的其他资金运用带来的收益状况。

分析逻辑：非利息收入占比越高，银行受信贷政策和利率市场化的影响就越小。

（3）资本水平

资本充足率 =（资本 - 资本扣除项）/风险加权资产

意义：反映商业银行在债权人和存款人的资产遭到损失前，以自有资本承担损失的程度。该指标可以抑制商业银行风险资产的过度膨胀，保护债权人和存款人利益，提高银行抵御风险的能力。

分析逻辑：资本充足率是上市银行的命脉，资本充足率越高，其能够承受违约风险资产的能力就越大，资本风险也越小。不过上市银行有降低资本充足率的动机，中国商业银行的主要利润来源是存贷差，存贷规模越大，收取的息差越多，利润就越高，但这样会通过做大分母降低资本充足率。

（4）资产质量

不良贷款率 = 不良贷款余额/各项贷款 ×100%

意义：反映金融机构的信贷资产安全状况。

分析逻辑：不良贷款率越高，说明银行收回贷款的风险越大，银行的贷款质量越差，因为每个银行不良贷款计提标准不同，所以应关注不同时期银行不良贷款率的变化。

拨备覆盖率 = 贷款损失准备金余额/不良贷款余额

意义：衡量商业银行贷款损失准备金计提是否充足。

分析逻辑：该指标越高，说明不良贷款的保障越充足，每个银行计提标准不同，所以应关注具体银行与自身的历史数据的比较。

2. 证券行业

（1）规模

净资本 = 净资产 - 金融资产的风险调整 - 其他资产的风险调整 - 或有负债的风险调 -/+ 中国证监会认定或核准的其他调整项目

意义：衡量证券公司资本充足和资产流动性状况的指标。

分析逻辑：一方面，净资本充足的证券可以抵御潜在的市场风险、信用风险、运营风险和结算风险等风险；另一方面，由于资本中介型创新业务非常消耗净资本，净资本的实力决定了未来证券能否抢占创新市场份额的先机。

（2）盈利能力

净资产收益率 = 净利润/［（期初所有者权益合计 + 期末所有者权益合计）/2］×100%

意义：反映公司股东的投资报酬率。

分析逻辑：该指标是衡量上市公司盈利能力的重要指标，该比率越高，说明为股东带来的收益越高，一般有全面摊薄净资产收益率和加权平均净资产收益率两种。

（3）营运能力

资产周转率 = 营业收入总额/资产平均总额 ×100%

意义：反映了企业经营期间全部资产管理质量和利用效率。

分析逻辑：我国证券公司 ROE 主要推动力在于高销售净利率，未来资本中介业务的发展将促进证券向提高资产周转率推动 ROE 转型，资产周转率高的证券说明闲置资产利用率较高，市场中介功能发挥得较好。

（4）偿债能力

杠杆率（权益乘数）＝资产总额/股东权益总额

意义：衡量所有者投入企业的资本占全部资产的比重。

分析逻辑：华尔街投行的一大特征就是高杠杆经营，杠杆率越高，证券净资本越高，创新业务发展得到的支持力度就越大，对传统业务的依赖就越少。

（5）收入驱动力

经纪业务市场份额＝证券股票和基金交易额/全行业股票和基金交易额

意义：衡量个体证券经纪业务市场占比。

分析逻辑：证券经纪业务目前仍然在业务总收入中占比最大，在佣金率不断下滑的背景下，市场份额越大，证券经纪业务收入对总收入的贡献就越大。

融资融券业务市场份额＝证券两融余额/全行业两融余额

意义：衡量个体证券两融业务市场占比。

分析逻辑：融资融券市场份额越大，带来的佣金收入和息差收益越多。同时可以为自营业务降低成本和提供更多的套期保值机会。

3. 保险行业

（1）偿债能力

资产负债率＝保险公司负债总额/资产总额

意义：反映保险公司在清算时的经济补偿能力。

分析逻辑：保险公司普遍进行高负债经营，从股东角度看，在资本利润率高于借款利息时，该比率越高越好。

（2）盈利能力

净资产收益率＝净利润/资产净值×100%

意义：反映保险公司资产净值的盈利能力。

分析逻辑：一般而言，该指标越高越好。该指标如果高于同期银行定存利率，则表明适度负债对于投资者而言是有利的，反之将损害投资者利益。

给付率＝（满期给付＋死伤医疗给付＋年金给付）/寿险、长期健康责任准备金×100%

意义：反映人寿保险公司积累的寿险、长期健康险、长期健康责任准备金用于保障人寿保险业务或年金业务的满期给付、死伤医疗给付及年金给付的程度。

分析逻辑：该指标很重要，指标值越低，说明保险公司的给付业务比较分散，寿险、长期健康责任准备金在支付各种给付后，所剩充裕，盈利能力和运营能力越强。

（3）营运能力

费用率 = 营业费用/营业收入 ×100%

意义：反映保险公司的经营管理水平和费用支出情况。

分析逻辑：该指标越低，表明保险公司为取得 1 元营业收入所投入的成本就越低。

退保率 = 本期合计退保金总额/（期初累计准备金总额 + 本期纯保费总额）×100%

意义：反映公司承办管理能力。

分析逻辑：该指标越高，保险公司业务经营稳定性越不好，业务质量越差，保险公司应当尽量避免退保情况的发生。

（二）房地产行业财务指标

1. 财务安全性

短期风险头寸 =1 年内到期负债率 + 已订约但未拨备的承诺资本支出/年末总资产 - 现金比率 - 低谷存量资产周转率 = ［（流动负债 - 预收账款）/年末总资产］ + 已订约但未拨备的承诺资本支出/年末总资产 - 现金/年末总资产 - 低谷中的合约销售金额/年初总资产

说明：低谷中的合约销售金额由于无法从报表中获得，我们使用当年的（营业收入 + 年末的预收账款 - 年初的预收账款）来替代，而已订约但未拨备的承诺资本支出我们用（应收账款/25%）来替代，而低谷中的存量资产周转率我们用 2008 年初的总资产周转率来替代。

意义：短期风险头寸度量了房地产企业在危机中的抗风险能力。

分析逻辑：该指标越大，房地产公司对外部融资的需求就越大，财务风险也越大，该指标负值越大，说明低谷中的房地产企业可以利用与套利扩张的盈余资金就越多。当短期风险头寸大于零时，房地产企业在低谷中的现金与销售回款不足以覆盖1年内到期负债和其他支付要求，当短期风险头寸小于零时，房地产企业可以应付所有的短期支付需求。

2. 战略理性

净短期借贷空间＝低谷存量资产周转率－日常运营支出/总资产－已订约但未拨备的承诺资本支出/总资产

净长期借贷空间＝低谷存量资产周转率－日常运营支出/总资产

净借贷资产比上限＝总借贷空间＝净短期借贷空间＋净长期借贷空间

财务安全底线＝净借贷资产比上限/市场平均的权益比率＋长期债券/净资产

净借贷资产比＝低谷存量资产周转率－已订约但未拨备的承诺资本支出/总资产

意义：反映房地产企业在低谷中销售回款能够覆盖银行贷款、承诺资本支出和其他必须支出的负债上限。

分析逻辑：一般将净借贷资产比与财务安全底线相比较，距离财务安全底线幅度越大，企业面临的财务困境就越小。

3. 营运效率

营业利润率＝（营业利润＋财务费用－投资收益－公允价值变动损益）/营业收入

意义：反映房地产企业获取盈利的能力和经营效率的高低。

分析逻辑：该指标越高，说明房地产企业盈利能力越强。

存量资产周转率＝合同销售金额/上年总资产

意义：反映房地产企业的资产周转速度。

分析逻辑：该指标越高，利润率越高，企业的扩张速度就越快。

4. 公司规模

流通股市值

意义：在当前房地产市场下行的背景下，市值越大的企业的行业影响力和抗风险能力越强。

分析逻辑：该指标越高，企业的品牌价值就越大，投资者对企业的信任感也越高。

（三）非金融地产行业财务指标

在分析中所有指标均需考虑不同行业和不同时期的差异，与同行业平均水平或者历史水平相比才能得出较为合理的结论。由于金融行业中的非银行、证券和保险公司财务报表与一般公司较为类似，将非金融地产行业的财务指标也应用到这些企业当中。

1. 现金流动性能力

流动比率 = 流动资产合计/流动负债合计

意义：反映企业的短期偿债能力。

分析逻辑：从理论上讲，流动比率维持在 2∶1 是比较合理的。但是，由于行业性质不同，流动比率的实际标准也不同。在分析流动比率时，应将其与同行业平均流动比率、本企业历史的流动比率进行比较，才能得出合理的结论。

速动比率 = （流动资产合计 - 存货）/流动负债合计

意义：更准确的反映企业短期偿债能力，流动资产中扣除存货，是因为存货在流动资产中变现速度较慢，有些存货可能滞销，无法变现。

分析逻辑：根据经验，通常认为速动比率等于 1 比较合理。因此，在财务分析中，往往以 1 作为速动比率的比较标准，认为企业的速动比率在 1 左右比较正常，偏离太多则存在一定的问题，但是需考虑不同的行业和时期。

现金流动负债比 = 年经营活动现金净流量/期末流动负债

意义：从现金流量角度来反映企业当期偿付短期负债的能力。

分析逻辑：现金流动负债比越大，表明企业经营活动产生的现金净流量越多，越能保障企业按期偿还到期债务。不过，该指标也不是越大越好，指标过大表明企业流动资金利用不充分、获利能力不强。

现金到期债务比 = 经营活动现金净流量/本年到期债务

本年到期债务 = 一年内到期的长期债务 + 应付票据

意义：反映企业偿还到期债务的能力。

分析逻辑：一般来讲，企业到期的长期负债和本期应付票据是不能延期的，到期必须偿还，该比率越高，说明企业资金流动性越好，企业到期偿还债务的能力就越强。

2. 长期偿债能力

资产负债率 = （负债总额/资产总额） ×100%

意义：反映企业资产中债权人提供的资产比重、企业的举债水平及风险程度。

分析逻辑：资产负债率的合理区间为60%～70%，该比率越大，企业的财务风险就越大，同时利用债务获取盈利的能力越强，经营风险比较高的企业适合保持较低的资产负债率，而经营风险比较低的企业适合保持较高的资产负债率。

产权比率＝（负债总额/股东权益）×100%

意义：反映债权人与股东提供资金的比例，可以用于评估资金结构的合理性。

分析逻辑：产权比率越高，企业偿还长期负债的能力就越弱，产权比率越低，企业偿还长期债务的能力就越强。也可用于衡量债权人付出的资本受到所有者权益保障的程度。

利息保障倍数＝息税前利润/利息费用

＝（利润总额＋财务费用）/（财务费用中的利息支出＋资本化利息）

通常也可用近似公式：利息保障倍数＝（利润总额＋财务费用）/财务费用

意义：反映企业经营收益对应的债务利息的倍数，衡量企业偿还借款利息的能力。

分析逻辑：利息保障倍数至少应该大于1，倍数越大，说明企业偿还长期债务的能力就越强，一般选择5年或5年以上的利息保障倍数。

3. 营运能力和财务弹性

应收账款周转率＝销售收入/［（期初应收账款＋期末应收账款）/2］

意义：反映企业应收账款变现速度以及管理效率的高低。

分析逻辑：该指标越高表明企业资产流动性越强，营运资金没有过多呆滞在应收账款上。结合应收账款周转率与企业信用期限比较，还可以评估购买单位的信用程度以及生产企业的信用条件合适与否。分析中应注意季节性经营的企业以及大量使用分期收款结算和现金结算的企业。

存货周转率＝产品销售成本/［（期初存货＋期末存货）/2］

意义：反映存货周转速度和企业变现能力。

分析逻辑：该指标越高说明存货的占用水平越低，变现速度越快，存货积压的风险就越少。分析中应注意去除不同存货计价方法所产生的影响。

现金满足投资比率＝近五年累计经营活动现金净流量/同期内的资本支出、存货增加、现金股利之和

意义：反映企业经营活动现金流量满足资本支出与存货增加和发放现金股利的能力。

分析逻辑：该比率越大越好，大于或等于1，说明企业可以用经营获取的现金满足企业扩充所需资金；如果小于1，则说明企业来自经营活动的现金流量不足以满足企业扩充所需资金，需要外部融资。

营业周期＝存货周转天数＋应收账款周转天数＝｛［（期初存货＋期末存货）/2］×360｝/产品销售成本＋｛［（期初应收账款＋期末应收账款）/2］×360｝/产品销售收入

意义：反映资金周转的快慢。

分析逻辑：该比率越小，说明企业从取得存货开始到销售存货并收回现金的时间越短，资金周转速度越快。

全部资产现金回收率＝经营活动现金净流量/期末资产总额

意义：反映企业资产产生现金的能力。

分析逻辑：该比率越大，说明资产利用效率越高，企业获取现金能力越强，经营管理水平就越高。

4. 盈利能力和盈利质量

销售净利率＝净利润/销售收入×100%

意义：反映每一元销售收入贡献的净利润程度。

分析逻辑：该比率越高，说明企业的获利能力就越强。销售净利率越低，说明企业成本费用支出就越高。销售收入是扣除了销售折扣、销售折让后的净额。

销售毛利率＝［（销售收入－销售成本）/销售收入］×100%

意义：反映每一元销售收入扣除成本后的初始获利能力。

分析逻辑：该指标越高，表示销售成本占销售收入的比重就越小，可以有更多的钱用于各项期间费用和形成盈利。

净资产收益率＝净利润/［（期初所有者权益合计＋期末所有者权益合计）/2］×100%

意义：反映公司股东的投资报酬率。

分析逻辑：该指标是衡量上市公司盈利能力的重要指标，该比率越高，说明为股东带来的收益就越高，一般有全面摊薄净资产收益率和加权平均净资产收益率两种。

销售现金比率 = 经营活动现金净流量/销售额

意义：反映每一元销售收入贡献的净现金流入量。

分析逻辑：该比率越高，说明企业的收入质量越好，资金的利用率就越高。

现金营运指数 = 经营活动现金净流量/经营所得现金
= 经营活动现金净流量/（经营活动净收益 + 非付现费用）
= 经营活动现金净流量/（净利润 - 投资收益 - 营业外收入 + 营业外支出 + 本期提取的折旧 + 无形资产摊销 + 待摊费用摊销 + 递延资产摊销）

意义：反映财务报表收益和现金净流量的比例关系。

分析逻辑：该指标接近 1，说明经营所得现金接近经营现金流量，收益质量较高，小于 1 则说明收益质量较差。

投入资本回报率（ROIC） = EBIT ×（1 - 所得税税率）/投入资本

意义：从公式来说，投入资本回报率（ROIC）是息前税后经营利润与投入资本的比值，这与经济增加值的计算公式非常相似，ROIC 可以用来直观地反映公司的创值能力。

分析逻辑：该指标越高，表明企业价值创造能力越强，管理能力越佳。不过，这个指标也并非越高越好，指标越高也可能意味着经营者以牺牲未来长期价值为代价来增加营业收入，同时由于投入资本中不含有无息流动负债，管理层可能会通过做小无息流动负债来提升 ROIC。

三　上市公司估值与成长性指标释义

估值与成长性方面，我们仿照光大证券使用的加拿大皇家银行（RBC）选股模型，利用价值模块、成长模块、动量模块和稳定模块来筛选上市公司。我们并未像财务状况那样针对不同的行业设定不同的指标，而是针对所有 28 个行业设定相同的指标评价上市公司的估值与成长性。

（一）价值指标

基于一致预期的市盈率［预测市盈率（PE，未来12个月）平均值］=股票在指定交易日期的收盘/预测每股收益

意义：每股市价为未来某年预测每股收益的倍数。

分析逻辑：预测每股收益是指，截至指定日期市场近12个月对该公司在未来某年预测每股收益的一致预测。该指标适合与同行业股票进行比较，判断公司是否被低估或高估。

扣除非经常性损益的市盈率［市盈率（TTM，扣除非经常性损益）］=市值/前推12个月扣除非经常性损益后的净利润

意义：前推12个月扣除非经常性损益后的净利润是根据报告期“归属母公司股东的净利润”计算：①最新报告期是年报，则TTM=年报；②最新报告期不是年报，则TTM=本期+（上年年报－上年同期），如果本期、上年年报、上年同期存在空值，则不计算，返回空值。

分析逻辑：与市盈率分析逻辑相似，该指标适合与同行业股票进行比较，判断公司是否被低估或高估。

市净率（PB）=股票在指定交易日期的收盘价×截至当日公司总股本/归属母公司股东的权益

意义：按照指定日期所选股票的人民币收盘价计算的公司总市值与同期公司账面净资产的比值。

分析逻辑：市净率可以用于投资分析。每股净资产是股票的账面价值，用成本计量，每股市价是这些资产的现时市场价值，是证券市场交易的结果。一般认为，市价高于账面价值时企业资产的质量较好，有发展潜力；反之则质量较差，没有发展前景。市净率侧重于对未来盈利能力的期望。

（二）成长性指标

营业收入增长率=过去五年营业收入增长率平均值

意义：反映营业收入的成长持续性和幅度。

分析逻辑：该指标越高，公司盈利能力越好，未来获得持续高速增长的可能性就越大。

净利润增长率 = 过去五年净利润增长率平均值

意义：净利润增长率反映了企业实现价值最大化的扩张速度，是综合衡量企业资产营运与管理业绩及成长状况和发展能力的重要指标。

分析逻辑：该指标越高，企业未来成长状况和发展能力就越好。

（三）稳定性指标

股票收益率稳定性 = 以月为单位，过去股价三年的标准差

意义：反映上市公司股价的离散程度。

分析逻辑：后一时间段末股价与上一时间段末股价比的自然对数，求这些数值的标准差。该指标越低，说明股价的稳定性就越好。

盈利稳定性 = 过去五年净利润标准差

意义：反映公司净利润的离散程度。

分析逻辑：该指标越低，说明公司净利润的稳定性就越好。

非经常性项目频率 = 过去五年非经常损益标准差

意义：反映公司受到不经常发生或不正常交易事项的影响程度。

分析逻辑：该指标越大，说明公司受到的与经营业务无关系的活动的影响就越大。

四　上市公司创值能力指标释义

公司发展的最终目的是实现股东价值最大化，对于公司业绩的衡量除了考虑会计利润外，还应考虑为股东创造的价值。传统的使用会计方法来计算净利润并没有扣除股东资本的成本，忽略了股东资本的无偿占用，导致无法判断公司实际为股东创造的真正价值，同时传统的计算方法所使用的数据在考虑了会计准则中的稳健性原则后低估了公司的真正业绩，不符合为股东创造最大价值的目标。我们为此引入 EVA 和 MVA 两项指标，这两项指标在考虑了企业发展机会和抗风险能力的同时，也考虑了资本运作的效益，更好地衡量了公司为股东创造的价值。为了更好地反映创值效率，我们使用 EVA 和 MVA 占公司市值的比重来衡量单位市值下上市公司的创值能力。

（一）过去的股东价值创造指标

EVA = 税后营业净利润 - 资本总成本

= 税后营业净利润 - 资本 × 资本成本率

税后营业净利润（NOPAT） = 营业利润 + 财务费用 + 当年计提的坏账准备 + 当年计提的存货跌价准备 + 当年计提的长短期投资减值准备 + 当年计提的委托贷款减值准备 + 投资收益 - EVA 税收调整

EVA 税收调整 = 利润表上的所得税 + 税率 ×（财务费用 + 营业外支出 - 固定资产/无形资产/在建工程减值准备 - 营业外收入 - 补贴收入）

债务资本 = 短期借款 + 一年内到期长期借款 + 长期借款 + 应付债券

股本资本 = 股东权益合计 + 少数股东权益

约当股权资本 = 坏账准备 + 存货跌价准备 + 长短期投资/委托贷款减值准备 + 固定资产/无形资产减值准备

计算 EVA 的资本 = 债务资本 + 股本资本 + 约当股权资本 - 在建工程净值

加权平均资本成本 = 债务资本成本率 × [债务资本/（股本资本 + 债务资本）] ×（1 - 税率） + 股本资本成本率 × [股本资本/（股本资本 + 债务资本）]

意义：EVA 衡量了公司真正的经济利润，克服了传统指标的缺陷，考虑了资本成本，能够准确反映公司在一定时间内真正为股东创造的价值。

分析逻辑：该指标为正，表明公司为股东创造了价值，指标为负则表明股东的价值在缩水。

（二）未来的股东价值创造指标

MVA = 公司市值 - 累计资本投入 = 企业股票价格 × 流通在外股票数量 - 企业占用的权益资本（企业债务资本的市场价值和账面成本价值基本相同，故将 MVA 简化）

意义：反映所有资本通过股市累计为其创造的财富，即市值与累计资本投入之间的差额，反映市场对公司未来获取 EVA 能力的预期。

分析逻辑：指标为正，说明公司经营投资活动创造的价值超过投资者投入公司的资本价值；指标为负，说明公司经营活动创造的价值不足以覆盖投资者投入公司的资本价值。

五　上市公司公司治理与社会责任指标释义

公司治理结构是规范所有企业利益相关者之间关系的一整套制度安排，公司治理水平决定着公司运作和发展质量，同时良好的公司治理有助于降低代理成本及股权结构的合理化。我们在公司治理方面设计了股权激励和信息披露质量两类指标，综合反映公司治理好坏对公司价值的影响程度。

公司除了在日常经营中需要考虑财务和经营状况外，也需要考虑未来的可持续发展，社会责任就是衡量公司对社会和自然环境所造成的影响程度。我们在社会责任方面设立外部责任和内部责任两类指标，综合反映上市公司对社会、股东以及职工等利害关系的贡献和影响。

（一）股权激励指标

股权激励比例 = 激励总数/当时总股本比例

意义：反映公司经营者与股东利益的一致程度。

分析逻辑：该指标越高，反映公司经营者承担的经营风险越大，越能在经营过程中更多地关心公司的长期价值。

高管持股比率 = 董事长、董事及监事持股总量/股本总额

意义：反映公司经营者与股东利益的一致程度。

分析逻辑：该比率越高，反映管理者利益与股东利益越一致，代理成本越少，公司长期增长率就越高。

重要股东二级市场交易 = 一段时间内增减仓市值/公司总市值

意义：增持反映大股东看好公司的发展，减持反映大股东对公司前景不看好、当前估值过高。

分析逻辑：大多数上市公司重要股东股份减持的动机是套现，或者利用信息不对称来获取超额收益，大股东对自已的公司是最了解的，如果一段时间一家公司出现大规模的减持事件发生，说明公司前景堪忧。

（二）信息披露质量指标

审计意见类型：标准无保留意见、带强调事项段的无保留意见、无法表示意见、保留意见和否定意见（2012 年反映年报公司财务 - 审计意见）。

意义：反映公司信息披露的质量。

分析逻辑：审计意见好，说明公司管理层有效地设计、实施和维护与财务报表编制相关的内部控制，以使财务报表不存在因舞弊或错误而导致的重大错报，选择和运用恰当的会计政策，作出合理的会计估计。审计意见共分为五类：标准无保留意见说明审计师认为被审计者编制的财务报表已按照适用的会计准则的规定编制并在所有重大方面公允反映了被审计者的财务状况、经营成果和现金流量；带强调事项段的无保留意见说明审计师认为被审计者编制的财务报表符合相关会计准则的要求并在所有重大方面公允反映了被审计者的财务状况、经营成果和现金流量，但是存在需要说明的事项，如对持续经营能力产生重大疑虑及重大不确定事项等；保留意见说明审计师认为财务报表整体是公允的，但是在存在影响重大的错报；否定意见说明审计师认为财务报表整体是不公允的或没有按照适用的会计准则的规定编制；无法表示意见说明审计师的审计范围受到了限制，且其可能产生的影响是重大而广泛的，审计师不能获取充分的审计证据。

（三）外部责任指标

社会贡献率 = 企业社会贡献总额/平均资产总额

= （支付的职工薪酬 + 缴纳税款 + 利息支出净额 + 应缴增值税 + 产品销售税金及附加 + 应缴所得税及其他税）/总资产平均占用额

意义：反映企业占用社会资源所产生的社会经济效益。

分析逻辑：该比率越大，说明公司对职工、股东、债权人和国家的贡献度越高，社会责任履行得越好。

税款上缴率 = 已缴纳税款/应缴纳税款

= 支付的各项税费/（本会计期间营业税金及附加 + 本会计期间所得税费用）

意义：反映公司对国家相关税法的遵守情况。

分析逻辑：该比率越高，说明公司对税法的遵守程度就越高。

资产纳税率 = 企业纳税总额/平均资产余额

= (本会计期间营业税金及附加 + 本会计期间所得税费用) / 总资产期初期末平均值

意义：反映企业对国家的纳税贡献。

分析逻辑：该比率越高，说明公司对国家的纳税贡献就越高。

（四）内部责任指标

资本保值增值率 = 年末所有者权益/年初所有者权益

意义：反映公司运用股东资本获得资本增值的能力。

分析逻辑：该比率越高，说明企业运营效率越高，对股东贡献就越大。

职工劳动生产率 = 公司收入总额/职工总人数

意义：反映公司劳动者素质提高的社会责任履行情况。

分析逻辑：该指标越大，说明公司对提高劳动者素质的责任履行得越好。

职工获益率 = （支付职工工资 + 职工奖金福利）/营业收入

意义：反映公司对职工的重视程度。

分析逻辑：该比率越高，说明公司对职工的重视程度越高，对职工承担的社会责任就越大。

职工薪酬支付率 = 已付职工薪酬总额/应付职工薪酬总额

意义：反映公司对国家相关劳动法规的遵守情况。

分析逻辑：该比率越高，说明企业延时发放工资的情况越少，员工满意度就越高。

六　上市公司创新能力与战略资源指标释义

企业的创新能力主要包括技术能力、营销能力、整合能力和资源投入能力等一系列要素，考虑到上市公司财务报告数据的局限性，我们在创新能力方面仅设定研发经费投入强度和营销投入强度两项指标来反映公司的创新能力。

企业战略资源包括研发、公司品牌和资金支持等一系列的指标，考虑到上市公司财务报告数据的局限性，我们在战略资源方面设立内部融资能力、资产担保比例和资产质押比例来反映上市公司的资金支持能力。

（一）创新经费及营销能力

研发经费投入强度 = 研发经费/企业销售收入

意义：反映企业在报告期内内部支出和外部支出占销售收入的比重。

分析逻辑：该比率越高，说明公司在创新方面的投入力度就越大。

营销投入强度 = 营销投入/产品销售收入

意义：反映企业对创新产品的销售能力。

分析逻辑：该比率越高，说明企业用于推广的投入力度就越大。

（二）资金支持能力

内部融资能力 = 经营活动现金流量/投资活动现金流量

意义：反映公司内部支持经营活动的能力。

分析逻辑：该指标越大，说明公司内部资金支持能力就越强。

资产担保比例 = 截至 2013 年年中资产担保总额/净资产

意义：反映公司对资金的需求程度和融资渠道的宽窄。

分析逻辑：该比例越高，说明公司融资短缺现象就越严重。

资产质押比例 = 上年全年质押股数/总股本

意义：反映公司对资金的需求程度和融资渠道的宽窄。

分析逻辑：该比例越高，说明公司融资短缺现象就越严重。

七　市场特征指标释义

在新常态下，资本市场与过去相比呈现出新的特征。首先，随着经济增速放缓，实体企业已经无法再承担高企的利率，央行引导资金利率下行的政策定力较强，长期来看利率下行趋势不可逆转，而决定利率能否出现实质性下行的因素是地方政府债务的改革和国企改革；其次，从 2014 年年中开始，在融资融券、伞形信托等杠杆工具的推动下股市一片向好，融资余额占自由流通市值比重较大的股票短期内对公司表现的贡献越来越大；最后，在资本项下逐步对外开放及人民币国际化战略的大背景下，考虑到 A 股整体市盈率较低，海外资金配置 A 股热情将逐步放大。

结合资本市场新常态，我们在市场特征方面设定 4 类指标，分别是利率敏感度指标（除金融行业外）、国企改革标的、企业规模扩张（除金融行业外）和国际资本关注指标（除金融行业外）。上市公司加杠杆程度往往与股价短期涨跌有关，对于中长期表现的参考意义不大，故我们暂不在这方面设定指标。

（一）利率敏感度指标（除金融行业外）

净负债率 =（有息负债 - 现金及现金等价物）/净资产

有息负债 = 短期借款 + 长期借款 + 应付债券

意义：反映企业财务结构和财务杠杆使用效率的指标。

分析逻辑：净负债率越高的企业，其通过高负债的财务杠杆为股东带来的回报越高，同时在利率下行周期的背景下，其存量贷款的融资成本就越低。

综合融资成本 = 财务费用/净负债（除金融行业外）

净负债 = 短期借款 + 长期借款 + 应付债券 + 少数股东权益 + 优先股 - 现金 - 现金等价物

意义：企业当前财务费用与实际上已投入生产经营的债务成本比率，反映企业的实际融资成本。

分析逻辑：该指标越高，高负债公司受益于利率下降带来的财务费用减少幅度越大，企业业绩提升潜力就越大。

（二）国企改革标的

实际控制人类型：中央国有企业、中央国家机关、职工持股、其他、境外、集体企业、国资委、个人、地方国资委、地方政府、大学。

意义：反映企业实际控制人是否为中央政府或地方政府投资参控的企业。

分析逻辑：企业实际控制人为中央政府或地方政府投资参控的企业，未来发生混合所有制改革或资产整合的概率较大，它们将受到资本市场的追捧。

股权激励方案：期权初始行权价格（股票转让价格）与现价对比。

意义：考虑到部分高管的持仓成本，该指标反映上市公司安全垫。

分析逻辑：如果期权初始行权价格高于股票现价，则意味着股权激励方案失去意义，公司管理层或采取有效的经营管理或通过资本运作，提升公司股价，所以当行权价格高于现价时，上市公司股价安全边际较高。

（三）企业规模扩张（除金融行业外）

ROE 与综合融资成本比较（除金融行业外）。

意义：反映企业进行投资扩张的动力。

分析逻辑：如果企业 ROE 高于综合融资成本，则其倾向于通过加杠杆的形式进行扩大再生产；如果企业 ROE 低于综合融资成本，则其规模扩张动力不足。

（四）国际资本关注指标（除金融行业外）

股息率 = 每股股利/每股市价

意义：股息率是投资者选股的重要依据，也是安全边际的重要实现手段，主要市场上通常用股票的股息率与银行的定期存款利率相比，如果股息率高于同等期限银行定存利率，投资股票将比存在银行资金保值增值的作用更大。

分析逻辑：从国外的经验来看，股市较弱时分红型股票往往具有很好的防御性，这些公司拥有的足够现金流，一方面可以提升其收购兼并的能力，另一方面在下滑周期中其抵御风险的能力更强。考虑到公司需要在回馈股东和未来发展之间权衡，所以 30% ～60% 是公认的比较合理的区间，寻找具有较好安全边际的优质分红公司会令投资者长期受益。

八　上市公司价值评估结果与启示

（一）上市公司价值评估综合排名结果

通过对上市公司以上六因素的打分，我们分行业得出上市公司综合排名，由于总报告篇幅有限，此处只选取每个行业排名前十的上市公司，其他上市公司的综合排名以及六因素上市公司的排名在附录中体现。

表12 银行

排名	股票代码	公司名称	财务状况	估值与成长性	创值能力	公司治理与社会责任	创新能力与战略资源	市场特征	综合得分
1	002142. SZ	宁波银行	6. 72	4. 83	6. 68	5. 3	3. 81	4. 18	5. 58
2	000001. SZ	平安银行	6. 3	5. 64	6. 26	4. 79	4. 75	4. 18	5. 57
3	601939. SH	建设银行	6. 3	3. 51	2. 75	4. 68	5. 88	6. 8	5. 55
4	600016. SH	民生银行	5. 88	5. 07	6. 04	6. 2	6. 44	4. 18	5. 4
5	601009. SH	南京银行	5. 79	5. 62	6. 31	4. 73	3. 85	4. 18	5. 3
6	601818. SH	光大银行	4. 28	5. 75	5. 91	4. 77	4. 93	6. 8	5. 25
7	600015. SH	华夏银行	4. 59	6. 86	5. 77	5. 57	6. 8	4. 18	5. 19
8	601166. SH	兴业银行	5. 38	5. 87	5. 4	4. 91	3. 24	4. 18	5. 11
9	601398. SH	工商银行	4. 72	4. 13	2. 15	4. 65	5. 61	6. 8	4. 95
10	601169. SH	北京银行	5. 28	4. 83	5. 81	4. 96	4. 62	4. 18	4. 93

表13 证券

排名	股票代码	公司名称	财务状况	估值与成长性	创值能力	公司治理与社会责任	创新能力与战略资源	市场特征	综合得分
1	600030. SH	中信证券	7	5. 47	1. 79	5. 64	5. 3	5. 97	5. 57
2	601377. SH	兴业证券	5. 21	5. 52	5. 9	5. 03	5. 2	5. 97	5. 31
3	002500. SZ	山西证券	3. 72	3. 7	6. 04	6. 77	4. 79	5. 97	5. 29
4	600999. SH	招商证券	6. 08	4. 72	4. 47	4. 85	5. 56	5. 97	5. 17
5	000686. SZ	东北证券	4. 51	6. 4	5. 83	5. 07	5. 04	3. 48	5. 16
6	601688. SH	华泰证券	6. 28	4. 76	3. 76	4. 89	5. 31	5. 97	5. 16
7	601099. SH	太平洋	3. 85	6. 17	6. 71	5. 41	4. 57	3. 48	5. 15
8	000776. SZ	广发证券	6. 91	4. 74	3. 75	4. 85	5. 03	3. 48	5. 06
9	601788. SH	光大证券	4. 94	4. 59	4. 36	5. 31	5. 23	5. 97	5. 06
10	601555. SH	东吴证券	4. 26	5. 31	5. 65	5. 01	5. 03	5. 97	5. 05

表 14 保险

排名	股票代码	公司名称	财务状况	估值与成长性	创值能力	公司治理与社会责任	创新能力与战略资源	市场特征	综合得分
1	601601. SH	中国太保	5. 05	4. 36	5. 43	5. 65	6	5. 05	5. 35
2	601336. SH	新华保险	5. 79	5. 31	6. 61	4. 55	3. 96	5. 79	5. 18
3	601318. SH	中国平安	5. 58	6. 8	4. 24	4. 95	5. 06	5. 58	5. 11
4	601628. SH	中国人寿	3. 57	3. 53	3. 72	4. 85	4. 97	3. 57	4. 36

表 15 多元金融

排名	股票代码	公司名称	财务状况	估值与成长性	创值能力	公司治理与社会责任	创新能力与战略资源	市场特征	综合得分
1	600816. SH	安信信托	6. 63	5. 24	6. 34	5. 04	5. 55	6. 35	5. 94
2	600705. SH	中航资本	5	7. 74	4. 95	5. 12	5. 56	4. 31	5. 59
3	600830. SH	香溢融通	5. 04	4. 81	4. 73	5	5	5. 95	5. 19
4	000415. SZ	渤海租赁	4. 88	5. 16	3. 53	4. 9	4. 44	5. 89	5. 11
5	000666. SZ	经纬纺机	4. 93	4. 94	2. 72	5. 35	4. 89	5. 75	5. 08
6	600635. SH	大众公用	4. 64	4. 8	4. 21	5. 45	4. 75	5. 83	5. 05
7	000563. SZ	陕国投 A	4. 84	5. 02	5. 36	4. 99	4. 71	4. 41	4. 8
8	600643. SH	爱建股份	5. 1	4. 46	5. 01	5. 11	4. 77	4. 57	4. 77
9	600783. SH	鲁信创投	4. 71	4. 47	5. 82	4. 34	4. 8	4. 62	4. 65
10	000996. SZ	中国中期	4. 9	3. 79	6. 61	4. 86	5. 64	4. 2	4. 57

表 16 房地产

排名	股票代码	公司名称	财务状况	估值与成长性	创值能力	公司治理与社会责任	创新能力与战略资源	市场特征	综合得分
1	002285. SZ	世联行	5. 45	4. 96	6. 53	6. 32	4. 73	5. 14	5. 96
2	002146. SZ	荣盛发展	6. 36	5. 09	5. 17	6. 66	4. 9	4. 9	5. 89
3	002305. SZ	南国置业	4. 97	5. 41	5. 25	6. 74	4. 87	5. 27	5. 88
4	000502. SZ	绿景控股	4. 12	4. 92	6. 75	5. 9	5. 41	5. 2	5. 77
5	000718. SZ	苏宁环球	5. 71	5. 26	5. 68	6. 12	4. 95	4. 96	5. 73
6	000069. SZ	华侨城 A	6. 23	5. 48	4. 38	6. 46	5. 11	5. 45	5. 7
7	600734. SH	实达集团	5. 1	4. 88	7. 06	5. 53	5. 33	4. 39	5. 67
8	000670. SZ	盈方微	4. 84	5. 18	7. 11	5. 39	4. 92	5. 19	5. 66
9	000671. SZ	阳光城	5. 64	5. 19	5. 16	6. 26	4. 88	4. 9	5. 65
10	600175. SH	美都能源	5. 84	4. 88	5. 28	6. 42	4. 69	3. 85	5. 64

表 17 采掘

排名	股票代码	公司名称	财务状况	估值与成长性	创值能力	公司治理与社会责任	创新能力与战略资源	市场特征	综合得分
1	300191. SZ	潜能恒信	7. 61	4. 8	6. 37	5. 21	4. 32	5. 04	5. 91
2	600583. SH	海油工程	6. 61	5. 31	5. 44	5. 12	4. 4	5. 6	5. 71
3	002207. SZ	准油股份	6. 37	4. 89	6. 75	5. 2	4. 34	5. 08	5. 57
4	601857. SH	中国石油	5. 4	5. 28	6. 8	5. 35	4. 89	5. 44	5. 49
5	000835. SZ	长城动漫	5. 56	4. 4	6. 74	5. 18	4. 73	5. 5	5. 47
6	000723. SZ	美锦能源	5. 6	4. 89	6. 37	5	5. 88	5. 05	5. 47
7	600882. SH	华联矿业	6. 79	4. 25	5. 56	3. 89	4. 36	5. 04	5. 46
8	300157. SZ	恒泰艾普	6. 31	5. 91	5. 67	4. 79	5. 59	4. 45	5. 44
9	601088. SH	中国神华	5. 73	5. 18	5. 92	5. 1	4. 46	5. 45	5. 43
10	300084. SZ	海默科技	5. 66	5. 44	6. 21	5. 19	5. 03	5. 06	5. 4

表 18 传媒

排名	股票代码	公司名称	财务状况	估值与成长性	创值能力	公司治理与社会责任	创新能力与战略资源	市场特征	综合得分
1	300295. SZ	三六五网	6. 48	5. 34	6. 06	6. 14	5. 7	5. 22	5. 79
2	300291. SZ	华录百纳	4. 17	5. 31	5. 16	5. 03	6. 33	5. 5	5. 5
3	600386. SH	北巴传媒	5. 83	5. 31	4. 61	5. 94	5. 05	5. 51	5. 46
4	300288. SZ	朗玛信息	7. 6	5. 06	6. 59	5. 52	5. 12	5. 21	5. 45
5	002261. SZ	拓维信息	5. 33	5. 22	5. 48	5. 63	4. 97	5. 22	5. 29
6	300058. SZ	蓝色光标	5	5. 4	5. 95	5. 57	5. 09	4. 85	5. 27
7	002400. SZ	省广股份	4. 21	5. 36	6. 24	5. 4	5. 12	5. 37	5. 26
8	300113. SZ	顺网科技	5. 55	5. 36	5. 75	5. 29	4. 99	5. 44	5. 25
9	002315. SZ	焦点科技	5. 62	5. 23	4. 68	4. 9	5. 54	5. 21	5. 23
10	002148. SZ	北纬通信	5. 96	5. 05	5. 34	5. 26	5. 06	5. 22	5. 21

表 19　电气设备

排名	股票代码	公司名称	财务状况	估值与成长性	创值能力	公司治理与社会责任	创新能力与战略资源	市场特征	综合得分
1	300286. SZ	安科瑞	7. 46	4. 99	7. 02	6. 86	6. 73	5. 39	6. 73
2	002180. SZ	艾派克	7. 32	4. 55	8. 12	5. 63	6. 36	5. 15	6. 58
3	002058. SZ	威尔泰	6. 41	4. 43	7. 47	4. 87	7. 96	5. 14	6. 28
4	300124. SZ	汇川技术	7. 08	5. 38	7. 01	5. 85	5. 74	5. 97	6. 27
5	300011. SZ	鼎汉技术	6. 56	5. 24	6. 54	6. 29	6. 1	5. 18	6. 23
6	300242. SZ	明家科技	5. 68	3. 96	7. 54	5. 9	5. 07	4. 05	6. 08
7	002184. SZ	海得控制	4. 87	4. 87	6. 7	6. 23	5. 27	4. 44	5. 97
8	002334. SZ	英威腾	7. 37	5. 22	5. 45	6. 32	6. 28	5. 37	5. 96
9	601877. SH	正泰电器	6. 04	5. 16	7. 2	5. 17	4. 56	6. 69	5. 9
10	002527. SZ	新时达	6. 48	5. 35	5. 32	6. 45	5. 38	5. 67	5. 8

表 20　电子

排名	股票代码	公司名称	财务状况	估值与成长性	创值能力	公司治理与社会责任	创新能力与战略资源	市场特征	综合得分
1	300183. SZ	东软载波	7. 34	5. 5	6. 51	5. 43	7. 06	5. 29	6. 09
2	300077. SZ	国民技术	6. 07	4. 69	3. 43	5. 19	8. 36	4. 86	6. 09
3	300327. SZ	中颖电子	5. 95	5. 35	5. 31	5. 6	6. 64	5. 3	5. 87
4	300331. SZ	苏大维格	4. 21	5. 16	6. 15	6. 02	5. 92	5. 6	5. 71
5	300223. SZ	北京君正	7. 26	3. 1	4. 84	4. 79	7. 86	4. 86	5. 7
6	002587. SZ	奥拓电子	5. 55	5. 44	6. 08	5. 48	6. 1	5. 29	5. 67
7	002371. SZ	七星电子	4. 81	4. 8	5. 78	4. 47	7. 24	5. 6	5. 62
8	002214. SZ	大立科技	4. 67	5. 24	6. 01	5. 74	6. 39	4. 11	5. 61
9	300296. SZ	利亚德	4. 53	5. 41	6. 47	6. 25	5. 32	5. 03	5. 58
10	002139. SZ	拓邦股份	5. 92	5. 48	6. 11	5. 7	5. 44	5. 28	5. 56

表 21 纺织服装

排名	股票代码	公司名称	财务状况	估值与成长性	创值能力	公司治理与社会责任	创新能力与战略资源	市场特征	综合得分
1	300005. SZ	探路者	6. 69	6. 77	6. 69	5. 89	6. 65	5. 55	6. 35
2	002327. SZ	富安娜	6. 75	5. 75	7. 04	5. 83	5. 48	5. 71	6. 07
3	002293. SZ	罗莱家纺	6. 48	5. 76	7. 04	5. 33	6. 44	5. 53	5. 98
4	002003. SZ	伟星股份	6. 98	4. 95	5. 63	6. 17	5. 29	5. 61	5. 82
5	600987. SH	航民股份	7. 03	5. 15	6. 41	4. 95	5. 17	5. 41	5. 79
6	002699. SZ	美盛文化	5. 75	6. 26	5. 99	5. 49	4. 5	5. 55	5. 75
7	002394. SZ	联发股份	5. 66	5. 6	4. 92	4. 75	5. 22	6. 14	5. 63
8	002503. SZ	搜于特	5. 02	6. 42	6. 82	5. 12	4. 82	5. 52	5. 63
9	601566. SH	九牧王	6	5. 12	6. 51	5. 08	5. 24	5. 64	5. 58
10	002397. SZ	梦洁家纺	5. 12	5. 76	5. 17	5. 81	7. 01	5. 53	5. 57

表 22 钢铁

排名	股票代码	公司名称	财务状况	估值与成长性	创值能力	公司治理与社会责任	创新能力与战略资源	市场特征	综合得分
1	002478. SZ	常宝股份	7. 81	5. 67	5. 33	8. 58	5. 95	5. 5	6. 69
2	002318. SZ	久立特材	7. 47	5. 26	7. 42	5. 96	6. 14	4. 08	6. 41
3	600507. SH	方大特钢	5. 32	5. 13	6. 48	6. 83	4. 18	5. 16	6. 02
4	600784. SH	鲁银投资	4. 18	4. 71	7. 13	5. 02	6. 19	5. 91	5. 89
5	000906. SZ	物产中拓	4. 58	5. 24	7. 3	4. 89	4. 49	6. 45	5. 73
6	600399. SH	抚顺特钢	3. 61	4. 15	8. 05	4. 88	4. 27	4. 22	5. 69
7	002443. SZ	金洲管道	7	5. 38	5. 66	5. 19	5. 2	5. 54	5. 49
8	600581. SH	八一钢铁	2. 43	7. 38	6. 82	4. 18	6. 08	4. 66	5. 46
9	002075. SZ	沙钢股份	6. 29	4. 36	5. 89	4. 59	6. 43	4. 42	5. 38
10	600010. SH	包钢股份	4. 17	4. 66	6. 93	4. 29	4. 49	4. 98	5. 26

表 23　公用事业

排名	股票代码	公司名称	财务状况	估值与成长性	创值能力	公司治理与社会责任	创新能力与战略资源	市场特征	综合得分
1	300070. SZ	碧水源	5. 55	6. 07	6. 56	7. 13	4. 92	5. 29	6. 28
2	300335. SZ	迪森股份	5. 43	6. 23	6. 35	6. 54	4. 99	5. 7	6. 1
3	002672. SZ	东江环保	5. 7	5. 14	6. 16	6. 58	4. 92	5. 08	5. 92
4	002700. SZ	新疆浩源	5. 85	5. 57	6. 62	5. 73	4. 64	5. 19	5. 85
5	600769. SH	祥龙电业	4. 69	1. 28	7. 38	6. 23	4. 98	5. 77	5. 82
6	300262. SZ	巴安水务	4. 74	5. 06	6. 9	6. 1	5. 01	4. 48	5. 75
7	600617. SH	国新能源	4. 58	5. 06	6. 5	4. 55	6. 23	8. 09	5. 73
8	300056. SZ	三维丝	4. 99	5. 32	6. 68	6. 13	5. 25	4. 17	5. 72
9	000826. SZ	桑德环境	5	5. 73	6. 17	6. 01	4. 83	5. 02	5. 68
10	000690. SZ	宝新能源	6. 54	5. 1	4. 83	6. 62	4. 98	4. 88	5. 67

表 24　国防军工

排名	股票代码	公司名称	财务状况	估值与成长性	创值能力	公司治理与社会责任	创新能力与战略资源	市场特征	综合得分
1	600038. SH	中直股份	4. 93	5. 27	5. 31	5. 27	6. 86	5. 54	5. 87
2	300101. SZ	振芯科技	5. 67	5. 52	5. 99	5. 03	5. 96	5. 4	5. 69
3	600990. SH	四创电子	5. 64	5. 76	6. 07	5. 24	5. 39	5. 32	5. 51
4	002023. SZ	海特高新	6. 71	5. 55	5. 6	5. 5	4. 66	5. 32	5. 36
5	600372. SH	中航电子	5. 97	4. 43	5. 83	5. 29	5. 1	5. 23	5. 35
6	600118. SH	中国卫星	6. 29	5. 17	5. 79	5. 34	4. 74	5. 51	5. 34
7	000801. SZ	四川九洲	5. 38	4. 21	5. 7	5. 34	5. 59	4. 54	5. 32
8	002151. SZ	北斗星通	5. 65	5. 91	5. 84	6. 62	4. 41	5. 26	5. 29
9	002190. SZ	成飞集成	5. 01	5. 77	5. 35	4. 99	5. 21	5. 68	5. 26
10	002013. SZ	中航机电	5. 77	5. 01	5. 21	5. 56	4. 81	5. 05	5. 16

表 25　化工

排名	股票代码	公司名称	财务状况	估值与成长性	创值能力	公司治理与社会责任	创新能力与战略资源	市场特征	综合得分
1	600315. SH	上海家化	6. 12	4. 92	6. 91	6. 74	6. 57	5. 98	6. 58
2	300285. SZ	国瓷材料	6. 32	5. 29	6. 47	6. 69	5. 1	5. 3	6. 19
3	002250. SZ	联化科技	5. 53	5. 19	5. 87	7. 49	4. 86	5. 18	6. 16
4	002581. SZ	万昌科技	8. 05	4. 83	6. 91	5. 63	5. 32	5. 33	6. 09
5	300067. SZ	安诺其	6. 74	5. 24	5. 83	6. 75	5. 48	5. 33	6. 07
6	300109. SZ	新开源	6. 13	4. 82	7. 01	5. 76	5. 26	5. 33	6. 04
7	300236. SZ	上海新阳	6. 35	5. 23	6. 16	5. 9	6. 56	5. 32	6. 04
8	300054. SZ	鼎龙股份	5. 95	5. 16	6. 35	5. 97	5. 74	5. 29	5. 97
9	002669. SZ	康达新材	5. 97	5. 11	6. 23	5. 85	6. 23	5. 31	5. 96
10	002224. SZ	三力士	7. 23	4. 97	6. 35	5. 91	5. 24	5. 32	5. 94

表 26　机械设备

排名	股票代码	公司名称	财务状况	估值与成长性	创值能力	公司治理与社会责任	创新能力与战略资源	市场特征	综合得分
1	300354. SZ	东华测试	7. 12	4. 79	6. 82	6. 58	6. 97	5. 28	6. 56
2	000908. SZ	景峰医药	4. 67	4. 02	7. 46	6. 72	7. 05	3. 71	6. 55
3	002690. SZ	美亚光电	7. 83	4. 75	7. 05	6. 36	5. 54	5. 28	6. 39
4	300112. SZ	万讯自控	5. 95	5. 05	6. 6	6. 57	6. 58	5. 26	6. 37
5	002658. SZ	雪迪龙	6. 01	4. 87	6. 68	6. 18	5. 1	5. 27	6. 04
6	300351. SZ	永贵电器	7. 12	5. 12	6. 8	5. 58	5. 39	5. 28	6. 01
7	002651. SZ	利君股份	6. 37	4. 96	6. 46	6. 45	4. 57	5. 27	6
8	002367. SZ	康力电梯	5. 14	5. 27	6. 09	6. 68	5. 04	5. 28	5. 97
9	300275. SZ	梅安森	6. 27	5. 19	5. 76	6. 14	6. 55	5. 27	5. 97
10	002611. SZ	东方精工	5. 19	5. 4	6. 39	6. 6	4. 47	5. 27	5. 97

表 27　计算机

排名	股票代码	公司名称	财务状况	估值与成长性	创值能力	公司治理与社会责任	创新能力与战略资源	市场特征	综合得分
1	600570. SH	恒生电子	5. 48	4. 96	6. 17	5. 96	7. 34	5. 1	6. 13
2	002410. SZ	广联达	6. 65	5. 43	5. 61	5. 94	6. 3	6. 69	6. 12
3	002279. SZ	久其软件	6. 07	4. 85	5. 51	5. 72	6. 93	5. 73	6. 01
4	002405. SZ	四维图新	5. 59	5. 21	4. 67	5. 89	7. 04	4. 99	5. 99
5	600571. SH	信雅达	5. 11	5. 11	5. 89	5. 99	6. 11	5. 31	5. 76
6	600588. SH	用友网络	4. 84	5. 19	4. 64	5. 63	5. 72	6. 51	5. 64
7	002230. SZ	科大讯飞	5. 16	5. 32	5. 3	5. 12	6. 4	5. 49	5. 61
8	300079. SZ	数码视讯	6. 32	4. 63	3. 69	4. 72	7	5. 42	5. 59
9	002063. SZ	远光软件	6. 33	5. 35	6. 08	5. 4	5. 75	5. 33	5. 57
10	300085. SZ	银之杰	6. 01	4. 95	6. 16	4. 98	6. 35	5. 26	5. 55

表 28　家用电器

排名	股票代码	公司名称	财务状况	估值与成长性	创值能力	公司治理与社会责任	创新能力与战略资源	市场特征	综合得分
1	000651. SZ	格力电器	6. 81	6. 11	9. 29	5. 44	4. 53	7. 11	6. 61
2	002508. SZ	老板电器	6. 26	6. 4	5. 56	5. 23	6. 82	5. 43	5. 99
3	002035. SZ	华帝股份	6. 33	5. 94	5. 32	5. 32	6. 1	5. 79	5. 93
4	600690. SH	青岛海尔	5. 97	5. 26	8. 84	5. 79	5. 09	5. 83	5. 84
5	603366. SH	日出东方	6. 42	4. 83	4. 94	4. 96	5. 65	6. 41	5. 75
6	002242. SZ	九阳股份	5. 89	4. 6	5. 66	5. 13	5. 26	7	5. 73
7	002032. SZ	苏泊尔	6. 17	5. 57	5. 44	5. 2	4. 28	5. 89	5. 71
8	002677. SZ	浙江美大	6. 87	4. 4	5. 46	5. 38	5. 8	5. 67	5. 63
9	000418. SZ	小天鹅 A	5. 91	5. 24	4. 6	4. 55	5. 52	6. 25	5. 62
10	002519. SZ	银河电子	5. 22	5. 37	5. 19	5. 59	5. 38	6. 23	5. 57

表 29　建筑材料

排名	股票代码	公司名称	财务状况	估值与成长性	创值能力	公司治理与社会责任	创新能力与战略资源	市场特征	综合得分
1	300234. SZ	开尔新材	5. 85	5. 37	7. 1	6. 67	5. 15	5. 04	6. 36
2	002271. SZ	东方雨虹	5. 57	5. 45	6. 46	7. 29	5. 2	5. 05	6. 35
3	600562. SH	国睿科技	5. 28	4. 86	7. 57	5. 03	5. 33	5. 65	5. 96
4	002372. SZ	伟星新材	6. 6	5. 19	6. 09	5. 77	5. 48	6. 78	5. 91
5	002624. SZ	完美环球	4. 62	5. 01	7. 4	5. 26	5. 33	4. 89	5. 91
6	000509. SZ	华塑控股	1. 98	4. 18	7. 99	4. 59	7. 17	3. 56	5. 87
7	300344. SZ	太空板业	5. 54	4. 98	5. 45	6. 57	5. 66	5. 02	5. 81
8	002671. SZ	龙泉股份	5. 3	5. 34	5. 78	6. 44	4. 82	5. 62	5. 79
9	002392. SZ	北京利尔	5. 68	5. 23	5. 58	6. 1	5. 58	5. 24	5. 72
10	002652. SZ	扬子新材	5. 24	5. 02	6. 58	5. 74	4. 15	5. 37	5. 69

表 30　建筑装饰

排名	股票代码	公司名称	财务状况	估值与成长性	创值能力	公司治理与社会责任	创新能力与战略资源	市场特征	综合得分
1	002310. SZ	东方园林	5. 7	5. 48	5. 87	7. 14	4. 49	5. 48	6. 03
2	300197. SZ	铁汉生态	4. 91	5. 42	6	7. 17	4. 45	4. 44	5. 96
3	002116. SZ	中国海诚	5. 44	5. 12	6. 86	5. 63	5. 26	6	5. 96
4	600681. SH	万鸿集团	3. 21	1. 37	8. 14	4. 77	7. 16	4. 48	5. 94
5	002178. SZ	延华智能	7. 2	5. 04	6. 74	5. 88	4. 72	4. 17	5. 92
6	002542. SZ	中化岩土	6. 57	5. 35	6. 14	6. 11	4. 09	5. 26	5. 75
7	300355. SZ	蒙草抗旱	5. 52	5. 31	6. 42	5. 75	4. 59	5. 07	5. 72
8	002663. SZ	普邦园林	5. 81	5. 32	5. 11	6. 74	4. 67	5. 78	5. 68
9	002431. SZ	棕榈园林	4. 94	5. 44	5. 72	6. 44	4. 45	4. 89	5. 66
10	002469. SZ	三维工程	7. 42	5. 3	6. 31	5. 09	4. 97	5. 35	5. 65

表 31　交通运输

排名	股票代码	公司名称	财务状况	估值与成长性	创值能力	公司治理与社会责任	创新能力与战略资源	市场特征	综合得分
1	600751. SH	天津海运	7. 22	6. 93	6	6. 21	5. 34	7. 22	6. 35
2	601006. SH	大秦铁路	5. 61	5. 21	8. 6	5. 49	4. 98	5. 61	6. 35
3	000088. SZ	盐田港	7. 7	4. 79	5. 77	4. 89	4. 97	7. 7	6. 13
4	600377. SH	宁沪高速	5. 3	5. 18	5. 92	5. 31	4. 97	5. 3	5. 89
5	600897. SH	厦门空港	6. 4	5. 13	5. 7	5. 39	4. 97	6. 4	5. 83
6	600009. SH	上海机场	6. 63	5. 19	5. 21	4. 75	5	6. 63	5. 83
7	002320. SZ	海峡股份	7. 09	4. 87	5. 48	5. 1	4. 97	7. 09	5. 83
8	600004. SH	白云机场	5. 31	5. 25	4. 69	5. 48	5. 02	5. 31	5. 71
9	600270. SH	外运发展	6. 5	5. 17	5. 05	4. 02	4. 98	6. 5	5. 69
10	600012. SH	皖通高速	5. 5	5. 22	4. 36	5. 28	4. 97	5. 5	5. 66

表 32　农林牧渔

排名	股票代码	公司名称	财务状况	估值与成长性	创值能力	公司治理与社会责任	创新能力与战略资源	市场特征	综合得分
1	002385. SZ	大北农	5. 79	6. 16	7. 06	5. 85	5. 41	5. 79	5. 94
2	002041. SZ	登海种业	6. 62	5. 52	6. 46	5. 19	5. 48	6. 62	5. 91
3	000639. SZ	西王食品	6. 55	5. 43	6. 21	5. 17	5. 69	6. 55	5. 89
4	300149. SZ	量子高科	6. 09	5. 66	5. 81	4. 94	5. 87	6. 09	5. 77
5	300087. SZ	荃银高科	5. 34	5. 75	5. 43	5. 62	6. 07	5. 34	5. 73
6	002447. SZ	壹桥海参	5. 78	5. 93	6. 02	5. 46	4. 27	5. 78	5. 7
7	300186. SZ	大华农	6. 01	5. 36	5. 56	5. 53	5. 85	6. 01	5. 7
8	300313. SZ	天山生物	4. 85	5. 91	6. 15	5. 95	5. 58	4. 85	5. 57
9	600313. SH	农发种业	5. 47	6. 71	5. 17	5. 21	4. 44	5. 47	5. 57
10	002688. SZ	金河生物	5. 62	5. 27	6. 11	5. 52	4. 95	5. 62	5. 55

表 33　汽车

排名	股票代码	公司名称	财务状况	估值与成长性	创值能力	公司治理与社会责任	创新能力与战略资源	市场特征	综合得分
1	000550. SZ	江铃汽车	7. 28	5. 46	6	5. 41	6. 56	7. 28	6. 12
2	600660. SH	福耀玻璃	7. 52	5. 3	7. 22	5. 33	5. 9	7. 52	6. 03
3	601633. SH	长城汽车	5. 18	6. 23	10. 29	5. 11	4. 63	5. 18	5. 82
4	600104. SH	上汽集团	5. 34	6. 14	8. 09	5. 02	4. 63	5. 34	5. 77
5	600066. SH	宇通客车	5. 9	5. 64	6. 54	5. 69	5. 56	5. 9	5. 74
6	002662. SZ	京威股份	6. 01	5. 8	5. 55	5. 14	4. 28	6. 01	5. 63
7	600081. SH	东风科技	5. 67	5. 91	5. 44	5. 26	4. 77	5. 67	5. 62
8	600418. SH	江淮汽车	6. 32	5. 04	4. 41	5. 15	5. 56	6. 32	5. 58
9	000887. SZ	中鼎股份	5. 84	5. 78	5. 69	4. 93	5. 38	5. 84	5. 57
10	002553. SZ	南方轴承	6. 14	5. 24	5. 49	4. 96	5. 32	6. 14	5. 55

表 34　轻工制造

排名	股票代码	公司名称	财务状况	估值与成长性	创值能力	公司治理与社会责任	创新能力与战略资源	市场特征	综合得分
1	002572. SZ	索菲亚	6. 66	5. 41	6. 14	6. 85	5. 49	5. 34	6. 22
2	601515. SH	东风股份	6. 43	4. 96	6. 51	6. 36	4. 67	5. 25	6. 01
3	600612. SH	老凤祥	4. 25	5. 23	6. 76	5. 06	6. 76	5. 72	5. 88
4	300061. SZ	康耐特	4. 75	5. 25	5. 88	6. 81	4. 84	4. 86	5. 87
5	002235. SZ	安妮股份	4. 78	4. 63	6. 67	5. 6	5. 18	6. 92	5. 87
6	002303. SZ	美盈森	5. 84	5. 1	5. 9	6. 27	5. 38	5. 34	5. 86
7	002615. SZ	哈尔斯	5. 9	5. 2	5. 86	6. 13	5. 63	5. 33	5. 85
8	300329. SZ	海伦钢琴	5. 64	5. 02	5. 81	6. 05	5. 65	5. 29	5. 78
9	002117. SZ	东港股份	5. 88	5. 02	6. 32	5. 25	6. 12	5. 34	5. 77
10	002522. SZ	浙江众成	5. 65	4. 8	6. 38	5. 98	4. 52	5. 29	5. 76

表 35 商业贸易

排名	股票代码	公司名称	财务状况	估值与成长性	创值能力	公司治理与社会责任	创新能力与战略资源	市场特征	综合得分
1	000061. SZ	农产品	4. 83	5. 39	4. 78	7. 68	4. 89	4. 83	6. 09
2	002416. SZ	爱施德	5. 22	5. 95	4. 01	7. 07	4. 47	5. 22	5. 78
3	000501. SZ	鄂武商 A	4. 4	5. 35	5. 22	6. 61	5. 18	4. 4	5. 76
4	002264. SZ	新华都	4. 43	5. 29	6. 09	7. 1	5. 34	4. 43	5. 75
5	000715. SZ	中兴商业	6. 29	5	5. 59	5. 82	4. 82	6. 29	5. 75
6	002277. SZ	友阿股份	5. 15	5. 33	4. 69	6. 32	4. 84	5. 15	5. 7
7	002561. SZ	徐家汇	6. 71	4. 96	5. 53	5. 27	4. 83	6. 71	5. 58
8	002344. SZ	海宁皮城	6. 39	5. 6	6. 78	5. 04	4. 71	6. 39	5. 56
9	000560. SZ	昆百大 A	4. 35	5. 15	5. 03	6. 99	4. 83	4. 35	5. 56
10	002091. SZ	江苏国泰	5. 8	5. 22	5. 86	5. 43	4. 95	5. 8	5. 55

表 36 食品饮料

排名	股票代码	公司名称	财务状况	估值与成长性	创值能力	公司治理与社会责任	创新能力与战略资源	市场特征	综合得分
1	300146. SZ	汤臣倍健	6. 26	6. 73	5. 1	5. 37	5. 54	5. 34	5. 96
2	600519. SH	贵州茅台	5. 78	5. 91	10. 92	5. 45	4. 19	5. 6	5. 95
3	002304. SZ	洋河股份	5. 74	6. 23	9. 5	5. 21	4. 5	5. 56	5. 93
4	000858. SZ	五粮液	5. 38	5. 42	10. 35	4. 95	5. 05	5. 58	5. 68
5	000596. SZ	古井贡酒	5. 31	5. 98	5. 16	5. 31	5. 83	5. 57	5. 58
6	000895. SZ	双汇发展	6. 53	5. 03	6. 55	5. 35	4. 18	5. 34	5. 58
7	000848. SZ	承德露露	6. 38	5. 1	5. 23	4. 9	5. 44	5. 35	5. 53
8	600872. SH	中炬高新	5. 39	5. 71	4. 45	5. 03	4. 42	5. 94	5. 49
9	002661. SZ	克明面业	5. 4	5. 82	4. 77	6. 28	4. 26	5. 33	5. 46
10	002216. SZ	三全食品	5. 17	5. 65	4. 72	4. 97	5. 85	5. 67	5. 43

表 37 通信

排名	股票代码	公司名称	财务状况	估值与成长性	创值能力	公司治理与社会责任	创新能力与战略资源	市场特征	综合得分
1	600485. SH	信威集团	5. 11	4. 65	6. 07	7. 15	6. 7	5. 22	6. 26
2	300353. SZ	东土科技	6. 72	5. 36	5. 79	5. 58	6. 66	5. 28	5. 93
3	002396. SZ	星网锐捷	5. 51	5. 4	5. 22	5. 55	5. 73	5. 64	5. 59
4	002583. SZ	海能达	4. 76	5. 29	5. 03	5. 55	6. 35	4. 47	5. 56
5	002465. SZ	海格通信	5. 78	5. 5	4. 94	4. 87	6. 26	5. 52	5. 55
6	300017. SZ	网宿科技	7. 32	5. 56	6. 05	5. 57	5. 08	5. 57	5. 53
7	600289. SH	亿阳信通	5. 53	5. 16	4. 81	5. 81	5. 52	5. 14	5. 49
8	002467. SZ	二六三	6. 36	4. 45	5. 41	5. 21	6. 12	5. 3	5. 49
9	300050. SZ	世纪鼎利	6. 34	4. 79	3. 58	3. 97	7. 39	4. 79	5. 41
10	000561. SZ	烽火电子	4. 75	5. 2	5. 53	5. 36	5. 59	5. 56	5. 41

表 38 休闲服务

排名	股票代码	公司名称	财务状况	估值与成长性	创值能力	公司治理与社会责任	创新能力与战略资源	市场特征	综合得分
1	300178. SZ	腾邦国际	5. 05	5. 3	5. 88	7. 45	4. 79	4. 92	6. 04
2	300144. SZ	宋城演艺	6. 88	5. 39	5. 76	5. 4	4. 85	5. 05	5. 65
3	000430. SZ	张家界	5. 68	6. 07	6. 23	5. 06	4. 58	6. 33	5. 6
4	002558. SZ	世纪游轮	6. 72	4. 97	4. 93	5. 62	4. 92	5. 03	5. 59
5	000802. SZ	北京文化	5. 25	5. 49	5. 57	6. 75	4. 62	4. 05	5. 59
6	000008. SZ	神州高铁	5. 95	3. 68	6. 91	5. 39	4. 76	5. 06	5. 49
7	601888. SH	中国国旅	5. 46	5. 45	6. 83	4. 96	5. 17	5. 69	5. 44
8	002186. SZ	全聚德	4. 72	5. 05	5. 88	5. 24	5. 11	5. 75	5. 29
9	000888. SZ	峨眉山 A	5. 96	5. 3	4. 76	4. 88	4. 89	5. 64	5. 27
10	000524. SZ	东方宾馆	5. 27	4. 83	6. 11	4. 86	4. 97	5. 71	5. 26

表 39　医药生物

排名	股票代码	公司名称	财务状况	估值与成长性	创值能力	公司治理与社会责任	创新能力与战略资源	市场特征	综合得分
1	600276. SH	恒瑞医药	5. 93	5. 06	6. 81	5. 31	6. 69	5. 93	5. 98
2	300298. SZ	三诺生物	6. 14	5. 24	5. 98	7. 55	5. 57	6. 14	5. 91
3	300267. SZ	尔康制药	6. 06	4. 57	6. 9	6. 14	4. 56	6. 06	5. 87
4	300347. SZ	泰格医药	6. 06	4. 96	6. 36	6. 6	4. 92	6. 06	5. 85
5	300238. SZ	冠昊生物	5. 79	4. 45	6. 89	4. 48	7	5. 79	5. 84
6	300199. SZ	翰宇药业	6. 14	4. 55	6. 56	5. 6	5. 09	6. 14	5. 82
7	002022. SZ	科华生物	5. 83	4. 76	6. 66	4. 69	5. 2	5. 83	5. 75
8	002294. SZ	信立泰	5. 71	5. 21	6. 39	4. 55	5. 8	5. 71	5. 74
9	002653. SZ	海思科	5. 86	4. 55	6. 72	6. 51	4. 13	5. 86	5. 74
10	002107. SZ	沃华医药	5. 8	5. 03	6. 1	4. 43	7. 07	5. 8	5. 74

表 40　有色金属

排名	股票代码	公司名称	财务状况	估值与成长性	创值能力	公司治理与社会责任	创新能力与战略资源	市场特征	综合得分
1	000831. SZ	五矿稀土	7. 03	4. 6	7	5. 43	4. 41	7. 03	6
2	600490. SH	鹏欣资源	6. 79	5. 4	5. 96	5. 06	5. 33	6. 79	5. 82
3	300127. SZ	银河磁体	6. 87	5. 07	5. 5	5. 36	5. 41	6. 87	5. 8
4	000603. SZ	盛达矿业	7	4. 73	6. 87	4. 55	4. 23	7	5. 78
5	600980. SH	北矿磁材	5. 5	4. 64	6. 69	4. 97	6. 66	5. 5	5. 77
6	002057. SZ	中钢天源	5. 6	4. 82	6. 06	4. 81	6. 94	5. 6	5. 75
7	000688. SZ	建新矿业	6. 76	4. 82	6. 49	4. 93	4. 48	6. 76	5. 71
8	000970. SZ	中科三环	6. 11	5. 14	5. 58	4. 79	5. 47	6. 11	5. 69
9	000697. SZ	炼石有色	6. 67	4. 78	6. 51	5. 31	4. 14	6. 67	5. 66
10	000975. SZ	银泰资源	6. 37	5. 23	5. 39	5. 38	4. 9	6. 37	5. 65

表41　综合

排名	股票代码	公司名称	财务状况	估值与成长性	创值能力	公司治理与社会责任	创新能力与战略资源	市场特征	综合得分
1	300012. SZ	华测检测	7. 96	5. 3	5. 71	6. 01	5. 93	5. 39	6. 15
2	000529. SZ	广弘控股	5. 54	5. 27	5. 73	5. 25	4. 97	6. 04	5. 53
3	600083. SH	博信股份	5. 01	6. 09	6. 85	5. 94	4. 67	5. 42	5. 53
4	600730. SH	中国高科	5. 68	5. 52	4. 35	5. 27	5. 18	5. 28	5. 39
5	000593. SZ	大通燃气	5. 37	5. 5	5. 14	5. 31	5. 43	5. 33	5. 38
6	000421. SZ	南京中北	5. 39	5. 25	3. 11	5. 17	5. 13	6	5. 37
7	000018. SZ	中冠A	5. 31	6. 23	6. 78	2. 2	5. 46	5. 41	5. 35
8	600733. SH	S前锋	5. 38	4. 51	6. 67	5. 22	4. 92	6. 04	5. 32
9	600136. SH	道博股份	5. 3	4. 95	6. 4	5. 18	4. 82	5. 5	5. 25
10	600846. SH	同济科技	4. 87	5. 24	4	5. 24	4. 74	5. 97	5. 23

（二）上市公司价值评估排名启示

1. 互联网重构传统产业，改变企业思维模式

2015年政府工作报告首次提出“互联网+”行动计划，在经济新常态的背景下，通过互联网重构传统产业和催生新兴产业，从而培育新的经济增长点实现经济结构转型已经纳入国家顶层设计当中。虽然互联网目前还无法在价值链中占据主导地位，但是有没有互联网思维，已经成为衡量企业未来发展的标杆，通过互联网先行“导入流量”的上市公司将获得资本市场的肯定。通过排名可以看到，先行触网的产业链较短的行业表现优异，同时互联网渗透率较高的互联网金融、互联网汽车、信息安全、互联网医疗及农业互联网上市公司的股价也实现爆发式增长，资本市场对触网的上市公司极为热捧。

展望2015年全年，“互联网+”将呈现几大特点。首先，产业互联网将加速发展。2015年将是互联网从消费领域向企业领域扩张的一年，产业互联

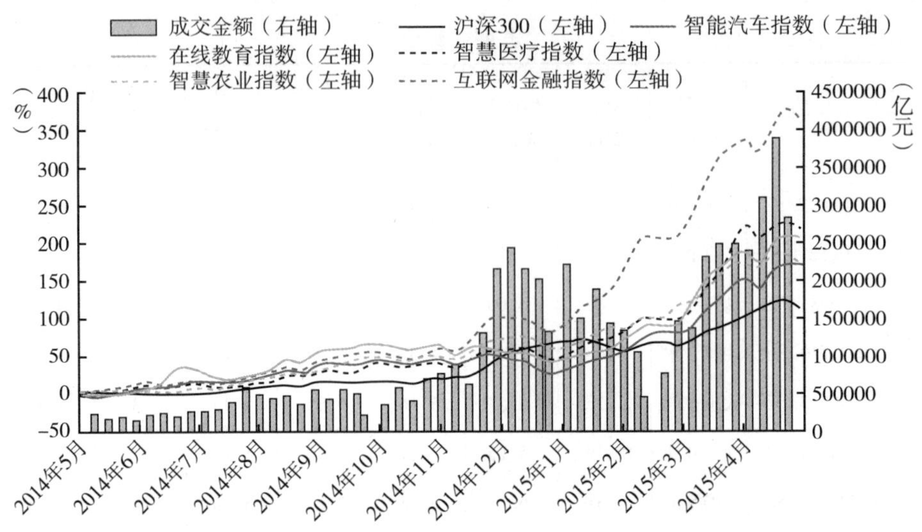

图 3　触网主题指数与沪深 300 表现对比

资料来源：Wind 资讯。

网的核心是利用互联网重塑价值链，比如，在生产环节通过建立智能控制系统，提升生产环节效率；在流通环节通过互联网进行营销及渠道建设，降低信息不对称成本；在产品设计环节考虑用户体验，有针对性地设计产品（如满足长尾客户的需求）。先行触网的公司可以凭借其丰富的行业经验实现企业生产、销售和产品的升级，获得资本市场的认可。其次，消费结构通过互联网升级。随着城镇化进程和人口老龄化趋势加快，人口结构将成为未来中国消费增长的决定性力量，新一代消费群体深受互联网的影响，他们对产品品质、支付手段和消费行为反馈有更高的要求，互联网将提升消费者的消费意愿、帮助满足消费者个性化的需求以及分享消费体验，满足客户复杂需求的小而美公司将会越来越多。最后，商业模式将从线上向线下延伸，O2O 将成为发展的重点。O2O 是移动互联网技术扩散到居民日常生活的载体和纽带，O2O 改变的不仅是多一个应用程序，而且是业务场景的变化，比如，线下服务信息和商户信息将通过互联网进行识别和确认，并针对不同客户需求进行推送，客户在线上选购并在线下完成消费，再回到线上进行反馈和点评，O2O 闭环完成。目前，餐饮 O2O、外卖 O2O 及旅游 O2O 等本地生活服务垂直领域的拓展已经初见成效，随着 O2O 模式的深入，商家通过改善供应链模式和客户关系管理将实现精确化营销。

2. 国企改革进程加速推进，股权激励受到市场认可

本轮国企改革的力度和推进速度都超过市场预期，据 2014 年 6 月财政部披露的新一轮国企改革的时间表，2015 年启动数家国有资本投资运营公司组建试点，2016～2020 年分批完成国有资本投资运营公司组建。目前资本市场对国企改革相关概念股青睐有加，自 2014 年 8 月富国中证国有企业改革指数分级基金发布以来，截至 5 月初指数涨幅高达 97%，与同期上证综指和创业板综涨幅相差无几。

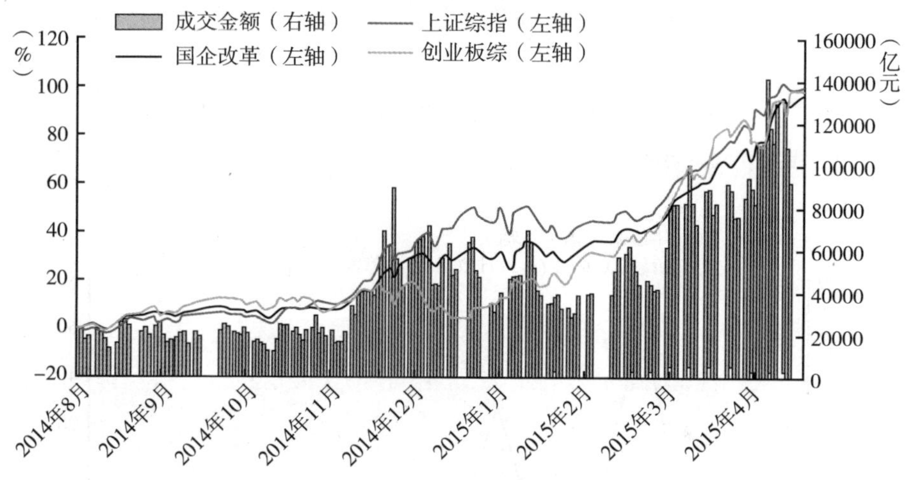

图 4　国企改革指数与上证指数及创业板表现对比

资料来源：Wind 资讯。

为了能够定量研究国企改革预期的上市公司表现，一方面，以 12 月 31 日为参考时间节点，以 2015 年 1 月 1 日至 5 月 1 日为业绩考核期间，以国有企业中已经出台股权激励方案的国有企业为样本，可以发现，具有股权激励方案且距离实施日较近的国有企业的股价表现较好。

另一方面，在这些样本股中，我们在指标体系中新增加期权初始行权价格（股票转让价格）与现价对比，仍然以 12 月 31 日为参考时间节点，以 2015 年 1 月 1 日至 5 月 1 日为业绩考核期间，筛选出当时行权价格较现价溢价率最高的前 15 只股票，研究发现这些股票后续表现较好。

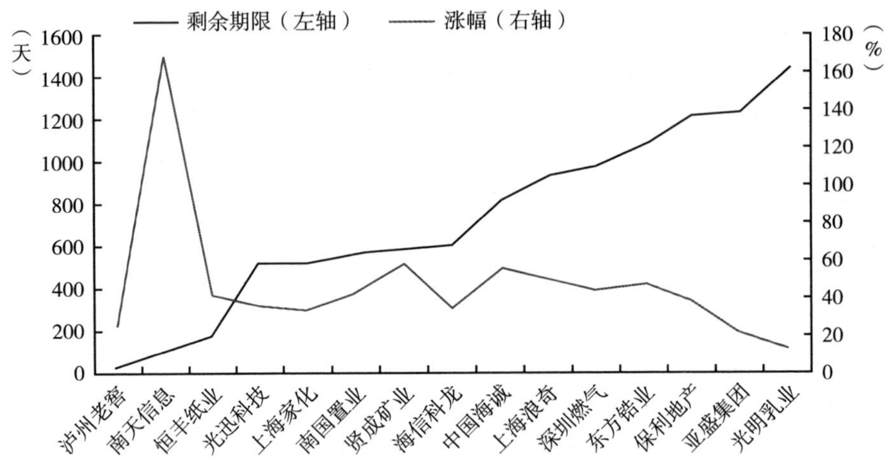

图 5　股权激励到期日远近与公司短期表现成反比

资料来源：Wind 资讯。

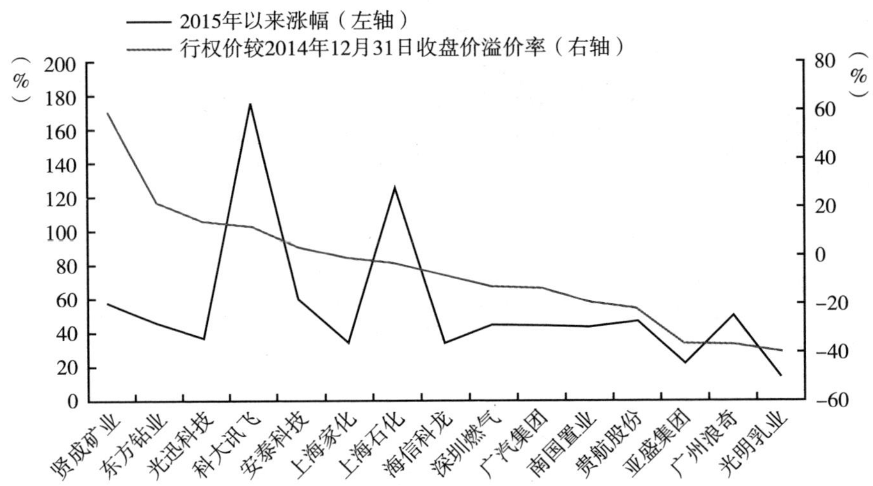

图 6　行权价格相对现价溢价越高短期内市场表现越好

资料来源：Wind 资讯。

3. 杠杆率较高、融资成本较高行业估值修复明显

在当前货币宽松周期的背景下，无风险利率下滑对传统的负债率较高的周期性行业有利好的影响，本研究通过计算净权益负债率和综合融资成本指标来

筛选融资成本较高的行业和公司，其中净权益负债率排名较高的行业包括建筑装饰、公用事业、房地产、钢铁和有色金属等，综合融资成本排名靠前的行业包括纺织服装、机械设备、建筑材料、有色金属和钢铁等。

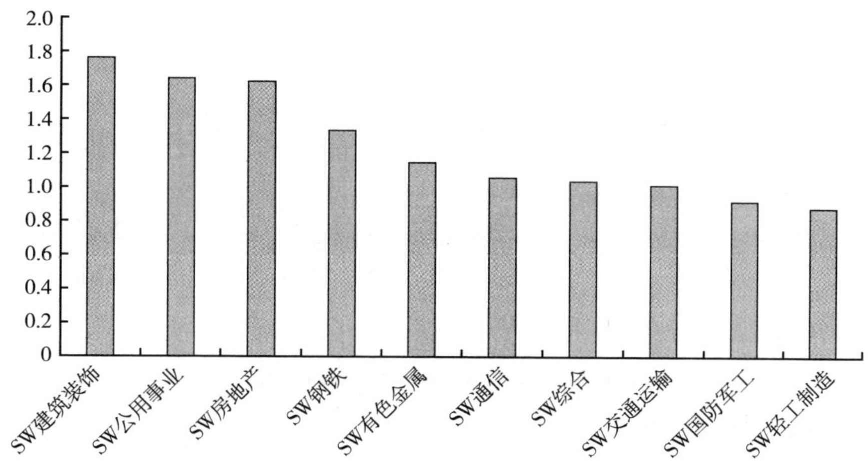

图 7　净权益负债率排名前十的非金融行业（倍数）

资料来源：Wind 资讯。

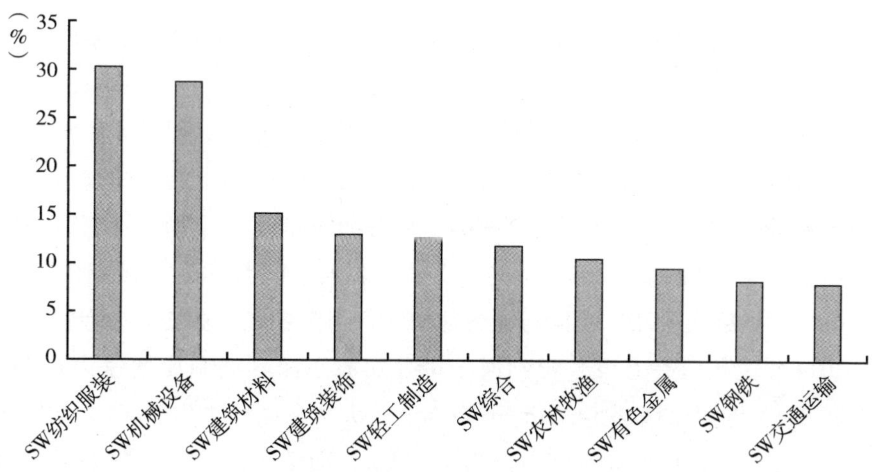

图 8　综合融资成本排名前十的非金融行业

资料来源：Wind 资讯。

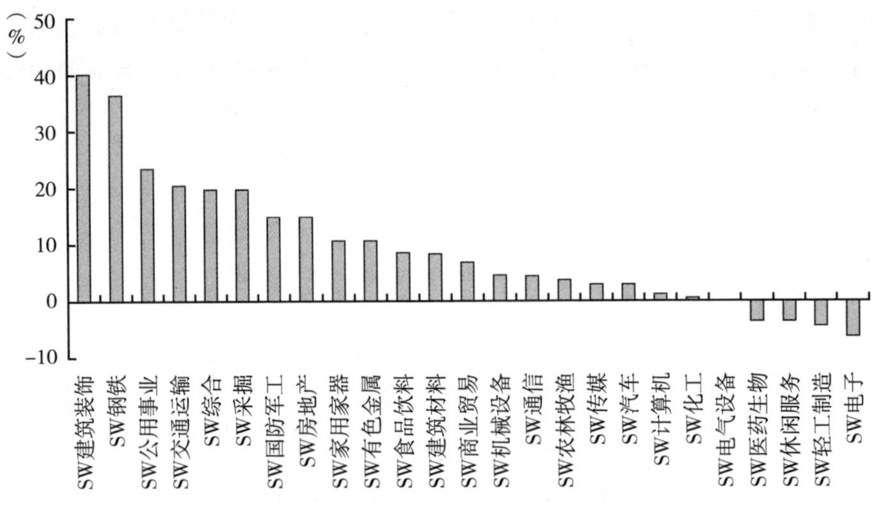

图9　2014 年 11 月 21 日降息一个月内非金融行业的表现

资料来源：Wind 资讯。

除去金融行业以外，净权益负债率较高同时融资成本较高的行业为建筑装饰、交通运输、房地产、钢铁和有色金属等，可以看到，2014 年 11 月 21 日降息之后的一个月，这些行业在利率下行的背景下出现了一波明显的估值修复行情。

展望 2015 年全年，一方面，在全球化的量化宽松、国内进入货币宽松周期以及美元进入升值周期的背景下，无风险利率下行是一个大趋势；另一方面，从城投债的角度来看，虽然刚性兑付短期内无法打破，但是政府对于化解地方政府债务风险所做的努力已使市场充满了想象的空间，未来城投债收益率有望向国债收益率看齐。无风险利率的下行将利好传统周期性行业的估值修复，同时随着实体经济回报率下降，大类资产配置转向股市也是一个必然趋势。

4. 年报业绩金融和非金融行业分化较大，目前金融行业安全边际较高

2014 年全年所有上市公司归属于母公司股东净利润同比增速为 6.44%，增速较 2013 年同比增速 14.51% 下降幅度较大。从结构上看，2014 年非金融行业归属于母公司股东净利润占比为 42.41%，而金融行业对 A 股净利润的贡献率高达 57.59%，2014 年非金融行业上市公司净利润同比增速仅为 0.26%，较 2013 年同期的 13.58% 大幅下滑，银行业和非银金融业 2014 年净利润同比增速则分别为 7.68% 和 55.39%，较 2013 年同期均小幅下滑。

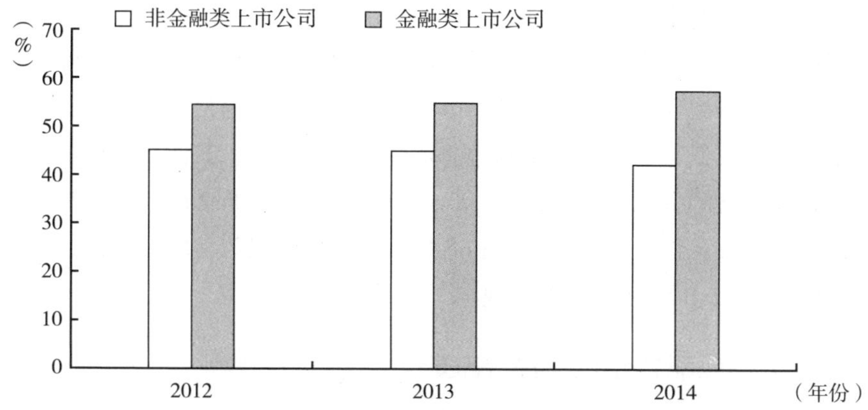

图 10 非金融行业净利润占比下降

资料来源：Wind 资讯。

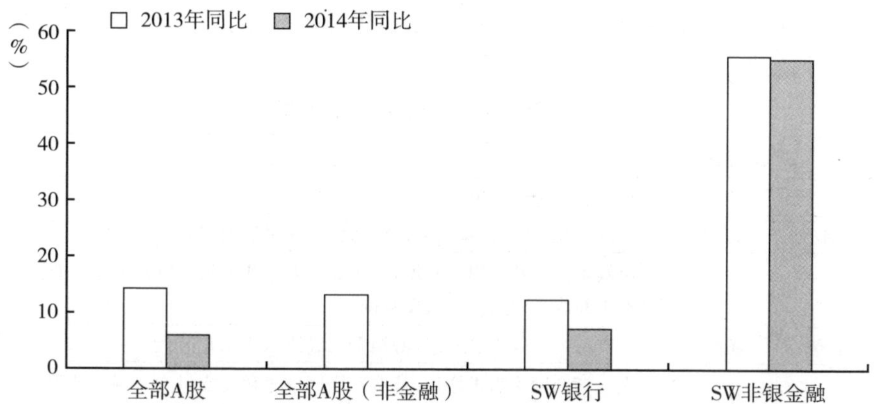

图 11 2014 年金融和非金融行业净利润增速分化

资料来源：Wind 资讯。

造成非金融类上市公司业绩大幅下滑的主要原因：一方面是总需求疲软导致上市公司营业收入下滑严重，2014 年非金融类上市公司营业收入同比增长率仅为 3.11%，远低于 2013 年同期的 8.4%，而银行和非银金融业 2014 年营收同比增幅分别高达 14.47% 和 18.15%，均好于上年同期；另一方面，上市公司 ROE 出现下行，2014 年非金融企业 ROE 为 9.21%，低于 2013 年同期的 10.24%，主要缘于实体经济去杠杆导致上市公司负债水平下降，同时 PPI 通缩导致销售净利率出现下滑。

展望2015年，除了以互联网为代表的成长股将成为市场热点之外，以券商、保险和银行为代表的金融类股票也将成为资本保值增值的利器。首先，金融股估值相对较低且业绩远好于其他非金融类上市公司；其次，金融股的牌照仍然是较为稀缺的资源，目前护城河仍然较深；最后，金融股的股息率较高且市值巨大，能够承接大量产业资本和海外资本的增值保值需求。因此，我们看好金融股在2015年的相对收益表现。

（三）行业配置建议与漂亮50

1. 行业配置建议

行业配置标准主要有两个：第一，定量指标——通过六因素模型选择的各行业排名；第二，定性选择——结合排名结果启示和市场热点。对所有28个行业进行排序，选出需要超配、标配和低配的行业。

表42　上市公司价值评估行业配置建议

行业	配置建议	理由
计算机	超配	“互联网+”催生的传统行业商业模式的转变
医药生物	超配	人口老龄化、环境污染问题使医药行业未来发展空间巨大
传媒	超配	居民娱乐性消费支出不断增长、企业创新模式的推出以及公司产业链上下游的不断渗透令行业景气度较高
休闲服务	超配	政策支持力度较大、中国旅游消费已经进入大众化时代
通信	超配	三大运营商网优需求增加、消费互联网催生移动支付大市场以及国防信息化提振通信军用设备空间
电子	超配	苹果产业链需求上升、移动医疗和车联网市场空间广阔
国防军工	超配	军工体制改革下的资产注入、高新科技为导向的民参军以及信息化战争模式下的武器装备升级
非银金融	超配	资本市场是实现经济结构转型的重要工具
公用事业	超配	资源品价格改革、电力体制改革和国企改革带来的政策业绩双驱动
电气设备	超配	核电重启、“一带一路”等政策催生行业需求大增
汽车	超配	互联网对行业的渗透以及新能源汽车的发展将成为市场热点
交通运输	标配	国企改革、“一带一路”带来的主题投资机会
纺织服装	标配	出口弱复苏、估值合理但产能过剩
食品饮料	标配	大众消费增速见底、国企改革带来投资机会

续表

行业	配置建议	理由
建筑装饰	标配	“一带一路”战略令行业需求空间广阔
有色金属	标配	供给收缩、流动性泛滥利好行业，但目前看不到需求拉动的因素
银行	标配	估值低、利率市场化攻坚战基本完成，不过盈利增速下滑明显
轻工制造	标配	体育产业催生的彩票衍生市场巨大、国企改革带来的资产注入机会，但是需求疲软
家用电器	标配	分红率较高、业绩增速稳定
机械设备	标配	中国高端制造“走出去”利好行业需求提振
建筑材料	标配	估值相对合理、国企改革预期强化，但是行业已经步入低速增长期，需求弹性变弱
房地产	标配	政策有放松空间、国企改革加速推进，但是地产长期需求拐点已过
采掘	标配	货币宽松刺激需求、国企改革提升效率，但国内仍然产能过剩
农林牧渔	标配	中央一号文件加快农业科技创新和加快农业发展方式转变
综合	标配	无
商业贸易	低配	互联网的冲击令行业需求回暖缓慢
化工	低配	去产能任重道远、新材料冲击较大
钢铁	低配	需求偏软、产能出清尚需时日

2. 精选中国上市公司漂亮50投资组合

参考各行业上市公司价值评估综合排名位于前30%的上市公司，同时参考上述行业配置中超配和低配的行业，选出最能代表本行业未来发展方向和盈利驱动的上市公司，构成漂亮50投资组合。

表43 漂亮50投资组合

行业	相关受益公司
计算机	同花顺、四维图新、恒生电子、银之杰
医药生物	恒瑞医药、泰格医药、翰宇药业
传媒	三六五网、华录百纳、蓝色光标
休闲服务	宋城演艺、中国国旅
通信	网宿科技、烽火电子、鹏博士
电子	歌尔声学、欣旺达、利达光电
国防军工	航空动力、振芯科技、中国卫星
非银金融	华泰证券、招商证券、广发证券
公用事业	国电清新、碧水源、桑德环境
电气设备	保变电气、平高电气
汽车	上海汽车、江铃汽车

续表

行业	相关受益公司
交通运输	大秦铁路、外运发展
纺织服装	海澜之家
食品饮料	伊利股份
建筑装饰	中国铁建、中国中铁、中国交建
有色金属	五矿稀土
银行	兴业银行
轻工制造	晨鸣纸业
家用电器	老板电器、华帝股份
机械设备	中国南车、上海电气
建筑材料	亚泰集团
房地产	万科 A
采掘	无
农林牧渔	海大集团、大华农
综合	无
商业贸易	海宁皮城
化工	无
钢铁	无

参考文献

[1] 周永丽：《基于层次分析法的上市企业价值评估研究》，大连理工大学硕士论文，2008 年。

[2] 何俊：《上市公司治理结构的实证分析》，《经济研究》1998 年第 5 期。

[3] 詹雷、郭文娟：《我国公司治理综合指数研究述评》，《财会通讯》2011 年第 6 期。

[4] 马英华：《企业社会责任及其评价指标》，《学术》2008 年第 8 期。

[5] 尚正：《投资者如何分析上市公司》，《上海证券报》2012 年 8 月 26 日。

[6] 莫斌伟：《投资者心理对市场估值影响的研究》，河北大学硕士论文，2010。

[7] 邱欣彦：《公司治理对审计意见的影响》，《审计与理财》2009 年第 8 期。

[8] 周旭卉：《我国上市公司社会责任评价指标体系的构建》，《会计之友（下旬刊）》2009 年第 6 期。

[9] 刘芍佳、刘乃全：《中国上市企业的创值能力分析》，《财经研究》2002 年第 6 期。

B.3

互联网经济中的服务业

张磊　张鹏*

摘　要：本报告通过对A股、港股和美国中概股市场上与互联网经济关系密切的主要服务业上市公司创值能力进行国际比较研究，揭示中国互联网经济中的服务业对经济增长所可能产生的影响及其面临的制约条件。研究发现互联网在有关服务业上市公司的应用主要发挥了减少信息不对称或降低交易成本的作用，从而改善了多样化供求的匹配和消费者体验，但仍未表现出明显的增长效应。中国互联网经济中的非金融服务业上市公司的创值能力表现以及科教文卫领域的服务业上市公司互联网经济发展滞后都充分表明互联网经济服务业发展还不足以承担减速换挡治理中经济增长动力重构的重任。因此，亟须采取完善竞争性市场体制、优化创新资源配置、提高人力资本积累和知识资本生产效率、增强创新创业能力双管齐下的措施以推动互联网经济的发展。

关键词：互联网经济　上市公司　创值能力

一　引言

2011年以来中国经济增速不断下滑和消费需求的日益多样化、碎片化引起广泛关注。安德森很好地总结了随着人均收入水平提高，出现的多样化需求和长尾的利基市场现象。① 根据美国的经验，在大众市场中，遵循的是八二法

* 张磊，中国社会科学院经济研究所研究员；张鹏，中国社会科学院经济研究所助理研究员。

① 克里斯·安德森：《长尾理论》（中译本），乔江涛、石晓燕译，中信出版社，2012。

则，20%的热门产品带来80%的营收和100%的利润；相反，在长尾的利基市场中，遵循的是98%法则，20%的热门产品将集中为10%的热门产品，并进一步分化为2%的大热门产品和8%的次热门产品。2%的大热门产品将带来50%的营收和33%的利润；8%的次热门产品将带来25%的营收和33%的利润。剩下的90%长尾产品将带来25%的营收和33%的利润。根据张平等的研究，中国2014年人均GDP超过7000美元，接近中高收入需求转变的状态，而发达地区更是全面进入了厚尾甚至长尾区间，中国集中需求的人口分布正逐步让位于“厚尾”需求，服务业、商品多样性、复杂性和品质的需求越来越大和越来越高。[①] 2014年12月9日至11日，中央经济工作会议也明确指出中国在消费需求结构以及生产能力和产业组织方式上均步入新常态。一方面，消费需求结构发生重要变化，多样化需求涌现。过去我国消费具有明显的模仿型排浪式特征，现在模仿型排浪式消费阶段基本结束，个性化、多样化消费渐成主流，保证产品质量安全、通过创新供给激活需求的重要性显著上升。另一方面，生产能力和产业组织方式在摆脱供给不足的主要矛盾后，正在出现新的变化，企业兼并重组、生产相对集中不可避免，新兴产业、服务业、小微企业的作用更加凸显，生产小型化、智能化、专业化将成为产业组织新特征。然而，世上没有免费的午餐。正如Howitt所指出的那样，产品品种增多在增进消费者福利的同时，压缩了相应创新所带来的规模经济空间，提高了定制化生产成本。[②] 只有充分提高产品质量改进的另一种创新形式外溢效应，才能降低创新成本，并保证内生经济增长的实现。美国互联网经济发展的经验证实竞争性市场体制和ICT进步是形成质量改进创新外溢效应的关键因素。Jackson和Wolinsky发现，根据网络节点参与者效用随着距离增加而递减的假定，网络节点参与成本决定着网络结构。[③] 从实现社会效用最大化的角度来考察，只有在信息传递成本处于一个中间范围时，星状网络才是唯一有效率的网络。在实际

---

① 张平、王习、张磊、符旸、张鹏：《中国经济从规模供给转向“需求—价值创造”——2014年经济转型和上市公司价值创造评估》，载《中国上市公司发展报告（2014）》，社会科学文献出版社，2014。

② Peter Howitt，“Steady Endogenous Growth with Population and R&D Inputs Growing”，*Journal of Political Economy*，1999，107（1）：715～730.

③ Jackson，M. O.，and J. Wolinsky，“A Strategic Model of Social and Economic Networks”，*Journal of Economic Theory*，1996，71（1）：44～74.

经济运行中，星状网络就是竞争性市场的网络交易中介，或按照规则直接交易的去中介化的网络平台。很显然，由于网络交易中介或平台信息传递只需经过1~2个环节，只有运用这样的竞争性市场体制配置资源，促进不同创新活动的合作，才能形成足够的外溢效应，实现低成本的定制化生产，灵活应对多样化的需求。与此同时，ICT进步则能够减少创新活动的信息不对称，降低交易成本，大大拓展了竞争性市场体制配置创新资源的范围。得益于由里根革命所形塑的竞争性市场体制和新的信息通信技术的共同作用，美国在20世纪90年代后期开始了互联网革命，经过2007年爆发的全球金融危机冲击和调整后，最终实现了新一轮的内生经济增长。很大程度上正是基于美国互联网经济发展的经验，中国从2015年开始通过加速市场化改革和互联网技术运用双管齐下的手段培育新增长动力和完善经济减速治理。一方面，全面推进金融市场化改革，实现从信贷化向证券化的历史跨越。与信贷化主要依赖规模扩张和风险分散实现风险后摊不同，证券化主要通过投融资风险的有效定价来实现风险匹配和风险转移，从而对创新、创业提供融资支持。另一方面，大力发展“互联网+”，促进大众创业、万众创新，并由此获取创新外溢效应，降低创新成本。因此，作为“互联网+”的重要组成部分，互联网经济中的服务业在形成新增长动力方面被寄予厚望。本报告将对A股、港股和美国中概股市场上与互联网经济关系密切的主要服务业上市公司创值能力进行国际比较研究，揭示互联网经济中的服务业对经济增长所可能产生的影响及其面临的制约条件。此外，根据国际经验，科教文卫领域的服务业不仅是受互联网影响较为深入的服务业部门，而且在人力资本积累和知识资本生产上承担着不可替代的功能，对培育创新、创业能力起到决定性作用，为此，本报告对中国互联网经济中的科教文卫上市公司创值能力进行了专门分析。

二　中国互联网经济中的服务业上市公司创值能力的国际比较

考虑到金融、传媒和流通等服务业更早地受到互联网经济的影响，本报告选择A股、港股和美国中概股市场上易受到互联网冲击并可能触网的服务业中资上市公司进行创值能力国际比较研究，其中港股中资公司由H股、红筹股和中资民营股（非 H 股）市场上的企业共同组成①。由于金融业的特殊性，兼之已在总报告中有专门论述，本报告主要对互联网经济中的非金融服务业上市公司进行分析。非金融服务业上市公司主要依据 Wind 三级行业，并辅之以四级行业标准进行分类。如表 1、表 2 和表 3 所示，概括起来，互联网经济中的非金融服务业主要包括：①专业服务中的调查和咨询服务、人力资源与就业服务，从属于工业大类；②消费者服务中的酒店、餐馆与休闲和综合消费者服务（含教育服务、特殊消费者服务），媒体，零售业中的互联网与售货目录零售，从属于可选消费大类；③医疗保健设备与服务中的医疗保健提供商与服务、医疗保健技术，制药、生物科技与生命科学中的生物科技、生命科学工具和服务，从属于医疗保健大类；④软件与服务中的互联网软件与服务、信息技术服务（含信息科技咨询与其他服务、数据处理与外包服务），软件，从属于信息技术大类；⑤电信服务中的多元电信服务、无线电信业务，从属于电信服务大类。

表 1　互联网经济中的服务业：A 股

所属 Wind 行业（一级行业）	所属 Wind 行业（二级行业）	所属 Wind 行业（三级行业）	所属 Wind 行业（四级行业）	2014 年上市公司
工业	商业和专业服务	专业服务	调查和咨询服务	中矿资源、上海佳豪、华测检测、苏交科、三联虹普、园区设计、设计股份（7 家）
可选消费	消费者服务Ⅱ	酒店、餐馆与休闲Ⅲ		零七股份、华侨城 A、华天酒店、张家界、东方宾馆、西安旅游、大东海 A、西安饮食、峨眉山 A、桂林旅游、丽江旅游、云南旅游、三特索道、全聚德、世纪游轮、众信旅游、宋城演艺、黄山旅游、中青旅、首旅酒店、国旅联合、大连圣亚、号百控股、曲江文旅、西藏旅游、锦江股份、金陵饭店、中国国旅、长白山、九华旅游、北部湾旅（31 家）
		综合消费者服务Ⅲ	教育服务	新南洋（1 家）

① 根据 2010 年 7 月 21 日华讯财经，红筹股是指母公司在港注册，接受香港法律约束的中资企业，而公司在内地注册，只是借用香港资本市场筹资的企业，另称为“H 股”。红筹股这一概念诞生于 90 年代初期的香港证券市场。早期的红筹股，主要是一些中资公司收购香港的小型上市公司后重组形成的；此后出现的红筹股，主要是内地一些省市或中央部委将其在香港的窗口公司改组并在香港上市后形成的。因此，大致来说，红筹股对应的是在香港注册、上市的内地国企，中资民营股（非 H 股）对应的是在香港注册、上市的内地民企，H 股对应的是在内地注册、在香港上市的内地国企和民企。

续表

所属 Wind 行业(一级行业)	所属 Wind 行业(二级行业)	所属 Wind 行业(三级行业)	所属 Wind 行业(四级行业)	2014 年上市公司
可选消费	媒体Ⅱ	媒体Ⅲ		华数传媒、华媒控股、湖北广电、当代东方、视觉中国、大地传媒、华闻传媒、北京文化、中信国安、电广传媒、长城影视、印纪传媒、游族网络、粤传媒、天威视讯、天神娱乐、省广股份、顺荣三七、完美环球、思美传媒、万达院线、华谊兄弟、蓝色光标、华谊嘉信、华策影视、天舟文化、明家科技、光线传媒、联建光电、华录百纳、新文化、中文在线、腾信股份、昆仑万维、唐德影视、歌华有线、中视传媒、道博股份、青岛碱业、中文传媒、时代出版、浙报传媒、百视通、游久游戏、长江传媒、新华传媒、广电网络、博瑞传播、江苏有线、中南传媒、皖新传媒、凤凰传媒、吉视传媒、出版传媒、引力传媒、龙韵股份(56 家)
	零售业	互联网与售货目录零售	售货目录零售	快乐购(1 家)
			互联网零售	跨境通(1 家)
医疗保健	医疗保健设备与服务	医疗保健提供商与服务		爱尔眼科、迪安诊断、通策医疗(3 家)
		医疗保健技术Ⅲ		宜华健康、国际医学(2 家)
	制药、生物科技与生命科学	生物科技Ⅲ		国农科技、南华生物、四环生物、长春高新、华兰生物、科华生物、达安基因、莱茵生物、上海莱士、双成药业、安科生物、智飞生物、沃森生物、大华农、翰宇药业、舒泰神、冠昊生物、东宝生物、利德曼、博雅生物、天山生物、花园生物、九强生物、迈克生物、天坛生物、中牧股份、金宇集团、中源协和(28 家)
		生命科学工具和服务Ⅲ		泰格医药、博济医药、润达医疗(3 家)
信息技术	软件与服务	互联网软件与服务Ⅲ		海虹控股、生意宝、广博股份、二三四五、焦点科技、四维图新、网宿科技、三五互联、中青宝、东方财富、乐视网、顺网科技、上海钢联、新开普、三六五网、绿盟科技、光环新网、暴风科技、迅游科技、中国软件、人民网(21 家)

续表

所属 Wind 行业(一级行业)	所属 Wind 行业(二级行业)	所属 Wind 行业(三级行业)	所属 Wind 行业(四级行业)	2014 年上市公司
信息技术	软件与服务	信息技术服务	信息科技咨询与其他服务	神州信息、智度投资、南天信息、国脉科技、延华智能、科大讯飞、启明信息、皖通科技、太极股份、科远股份、中海科技、达实智能、启明星辰、杰赛科技、荣之联、银江股份、赛为智能、华平股份、数码视讯、易联众、高新兴、世纪瑞尔、东方国信、汉得信息、捷成股份、天泽信息、易华录、银信科技、佳创视讯、华宇软件、海联讯、朗玛信息、蓝盾股份、富春通信、汉鼎股份、同有科技、旋极信息、创意信息、安硕信息、京天利、浩丰科技、浩云科技、高伟达、亿阳信通、华胜天成、湘邮科技、慧球科技、佳都科技、浪潮软件、华东电脑、南威软件、金桥信息、多伦股份(53 家)
			数据处理与外包服务	博彦科技、立思辰、天玑科技、荣科科技、润和软件(5 家)
		软件		新大陆、远光软件、东华软件、石基信息、川大智胜、久其软件、联络互动、辉煌科技、广联达、榕基软件、中科金财、神州泰岳、同花顺、超图软件、天源迪科、数字政通、银之杰、万达信息、东软载波、拓尔思、方直科技、卫宁软件、飞利信、任子行、掌趣科技、长亮科技、北信源、全通教育、恒华科技、赢时胜、鼎捷软件、东方通、运达科技、创业软件、四方精创、金证股份、恒生电子、用友网络、东软集团、宝信软件、大智慧(41 家)
电信服务	电信服务Ⅱ	多元电信服务		拓维信息、二六三、中国联通、鹏博士(4 家)
		无线电信业务Ⅲ		北纬通信(1 家)

资料来源：Wind 资讯。

表 2　互联网经济中的服务业：港股

所属 Wind 行业(一级行业)	所属 Wind 行业(二级行业)	所属 Wind 行业(三级行业)	所属 Wind 行业(四级行业)	上市公司
工业	商业和专业服务	专业服务	调查和咨询服务	泛亚国际(1 家)

续表

所属 Wind 行业(一级行业)	所属 Wind 行业(二级行业)	所属 Wind 行业(三级行业)	所属 Wind 行业(四级行业)	上市公司
可选消费	消费者服务Ⅱ	酒店、餐馆与休闲Ⅲ		锦江酒店、中国兴业控股、闽港控股、香港中旅、中核工业二三国际、珠海控股投资、福记食品服务、金茂投资－SS、味千(中国)、新岭域集团、顺昌集团、东原地产、唐宫中国、华彩控股、海昌控股、小南国、永耀集团控股、众彩股份、名轩控股(19 家)
		综合消费者服务Ⅲ	教育服务	中国网络教育(1 家)
			特殊消费者服务	安贤园中国、福泽集团(2 家)
	媒体Ⅱ	媒体Ⅲ		北青传媒、保利文化、大贺传媒、环球数码创意、现代传播、白马户外媒体、星美控股、中国 9 号健康、中视金桥、阿里影业、世纪睿科、智美集团、十方控股、凤凰卫视、星美文化、中国创联教育、非凡中国、中国三三传媒、品牌中国、国艺娱乐(20 家)
医疗保健	医疗保健设备与服务	医疗保健提供商与服务		国药控股、泰凌医药、金活医药集团(3 家)
	制药、生物科技与生命科学	生物科技Ⅲ		昊海生物科技、中生北控生物科技、联合基因集团、联康生物科技集团、亿胜生物科技、中国再生医学(6 家)
信息技术	软件与服务	互联网软件与服务Ⅲ		首都信息、太平洋网络、腾讯控股、天鸽互动、慧聪网、长达科技、天时软件、中国数码文化、神州数字(9 家)
		信息技术服务	信息科技咨询与其他服务	研祥智能、南大苏富特、交大慧谷、赛迪顾问、北京发展(香港)、海航国际投资、中国软件国际、高阳科技、中国公共采购、企展控股、中国智能交通、中天国际、亚洲资产、中国手游文化、DX. COM 控股(15 家)
			数据处理与外包服务	中国民航信息网络(1 家)
		软件		畅捷通、北大青鸟环宇、浙大兰德、方正控股、浪潮国际、国农控股、中国城市轨道科技、第一视频、金蝶国际、博雅互动、云游控股、网龙、A8 新媒体、飞鱼科技、中国擎天软件、百奥家庭互动、金山软件、联众、国联通信、新利软件、华普智通、中国信息科技、蓝港互动(23 家)

续表

所属 Wind 行业（一级行业）	所属 Wind 行业（二级行业）	所属 Wind 行业（三级行业）	所属 Wind 行业（四级行业）	上市公司
电信服务	电信服务Ⅱ	多元电信服务		中国通信服务、中国电信、中国联通、亚太卫星、ASIA SATELLITE、中信国际电讯（6 家）
		无线电信业务Ⅲ		中国移动、广泽地产（2 家）

资料来源：Wind 资讯。

表 3　互联网经济中的服务业：美国中概股

所属 Wind 行业（一级行业）	所属 Wind 行业（二级行业）	所属 Wind 行业（三级行业）	所属 Wind 行业（四级行业）	上市公司
工业	商业和专业服务	专业服务	人力资源与就业服务	前程无忧、智联招聘（2 家）
可选消费	消费者服务Ⅱ	酒店、餐馆与休闲Ⅲ		乡村基、如家、华住酒店、新濠博亚娱乐、途牛、500 彩票网（6 家）
		综合消费者服务Ⅲ	教育服务	ATA、正保远程教育、新东方、达内科技、好未来、学大教育（6 家）
	媒体Ⅱ	媒体Ⅲ		航美传媒、博纳影业、中网在线、易达控股、环球资源、香港电视、华视传媒（7 家）
	零售业	互联网与售货目录零售	互联网零售	阿里巴巴、宝尊电商、携程、当当网、京东商城、聚美优品、兰亭集势、艺龙、麦考林、去哪儿网、唯品会（11 家）
			售货目录零售	橡果国际（1 家）
医疗保健	医疗保健设备与服务	医疗保健提供商与服务		泰和诚医疗、中国脐带血库、爱康国宾（3 家）
	制药、生物科技与生命科学	生物科技Ⅲ		泰邦生物、科兴生物（2 家）
		生命科学工具和服务Ⅲ		药明康德（1 家）

续表

所属 Wind 行业(一级行业)	所属 Wind 行业(二级行业)	所属 Wind 行业(三级行业)	所属 Wind 行业(四级行业)	上市公司
信息技术	软件与服务	互联网软件与服务Ⅲ		汽车之家、百度、易车、蓝汛、世纪佳缘、凤凰新媒体、金融界、酷6、乐居、REMARK MEDIA、陌陌、网易、奇虎360、人人、搜房网、新浪、搜狐、世纪互联、微博、窝窝团、58同城、迅雷、优酷土豆、欢聚时代(24家)
		信息技术服务	信息科技咨询与其他服务	中国信息技术(1家)
		软件		猎豹、中国手游、畅游、乐逗游戏、富基融通、飞塔、盛大游戏、久邦数码、联合信息、空中网、斯凯、第九城市、网秦、完美世界、淘米(15家)
电信服务	电信服务Ⅱ	多元电信服务		中国电信、中国联通(2家)
		无线电信业务Ⅲ		中国移动(1家)

资料来源：Wind 资讯。

根据 Wind 数据库提供的有关信息，可以得出中国互联网经济中的服务业上市公司创值能力的两大典型化事实。

2001～2014 年，中国互联网经济中的非金融服务业上市公司营业收入和总资产增长趋于平稳①。在 2007～2008 年全球金融危机爆发之前，中国互联网经济中的非金融服务业上市公司营业收入在剧烈波动中高速增长，2011～2013 年营业收入增长率一度趋于平稳，但到了 2014 年除港股上市公司营收增长有所加速外，A 股和美国中概股上市公司营业收入均出现了负增长，增速分别为 -2.82% 和 -0.35%。如图 1 所示，以 A 股为例，中国互联网经济中的服务业上市公司营收增速 2003 年达到 48.82% 的高点，2004 年则暴跌至 -38.65% 的最低点，2008 年又创出 48.92% 的新高，2011～2013 年则在 19%～20% 的区间内窄幅波动。中国互联网经济中的服务业上市公司资产扩张呈现类似的特

① 由于在 A 股、港股和美国中概股市场上，每年的上市公司数目不同，在本报告中，中国互联网经济中的非金融服务业上市公司营业收入和总资产按照所在行业上市公司平均水平进行计算。

征，但在全球金融危机之后波动幅度要小得多（见图2）。即使在危机前总资产扩张比营收增长波动还要剧烈的A股市场，互联网经济中的服务业上市公司资产扩张也趋于平稳，这从一个侧面反映了国内市场体制日趋完善，降低了A股市场所蕴含的系统风险。

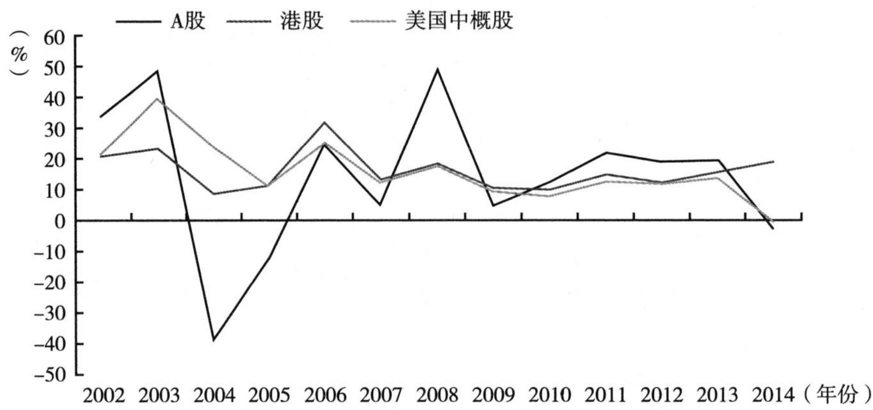

图1　营收增长率：中国互联网经济中的服务业上市公司

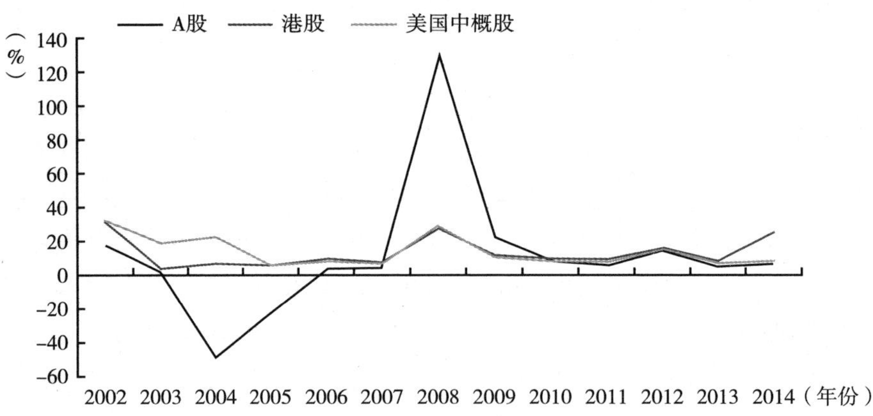

图2　资产增长率：中国互联网经济中的服务业上市公司

2001～2014年，中国互联网经济中的非金融服务业上市公司盈利能力整体趋于下降。如图3所示，全球金融危机爆发之前，在A股、港股和美国中概股市场上，中国互联网经济中的服务业上市公司销售营利率都趋于下降，分别

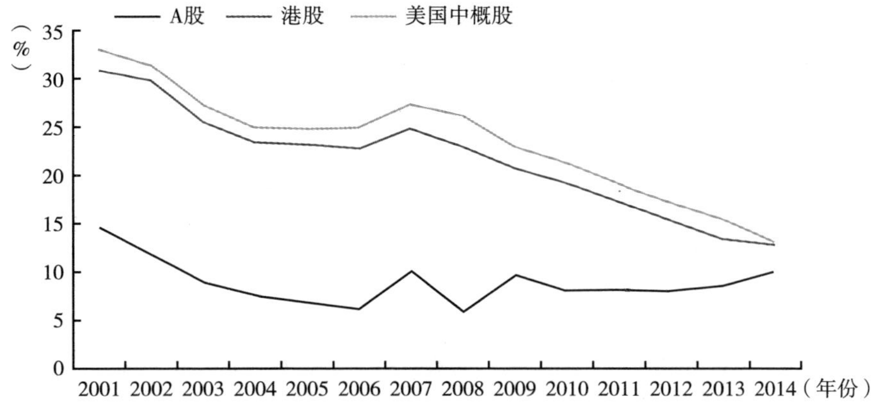

图3　销售营利率：中国互联网经济中的服务业上市公司

从2001年的高点14.41%、30.67%和31.29%下降到2006年的6.3%、22.7%和24.88%①。2007～2014年在港股和美国中概股市场上，中国互联网经济中的服务业上市公司出现了第二轮的明显下滑，分别从2007年的24.79%和27.3%下降到2014年的12.76%和13.13%，下降了近一半。相反，在A股市场上，中国互联网经济中的服务业上市公司销售营利率却保持了稳中有升，2007年和2014年均达到了约10%。根据杜邦财务分析，在营业外收支、所得税、资产周转率和财务杠杆等因素综合影响下，中国互联网经济中的服务业上市公司ROE变化有所不同。如图4所示，全球金融危机爆发之前，在A股、港股和美国中概股市场上，中国互联网经济中的服务业上市公司ROE都趋于上升，只是在危机后才转为下降。值得关注的是，2001～2014年同港股和美国中概股市场相比，在A股市场上，中国互联网经济中的服务业上市公司ROE一直偏低。在A股市场上，中国互联网经济中的服务业上市公司ROE甚至在绝大部分年份低于产业平均水平。

营业收入和总资产增长趋于平稳以及盈利能力有所下降的典型化事实意味对中国互联网经济中的非金融服务业上市公司创值能力预期不应过于乐观，并需剖析其成因。考虑到由互联网所代表的新的信息和通信技术能够有效扩大竞争性市场机制配置创新资源的范围，互联网可以对经济产生不同层次的影响。

① 销售营利率根据上市公司营业利润占营业收入比重计算而得。

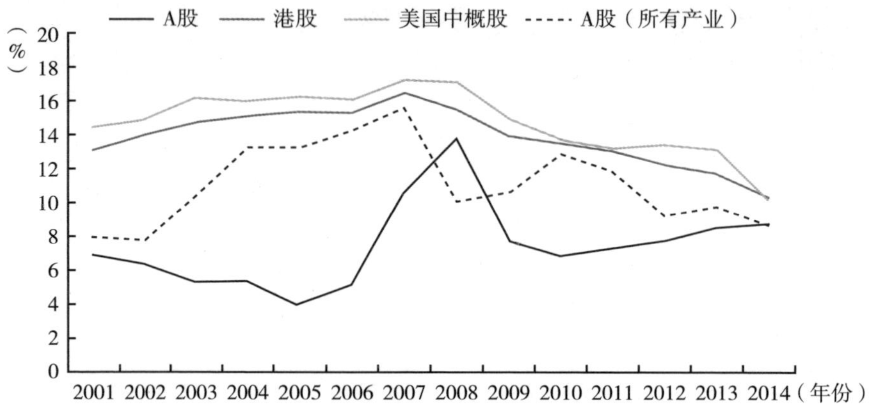

图4　ROE：中国互联网经济中的服务业上市公司

资料来源：Wind资讯。

①互联网经济的通信技术积累和基础设施建设。②互联网经济1.0通过B2B、B2C等多种模式的去中介化，减少交易中的信息不对称，实现多样化需求和供给方匹配。③互联网经济2.0通过O2O或C2模式，充分运用线上网络技术手段整合线下供应链，在降低交易成本的基础上不断提升消费者或客户体验，从而在增进消费者福利的同时实现定制化生产。④互联网经济3.0通过P2P模式，推动低成本定制化生产。除了继续保持类似O2O或C2模式对提升消费者体验和节约交易成本的关注外，P2P模式还侧重于对创客社区的培育，并由此形成质量改进的技术创新外溢效应，通过具有外部性的知识替代劳动力和物质资本等传统要素，从而实现低成本的定制化生产。很显然，不同层次的互联网经济所产生的经济增长效应是有差异的。互联网经济1.0侧重于产品品种增多的消费者福利增进，在经济上更多地体现为利润的分割和转移，难以产生增长效应。互联网经济2.0除了能够进一步带来产品品种增多的消费者福利增进外，还可以有效降低交易成本，从而在一定程度上产生增长效应，这在服务业中表现得尤为明显。不过，由于尚未涉及因产品品种增多而引发的定制化生产的高成本，由互联网经济2.0所产生的增长效应在涉及制造业时，其空间将受到严格限制。因此，只有通过发展互联网经济3.0，形成质量改进的技术创新外溢效应，实现低成本的定制化生产，才能彻底释放互联网带来的经济增长潜力。与互联网经济1.0和2.0侧重于服务业不同，互联网经济3.0更广泛、更

深入地涉及制造业。比如，德国、美国和中国分别提出工业 4.0、工业互联网和“中国制造 2025”规划，都试图通过工业化和信息化的深度融合，推动制造业产业升级，提高产业国际竞争力。

根据上面的分析，通过对中国互联网经济中的非金融服务业上市公司创值能力进行相应的因素分析，可在一定程度上判断中国互联网经济目前所处的发展水平。①营业成本的逐步上升使得销售毛利率下降，构成压低中国互联网经济中的非金融服务业上市公司创值能力的重要因素。如图 6 所示，在港股市场上，中国互联网经济中的服务业上市公司营业成本占营业收入比重由 2001 ~ 2002 年的约 5%，上升到 2014 年的近 20%；在美国中概股市场上，中国互联网经济中的服务业上市公司营业成本占营业收入比重更是从 2001 年的 0.31% 和 2002 年的 0.2%，近乎忽略不计，上升至 2014 年的 12.69%。在 A 股市场上，中国互联网经济中的服务业上市公司营业成本占营业收入比重虽然在稳中略有下降，但由于该比重与港股和美国中概股市场同类公司相比明显过高，即使是最低的 2003 年也达到 58.42%，最高的 2006 年更是达到 66.74%，2014 年则为 65.61%。这可能反映了中国绝大部分服务业上市公司，特别是 A 股上市公司与互联网的联系还不够密切。如图 5 所示，中国互联网经济中的服务业上市公司营业成本的逐步上升无疑会压低销售毛利率，并损害相应的创值能力。②期间费用的居高不下极大地削弱了互联网降低交易成本对中国有关服务业上市公司创值能力的有益影响。[①] 如图 7 所示，在港股和美国中概股市场上，中国互联网经济中的服务业上市公司期间费用占营业收入比重基本保持稳定，在营业收入和总资产保持平稳增长的情况下，这无疑表明边际交易成本并没有随生产规模的扩大而上升，互联网确有降低交易成本的边际作用。然而，由于期间费用占营业收入比重仍然偏高，这就造成互联网降低交易成本对于提升中国有关服务业上市公司创值能力而言收效甚微。如图 7 所示，在港股市场上，中国互联网经济中的服

① 根据定义，最准确的期间费用应该对应营业总成本扣除营业成本所得到的营业费用，但由于 Wind 提供的港股和美国中概股数据，相当一部分上市公司将由营业成本代表的生产成本和由期间费用代表的交易成本混杂在一起，并没有单列营业费用，本报告采取分类费用相加方法进行市场间期间费用比较，其中 A 股市场上市公司期间费用由营业税金及附加、销售费用、管理费用、财务费用和资产减值损失构成，港股和美国中概股市场上市公司期间费用由销售、行政及一般费用和其他营业费用构成。

务业上市公司期间费用占营业收入比重即使在最低的 2001 年也达到 64.63%，2014 年则为 68.22%；美国中概股上市公司的表现与港股类似，期间费用占营业收入比重在最低的 2001 年为 66.84%，2014 年则达到 72.86%。很显然，逐步上升的营业成本占营业收入比重同基本保持稳定的较高的期间费用占营业收入比重相结合极大地拖累了中国互联网经济中的服务业上市公司销售营利率。

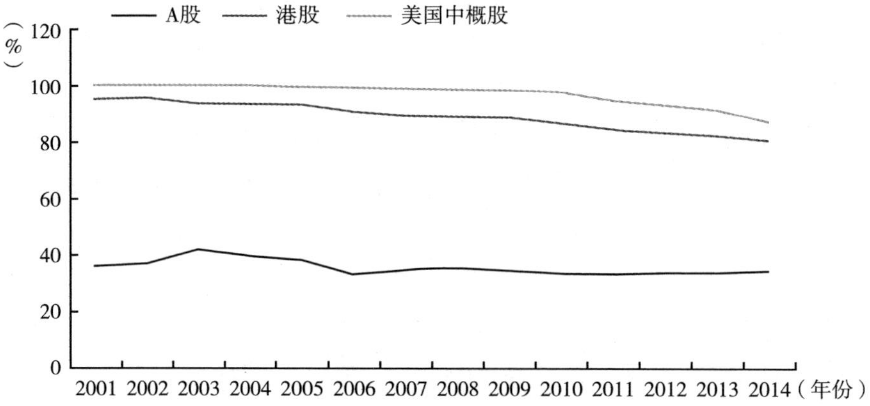

图 5　毛利率：中国互联网经济中的服务业上市公司

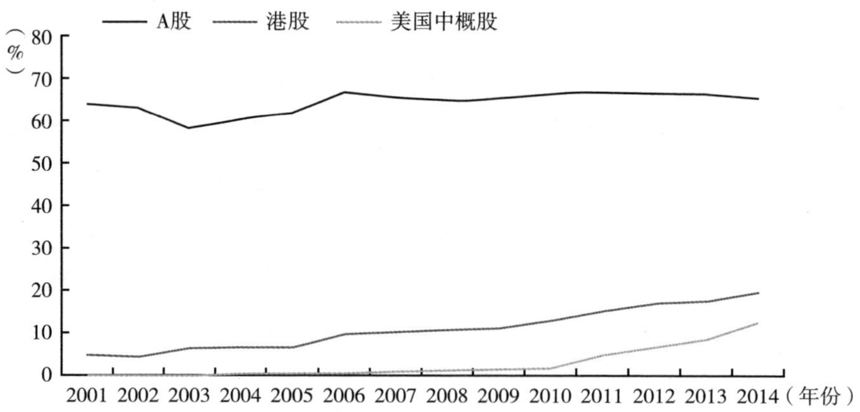

图 6　营业成本占营业收入比重：中国互联网经济中的服务业上市公司

综上所述，在港股市场和美国中概股市场上，中国互联网经济中的非金融服务业上市公司主要集中在互联网经济 1.0 的发展层次上，并有部分公司

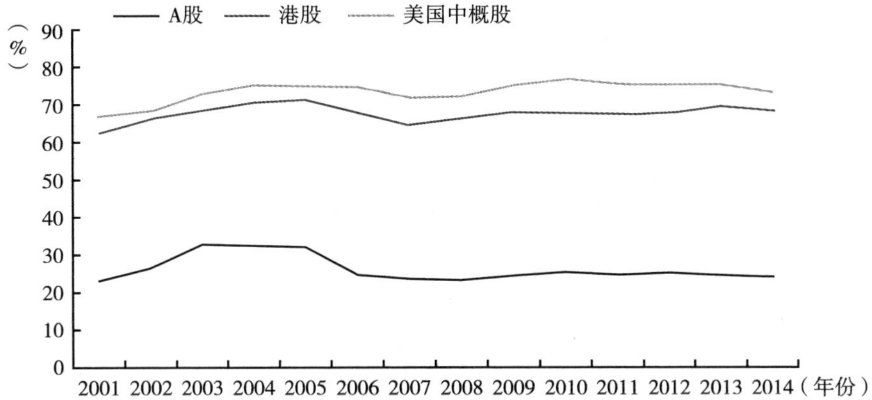

图 7　期间费用占营业收入比重：中国互联网经济中的服务业上市公司

资料来源：Wind 资讯。

上升到互联网经济 2.0 的发展层次，具体表现为：首先，期间费用占营业收入比重远超营业成本占营业收入比重，说明面对市场需求的日益多样化、碎片化，这些服务业上市公司不得不更多的关注市场销售问题，从而为运用互联网技术优化资源配置提供契机；其次，逐步上升的营业成本占营业收入比重和基本保持稳定的较高的期间费用占营业收入比重使得中国互联网经济中的服务业上市公司盈利能力没有得到明显提升，这可能意味着现有的服务业上市公司多处于互联网经济 1.0 的发展层次，主要立足于运用互联网减少交易中的信息不对称，匹配多样化需求和供给，从而带来产品品种增多的消费者福利增进，实现利润分割和转移而非利润创造；再次，在营业收入和总资产平稳增长的条件下，期间费用占营业收入比重基本保持稳定则可能反映了互联网在有关服务业上市公司的应用已经起到降低交易成本的边际作用，从而进入互联网经济 2.0 的发展层次；最后，逐步上升的营业成本占营业收入比重则标志着中国现有互联网经济中的服务业上市公司离获取质量改进的技术创新外溢效应、实现低成本的定制化生产的互联网经济 3.0 发展目标的要求尚远。针对 A 股市场上中国互联网经济中的服务业上市公司营业成本占营业收入比重偏高，只有更加充分地运用互联网技术优化资源配置，才能达到互联网经济 1.0 的发展层次要求。

三　中国互联网经济中的科教文卫上市公司创值能力

根据国际经验，科教文卫领域的服务业通常受互联网影响较为深刻，是互联网经济中的服务业的重要组成部分。与此同时，科教文卫领域的服务业还在人力资本积累和知识资本生产上承担着不可替代的功能，对培育创新、创业能力起到决定性作用。换言之，科教文卫领域的服务业互联网经济发展水平还在相当程度上制约着其他服务业互联网经济的发展。因此，需对中国互联网经济中的科教文卫上市公司创值能力进行专门分析。本报告基于 Wind 行业分类标准对科教文卫服务业进行了重新归类。如表 4 所示，互联网经济中的科教文卫服务业主要包括：（1）科学，对应两类服务业，①制药、生物科技与生命科学中的生物科技、生命科学工具和服务，从属于医疗保健大类；②信息技术服务中的信息科技咨询与其他服务、数据处理与外包服务，从属于信息技术大类。（2）教育，对应综合消费者服务中的教育服务，从属于可选消费大类。

表 4　Wind 行业分类与科教文卫的对应

<table>
<tr><th>所属 Wind 行业
（一级行业）</th><th>所属 Wind 行业
（二级行业）</th><th>所属 Wind 行业
（三级行业）</th><th>所属 Wind 行业
（四级行业）</th><th>对应行业</th></tr>
<tr><td rowspan="2">医疗保健</td><td rowspan="2">制药、生物科技与生命科学</td><td>生物科技Ⅲ</td><td></td><td rowspan="4">科学</td></tr>
<tr><td>生命科学工具和服务Ⅲ</td><td></td></tr>
<tr><td rowspan="2">信息技术</td><td rowspan="2">软件与服务</td><td rowspan="2">信息技术服务</td><td>信息科技咨询与其他服务</td></tr>
<tr><td>数据处理与外包服务</td></tr>
<tr><td rowspan="3">可选消费</td><td>消费者服务Ⅱ</td><td>综合消费者服务Ⅲ</td><td>教育服务</td><td>教育</td></tr>
<tr><td>消费者服务Ⅱ</td><td>酒店、餐馆与休闲Ⅲ</td><td></td><td rowspan="2">文化</td></tr>
<tr><td>媒体Ⅱ</td><td>媒体Ⅲ</td><td></td></tr>
<tr><td rowspan="2">医疗保健</td><td rowspan="2">医疗保健设备与服务</td><td>医疗保健提供商与服务</td><td></td><td rowspan="2">卫生</td></tr>
<tr><td>医疗保健技术Ⅲ</td><td></td></tr>
</table>

资料来源：Wind 资讯。

（3）文化，对应消费者服务中的酒店、餐馆与休闲，以及媒体两类服务业，从属于可选消费大类。（4）卫生，对应医疗保健设备与服务中的医疗保健提供商与服务和医疗保健技术，从属于医疗保健大类。由此可见，本报告所涉及的科教文卫不过是互联网经济中的服务业的一个组成部分，属于特殊的互联网经济服务业。

根据重新归类的科教文卫数据，可以发现中国互联网经济中的科教文卫上市公司创值能力有以下特点。

第一，同一般的互联网经济服务业类似，中国互联网经济中的科教文卫上市公司营收增长在2007~2008年全球金融危机爆发之前波动剧烈，但在危机之后趋于平稳（见图8）。此外，同一般的互联网经济服务业相比，中国互联网经济中的科教文卫上市公司营收增长在危机后表现得更加突出。如图10、图11所示，在港股和美国中概股市场上，中国互联网经济中的科教文卫上市公司营收增长率在危机后绝大多数年份高于一般的互联网经济服务业上市公司。即使在A股市场上，中国互联网经济中的科教文卫上市公司营收增长率在危机后的2009年、2010年、2012年和2014年高于一般的互联网经济服务业上市公司（见图9）。

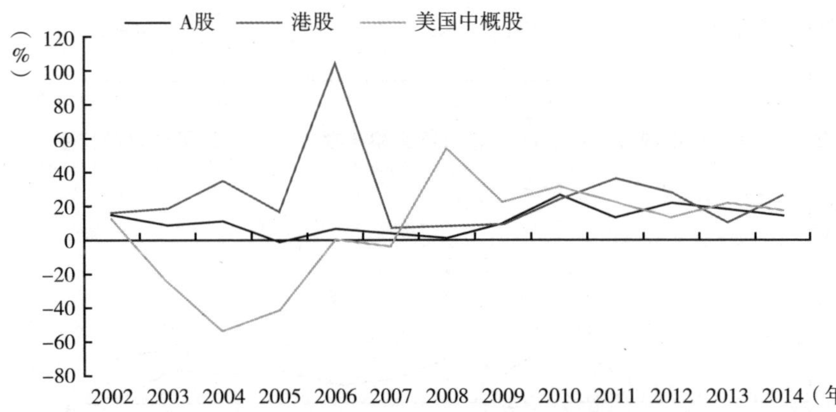

图8　营收增长率：中国互联网经济中的科教文卫上市公司

第二，同一般的互联网经济服务业相比，中国互联网经济中的科教文卫上市公司销售营利率在2007~2008年全球金融危机爆发之前波动剧烈，在危机之后趋于平稳（见图12）。危机后中国互联网经济中的科教文卫上市公司一改

服务业
科教文卫
（%）
60
50
40
30
20
10
0
-10
-20
-30
-40
-50
2002 2003 2004 2005 2006 2007 2008 2009 2010 2011 2012 2013 2014（年份）

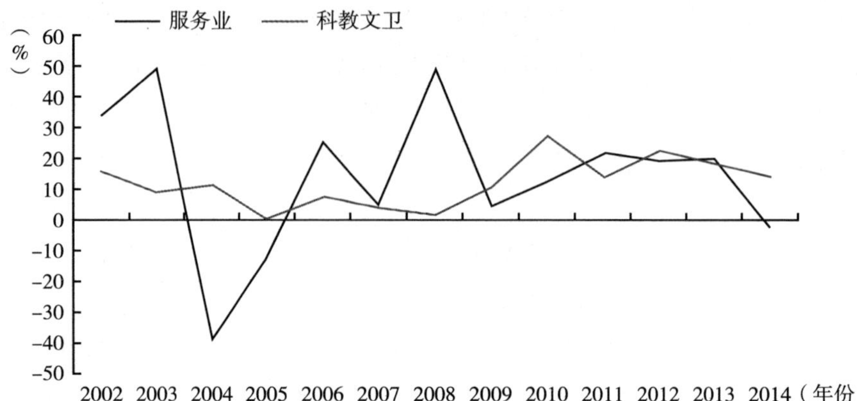

图 9　A 股：中国互联网经济中的服务业和科教文卫上市公司营收增长率

服务业
科教文卫
（%）
120
100
80
60
40
20
0
2002 2003 2004 2005 2006 2007 2008 2009 2010 2011 2012 2013 2014（年份）

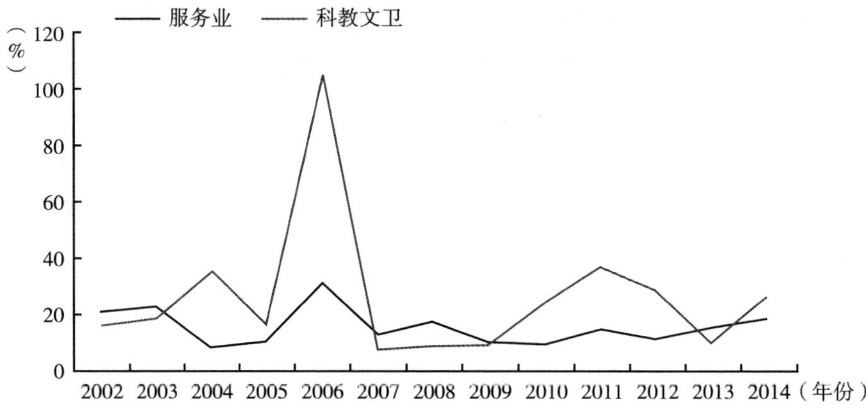

图 10　港股：中国互联网经济中的服务业和科教文卫上市公司营收增长率

服务业
科教文卫
（%）
80
60
40
20
0
-20
-40
-60
2002 2003 2004 2005 2006 2007 2008 2009 2010 2011 2012 2013 2014（年份）

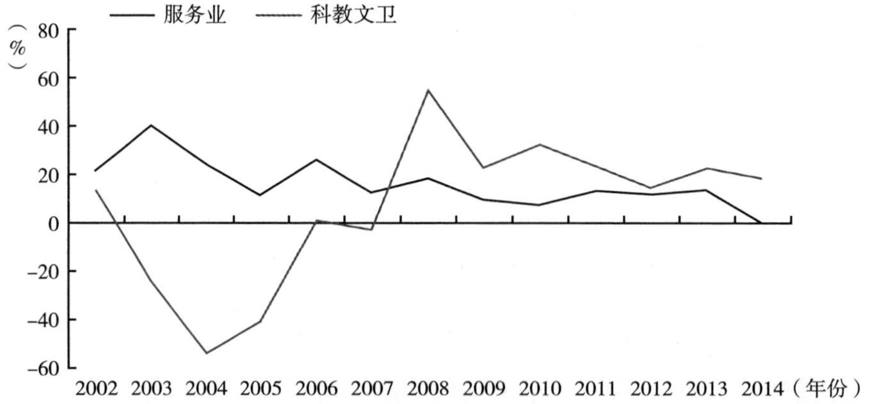

图 11　美国中概股：中国互联网经济中的服务业和科教文卫上市公司营收增长率

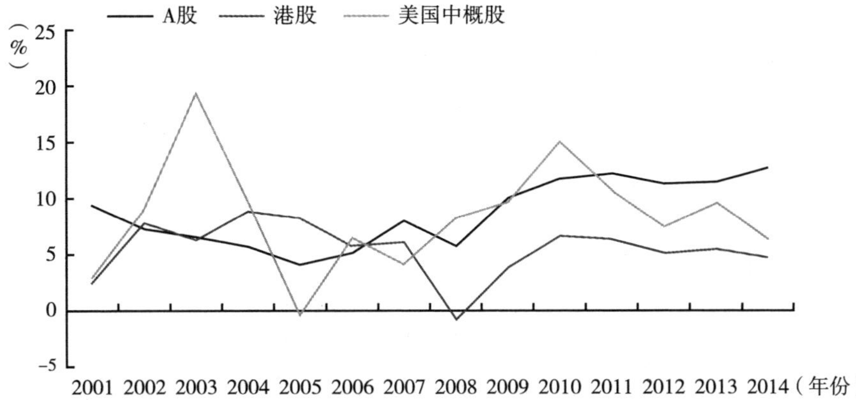

图 12　中国互联网经济中的科教文卫上市公司销售营利率

之前销售营利率低迷的颓势，除港股市场外，其在 A 股和美国中概股市场上的盈利表现均后来居上，优于一般的互联网经济服务业上市公司的同期业绩（见图 13、图 14 和图 15）。

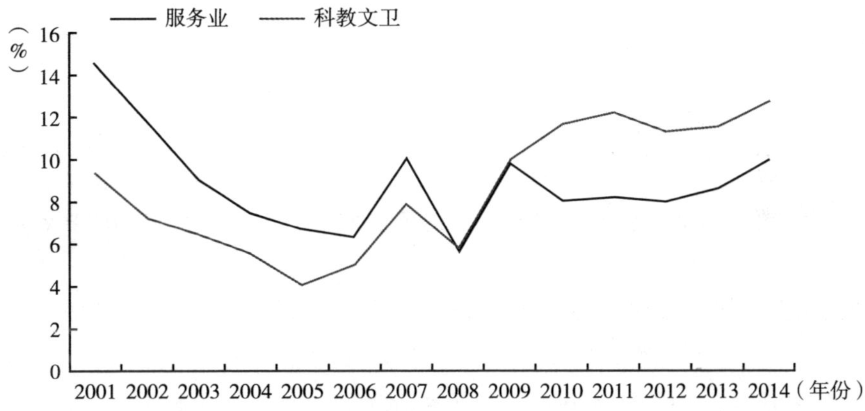

图 13　A 股：中国互联网经济中的服务业和科教文卫上市公司销售营利率

第三，中国互联网经济中的科教文卫上市公司营业成本占营业收入比重明显偏高，成为制约其创值能力的最重要因素。为了分析方便，再次援引图 6 和图 7 分别反映中国互联网经济中的服务业上市公司营业成本和期间费用占营业收入比重情况。如图 6 和图 16 所示，除 A 股市场较为接近外，在港股和美国中

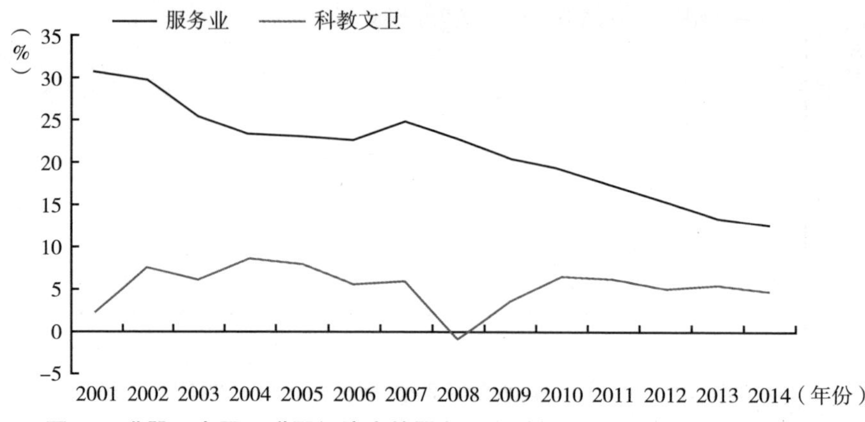

图 14　港股：中国互联网经济中的服务业和科教文卫上市公司销售营利率

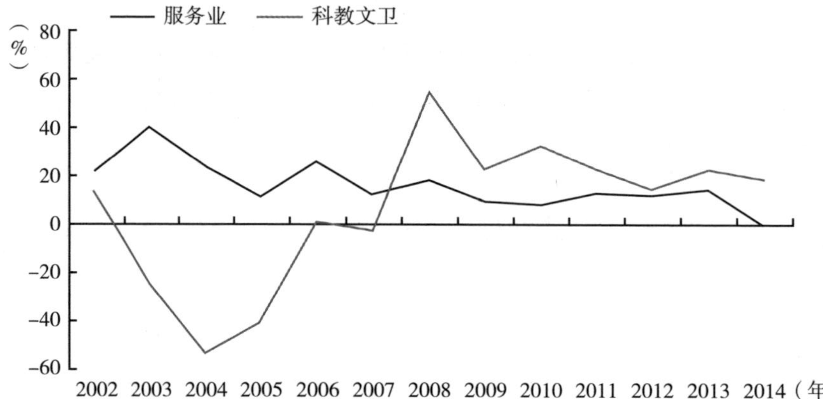

图 15　美国中概股：中国互联网经济中的服务业和科教文卫上市公司销售营利率

概股市场上，同一般的互联网经济服务业相比，中国互联网经济中的科教文卫上市公司营业成本占营业收入比重要高得多。以美国中概股市场为例，即使在最低的 2003 年，中国互联网经济中的科教文卫上市公司营业成本占营业收入比重也高达近 30%，而一般的互联网经济服务业在最高的 2014 年也只有 12.69%。与此形成鲜明的对照，如图 7 和图 17 所示，除 A 股市场较为接近外，在港股和美国中概股市场上，中国互联网经济中的科教文卫上市公司期间费用占营业收入比重则远低于中国一般的互联网经济服务业上市公司。2014 年，在美国中概股市场上，中国互联网经济中的科教文卫上市公司期间费用占营业收入比重只有一般的互联网经济服务业上市公司的 41%，在港股市场上，这一比重甚至低至17%。由此可见，在科教文卫领域，中国企业主要面对的仍是需求较为集中的大众市场，至多是厚尾市场，以致由营业成本所代表的生产成本，其对盈利能力影响远比由期间费用所代表的交易成本重要得多。

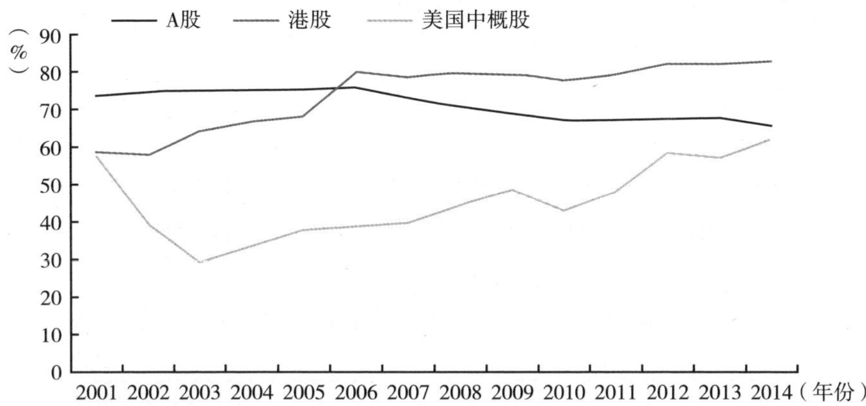

图16　营业成本占营业收入比重：中国互联网经济中的科教文卫上市公司

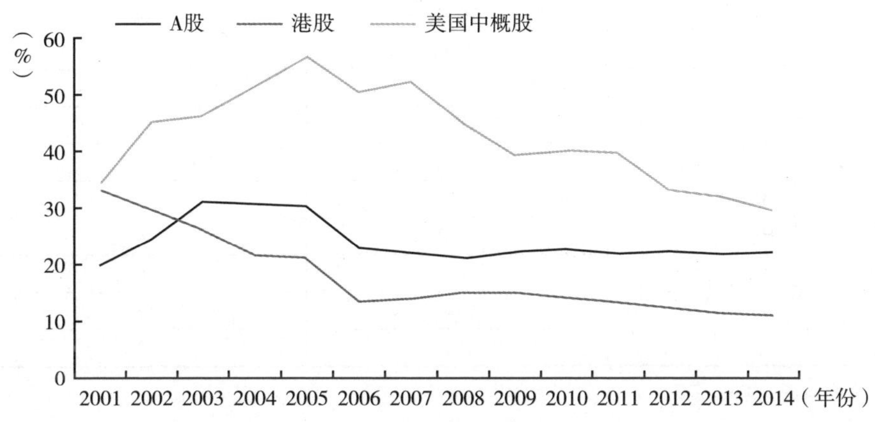

图17　期间费用占营业收入比重：中国互联网经济中的科教文卫上市公司

资料来源：Wind资讯。

很显然，在全球金融危机以后，较为平稳的营业收入高增长，较好的盈利能力，特别是偏高的营业成本占营业收入比重充分说明中国互联网经济中的科教文卫上市公司仍处于规模扩张的发展阶段，其与互联网的接触可能主要集中在通信技术手段的运用上，尚未上升到优化创新资源配置的高度。中国互联网经济中的科教文卫上市公司发展滞后还在科教文卫领域的内部结构中体现出来。如表5所示，截至2014年，A股、港股和美国中概股市场上所有教育和卫生领域的上市公司分别只有6家、4家和9家，只有属于应用研究领域的科学和包含娱乐传媒在内的文化服务业因受到政府管制较少而发展较快。

总之，中国互联网经济中的科教文卫上市公司应抓住所面临的厚尾市场需求较为集中的契机，实现规模扩张。只有这样，才能既改变中国科教文卫领域互联网经济发展滞后的状态，又切实提高人力资本积累和知识资本生产效率，改进创新、创业能力，从整体上提升互联网经济中的服务业发展层次。

表5　中国2014年互联网经济中的科教文卫上市公司数量

单位：家

市场	所属行业	上市公司数量
A股	科学	90
	教育	1
	文化	88
	卫生	5
港股	科学	22
	教育	1
	文化	39
	卫生	3
美国中概股	科学	4
	教育	6
	文化	13
	卫生	3

资料来源：Wind资讯。

四　结论

根据前面的分析，可以得到有关中国互联网经济中的非金融服务业上市公司创值能力的一系列结论。

第一，在港股和美国中概股市场上，中国互联网经济中的非金融服务业上市公司主要集中在互联网经济 1.0 的发展层次上，并有部分公司上升到互联网经济 2.0 的发展层次，但创值能力有待进一步提高。在营业收入和总资产保持平稳增长的条件下，逐步上升的营业成本占营业收入比重和基本保持稳定的较高的期间费用占营业收入比重表明互联网在有关服务业上市公司的应用发挥了减少信息不对称或降低交易成本的作用，从而改善了多样化供求的匹配和消费者体验。与此同时，有关服务业上市公司互联网的应用也只是起到降低交易成本的边际作用，更不必遑论降低由营业成本所代表的生产成本，实现低成本定制化生产了。由此可见，在港股和美国中概股市场上，中国互联网经济中的非金融服务业上市公司创值能力具有很大的提升空间。至于 A 股市场，中国互联网经济中的服务业上市公司由于营业成本占营业收入比重偏高，甚至尚未跨入互联网经济 1.0 的发展层次门槛。

第二，中国科教文卫领域的服务业上市公司无论是在互联网经济发展层次上，还是在人力资本积累和知识资本生产效率上，都亟待得到进一步提升。在全球金融危机以后，中国互联网经济中的科教文卫上市公司尽管拥有较为平稳的营业收入高增长和较好的盈利能力，但这主要得益于其所面临的厚尾市场需求较为集中而提供的规模扩张契机。偏高的营业成本占营业收入比重则充分说明中国互联网经济中的科教文卫上市公司尚未达到互联网经济 1.0 的发展层次。

第三，中国互联网经济中的非金融服务业上市公司的创值能力表现以及科教文卫领域的服务业上市公司互联网经济发展滞后都表明互联网经济服务业发展目前还不足以承担减速换挡治理中经济增长动力重构的重任。因此，需要采取双管齐下的措施推动互联网经济的发展，一方面，继续完善竞争性市场体制，提高创新资源配置效率，从而便于创新外溢效应发挥，有效降低交易成本和定制化生产成本；另一方面，尽快弥补科教文卫领域互联网经济发展滞后的短板，切实提高人力资本积累和知识资本生产效率，改进创新、创业能力。

参考文献

[1] Jackson, M. O., and J. Wolinsky, “A Strategic Model of Social and Economic

Networks", *Journal of Economic Theory*, 1996, 71 (1): 44 ~ 74.

[2] Peter Howitt, "Steady Endogenous Growth with Population and R&D Inputs Growing", *Journal of Political Economy*, 1999, 107 (1): 715 ~ 730.

[3] 克里斯·安德森:《长尾理论》(中译本),乔江涛、石晓燕译,中信出版社,2012。

[4] 张平、王习、张磊、符旸、张鹏:《中国经济从规模供给转向"需求—价值创造"——2014 年经济转型和上市公司价值创造评估》,载《中国上市公司发展报告(2014)》,社会科学文献出版社,2014。

专题报告

Feature Reports

B.4

中国制造2025：中国工业4.0之路

中航证券有限公司课题组

摘　要：工业4.0是一场全球范围的技术革命，也是中国制造业转型升级的必经之路。作为中国在新一轮科技革命和产业变革背景下针对制造业发展提出的重要战略举措，《中国制造2025》不只是2015年短期的主题性投资，更有其未来基本面的支撑，具有中长期投资价值。本文从智能制造产业链入手，对重点行业进行分析，并提出相关的投资策略。

关键词：工业4.0　工业互联网　智能制造　“互联网+”

一 互联网时代更多新挑战，各国制造业迫切需要转型

全球制造业重回风口，但互联网数字化时代给制造业带来了更多的新挑战：产品更复杂，交货期要求更短；柔性化需求增多，小批量、多批次的定制化或半定制化生产需求越来越多；能源利用效率亟待提高；基础工业劳动力短缺，尤其是熟练劳动力短缺，如欧美国家的人口老龄化、日本的少子化及中国人口红利逐渐消失。

为应对制造业的四大新挑战，各国纷纷提出适合各自国情的解决方案。

（一）德国

工业 4.0 上升至国家战略。工业 4.0 是以智能制造为主导的第四次工业革命，该战略利用网络、计算机技术、信息技术、软件与自动化技术的深度交织，在制造领域形成资源、信息、物品和人相互关联的信息物理系统。

（二）美国

实施“再工业化”，提出“工业互联网”。工业互联网是全球工业系统与高级计算、分析、感应技术，以及互联网链接融合的结果，通过充分利用信息通信技术和网络空间虚拟系统相结合的手段，结合软件和大数据分析，推进信息技术和制造业深度融合，使制造业向智能化转型，进一步提升生产效率。

（三）中国

实施《中国制造 2025》，加速制造大国转向制造强国。《中国制造 2025》被誉为中国版工业 4.0 规划，将借鉴德国版工业 4.0 计划，围绕中国工业有待加强的领域进行强化，打造新一代信息技术产业、高端装备制造产业、新能源产业和生物医药与生物制造产业等。

表 1　主要国家工业 4.0 的战略规划

国家	政府规划	战略重点
德国	《高技术战略 2020》 《实施工业 4.0 战略建议书》	工业 4.0，成为新一代工业生产技术的供应国和主导市场
美国	《重振美国制造业框架》 《先进制造伙伴计划》 《先进制造业国家战略计划》	工业互联网，侧重"软"服务，用互联网激活传统工业，保持制造业的长期竞争力
中国	《中德合作行动纲要》 《中国制造 2025》	两化融合，重点发展新一代信息技术、高档数控机床和机器人、航空航天装备、海洋工程装备及高技术船舶、先进轨道交通装备、节能与新能源汽车、电力装备、新材料、生物医药及高性能医疗器械、农业机械装备十大领域

资料来源：公开资料，中航证券。

二　解析工业4.0

工业 4.0 最早于 2011 年在德国汉诺威工业博览会上被提出，并被定义为"第四次工业革命"。2013 年 4 月德国在汉诺威工业博览会上首次发布《实施工业 4.0 战略建议书》，同时在德国工程院、弗劳恩霍夫协会、西门子公司等学术界和产业界的大力推动下，德国联邦教研部与联邦经济技术部于 2013 年将"工业 4.0"项目纳入了《高技术战略 2020》的十大未来项目中，计划投入 2 亿欧元资金，支持工业领域新一代革命性技术的研发与创新。

（一）工业4.0的战略要点

德国工业 4.0 的战略要点可以概括为：建设一个网络、研究两大主题、实现三项集成、实施八项计划。

表 2　工业 4.0 的战略要点

战略	项目	内容
一个网络	信息物理系统网络	信息物理系统网络就是将物理设备连接到互联网上，使物理设备具有计算、通信、精确控制、远程协调和自治五大功能，从而实现虚拟网络世界与现实物理世界的融合。CPS 可以将资源、信息、物体及人紧密地联系在一起，从而创造物联网及相关服务，并将生产工厂转变为一个智能环境。这是实现工业 4.0 的基础

续表

战略	项目	内容
两大主题	智能工厂	智能工厂是未来智能基础设施的关键组成部分,重点研究智能化生产系统及过程和网络化分布生产设施的实现
	智能生产	智能生产的侧重点在于将人机互动、智能物流管理、3D 打印等先进技术应用于整个工业生产过程,从而形成高度灵活、个性化、网络化的产业链
三项集成	横向集成	企业之间通过价值链以及信息网络所实现的一种资源整合,是为了实现各企业间的无缝合作,提供实时产品与服务
	纵向集成	基于未来智能工厂中网络化的制造体系,实现个性化定制生产,替代传统的固定式生产流程(如生产流水线)
	端对端集成	贯穿整个价值链的工程化数字集成,是在所有终端数字化的前提下实现的基于价值链与不同公司之间的一种整合,这将最大限度地实现个性化定制
八项计划	一是标准化和参考架构;二是管理复杂系统;三是一套综合的工业宽带基础设施;四是安全和保障;五是工作的组织和设计;六是培训和持续的职业发展;七是监管框架;八是资源利用效率	

资料来源：公开资料，中航证券。

（二）工业4.0：信息通信技术与制造业的融合

德国学术界和产业界对于“工业 4.0”概念比较统一的阐释是继机械化、电气化和信息技术之后，以智能制造为主导的第四次工业革命。《实施工业 4.0 战略建议书》将蒸汽机推动的工业革命定义为工业 1.0，将电力奠基的大规模流水线生产定义为工业 2.0，将信息技术引导的自动化定义为工业 3.0。工业 4.0 是指通过信息通信技术（ICT）和信息物理系统（CPS）的结合，使制造业向智能化转型，实现集中式控制向分散式增强型控制的基本模式转变，最终建立一个高度灵活的个性化和数字化的产品与服务生产模式。

从工业 3.0 开始，工业的发展基本上就是以信息通信技术为主的发展（如数控机床、CAD、柔性制造、CAM/CAE、ERP 等）。可以说现代制造业发展始终在吸纳应用 ICT 解决自身问题（质量、过程、能耗、需求等都在不断变化），新的 ICT 几乎都会在 10 年内为制造业带来新的变化。在工业 3.0 阶段，信息通信技术最初只是作为制造业的辅助工具而出现在生产流程中。随着计算机、软件、通信和网络技术的发展，ICT 在制造业中的地位越来越重要，生产自动化程度也得以不断提升。

工业4.0本质上是信息通信技术与制造业融合的延续。此时信息通信技术已经发展到互联网时代，传感技术、网络传输技术、云计算和大数据的兴起，一方面丰富了信息通信技术的内容，另一方面拓展了“信息通信技术+制造业”的边界。ICT在制造业全产业链全面融合渗透，制造的外延和生产模式全面变革，启动了智能制造的历程。

表3　ICT对制造业变革的影响

项　目		ICT创新		创造业相应变革	
工业3.0	工业使用以计算机为代表的ICT	1946年计算机诞生	➡	1952年数控系统诞生	数字化、网络化、智能化工业生产模式
		60年代半导体逻辑元件诞生		1969年可编程PLC	
		60~70年代计算机图形软件商品化		70年代CAD技术创新开始	
		1982年IBM最早使用总线技术		80年代中后期工业现场总线发展	
		80年代数据库大发展		90年代ERP、MES系统软件出现	
工业4.0	工业使用以信息网络技术为代表的ICT	1980年以太网标准诞生		2000年后工业以太网标准相继推出	
		2010年左右云计算、大数据、4G、物联网加快发展		2010年后CPS、工业互联网、云制造、智能制造启动	
		……		……	

资料来源：公开整理，中航证券。

（三）实现工业4.0的路径：工业特征差异决定变革路径

简单来说，工业基础和特征的差异导致不同经济主体将从具备优势的条件切入，并通过完善弱势条件，最终实现工业4.0的全面贯穿。美国和德国的工业互联网/工业4.0的路径选择，说明了两个重要问题：第一，必须考虑本国工业实际情况；第二，优势领域是切入点。

1. 德国：工业4.0着眼“硬”制造——CPS

德国工业拥有强大的机械和装备制造业，在嵌入式系统和自动化工程领域具有很高的技术水平。而当前德国面临的问题在于，其工业中的操作系统、软件及网络平台大多由美国提供。因此，德国提出工业4.0，旨在充分利用其作为世界领先的制造设备供应商及在嵌入式系统上的优势，通过链接各智能制造模块建立完备的工业网络，形成可自律操作的智能生产系统，从其优势环节精益制造——“物理”向相对劣势环节系统平台——“信息”渗透，自下而上完成扩张。

2. 美国：工业互联网着眼“软”服务——互联网

在美国，工业4.0的概念被工业互联网所取代。与德国强调“硬”制造不同，软件和互联网经济发达的美国更侧重于在“软”服务方面推动新一轮工业革命，希望依托信息技术优势提升整个工业的价值创造力，激活传统工业，保持制造业的长期竞争力。以GE为代表提出的工业互联网解决方案，其内涵已超越制造过程及制造业本身，跨越产品生命周期的整个价值链，涵盖航空、能源、交通、医疗等更多工业领域（九大平台）。相较于西门子的工业4.0，GE的工业互联网方案更注重软件、网络、大数据等对工业领域服务方式的颠覆。

三　中国工业4.0道路——中国制造2025，以智能制造为主导

（一）工业4.0是中国实现跨越式发展的契机，需同时推进工业3.0和工业4.0

目前，我国已经成为世界第一制造大国，但在全世界产业链分工中仍处于中低端，工业技术水平较落后。从具体数据来看，我国工业增加值率只有26.5%，远低于发达国家35%～40%的水平；制造业单位增加值能耗为日本的9倍、德国的6倍、美国的4倍多。粗放型增长方式带来产能过剩和高能耗、高污染等问题，已经影响了工业发展并制约中国经济。与此同时，随着人口红利逐渐消失，劳动力供给减少、人工成本上升，加之新一代劳动力在制造业中就业意愿的下降，中国制造业的优势正在逐步减弱。据联合国《世界人口展望》提供的数据，我国劳动年龄人口比重、人口抚养比等结构性指标将在2015年前后发生逆转，人口红利加速下降，直至变为人口负债。劳动力短缺、成本增加、产能过剩及全球经济的疲软制约了中国制造业的发展，欧美提出的新经济策略也加速弱化了中国的比较成本优势，中国制造业面临着巨大的挑战。数据显示，我国工业增速已由过去10%以上的高速转向10%

以下的中高速水平；工业在 GDP 中的占比也呈下降趋势，从过去的 40% 以上下降到 2014 年的 35.8%。

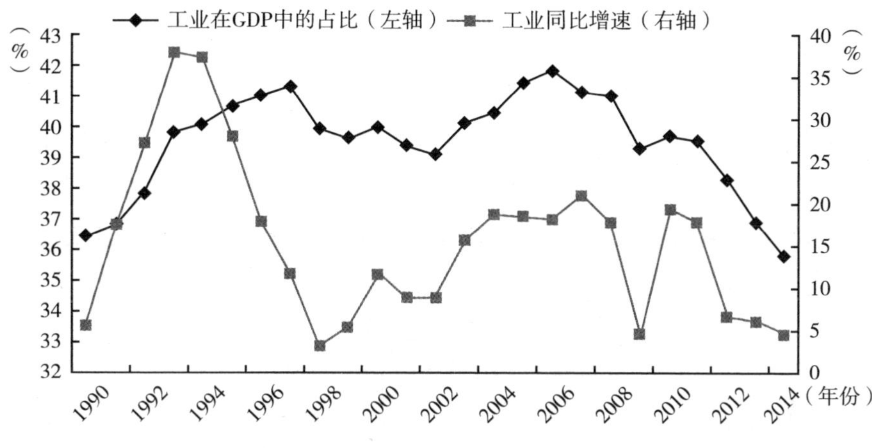

图 1　中国工业同比增速及其在 GDP 中的占比

资料来源：Wind 资讯。

面对种种压力，制造业向自动化、智能化生产转型升级成为必然趋势。发达国家此前通过工业化、信息化推进工业结构调整，实现转型升级。随着互联网技术、云计算和大数据技术的发展，发达国家制造业开始从信息化向智能化进化，即所谓的工业 4.0。与发达国家相比，我国的工业化进程尚未完成，大部分行业仍然处于工业 3.0 甚至工业 2.0 的阶段，因此对于我国工业 4.0 的进程来说，需要“两条腿”走路：一方面对于尚未实现自动化生产、停留在工业 2.X 阶段的落后工业，应大力发展自动化、信息化，使其快速升级到工业 3.0 阶段；另一方面对于自动化程度较高的处于工业 3.X 阶段的制造企业，应促进工业化和信息化的融合，开发利用网络化、数字化、智能化等技术，坚持智能化改造，实现弯道超车。

虽然我国制造业升级面临的挑战非常大，但我国的比较优势决定了此次产业变革也是实现跨越式发展的有利契机。我国是世界第一制造大国，已建成门类齐全、配套完整的制造业体系，产业规模和产品出口量均居世界首位；同时，我国互联网产业实力仅次于美国，本土应用市场空间大、创新牵引强。当前应将工业的规模优势和互联网的应用优势相结合，推动我国互联网与工业加快融合，走出一条既符合国际发展趋势又能发挥我国比较优势的新产业变革之路。

（二）中国版工业4.0：《中国制造2025》是中国未来十年工业发展纲领

《中国制造 2025》是中国版工业 4.0 规划，是中国工业未来 10 年的发展纲领、顶层设计。工业互联网是政府工作报告中提到的“互联网 +”最早实现的行业之一。据工信部估算，未来 20 年中国工业互联网发展至少可带来约 3 万亿美元的 GDP 增量。

表 4 “中国制造 2025” 动态

时间	“中国制造 2025”
2013 年 1 月	中国工程院启动“制造强国战略研究”等重大咨询项目
2013 年底	中国工程院将完整的“制造强国战略研究”报告提交至中央高层，其中包括制定《中国制造 2025》的建议
2014 年 1 月	马凯副总理听取了中国工程院方面阶段性成果汇报，并对“制造强国战略研究”项目给予充分肯定，要求由工信部牵头，联合多部委、中国工程院等，尽快制定《中国制造 2025》
2014 年 12 月	中国工程院院长周济指出，《中国制造 2025》体现为四大转变和一条主线
2015 年 3 月	政府工作报告指出，推动产业结构迈向中高端，坚持创新驱动、智能转型、强化基础、绿色发展，加快从制造大国转向制造强国，促进工业化和信息化深度融合，开发利用网络化、数字化、智能化等技术，着力在一些关键领域抢占先机，取得突破
2015 年 3 月	国务院总理李克强表示“中国制造 2025”围绕创新驱动、智能转型、绿色发展，将在国际合作中进一步提升中国制造业水平

资料来源：公开整理，中航证券。

《中国制造 2025》的主要内容为一条主线、四大转变和八大对策。

一条主线：以体现信息技术与制造技术深度融合的数字化、网络化、智能化制造为主线。

四大转变：由要素驱动向创新驱动转变；由低成本竞争优势向质量效益竞争优势转变；由资源消耗大、污染物排放多的粗放制造向绿色制造转变；由生产型制造向服务型制造转变。

推行数字化、网络化、智能化制造，并分两个阶段推进：2020年前，广泛推行数字化制造，在优势行业以重点企业为主体开展智能制造应用示范；2020年后，全面推广智能制造。高度重视发展数控系统、伺服电机、传感器、测量仪表等关键部件和高档数控机床、工业机器人、3D制造装备等关键装备；提高产品设计能力，完善制造业技术创新体系，促进企业真正成为技术创新的主体；加强产业共性技术研究开发和创新人才培养，强化制造基础；提升产品质量，严格质量监管，建立质量诚信体系；提高重大装备质量的一致性、稳定性，推进品牌创建，推行绿色制造，培养具有全球竞争力的企业群体和优势产业，发展现代制造服务业。

《中国制造2025》将重点发展新一代信息技术、高档数控机床和机器人、航空航天装备、海洋工程装备及高技术船舶、先进轨道交通装备、节能与新能源汽车、电力装备、新材料、生物医药及高性能医疗器械、农业机械装备十大领域，强化工业基础能力，提高工艺水平和产品质量，推进智能制造、绿色制造。

（三）智能制造上升为国家战略，政策密集出台

关于新一轮科技革命和产业变革，尽管各方的认识并不完全一致，但是共同认识是由于有线特别是无线、移动、宽带、泛在的网络的推广和普及，带来了新一轮的发展机遇。互联网和传统工业的融合将是中国制造新一轮发展的制高点，智能制造将是中国制造未来的主攻方向。

表5　中国智能制造政策扶持

时间	事件	内容
2012年	《智能制造装备产业“十二五”发展规划》	以传感器、自动控制系统、工业机器人、伺服和执行部件为代表的智能装置实现突破并达到国际先进水平，重大成套装备及生产线系统集成水平大幅度提升
2013年	《信息化和工业化深度融合专项行动计划（2013～2018年）》	作为实施两化深度融合的行动纲领，提出八项专项行动：企业“两化”融合管理体系标准建设和推广行动、企业“两化”深度融合示范推广行动、中小企业“两化”融合能力提升行动、电子商务和物流信息化集成创新行动、重点领域智能化水平提升行动、智能制造生产模式培育行动、互联网与工业融合创新行动、信息产业支撑服务能力提升行动

续表

时间	事件	内容
2014 年	智能制造试点行动	正式发布了 24 家试点企业名单,启动了互联网与工业融合创新试点工作
2014 年	互联网与工业融合创新联盟成立	联盟已有来自工业、互联网、软件、IT 等领域的 70 多家成员单位
2015 年	提出“互联网 +”	李克强总理在政府工作报告中首次提出“互联网 +”行动计划,在早前相关互联网企业讨论聚焦的“互联网改造传统产业”的基础上有了进一步的深入和发展,指出以信息化与工业化深度融合为主线,重点发展新一代信息技术、高档数控机床和机器人、航空航天装备、海洋工程装备及高技术船舶、先进轨道交通装备、节能与新能源汽车、电力装备、新材料、生物医药及高性能医疗器械、农业机械装备十大领域
2015 年	《中国制造 2025》	国务院常务会议审议通过《中国制造 2025》,近期该文件将正式印发。工信部副部长苏波表示,《中国制造 2025》的创新点之一就是实施智能制造、工业强基及绿色发展等五大工程
2015 年	《关于开展 2015 年智能制造试点示范项目推荐的通知》	试点示范项目由地方工业和信息化主管部门、中央企业集团推荐。各省、自治区和直辖市工业和信息化主管部门推荐的试点示范项目一般不超过 6 项

资料来源:公开整理,中航证券。

四　工业4.0相关行业及上市公司

实现工业 4.0 的第一步是实现智能工厂,包括网络化的生产设施及智能化的生产系统。它是一种新的生产模式,融合了智能设计、智能制造、智能装备、商业智能、运营智能等全新的 ICT。具体而言,建设智能工厂的关键在于数据采集(传感器、智能仪器等)、执行载体(工业机器人、智能机床等智能装备)、数据传输(工业以太网等)、数据处理(工业软件、大数据处理等)和 3D 打印。

数据采集:建设智能工厂的先决条件就是让制造流程具备智能判断的能力,如零件和生产机器可以进行交流,使得产品能够理解具体的制造环节以及自己的使用方式。这不仅要有以太网支持的通信技术,还要在产品上加装各式各样的传感器，以实现互动。因此智能仪器仪表、传感器、RFID 等控制系统都是不可或缺的基础构成要素。

执行载体：智能装备是智能制造的载体。机械产品作为生产设备必须优先发展智能化，才能力保我国未来的制造业强国地位。结合实际情况，提高生产效率、产品质量、产品能效及自动化整体水平，降低能耗是我国当前制造业转型升级的迫切任务。重点关注智能机床和工业机器人领域。

数据传输：工业 4.0 的基础是互联，将无处不在的传感器、嵌入式终端系统、智能控制系统、通信设施通过信息物理系统（CPS）形成一个智能网络，使得产品与生产设备之间、不同的生产设备之间以及数字世界和物理世界之间能够互联，使得机器、工作部件、系统及人类会通过网络持续地保持数字信息的交流。重点关注工业以太网领域。

数据处理：在工业 4.0 时代，制造企业的数据将会呈现爆发式增长态势。传感器的引入在使用过程中将会产生大量的数据，这些数据将会渗透企业运营、价值链乃至产品的整个生命周期，是工业 4.0 和制造革命的基石。后端需要解决关于数据的存储和分析问题，以及如何利用这些数据产生新的价值。重点关注工业软件和云服务、大数据处理领域。

3D 打印：3D 打印技术所展示出来的生产方式和思维已经与工业 4.0 思维不谋而合，多品种小批量的个性化定制需求和高级创新模式实现、分布式生产方式、生产流程数据化等新型制造体系将逐渐从局部开始替代传统制造业。

表 6　产业链相关上市公司传感器产业发展相关政策

分类	领域	相关上市公司
数据采集	传感器	锐奇股份、梅安森、汉威电子、中航电测、北京君正、华天科技、尤洛卡、苏州固锝
	智能仪器	聚光科技、美亚光电、川仪股份、万讯自控
	RFID	中瑞思创、世纪瑞尔、新大陆、远望谷
执行载体——智能装备	工业机器人	机器人、巨轮股份、华中数控、博实股份、松德股份、锐奇股份、新时达、汇川技术、佳士科技、亚威股份、慈星股份、双环传动、林州重机、三丰智能、智云股份、巨星股份、东方精工
	智能机床	沈阳机床、昆明机床、华中数控、秦川机床、埃斯顿

续表

分类	领域	相关上市公司
数据传输	工业以太网	东华测试、大富科技、东土科技、卫士通、星网锐捷、烽火通信
数据处理	工业软件	宝信软件、启明信息、软控股份、用友软件、鼎捷软件、远光软件、汉得信息、恒华科技、东华软件
	云计算和大数据处理	东方国信、荣之联、鹏博士、科华恒盛、光环新网、网宿科技
3D 打印	上游:材料	银邦股份、宏昌电子、深圳惠程、国瓷材料
	中游:设备	中航重机、南风股份、苏大维格、华工科技、大族激光、机器人、江南嘉捷、中航投资、博实股份
	下游:服务	光韵达、金运激光、亚太科技

资料来源：公开资料，中航证券。

（一）数据采集——传感器

传感器是工业 4.0 的核心基础技术。工业 4.0 需要实现人与人、人与物、物与物之间横向、纵向和端对端的高度集成，必须要依靠传感器技术来实现。在现代工业生产过程中，传感器通过测量或感知特定物体的状态和变化，将物理信息转换成标准信号，反馈到 CPS 中，从而实现工业自动检测和自动控制。比如，工业机器人之所以能够进行准确的操作，是因为它能够通过各种传感器来准确感知自身、操作对象及作业环境的状态。

伴随着生产自动化规模的不断扩大和工业 4.0 的发展，市场对传感器的需求会不断增加。全球传感器市场一直保持快速增长态势。2013 年，许多国家开始提出“万亿传感器”（Trillion Sensors Universe）计划，旨在推动社会基础设施和公共服务中每年使用 1 万亿个传感器。据高工产业研究院预测，未来几年全球传感器市场将保持 20% 以上的增长速度，2015 年市场规模将突破 1500 亿美元。国内的传感器产业在国家政策和市场需求的支持下发展迅速，年均增长率超过 20%。国内传感器需求规模快速增长的主要动力来自工业电子设备和汽车电子、通信电子、消费电子和专用设备等。我们预计，未来 5 年中国传感器市场将稳步快速发展，2015 年中国传感器市场规模有望在 1200 亿元以上。

虽然我国传感器市场发展迅速，但也存在技术水平偏低等问题。目前，我国传感器只有中低档产品能基本满足市场需求。从行业产品结构来看，老产品占比在60%以上，新产品明显不足，高新技术类产品较少，同时数字化、智能化、微型化产品严重缺乏。

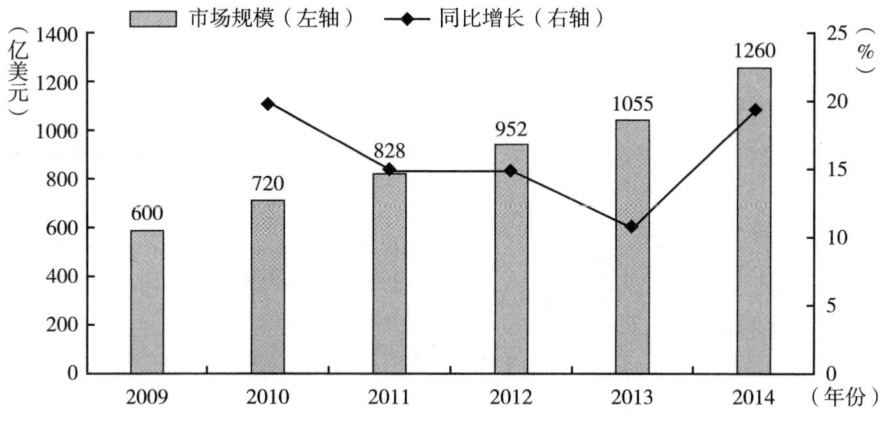

图2 全球传感器市场规模

资料来源：高工产业研究院，工业和信息化部电子科学技术情报研究所。

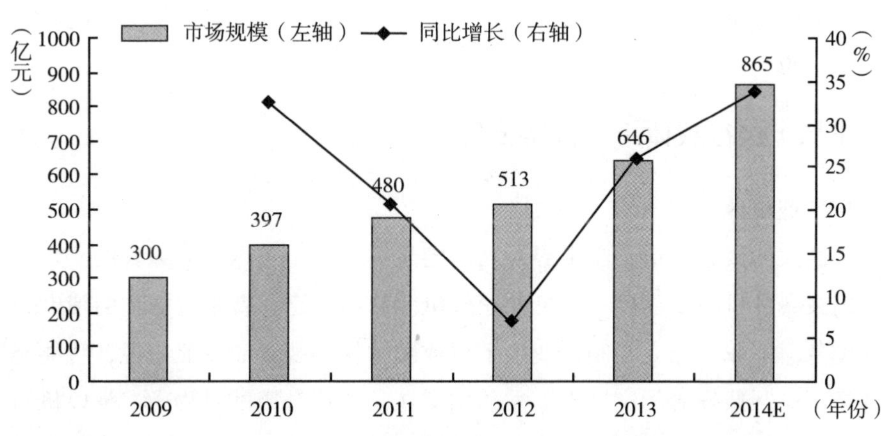

图3 中国传感器市场规模

资料来源：高工产业研究院，工业和信息化部电子科学技术情报研究所。

表 7 传感器产业发展相关政策

时间	规划	部门	内容
2011 年	《物联网“十二五”发展规划》	工业和信息化部	提升感知技术水平，重点支持超高频和微波 RFID 标签、智能传感器、嵌入式软件的研发，支持位置感知技术、基于 MEMS 的传感器等关键设备的研制，推动二维码解码芯片研究
2013 年	《国务院关于推进物联网有序健康发展的指导意见》	国务院办公厅	加强低成本、低功耗、高精度、高可靠、智能化传感器的研发与产业化，着力突破物联网核心芯片、软件、仪器仪表等基础共性技术，加快传感器网络、智能终端、大数据处理、智能分析、服务集成等关键技术的研发创新
2013 年	《加快推进传感器及智能化仪器仪表产业发展行动计划》	工业和信息化部、科技部、财政部、国家标准化管理委员会	增强传感器及智能化仪器仪表产业的创新能力和国际竞争力，推动传感器及智能化仪器仪表产业创新、持续、协调 发展
2013 年	10 个物联网发展专项行动计划	工业和信息化部、科技部、教育部、国家标准委联合物联网发展部际联席会议等	物联网政府扶持专项行动计划、物联网技术研发专项行动计划和物联网标准研制专项行动计划都对传感器的发展提出了明确的目标和要求

资料来源：公开资料，中航证券。

（二）执行载体——智能装备

1. 工业机器人

机器人的概念广泛，学术界对其的定义为：一种可以反复编程的、多功能的，用来搬运材料、零件、工具的操作机。简而言之，就是智能化的辅助人工作的设备。工业机器人是制造业中不可或缺的核心装备。一般来说，智能制造装备是智能制造发展的突破点。发达国家在制造业升级的过程中，把以机器人为核心的智能装备作为抓手，这在从“中国制造”走向“中国智造”的过程中也不例外。

机器人属短产业链产业，产业链由核心零部件、机器人本体、系统集成和配套服务等环节组成。整个产业链环相对于其他产业而言较短，但是其中涉及的技术横跨软件、硬件、服务、精密制造等多个高新技术领域。我们看好机器人产业链上的系统集成商主要因为：①系统集成商的业绩能够得到快速释放；②随着制造业自动化程度的提升，单个集成项目的合同额大幅提高，集聚效应开始显现；③现在从事机器人相关集成的两化融合企业有望统治未来的“智能工厂”的大集成。

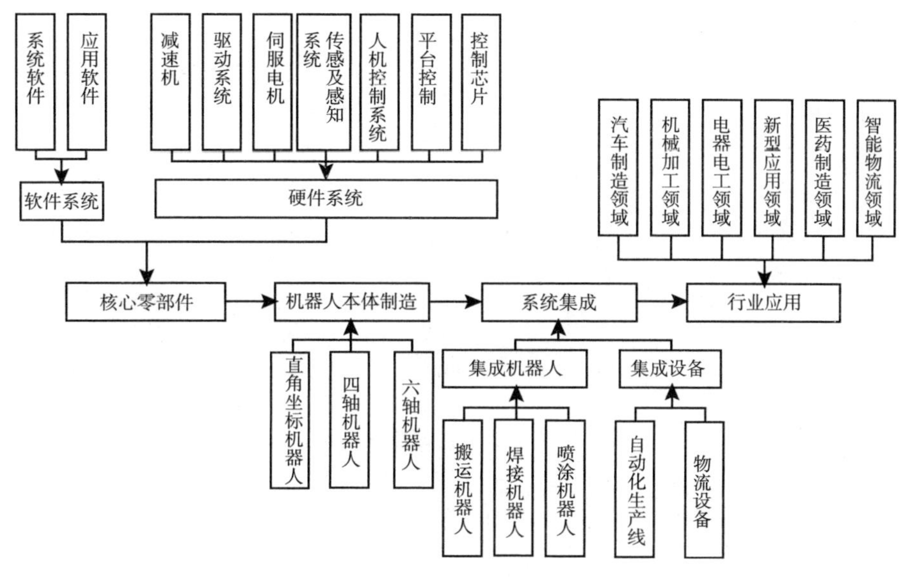

图4　机器人产业链

资料来源：公开资料。

当前工业机器人在全球发达经济体内拥有庞大的市场规模，产业链完善，使用密度较高，并且保持着稳定的增长。IFR 最新数据显示，2013 年全球工业机器人销量 17.9 万台，同比增长 12%。2013 年，中国已经成为世界上最大的机器人市场，销量近 3.7 万台，同比增长 59%。IFR 近日发布报告称，中国工业机器人需求年增长率将在 25% 以上，到 2017 年市场销量将达到 10 万台，工业机器人保有量超过 40 万台。

虽然中国机器人市场增长迅速，但依然处于发展初期，无论是工业机器人使用密度还是应用比例，与国外成熟市场相比都处于较低水平。数据显示，每万名制造业工人的机器人保有量，韩国为 396 台、日本为 332 台、德国为

273 台，世界平均水平为 58 台，而中国只有 23 台。中国如果要达到与德国、日本等发达国家一样的机器人密度，2020 年前必须安装约百万台机器人。鉴于工业机器人寿命一般为 8 ~ 10 年，2020 年前行业销量的复合增速有望超 30% 。

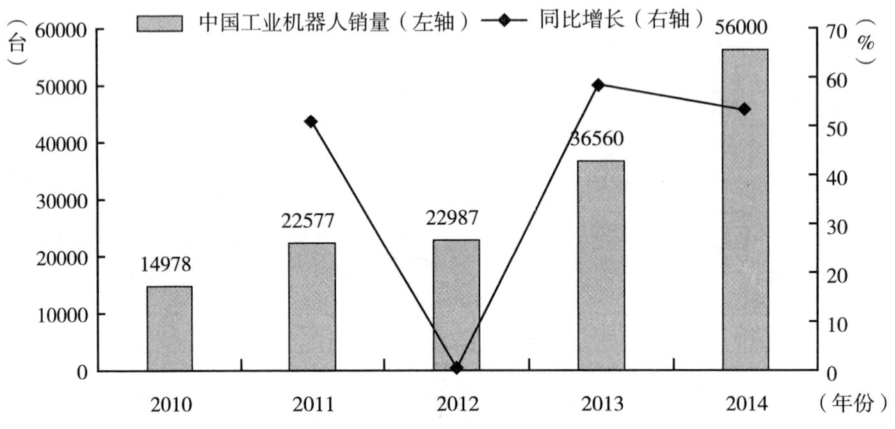

图 5　中国机器人销量快速增长

资料来源：Wind 资讯。

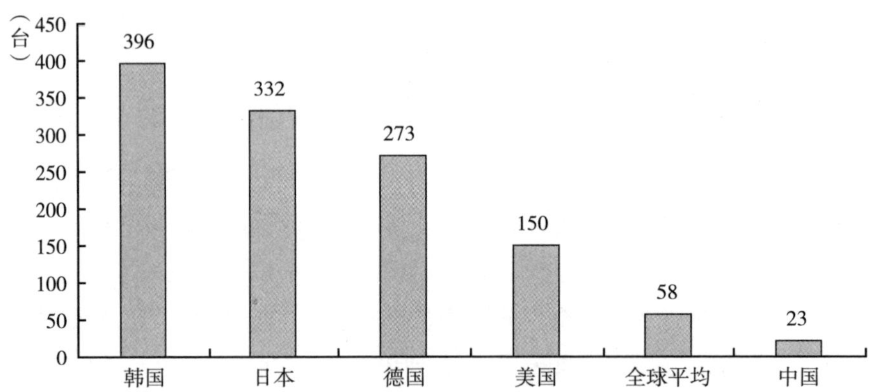

图 6　中国每万名制造业工人的机器人保有量大幅低于其他国家

资料来源：Wind 资讯。

表8　中国机器人行业的政策支持

时间	规划名	部门	内容
2011 年	《工业转型升级规划（2011 ~ 2015）》	国务院	加快发展焊接、搬运、装配等工业机器人，以及安防、深海作业、救援、医疗等专用机器人。到 2015 年，重大成套装备及生产线系统集成水平得到大幅度提升
2012 年	《智能制造科技发展“十二五”专项规划》	科技部	发展和培育一批高技术产值超过 100 亿元的核心企业，同时，将重点培育发展服务机器人新兴产业，重点发展公共安全机器人、医疗康复机器人、仿生机器人平台和模块化核心部件四大任务
2012 年	《智能装备制造业“十二五”发展规划》	工业和信息化部	2015 年以传感器、自动控制系统、工业机器人、伺服和执行部件为代表的智能装置实现突破并达到国际先进水平，重大成套装备及生产线系统集成水平大幅度提升
2012 年	《关于使用首台首套装备的风险补偿机制》	财政部	首台首套性质的产品将获得国家 25% ~30% 的补贴，最高补贴为 50%，智能制造装备也是高端装备制造业的重点方向之一
2013 年	《关于推进工业机器人产业发展的指导意见》	工业和信息化部	目标：2020 年，形成较为完善的工业机器人产业体系；培育 3 ~5 家具有国际竞争力的龙头企业和 8 ~10 个配套产业集群；工业机器人行业和企业的技术创新能力和国际竞争能力明显增强，高端产品市场占有率提高到 45% 以上，机器人密度（每万名员工使用机器人台数）达到 100 台以上，基本满足国防建设、国民经济和社会发展需要

资料来源：公开整理，中航证券。

2. 智能机床

智能机床是对制造过程能够做出判断和决定的机床。智能机床在了解了整个制造过程后，能够监控、诊断和修正在生产过程中出现的各类偏差，并为生产的最优化提供方案；能够计算出所使用的切削刀具、主轴、轴承和导轨的剩余寿命，让使用者清楚其剩余使用时间和替换时间；能够配合带传感器及感知对位装配的机器人协同工作；能够远程通信等。对于进一步发展集成制造系统来说，单个机床自动化水平提高后，可以大大减少工人在管理机床方面的工作量。机床是智能制造的基础单元，是智能工厂的重要装备。制造业的各个领域都需要用到机床，如核电机组、大型化工设备、大型铁路、国防军工行业等，特别是航空航天、船舶、汽车领域。

目前，机床的智能化表现为数控机床。数控机床开创了集成精密制造技术及相关技术、计算机软硬件技术，并兼容网络技术的先河，启动了人类智能型生产工具的发展步伐。工业 4.0 对机床的数控系统提出了更高的要求，需要数控系统不仅具有开放性、包容性和一定的二次开发特性，还要根据用户对其功能个性化的需求，提升数控系统接口的普适性和前瞻性。

经过 30 多年的发展，我国早已是机床的生产大国。但由于数控机床是装有程序控制系统的智能化机床，我国一直受制于技术壁垒，未能成为生产强国。近年来，通过向美、日、德等发达国家引进技术以及着力自主研发，我国数控机床占比不断提升。我国数控金属切削机床产量从 2004 年的 51861 台增长至 2014 年的 240634 台。机床产量和产值数控化率分别从 2004 年的 11% 和 27% 提升至 2013 年的 34.6% 和 54.7%。目前发达国家机床产量数控化率的平均水平在 65% 以上，产值数控化率在 80% 左右，因此我国数控机床的发展尚有较大潜力，预计到 2020 年，高档数控机床的装备率将达到 80%。目前我国

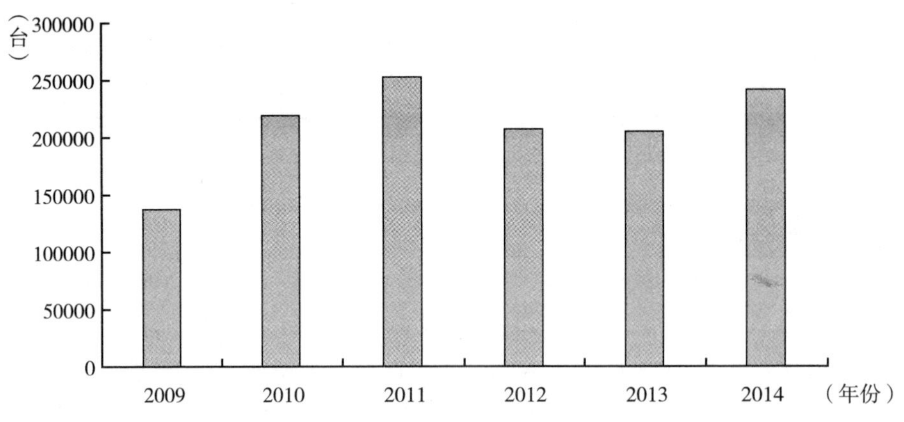

图 7　中国数控金属切削机床产量

资料来源：Wind 资讯。

每年消费的中高档数控机床的数量为5万~6万套，金额在60亿元左右，其中进口量占到总量的85%左右。我国数控机床行业具有很好的发展潜力，进口替代的空间较大。

（三）数据传输——工业以太网

工业以太网，即一种高效的局域网络，是现代工业自动化生产体系中的重要组成部分。智能工厂要求工业现场所有设备和控制装置必须由一种双向互联的通信技术链接到一起，实现智能化仪器仪表、控制器、执行机构等设备的通信和信息传递，这就需要工业以太网来构成基本的控制网络。相对于传统的非以太网的工业控制网络，工业以太网络具有高扩充性，支持大量、实时、远距信息传输等多项优点，可适应设备增减变动，扩张网络架构，满足实时跨厂的信息传输要求，且大多依赖于成熟的标准组织。

作为新兴产业，全球工业以太网行业目前仍处于产业发展的导入期。根据IMS Research的数据，2014年全球工业以太网基础设施组件销售额为14.8亿美元，同比增长7.1%，其增长速度超过了其他自动化产品。预计2014~2018年全球工业以太网基础设施市场规模的年均复合增长率将保持在8.6%。

目前在全球工业通信市场中，现场总线仍然占主导地位，市场份额占66%，工业以太网占34%。但随着系统复杂程度的增加，大部分现场总线难以满足平台通用性和系统性的要求，工业以太网正在成为控制系统网络发展的主要方向。数据显示，最近十年工业以太网的增长速度高于工业通信原有的现场总线技术的增长速度。2009年全球工业以太网新增节点数约为450万，是现场总线新增节点数的20%；2016年全球工业以太网新增节点数有望达到约868.4万，比2009年的450万增加93%，远高于现场总线新增节点34%的增长速度。

中国工业以太网的普及水平相对于全球平均水平而言较低，能源、轨交、市政、矿山等细分行业是工业以太网的主要应用场景。中国使用工业以太网协议的倾向性非常明显。除了Ethernet TCP/IP外，其他工业以太网协议的增长速度非常快，2009~2014年的年均复合增长率近30%。

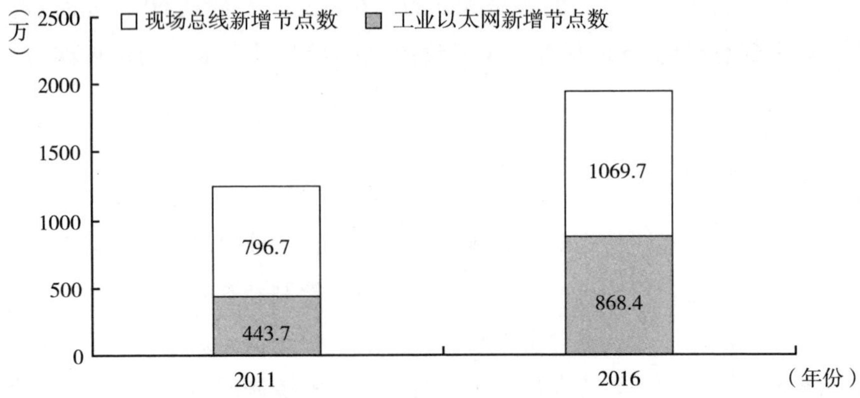

图 8　全球工业以太网新增节点数

资料来源：IMS Research。

（四）数据处理

1. 工业软件

工业软件是整个工业 4.0 价值链的核心技术部分，也是利润最高的环节。在智能生产中，机器的功能在软件中被数字化定义，实现智能化，从而可以实现远程定义和调配。当同样的生产线面对不同的订单需求时，只需要通过软件定义设备，在不更换硬件的前提下无缝切换生产线状态以满足新需求。

广义上，工业软件是指专门为工业领域所使用的软件，大致可以分为嵌入式软件和管理类软件。嵌入式软件是植入到硬件产品或生产设备中的软件，与装备制造和硬件设备密不可分。管理类软件是对生产制造进行业务管理的、各种工业领域专用的工程软件，软件属性更为突出。

我国工业软件整体发展水平远远落后于主要发达国家，甚至与印度、爱尔兰等发展中国家相比，在软件产业的出口规模和竞争能力等方面也存在一定的差距。数据显示，2012 年全球工业软件市场规模高达 9154. 08 亿美元，我国工业软件市场规模为 722. 98 亿元，仅占全球的 1%，这与我国作为一个工业大国的地位极不匹配。我国的高端软件发展尤其滞后，几乎所有重点工业行业使用的高端软件都要依赖进口。

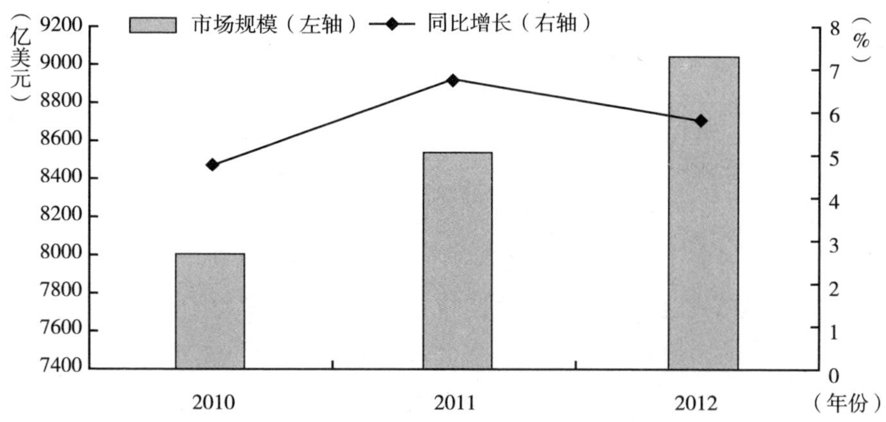

图9　2010～2012年全球工业软件市场规模

资料来源：IMS Research。

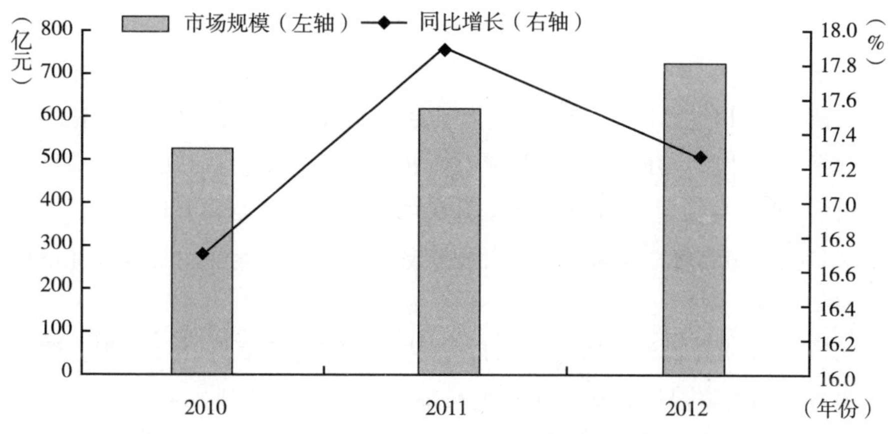

图10　2010～2012年中国工业软件市场规模

资料来源：IMS Research。

虽然具备4.0时代竞争力的国产软件提供商目前尚未诞生，但中国互联网、物联网、商务软件和大数据等技术进步和爆发可能超预期，甚至有反超世界领先国家的概率。近年来我国工业软件产业依靠本土的需求支撑和政策、技术的有效助推，保持了快速增长的良好态势，行业增速远高于全球平均水平。2012 年，中国工业软件市场规模达到 722.98 亿元，同比增长 17.3%，远高于全球市场增长速度，当之无愧地成为全球工业软件市场增长的生力军。

2. 云服务和大数据处理

工业企业中生产线处于高速运转状态，由工业设备实时运转所产生、采集和处理的数据量十分庞大。为了实现智能制造，设备和生产过程中产生的大量数据也要有效地加以利用，这意味着大数据的信息融合需要更广泛的网络传输和庞大的云服务作为基础，以完成大数据分析和处理。根据工业 4.0 的描述，企业信息系统将从传感器和自动化设备收集到的数据融合，并传到云端进行存储、分析，形成决策并反过来指导企业的生产和运营。例如，在 IBM 看来，所谓工业 4.0，其实就是大数据驱动的智能工业。IBM 认为工业 4.0 是以“D 世代企业”（大数据分析驱动型企业）的诞生与发展为标志的，以大数据、云计算、移动、社交等技术为主要驱动手段的工业革命。其中大数据分析的重要性尤为突出。概括而言，大数据深刻改变了工业企业的生产和决策。

所谓“D 世代企业”，是指那些为了更好地适应消费者的需求变化，借助于大数据、云计算、社交、移动等新技术推动企业转型，从而更好地满足消费者需求的企业。它们能够运用基于云计算的多种移动社交和大数据分析工具了解市场状况，预测客户未来需求，并根据数据洞察指导企业内部运作和市场销售的行动目标。

2013 年全球云服务市场约为 1317.7 亿美元，增长率为 18%，据预测，未来云服务市场仍将保持 15% 以上的增长率，2017 年将达到 2441.6 亿美元。其中以 IaaS、PaaS 和 SaaS 为代表的典型云服务市场在 2013 年达到了 333.4 亿美元，增长率高达 29.7%。目前，美国领跑全球云服务市场。在全球 TOP100 的云计算企业中，美国有 84 家；亚马逊占全球 IaaS 市场的 40%、微软占全球 PaaS 市场的 64%、Salesforce 占全球 SaaS 市场的 21%。由于云计算市场发展受到国家信息化水平、经济发展水平、ICT 产业发展程度等因素的制约，未来几年全球市场格局不会有显著变化。

根据 EnfoDesk 易观智库发布的《中国大数据整体市场趋势预测报告 2014 ~

2017》，2014 年中国进入大数据应用市场的快速增长期，增长速度接近 30%，预计 2016 年国内大数据市场规模总量将达 129.3 亿元。其中线下 IT 企业的大数据应用及大数据平台业务市场规模达 64.1 亿元，占总体规模的比例逐步提升。

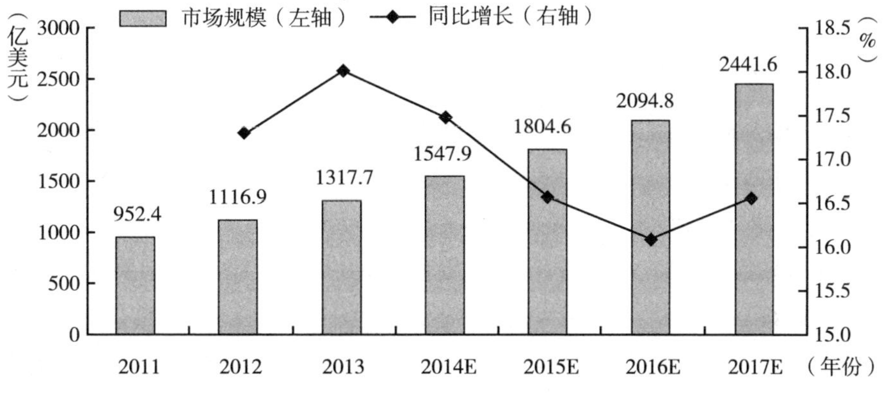

图 11　全球云服务市场

资料来源：《云计算白皮书（2014）》。

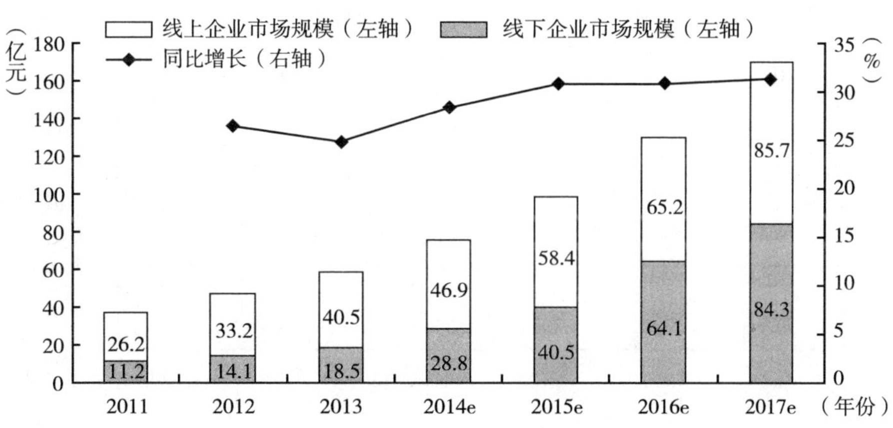

图 12　中国大数据市场规模

资料来源：《中国大数据整体市场趋势预测报告 2014～2017》。

（五）3D打印

3D 打印是工业 4.0 的主题之一，智能生产主要涉及整个企业的生产物流管理、人机互动以及 3D 技术在工业生产过程中的应用等。实际上 3D 打印技术所展示出来的生产方式和思维已经与工业 4.0 思维不谋而合，多品种小批量的个性化定制需求和高级创新模式实现、分布式生产方式、生产流程数据化等新型制造体系将逐渐从局部开始替代传统制造业。

2013 年全球 3D 打印市场规模约 40.01 亿美元。其中，欧洲约 10 亿美元，美国约 15 亿美元，中国约 3 亿美元。到 2018 年全球 3D 打印机市场将增长至 134 亿美元（约合人民币 820 亿元）。Gartner 预测，2012 ~ 2018 年期间，全球 3D 打印机出货量年均复合增长率为 106.6%，同期营收增幅为 87.7%。美国的 Stratasys 和 3D Systems 市值分别高达 31.6 亿美元和 33.9 亿美元。

2013 年我国 3D 打印行业产值 20 亿元，2015 年有望达到 80 亿 ~ 100 亿元，到 2016 年产值将达百亿元。目前，国内 3D 打印材料技术工艺水平相对落后，国产 3D 打印装备性能与世界先进水平相比还有一定的差距。激光器、软件、材料等部分核心技术仍依赖进口。

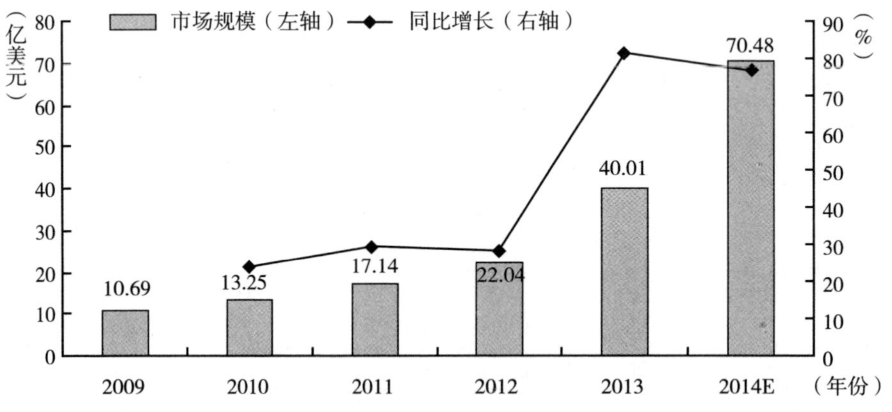

图 13　全球 3D 打印市场规模

资料来源：Gartner。

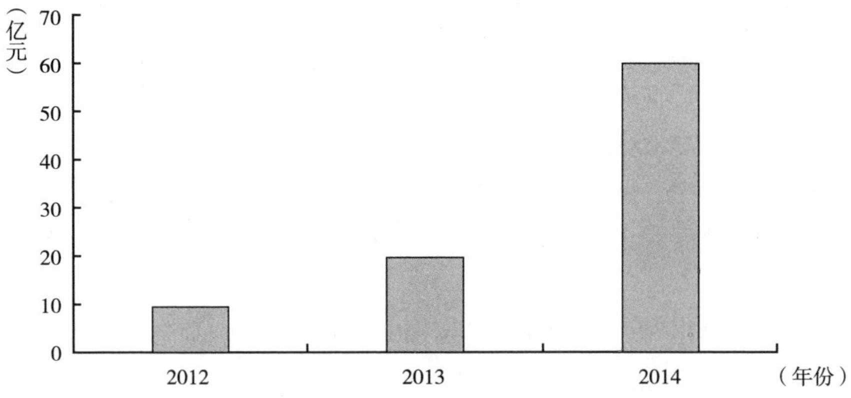

图 14　2012～2014 年中国 3D 打印市场规模

资料来源：Gartner。

政策鼓励 3D 打印行业做大做强。2 月 28 日工信部、财政部等印发《国家增材制造产业发展推进计划（2015～2016 年）》，提出到 2016 年，初步建立较为完善的增材制造产业体系，产业销售收入实现快速增长，年均增长速度 30% 以上，整体技术水平与国际同步。工信部发布增材制造产业发展推进计划，促进 3D 打印发展。

五　“中国制造2025”下的投资策略：智能制造产业链存在投资机会，智能工厂总包商率先受益

在“中国制造 2025”下，应发展智能制造产业，重视智能制造产业链。从产业链的角度来看，智能制造产业链可以概括为以下内容。

（1）上游环节：智能制造所需的软硬件供应商。数据采集（传感器等）、数据传输（工业以太网等）、数据处理（工业软件等）及执行载体（工业机器人、智能机床等智能设备）是智能制造产业链的基础，是智能工厂实施的关键要素。

（2）中游环节：软硬件结合的行业解决方案提供商、智能工厂总包商等。它们掌握着核心技术，也是智能工厂模式兴起的直接受益者。面向工业 4.0 的

解决方案中，智能工厂是一个重要的方向，其通过采用网络化的分布式生产设施，组合成智能化生产系统，实现智能化生产过程。在智能工厂中，将实现智能生产，这也是工业 4.0 的一个核心话题，主要涉及整个企业的生产物流管理、人机互动以及 3D 技术在工业生产过程中的应用等。

（3）下游环节：试点智能制造的应用商。接受工业 4.0 改造的产业和厂商，将享受劳动成本的大幅下降、生产效率与客户体验的提升及竞争优势的增强等红利。

首先，中游环节的智能工厂总包商和软硬件结合的行业解决方案提供商将率先受益。德国西门子倡导的“工业 4.0”智能工厂方案将是全球先进制造业的发展方向，通过软件、供应链/生产管理、自动化制造的有机结合，打造完全无人化、高效率运转的“智能工厂”。自动化厂商的竞争已经逐渐从产业链各个层面的割裂的竞争走向整体打包解决方案的竞争，因此大型高端系统集成商绝对将占据制高点。2015 年 2 月，工信部发布的《原材料工业两化深度融合推进计划（2015 ~2018 年）》表明，我国将从财政、人才等政策层面大力推进钢铁、有色、建材、石化等行业的智能工厂建设，重点培育打造15 ~ 20 个标杆智能工厂。作为推动“两化”融合进程的重要落实措施，智能工厂将持续受到国家层面的战略支持。在中国由于大部分行业并没有成熟的智能工厂解决方案，先进入者往往具有先发优势，而懂得工业语言和信息技术的企业将最有可能扮演这个角色。从全球范围来看，推动工业 4.0 发展最快的企业包括 SAP、西门子和 GE；对标到国内，目前较难判断的是软件企业向下涉足硬件还是硬件企业向上集成软件、哪条总包路径更适合中国国情，但国内的现实情况是硬件企业向上集成软件的步伐走得更快，如新松机器人和汇川技术。

其次，短期来看，上游环节的壁垒较低，将受益于政府对工业 4.0 基础技术的投资，增长的确定性和稳定性优于中游的智能工厂总包商。总包集成商的发展会带动配套企业发展。工业 4.0 涉及数据采集（传感器、智能仪器等）、数据传输（工业以太网等）、数据处理（工业软件、大数据处理等）、执行载体（工业机器人、智能机床等智能装备）和 3D 打印。

最后，下游环节受益时点将在上中游环节之后。通过对工业 4.0 本质和关键因素的分析，以及美、德推进工业互联网/工业 4.0 的经验，可以得出结论：

工业4.0的推进必须以工业优势领域（“技术+资金+自动化程度”）为切入点。我们认为规模大、行业集中度高的企业将优先布局智能制造领域。需重点关注来自能源业（电力、石油石化等）、制造业（军工、精密制造、汽车、家电等）、交通运输业（铁路、航空、港口）、公用事业（环保、安防）等领域的需求。

B.5
智能家居：单品先行，平台为王

中航证券有限公司课题组

摘　要：智能家居的发展趋势是单品先行，未来走向集成。其走向集成的路径将是：真正智能化硬件出现——统一运行平台构建——商业模式成形。智能平台系统的争夺日趋激烈，对平台的争夺将会是企业未来战略领先的关键，掌握了平台就拥有了入口和数据。目前智能家居的发展处于单品智能化阶段。单品发展积累到一定规模后，不同品类产品在数据上会逐渐进行互通，进而对系统产生需求，同时前期就开始做系统的企业的产品成熟度也明显提高，届时，有产业链整合能力的企业会介入打造整个系统。对系统的构建又会吸引更多的单品企业进入，并推动整个生态系统的完善，而完善的生态系统又会吸引大量的应用开发、大数据运营企业进入，两者互相促进。

关键词：智能家居　智能化硬件　智能家居平台

一　家居智能开始被市场广泛重视

智能家居是家居平台物联网化的结果，是将家中有关的设施集成，构建涵盖灯光、温度、空气质量、窗帘、安防、家用电器、影音系统等多方面的管理系统，所有的家庭设备都能够通过一个系统平台进行移动操控，并且通过数据分析，提供智能服务。

智能家居是一个庞大的体系，从网络到家居，几乎涵盖所有与人们家居生活有关的方方面面。从行业来看，智能家居虽主要为家居软硬件产品，但同时涉及互联网行业、家电行业、通信行业、电子行业、房地产业、装饰装修业等行业，覆盖面相当广。

总结起来，智能家居有三个特点：①互联：智能家居数据同步更新，智能终端之间实现高度协同；②智能：实现远程控制、智能分析、低碳节能，能够进行灵活的远程控制、基于大数据的智能分析，以及通过改变人们的生活方式实现低碳节能；③感知：做到主动为人服务，智能家居能通过简单方便的交互方式，如语音操控等，接收用户指令，提供人性化服务。

智能家居不仅是互联网技术和自动化技术发展的必然，也是人们生活品质需求不断提升的必然。随着宽带连接的增长，移动设备使用的增加和对家居自动化解决方案整体消费需求结构的不断提升，智能家居市场也蓄势待发。

Juniper Research 最新的研究报告显示，到 2018 年，智能家居市场总规模将达到 710 亿美元，比 2013 年的 330 亿美元翻一番；届时，中国智能家居市场规模将达到 1396 亿元，约占全球市场的 32%，较 2013 年 10% 的占比有较大幅度的提升，显示出中国在全球智能家居市场上的地位越来越高。

智能家居发展了近 30 年仍处于混沌状态，到了 2014 年才开始被广泛关注。从 1984 年第一座智能建筑出现，至今已有 30 多年，即便从 1997 年比尔·盖茨的智能豪宅落成开始计算，至今也有近 20 年的时间，智能家居的发展一直不温不火。随着 2014 年初谷歌以 32 亿美元的报价收购了由托尼·法德尔（Tony Fadell）创办的家庭智能温控器公司 Nest Labs，2014 年 8 月三星收购智能家居平台 SmartThings，智能家居市场逐渐被引爆，大量的风险资本和创业者涌入，巨头动作频频。当前智能设备已逐渐从人们的想象中走进了生活，传统家电企业和互联网企业都争相进入智能设备行业。

二　智能家居面临的挑战

智能家居面临着一定的挑战：一方面是消费结构升级推动，市场容量巨大、前景广阔，相关企业纷纷进行战略布局，另一方面是终端消费市场接受度低，消费者并不捧场。这其中除了消费者对耐用消费品的购买决策比较审慎以外，智能家居行业难以快速突破的原因还有以下几个。

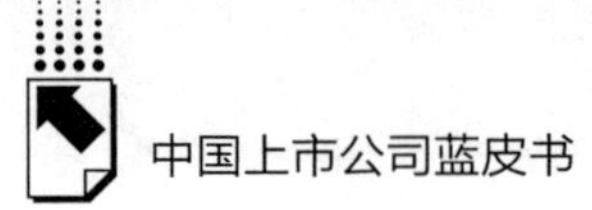

（一）用户学习成本高

一是目前的智能家居产品不够“傻瓜化”，用户如果要转用智能产品，必须付出很高的转换成本。二是现阶段对于诸多用户而言，智能家居不是必需品，而是属于一种改善型需求，不成熟的新产品没有带给他们良好的用户体验，导致新消费需求的形成没有驱动力，市场疲软。

（二）未实现真正意义上的智能联动

家居是一个复杂的场景，自动化和远程操作，甚至只是一定程度的互联互通并不能满足用户的真实需求，用户不会接受功能很多但与实际应用场景格格不入的产品。目前很多智能产品价格昂贵，功能堆砌且质量参差不齐，与用户的真正需求错位，创新并无突破。协议和标准还未统一的背后是因为利益链复杂。每个协议和标准的背后代表了不同的利益集团，稍有实力的公司都希望成为平台、自建生态。在这种情况下，有意成为入口的市场参与者拉拢各自的合作伙伴，形成各种互不兼容的体系，制约了产业规模化的发展。

智能家居市场的推进需要多方合作，横跨软硬件，必须要有很好的产业链整合能力，从上游的零组件、软件平台到终端产品、垂直 APP 的开发运营以及销售分发等，而不是单靠硬件制造、软件开发或者营销操作某一方面的能力就可以实现的。

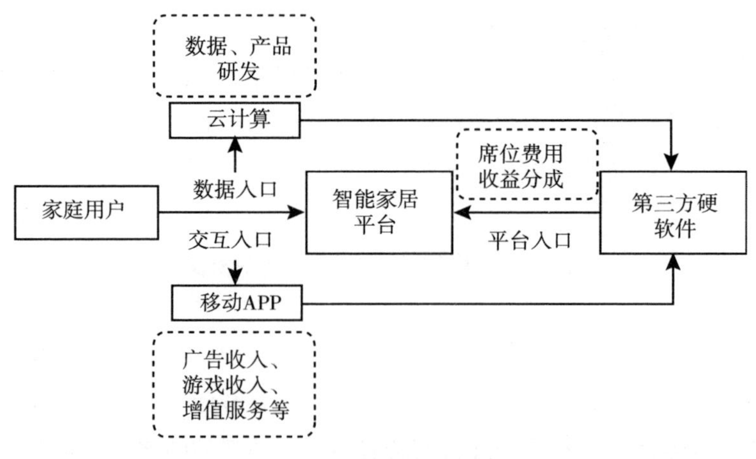

图1　智能家居产业链

三　行业生态

智能家居行业的参与者很多，上游是元器件厂商，如传感器、芯片等；中游是控制器和控制软件系统厂商；下游是整机厂商和服务提供商。为了便于讨论，本文关注的市场主体是下游的主要竞争者，并按照其体量和性质，简单地分成四类：创业公司、传统厂商、跨界公司（软件+硬件）和互联网公司。

（一）创业公司

创业公司虽然体量小、抵御风险的能力差，但创新精神较强，是市场上最活跃的主体之一；智能家居是一个涵盖面非常广的行业，涉及的产品和服务之多，是难以想象的，大公司想要大包大揽绝无可能；体量大的公司，由于产品规模化和标准化的制约，往往市场响应速度较慢；考虑到投入收益比，大公司通常会选择复制而非创新。这些都是创业公司能有所作为的生存空间，所以其发展路径极有可能是以单品突入的方式，发展自己的产品体系，随着接入的产品越来越多，成为平台或者颠覆其他平台，自然而然成为家庭数据入口。

（二）传统厂商

传统厂商中比较有先见之明的一部分厂商早就开始寻求合作，加速智能化的转型，但是因为各种原因未能实现；还有一部分厂商因为现在的收入稳定，而智能家居的终端需求还未形成，所以持观望的态度，实质性动作较少。未来随着行业加速发展，家电产品是否智能化成为家电企业发展的关键，为了防止被边缘化，它们会更加主动积极地参与市场，利用自身巨大的品牌影响力、强势的渠道资源来推行自己的标准和平台，并通过与多方参与者的合作，形成以自己为中心的生态。

（三）跨界公司

跨界公司（软件+硬件）由于有PC和移动终端方面的生产经验，以及软件开发能力，在物联网时代中具有相对优势，但因为要同时掌控软硬件产业链，所以其会面临更大的挑战。这类公司以智能手机的生产为铺垫，对硬件产业链的掌控已逐渐成熟，对搭载在智能硬件上的操作系统的开发也有一定的经验积累，同时市场对这些跨界公司的品牌认可度也非常高。在未来，有行业话语权的第三方巨头会逐步深化产业链整合，通过控制终端打造闭环，分享后端价值环节的丰厚利润。

（四）互联网公司

互联网公司长于数据、内容和服务，弱于对智能终端的把控，所以其更看中的是产业链形成后，后端市场的服务和内容。它们更可能会以开放平台的姿态引入合作者，补齐短板，把移动互联网时代的优势移植至物联网时代。凭借自身较强的大数据分析能力和云端技术、完善的线上服务和电商渠道、丰富的内容资源等优势，这类公司的计划是打造终极平台。

表1　智能家居行业参与方

参与方	代表公司	参与智能化的方式
创业公司	Nest、Dropcam 等	兼容性超高的硬件产品
传统厂商	海尔、海信、美的等家电厂商，喜临门等家具厂商	产品功能的智能化
跨界公司（软件 + 硬件）	Google、苹果、微软、小米等	从软件切入硬件或者硬件推广软件
互联网公司	百度、腾讯、360、阿里等	提供云服务

四　市场参与者的发展路径分析

智能家居是一个庞大的系统功能，想要一上来就让科幻电影中的场景成为现实并普及开来，是不现实的。智能家居的发展趋势是单品先行，未来走向集成。其走向集成的路径将是：真正智能化硬件出现——统一运行平台构建——商业模式成形。

现阶段是智能家居厂商通过单品实现渗透式智能化、为真正的智能家居时代积累硬件基础和使用经验的阶段。硬件商当务之急是开发能够切实击中用户痛点、具有合理性价比的产品，同时关注平台的进展，如果出现优秀的平台则尽快与之达成合作意向。企业如果开发了明星产品，则有望发展成为中控平台的硬件入口。

在探索不同产品联动的过程中，最终能够搭建智能中控平台是非常必要的。第一，随着市场智能家居产品的增加，用户需要用不同的 APP 来控制多个产品，非常烦琐，且影响用户体验。第二，不同智能产品需要有好的平台实现兼容。所以拥有数据监测功能的智能家居平台已经成为行业发展的方向，企业要想在智能家居上取得领先地位，必然需要在平台和生态控制权上展开争夺。

智能家居发展的三个阶段是单品智能化阶段、不同产品之间联动阶段、系统化实现智能阶段。

（一）第一阶段：单品智能化

目前智能家居的发展处于单品智能化阶段：利用智能控制器、WiFi 或者 zigbee 等传输技术，对家电产品实施远程控制、人体感应和识别等。目前的智能化水平仍处在初期，没有清晰的商业模式、单品规模有限，但是传统家电厂商对智能单品的推进逐渐加速，通过提升用户体验来增加消费者对品牌的黏性。

在单品的选择上，创业公司和家电企业有所不同，创业公司优先选择小型家电产品，如插座、音响、电灯、摄像头等，而家电企业会在延续原有大型家电产品品类的基础上，如电视、冰箱、洗衣机、空调等，进一步完善产品线。

创业公司 Emberlight 提出了一个解决方案，通过一个智能适配器令现有的灯泡变得智能化。Emberlight 以灯泡底座的形式出现，可以适配几乎所有灯泡类型，然后用无线网络或蓝牙连接智能手机，实现自动化控制、调节温度等智能灯泡的功能。

创业公司 Nest 和 Dropcam 分别被谷歌花 32 亿美元和 5.5 亿美元收购。Nest 是由 iPod 之父 Tony Fadell 于 2011 年创办的，目前只有两款智能家居设备，一款为智能温控器 Nest，另一款为智能烟雾探测器 Nest Protect。Nest 的定价为 249 美金，月销量为 4 万 ~5 万件。除了极致简约的精美外观外，Nest 更核心的是具有超级智能的自学习功能，可以基于平时采集的数据进行算法分析，通过“学习”用户的生活习惯来调整屋内的最佳温度，如用户出门上班时进入节电模式，晚上睡觉时将温度适当调高。同时 Nest 和一些能源服务商进行合作，推出“Rush Hour Rewards”服务，当遇到用电高峰时，Nest 可智

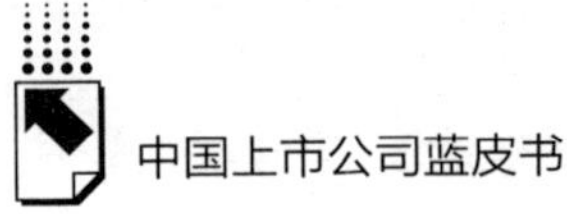

能调节用户家中的空调使用，降低电力网络的压力。电力服务商则会对支持这项服务的用户给予额外的补偿和优惠。网络摄像头公司 Dropcam 的产品主要是智能摄像系统，用于实时监控家中情况。Dropcam 产品操作方法非常简单，让设备通过人工智能等算法来学习用户的使用模式，对监控画面进行算法分析，当出现异常时会立刻通知用户。

家电企业青岛海尔在智慧家庭上的动作是不断完善产品线，在将大家电智能化的同时，也在小家电上颇有举动：一方面通过内部创业的方式推出了 ISee mini 智能投影、智能路由器、空气盒子、醛知道等产品，另一方面依托 U + 平台推出了大量第三方产品，如 GE 智慧照明、蓝信康血压计、土曼智能手表、Risco 安防套装、Power-tech 智能插座、Picooc 体脂仪等。

创业公司的产品被市场所认可，其原因是：一方面，这些产品有效地解决了用户痛点，瞬间占领市场，获得了大量用户；另一方面，这些产品一旦进入用户家庭，就具备了一定的排他性，能够取得较强的用户黏性，并且获得用户的大量数据，对于以后其他配套产品的推进而言具有重要意义。

智能单品之所以发展快于系统集成，主要原因有以下四个方面：在体验层面，对于单一需求，智能单品体验高于整体智能家居系统；在价格层面，智能家居单品的门槛远低于智能家居系统，因为单品绝对价格水平远低于系统；在渠道层面，由于单品主要为电商、官网及零售渠道，而系统则依赖于专业经销商队伍，系统扩张成本及速度都慢于单品；商业模式方面，从 Nest 和 Dropcam 案例可以看出，单品商业模式创新进程远远领先于系统。

表 2　智能单品发展快于系统集成

项目	内　容
体验层面	智能单品厂商能够聚焦于某方面的家庭生活需求，并将此方面的产品体验做到极致，所以智能单品的体验高于智能家居系统
价格层面	智能家居单品的价格门槛远低于智能家居系统
渠道层面	智能家居系统的推广高度依赖于经销商队伍，而经销商的培训和发展速度较慢且渠道扩张成本较高；而智能单品作为消费电子，其销售渠道为电商平台或公司官网，所以系统的扩张成本和速度都劣于智能单品
商业模式层面	智能单品作为数据入口，能够将数据变现并提供增值服务，所以智能单品的商业模式创新领先于系统

智能家居单品对于行业的意义主要体现在以下三个方面。

第一，门槛低加速市场渗透。智能单品在价格、体验及渠道上都具备显著优势，更类似于消费电子产品，一旦出现杀手级应用产品（如 Nest、Dropcam），就将实现爆发式导入。

第二，智能单品本身就是用户交互和数据收集的入口。在家庭设备智能化之后，它本身就成为一个用户交互和数据收集的入口，可以为用户提供增值服务，或者通过内置的各类传感器实现对家庭大部分原始数据的收集，而大数据则是平台价值之源。

第三，吸引更多的用户为搭建平台提供用户基础。在智能家居平台协议、标准尚未统一的现阶段，率先布局智能硬件是抢占市场的最佳手段，因为即使是第三方平台，也需要各种硬件的支持，有了自己的硬件更能增强用户黏性。

目前国内单品创新也呈提速态势。2011 年以来，中国智能单品创业公司如雨后春笋般涌现，其创新领域包括空气质量检测与净化、身体健康监测、安防、老幼关怀照看、智能遥控、能源管理等；创业公司在创意、执行力及灵活度方面较大企业有明显优势，我们期待国内单品创业公司能够复制 Nest、Dropcam 的成功经验。

表 3　国内智能单品创业公司举例

领域	公司	成立时间	动态
空气质量检测与净化	Cubiter	2011.8	产品 Cuball：通过控制家庭设备进行环境监测和云数据分析，智能家居系统控制主机，红外转发器，智能开关，智能插座
	Broadlink	2013.7	智能插座、智能遥控、墙壁开关、环境监测仪
	iKair	2013.8	智能环境监测仪：空气监测和净化，并通过 APP 控制
身体健康监测	咕咚网	2011	咕咚智能手环：活动、睡眠监测，数据同步至 PC、手机
	PICOOC	2013	Latin 智能体脂测量仪：身体数据测量与数据分析
	瑞智和康科技	2013	快乐妈咪胎语仪：胎心监测、记录
	时云医疗科技	2013	云悦智能体质分析仪：进行体制监测并通过 APP 提供分析报告
智能灯泡	Yeelink	2012.5	Yeelink 智能灯泡：蓝牙、LED
安防	Sciener	2012	智能门锁
	移康智能	2011.1	网络高清摄像头：WiFi 链接，自动拍照、摄像、报警，双向对话

续表

领域	公司	成立时间	动态
老幼关怀照看	优伴科技	2013	“E陪伴”老人看管监测:记录老人生活作息、数据分析、摔倒自动报警、APP界面输出
智能遥控	Allone	2014	智能遥控器
能源管理	赫马家庭能源管理	2012.9	智能插座:提供能源管理、APP控制和报告

智能单品的盈利模式有以下几种。

（1）盈利模式一：硬件溢价

硬件赚取附加值是最经典的商业模式，即通过“智能化”为硬件提供附加值，满足用户实际需求或者提升用户产品体验，从而使用户心甘情愿地消费。

以Nest、Dropcam为例，Nest温控器提供了自动学习、自动关闭、节能体验等功能，解决了传统的温度控制器存在的安装复杂、操作困难等问题，并且具备时尚的外观，因此其定价高达200多美元，远高于市场80美元的平均水平。Dropcam定价在149～200美元，高于传统网络摄像头50美元的水平，而消费者依然愿意为它们埋单。

（2）盈利模式二：产品收费+服务收费

在这种模式下，硬件并不是利润的实现点，而是价值链的基本环节与载体。通过嵌入APP应用、构建家庭入口、收集大数据等，对后续服务收取费用，将数据和流量进行变现。

①“硬件+服务”收费

乐视TV超级电视及机顶盒商业模式就是典型的“硬件+服务”盈利模式。乐视TV超级电视S40Air的销售方式是“999元（硬件全套价格）+980元（乐视网TV版24个月服务费）”。Dropcam通过云视频存储平台，实现了“剃须刀+刀片”式的盈利模式。消费者购买Dropcam产品后，如果想看Dropcam服务器自动存储的过去七天拍摄的所有内容，可以另行花费每月10美元或者每年99美元在云端平台上进行存储。

②以“硬件+APP”打造垂直入口

以海尔焙多芬智慧烤箱为例，其通过APP“烤圈”搭建了美食平台。当用户通过手机与“烤圈”APP实现连接后，不仅可以选择上面的菜谱，购买配料中的食材，而且可以交流烘焙经验，学习对方的烘焙技巧，并将自己的作品配上语音上传。未来其云端平台或将演绎为与日本 Cookpad 类似的“美食 + 社区”平台，衍生出广告收入、食谱出版、会员费及电子商务等多种商业模式。

Cookpad 成立于 1997 年 10 月，是日本最大的食谱交流网，每个月有超过 1200 万人次的不重复访客，单月的流量将近 5 亿人次。Cookpad 实行会员制，现在月均活跃人数在 1500 万以上，80% ~90% 的日本 20 ~30 岁女性在使用 Cookpad。

当平台用户及流量基础具备之后，将其货币化的商业模式便呼之欲出。首先最经典的无疑是广告收入，包括传统的 Banner 广告和各种品牌专题、线下体验试吃活动等在内的灵活的营销组合可以满足广告客户的需求，同时包括食谱出版、收取会员费等多种盈利模式；更诱人的是，基于 Cookpad 强大的社区平台，可以发展为食品食材的专用电子商务平台、基于特定细分需求的商业模式。

广告收入	食谱出版
传统Banner广告、品牌专题、线下体验试吃或试用活动等	出版电子食谱，在Recipe Store会员付费下载购买，作者根据下载量分成；印刷版Cookpad系列食谱销量也不错
增值服务	**电子商务**
免费注册会员，但高级会员需收费：294日元/月，拥有以下特权：按人气顺序搜索食谱、邮箱订阅当季最佳食谱等	推出Cookpad SHOP频道，以销售蔬菜和大米为主，选择风险较小的合作模式，由产地直送

图 2 Cookpad 盈利模式

③构建大数据及云计算平台，将数据货币化

在大数据时代，智能家居的一个重要意义就是把生活数据化。通过采集人们在家庭生活中的各项生活习惯数据、能源消费和环境数据等，并将其进行计算及输出至第三方或者反馈至产品本身的方式，实现数据的货币化。

Nest 就是一个典型的案例，它将通信、算法、传感器、用户体验运行于一个云网络，通过温控器收集用户日常起居的各种生活数据，将家庭用户的能源使用数据打包卖给能源公用事业企业，方便其进行发电调度及向用户提供用电建议。Nest 在这项业务中每年每个恒温器获得的收益为 30~50 美元。

（二）第二阶段：不同产品之间联动

单品发展积累到一定规模后，不同品类产品在数据上逐渐互通，进而产生对系统的需求，同时前期就开始做系统的企业的产品成熟度也明显提高，此时，有产业链整合能力的企业会介入打造整个系统。对系统的构建又会吸引更多的单品企业进入，并推动整个生态系统的完善，而完善后的生态系统又会吸引大量应用开发、大数据运营企业进入，两者互相推进。

例如，2014 年 6 月 Jawbone 和 Nest 展开合作，Jawbone UP 24 手环将能够与 Nest 恒温器进行数据互通，Nest 则可以根据用户的睡眠状态来自动调整室温。

在国内，麦开和 Bong 两家智能硬件公司在数据互通上展开合作，Bong Ⅱ 智能手环、Lemon 体重秤、Cuptime 智能水杯等智能硬件产品将实现互联互通，第一步是在 Bong 的 APP 中可以查看到 Lemon 体重秤或 Cuptime 智能水杯的数据，在麦开的 APP 中也可以查看到 Bong 手环的数据。

幻腾智能搭建了一个较小规模的生态系统，自家的不同产品之间可以实现联动，如用于安防的 Sushi 门窗开关传感器可以与 Nova 智能灯泡之间联动，开门开灯、关门关灯等都可以自定义，此外，UFO 红外传感器也可以和 Nova 智能灯泡之间联动，尽管没办法对用户身份进行识别，但人来灯亮、人走灯灭是比较容易实现的事情。

后续不同品牌、不同品类产品之间会在数据上进行更多的融合和交互，但这样的跨产品的数据互通和互动大多可能还是没办法自发地进行，只能人为地去干涉，如通过手环读取智能秤的数据、通过温控器读取手环的数据等。

（三）第三阶段：系统化实现智能

系统化实现智能是跨产品数据互通和互动之后更进一步的结果，不同产品之间不仅可以进行数据互通，而且能将其转化为主动的行为，不需要用户再人为地去干涉。

系统化实现智能是建立在具备完善智能化单品以及智能产品可以实现跨品

牌、跨品类互动的前提下的，这需要智能家居中的所有产品运营在统一的平台上，遵循统一的标准，即便某一小部分产品使用独立的平台及标准，这些平台所依赖的子平台也可以无缝链接到整个智能家居的大平台上来。这意味着，目前已经切入智能家居领域的厂商，其实不需要太顾及自己所遵循的标准会不会成为主流、自己是不是太封闭了、是否需要多拉一些大家电厂商实现无边界合作等，只需要考虑自己这一套智能产品的网关设备是不是可以嫁接到未来的大平台上即可。

智能家居平台商的盈利模式非常清晰，通过制定标准和搭建平台，吸引大量的硬件厂商、用户和第三方应用开发者，以搭建完整的生态链，在平台具有绝对优势地位后即可顺利地实现商业模式的重构。

平台是家庭数据搜集的入口及家庭交互入口，与智能单品相比，在广度及深度方面更加深远。当平台生态链具备用户规模基数后，就能上升为智能家居产品进入家庭用户的核心入口。智能平台具备以下三大入口价值。

第一，数据入口：平台商可以通过各类硬件终端采集家庭各项生活习惯数据、能源消费和环境数据等，并将所搜集的大数据输出至第三方实现货币化，或者直接反馈至平台、第三方开发者用于开发和改善产品。

第二，交互入口：智能家居平台商一般拥有自己的硬件终端或中控 APP，可以通过植入广告、游戏联营、增值服务等方式实现盈利。

第三，平台入口：当平台生态链具备用户规模之后，平台商可以对第三方硬软件收取展示及竞价排名等席位费用，以及对其充当数据入口、交互入口所得到的收益进行分成。

五　国内家电企业的智能化战略布局

（一）青岛海尔

青岛海尔是较早布局智能家居领域的国内白电龙头企业。公司产品品类齐全，产业链垂直整合，并通过日日顺向物流、零售业务延伸。青岛海尔的智能家居战略和网络化战略，主要凭借核心技术创新动力和生态平台的“U-home”，下游借助日日顺营销物流平台，向社会开放，尤其是与阿里巴巴合作，打造专业家电“产品营销、物流配送、售后服务”“三位一体”的第三方平台。

1999年，微软提出“维纳斯计划”，使用嵌入式Windows CE操作系统简化版本（即“维纳斯”）的机顶盒或VCD机作为家庭的智能中心。海尔是国内最早响应“维纳斯计划”的家电厂商之一。虽然“维纳斯计划”以失败告终，但海尔的智能家居项目延续至今。2001年，海尔担任中国数字家庭工作组的组长单位。2004年，海尔集团联合清华同方、中国网通、上海广电集团、春兰集团、长城集团、上海贝岭等公司成立“家庭网络标准产业联盟”，又名“e家佳”（ITopHome），致力于共同搭建起家庭网络系统平台。该联盟主要工作包括标准制定、市场推广、课题组织培训、产品测试和认证等。

2013年以来，海尔着力于推出单品，目前已经进入正式发售和预售阶段的产品包括天樽空调、MOOKA电视2、空气盒子。从智能化的角度来分析，天樽空调、MOOKA电视2实现了自动化控制和人机交互，而空气盒子更进一步地实现了空调、净化器等其他家电产品的互联，甚至可以通过WiFi连接，控制其他品牌的空调。

表4　青岛海尔的智能化战略布局

公司	时间	事件
青岛海尔	2014.1	发布首款互联网专属定制产品MOOKA电视，具有鲜明互联网属性并配有4K超高清分辨率、8核处理器
	2014.1	海尔是全球唯一应用苹果MFi授权于白色家电的企业，海尔天樽空调是世界上第一个成功使用苹果MFi授权技术的空调产品和白电产品
	2014.3	海尔首次发布了全球首个开放的智慧生活生态系统——U+智慧生活开放平台
	2014.7	U+开放平台推动智慧家庭战略，以智慧家庭为中心构建“一云N端”的产业架构，最终将每一类家电产品都变成互联网终端
	2014.9	全球首款智能家居路由器——海尔智由
	2014.9	海尔和阿里巴巴联手推出的智能电规新品——海尔阿里电视
	2014.9	海尔在北京发布了包括组合式智能空气产品空气魔方、具备空气射流技术的天铂空调在内的多款新硬件。与此同时，海尔还联合中国气象局公共气象服务中心专业气象台、途家等战略伙伴正式启动家电业最大的“智慧空气生态圈”，并发布了中国首份室内、室外空气大数据报告。依托空气大数据变化情况，海尔的产品能够实现智能控制、微信管理家庭空气、APP升级软件和服务升级

续表

公司	时间	事件
青岛海尔	2014.10	海尔推出全球首套智慧家庭水生态系统，通过手机或者互联网对热水器、净水机等水家电进行控制。另外，它还具备太阳能、热泵等多种加热方式，根据外界环境的变化，自动选择能源使用方式，节能达 40% 以上，杜绝用水用电的浪费现象发生。它在当前的智慧选配、智慧节能、智慧控制和智慧识别四大用水趋势方面实现了行业的引领
	2014.10	海尔宣布与赛富投资及海尔创投合伙设立总规模约为 3.2 亿元的智慧家庭产业基金，意在打造开放式的生态圈。在智慧家庭领域扮演重要角色的海尔 U + 平台及其生态圈，将是该基金重点关注的投资领域之一
	2014.10	海尔凭借着 Smart window 博观智慧窗冰箱、独立双发温四门冰箱等智能创新产品，在人感科技、智能控制、保鲜、除菌等领域引领了行业智能创新趋势，主导定制了智能冰箱的国家标准
	2014.11	11 月 9 日，海尔对外发布最新研发的厨房智冷技术，不仅可检测厨房空气质量，而且其核心——智冷科技，利用“智冷 & 感应”技术使厨房烹饪用户在几分钟内即可享受到空调般的轻柔凉风体验
	2014.11	轻量智能套装 SmartCare 首发。该设备实现了多款即装设备一体化管控。它依托于 U + 开放的接口和服务市场优势，让跨品类的家电、不同的服务通过开放的接口协议接入平台中，还可以让用户的各种资源在系统上进行交互，通过 U + 为用户提供满足不同需求的智慧生活解决方案
	2014.12	海尔正在打造放在家里的智能温度控制器——海尔星盒。它专用于海尔的家用中央空调系统，通过 WiFi 与空调系统连接，用手机 APP 进行远程控制，消费者可以在手机端和星盒上控制各个房间的分机，从而根据每个房间的不同状况来设定不同的温度
	2014.12	联合赛富基金成立海尔赛富智慧家庭创业基金，用于支持智慧产业的创业者
	2014.12	创建的创客实验室，是一个开放创新、协作共享的社会化智造平台

（二）美的集团

美的集团于 2013 年完成整体上市，目前业务涵盖大家电、小家电、电机、物流等板块。近两年来，美的集团由“量”向“质”转型的战略已经得到市场的认可。大家电业务在经历渠道整合之后逐渐恢复，利润率逐步提升，小家电业务也有望复制这一转型路径。

2014 年 3 月 10 日美的集团发布 M-Smart 智慧家居战略，标志着其正式大规模进军智能家居领域。美的将其战略表述为“1 + 1 + 1”战略，即“一个智慧管家系统 + 一个 M-Smart 互动社区 + 一个 M-BOX 管理中心”。

（1）智慧管家系统：包括“空气智慧管家”（控制空调、电风扇、窗帘、空气净化器、灯光等）、“营养智慧管家”（控制冰箱、电饭煲、电烤箱、微波炉、炊具、洗碗机、扫地机、洗衣机等）、“水健康智慧管家”（控制热水器、净水器等）、“能源安防智慧管家”（关闭和开启相关电器、启动有关安全的监控等）等智能服务板块。

（2）M-Smart 互动社区：以消费为中心的产品体验平台。美的拟用 3 年时间建立拥有千万级粉丝的社区，提升客户体验，并在此基础上推进产品公测、新品发布、口碑营销等活动。

（3）M-BOX：定位为管理中心。M-BOX 可以进行语音操控，控制全屋家电，提供家庭控制和远程控制两个模式。

2013 年，美的已经推出了智能空调，可用手机 APP 进行控制。2014 年，美的集团加速推进智能产品的上市。

2014 年 3 月 17 日，美的与阿里巴巴达成战略合作协议，加快了其向智能家居布局的进程。美的集团空调事业部以广东美的制冷设备有限公司为签约主体，与阿里云计算有限公司签署了框架合作协议。根据协议，双方将构建基于云平台的物联网智慧系统及大数据应用，其中美的负责产品端支持，提供全系列的物联网家电产品；阿里云负责提供云计算服务和技术支持。双方对未来三年的合作进程规划如下：2014 年完成标准化物联系统的建设，2015 年建立完成数据化运营系统，2016 年建立智能化大数据系统。通过借力阿里云，美的有望率先完善智能空调系统，并有可能将其推广至其他各类产品。

（三）四川长虹

四川长虹基于家庭环境下以人为中心的“互联、互通、互控”理念，实现经营内容“终端产品 + 经营数据”的转型，以及商业模式“终端实体 + 应用内容 + 大数据增值”的梯队式发展。

表 5　美的集团的智能化战略布局

公司	时间	事件
美的集团	2014. 2	发布了 M-Smart 智慧家居战略，依托物联网、云计算推出了“空气智慧管家”“营养智慧管家”“水健康智慧管家”“能源安防智慧管家”四大智慧管家系统，并提出了“1 +1 +1”(即“一个智慧管家系统 + 一个 M - Smart 互动社区 + 一个 M - Box 管理中心”)的战略核心，成立智慧家居研究院，打造拥有千万级粉丝的 M - Smart 社区，包括智能热水器、中央空调的智能网络控制系统
	2014. 3	SK1 智能整体厨房：智能控制系统 APP；一套整体橱柜；一套厨电产品，包括烟机、灶具、消毒柜、嵌入式微波炉、嵌入式烤箱、嵌入式蒸炉、小烤箱和微波炉 X7 等
	2014. 3	美的和阿里巴巴签订了高级别的云端战略合作协议，并推出了搭载于计算技术的物联网智能空调、物联网智能冰箱
	2014. 3	小天鹅洗衣机于 3 月 16 日发布第三代 i 智能精准投放洗衣机
	2014. 8	美的空调发布“空气智慧管家”战略，2015 年全面转型“空气服务商”
	2014. 9	美的厨电联合天猫为用户定制高端智能微波炉 M3 - L231A，其内置“鹰眼蒸汽感应器”和“AI 智能芯片”，如美的智能风扇、美的香甜 IH 智能煲
	2014. 12	与小米科技达成战略合作协议，以每股 23. 01 元的价格向小米科技定向增发 5500 万股。双方将在智能家居移动互联网等相关领域展开深度合作

表 6　四川长虹的智能化战略布局

公司	时间	事件
四川长虹	2014. 1	1 月 18 日，长虹召开 2014 年春季电视发布会，宣布推出基于家庭互联网形态下的差异化智能电视新品——CHiQ 电视
	2014. 2	美菱推出全球首款全面市场化的云图像识别冰箱——CHiQ 冰箱，该冰箱采用了云图像识别技术，并整合计算、物联网、大数据、变频等技术，实现人与冰箱、人与食物的信息互动
	2014. 3	CHiQ 空调是全球首款人体状态感知空调，基于人体状态感知技术，主动识别人体物理、生理和心理及周围环境状态，通过核心算法，获取用户对最佳舒适度的需求信息

（四）TCL 集团

TCL 集团是一家国际化经营的黑电龙头企业。TCL 集团目前已形成液晶面板、黑电、白电、通信及物流分销等较为完善和互补的家电业务综合体，业务细分为“4 +6”产业架构，其中多媒体业务、通信业务、华星光电业务、家电集团业务为公司四大核心业务，合计占比约80%，6个其他业务单位分别为系统科技事业本部、泰科立集团、新兴业务群、投资业务群、翰林汇公司和房地产公司。

TCL集团多次在行业发展变革中引领潮头，果断进行战略性投资。为应对全球化挑战，TCL集团多方布局，在新兴市场上开拓推广自主品牌，在欧美市场上并购成熟品牌。2004年公司并购法国阿尔卡特手机和汤姆逊彩电业务。公司积极进行业务渠道整合、技术提升和产业结构搭建等一系列战略调整，经过国际化阵痛后效果显著。此后，TCL集团在国内先后投资建设液晶模组项目、华星光电液晶面板8.5代线，构建起国内第一家完整的“液晶面板——液晶模组——整机——品牌销售”垂直化产业链。

在智能家居领域，TCL集团的目标包括以下几个方面。

在入口端，TCL的智能电视、智能手机争取五年之内（从2014年起算）达到全球销量前三的位置。

提升ARPU值，在未来五年内，有1亿的家庭用户、1亿的移动用户成为TCL集团真正有运营价值的活跃用户。

TCL集团的智能家居产品包括以下内容。

智能电视方面，近年来在推出智能电视的基础上，2013年9月，TCL与爱奇艺合作，发布TCL爱奇艺电视——“TV+”。除了硬件功能上的亮点外，“TV+”有两大突破：它是业内首款由电视品牌厂商和内容商合作推出的电视；学习互联网企业，采用网上抢购方式，在京东商城发售，这是TCL对商业模式的一次有益探索。

游戏平台是TCL的另一个探索方向。3月24日，TCL携手中国联通宽带、ATET发布了游戏电视E5700、E6700以及游戏主机T2等新品。TCL宣布将与ATET合作（时讯互联科技）打造电视屏、手机屏双屏融合的游戏平台。ATET是国内一家以移动智能游戏开发为主的科技公司，2013年曾推出优化游戏操控的手机操作系统“KongFU OS”。目前公司的主要产品为智能游戏手机、外设、手柄控制器等。ATET旗下的掌上游游戏平台拥有各类游戏上千款。另外，TCL还将与手游研发与发行商Gameloft合作，后者开发过众多基于移动设备的视频游戏，多次获得国际性大奖。

白电方面，TCL已经推出了智能空调、智能冰箱、智能空气净化器等产品。

此外，公司还将在教育、OTT、手机等产品端抢夺用户入口，通过大数据分析用户需求、行为和习惯，为用户服务提供决策支持，同时，组建 TCL 文化传播公司，并涉足金融服务，包括银联支付、小额贷款、第三方支付和消费信贷等，其中，小额贷款业务已经通过了审批。

表 7　TCL 集团的智能化战略布局

公司	时间	事件
TCL 集团	2014. 2	发布互联网转型时代全新战略——“智能＋互联网”与“产品＋服务”的“双＋”战略
	2014. 2	TCL 联手爱奇艺开发九款电视新品
	2014. 3	TCL 多媒体进军电视游戏产业，京东成为其独家首发渠道
	2014. 7	京东首发智能云空调 TCL 钛金智能云空调，它具有物联网、湿度控制、PM2. 5 智控、VOC 智控、氧浓度智控、加湿等功能
	2014. 10	北斗系列的智能健康空调，搭载了双核钛金、WiFi 智控、去 PM2. 5 的功能配置，另外还有智能语音控制、大屏显示互动、智能氧吧等功能；智能插座；壁挂式空气净化器
	2014. 11	TCL 首次推出全球播电视院线，以云服务平台和技术为基础，与终端巨头厂商内置合作，吸引电影发行商、制片商以院线票房分成的模式合作
	2014. 11	与控股子公司 TCL 多媒体、TCL 通讯科技共同投资 9000 万元在香港成立合资公司，并通过该公司在中国境内投资成立一家外商独资企业，作为智能家庭项目的营运实体
	2014. 12	与京东联手推出空调行业首款“网络定制智能空调”并在京东首发

（五）海信电器

海信电器以电视机为主业。公司目前在国内电视机市场上出货量排名第一，品牌美誉度、技术实力处于国内领先地位。作为黑电企业，海信电器对智能家居的进军也主要围绕智能电视来展开。

海信电器智能化转型战略主要内容是三大系统平台的建设，一是自主操作系统（Hi-OS）与 ANDROID 操作系统深度开发能力，二是海信智能“云”服务平台（Hi-Cloud），三是智能互联（Hi-Connect），着力于黑白家电一体化的智能家居整体设计。

2013 年 4 月，海信发布了 VIDAA 电视。VIDAA 电视有 38 处微创新，包括设计方面的创新，如“一键直达”“瀑布式极速选台”“遥控器按键根据按键使用频率和手指灵活度匹配”，也有基于存储功能的创新，如“电视频道、节目一键收藏”“多任务断点记忆，自动恢复设计”，还有数据处理方面的创新，如“内容自动关联推荐”“电视剧追剧更新”等。整体而言，VIDAA 电视的创新思路，主要在于利用智能操作系统来提升用户体验。

2014 年 3 月，海信宣布与未来电视、爱奇艺 PPS、凤凰视频、酷六、乐视及优酷土豆等 11 家视频网站展开合作，共同建设“1 + N”互联网电视生态圈，以期为用户提供更多、更快、更好的体验。公司推出“聚好看”应用程序，可直接对接各大视频内容商后台数据，将所有内容商的节目资源汇集在该应用上，使得消费者无须再下载安装爱奇艺、优酷等诸多视频应用；同时“聚好看”可以将各大内容商热门资源直接推送至首页，实现视频搜索及推荐等功能。

在硬件方面，海信计划推出无需缴纳有线电视费却具有海量视频内容的高清视频播放器，重点关注“掐线族”（即不再支付有线电视费转而收看互联网视频）、“无线族”（即根本连有线电视也不接）这两个年轻的“80 后”“90 后”族群。传统有线电视费用每年至少 300 元，海信希望通过推出免费的、用户具有充分选择权的互联网电视来吸引互联网时代的消费者。

表 8　海信电器的智能化战略布局

公司	时间	时间
海信电器	2014. 2	发布 30 多款智能化控制、能够净化空气、具有艺术化形态、符合新能效标准的“苹果派 A8”系列空调
	2014. 2	海信空调“苹果派 A8”全球首款通过微博实现人机对话的智能空调发布
	2014. 4	发布 VIDAA2 智能电视，其优势就在于“聚合”和“社交”，是智能电视 2. 0 时代与 1. 0 时代的重要分水岭。海信 VIDAA2 独创“聚好看、聚享家、聚好用、聚好玩”“四聚”智能新特征。“聚好看”集成了爱奇艺、搜狐等 11 家国内主流视频厂商的所有视频内容，拥有 80 多万个视频。“聚享家”应用则打通电视端和手机端的通信交互。“聚好玩”汇集了超过 4300 款游戏应用，其中有大量的“独家专享”私人定制游戏。“聚好用”为行业内容最丰富的应用商店，应用总量达 2. 6 万款，目前月均下载量超过 200 万次
	2014. 5	对 2013 年 4 月发布的第一代 K600 系列 VIDAA 电视启动在线升级活动。此次在线升级惠及上百万 VIDAA 终端用户，本次升级主打视频聚合和多屏分享，让更多的用户步入智能 2. 0 时代

续表

公司	时间	时间
海信电器	2014.7	中国电信与海信等彩电企业、芯片厂家、渠道商和应用提供商等共同发起成立了中国首个“智慧家庭产业联盟”，旨在为用户提供家庭信息化服务综合解决方案
	2014.7	成为微软 Xbox CJ 展官方指定电视产品合作伙伴
	2014.8	海信空调发布智能空气解决方案“会呼吸的家”，这一系统由空气智能盒子（Smart box）、空调、加湿型空气净化器、除湿机和全热净化换风机组成，整合了智能感控技术、大数据、云技术及远程操控技术等，能实时监测用户家中的空气质量和环境，主动分析室内温、湿、空气洁净度及人体活动等信息
	2014.8	发布了近 30 款搭载云技术和智能感控技术的智能空调——“苹果云 A8L”系列智能空调，其搭载了云智能技术和智能远程控制技术，通过移动智能设备、空调、云服务器的一体化连接，实现空调智能化控制

六　跨界公司的智能化布局

目前海外互联网巨头在智能家居领域也处于探索和布局阶段。

（一）Google：并购 Nest，重启 Android@ Home

在 2011 年 Google 网络开发者大会上，谷歌提出一项名为 Android@ Home 的计划，希望能联网利用 Android 终端上对应的 APP 程序控制电灯、闹钟、自动温控器、各式家电等。在 2012 年 Google 网络开发者大会上，谷歌发布一款名为 Nexus Q 的球状流媒体播放器，其被视为 Android@ Home 计划进军智能家居的第一步。从硬件本身来看，Nexus Q 采用了磨砂黑色外观、简约的球形设计和当时主流硬件配置，几近完美。但是 Nexus Q 仅能支持谷歌自身的内容平台的缺陷（来自 Hulu Plus、Netflix 等流媒体网站上的内容无法被播放），以及内置软件系统糟糕的用户体验，使得该产品预售遇冷，随即在 2013 年初停售。在随后一年的时间中，Android@ Home 计划的细节销声匿迹。

业界对于谷歌 Android@ Home 计划受阻的原因分析具体如下。

1. 智能家居技术标准分歧

用于整个家庭自动化的无线技术要满足穿透性强、安全性、低功耗、稳定等特征，目前市场上主流的有 ZigBee、Z-Wave、WiFi、RF 射频、蓝牙、红外等。厂商之间难以达成共识，阻碍了计划的普及和产品的标准化。

2. 产业环境的联动配合遇阻

Android@ Home 计划牵扯房地产、装饰、家电、安防等诸多环节，需要得到整个产业环境的配合和支持。此外，2011 年智能手机尚未大规模普及，培育智能家居的土壤尚不成熟。

3. 缺少针对消费者痛点需求的增值服务，软件系统用户体验不佳

智能家居在初期培育阶段，要有抓住消费者痛点需求的明星产品，才能得到有效推广。2014 年初 Google 在官方博客上宣布以 32 亿美元的报价收购 Nest Labs，被业内认为是其为布局智能家居迈出的新的一步。

2013 年 9 月 Tony Fadell 正式宣布计划于 2014 年初为智能温控器开放 API，允许第三方开发者开发应用，并将产品和 Nest 连接在一起，如用户的智能窗帘可以同 Nest 相连，借助其传感器和数据分析系统，判断实时温度，若过高则自动将窗帘放下或者开窗。此外，Nest 还和知名智能家居服务商 Control4 展开合作，用户可以通过 Control4 的遥控器、移动端应用控制 Nest，丰富其原有的控制方式（手机 APP 和转动 Nest）。

Google 继收购 Nest 后，收购了家庭视频监控公司 Dropcam。相信布局安防和环境控制两大核心环节后，Google 仍将进一步布局智能家居入口。

（二）Apple：联合多方构建 HomeKit 平台

北京时间 2014 年 6 月 3 日凌晨在苹果年度开发者大会 WWDC 上，苹果相继发布 Mac OS X 10. 10 优胜美地、HealthKit、HomeKit、Open Touch ID 和 App Data Sharing，其中智能家居平台 HomeKit 令人惊喜。

苹果用诸多的接口开放向人们昭示一个更加开放的苹果时代的到来。在新发布的 iOS8 中苹果向所有开发者开放了社交分享和自定义动作接口，开放第三方输入法权限和 Touch ID，输入模式和布局、登录方式都可以由开发者进行自由定制。HealthKit 和 HomeKit 则分别在可穿戴健康设备和智能家居领域延续了本次“开放”的整体思路。

苹果智能家居平台 HomeKit 对第三方开放 API，可以实现以下功能。

（1）控制锁、灯光、视频监控、插座开关等设备（甚至通过整合 Siri 将语音命令和控制结合起来）。

（2）控制单个设备或者在特定场景模式（上班、回家、睡眠等状态）下控制多个设备系统。

（3）安全匹配（如只有用户自己的 iPhone 才能解锁家里的大门）。

目前苹果并没有推出配套硬件产品，而是通过开发平台的授权认证，引入众多智能家居领域的厂商，如海尔、德州仪器、飞利浦、科锐、Netatmo、Withings、霍尼韦尔、Marvell、欧司朗、Broadcom 等进行合作。

比较谷歌与苹果在智能家居方面的布局，有以下特点。

第一，苹果布局智能家居是自身发展和外部竞争的双重结果，其早就拥有相关领域的专利技术储备。首先，苹果旗下已经有智能手机、平板电脑、笔记本电脑、Apple TV 及 iWatch 等一套完整的智能消费电子产品硬件以及不断超预期的 iOS 系统。以此为基础，苹果将版图拓展至家庭的其他领域，搭配构建更完整的苹果生态系统是有良好积累的。其次，苹果有较大的外在压力在智能家居领域进行拓展，近几年 Google 已经在这一领域进行了诸多尝试和并购，而 Samsung 自身拥有完整的家电产品支持。

第二，谷歌的布局重点或聚焦于终端和数据，苹果更侧重于开放的平台建设。继 Android@ Home 计划后，谷歌重新选择进入的方式是收购在核心领域（安防、环境管理、节能等）将体验和服务做到极致的智能单品，利用其作为终端收集消费数据进而利用算法分析开发衍生增值服务，再将智能单品作为该领域的控制和服务中心。这是一种类似自下而上的切入方式。相比之下，苹果则更加专注于软件平台，以 HomeKit 为中心，通过对原有智能家居厂商授权认证的方式，共同构建智能生态体系。

第三，尽管智能生态系统搭建困难重重，苹果进行平台建设仍具有时代意义，“多方协同 + 巨头竞争”有望推动行业的整合和发展。智能生态系统搭建工作涉及不同设备之间的连通协议难以统一、产业联动难以推进等问题，如谷歌 Android@ Home 计划受阻。尽管如此，苹果作为互联网时代当之无愧的巨头进军智能家居领域推动平台整合仍具有时代意义，聚合德州仪器、飞利浦、科锐、海尔等多家厂商的力量，有望发挥协同效应，相信在这一阶段，多方合作优于竞争。即使如 Google 布局智能家居子领域，后续也不可避免地将面对平台对接和整合问题。行业“Google + Apple + N”的智能家居竞争格局可能由此形成，巨头的竞争或将推动行业的整合和发展。

七　对平台的争夺是战略领先的关键

从早年的手机到现在的智能家居，平台一直是兵家必争之地。平台之于智能家居，相当于 OS 系统之于智能手机。由于智能硬件将成为下一波重要的互联网入口，打造智能设备平台受到了各方重视。3～5 年后，手机之外的泛智能设备将成为不可忽视的入口，并且搭建智能平台十分必要。一方面，随着市场智能家居产品的增加，用户需要用不同的 APP 去控制多个产品，非常繁琐，并且影响用户体验；另一方面，不同智能产品需要有好的平台实现兼容。因此，拥有数据监测功能的智能家居平台成为行业发展的方向，企业要想在智能家居上取得领先，就必须在平台和生态控制权上展开争夺。

（一）海尔 U＋智慧开放平台

目前，智慧家居处于混沌期，存在用户需求未爆发、产品价格偏贵、用户体验差、缺乏杀手级应用、家电互联互通困难、商业模式不清晰等问题，单个品牌画地为牢做智慧家居只能是死路一条。为了打破这种智慧家居僵局，U＋智慧开放平台应运而生。未来海尔将建立 U＋联合品牌线上专卖店，并对外销售。海尔 U＋将兼容苹果、谷歌等操作系统，实现全兼容。

海尔还推出了空气盒子。空气盒子能自动监测空气质量（PM2.5、VOC 气体），检测环境温度、空气湿度。当室内空气混浊时，空气盒子会根据其检测到的空气质量情况，对用户推送相关信息，即时提醒用户室内空气的健康情况，集检测、治理于一体。将海尔空气盒子与普通空调、空气净化器组合，即可变成智能家电，且远程 APP 智能控制一步到位，用户可通过 APP 对空调进行开启、关闭操作，并设定模式、温度、风速等。

（二）苹果 HomeKit

2014 年 6 月苹果在 WWDC 开发者大会上发布了 HomeKit。HomeKit 致力于打破现在各个智能硬件厂家各自为政、用户体验参差不齐的混乱市场格局，让各个厂家的智能家居设备能在 iOS 层面互动协作，而无须这些厂家直接对接。这留给了智能硬件开发商以及第三方开发者很多的发展空间。

HomeKit 平台允许用户通过使用 iPhone、iPad 整合苹果 Siri 的功能来自动控制门窗的锁、调整光线，可以实现对门窗、灯光等家居设备的控制。在众多合作厂商中，国内目前只有海尔进入其供应链体系，相信由苹果主导的智能家居生态链能吸引更多的参与者，像智能手机一样引燃行业爆发的导火索。

（1）苹果认为智能家居控制器应该内置在设备或者开关中，如家庭的灯光、门锁、摄像头、插座开关等通过各种联网设备进行控制。

（2）iPhone 和家电设备实现的连接依然是通过 WiFi 协议。

（3）通信层使用苹果 UAP 协议，应用层仍需合作厂商的开发。

HomeKit 把家庭看作一个智能家居设备的集合，通过家庭、房间、区域把这些设备有机地组合起来。硬件设备被定义成一个提供一个或者多个服务的单元，而这些服务可以被第三方应用发现和调用。

（三）Google 智能家居平台

2014 年 1 月，Google 出资 32 亿美元收购了智能家居公司 Nest，正式涉足智能家居领域。7 月 Nest、三星和 ARM 等 6 家公司宣布，其准备推出新的无线网络标准 Thread。这一标准将成为现有智能家居通信标准的重要补充。Thread 是一种基于 IP 的无线网络协议，用来连接家里的智能产品。除了 Nest、三星和 ARM，另外三家合作公司分别是 Big Ass Fans、飞思卡尔和 Silicon Labs 公司，并且耶鲁大学也加入了这一组织。

Google 的智能家居平台战略日渐清晰，旨在打造隶属于自己的智能家居闭环，集产品的核心控制系统、外观设计、系统优化和用户体验于一体。

（四）小米——智能家居控制中心

借助于小米路由器的智能家居控制中心，智能生活整体方案不再是天方夜谭。用户可以让家里的空调、电视、面包机、电饭煲甚至电灯都实现智能化，并根据生活习惯定制智能场景。用户可以根据自身喜好设定情景模式，在自定义的情景下启动自己偏好的电脑、音响、空调、电灯、热水器等具有物联网功能的设备。

小米即将推出的精选智能家居产品：深度定制的小米遥控器、智能插座、摄像头及智能灯泡等，用于适配小米路由器。

（五）三星 Smart Home 全新智能家居平台

三星正在全力打造 Smart Home 的全新智能家居平台，这项服务可以将用户手中的智能设备与家中的智能家电、智能电视等所有设备连接到一起，通过统一的平台集中管理和控制。另外，三星公司还表示未来会鼓励其他第三方合作伙伴的加入，让更多的智能产品加入 Smart Home 的服务平台，通过与其他厂商的合作，最终将该平台覆盖至家庭能源、安全家庭访问和医疗保健领域。

整个三星的 Smart Home 智能家居平台将以一款移动应用程序为核心，将所有的智能手机、平板电脑、智能家电等设备通过云端服务器连接起来，并且保证数据能够在这些智能设备之间流畅的传递。

表 9　各公司的平台战略

公司	平台	平台内容	动态合作厂商
苹果	Homekit	一套通信协议：规范智能家居产品如何与 iOS 连接（软硬件通信），将智能家居产品看作提供服务的产品，这些服务可以被第三方软件发现并应用，但硬件设备需要 MFi（Made For iPhone）	暂时公布的有 iDevices，iHome，Cree，Chamberla-in，Skybell，Honeywell，海尔，飞利浦，Shlage，Kwikset，Broadcom，Netatmo，Withings 等
		数据库：在 iOS 上提供一个供第三方 APP 查询和编辑的智能家居数据库	
		开发框架：与厂家、第三方开发者共同合作，打造完整的生态链，由厂家提供兼容 HomeKit 的产品，向开发者提供数据、平台支持供其开发应用	
		语音控制：整合 Siri	
三星	Smart Home	各种设备通过网络相连接，提供设备控制、家庭视窗、智能售后服务三种功能，并于 8 月收购智能家居平台商 SmartThings	暂时只兼容三星产品，未来将对第三方产品开放
海尔	U + 智慧生活系统	将用户、合作伙伴、硬件商、开发者连接起来，通过其开放的标准和平台使系统搭载不同品牌的产品	Qualcomm、GE、百度、华为、Realtek 等来自全球的 300 余家企业
微软	Windows 操作系统	在微软操作系统中整合 Insteon 智能家居产品，推出相应的 APP 应用程序	家庭设备厂商 Insteon 等
		与美国家庭保险公司合作推出智能家居“孵化器”（一个创投基金）	
		加入物联网开源计划 AllSeen 联盟	

续表

公司	平台	平台内容	动态合作厂商
京东	JD + 平台	打造京东智能云,为智能硬件产品提供云平台,并利用京东在电商渠道的平台优势、用户基础和数据优势,为智能单品创客提供融资、技术、数据和平台支持	华为、百度、PICOOC 等 60 余家企业,目前已推出智能创新产品 50 余款
百度	BaiduInside 计划	为智能单品创客提供一个平台,对纳入合作的创新硬件提供云存储、视频播放与解码、图片识别、智能语音、安全、LBS 等技术,百度将协助创业者完成产品研发、营销等活动	京东、神州数码、天猫等渠道合作
阿里巴巴	alink 物联网平台	涵盖淘享平台、云计算平台、开发者平台、数据平台和互联平台;阿里物联平台依托阿里的营销资源、云计算、大数据等,帮助创业者降低智能硬件生产成本	

八　对未来智能平台趋势的判断

智能平台系统的争夺日趋激烈，我们认为对平台的争夺将会是企业未来战略领先的关键，掌握了平台就拥有了入口和数据，未来的智能硬件平台将呈现以下三种情况，即数据化、整合化、生态化。

（一）数据化

在未来大数据时代，产品数据化将获得很大的优势，产品的推广营销、渠道的拓展及整个资源的打包对智能硬件的调整发展具有至关重要的作用。用户在使用智能硬件的时候会产生海量的数据，智能硬件的数据可以随时感知环境，随时与用户交互，对于挖掘用户需求而言非常具有价值。

（二）整合化

平台出现后，如何将大量的智能硬件融合在一起且相互作用成为一个重要的问题。这些硬件在是设计之初用同一套标准，还是在成品后用同一套 APP，这些都是平台设计者需要考虑的。整合化的一个特点是，有统一的数据接口、技术标准等，这也是未来智能硬件发展的理想状态。

（三）生态化

让平台发生化学效应，成为一个能自我供养的产品才能叫作真正的成功。有了数据和开放平台，最终的目的是平台能通过自身的开放性来建构一套智能硬件生态系统，或者说，这些构建平台的、以数据和技术见长的公司，在未来才有机会成为智能硬件生态的核心。

B.6

新征程，新机遇

——国企改革专题报告

中航证券有限公司课题组

摘　要：我国经历了两轮国企改革，在改善国企经营效益、完善国有资产管理体制、建立现代企业制度方面取得了显著成效，但是随着市场化进程的不断推进，政企不分、管理者缺位、激励机制缺失等问题逐渐凸显，新一轮改革势在必行。从2014年推出的四项改革试点来看，本轮改革将以国有资本运营方式的转变为核心，以混合所有制改革为重要抓手，进一步完善公司治理，释放国企经营活力，实现国民共进。本文首先对国企改革历程进行了回顾，分析了国企经营现状及存在的问题，在此基础上对本轮改革进程及主要内容进行了阐述，并着重对混合所有制改革的战略意义、制度优势、改革推进的关键因素和重要途径进行了详细分析，指出混合所有制改革有助于破除垄断、促进竞争、提升效率、完善现代企业管理制度、实现资源分享等，改革推进的关键要素在于如何调动国企与民企双方的积极性，而目前这方面仍存在一定的障碍，资产证券化将是实现混合所有制的重要途径，同时也能为资本市场增添活力。最后，本文从央企、地方国企、行业和指数化投资等多个角度对国企改革带来的投资机会进行了梳理，并提出了投资建议，以期为投资者提供一些帮助与启示。

关键词：国企改革　国有资本运营　混合所有制　资产证券化

一　国企改革历程回顾

（一）两轮改革，四个阶段

新中国建立之初，国有企业对恢复国民经济发挥了中流砥柱的作用。但是，由于传统的国有企业管理模式是由国家高度集中统一管理，国企的经营目标不是企业利润最大化，而是按照政府制定的生产目标完成投入与产出量。国企管理者一味强调扩大企业规模、增加资本及劳动力投入，导致企业生产成本过高、债台高筑、亏损严重。同时国家统负盈亏，进一步造成了国企管理层缺乏生产活力，经营效率持续低下。财政收入年均增长速度在“一五”时期为11%，“四五”时期降至4.2%。“大跃进”时期之后，中国在1974～1977年再次陷入又一个财政困难期。1974年和1976年，财政收入均呈负增长。经营不善导致的日益严重的亏损问题，使得经济停滞甚至倒退，可以说国企改革实为形势所迫。

迄今为止，我国主要进行了两轮国企改革，大体经历了四个阶段，历时35年。

表1　我国经历了两轮改革，四个阶段

两轮改革	四个阶段	目标	途径	不足
第一轮 （1978～1992年）	1978～1984年 1984～1992年	放权让利	国企从经营权（承包制）向所有权（股份制）过渡的改革	未建立现代企业制度
第二轮 （1993～2013年）	1993～2003年 2004～2013年	建立现代企业制度	国企股份制改革	未解决政企不分问题，国有股一股独大

资料来源：笔者整理。

第一阶段是1978～1984年，主要是进行国企经营层面的改革。当时中国经济管理体制的一个严重缺点就是权力过于集中，导致政企不分。中共第十一届三中全会后，政府颁布了一系列放权让利、扩大企业自主权的政策文件，旨在推动国企经营权层面的改革。

表 2　第一阶段的改革

时间	重点	成效	缺陷	相关文件
1979 年	扩大企业自主权	企业效益与职工利益挂高，提高企业和职工的积极性	①信息不对称造成约束机制难以规范 ②“内部人”控制 ③“工资侵蚀利润” ④行为短期化	国务院颁布的《关于扩大国营工业企业经营管理自主权的若干规定》《关于国营企业实行利润留成的规定》等五个管理体制改革文件
1982 年	推广实行工业经济责任制	①解决“大锅饭”问题 ②硬化企业预算约束 ③强化企业内部管理	①外部环境不平等，内部条件差别大，导致难以界定可操作化指标来规范国家与企业之间的责、权、利 ②企业激励问题严重不足	《关于实行工业生产经济责任制若干问题的意见》
1983 ~ 1984 年	①“利改税”（即国企由上缴利润改为缴税） ②“拨改贷”（即企业资金来源由财政无偿拨付改为向银行借贷）	①调整和规范国有企业与政府间的利益关系 ②强化企业预算约束，增强企业动力	①为扩大自销比例而压低计划指标 ②不完成调拨任务和财政上缴任务等问题	①国务院颁布的《关于进一步扩大国营工业企业自主权的暂行规定》 ②国务院批转财政部《关于国营企业利改税试行办法》

资料来源：笔者整理。

第一阶段的改革取得了一定的成效，但只是浅层次的，原有产权框架并没有改变，改变的只是政府和国企之间的利益分配。由于各利益主体均不同程度获利，产生了较强的激励作用，调动了各方面积极性。但是随着改革的深入，触及企业的产权问题是不可避免的。

第二阶段是 1984 ~ 1992 年，这一阶段改革重点在于国企经营权向所有权的过渡。1984 年党的第十二届三中全会通过了《中共中央关于经济体制改革的决定》。该决定初步确立了商品经济在社会主义经济结构中的地位，明确提出将增强国有企业活力作为经济体制改革的中心环节。可以看出，改革的重点在于将所有权和经营权分离，通过逐步实现政企分开，令企业完成向独立经营、自负盈亏的商品生产者和经营者的角色转换，其实现方式：①国有大中型企业——承包经营责任制；②国有小型工业企业——租赁经营责任制；③有条件的大中型工业企业——股份制。

表 3　第二阶段的改革

时间	重点	成效	缺陷	相关文件
1984～1992 年	承包经营责任制 租赁经营责任制	①调动企业和员工的积极性 ②减少亏损面 ③提高经济效益	①企业追求自身利益最大化，而不顾国家利益 ②企业只负盈不负亏，使国家财政收入下降 ③助长企业重生产、轻投资、拼设备等短期行为	国务院发布的《全民所有制工业企业承包经营责任制暂行条例》
1986～1992 年	股份制	①改变由国家垄断的企业财产制度，形成多元化的产权结构 ②优化国企内部治理结构，在股东、董事会和经理层形成有效的激励和制约机制 ③调动员工积极性，促进企业发展	①非国有主体介入形式不明，主体多元化严重，导致股改在企业内部职工中展开 ②内部职工筹资能力有限，股改效果弱于预期 ③管理理论不足，人才匮乏，导致股改演变成一种工龄折股，内部借贷买股，或化公产为私股	

资料来源：笔者整理。

在多种形式的经营责任制探索中，承包制在当时取得了一定的成功，但是随着时间的推移，其问题逐渐暴露。经济学家厉以宁认为，“承包制作为一种制度安排，具有本质性的缺陷，它在把部分剩余控制权和剩余索取权交给承包者以后，企业产权的界定不是清晰了，而是更模糊了，发包者与承包者之间的利益冲突加剧，双方侵权的行为更容易发生”。可见，承包制并没有令企业获得自主经营权，反而阻碍了政企分开和企业间的公平竞争。1990 年，在全面承包下，国有企业的盈亏由承包之前的 80% 盈利、20% 亏损，变成了 1/3 盈利、1/3 亏损、1/3 虚盈实亏。1992 年后，国务院停止鼓励企业搞承包。

虽然在第二阶段股份制的实施并不是很成功，但与承包制相比，股份制具有很多优越性，比如，能够转换经营机制，促进政企职责分开，实现企业的自主经营和自负盈亏；可以创造新的融资渠道，筹集建设资金，促进生产要素的合理流动，提高国有资产的运营效率；等等。

1993 年 11 月召开的第十四届三中全会通过了《中共中央关于建立社会主义市场经济体制若干问题的决定》，该决定提出，“国有企业改革的方向是建立现代企业制度，即‘产权清晰、权责明确、政企分开、管理科学’”，同时提出了“法人财产权的概念”，即企业拥有法人财产权。企业股份制改革无疑是实现这一目标最有效、最可行的制度。第二轮国企改革随之拉开序幕。

第三阶段是 1993 ~2003 年，本阶段改革的主要内容是建立现代企业制度，进一步调整国有经济布局。

表 4　第三阶段的改革

时间	重点	成效	缺陷	相关文件
1993 ~ 1997 年	建立现代企业制度的试点	①加快了国有企业进入市场的步伐 ②规范的公司制改革和境内外上市开始起步 ③“抓大放小”，把优化国有资产分布结构、企业结构同优化投资结构有机结合起来，择优扶强、优胜劣汰	“放小”被认为是“一卖了之”和“全面而退”，导致一些市、县几乎没有国企	①第十四届三中全会通过了《中共中央关于建立社会主义市场经济体制若干问题的决定》 ②《公司法》《劳动法》相继出台
1997 ~ 2003 年	调整国有经济布局和结构	①形成了多种所有制并存的基本经济制度；推行股份制为主，并积极探索公有制 ②加大国企兼并重组及破产力度 ③国有特大型企业重组改制上市进入国际国内资本市场	①MBO 成为国企向民企转变的主要手段，导致国有资产大量流失 ②国企减员增效造成大批职工下岗失业 ③国有股一股独大的问题仍然遗留 ④受核销银行呆坏账准备金额度、政府财力及社会保障体制不健全等因素的制约，需要破产的企业一时难以退出市场	第十五届四中全会《中共中央关于国有企业改革和发展若干重大问题的决定》

资料来源：笔者整理。

到 2002 年，国有控股企业共有 15.9 万家，其中超过 50% 的进行了公司制改革。随着企业现代化制度的不断完善，出现了一批竞争力强的大公司和大集团。1997～2002年，世界500强中，中国内地企业由3家上升到11家，且均为国有及国有控股公司。通过“抓大放小”，一大批民营中小企业的竞争力得到提升。1997年以来，60%左右的国有小企业成功转为非国有企业，促进了产权多元化改革。

国企第三阶段的现代化改革取得了明显的成效，但同时仍然遗留了一些老问题，也导致了一些新问题。

首先，国有独资公司的数量仍然很多。独资公司缺少公司制所特有的制衡机制，容易形成“内部人控制”，加大了实际经营者利用个人职权谋取个人利益、损害国家利益的风险。十五大四中全会指出，在全部国企中，除极少数涉及国家安全和国民经济命脉的重要领域必须由国家垄断经营外，都要积极发展多元化投资主体公司。

其次，国有股权“一股独大”的问题没有得到有效的解决。据统计，到2000年，在3.2万户国有控股公司中，国有股占总股本的63.5%。在全国上市公司中第一大股东几乎全是国家股，占总股本的70%以上，在经营决策和人事安排等方面，还是一家说了算，缺乏多股制衡机制，发挥不了股东会和董事会的作用，不利于很好地实现同股同权、同股同利的公司制基本原则。

这一阶段的改革引发的最严重的问题，无疑是管理层收购导致的国有资产流失。国企“管理层收购”成就了大批亿万富豪，他们利用自己掌握国有资产的机会，在国有企业股权转让的过程中与政府谈判，获得巨额收益。管理层收购还容易加剧内部人控制的问题，所有者和管理者合二为一，使企业从国有股一股独大转变为管理层实权在握，甚至会出现管理层中某个人说了算的现象。

这些问题的出现主要是由于国企改革无法可依，缺少完善的法律体系和监管系统。2003年以前，没有统一的规范国有企业改制的指导性文件，各有关部门、央企、地方政府都从实际出发针对推进企业改制出台了相关文件，制定了有关政策。但从实际情况可以看出，这些政策文件还不够系统，措施还不够严密，导致企业改制中出现了侵吞国有资产、侵犯职工合法权益等行为。为此，2003年3月16日，国务院直属国有资产监督管理委员会成立，并制定出台了一系列全国统一的政策文件用以指导国有企业规范改制。2003年底，经国务院同意，国务院办公厅转发了国资委《关于规范国有企业改制工作的意见》（国办发〔2003〕96 号，以下简称“96 号文”）；2005 年底，经国务院同意，国办转发了《关于进一步规范国有企业改制工作的实施意见》（国办发〔2005〕60 号，以下简称“60 号文”），从制度上进一步堵塞了漏洞。实践证明，96 号文、60 号文等的出台，对规范推进国有企业改制起到了十分重要的作用。

2003 年 10 月党的第十六届三中全会通过的《关于完善社会主义市场经济体制若干问题的决定》指出，“要适应经济市场化不断发展的趋势，进一步增强公有制经济的活力，大力发展国有资本、集体资本和非公有资本等参股的混合所有制经济，实现投资主体多元化，使股份制成为公有制的主要实现形式”。

第四阶段是 2004 ~ 2013 年，改革的主要任务是在原有改革取得的成就的基础上，对国家控股的股份公司的内部改革进行深化，重点处理国家控股上市公司的产权分置制度问题。

这一阶段的改革主要从以下五个方面来加快推进：一是强化股份制改革的力度，进一步推进产权主体多元化。二是进一步推进股权分置改革。股权分置改革试点自 2005 年 4 月启动，到 2006 年已基本完成，这一措施使股市变成一个相对完整的市场体系和价格体系，实现了同股、同价、同交易，有利于资源的合理配置，更好地维护中小股东利益，提高资本使用效率，增强投资者信心。三是建立完善的董事会和公司法人治理结构，引入外部董事制度，强化监管和约束，提高市场竞争力。四是推进主辅业分离以及辅业改制。从壮大主业出发，对没有竞争优势的业务板块和资产加大分离力度。在辅业改制中利用产权交易市场，探索多种改制方式，实现产权多元化，增强活力和发展后劲。推动国有大中型企业的结构调整，同时解决长期困扰国企的上市公司与存续企业并存问题。五是建立和完善国有企业的市场化退出机制。国有企业政策性破产工作从 1994 年开始至 2010 年完结。2010 年后，国有企业将依据《破产法》，通过市场竞争实现优胜劣汰。

（二）前两轮改革成效显著

通过四个阶段的探索实践，国有企业改革取得了以下明显的进展。

第一，从改革的目标模式上看，我国经济体制改革的目标从“以计划经济为主、市场调节为辅”“有计划的商品经济”“国家调节市场、市场引导企业”到现今的建立并完善国有资产管理体制、建立现代企业制度、构造市场经济的微观主体。

第二，从改革思路上看，20 世纪 90 年代以前，改革思路经历了从发展全部国有企业到重点发展国有大中型企业的转变。随着市场经济体制逐步确立，改革变为从战略上优化国有经济布局，加大中央企业的调整重组力度，推动整个国有经济的发展，同时推动国有资本的合理流动，改善国有资本布局，重点投向与国民经济和国家安全息息相关的关键行业，而其他行业的国有企业，则通过资产重组等方式，在公平的市场环境中实现优胜劣汰。

第三，从所有制结构上看，20 世纪 90 年代以前，国企尝试实行承包制、租赁制等改革形式，但并不能规范国家与企业的权利分配关系，没有解决政企分开的问题，企业行为出现短期化和负盈不负亏的问题。第十六届三中全会提出，“实现投资主体多元化，使股份制成为公有制的主要实现形式”，在这一要求下，国有企业公司股份制改革取得了明显进展，现代企业制度趋于健全。

第四，从企业制度上看，进入 90 年代，非国有经济的高速发展和对外贸易在经济中的占比不断提升，对国有经济单一的产权形式形成了挑战，国有企业在市场竞争中的劣势逐渐暴露出来。为提升国企竞争力，国有企业开始尝试建立现代企业制度，以便真正融入市场经济。党的十六大提出了深化国有资产管理体制改革的重大决策，而 2003 年国资委的成立标志着企业制度改革在政企分开方面迈出了关键一步。

第五，从配套改革方面看，要真正实现政企分开，必须在政府和企业改革的同时，进行社会保障制度的改革。目前我国包含医疗保险、失业保险、最低生活保障等内容的社保制度已经基本建立并在不断完善中。建立社会保障制度，减轻企业负担，分离企业承担的社会职能，为推进国有企业改革、保持企业和社会稳定提供了重要保障。

（三）国企现状及存在的问题

国企改革虽然取得了巨大成就，但很多国企存在的问题依然有待解决。

1. 政企难分离

政企不分是计划经济下的特定产物，其根源是国有资产的产权职能和政府的行政职能相混淆。随着市场经济的发展，政企不分隐含的制度性缺陷，即产权不清和“内部人控制”日益成为阻碍经济发展的绊脚石。2003 年国资委成立以来，国资监管形成了管人、管事、管资产三统一体制，这种体制，一方面减少了“多头监管”的混乱，逐步走向“大国资”监管，另一方面严重阻碍了国企深化改革。

在我国的传统意义上，政府即国家，政府理应作为国有资产所有权的代表。当国资监管机构作为国有资产的出资人，代表国有股东时，往往追求企业利润最大化；当国资委作为国有资产的监管者时，又需要行使政府监督的权力，这往往导致政府运用行政命令行使企业内部的人事聘任、罢免权，利用其政府特权谋求市场效益，限制一些本应该完全开放、强化竞争的产业领域，形成行政性垄断。而在企业内部，管理层受制于政策约束，缺乏自主权，同时由于企业的监事会成员与董事长是上下级关系，削弱了监督力度，并且其职能与独立董事有重叠，会出现责任推诿等现象，降低监督效率。

2. 国有股一股独大难解决

国有股一股独大和国有股比例过高，使得股权过分集中，缺乏多元股权制衡机制，大股东对公司形成绝对控制权，导致中小股东缺乏话语权，股东大会、监事会形同虚设。国家作为出资人，通过行政任命的方式委派政府官员掌管企业经营，造成了企业无法摆脱行政干预，资源配置效率低下，严重干扰其市场竞争力。管理者还会利用手中权力谋求自身利益，出现“内部人控制”现象。

其实，一股独大不是问题的关键，关键是国有大股东应该具有控制力、应该能够真正对企业负责。这就需要大股东产权清晰、权责利明确且对称，直接拥有公司剩余价值的请求权，同时，能够真正承担风险，这样大股东自然而然就会追求利润最大化，使企业发展壮大。

3. 管理者层约束机制失衡

目前国企高层领导多数是由国资委或组织部门任命的，特别是在中央企业中，政府任命企业领导的现象更为普遍。企业领导的行政任命与企业市场化运营之间存在矛盾，特别是对于股份制企业来说，也有悖于《公司法》的规定。而依靠行政任命的高管是否具有足够的领导能力来帮助企业发展值得怀疑，同时也会严重干扰董事会履行其职责，导致无人对高管的失职行为负责。国资委同时委派独立董事和监事的情况，导致独立董事和监事的职责发生矛盾甚至冲突，或者双方互相包庇，造成监督缺失。

4. 高管薪酬激励机制不规范

自2002年推行国企高管年薪制以来，国企高管薪酬水平逐年上升。2013年年报的统计数据显示，A股上市公司中披露总经理薪酬的央企仅323家，这些上市央企总经理的人均薪酬达到77.3万元，同比上涨4.33%。国企高管不仅薪资水平高，其与国企普通员工工资之间的差距也在不断拉大，但高薪并非来源于经营的高效率。目前，国企高层几乎都是由国资委指派，国资委承担着出资、管理和监管的职责，包括国企高管的任免和考核，由于信息不对称，国资委很难对实际经营者形成有效约束，“内部人控制”导致高管控制董事会，并设定对自己有利的考核指标，确定自己的薪酬标准。

除了自定薪酬，更为人诟病的是高管收入与企业业绩脱节。2013年中海集运亏损超过26亿元，其董事长79万元年薪照旧；2012年中集集团净利润大降47.46%，其CEO薪酬高达998万元；2011年和2012年中国远洋均亏损100亿元左右，董事长年薪依然分别高达120万元和60万元。这种奖惩机制严重不足的情况，导致管理者不去追求企业利益最大化，只满足于维护自身利益。有能力的管理者得不到提拔，经营失误的管理者不担责任，造成国有资源浪费，资产流失，最终导致企业破产。

5. 布局分散，分类不清

十八大提出，“国有资本更多投向关系国家安全、国民经济命脉的重要行业和关键领域，提供公共服务、发展重要前瞻性战略性产业、保护生态环境、支持科技进步、保障国家安全”。据此，功能性国企的垄断地位是合理的，需要适当保护，但也要不断地强化监管和治理或引入战略性投资（重点在战略而非投资）以提高效率和质量。目前，除分布在重要行业和关键领域的功能性国企外，竞争性国企的布局可以说无所不在，包括煤炭、有色金属、钢材、建材、房地产、化工、电信、民用航空、水运、重型机械、造船，甚至食品制造和商贸流通等行业。

从A股上市国企的行业分布数据可以看到，国资在煤炭、石油石化、交通运输、国防军工中的市值占比最高，均超过了90%，轻工制造、计算机、医药、纺织服装等竞争性行业的国企市值占比最低，但也均高于20%。

这些竞争性国企通常可以获得民营企业不具备的政策、资金、实物等资源，造成市场的不公平竞争，并且可能对其他经济主体存在较强的挤出效应，阻碍市场经济的资源配置效率。这种挤出效应助推了“国进民退”现象的产生。

表 5　A 股各行业国企市值及其占比

单位：亿元，%

项目	国企总市值	行业总市值	占比
煤炭	6657.2	7097.4	93.8
石油石化	23175.9	25203.9	92.0
交通运输	9283.8	10103.3	91.9
国防军工	5011.4	5557.7	90.2
钢铁	4461.5	5390.1	82.8
电力及公用事业	9017.8	11324.3	79.6
餐饮旅游	1220.0	1670.9	73.0
建筑	5310.3	7660.6	69.3
综合	1793.9	2664.7	67.3
银行	35587.8	55718.5	63.9
食品饮料	6147.5	10131.3	60.7
有色金属	5630.9	9424.0	59.8
传媒	4222.2	7159.6	59.0
建材	2542.4	4512.3	56.3
商贸零售	3186.7	5853.8	54.4
汽车	6706.1	12614.8	53.2
房地产	5285.4	11591.5	45.6
非银行金融	8288.2	18227.0	45.5
机械	5786.4	14338.5	40.4
基础化工	3917.8	9804.3	40.0
电力设备	2836.5	8516.1	33.3
农林牧渔	1537.2	4661.6	33.0
家电	1647.3	5284.8	31.2
电子元器件	3526.1	11665.6	30.2
通信	1737.3	6176.4	28.1
纺织服装	988.2	3750.0	26.4
医药	4423.7	17367.7	25.5
计算机	2004.5	8341.6	24.0
轻工制造	679.8	2949.9	23.0
全市场	172613.6	304762.1	56.6

注：表中数据根据 2014 年 9 月 2 日收盘数据计算。

资料来源：Wind 资讯。

6. 经营效率低下

上述诸多问题共同造成了国有企业经营效率较低。根据财政部公开的数据，截至2012年底，全国国有企业归属于集团母公司的所有者权益（国有资本）是25万亿元，但如果剔除前10名具有垄断特征的利润大户和财政补贴等因素，净资产收益率是3%，仅相当于银行一年期存款利率，远低于非国有企业10%的平均水平。

此外，对A股上市的全部国有企业（包括央企和地方国企）和民营企业的ROE进行统计，得到国企和民企的整体ROE水平，结果显示2002年以来民企ROE水平持续高于国企，说明国企运用自有资本的效率要明显低于民企。

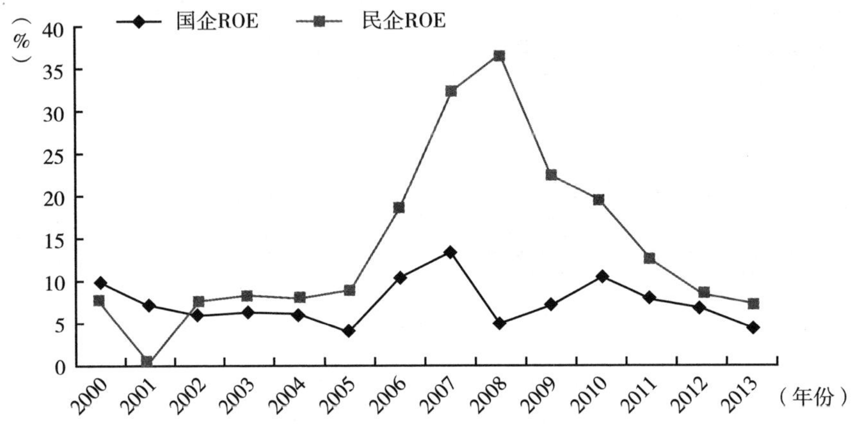

图1　上市国企与民企ROE对比

资料来源：Wind资讯。

二　新一轮国企改革展望

（一）改革进程快速推进

1. 中央动作不断

十八届三中全会发布了《中共中央关于全面深化改革若干重大问题的决定》（以下简称《决定》）。虽然在《决定》中并未直接提及国企改革的具体措施，但关于公有制经济和非公有制经济、积极发展混合所有制经济、完善国有资产管理体制、推动国有企业完善现代企业制度等方面的表述为国企改革确立了方向。

2014 年 6 月财政部披露了新一轮国企改革的时间表，“2014 年研究国企改革总体意见；2015 年启动几家国有资本投资运营公司组建试点，印发混合所有制等实施办法；2016 ~ 2020 年分批完成国有资本投资运营公司组建等”。

随后 7 月，国资委选定首批 6 家央企启动了“四项改革”试点，这标志着新一轮国企改革的大幕正式拉开。

“四项改革”试点具体为：“一是在国家开发投资公司、中粮集团有限公司开展改组国有资本投资公司试点。二是在中国医药集团总公司、中国建筑材料集团公司开展发展混合所有制经济试点。三是在新兴际华集团有限公司、中国节能环保集团、中国医药集团总公司、中国建筑材料集团公司开展董事会行使高级管理人员选聘、业绩考核和薪酬管理职权试点。四是在国资委管理主要负责人的中央企业中选择 2 ~ 3 家开展派驻纪检组试点”。

表 6　6 家央企所属试点及业务简介

所属试点	首批央企改革公司	业务简介
开展改组国有资本投资公司试点	国家开发投资公司	公司在国内实业重点投向电力、煤炭、交通、化肥等基础性、资源性产业及战略性新兴产业 金融及服务业重点发展金融、创投、工程技术服务、咨询、养老服务业和资产管理等 国际业务以境外直接投资、国际贸易、国际合作为业务组合，着力打造香港窗口公司融实国际，推进国际化进程
	中粮集团有限公司	主要业务包括种植与养殖、农产品收储物流、粮油食品贸易、农产品加工、饲料加工、屠宰及肉类加工、品牌食品、产品包装、电子商务、商业地产、住宅地产、旅游地产、酒店、金融服务
①开展发展混合所有制经济试点②开展董事会行使高级管理人员选聘、业绩考核和薪酬管理职权试点	中国医药集团总公司	集团十一大业务：医药现代物流分销、医药零售、生物制品、化学制药、现代中药、诊断试剂与化学试剂、科学仪器与医疗器械、医药科研与工程设计、医药国际经营与海外实业、医药会展与传媒、医疗健康产业
	中国建筑材料集团公司	主营业务包括水泥、轻质建材、玻璃纤维及复合材料、工程服务四大板块

续表

所属试点	首批央企改革公司	业务简介
开展董事会行使高级管理人员选聘、业绩考核和薪酬管理职权试点	新兴际华集团有限公司	主营业务有金属冶炼及加工、纺织服装、专用设备制造等板块，主要产品有球墨铸管、管件、钢格板、制造用钢、钢材、双金属管、特种钢管、有色金属产品、工程机械、特种专用车辆、应急救援装备、油料器材、纺织品、服装、染整、皮革皮鞋、橡胶制品、装具等
	中国节能环保集团	中国节能主业涉及节能、环保、清洁能源、资源循环利用及节能环保综合服务（包括相关监测评价、规划咨询、设计建造、工程总承包、运营服务、技术研发、装备制造和产融结合）；目前，中国节能在工业节能、建筑节能、固废处理、污水处理、烟气治理、环境监测、土壤修复、重金属治理、风电、太阳能、新材料、健康产业等多项细分业务领域规模和实力国内领先

资料来源：笔者整理。

2. 地方遍地开花

地方层面上，上海、湖南、贵州、天津、重庆、四川、江西、湖北、山西、山东、云南、江苏、甘肃、青海、北京、陕西、安徽、广东等多个省份出台了国资国企改革方案，体现了地方政府具有一定的改革积极性，意味着地方政府层面的改革阻力可能较小。

从各省份给出的国企改革目标中可以看出，整体改革内容覆盖较全面，包括：国有经济布局调整、混合所有制改革、建立现代企业制度、完善国资监管等，但各省份改革目标各有侧重，如北京的国企改革目标强调国资布局的调整，上海偏重于国企股权结构的优化以及企业制度的完善等。同时多数地方政府在国企改革方案中给出了具体的改革时间表以及量化的改革目标，目标的明确有利于增加改革的可操作性和执行力。

虽然国企改革方案在地方层面遍地开花，各地结合自身实际情况制定了方案与目标，但地方政府依然处于探索阶段，需要中央层面提供总体规划、布局与指导，以确保地方改革符合总体改革方向，并且防止国有资产流失等风险防控措施也需要在中央层面作出统一规划。

通过跟踪各省份目前的国企改革发展动态，结合首批央企“四项改革”试点，可以发现，大多数省份国企改革的工作重点是发展以资产证券化为导向的混合所有制。多数省份为实行一企一策，将国有企业按照功能定位进行分类，一般分为竞争类、功能类、公益类三大类。

（1）竞争类企业改革的重点在于发展混合所有制。竞争类企业主要承担产业带动职责，以经济效益为导向，实行完全市场化经营机制，通过产权多元化提升活力和竞争力。湖北省表态在竞争类企业中不设国有资本持股比例限制。广东省在未来五年将省属二级以下国有企业对社会资本全线开放。

（2）功能类企业改革重点在于进行国有资本投资管理。功能类企业主要承担国有资本投资运营职能或政府重大专项任务，此类企业由于涉及国有资本流失风险较大，各省份对其股权多元化的程度和发展采取了不尽相同的措施。

山东省将此类企业规定为保持国有独资，2015 年 3 月，山东省将 30% 的省管国有资本划转到社保基金理事会，成为社保资金的一部分。同时，山东省国资委和社保基金理事会分别作为出资人，对省管国有资本进行管理，形成股权多元化的局面，推动省管企业建立完善现代企业制度和公司治理结构。

北京和上海则采取了更为开放的态度，分别成立了京国瑞国企改革发展基金（规模 400 亿元）和上海国资国企改革专项基金（规模 200 亿元），旨在通过市场化手段引入社会资本，解决国企发展资金筹措渠道的问题。基金是一个开放、共享的平台，有利于社会资本在公平、透明的环境下进入国企，为国企改革提供稳定的资金支持，改善其治理结构，并推动国资有序流动，提高企业活力。京国瑞国企改革发展基金由京能、首钢、北汽、城建、金隅、祥龙、北京电控和国管中心八家企业作为主要发起人，是半公益性质的政府引导基金，通过母子基金形式，下设商业性的京国发基金和公益性的京国益基金。基金将全面参与北京市属国资国企重大股权投资。上海国资国企改革专项基金由中国信达资产联合中行、建行、交行、浦发银行、民生银行、中信银行等金融机构成立。

（3）公益类企业改革的工作重点在于开展董事会行使高管人员选聘、业绩考核、薪酬管理职权试点。公益类企业主要承担民生保障或重大基础设施建设职责，以社会效益为主要目标，其主要任务是加强成本管控、提升产品质量和服务水平。

3. 中央率先向薪酬开刀

8月29日，中共中央政治局通过了《中央管理企业主要负责人薪酬制度改革方案》（以下简称《改革方案》）。根据《改革方案》要求，将中央管理企业负责人的薪酬由基本年薪和绩效年薪两部分，调整为基本年薪、绩效年薪和任期激励收入三部分：基本年薪是中央管理企业主要负责人的年度基本收入，绩效年薪与中央管理企业负责人年度考核结果相联系，而任期激励收入根据任期考核评价结果在不超过负责人任期内年薪总水平的一定比例来确定。

《改革方案》规定年度或任期考核评价不合格的，不得领取绩效年薪和任期激励收入。这有效地杜绝了不称职的管理者低效高薪的情况，调动了企业负责人的积极性。同时，把高管利益和企业利益挂钩，督促企业负责人节约成本、追求利润最大化，避免国有资产、资源的浪费。合理的薪酬制度还可以缩小企业负责人和员工的待遇差别，提高待遇的公平性，这对调动整个企业员工的积极性也是有好处的。

国企薪酬制度改革也为发展混合所有制铺垫了坚实的基础。在实行混合所有制中，政企分离是最难解决的问题，一些政府官员身兼国企要职，他们对企业的业绩增长和经营发展的贡献很小，却享受着丰厚的薪酬和高额的职务消费，这些既得利益者可能会成为改革的阻碍。《改革方案》中规定取消薪酬之外的职务消费，这将有效避免实行混合所有制过程中来自高管层的阻挠，也防止了国有资产通过福利或补贴等方式流入高管个人腰包，遏制高官腐败。

但是，本次国企薪酬制度改革无法从根本上解决高薪酬问题。由于国企在行业中的垄断地位，企业业绩增长很大程度依靠政策背景和国家垄断资源，业绩中高管的个人贡献到底有多少很难评判，如果没有有效的绩效评判制度将个人管理与政策优惠带来的业绩相分离，国企高管薪酬偏高的问题难以得到有效解决。

4. 国企改革“1+N”方案出台有望助推改革进一步提速

国企改革“1+N”方案有望于近期推出，其中“1”是指深化国企改革的指导意见，“N”则是相关的众多配套方案。中央层面的指导意见出台后，央企与地方国企改革将真正步入实施阶段，改革进程有望再次加速。

表7　中央层面改革动态

时间	政策走向
2014 年 10 月	发改委率队的国改调研小组前往上海市及上海宝钢集团调研 国资委 20 天召开三次全面深化改革领导小组全体会议,讨论混合所有制与建立国有资本投资公司等配套系列改革方案;8 个国企改革调研小组赴黑龙江、四川、重庆、湖北、山东 5 省市调研
2014 年 11 月	国有企业改革领导小组成立,"国资委负责国企的功能定位与分类改革;发改革负责制定混合所有制改革办法;财政部负责资本经营预算等资本管理体制改革;人社部负责薪酬改革方案的细则制定" 农垦改革:迎来政策密集发布区,可能成为未来土地管理制度改革文件细则、深化国企改革文件的核心主题之一。其中,新疆兵团农垦系统和全国农垦系统改革、新型农业产业化集中发展经营、农村股份制等内容尤其受关注。农垦改革的方向包括推进农垦企业股份化改革、发展混合所有制经济、引进和利用民间资本参与农垦企业产权改革等 农垦改革要守住三条底线:一是坚持国有制的属性;二是以"农"为主,将来中国的农垦就是中国农业的主力军、农业现代化的带头羊;三是不要丢了规模化的优势 混改要设底线和红线思维,中央继续研究国企改革的顶层设计
2015 年 1 月	国有企业改革的七大任务:"一是要深入做好准确界定不同国有企业功能工作;二是要稳妥、规范、有序发展混合所有制经济;三是要进一步完善现代企业制度;四是要积极推进剥离企业办社会职能和解决历史遗留问题;五是要加快推进"四项改革"试点;六是要稳妥推进薪酬制度改革;七是要改革完善国有资产监管体制" 国务院国资委公布了第二批 9 家央企资产转让产权交易机构名单,第一批于 2014 年 5 月公布
2015 年 3 月	国务院成立了国企改革领导小组,由国务院领导亲自挂帅 国资委相关人士称,国企改革是 2015 年工作的要点,现在正在有计划地推进,可以期待,国企改革系列实施方案将与社会见面 李克强在政府工作报告中指出,深化国企国资改革。准确界定不同国有企业功能,分类推进改革。加快国有资本投资公司、运营公司试点,打造市场化运作平台,提高国有资本运营效率(这预示着国资投资、运营平台在 2015 年的国资改革中将发挥更大作用)。有序实施国有企业混合所有制改革,鼓励和规范投资项目引入非国有资本参股。加快电力、油气等体制改革。多渠道解决企业办社会负担和历史遗留问题,保障职工合法权益。完善现代企业制度,改革和健全企业经营者激励约束机制。要加强国有资产监管,防止国有资产流失,切实提高国有企业的经营效益

资料来源：笔者整理。

（二）“四项改革”相辅相成

“四项改革”试点很好地贯彻了三中全会精神，改革在《决定》中均能找

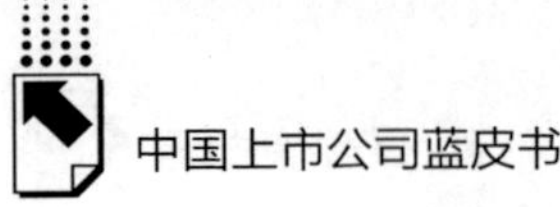

到对应内容。“四项改革”试点中的前三项是实质性的改革内容，而第四项可视为监管层面对改革进行的辅助措施，以确保改革顺利推进。“四项改革”试点环环相扣，相辅相成。国有企业的经营从管资产变为管资本，对企业经营效率和盈利能力有更高要求，而实行混合所有制、引入民资，就是提升效率的一种可行手段，实行混合所有制后各方股东如何对公司进行管理，就需要规范董事会制度，完善现代公司治理结构，而为确保上述改革内容顺利推进，离不开监管的到位，派驻纪检组试点正是从监管层面对国企改革提供保障。

表8 “四项改革”与《决定》的对应

项目	“四项改革”	改革方向	《决定》相关内容
实质性改革内容	混合所有制试点	国有经济实现形式	积极发展混合所有制经济。国有资本、集体资本、非公有资本等交叉持股、相互融合的混合所有制经济，是基本经济制度的重要实现形式，有利于国有资本放大功能、保值增值、提高竞争力，有利于各种所有制资本取长补短、相互促进、共同发展。允许更多国有经济和其他所有制经济发展成为混合所有制经济。国有资本投资项目允许非国有资本参股。允许混合所有制经济实行企业员工持股，形成资本所有者和劳动者利益共同体
	国有资本投资公司试点	国有资本运营方式	完善国有资产管理体制，以管资本为主加强国有资产监管，改革国有资本授权经营体制，组建若干国有资本运营公司，支持有条件的国有企业改组为国有资本投资公司。国有资本投资运营要服务于国家战略目标，更多的投向关系国家安全、国民经济命脉的重要行业和关键领域，重点提供公共服务、发展重要前瞻性战略性产业、保护生态环境、支持科技进步、保障国家安全
	董事会授权试点	国有企业运行机制	健全协调运转、有效制衡的公司法人治理结构。建立职业经理人制度，更好发挥企业家作用。深化企业内部管理人员能上能下、员工能进能出、收入能增能减的制度改革。建立长效激励约束机制，强化国有企业经营投资责任追究。探索推进国有企业财务预算等重大信息公开。国有企业要合理增加市场化选聘比例，合理确定并严格规范国有企业管理人员薪酬水平、职务待遇、职务消费、业务消费
制度保障	派驻纪检组试点	国有资产监管体制	

资料来源：笔者整理。

1. 国有资本投资公司试点

> “改组国有资本投资公司试点，主要是探索以管资本为主的加强国有资产监管体制模式。具体来说是从两个方面进行探索：一是在国资监管层面，探索国资委和国有资本投资公司的关系，理清职责界面，研究国资委如何向以管资本为主转变；再一个层面就是国资运营层面，探索国有资本投资公司如何有效服务国家战略目标，调整优化国有资本的投资方向和重点，提高国有资本的运营效率和效益。”
>
> ——摘自国务院国资委“四项改革”试点新闻发布会内容

从“管资产”转向“管资本”是一次重大的管理模式转变，是本次国企改革的核心。“管资产”和“管资本”在管理理念和管理方法上都有明显的不同，比较之下，管资本模式的优势显而易见。

首先，通过“管资产”向“管资本”的转变，政府和国有企业的关系能够进一步厘清。国资委不必直接掌管国有企业的运营，可以最大程度的放权，让国有企业更加市场化的运营。预计在未来的国资管理架构中，国资委重点行使行政监管职能，国有资本投资公司行使出资人的职能，以股东身份履行股东职责并享受股东权益，这样有助于实现政企分离，营造更加公平的市场竞争环境。

其次，“管资产”向“管资本”的转变有助于推进混合所有制，经济中的国有成分通过资本的形式可以与私有成分进行充分、灵活的结合，使得国有经济与民营经济之间从竞争与挤出的关系转变为合作与协同的关系，这是摆脱过去“国进民退”或“国退民进”之殇，实现“国民共进”的有效途径。

最后，国资监管模式的转变，也必然意味着对国有企业管理者激励考核机制的改变，企业发展将不再一味地追求规模扩张，而是以追求资本回报为核心，要实现这一目标，必然需要国有企业运营更加市场化，需要经营效率提升。

对于采用何种形式组建国有资本投资运营公司，财政部此前表态：“较为可行的方式是，现有央企集团分类合并改组为不同功能的国有资本投资运营公司，以同行业中规模较大、实力较强、业内公认的企业集团作为发起人，改组建立综合性国有资本投资运营公司。”这意味着央企将再掀分类合并浪潮，在这一过程中预计将伴随国有经济布局的结构优化，体现为央企在不同行业中有退有进。

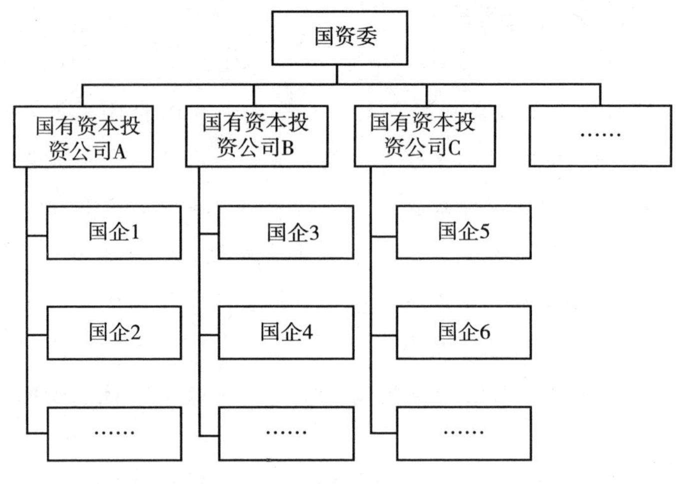

图 2　国有资本管理架构

2. 混合所有制试点

“混合所有制试点，主要是探索发展混合所有制经济的有效路径。我们想重点在 6 个方面进行探索：一是探索建立混合所有制企业有效制衡、平等保护的治理结构。二是探索职业经理人制度和市场化劳动用工制度。三是探索市场化激励和约束机制。四是探索混合所有制企业员工持股。五是探索对混合所有制企业的有效监管机制。六是探索混合所有制企业党建工作的有效机制。”

——摘自国务院国资委“四项改革”试点新闻发布会内容

十八届三中全会《决定》指出，要“积极发展混合所有制经济。国有资本、集体资本、非公有资本等交叉持股、相互融合的混合所有制经济，是基本经济制度的重要实现形式”。将混合所有制提高到基本经济制度的高度，这在党的文件中还属首次，体现了此项改革的重要性。

2014 年 2 月 19 日中石化董事会决议在销售业务领域引入社会和民营资本参股 30%，开启了垄断国企引入民间资本迈入混合所有制的大门。在央企层面，自中石化率先宣布开启混合所有制试点后，中海油、中冶、中石油、宝钢集团、航天科工集团、中国海运集团、大唐集团等多家央企最近也相继成立改革领导小组，开始研究制定下一步的改革方案。央企在混合所有制改革上表现出了较强的积极性。

3. 董事会授权试点

“董事会授权试点，主要是探索完善国有企业公司法人治理结构的工作机制。具体来说，是进一步明确国资委与董事会的职责权限，将国资委依法履行出资人职责和董事会自主决策有机结合起来，试点企业董事会将在国资委的指导下，完善各项制度，开展董事会行使高级管理人员选聘、业绩考核和薪酬管理权试点工作。”

——摘自国务院国资委“四项改革”试点新闻发布会内容

董事会授权试点中提到的“高级管理人员选聘、业绩考核和薪酬管理”本来就是正常董事会的基本职能，由于国有企业的特殊性质，这些功能多掌握在国资委和中组部手中。开展这项试点，将大力推进和完善混合所有制的发展，进一步实现产权清晰、权责明确、政企分开、管理科学的现代企业制度。

首先，让董事会行使高级管理人员选聘权，保证了董事会的独立性，明确董事会必须为其所选的经营者行为负责，避免了董事会、经理层、监事会均由国资委指派所造成的职责矛盾或互相包庇的缺陷；可以促进董事会去海内外寻找、聘任有能力的职业经理人，组成高素质、结构合理的决策经营团队；有利于国企引进战略投资者，为实现混合所有制、深化国有资产管理体制奠定基础。

其次，让董事会行使业绩考核权，允许董事会建立符合本企业特点的业绩考核标准，既落实国资委的共性目标，又符合企业的发展战略，完成个人业务指标，有助于调动员工积极性，发挥员工创造力，进而选拔出符合企业文化的优秀人才，形成员工和企业相互促进、共同发展的良性模式。

最后，董事会制定符合企业自身经营状况的薪酬管理体系，建立与经营业绩、风险和责任相匹配的差异化薪酬管理制度，实现业绩升、薪酬多，业绩降、薪酬少，有助于平衡企业高层管理者和基层员工之间的待遇，调动企业整体的工作积极性；避免高层管理者滥用职权、谋求私利等腐败问题；解决国企中政府官员霸占管理层职位而不作为的问题。

4. 派驻纪检组试点

“派驻纪检组试点，主要是探索对国企负责人重点监督的纪检监察方式。具体来说，就是要强化对企业主要负责人和领导班子及其成员的监督，增强监督的相对独立性、权威性和有效性，加强对企业党风建设和反腐败工作的系统领导，推动中央企业反腐败体制机制创新。通过开展试点工作，进一步推动中央企业反腐倡廉建设，为深化国资国企改革、发展壮大国有经济提供重要保障。”

——摘自国务院国资委“四项改革”试点新闻发布会内容

派驻纪检组试点，为前三项改革试点起到了保驾护航的作用。此项试点在一定程度上解决内部人控制的问题，以央企负责人的监察为主，严肃查处在改革过程中发生的企业重组、产权交易、投资决策、招标投标等关键领域的腐败问题。2014 年 8 月 22 日，国资委在全面深化改革领导小组第十次全体会议上审议并确定了纪检组试点企业名单。

三　混合所有制改革是国企改革的重要抓手

（一）混合所有制改革首次上升到国家战略高度

在十八届三中全会通过的《决定》中明确混合所有制经济，即国有资本、集体资本、非公有资本等交叉持股、相互融合，并提出了“三个允许”：一是允许更多国有经济和其他所有制经济发展成混合所有制经济；二是国有资本投资项目允许非国有资本参股；三是允许混合所有制经济实行企业员工持股，形成资本所有者和劳动者利益共同体。

其实混合所有制改革这个概念并不陌生，2003 年第十六届三中全会通过的《关于完善社会主义市场经济体制若干问题的决定》中提出了混合所有制改革的方案，2013 年第十八届三中全会上中央再次强调了混合所有制改革，并且将其提升到“基本经济制度的重要实现形式”这一前所未有的高度，引起了社会的高度关注。

混合所有制改革是本轮国企改革的重要抓手，是推进国企管理模式转变的主要实现形式。在经历了此前改革中出现的国退民进与国进民退问题后，国民共进成为中央制定国企改革顶层设计时的战略目标，而鉴于混合所有制具有的制度优势，其正是实现国民共进的最佳方式。

（二）混合所有制的制度优势

要认清混合所有制的好处，就要看到国企与民企各自的优势与劣势。相较于民营企业，国企的优势显而易见。首先，国企享受的政策优惠是民企无法企及的，在政府补贴、税收优惠、监管政策、行业准入等方面国企都占据优势地位。其次，在金融支持层面，国企占据了绝大多数的金融资源，对民企有一定的挤出效应。由于国企资产规模庞大且背后隐含着政府的信用背书，银行更愿意向国企融资，从这个角度看，这是银行的市场化选择本无可厚非，但部分亏损甚至濒临破产的国企也能获得银行融资，显然政府在其中也发挥了干预作用，导致了金融资源效率低下。最后，政府项目更加偏向国企，如四万亿元刺激计划中，大量国企因为参与了重点项目建设，成为最大的受益者，在金融危机中实现了进一步的扩张，而民企能够从政府投资中获益的则相对较少。

虽然国企从“政企不分”中获益颇多，但政企不分导致的国企市场化程度较低也越来越成为制约国企发展的枷锁，形成国企的劣势。体制、机制等多方面原因导致经营效率低下成为国企的通病。

相对而言，国企的优势就是民企的劣势，而民企的优势则是国企不具备的灵活与高效。能否将二者有机结合、取长补短成为国企改革的关键，混合所有制似乎正是解决之道。

1. 混合所有制改革有助于破除垄断、促进竞争、提升效率

混合所有制改革可以为民企打开进入垄断行业之门，这是吸引民企的关键点之一。目前绝大多数民营企业都分布于各类竞争性领域，而垄断行业的高利润率是过去民企可望而不可即的，如今借助混合所有制改革，通过与国资共同成立混合所有制企业或者参股国资项目等多种形式与国企分享垄断利润，显然在这方面民企具有较高的积极性。从经济全局来看，随着越来越多的民营企业参与经营垄断行业，可以通过发挥民企的效率优势来提升行业整体经营效率，提升行业市场化水平，而竞争的不断加剧又将倒逼企业不断追求效率的提升，

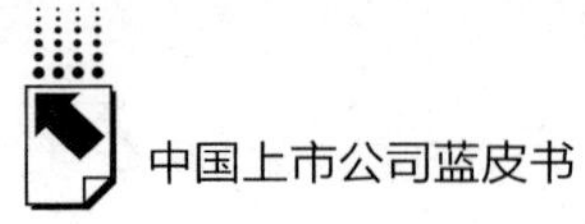

通过推出更好的产品和服务来赢得市场，行业整体规模有望快速扩张，国企虽然利润率可能因竞争加剧而受到影响，但是依然能够从蛋糕做大中获益，而宏观经济和微观消费者从中获益也是显而易见的。

2. 混合所有制有助于完善现代企业管理制度，提升企业管理水平

国企往往是国资一股独大，且企业管理中掺杂过多的行政干预，需要建立更加市场化的现代企业制度。而民企虽然以效率见长，但企业管理中家族化现象普遍存在，当企业规模扩大到一定程度后，弊端将充分显现并制约其发展。而通过混合所有制，一定程度上可以实现民企与国企管理水平的共同提升。

从某种程度上来说，国企和民企在经营管理中的一个问题都是决策权过于集中与单一，导致决策风险较高。因此通过混合所有制，形成更加多元化的股权结构，令更多的专业人员能够参与决策，可以提升决策的科学性。

3. 混合所有制令国企与民企间能够实现资源分享

国企在获取融资方面较民企具有显著优势，混合之后，依靠国企的信用背书，民企的融资成本能够降低。一些大型优质民企凭借良好的经营拥有充裕的现金流，可以反过来帮助一些资金紧张的国企改善资金状况。此外，在人力资源和市场资源等方面，国企与民企可能各有所长，可以取长补短实现共赢。

（三）混合所有制成功推进的关键在于调动双方积极性

通过前文的分析，混合所有制改革对国企和民企都存在诸多“潜在”的利好，之所以说“潜在”，是因为上述利好的兑现还需要依赖制度的完善与政策的保障进行配合。一项改革能否顺利推进，除了中央的合理统筹规划之外，还需要地方与基层的积极配合。目前中央层面已经将混合所有制改革提升到了前所未有的高度，因此混合所有制改革成功的关键在于能够实现国企与民企双方的共赢，从而激发各自的积极性。目前，尚存在以下几点担忧。

第一，垄断行业国企参与改革的积极性可能不高，虽然混改有利于行业发展，长期来看国企也有望从中获益，但垄断企业自身经营状况并未出现严重问题，改革的紧迫感不强。同时国企要想吸引民资，就需要放开一些优质资产，这与自身利益存在一定冲突，而对于国资委和财政部来说，由于垄断领域的国企是盈利的主力，可能其也会缺乏引入民资的动力。因此垄断行业改革的动力可能更多的是来自政府自上而下的推动，而在这种被动前进的情况下，顶层设计在基层的落实情况可能会打折扣。因此，如何激发垄断行业国企参与混合所有制改革的积极性是政府需要面对的问题。

第二，从国资管理层面来看，对国有资产流失问题的担忧或是导致国资委难以放开手脚改革的桎梏。这一问题的解决需要对国有产权和非国有产权进行清晰的划分，并且对国有资产流失做出明确的界定并制定详细的衡量方法，如此则国企和民企在混合过程中都能明确各自的行为边界，解除政策不清晰造成的对未来政策风险的担忧。

第三，对民企来说，最担忧的问题可能是混合之后其地位或话语权的问题。由于国企通常资产规模庞大，在混合过程中民企如要获得控股地位对资金量的要求很高，多数民企可能不具有这一实力。如果股权比例较低，民企能否真正参与到企业经营决策中则存在未知数。如果不能获得相对公平的话语权，依然是国企一股独大，那么提升国企经营效率等利好也就无从谈起，甚至民企反而可能被国企拖累。此前万达集团董事长王健林曾表示不控股就不参与国企改革，正是反映了这一担忧。

第四，民企担心的另一个问题在于混合之后的退出机制问题。一旦混合不成功是否能够顺利退出。对于参与上市公司混合的民企来说，通过二级市场交易可以较便利的实现资本退出，但对于非上市企业来说，是否具有退出的渠道以及股权的流动性都可能成为退出的阻碍。因此一方面要建立多层次资本市场，增加企业股份的流通渠道，另一方面可以制定相关政策促进股份在企业内部流通，如推动员工持股、公司回购股份等制度建设。

第五，在混合所有制改革过程中，如何确保市场公平竞争的问题。一方面，国企的部分社会职能需要剥离，如退休职工的安置等，否则，在背着沉重包袱的前提下要求国企与民企公平竞争是不现实的。另一方面，以往即便在竞争性行业中，国企也能够获得政策层面更多的支持，形成对民企的不公平竞争，今后在竞争性领域，政府需要在国企与民企之间一碗水端平，破除国企在资源获取等方面的优势，才能真正发挥混合所有制的效果，否则混合所有制的结果可能只是部分民企与国企分享不正当的竞争优势，加剧市场的不公平竞争。

第六，除了混合所有制改革外，其余几项改革也存在难点与阻力。例如从“管资产”转向“管资本”意味着国资监管层面的权力划分需要重构，在国企与国资委之间加入国有资本投资公司，必然意味着国资委需要将一部分权力下放。而从人事任命角度来讲，在党管干部的原则下，央企高管，尤其是“一把手”的任命依然采用行政化选拔方式，这也是造成政企不分、效率低下的原因之一，而董事会授权试点改革中高管人事任命的市场化必然牵涉国资委和中组部的利益，可能面临一定的阻力。

（四）推进资产证券化是实现混合所有制改革的重要途径

混合所有制改革中国资和民资融合从方向上可以粗略分为三种：第一种是民资入股国企，第二种是国资入股民企，区别在于谁占主导地位，第三种是共同出资设立新企业。

对于第一种来说，国企引入民营资本的实质是引入市场机制，令国有企业更加市场化，从而促进现代企业制度的建立和经营效率的提升。此外，民资入股也为国企提供了融资支持，有助于盘活国有资产存量，减轻国企债务负担，有助于国有资产的保值和增值。对民营企业来说，混合所有制让民营企业有机会进入之前主要由国企垄断的行业，如军工、医药等，能够拓展民企盈利渠道，提升盈利水平，最终实现国企与民企的双赢，提升经济增长动能。

对于第二种来说，国资通过入股民企，可以快速进入战略性新兴产业等重要领域，高效率地实现国资布局调整，也变相提升了国企的市场化水平，而民企以国企雄厚的实力为依托，也有助于实现自身的高速发展。

而第三种国企民企合资新设立企业，各自的入股比例和合作方式可具有更高的灵活性。

无论是上述哪一种方向，推进国企的股份制改造都是改革中的关键步骤，而借助资本市场推进国有资产证券化则是实现混合所有制改革最具效率的途径之一，可以看到，多数省份的国企改革规划中都将资产证券化作为改革的重要方向并提出了提高资产证券化率的目标。

资产证券化通过公开透明的市场化方式可以为国有资产合理定价，减少国有资产流失的风险，可操作性强，同时资本市场也提供了较为有效的退出机制，消除民企顾虑，这都有助于减少改革阻力。此外资产证券化的实现形式多样，在二级市场上，资产证券化的方式通常有发行上市、借壳上市、资产注入、定向增发等，企业可以进行个性化的选择。

此外，2014年以来国务院、证监会等相继出台文件，鼓励企业兼并重组，这也为通过资产证券化实现混合所有制改革提供了有利条件。2014年3月《国务院关于进一步优化企业兼并重组市场环境的意见》发布，明确提出取消下放部分审批事项、简化审批程序，取消上市公司重大资产购买、出售、置换行为审批，随后证监会于7月11日就修订《上市公司收购管理办法》《上市公司重大资产重组管理办法》向社会征求意见，多项行政审批项目的取消大大增强了并购重组的可操作性，也推动了定增市场的爆发。2014年A股定增事件共计488次，较2013年的281次和2012年的157次显著增长，2015年前三个月已有152次定增，全年数量有望创新高。

可以预计，2015年A股市场上的资产证券化将是国企混合所有制改革的重要途径，有助于加速推进混改，同时为A股市场增添活力，进而催生大量的投资机会。

四 国企改革带来的投资机会

本轮国企改革的力度和推进速度均超过此前市场预期，虽然短期内国企改革很难对整体经济环境带来迅速而显著的变化，但长期来看有望提升国企整体经营效率，同时民营企业也从中受益，对经济及股市均有深远的影响。目前改革刚刚起步，未来政策利好与题材还将不断出现，这意味着国企改革可作为长线的投资主题加以持续关注。

在此从以下几个角度审视和筛选国企改革带来的投资机会。

（一）央企改革投资机会

目前市场已经对国企改革这一投资主题给予了高度关注与认同，我们统计了从“四项改革”试点推出后试点的6家央企旗下上市公司的市场表现，结果显示：2014年7月15日至2015年2月28日，6家央企旗下33家上市公司的平均涨幅为59.67%，其中港股表现不佳形成拖累，而23家A股上市公司的平均涨幅高达91.17%，显著超过同期上证综指涨幅60.18%和深证成指涨幅61.53%，同时也超过全部央企A股上市公司69.01%的平均涨幅，显示进入改革试点的央企上市公司得到了市场更多的认可与期待。从实际情况来看，

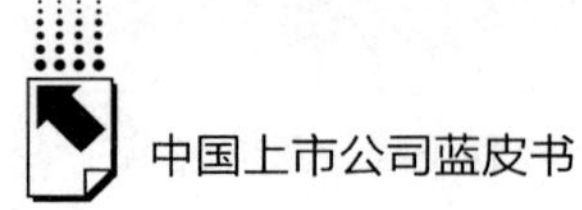

试点央企改革的步伐也较快，旗下 A 股上市公司多数已经有所动作，内容涵盖并购重组、集团资产注入、混合所有制改革等多个方面。

在把握央企改革带来的投资机会方面，首先，由于试点央企的任务就是作为改革的先锋进行探索与尝试，为其他央企以及地方国企改革提供宝贵的经验，未来试点央企的改革力度和改革进度有望继续领先于其他央企。基于这一判断，在把握央企改革的投资机会时，一个简单而有效的方式就是选择目前试点企业的 A 股上市公司构建投资组合，有望获得显著的超额收益。

其次，可提前布局央企改革扩围。对央企进行清晰明确的类别划分，是对不同类型央企进行有针对性的改革的前提。报道显示国资委在央企分类方案中将央企总体分为商业类和公益类，商业类央企是指以经济效益为导向，以增强国有经济活力、放大国有资本功能、实现国有资产保值增值为主要目标的企业。公益类央企是以社会效益为导向，以保障民生、提供公共产品和服务为主要目标的企业，产品或服务价格必要时可以由政府制定，发生政策性亏损时政府给予补贴。

其中商业类又分为商业一类、商业二类。商业一类是指竞争类的企业，以完全市场化和保值增值为目标；商业二类是指特殊功能类的企业，同时具备市场化和社会化目标。相应的，公益类则是完全社会化的目标。

首轮进入“四项改革”试点的央企所处行业涉及投资、食品、医药、建筑、环保等，主业多属于竞争类。首先在市场化程度高、改革阻力较小的商业竞争性领域进行试点，积累改革经验，再逐步将改革范围扩大至公共政策类和特定功能类行业，显示改革试点初期监管层的谨慎风格。这一改革节奏与英国国企改革类似，而英国成功改革的实践经验有助于增强我国改革的成功概率。

因此，预计下一步试点扩容时，新一批进入试点的央企仍有较大概率从竞争类或主业为竞争类的央企中选择，建议重点关注首批试点之外的竞争类行业央企龙头，如旅游、地产、汽车、TMT 等。

最后，从国家战略层面出发，可重点关注外向型央企。中央企业“十三五”的发展战略提出，以“做强做优做大中央企业、培育具有国际竞争力的跨国公司”为目标要求。而中国南北车合并、中电投和国家核电合并，以及华孚并入中粮等，均体现出央企改革是以强强联合为发展目标、以提高国际市场竞争力为最终导向。

表9　6家央企旗下上市公司市场表现及改革动态

单位：%

首批央企改革公司	所属试点	旗下上市公司代码	旗下上市公司名称	所属行业	改革动态	2014年7月15日至2015年2月28日涨跌幅
国家开发投资公司	开展改组国有资本投资公司试点	600886. SH	国投电力	电力		95. 69
		601918. SH	国投新集	煤炭与消费用燃料		139. 86
		600962. SH	国投中鲁	食品加工与肉类	2014年9月19日公告:拟向国投协力发展出售全部资产和负债,以非公开发行股份方式购买江苏环亚100%股权;业务影响:国投中鲁控股股东及实际控制人变更为个人,主营业务由果汁加工生产变更为医疗专业服务整体解决方案提供商 2015年3月9日公告:由于交易对方所得税税款资金来源未解决,公司重组具有重大不确定性	143. 63
		600061. SH	中纺投资	纺织品	2014年11月18日公告:拟以非公开发行股份方式购买国家开发投资公司等14名交易对方合计持有的安信证券股份有限公司100%股份 2015年2月16日公告:完成对安信证券收购,公司主营业务增加证券服务业	252. 48
		000151. SZ	中成股份	贸易公司与工业品经销商		184. 45
		0969. HK	华联国际	综合支持服务		-13. 70

续表

首批央企改革公司	所属试点	旗下上市公司代码	旗下上市公司名称	所属行业	改革动态	2014年7月15日至2015年2月28日涨跌幅
中粮集团有限公司	开展改组国有资本投资公司试点	000930.SZ	中粮生化	基础化工	2014年12月12日公告:2007年,中粮控股(0606.HK)与中粮集团签署了《不竞争契约》,并决定自2015年4月3日起再将中粮生化选择权延期三年 受到蚌埠市《退市进园实施意见》影响,该市计划用3~5年的时间将市区内重点生化工企业搬迁至工业园,中粮生化被列为首批四家搬迁企业之一,未来业务可能需要重新筛选	110.05
		000031.SZ	中粮地产	房地产开发	集团发展住宅地产的唯一平台	147.66
		600737.SH	中粮屯河	食品加工与肉类		110.53
		000799.SZ	酒鬼酒	白酒	据国资委网站11月26日的消息,经报国务院批准,中国华孚贸易发展集团公司整体并入中粮集团有限公司,成为其全资子企业。中国糖业酒类集团公司是华孚集团的下属公司,也是中皇有限公司的母公司,中皇持有酒鬼酒31%股份,为其第一大股东 业务影响:中粮集团成为酒鬼酒第一大股东,酒鬼酒在2013年和2014年,连续两年亏损	35.52
		0606.HK	中国粮油控股	农产品		-1.27
		0506.HK	中国食品	食品加工与肉类		-7.64
		0906.HK	中粮包装	金属与玻璃容器		-40.93
		0207.HK	中粮置地控股	多元化房地产	2014年9月12日公告:与中粮置地有限公司、亮翠有限公司和妙稻有限公司订立收购协议,出资124.6亿元收购6个大悦城项目;业务影响:项目注入香港上市平台,有利于资产评估增值,对收益有积极作用 2014年11月27日公告:公司通过更名提议,中文名称由"中粮置地控股有限公司"更改为"大悦城地产有限公司"	-22.28

续表

首批央企改革公司	所属试点	旗下上市公司代码	旗下上市公司名称	所属行业	改革动态	2014年7月15日至2015年2月28日涨跌幅
中国医药集团总公司	①开展发展混合所有制经济试点②开展董事会行使高级管理人员选聘、业绩考核和薪酬管理职权试点	000028. SZ	国药一致	保健护理产品经销商	2015年2月5日公告:国资委批复《中国医药集团总公司发展混合所有制经济试点方案》,公司作为首批试点单位之一	15.60
		600511. SH	国药股份	保健护理产品经销商	2015年2月5日公告:国资委批复《中国医药集团总公司发展混合所有制经济试点方案》,公司作为首批试点单位之一 2014年8月21日公告:国药控股拟将其子公司三益药业的全部股权托管给公司子公司国瑞药业进行管理;业务影响:有利于整合资源、实现协同效应	41.51
		600161. SH	天坛生物	生物科技		43.50
		600420. SH	现代制药	西药	2015年1月31日公告:证监会否决了公司定增募资申请,原因如下:2014年5月,公司引入浦东科技作为战略投资者,因两公司构成关联关系,浦东科技董事长已不再适合担任现代制药独立董事,但其没有及时辞去职务,说明公司治理存在重大缺陷	29.96
		1099. HK	国药控股	保健护理产品经销商	2015年2月5日公告:国资委批复《中国医药集团总公司发展混合所有制经济试点方案》,公司作为首批试点单位之一	22.57
		0570. HK	中国中药	中药	2015年1月28日公告:公司全资子公司广东环球出售贵州中泰生物科技有限公司31%股权,买方为国药集团全资子公司,构成关联交易;业务影响:目标公司与本公司业务有偏差,出售后利于公司投放更多资源及专注于中药及医药产品业务的发展	41.96

续表

首批央企改革公司	所属试点	旗下上市公司代码	旗下上市公司名称	所属行业	改革动态	2014年7月15日至2015年2月28日涨跌幅
中国建筑材料集团公司	①开展发展混合所有制经济试点②开展董事会行使高级管理人员选聘、业绩考核和薪酬管理职权试点	000786. SZ	北新建材	建材	2015年2月6日公告:《关于中国建筑材料集团有限公司发展混合所有制经济试点方案》已获得国资委的批复,公司将作为中国建材集团公司发展混合所有制经济首批试点实施单位之一	58. 13
		600176. SH	中国玻纤	建筑产品	2015年2月6日公告:《关于中国建筑材料集团有限公司发展混合所有制经济试点方案》已获得国资委的批复,公司将作为中国建材集团公司发展混合所有制经济首批试点实施单位之一	87. 39
		600876. SH	洛阳玻璃	建筑产品	2014年12月31日公告:公司将于2015年1月5日复牌,《重大资产置换及发行股份购买资产并募集配套资金暨关联交易预案》,以等值股权置换洛玻集团蚌埠中建材信息显示材料公司100%股权 业务影响:剥离盈利能力较弱的普通浮法玻璃等业务,置入蚌埠公司,进一步增强超薄玻璃基板业务,有利于增强上市公司盈利能力	39. 78
		002066. SZ	瑞泰科技	金属非金属	截至目前,中国建筑材料集团公司选择的是洛阳玻璃和方兴科技这两个业绩增长出现瓶颈、相对较差的企业进行改革,据此推断,集团在对剩下的企业进行改革时,瑞泰科技的可能性最大	91. 24
		600552. SH	方兴科技	建材	2015年3月18日公告:公司将于2015年4月8日复牌,停牌期间,公司筹划重大资产重组,拟以现金及定向发行股份方式购买独立第三方深圳市国显科技股份有限公司75.58%的股份 业务影响:公司2014年度ITO导电膜玻璃业绩下滑,国显科技主营液晶模组的研发、制造和销售,有利于深化产业链整合、降低成本、提高议价能力,有利于上市公司实现盈利	29. 58
		1108. HK	洛阳玻璃股份	建筑产品	2015年1月2日公告:公司将于2015年1月2日复牌,公司为洛阳玻璃H股股份	-15. 26

续表

首批央企改革公司	所属试点	旗下上市公司代码	旗下上市公司名称	所属行业	改革动态	2014 年 7 月 15 日至 2015 年 2 月 28 日涨跌幅
新兴际华集团有限公司	开展董事会行使高级管理人员选聘、业绩考核和薪酬管理职权试点	000778. SZ	新兴铸管	钢铁	2014 年 9 月 12 日公告:公司以子公司伊犁农牧 53% 股权与新兴际华集团所持河北资源 52% 股权进行置换(关联交易) 业务影响:有利于公司集中精力抓好产品结构调整,进一步加快公司向上游产业的延伸,满足公司长期发展规划的需要	52. 45
		601718. SH	际华集团	服装、服饰与奢侈品	2015 年 2 月 26 日公告:通过技术改造、管理创新,加强与国际合资企业的深度合资,优化产品结构;积极推动“目的地中心”项目,向现代生活服务业转向,并且积极发展商贸物流业务 2015 年 1 月 26 日公告:在存量土地资源利用方面,公司正在按照“强二进三”发展战略和制造业“出城入园”的策略,积极稳妥地推进城市老厂区土地的综合利用工作	150. 78
中国节能环保集团	开展董事会行使高级管理人员选聘、业绩考核和薪酬管理职权试点	002643. SZ	烟台万润	特种化工		60. 43
		300140. SZ	启源装备	电气部件与设备	2015 年 2 月 14 日公告:《发行股份购买资产之重大资产重组暨关联交易预案》,公司以非公开发行股份的方式购买中节能六合天融环保科技有限公司 100% 股权,中国节能为六合天融股东之一,本次重组构成关联交易 业务影响:启源装备定位为中节能集团大气治理平台;六合天融以烟气脱硫脱硝治理、环境能效信息监测及其大数据应用为主要业务,重组后利用资金平台,将更有利于其业务的开展和扩张	85. 53
		2228. HK	中国节能海东青	纺织品		10. 57
		2299. HK	百宏实业	纺织品		11. 31
		8128. HK	中国地能	环境与设施服务		-21. 98

资料来源：Wind 资讯。

表 10　部分央企改革动态

公　司	改　革　进　度
中国石化	2014 年 9 月,披露全资子公司中国石化销售有限公司增资引进社会及民营资本的具体方案,25 家境内外机构投资者将以 1070.94 亿元认购销售公司 29.99% 股权 2015 年 3 月,25 家投资者已经向销售公司缴纳了相应的增资价款共计人民币 1050.44 亿元(含等值美元),其中 1 家投资者由于资金筹措等原因未足额向销售公司缴纳增资价款。销售公司拟按照《增资协议》的约定进行后续安排
中国电力投资集团	2015 年 2 月,国务院国资委已通知中电投集团启动与国家核电技术公司联合重组的工作,具体方案待定
中国石油	中石油已敲定新疆为勘探开发领域混改试点,将拿出区内油田区块不超过 49% 的股权引入地方资本,目前其旗下第三大油田塔里木油田塔中区块已与新疆能源集团及阿克苏地区政府签订合作协议,马上将进入实施阶段,其他拟出让区块的合资开发也正在洽谈中
中国南、北车	2015 年 3 月,中国南车和中国北车已取得了根据当地法律规定需要在本次合并完成之前获得的所有必要的境外反垄断审查机构的批准,包括澳大利亚、德国、巴基斯坦、新加坡反垄断审查机构的批准,该等批准均未附加条件或义务 2015 年 3 月,证监会分别对中国南车公司提交的《H 股增发》和《中国南车股份有限公司合并、分立核准》行政许可申请材料进行了审查,决定对该等行政许可申请予以受理

资料来源：笔者整理。

可以预期的是，未来央企层面的并购重组还将大量出现，其中将不乏大型央企的强强联合。但我们认为外向型央企同行业内进行并购重组的可能性更大。一方面，对于业务主要集中在国内的同行业央企，特别是垄断行业的央企来说，合并可能导致或加剧垄断，而在国内反垄断的意识和力度都在不断增强的背景下，逆势而为的可能性不大。另一方面，从“一带一路”、中国装备“走出去”等国家战略角度出发，外向型央企通过合并重组，减少竞争内耗，提升国际竞争力的必要性较高，因此建筑、装备制造、航运等领域的央企龙头值得重点关注。

（二）地方国企改革投资机会

地方国企改革涉及相关标的和行业众多，目前已有超过 20 个省份发布了地方国企改革指导性文件，从已公布的地方国企改革方案来看，做大做强重点行业和关键领域国企、提高资产证券化率、推进混合所有制、实施股权激励是各地方案共同的工作重心。

从中长线投资机会角度考虑，在区域板块的选择上，我们筛选的依据主要有两个方面。

一方面是有受国家顶层战略支持的省份和行业，即“一带一路”战略、自贸区、京津冀。以这些政策为参考背景，主要是考虑其带来的更强的国际竞争和区域内竞争，将有利于放开准入限制、拓宽企业海外业务、引入优质企业形成有效竞争。一是倒逼企业优化内部资产，提高公司治理和监管水平，完善产业链结构，使企业效益最大化，增强其市场竞争力；二是促使政府加速简政放权，由管企业转为管资本以及分类监管，给企业更多的自主发展空间，这与国企改革的主要目标相呼应。

另一方面是选择地方国企数量较多且总资产规模较大的、具备“先行先试”基础的省份和行业。这些省份和行业的改革力度对整体经济发展和改革进程影响较大，在中央的敦促下改革推进速度可能会较快，同时由于政策扶持、国企数量多且规模大、行业覆盖广，能够包含较多的炒作题材，给市场的想象空间较大。

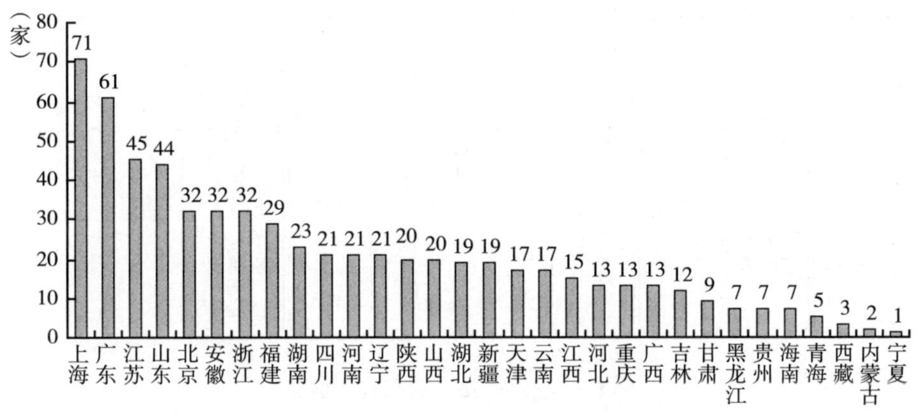

图3　各省份上市地方国企数量

资料来源：Wind 资讯。

1. “一带一路”战略

3 月 28 日，《推动共建丝绸之路经济带和 21 世纪海上丝绸之路的愿景与行动》顶层规划出台，根据构架思路和合作重点，“一带一路”战略将特别在设施联通、贸易畅通、资金融通方面合作，中国与沿线国家经贸往来将更加频繁、直接投资规模将大幅增加，“一带一路”战略的产能输出效益将逐渐显现。

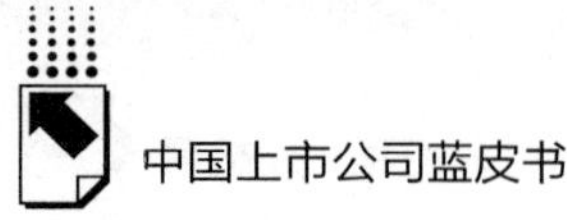

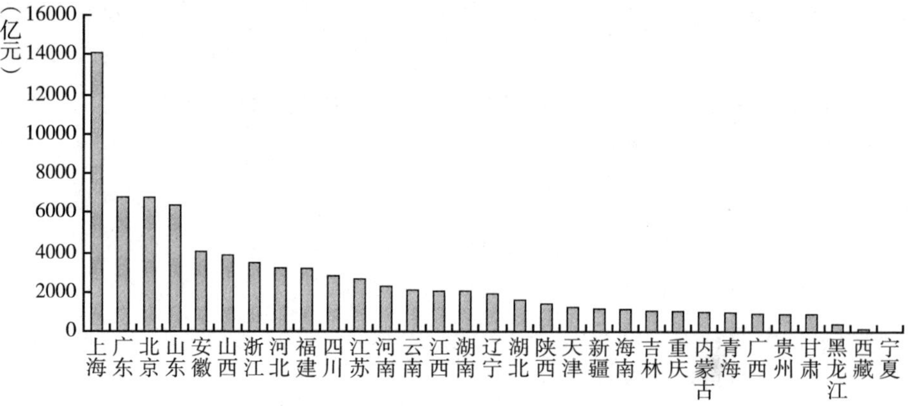

图4　各省份上市地方国企总资产

资料来源：Wind资讯。

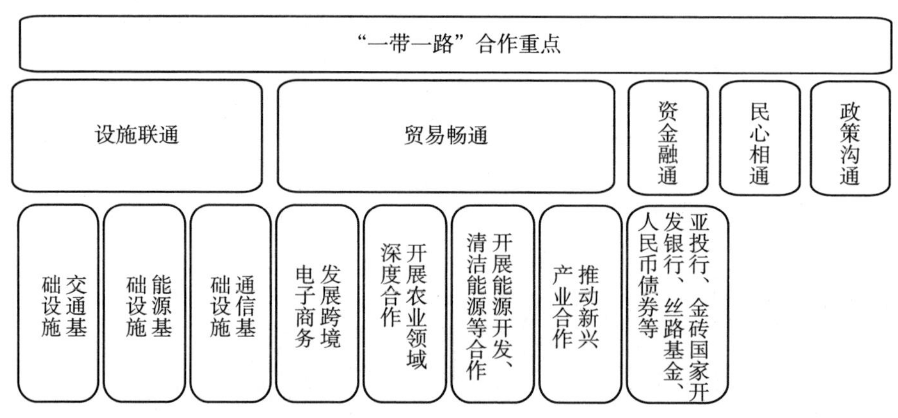

图5　“一带一路”顶层合作重点

资料来源：《联通引领发展伙伴聚焦合作》。

国家能源局召开“能源丝绸之路经济带建设”专家座谈会，提出以能源大项目为龙头，以能源大通道为纽带，充分发挥我国西部桥头堡作用，延伸能源合作领域，重点抓好油气勘探开发、油气通道、工业园区、服务区和过剩产能“走出去”等重大合作项目。2015年3月，中石油已敲定新疆为勘探开发领域混合所有制改革试点，将拿出区内油田区块不超过49%的股权引入地方资本，已与新疆能源集团及阿克苏地区政府签订了合作协议。

新疆是“丝绸之路经济带”的核心区对接中亚、南亚，是向西全面延伸的重要窗口，要加强与中亚、南亚、西亚等国家的交流，成为丝绸之路经济带上重要的交通枢纽、商贸物流和文化科教中心。“一带一路”沿线国家大多是新兴经济体和发展中国家，普遍处于经济高增长时期，所以基建需求庞大，我们认为，在丝绸之路经济带建设初期，应重点关注基建投资产业链，如公路、铁路、港口、机械设备、电力设备及通信行业。海外业务量增加势必会推进该类国企加速自身改革，提高经营效率，增强市场竞争力。农业是中亚五国的主导产业，2014 年 7 月，新疆兵团对哈萨克斯坦、吉尔吉斯斯坦和塔吉克斯坦进行考察访问，签订 800 万美元合作项目，合作项目主要集中在兵团的优势产业上，涉及农业科技研究、农机具推广、农作物良种繁育、现代农业示范区建设等，未来新疆与中亚的合作发展空间广阔。在 2015 年经济工作会议和兵团发改委年度工作会议上，新疆明确将兵团农业“走出去”作为其承接“一带一路”战略的重要支撑点。“走出去”一方面为企业带来更多的发展机会，另一方面则要求企业具有更强的国际竞争力和更全面的产业服务，未来新疆地区农业行业的资源整合及兼并重组值得期待。

21 世纪海上丝绸之路是从中国沿海港口过南海到印度洋，延伸至欧洲，东南亚如老挝、越南，南亚如巴基斯坦等，经济均较为落后，基础设施薄弱，我国与之主要合作将体现在港口建设、公路、电力设备、通信设备等方面。福建是海上丝绸之路的核心区，是对接东南亚甚至中亚等国家的门户。福建在出台的《融入丝绸之路经济带和 21 世纪海上丝绸之路发展战略实施意见》中表示，将加快推进铁路、高速公路、港口、机场等基础设施互联互通建设。考虑到福建地理位置，并且拥有三个重点城市的港口建设（福州、厦门、泉州），未来港口建设和对外贸易将是主要受益于“一带一路”战略的行业。

2. 自贸区

自贸试验区的探索，为国企结构转型提供了契机。上海是全国第一个自贸区城市，也是地方政府中最早出台国企改革方案的省市，自贸试验区的改革将有利于拓宽对外收购兼并通道，加速培育本土跨国公司。国企通过自贸试验，可以与多种所有制企业、产业链上下游企业、广大具有创新活力的中小企业展开全方位合作，打造更具活力的“创新链”。

2013 年，上海市地方国有企业资产总额达 11.17 万亿元，体量巨大，约占全国国资总额的1/9。通过目前已知的上海国资改革情况，可以看出优先改革的均是属竞争类的消费性行业，主要原因：一是上海国资控股的A股上市公司有65家，数量方面地产、交运和商贸明显多于其他行业，商贸的轻资产特性使得其改革较汽车、地产和交运等行业更易实现；二是上海属港口城市，自贸区发展有利于其外贸发展。

2015年3月24日，中央政治局审议通过了进一步深化上海自由贸易试验区改革方案。未来，交通运输、商业贸易、地产等领域将是重点发展行业，在外部竞争加剧、市场优胜劣汰的发展形势下，此类行业中的国企改革值得期待。4月23日，上港集团发布公告，称公司研究收购上海锦江航运（集团）有限公司部分股权事项，借助此次收购，公司将加强内河、近海和东北亚集装箱业务，以及中转集拼等业务的拓展，以完善公司的整体发展战略。上海交通运输业的国企改革也拉开了序幕。同日，证监会通过金丰投资重大资产置换及重组事项，绿地集团即将实现整体上市，这意味着上海国资领域最大的混合所有制改革案例成功落地，房地产行业的国企改革有了标志性参考案例。

2015年3月24日，中央政治局审议通过了福建、广东、天津自由贸易试验区总体方案，方案中提出新设的三个自贸区要与上海自贸区形成互补试验和对比试验。这意味着自贸区范围将有所扩大。

福建自由贸易试验区由福州片区、厦门片区和平潭片区三部分组成，由于其特殊的地理位置，自贸区功能主要有两个：一是对接中国台湾，预计未来政府将出台更多优惠政策吸引外资；二是承接“一带一路”，主要发展前景还是在港口和对外贸易，请参考前文推荐标的，此段不再赘述。

广东自由贸易试验区包括广州南沙新区片区、深圳前海蛇口片区、珠海横琴新区片区。从地理位置看，广东自贸区主要是立足粤港澳经济的融合，拟以“对港澳开放”和“全面合作”为方向，预计未来发展重点将是放宽准入政策、放开货物贸易运输、开放服务业等，将带动交通运输、建筑建材、贸易、旅游休闲、房地产开发、金融投资、医疗卫生、环保绿化等行业发展。近年广东国企盈利能力降低，上市公司ROE显著低于上市公司整体ROE水平。自贸区带来的开放的市场竞争格局，将更加催生广东国企通过整合与激励做大做强的需求。广东公布的国企改革政策中，明确表示国有股权出让不设下限，计划2017年混合所有制企业户数比重超过60%，向社会发布省属企业首批54个招商项目，预计引入民间资本1000亿元。

表 11　上海国企改革

公　司	时间	所属 Wind 行业名称	改革方式	概　　要
锦江股份	2014 年 6 月 3 日	可选消费—酒店、度假村	引入战投	拟定增募集资金总额不超过 303525.72 万元,由锦江酒店集团和弘毅投资基金共同出资,完成后弘毅占总股本 12.43%。筹集资金将用于补充本公司主营业务有限服务型酒店未来三年业务规模及门店发展所需资金
飞乐音响	2014 年 5 月 21 日	可选消费—电子产品	民资进入、员工持股	拟以现金加股票方式收购北京申安集团 100% 股权,重组后仪电电子(国资)占比 22%、申安(民资)占比 19% 的混合所有制公司,且公司管理层也出资约 1000 万元参与增发
兰生股份	2014 年 5 月 8 日	工业—贸易与工业品经销	大股东资产整合、子公司改制、员工持股	控股股东兰生集团权益划转至东浩集团,控股股东改为东浩兰生集团,实际控制人仍为上海国资委。将在贸易板块 4 家全资子公司(兰生鞋业、兰生文体、兰生体育、兰生泓乐)中,选择其中一家作为改制平台,以经营管理团队、业务骨干为主出资设立一家或数家有限合伙制企业作为员工持股企业,兰生股份(不低于 51%)与员工持股企业(不高于 49%)共同对平台公司增资
金丰投资	2015 年 4 月 23 日	金融—房地产服务	大股东整体上市、员工持股	证监会通过金丰投资重大资产置换及发行股份购买资产暨关联交易之重大资产重组事项
城投控股	2014 年 1 月 22 日	金融—房地产开发	引入战投	引入弘毅资本,占 10% 的股权
百视通	2014 年 2 月 21 日	可选消费—有限和卫星电视	股权激励	授予股票期权占股本总额的 0.356%。行权的业绩条件是:2015 ~ 2017 年,营业收入年复合增长率不低于 25%,净资产收益率分别不低于 14.5%、15.0% 和 15.5%。同时选取相关的 10 家互联网和文化传媒行业 A 股上市公司作为对标企业,要求营收复合增长率和净资产收益率不低于对标企业同期 75 分位水平(排名前 25%)

续表

公　司	时间	所属 Wind 行业名称	改革方式	概　　要
光明乳业	2014 年 2 月 28 日	日常消费—食品加工与肉类	股权激励	实施第 2 期股权激励,授予股票期权占股本总额的 0. 514% 。业绩条件是 2015 ~2017 年营业收入复合增长率不低于 15% ,净利润复合增长率不低于 12% 上海国资委决定:2014 年 1 月 1 日起将蔬菜集团整建制并入光明集团(集团控股光明乳业 55. 804%)
上海梅林	2013 年 12 月 16 日	日常消费—食品加工与肉类	股权激励	获授股票期权占总股本 0. 88% 。2015 ~ 2017 年扣非 ROE 分别不低于 6. 5% 、6. 8% 和 7% ;三年收入 CAGR 不低于 20% ,2015 ~2017 年扣费净利分别不低于 1. 45 亿元、1. 66 亿元、1. 88 亿元,2015 ~2017 年肉业收入占比分别不低于 55% 、58% 和 60%

资料来源：公开信息整理。

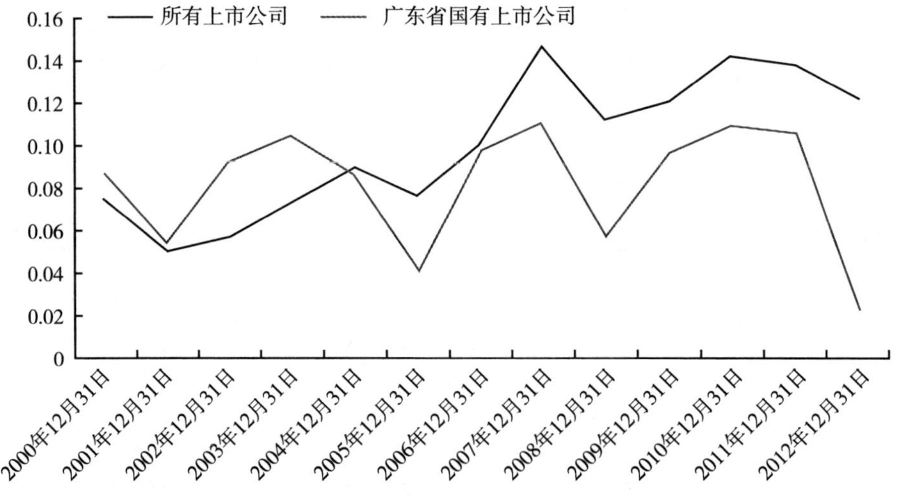

图 6　广东省国企 ROE 与全部上市公司 ROE 对比

资料来源：Wind 资讯。

根据广东省《关于深化省属国有企业改革的实施方案》（以下简称《方案》），调整优化国有资本布局结构，主要发展四个板块，如表 12 所示。

表 12　广东国企改革"四大板块"

四大板块	涉及国企	旗下上市公司	改革内容
基础性、公共性、资源性板块（准公共性企业及优势竞争性企业）	机场集团	白云机场	负责机场、高速公路、铁路及城际轨道、航道及港口码头等重要基础设施建设和运营，在基础性、公共性领域进一步提升控制力、影响力和带动力
	交通集团	粤高速 A、粤运交通	
	铁投集团		
	航运集团	珠江船务	
	粤海控股	粤海投资、广南（集团）、粤海置地、粤海制革	加快发展城市水务、棚户区改造、污水及垃圾处理等民生事业板块，积极履行国有企业社会责任，打造新的行业龙头企业
	建工集团		
	广业公司	贵糖股份	
	粤电集团	粤电力 A	大力推进骨干电源建设和能源结构调整优化，打造集传统能源和新能源于一体、具有突出竞争能力、跻身国家能源企业前列的全国性大型能源企业集团
	广晟公司	中金岭南、风华高科、广晟有色	围绕稀土和其他有色金属等国家战略和基础资源产业，打造主业突出、具有核心竞争优势的国际化大型矿业企业集团
平台性板块（平台性企业）	恒健控股		夯实国有资本运营平台
	粤海控股	粤海投资、广南（集团）、粤海置地、粤海制革	夯实国有资本运营平台
	产权交易集团		打造金融交易、药品交易、产权交易等综合要素平台
传统优势板块（传统骨干企业）	商贸控股	广弘控股	在发挥商贸流通、食品粮油、丝绸纺织、旅游酒店等传统产业基础优势的同时，大力推进传统产业与金融创新、资本运营、信息技术、先进管理融合
	物资集团		
	丝纺集团		
	旅游控股		
引领性板块（创新型、科技型企业）	广晟公司	中金岭南、风华高科、广晟有色	通过整合产业链和价值链、产学研合作、引进核心技术及团队等方式，打造电子信息、新材料、生物医药、环保以及先进装备制造等战略性新兴产业板块
	广新控股	星湖科技、佛塑科技、省广股份	
	广业公司	贵糖股份	

资料来源：公开资料，《关于深化省属国有企业改革的实施方案》。

《方案》中提及的集团是广东省着力进行改革的国企，通过分析广东省国企的行业分布，可以看出广东国企主要分布在前三类板块中，而涉及引领性板块下的电子信息、新材料、生物医药、环保和先进装备制造的企业较少。未来广东在发展创新型、科技型企业的改革道路上空间广阔。

天津自由贸易试验区包括天津港片区、天津机场片区以及滨海新区中心商务片区三片区域。天津作为北部经济带的中心和出海口，承担了80%以上的集装箱贸易，其地理位置和经济地位与上海、广东类似。天津自贸区将重点在加快政府职能转变、扩大投资领域开放、推动贸易转型升级、深化金融开放创新、推动实施京津冀协同发展战略5个方面进行探索。天津作为服务于京津冀协同发展的重要抓手，将着重营造国际化、市场化、法治化营商环境，成为面向世界的高水平自由贸易园区。天津自贸区的一个重要亮点是将负面清单进一步简化，这将进一步促使贸易和投资的便利化，未来引入外资的机会和速度都将大幅提高。

天津自贸区一直强调重点发展的产业包括航天、石油化工、装备制造（汽车、高铁、动车、轻轨、地铁）、电子信息产业、生物医药、新能源和新材料等。不过，天津的投资机会，首要是港口和海运，随着自贸区带来的吞吐量和贸易活动的增加，土地价值也会进一步上升，金融和房地产及园区开发将迎来更多的投资机会，为提升市场竞争力，预计相关企业的深化改革步伐也将加快。创新技术、环保、新能源等行业投资热度将随着自贸区和京津冀发展而逐渐升温。天津在国企改革方案中提出到2017年底，90%国有资本聚集到重要行业和关键领域，核心企业80%以上实现股权多元化，推进重组整合，打造产业集群，经营性国有资产证券化率达到40%。

（三）行业角度的投资机会把握

首先，无论是国有资本投资公司带来的国有企业分类合并还是混合所有制下国资与民资的结合，都意味着会产生大量的资产注入、兼并重组等资产证券化事项，从而形成大量的投资机会，可关注资产证券化潜在空间较大、确定性较强的行业，如军工、医药、海运等。

其次，国资布局调整会带来行业层面的结构性机会，可关注国有资本重点布局行业。三中全会《决定》中提出，“国有资本投资运营要服务于国家战略目标，更多投向关系国家安全、国民经济命脉的重要行业和关键领域，重点提供公共服务、发展重要前瞻性战略性产业、保护生态环境、支持科技进步、保障国家安全”。这意味着国资将加大在电力、铁路、军工及环保、新能源等战略性新兴产业的投入力度，利好相关行业。

最后，可关注未来将加大民营资本引入或放宽行业准入的部分垄断行业，如军工、石油石化、铁路、电信、金融等，国资与民资优势互补将推升相关上市公司的盈利水平，而竞争机制的引入将在长期内增强行业发展活力。

综上所述，重点推荐军工板块，推荐逻辑可着眼于军工企业资产证券化、国企混合所有制、民参军三个维度。

其中军工企业资产证券化是军工行业最大的投资机会。军工行业资产证券化是建立现代企业制度、推进资源整合、获取研发资金、组织批量生产的必然选择。从国外经验来看，冷战后的美国军工行业由50多家整合到目前的五大军工集团，也造就了洛克希德·马丁、波音等世界著名的军工企业巨头。我国加快推进军工企业资产证券化将会给资本市场提供极佳的投资机遇，为外部资金进入国防工业提供正规的投资渠道，为国防工业和资本市场提供实现双赢的历史性机遇。核心军品上市一度制约了军工企业的资产整合，但随着中国重工、航空动力和成飞集成的重组，军工核心资产整合大幕已经拉开。政策指引下的军工集团的资产重组、收购兼并和产业整合仍是当前军工行业最大的投资机会。而作为事业单位的军工科研院所改制上市为军工资产整合提供了新的想象空间。

军工科研院所是各大军工集团最优质的军工资产。由于军工科研院所的高精尖武器产品往往附加值和技术含量较高，价值量占比较高；而其产品研制的资本性开支全部或大部分由国家承担，人力成本方面由国家拨付事业费，因此利润较高，有可能存在转企后成本上升、利润下降的问题。目前中国十一大军工集团资产证券化率参差不齐，总体仅为30%左右，大量优质资产仍未上市。如果这些科研院所完成改制注入上市公司，将是提升军工上市公司盈利水平的重大举措，这对股市投资者而言属于重大利好。

（四）指数化投资

国企改革机会众多，往往令投资者难以取舍，并且很多阶段性机会来自事件驱动，对普通投资者来说把握难度较大。因此，除了可以参考上文对国企改革投资机会的梳理，进行主动型投资外，另外一种更为简便的分享国企改革红利的投资方式，即投资与国企改革相关的基金产品。

B.7

探索中转型，零售行业重塑商业模式

中航证券有限公司课题组

摘　要：宏观经济低迷，社会消费增速持续下降，同时受电商以及新物业投放的冲击，传统零售企业的市场份额被蚕食，加上人工、租金等成本上升，传统零售企业的销售规模增速从之前的20%以上跌至个位数，2014年更是出现负增长，这让习惯在发展中解决问题、用增量来盘活存量的零售商们不知所措，加之盈利乏力，资金无法有效支撑整个企业惯性扩张，逐渐暴露出很多之前因快速发展而被掩盖的问题。与此同时，众多零售企业开始探索转型，希望通过渠道多元化或是模式创新为企业带来新的活力。本文通过对行业的困境进行分析，指出行业内企业的商业模式必将重塑，并预计伴随着互联网以及移动互联的进一步发展，行业未来的机会主要来自两个方面：一方面是通过转型升级，提供差异化、优质的服务，开发客户资源；另一方面是积极推进行业内整合，提升龙头企业的竞争力，两者相辅相成。

关键词：零售企业　商业模式　渠道多元化

一　行业增速放缓态势仍将继续

（一）GDP、社零总额增速仍在回落

从国内宏观经济来看，2014年国内GDP增速为7.4%，预计2015年增速为7%左右，GDP增速进入“7”时代。从价格指数来看，当前的CPI

增速基本处在较低水平，工业品 PPI 增速为负值且已持续三年，通缩信号进一步增强，面对仍高企的资产价格和过高的资金成本，政府宏观调控的难度较大，而从最近一年的政策来看，政府并没有出台强有力的调控政策，加之现在小微企业融资困难、类“余额宝”产品变相提高了利率水

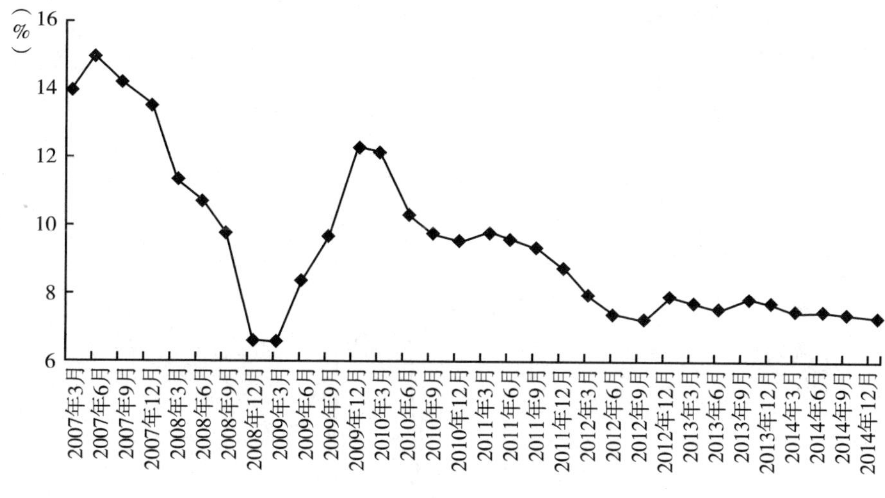

图 1　国内 GDP 增速

资料来源：Wind 资讯。

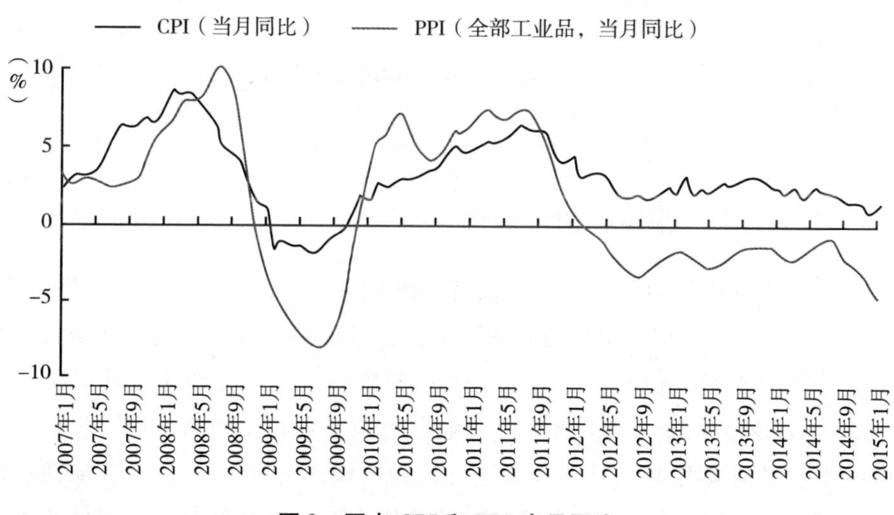

图 2　国内 CPI 和 PPI 当月同比

资料来源：Wind 资讯。

平，预计政府对 GDP 增速下滑的容忍度仍会提高，并需要让渡部分政府利益给予企业转型和调整的空间，未来很长一段时间内行业都将保持低迷态势。

受宏观经济影响，消费品零售总额增速的中枢持续下移，从 2010 年的 18.44% 降至 2011 年的 17.09%、2012 年的 14.28%、2013 年的 13.1%，到 2015 年 2 月仅为 10.7%，预期未来仍会进一步下降。限额以上企业商品零售总额增速也明显表现出中枢下移的趋势。

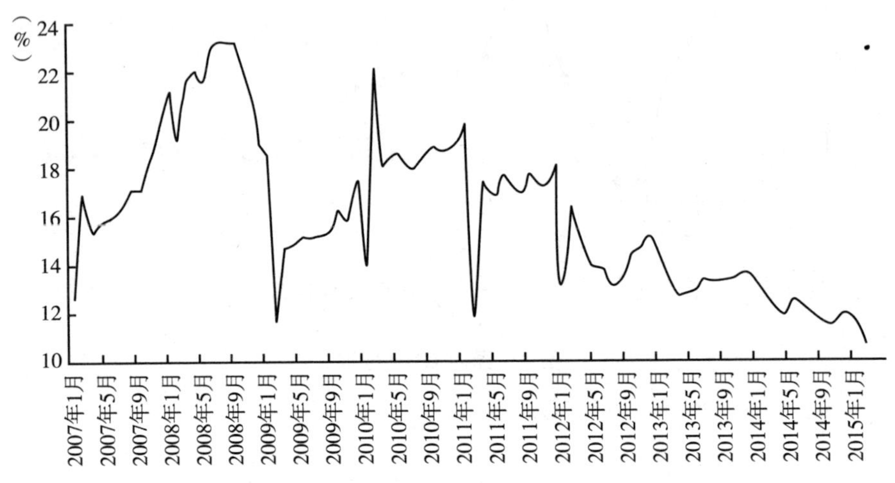

图 3　消费品零售总额增速持续下滑

资料来源：Wind 资讯。

（二）食品、服装类销售仍有亮点

虽然行业总体下行的趋势难以改变，但是我们也能发现一些结构性亮点，从图 5、图 6 可以看出，粮油类限额以上企业零售额当月同比增速低于粮油食品类，据此推测粮油食品类限额以上企业零售额当月同比增速目前仍维持在 9% 以上。此外，从服装类限额以上企业零售额当月同比增速可以看出，服装类限额以上企业零售额当月同比增速已开始出现回升（2015 年春节期间该数据出现下滑）。由此可以推测，食品和服装作为百货以及超市内销售的主力商品，需求仍然可观。

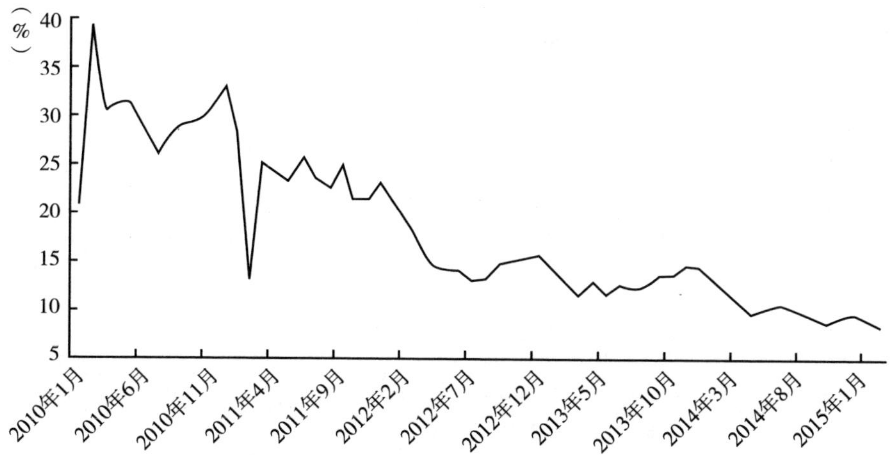

图4　限额以上企业商品零售总额增速

资料来源：Wind资讯。

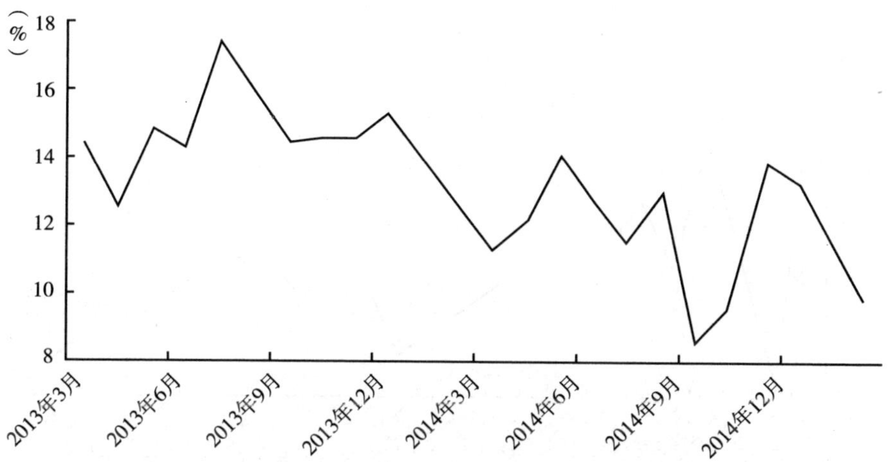

图5　粮油食品类限额以上企业零售额当月同比

资料来源：Wind资讯。

（三）企业业绩显著变差

从企业角度来看，板块内企业的营业收入增速在经历了2011年第三季度以来的持续下滑之后在2013年下半年逐渐趋稳，2014年前三季度则再次出现

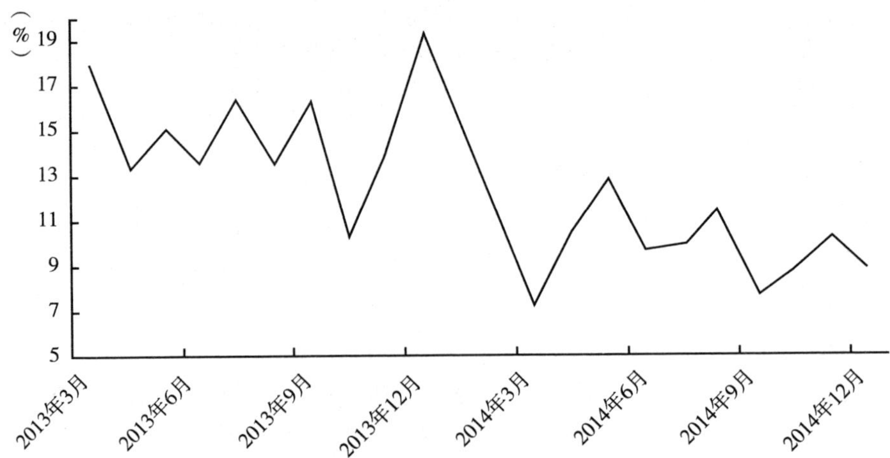

图 6　粮油类限额以上企业零售额当月同比

资料来源：Wind 资讯。

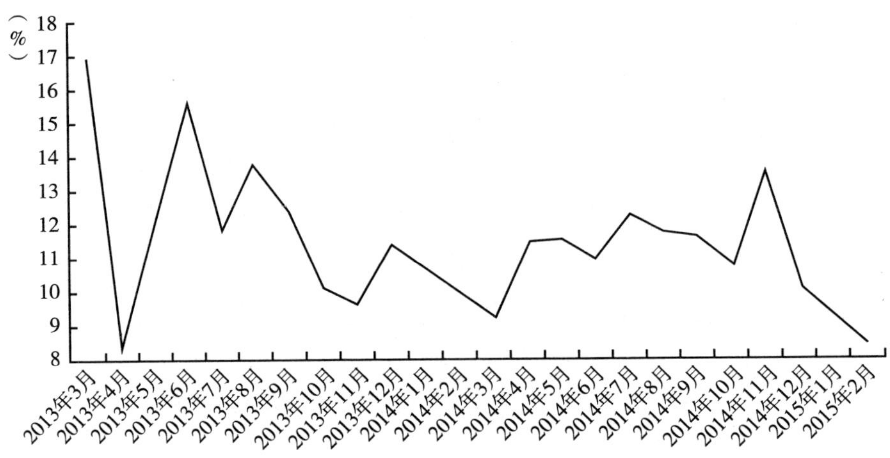

图 7　服装类限额以上企业零售额当月同比

资料来源：Wind 资讯。

增速大幅下滑，第三季度营业收入同比增速为 -3.42%，连续两个季度为负值。2014 年第四季度该数据明显改善，为 3.39%。而营业利润增速也较上年有所恶化，从图 9 中可以看到，2013 年企业营业利润增速均为正值，2014 年之后该数据大幅下跌且始终为负值，2014 年第四季度更是同比下跌 23.55%，这表明零售企业盈利水平在显著下降。

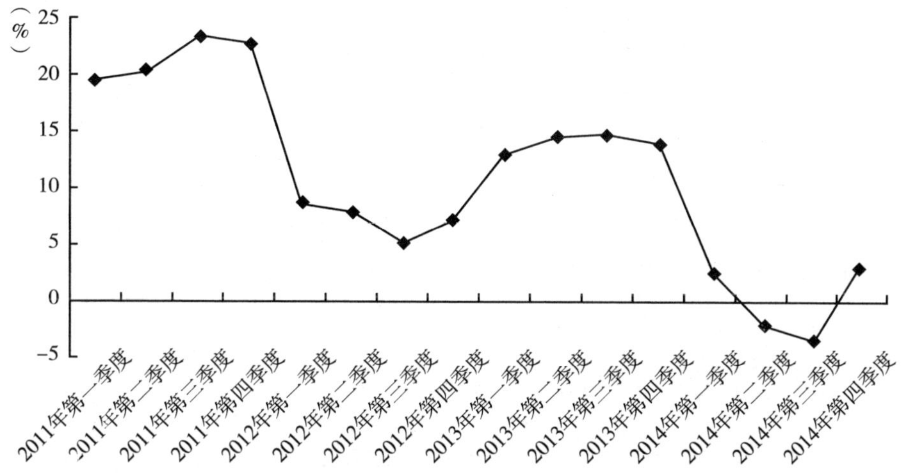

图 8　商贸板块企业营业收入单季度同比增速

资料来源：Wind 资讯。

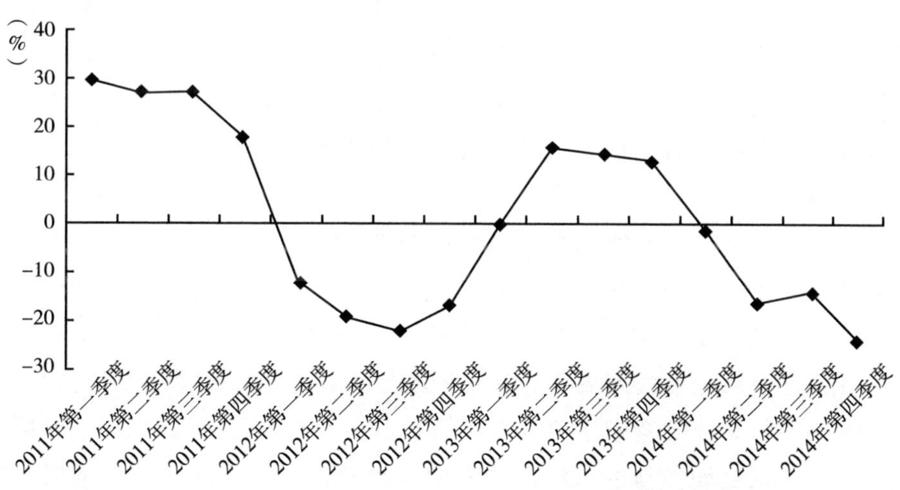

图 9　商贸板块企业营业利润单季度同比增速

资料来源：Wind 资讯。

二 电商快速发展

2014 年是电商辉煌发展的一年。5 月 22 日京东在纳斯达克上市，开盘价 21.75 美元，市值接近 300 亿美元，CEO 刘强东也荣登中国年轻富豪榜第一。9 月 19 日阿里巴巴集团确定 IPO 价格为每股 68 美元，创下全球范围内规模最大的 IPO 交易之一，9 月 20 日，阿里在美国纽交所正式挂牌上市，首日报收于 93.89 美元，较发行价上涨 38.07%，以收盘价计算，其市值破 2300 亿美元。阿里巴巴的上市受到全球投资者的关注和追捧，也证明了电子商务迅猛发展的威力。

（一）2014年网络购物渗透率超10%

艾瑞咨询的数据显示，2014 年第二季度网络购物市场交易规模为 6243.1 亿元，同比增长 46.1%，第二季度网络购物在社会消费品零售总额中的占比为 10.1%，首次单季度渗透率突破 10%；第三季度中国网络购物市场交易规模为 6914.1 亿元，同比增长 49.8%，网络购物在社会消费品零售总额中的占比为 10.6%，单季度渗透率继续攀升。2014 年全年中国网络购物市场交易规模达到 2.8 万亿元，增长 48.7%，仍然维持了较高的增长水平。根据国家统计局 2014 年全年社会消费品零售总额数据，2014 年网络购物交易额大致相当于社会消费品零售总额的 10.7%，年度线上渗透率首次突破 10%。

网络购物交易额增速远高于同期社会消费品零售总额增速，一是电商企业除了立足于网购市场的深耕和精细化运作，不断扩充品类和优化物流及售后服务外，也在积极向三、四线城市甚至农村市场扩张，并积极部署国际化战略及移动端发展战略，这些将成为网络购物市场发展新的增长点；二是网络购物企业的营销手段日益多样化，且与往年相比，2015 年促销的次数、时间长度和参与的广泛度均有明显提升，从而推动了整体市场交易规模的增长。此外，各电商企业纷纷把移动端作为战略发展重点，2014 年都积极布局移动端，移动购物发展迅速，成为拉动网络购物市场发展的重要力量。

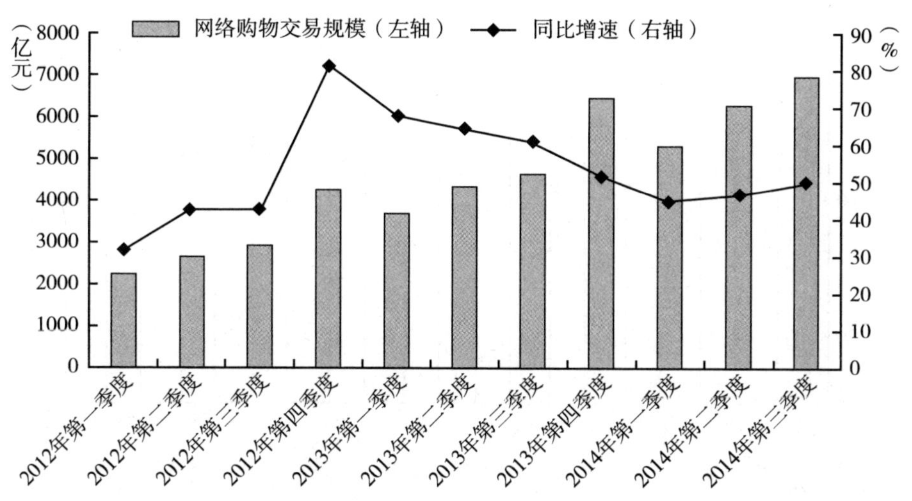

图10　网络购物市场交易规模

资料来源：艾瑞咨询。

同时，艾瑞咨询的研究数据显示，2014年第三季度中国网络购物市场中B2C市场交易规模为3053.8亿元，占网络购物市场交易规模的比重达到44.2%，比2013年同期提高5.4个百分点，C2C的占比逐渐缩小；从增速来看，2014年第三季度B2C网络购物市场同比增长70.4%，远超C2C市场36.6%的增速。长期来看，B2C将是未来电商发展的主要模式，一方面由于B2C平台商品质量及商家信誉相对于C2C而言更有保障，促销力度、商品品质及服务水平等方面的优势将日益凸显；另一方面部分传统零售企业加快转型，加入B2C行业。

（二）移动电子商务快速发展

2014年我国移动电子商务用户规模达到2.36亿，同比增长63.5%，是电子商务市场整体用户规模增长速度的3.2倍，移动购物的使用比例提升了13.5个百分点达到42.4%。2014年移动端电子商务市场规模达到0.93万亿元，年增长率达到239.8%，占电商市场规模的33%，较上年占比增长近19%。

移动互联网的普及、移动支付应用的推广、各电商企业加大移动端布局力度等因素是促进我国移动电子商务市场快速发展的重要助力。

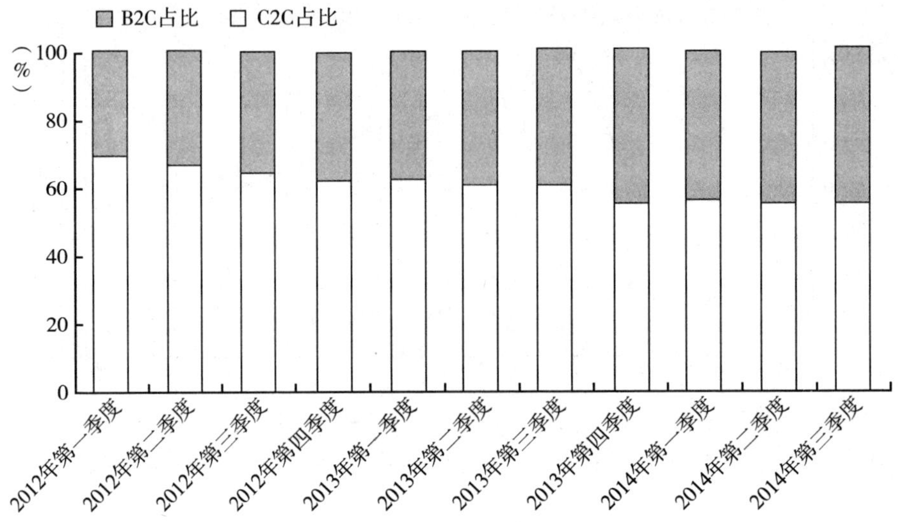

图 11　网络购物市场交易结构

资料来源：艾瑞咨询。

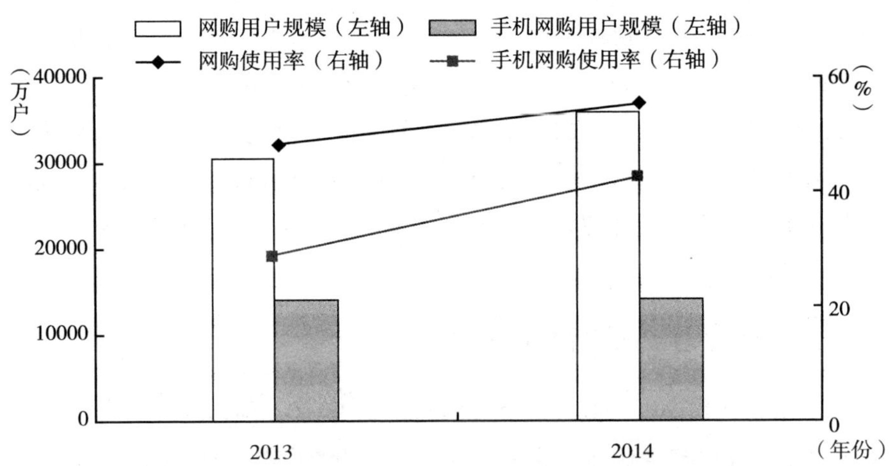

图 12　网络购物及手机网络购物规模

资料来源：CNNIC。

(三)电商企业布局线下

过去的几年中，互联网电商成功对消费者原有购物模式和商品的销售渠道进行了改造，淘宝、京东等电商一次次刷新了销售规模纪录，以淘宝“双十一”为例，2009 年单日销售额为 5200 万元，2012 年达到 191 亿元，2014 年达到 571 亿元。值得注意的是，尽管电商销售数据仍在不断创新高，但是增速下行已不可避免。艾瑞咨询的数据显示，2012 年第四季度全国线上消费规模同比增长 80.6%，但 2014 年第四季度该数据仅为 49.8%。

从成熟国家的发展历史来看，电商渗透度存在瓶颈，美国电商渗透率为 6%、英国为 11.7%、日本为 3.5%，大部分的消费仍然在线下实体店产生，因为消费者无法从虚拟互联网平台获得真实的产品体验，同时，随着消费能力的逐步提升，消费者购物需求将从追求低价、标准化逐渐转向追求个性化体验。因此，单纯依靠互联网渠道的高增长将难以持续。对于电商而言，新的增量在于向线下延伸。近两年线上电商已经开始大规模发起 Online to Offline 行动。对于电商企业来讲，如果成功实现向线下的延伸，一方面可以挖掘流量增量，覆盖之前未形成线上消费习惯的用户；另一方面在改善用户体验、提升品牌形象的同时，也可以有效解决电商配送的最后一公里问题。支付宝 2014 年“双十二”的实体店红包、京东的便利店试点布局、腾讯与绫致的合作等都是电商发力线下拓展消费场景的重要试水。

具体布局方面，电商主要采用两种手段：一是，直接线下开设门店，宣传品牌形象并导入新流量，如聚美优品、麦考林、梦芭莎等电商实现线下落地；二是，与交易量大、市场份额高的线下零售商展开广泛合作，如红旗连锁与苏宁合作、阿里与银泰合作、亚马逊与全家便利店合作等。预计未来 Online to Offline 的规模将继续扩大，门店数量多、拥有消费者数量庞大、市场份额显著的线下零售商势必将深度参与其中。

三　零售行业自身问题颇多

除了外部因素影响之外，零售行业原本的弊端也在行业增速下降之后暴露出来。

（一）百货零售

1. 同质化程度高

运营模式多以品牌联营或者扣点联营为主，对企业经营能力要求不高，由此导致“千店一面”现象严重，缺乏经营特色，同质化程度较高，市场上也容易出现价格战。

2. 品牌集中度低

全国百货前五强企业的销售额占整个百货业销售额的比例不足10%，而这个比例在日本和美国都是超过40%、中国香港等地更是超过60%，品牌集中度低导致品牌的市场竞争力偏弱，无法形成协同效应。

（二）超市

1. 人工等成本上涨侵蚀利润

国内房价上涨带来的一系列连锁反应，如租金上涨以及人力成本上升等，严重压缩了零售行业的利润，而超市面临的困境又远大于百货，因为超市是劳动更为密集的行业，处于利润分配的下游，且原本利润率就较低，对各种成本的上涨更为敏感。

2. 多层分销体系难以进行跨区域扩张

我国超市企业经营的品种大多是生鲜、食品、日用品等，这些产品大多需要借助多层分销体系，超市企业竞争的关键是低价以及仓储、物流等，多级分销体系使超市企业在进行跨区域扩张时面临诸多障碍，如在一个地区的采购成本优势不能带到另一个地区，或者不同区域的供应商之间相互抵制等。

（三）购物中心

实际过剩，空置率过高：前几年房地产行业的迅猛发展引发了购物中心热潮，各地雨后春笋般地出现了大量购物中心，过快的发展、粗放式的追求大而全导致购物中心的发展速度超过了我国当前的消费能力，从而出现空置率过高的现象。空置率过高意味着营运效率降低，从而加大了购物中心的经营难度。

四 零售企业商业模式必将重塑

宏观经济低迷，社会整体的消费增速持续下降，同时，受电商以及新物业投放的冲击，传统零售企业的市场份额逐渐被蚕食，加上人工、租金等成本的上升，传统零售企业的销售规模增速从之前的 20% 以上迅速跌至个位数，2014 年更是出现负增长，这让习惯在发展中解决问题、用增量来盘活存量的零售商们不知所措，加之盈利乏力，资金无法有效支撑整个企业惯性扩张，逐渐暴露出很多之前因快速发展而被掩盖的问题。与此同时，众多的零售企业开始探索转型，希望通过渠道或模式转变为企业带来新的活力。预计，伴随着互联网以及移动互联的进一步发展，行业未来的机会主要来自两个方面：一方面是通过转型升级，千方百计地开发客户资源，提供差异化、优质的服务；另一方面是积极推进行业内的整合，提升龙头企业的竞争力，两者相辅相成。

（一）转型升级，聚焦客户需求

受电商对行业冲击的影响，此前我们对行业转型的关注点一直停留在渠道上，认为传统零售企业通过线下往线上转移实现全渠道是转型成功的关键，2014 年至今，大多数的零售企业都在试水电商、布局 O2O，从目前行业的情况来看，我们认为布局全渠道固然重要，但零售企业归根溯源还是要通过提供产品和服务来满足消费者的需求，而零售行业的转型升级究其根本则是通过不断聚焦消费需求来提升产品质量和服务水平。因此除了渠道上的布局之外，企业也要在商品和物流体系等方面进行优化。

1. 百货零售：打造品牌，强化特色

综上所述，可见行业面临剧烈的业态分化、经营方式创新等问题，单纯通过试水电商、布局全渠道等举措难以实现突围，因此我们认为未来的方向应该包括以下几个方面。

（1）渠道完善是必经之路

从最初的单一线下，到由线下向线上引导，再到线上线下互通，电商对传统零售企业的冲击已经逼迫企业逐渐完善渠道布局，以往的单一实体零售门店或者纯电商模式难以满足消费者一站式“吃喝玩乐”的全方位消

费需求。

2013 年前后，面对电商的强烈冲击，传统零售企业被动慌乱应对，发起一轮 Offline to Online 的触网行动，如天虹百货、海宁皮城、步步高等都纷纷高调出手，宣布将打造线上平台，与 BAT 合作或自建电商，试图通过触网寻找新出路，从而实现升级转型。然而，事实证明 2013 年的触网行动困难重重，原因在于：首先，传统零售企业普遍缺乏互联网基因，将触网作为广告和导流，消费者黏性较低；其次，部分零售企业单独发力投资线上，成本较高，投资期较长，难以形成规模经济，性价比较低；最后，传统企业缺乏电商的建设、运营和管理经验，缺乏对商品经营和物流配送的深刻理解。以上原因共同导致了第一轮线下企业 Offline to Online 行动的不顺利。

然而，在互联网特别是移动互联高速发展的今天，线下企业进军线上实现全渠道融合已成趋势，尽管短期内还未取得明显效果，抑或有很多不顺利，但随着经验的积累和商业模式的进一步变化，未来行业的发展方向必然是线上线下无缝结合。

（2）商品是核心竞争力

在所有企业都在触网进行渠道完善的环境下，商品的差异化及品质就显得格外重要。要增强商品的差异化，之前的联营模式就会受到颠覆，更多的需要通过买断式或者经营自有品牌的方式来实现。

买断式就是所谓的买手模式，需要公司储备眼光独到、艺术感强的买手，根据不同地区消费者的消费能力和偏好来严格选择品牌以及产品；经营自有品牌则很容易理解，即通过推出自己创办或者独家代理的品牌来增加商品的差异化。

自营模式竞争力强，盈利水平高，国外较有名的零售企业自营比例都比较高，如梅西百货的自营比例超过 50%，但国内粗放式的经营模式以及买手人才的匮乏，导致自营比例极低，未来这将是企业在行业寒冬中需要努力的方向。

2. 超市：业态细分、渠道下沉

随着 GDP 的增长和居民收入水平的提高，消费者的消费能力不断提升，超市的业态将会出现细分，这在 2014 年已经初见端倪，相比其他零售企业，高端精品超市和社区超市更受投资者青睐，这也是未来超市企业发展的方向。

此外，与超市企业竞争激烈的多是外资超市，如沃尔玛和家乐福等。外资超市具备较大的规模优势和成熟的管理体系，中国超市想要胜出，则可以通过向市场尚未饱和的三、四线城市发展，享受不发达地区的经济增长红利。

3. 专业连锁：模式创新

目前电商的竞争格局已基本明晰，从 B2C 市场整体来看，市场集中度进一步加剧，核心企业的市场份额均有小幅增长，2014 年第三季度交易额前十位的企业在 B2C 市场整体占比已超过 90%，与上个季度相比仍在增长。其中天猫稳居行业首位，占比 57.6%，京东位居其后，占比 19.3%。阿里和京东上市之后，预计其能从资本市场获得充足的现金流，从而进一步促进业务扩张。

从第三季度自主销售为主的 B2C 市场来看，京东占 51.9% 的份额，市场份额保持稳定；苏宁易购占自主销售 B2C 市场的 10.6%，市场集中度仍较高。

天猫和京东商城是 B2C 领域平台和自营型电商的两个典型代表，领先地位明显，加之上市后的资金优势，预计未来其领先地位会更加明显，其他企业想要实现突围，模式创新是必行之路，目前 O2O 模式是发展趋势，苏宁云商一直在探索多渠道融合的云商模式，尽管现在还没扭亏，但前景值得期待。

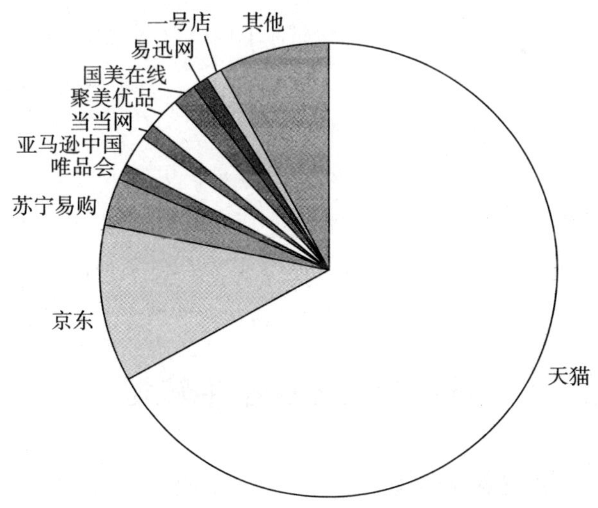

图 13　B2C 购物网站交易规模市场份额

资料来源：艾瑞咨询。

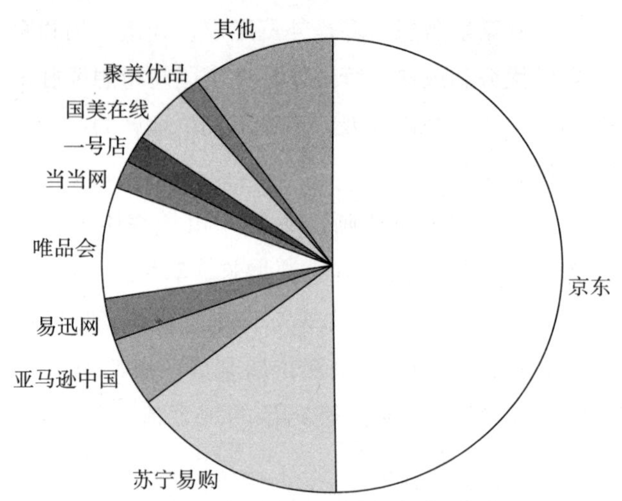

图 14　自主销售为主 B2C 网站交易规模市场份额

资料来源：艾瑞咨询。

（二）推进行业整合

国内零售企业行业集中度低，规模效应难以完全发挥，而提高行业集中度最快的方法是“大鱼吃小鱼”，即通过并购的方式实现同一区域或者跨区域布局、提高市场占有率和企业竞争力，特别是已在全国完成布局的龙头企业，如王府井，可以在行业低迷时抓住机会进行兼并。

从 2013 年开始，市场上并购现象变得普遍，更有人将 2013 年称为并购元年，而零售行业在面临行业极寒的环境时，也可以通过并购重组（包括此前提到的国企改革概念）、引入海外战略投资者等方式来渡过严寒。

五　企业在探索中转型

（一）困难之下，谁更安全

企业要在低迷的大环境下保持屹立不倒，需要以下几个条件。

一是在子行业中地位领先，大多是子行业中的标杆企业，且现金流丰富，拥有较高的抗风险能力。

二是拥有优质品牌，客户黏性高。

三是业务多样化，在某些业务受到环境影响出现重大波动时，其他新兴业务能代替旧业务成为业绩增长点。

案例：老凤祥

老凤祥是黄金珠宝首饰行业龙头企业，主要从事黄金珠宝的生产和销售，其“老凤祥”等品牌一直是珠宝行业中驰名的零售品牌，近几年在零售行业低迷以及金价持续下跌的双重影响下，公司的营业收入虽然出现下跌，但利润增长水平一直远高于行业平均水平。

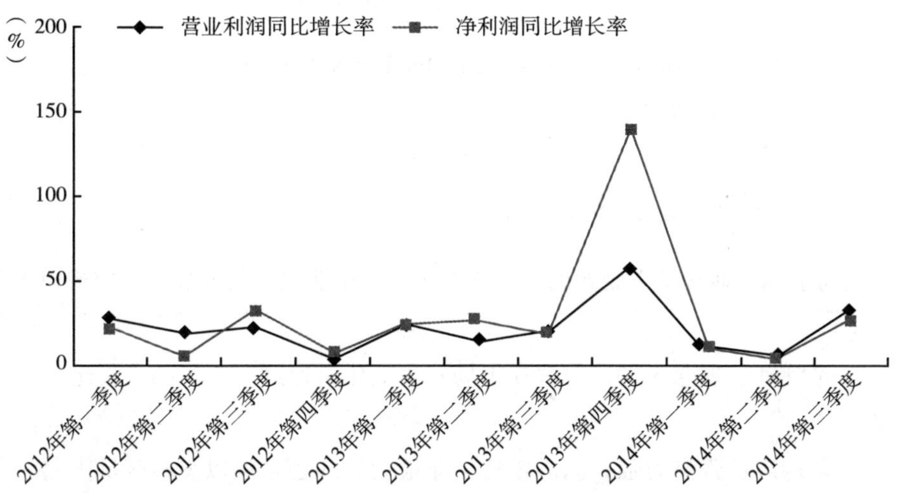

图 15　老凤祥营业利润增速稳定

资料来源：Wind 资讯。

此外，公司加速拓展渠道建设，截至 2014 年底营销网络通道超过 2000 家。并且在纽约第五大道上首家老凤祥直营店正式开业。老凤祥在提升品牌形象的同时，推动海外市场销售，奠定了公司的市场龙头地位。

在黄金珠宝零售业务之外，公司还大力发展“新四类”珠宝，即白玉、翡翠、珍珠和有色宝石。这些产品毛利较高，受众人群大，且目前在公司营收中占比较低，预计伴随着公司渠道的进一步拓展，此类产品将实现较快增长。

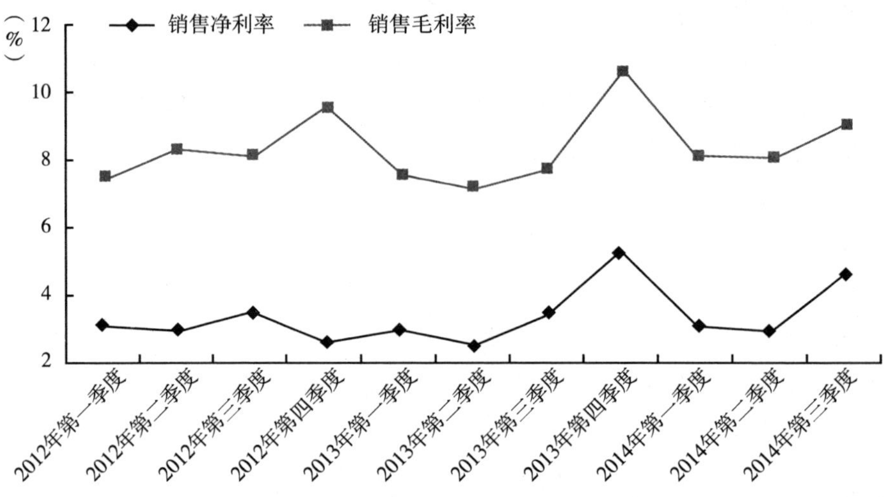

图 16　老凤祥盈利能力并未出现明显下降

资料来源：Wind 资讯。

（二）转型之际，谁更优质

企业要从行业转型中脱颖而出，获得比其他企业更快的发展，要实现以下几点。

一是管理层理念先进，能够在市场发生变化时通过对市场的分析迅速做出反应。

二是持续扩张潜力强，国内零售企业最大的问题是难以突破区域限制，若能够跨区域扩张或者在合适时点进行并购，则就获得了持续增长的能力。

三是拥有独特的经营模式，国内以联营模式为主，企业若能迅速实现自营或者专营，盈利能力一定会大幅提高。

四是供应链整合能力强，包括构建完善的物流和配送体系。

案例：永辉超市

永辉超市是国内第一家将生鲜农产品引进超市的企业，也是在外资超市充分进入中国市场之后能成功跨区域扩张的全国性超市。公司是民营控股、外资参股，管理能力和经营理念强。公司建立了全国性直采体系，优势区域生鲜直采比例超过

60%，并拥有完善的配送体系，在福建、重庆、四川等地建设多个物流园区。

2014 年前三季度公司在福建、安徽、江苏、上海、四川、重庆共开店 22 家，在全国新签约门店 65 家，签约数量较上年同期大幅增加，同时通过持股中百集团等方式进行全国布局。

永辉超市 2014 年发布定增预案，引入牛奶有限公司这样有实力的境外战略投资者，不仅有利于公司拓宽国际化管理和经营思路，而且在获得资金之后，公司有可能加快整合步伐，通过兼并收购的方式进一步扩大规模、提高市场份额。

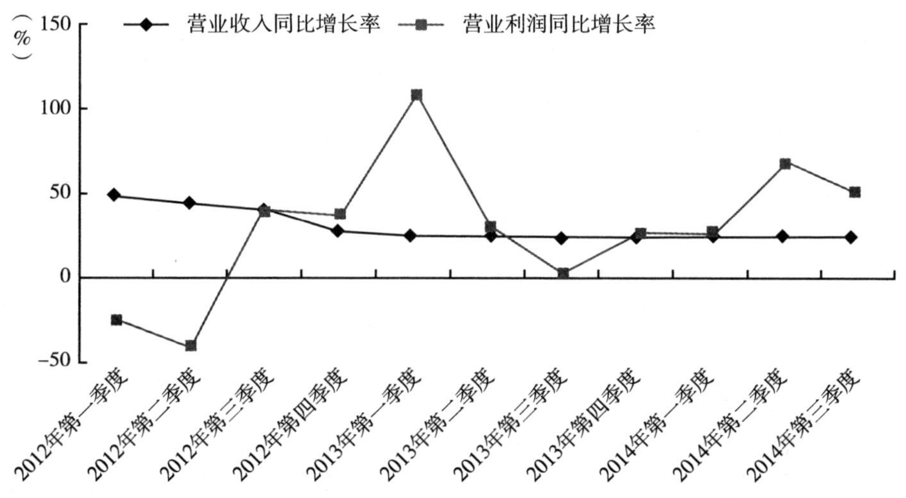

图 17　永辉超市营业利润增速逆市提升

资料来源：Wind。

传统购物形态下，线上线下分离，实体零售企业的渠道价值逐渐下降，特别是在被电商抢占较多的市场份额之后，渠道价值越来越不被重视。未来几年，在互联网和移动互联的快速发展带来的新的购物形态下，电商和实体零售商将有千丝万缕的联系，无论是实体零售商布局线上，或是与电商密切合作。对于传统零售企业而言，与电商合作不单纯是被动导流，更是主动进行全面布局，把握移动支付所带来的新流量提升；同时，改善和丰富购物场景，提高经营能力，重塑新购物形态下其市场地位。

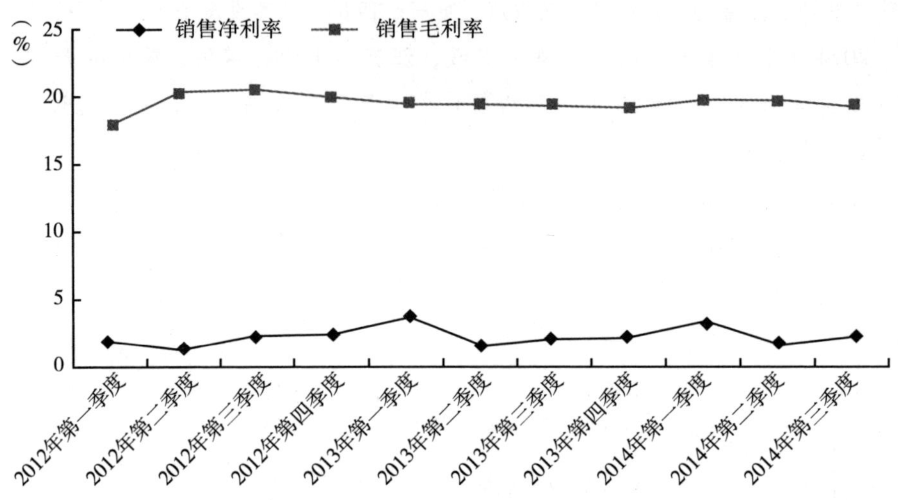

图 18　永辉超市盈利能力稳定

资料来源：Wind。

B.8

成长中分化

——新常态下证券业发展展望

中航证券有限公司课题组

摘　要： 长期以来，我国社会融资结构以银行主导的间接融资为主，多层次资本市场尚不完善，与此对应的是作为资本市场主导者的券商业务空间受到限制。经济新常态下，资本市场在服务实体经济方面的作用受到前所未有的重视，并在经济转型发展、新一轮改革中被委以重任。资本市场要发挥出预期作用，就需要功能完善、实力强大的券商。以 2012 年行业创新大会为标志，监管层发布一系列政策松绑券商各类业务、逐步恢复券商各项功能，保障券商业务创新能力。多层次资本市场建设加速打开了券商业务空间，券商业务模式逐步从过去依赖单一通道业务向资本中介业务转变，行业进入成长通道。此外，市场化竞争、业务创新及互联网金融的渗入都将加速行业分化。新常态下行业将在成长中逐步分化，经营模式向全能型或专业化现代投行转变。

关键词： 证券业　互联网金融　多层次资本市场

一　新常态下资本市场发展受重视，券商迎来发展大机遇

（一）直接融资比例低，券商业务空间受限

长期以来，我国社会融资结构一直以银行主导的间接融资为主，这种融资结构与我国工业化时期以投资为主要驱动力的经济增长模式相适应。尤其是在金

融危机期间，通过信贷扩张的方式能够最快发挥提振经济的效果。提高直接融资比重早有提及，从增量来看近些年来直接融资占比逐步提高但仍然处于较低水平。

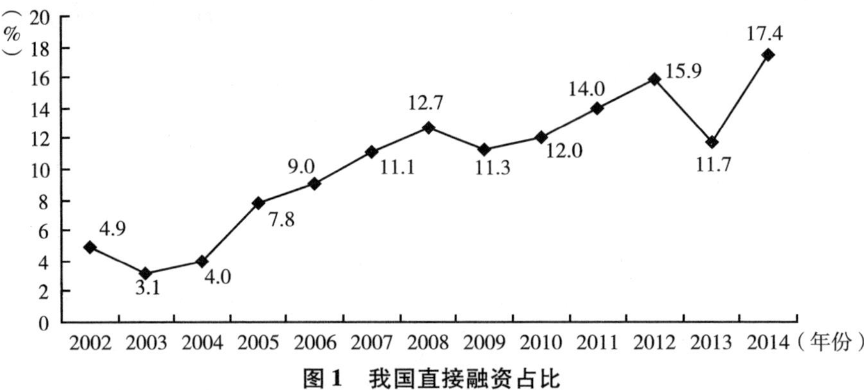

图 1　我国直接融资占比

注：直接融资占比 =（企业债券 + 非金融企业境内股票融资）/社会融资规模。
资料来源：Wind 资讯。

国际上常用存量口径来计算直接融资占比。祁斌等人研究表明，过去 20 多年间，我国直接融资比重一直是 G20 国家中最低的，并且长期低于高收入和中等收入国家的平均水平。① 2012 年底，我国直接融资比重为 42.3%，不仅低于美国这样市场主导型国家，也低于传统的银行主导型国家德国（69.2%）和日本（74.4%），以及人均收入水平远低于我国的印度（66.7%）和印度尼西亚（66.3%）等国。

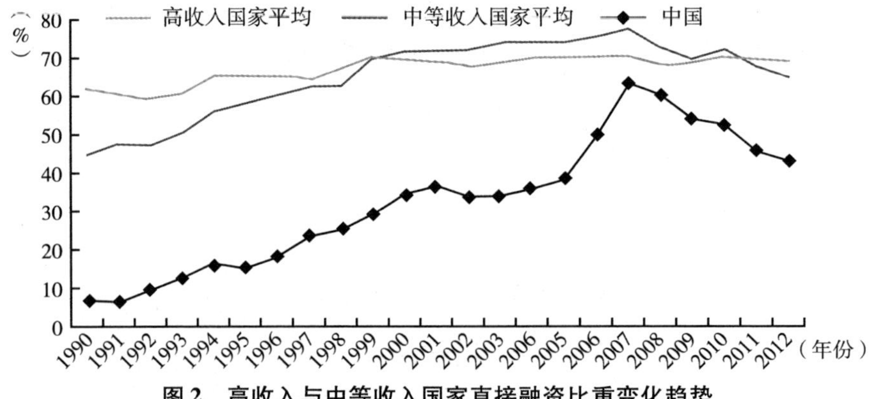

图 2　高收入与中等收入国家直接融资比重变化趋势

资料来源：参见祁斌、查向阳，《直接融资和间接融资的国际比较》，《新金融评论》2013 年第 6 期；世界银行。

① 祁斌、查向阳：《直接融资和间接融资的国际比较》，《新金融评论》2013 年第 6 期。

与直接融资占比较低相对应的是我国多层次资本市场还不完善，在市场层次、金融产品种类及制度建设上仍然比较落后。与不完善的资本市场相对应的是作为资本市场主导的券商业务空间受到限制。

表1　中美证券业业务比较

主要业务	中国	美国
销售交易与经纪业务	业务种类:代理买卖证券(场内)、融资融券 产品:普通股票、债券、基金	业务种类:代理买卖证券(场内场外)、做市交易、产品创设、融资融券、托管清算 产品:权益类(股票、可转债、期货、期权)、FICC(债券、外汇、大宗商品、利率互换、证券化产品等)
投行业务	业务种类:股债承销为主,财务顾问收入占比很小 产品:普通股票、可转债、债券(企业债、中票短融)	业务种类:债券承销规模远大于股票,财务顾问收入占比很大 产品:普通股票、优先股、可转债、市政债、机构债、公司债、资产证券化产品
资产管理	业务种类:集合资管、定向资管、专项资管 投资范围(产品):二级市场股票和债券为主、货币市场、信托、新三板股权等 规模:集合资管约6500亿元	业务种类:私人财富管理、机构客户资产管理、共同基金等 投资范围(产品):股票、固定收益类、货币市场、期货、期权、私募产品、房地产、PE、另类投资等 规模:2010年底超过6万亿美元
投资与自营	业务种类:二级市场投资为主 产品:股票、债券	业务种类:做市为主、二级市场投资、私募股权投资、债权投资等 产品:衍生品、股票、债券、资产证券化产品、债权、股权、各类权益等

资料来源：笔者整理。

(二) 新常态下资本市场将被委以重任

间接融资中，金融中介承担风险的属性决定了其更倾向于向那些持续经营确定性强、具有稳定现金流和足额抵押资产的企业提供资金；那些处于创业期的高科技企业和中小微企业由于经营风险大、缺乏现金流和抵押物，融资难、融资贵问题突出。金融危机期间的信贷扩张在提振经济的同时，也带来了产能过剩、企业债务过高、风险过度集中于银行系统等问题。经济新常态下，中央对经济增速下滑容忍度提高，通过信贷大规模扩张的方式刺激经济的概率较小，化解过剩产能、经济结构调整和转型升级成为重要任务。从美国产业变迁的经验来看，一个发达的资本市场对经济转型与升级起着至关重要的作用。从国内实际情况来看，无论是化解产能过剩、缓解中小企业融资难融资贵问题，还是中央力推的国企混合所有制改革和PPP融资模式等，都需要通过资本市场实现。一个发达的资本市场不仅是经济新常态下推动经济转型升级的要求，也是推动其他改革的前提。

表2　美国资本市场在产业变迁中的作用

时间	事件	资本市场作用
19世纪初	运河和铁路建设，打通了美国的交运通道，开启工业化时代，为后续的繁荣打下基础	通过发行运河和铁路公司股票、债券方式为运河、铁路建设提供资金
19世纪最后30年	美国迅速完成了重工业化，钢铁、化工等一批行业迅速崛起	华尔街为美国工业企业扩大生产提供资金，19世纪末制造业股票成为华尔街的主体
19世纪末20世纪初	第一次并购潮，以横向并购为主，形成了一批制造业垄断巨头，如美国钢铁集团、杜邦公司、全美烟草公司，美国工业的集中程度显著提高	一些大投行为并购筹集大量资金，如以JP摩根为代表的投资银行家募集资金用于整合美国钢铁业
20世纪20年代左右	第二次并购浪潮，大量的纵向并购极大地促进了美国生产力的整合和发展，大大提高了美国工业的效率。一些大型公司崛起，如美国通用汽车公司、IBM公司	很多并购融资都是通过投资银行实现的，少数大投行起到重要作用
20世纪70年代	高科技产业崛起，出现了一批世界级高科技企业，如微软、英特尔。美国成功实现了产业的升级和经济的转型	纳斯达克成立、科技与资本结合的"硅谷模式"为高科技企业成长提供源源不断的资金支持
20世纪80年代	新兴产业的发展与传统产业的衰落，带来产业结构调整，从而带动新的一轮并购浪潮	金融市场的发展、金融工具的创新为收购方融资提供必要的条件，尤其是低等级债券。杠杆收购主导方往往是投资银行
20世纪末	互联网等新兴技术的兴起，推动了经济繁荣，也使得美国经济结构快速升级，传统企业纷纷通过并购进入这些行业，经济一体化也使得跨国并购数量大幅增加，并购反过来促进了技术进步和全球经济一体化	金融行业是并购最多的行业之一；股指攀升，用股权支付方式收购数量增加，良好的融资环境推动美国企业间、美国企业与外国企业间跨国并购

资料来源：《美国五次并购浪潮的回顾》。

券商是资本市场中最重要的中介机构和直接融资的直接操办者，资本市场要发挥出预期作用需要功能完善、实力强大的券商。以2012年行业创新大会为标志，监管层发布一系列政策松绑券商各类业务，逐步恢复券商各项功能，多层次资本市场建设逐步推进也给券商打开了业务空间。这只是一个开始，资本市场在中国经济转型发展、新一轮改革中被委以重任，未来对券商的利好政策会不断出台，逐步完善券商各项功能。多层次资本市场逐步完善，未来在注册制、新三板、国企改革、PPP 融资、并购重组、资产证券化等领域都将给券商带来巨大的业务空间。经济新常态下，资本市场改革给券商带来的不仅是业绩的增长，还有经营模式向全能型或专业化现代投行转变。

二　成长中分化

（一）传统业务模式单一，服务实体经济不足，创新后有所改善

证券业发展初期由于市场不够成熟，经营不够规范，在新世纪初股市低迷时连续亏损，风险集中暴露，证券公司经营遇到了严重困难，经过三年综合治理后证券公司走上了规范发展道路。规范发展阶段，行业持续盈利，净资产逐年增加，但在持续盈利的背后存在业务模式单一、业绩波动较大、服务实体经济不足等问题。总体来看，过去行业发展有以下特点：一是业务模式单一，同质化严重；二是收入过度依赖二级市场，服务实体经济不足；三是资金使用效率不高，没有体现资本中介特点，依赖 ROA 驱动的盈利模式导致业绩波动较大。2012 年的创新大会召开标志着证券业进入创新发展阶段，一系列政策密集落地，对券商的资产管理、投资、投行和资本中介等业务大幅放松管制，在拓宽融资渠道、新三板扩容等方面都有了新的进展，行业经营状况逐步得到改善。

1. 业务模式单一，同质化严重

长期以来，我国证券公司业务局限在传统的经纪、自营、投行和资管业务，表现在收入上就是经纪、自营和投行业务收入占比处于高位，尤其是经纪和自营业务，在股市交投活跃、股指大幅上涨的年份，其收入大幅增长，占比也得到提升。券商间在业务类型和收入结构上较为一致，分化并不明显。创新大会以来最为明显的变化就是以融资融券为代表的资本中介业务和资管业务出现爆发式增长，利息净收入和资管业务收入大幅增加。同时，IPO 开闸、再融资和并购市场火爆也使得投行业务收入大幅提升，行业收入结构得到一定改善。

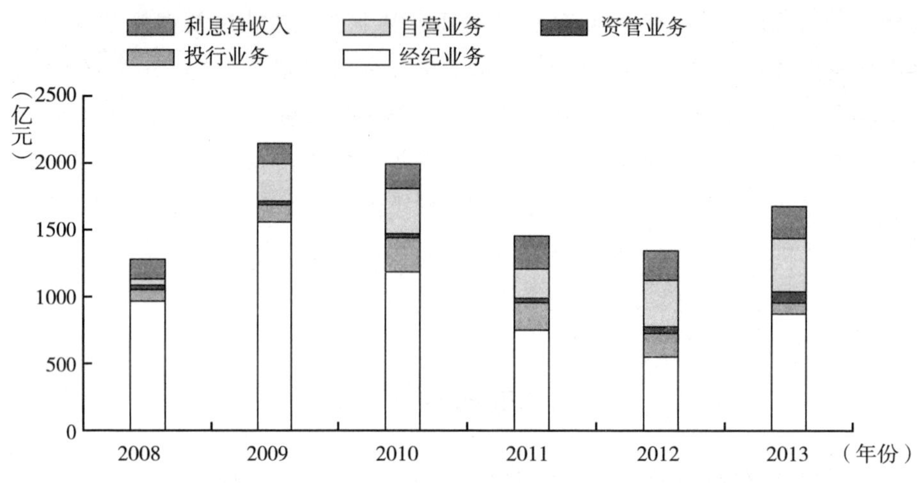

图 3　券商收入结构变化

资料来源：证券业协会、Wind 资讯。

表 3　2013 年总资产前 20 名券商业务收入结构

单位：%

排名	经纪	投行	融资融券	资产管理	自营
中信证券	34.96	13.16	11.95	8.44	33.95
海通证券	37.54	8.48	8.23	0.68	22.66
国泰君安	47.87	8.86	15.35	6.64	16.15
广发证券	40.01	4.93	13.78	2.51	35.48
华泰证券	53.24	8.07	16.70	4.31	13.72
招商证券	49.04	7.11	17.18	2.87	25.28
国信证券	57.53	12.50	13.70	1.62	13.15
银河证券	53.01	4.93	14.33	1.67	9.32
中信建投	47.13	15.06	15.24	3.59	22.07
申银万国	59.17	2.61	18.51	6.93	6.73
东方证券	34.95	6.93	5.87	7.00	-1.28
光大证券	57.79	9.38	18.11	5.92	-6.49
平安证券	33.38	13.07	7.35	1.71	48.16
安信证券	60.62	6.43	14.20	5.44	5.09
齐鲁证券	60.90	5.36	9.18	2.18	12.53
宏源证券	34.14	13.16	9.01	8.81	30.45
方正证券	42.84	6.04	12.64	1.19	21.39
兴业证券	36.28	11.76	6.54	3.45	20.17
西南证券	28.11	18.79	6.31	2.95	38.39
中投证券	65.00	3.45	14.05	2.04	5.07

资料来源：证券业协会，Wind 资讯。

2. 收入过度依赖二级市场，服务实体经济不足

作为资本市场中最重要的中介机构，证券公司应在资本市场发挥资源配置、助力实体经济发展上起到重要作用。但从券商业务结构来看，传统四大业务中，经纪、自营和资管业务都是基于二级市场，直接服务实体经济投融资方面的只有投行业务，而股债发行审核制度使其受监管影响较大，直接融资占比低的融资结构决定了证券业在服务实体经济投融资上发挥的作用不足。并购重组业务收入近几年增长较快，但占总收入比重非常小，上市公司并购重组业务并不是券商的主要业务，从侧面证明券商对企业并购重组的贡献不是很大。创新大会之后监管层放开了对股票质押、直投等业务的限制，股票质押融资和直投业务发展迅速，券商为实体企业提供资金的渠道增加，服务实体经济的能力得到进一步的提升。

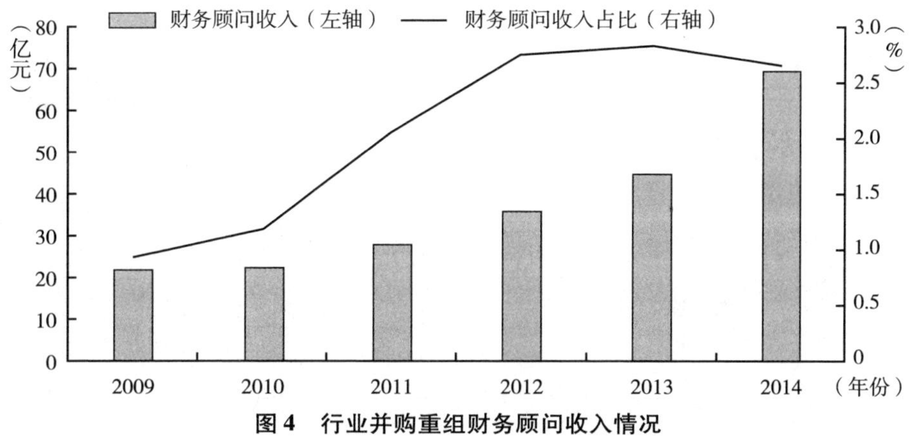

图 4　行业并购重组财务顾问收入情况

资料来源：证券业协会，Wind 资讯。

表 4　股票质押融资、直接投资规模变化

单位：亿元

季度	股票质押余额	直投子公司累计投资额	直投基金累计投资额
2013 第四季度	790. 14	268. 37	192. 14
2014 第一季度	1216. 85	267. 18	212. 06
2014 第二季度	1811. 54	301. 38	252. 49
2014 第三季度	2367. 01	318. 17	286. 76
2014 第四季度	3254. 71	374. 38	484. 12

资料来源：证券业协会。

3. 传统业务模式资金使用效率不高，盈利波动大

业务模式决定盈利模式。证券业过度依赖于二级市场的业务模式决定其业绩受二级市场影响大。传统业务中，唯一对资金需求量较大的是自营业务，由于对冲工具有限，在股市大幅下行时面临较大的亏损风险，券商对自营加杠杆较为慎重，券商的资金使用效率不高。近几年股市波动较大也使得券商业绩波动较大。反观银行与信托，其业务本质都是存贷款，近些年来通过稳定的利差和快速扩张的贷款规模使得业绩持续高速增长。资本中介的特性使得银行和信托杠杆率维持高位，并依赖高杠杆维持高 ROE。

创新大会以来，监管层逐步放开以两融为代表的资本中介业务，券商的资本中介功能开始显现。随着资本中介业务规模的快速扩张，券商资金使用效率得到大幅提升，并不断通过发债等方式融资，杠杆率逐步提升。

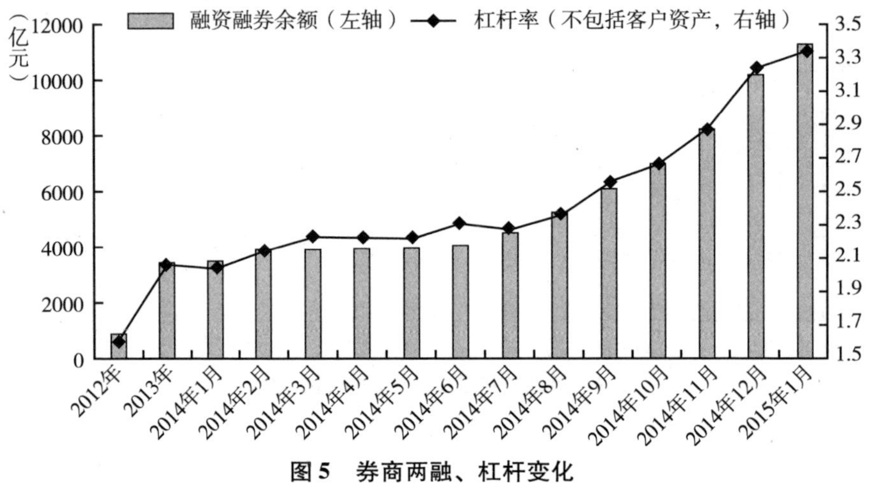

图 5　券商两融、杠杆变化

资料来源：证券业协会。

（二）成长中分化

造成券商业务结构单一、业绩波动大、服务实体经济不足的主要原因有以下三点：一是我国金融市场以间接融资为主，资本市场还不够发达，证券业多样化发展的业务空间较小；二是券商受到的业务管制依然很多，基础功能不完善、融资渠道受阻等大大削弱了券商业务创新能力；三是行业牌照管制、佣金

指导等导致市场竞争不充分，券商生存无忧没有足够的外力迫使其转型。十八大提出，要让市场在资源配置中起决定性作用，多层次资本市场建设明显加速，与之相伴的是券商业务管制的放开。多层次资本市场的建立将打开券商业务空间，券商基础功能完善、业务管制放松、资金来源渠道拓宽等保证了券商业务创新能力，行业将进入成长通道。同时，市场化竞争、互联网金融的渗入以及创新业务的发展都将引导行业走向分化。上述制约行业发展的因素逐步被打破，行业将进入成长分化阶段，服务实体经济功能增强。

1. 多层次资本市场建设提速，打开业务空间

十八大改革决定中有关资本市场部分提出，“健全多层次资本市场体系，推进股票发行注册制改革，多渠道推动股权融资，发展并规范债券市场，提高直接融资比重”。2014 年以来，资本市场改革明显加速。市场建设上，机构间私募产品报价与服务系统的启用标志着由为公众股（债）权发行、交易等提供服务的交易所，为非公众股（债）权发行、转让提供服务的新三板，为私募产品提供发行、报价和转让的报价系统组成的多层次资本市场主体架构已经形成。在上市（挂牌）企业数量上“金字塔”已初步成形；在产品上优先股、可交换公司债、期权等品种已经推出；在制度改革上，创业板再融资、退市制度、新三板做市制度等一系列具有重大意义的文件已经出台，一码通的推出整合了资本市场上的各类账户，为后续业务创新和改革打下基础；沪港通落地迈出了资本市场对外开放的重要一步。

表 5　2014 年资本市场改革进展

项目	日期	内容	意义
市场类	8 月 15 日	协会发布《证券公司柜台市场管理办法（试行）》和《机构间私募产品报价与服务系统管理办法（试行）》	由交易所、新三板和报价系统组成的多层次资本市场成形
制度类	3 月 21 日	证监会发布《优先股试点管理办法》	完善各项制度，有助于资本市场功能的发挥
	3 月 21 日	证监会发布《关于修改〈证券发行与承销管理办法〉的决定》	
	5 月 29 日	证监会发布《首次公开发行股票并在创业板上市管理办法》和《创业板上市公司证券发行管理暂行办法》	
	6 月 5 日	《全国中小企业股份转让系统做市商做市业务管理规定（试行）》发布实施	
	6 月 13 日	证监会下发《关于做好有关私募产品备案管理及风险监测工作的通知》	

续表

项目	日期	内容	意义
制度类	6月20日	证监会制定并发布《关于上市公司实施员工持股计划试点的指导意见》	完善各项制度,有助于资本市场功能的发挥
	6月27日	证监会发布《非上市公众公司收购管理办法》和《非上市公众公司重大资产重组管理办法》	
	10月17日	证监会发布《关于改革完善并严格实施上市公司退市制度的若干意见》	
	10月23日	证监会发布《上市公司重大资产管理办法》《关于修改〈上市公司收购管理办法〉的决定》	
	10月31日	证监会发布《期货公司监督管理办法》	
	11月21日	证监会发布《证券公司及基金管理子公司资产证券化业务管理规定》及配套规则	
	12月5日	《公司债券发行与交易管理办法(征求意见稿)》公开征求意见	
	12月5日	《股票期权交易试点管理办法(征求意见稿)》及相关指引公开征求意见	
产品类	1月17日	批准大交所开展聚丙烯期货交易	丰富金融产品种类,有助于资本市场功能的发挥
	1月24日	批准上期所开展热轧卷板期货交易	
	5月29日	批准郑交所开展铁合金期货交易	
	7月4日	同意郑交所挂牌交易晚籼稻期货合约	
	9月25日	报价系统首支私募股权基金开始非公开募集	
	11月3日	国泰君安成功在上交所备案发行首单证券公司短期债	
	11月21日	批准大交所玉米淀粉期货交易	
	12月5日	农行400亿元优先股在上交所挂牌	
	12月10日	宝钢公开发行40亿元可交换公司债券	
市场主体类	1月17日	私募投资基金管理人登记和基金备案工作正式启动	推动各类金融主体发展壮大,更好地服务实体经济
	5月29日	证监会发布《关于进一步推进证券经营机构创新发展的意见》	
	6月13日	证监会发布《关于大力推进证券投资基金行业创新发展的意见》	
	7月17日	证监会发布《公开募集证券投资基金运作管理办法》及其实施规定	
	9月16日	证监会发布《关于进一步推进期货经营机构创新发展的意见》	

续表

项目	日期	内容	意义
基础设施类	5月19日	全国股份转让系统新交易结算系统成功切换上线	为资本市场发挥作用打下基础
	8月1日	资本市场统一的诚信数据库正式运行	
	8月24日	全国股份转让系统业务支持平台挂牌审查系统上线试运行	
	9月19日	证监会修改《诚信监管办法》	
	10月1日	一码通正式上线	
	11月6日	证监会、央行联合发布《债券统计制度》	
其他	11月17日	沪港股票市场交易互联互通机制试点正式启动	资本市场对外开放的重大一步

资料来源：笔者整理。

图6　多层次资本市场上市（挂牌）企业数

注：数据截至2015年3月3日。
资料来源：沪深交易所，股转系统，Wind资讯，中航证券金融研究所。

进入2015年，股票期权正式推出拉开了资本市场改革大幕。3月5日，李克强总理在政府工作报告中指出，加强多层次资本市场体系建设，实施股票发行注册制改革，适时启动“深港通”试点。资本市场改革仍将大步前进，注册制落地、深港通推出、新三板制度完善将是主要看点。

（1）注册制：渐进式改革

注册制改革草案在2014年底就已提交国务院审议，根据监管层的表述，需要等到《证券法》全部修改完后才会正式推出，预计在10月左右。注册制改革核心在于信息披露，取消企业上市门槛、审核权下放至交易所将是大概率事件。注册制改革方向明确，实际推进是一个渐进过程，并不会因为正式文件出台后企业的上市节奏突然加快。随着注册制临近，监管层会适当加速企业 IPO 节奏，但在正式落地前后仍将保持平稳过渡。目前企业上市需求强烈，注册制改革将会使得企业上市数量增加，券商投行业务空间打开。

（2）深港通：沪港通基础上有创新

年初李克强总理一句“沪港通后应该有深港通”发出了深港通的“最强音”。沪港通正式开通后运行平稳，深港通推出也是应有之义。2 月深交所理事长吴立军访港时表示，两所已基本同意“深港通”在方案设计上与“沪港通”基本框架和模式保持不变，标的证券突出深港市场多层次、多品种特色，考虑目前“沪港通”基础上拓展标的范围，落实更高层次和更大范围的总体要求。此前监管层多次表示要在创业板设立单独层次接受新三板挂牌满一年的互联网企业转板上市，未来完全有可能作为创新试点将该板块纳入深港通交易范围，借鉴国际资本市场在服务互联网等高科技企业方面的成熟经验更好的服务国内互联网等高科技企业。

（3）新三板：制度创新继续

在经历前两年的建设加速后，新三板基本的监管体系、基础设施和业务规则均已形成，在市场流动性和服务实际经济上也取得初步成效，表现在数据上就是挂牌企业数、股票交易额、融资额等市场指标也大幅提升。2015 年，竞价交易、分层、转板制度等改革预期强烈，将进一步提升新三板流动性和服务实体经济能力。券商在新三板发展中起主导作用，新三板的发展壮大将带来经纪、资管、投行、资本中介、直投等业务增量。

2. 放松管制，保障业务创新能力

2012 年创新关键词是“放松管制”，一系列政策密集落地，对券商的资产管理、投资、投行和资本中介等业务大幅放松管制，在拓宽融资渠道、新三板扩容等方面都有了新的进展。2013 年新的监管层上台后监管思路发生了变化，更加注重监管执法，鼓励创新但要求稳步发展，成熟一项推一项，行业创新进入稳步发展阶段。2014 年发布的《关于进一步推进证券经营机构创新发展的意见》提出，完善券商基础功能，放松业务管制，拓宽资金来源渠道、放开牌照等，保证了券商业务创新能力。该意见契合新“国九条”，引导行业创新方向——服务实体经济。

表 6 创新大会后出台政策一览

日期	政策	内容
	经纪业务	
2012 年 11 月	《证券公司代销金融产品管理规定》	扩大券商代销金融产品范围
2013 年 1 月	《证券账户非现场开户实施细则(征求意见稿)》	放开非现场开户限制,新增见证、网上开户
2013 年 3 月	《证券公司分支机构监管规定》	放开营业部设立限制
	资管业务	
2012 年 10 月	《证券公司客户资产管理业务办法》《证券公司集合资产管理业务实施细则》《证券公司定向资产管理业务实施细则》	资管产品审批制改为备案制,允许集合资管分级,扩大投资范围,定向资管投资范围不限
2013 年 2 月	《资产管理机构开展公募证券投资基金管理业务暂行规定》	证券公司可以申请公募基金业务资管
2013 年 3 月	《证券公司资产证券化业务管理规定》	证券公司资产证券业业务指引
2013 年 6 月	《关于修改〈证券公司客户资产管理业务办法〉的决定》	取消大集合,放宽小集合限制
	投行业务	
2012 年 5 月	《中小企业私募债券业务试点办法》	符合条件的券商可以承销中小企业私募债
2013 年 9 月	《并购重组审核分道制实施方案》	并购重组分道制正式实施
2013 年 11 月	《中国证监会关于进一步推进新股发行体制改革的意见》《证券发行与承销管理办法》	新股发行体制改革
2013 年 11 月和 2014 年 3 月	《关于开展优先股试点的指导意见》《优先股试点管理办法》	优先股试点
2014 年 5 月	《首次公开发行股票并在创业板上市管理办法》《创业板上市公司证券发行管理暂行办法》	创业板再融资规则出台
	投资业务	
2012 年 11 月	《关于修改〈关于证券公司证券自营业务投资范围及有关事项的规定〉的决定》	扩大自营投资范围
2014 年 1 月	《证券公司直接投资业务规范》	扩大直投子公司业务范围,扩大直投范围、融资渠道等
	资本中介	
2012 年 8 月	《中国证券金融股份有限公司转融通业务规则(试行)》《转融通证券出借交易实施办法(试行)》	推出转融通业务
2012 年 12 月	《约定购回式证券交易及登记结算业务办法》	约定购回式证券交易逐步转常规

续表

日期	政策	内容
多层次资本市场		
2013 年 5 月	《股票质押式报价回购交易及登记结算业务办法》	股票质押式回购业务正式开闸
杠杆类		
2012 年 8 月	《关于证券公司短期融资券发行管理和信息披露有关事项的通知》	券商可发行短融券
2012 年 11 月	《关于修改〈关于证券公司风险资本准备计算标准的规定〉的决定》《关于调整证券公司净资本计算标准的规定(2012 年修订)》	调整有关风控指标和风险准备计算标准
2012 年 12 月	《证券公司次级债管理规定》	证券公司发行次级债松绑,扩大融资渠道
2013 年 3 月	《证券公司债务融资工具管理暂行规定(征求意见稿)》	扩大证券公司融资渠道
2013 年 12 月	《关于全国中小企业股份转让系统有关问题的决定》	新三板扩容至全国
2012 年 12 月	《关于发布〈证券公司柜台交易业务规范〉的通知》	柜台业务试点启动
2012 年 8 月	《关于规范证券公司参与区域性股权交易市场的指导意见(试行)》《证券公司参与区域性股权交易市场业务规范》	规范证券公司参与区域股权交易市场业务
2013 年	《全国中小企业股份转让系统有限责任公司管理暂行办法》《全国中小企业股份转让系统相关业务规定和细则》《关于修改〈非上市公众公司监督管理办法〉的决定》	新三板各项制度逐步完善
其他		
2012 年 9 月	《证券公司现金管理产品方案规范指南》	现金管理产品转常规
2013 年 3 月	《证券公司资产托管业务试行规定(征求意见稿)》	明确证券公司开展资产托管业务门槛、托管范围
2013 年 3 月	《合格境内机构投资者境外证券投资管理试行办法》	降低 QDII 主体资格的财务门槛,扩大 QDII 投资范围等

资料来源：证监会，证券业协会，笔者整理。

政策的放开释放了行业创新的空间，激发券商创新活力。从两年多的创新成果来看，最为显著的是以融资融券为代表的资本中介业务规模呈爆发式增长；资产管理业务发展迅速，定向资管规模暴增，集合资管产品创新不断，公募基金资格首单获批；中小企业私募债承销取得突破，并购重组分道制正式实施；券商纷纷申请新设营业部，非现场开户逐步普及；直投子公司、另类投资子公司成立数量大增；保证金管理、消费支付试点等业务创新不断；在多层次资本市场建设上，新三板相关制度逐步完善，做市商制度推出在即，扩容后挂牌企业数量大幅增加。券商频频参股区域股权交易市场，柜台市场试点纷纷推出产品。

表7　行业创新成果

业务	创新成果
融资融券	2013 年标的两次扩容,2014 年一次扩容,投资者门槛降低,开展业务券商达到 91 家,融资融券余额 2011 年底为 382 亿元,2012 年达到 895 亿元,2013 年底为 3465 亿元,2014 年底为 1.02 万亿元,目前已突破 1.4 万亿元
股票质押式回购	2013 年 6 月以来,规模快速增加。质押规模在 2014 年底达到 3255 亿元,券商在股权质押市场上的份额也从 2013 年 6 月前的不到 5% 提高到 36%
资产管理	规模从 2011 年底不到 3000 亿元增加到 2012 年底的 1.89 万亿元、2013 年底的 5.2 万亿元、2014 年底的 7.9 万亿元;集合资管计划产品发行加速,从 2012 年月均不到 20 只提高到 2013 年月均超过 160 只,存续数量由 2012 年底的 454 只增加到 2014 年底的 2197 只,受托金额达到 5078 亿元。大量结构化、量化、短期资管计划推出;2013 年专项资管产品 48 只,开展业务公司数达到 7 家,规模 111.46 亿元,2014 年底专项资管产品数达到 149 只,开展业务公司 17 家,规模 350.38 亿元;东方资管率先获得公募基金资格并发行 2 只公募基金
直投、另类投资	2012 年底直投业务放开以来,截至 2014 年底共有 61 家券商设立直投子公司,资产总计 649.66 亿元,另类投资子公司 40 家,资产总计 401.61 亿元
新设营业部、非现场开户	超过一半券商有网上开户业务,从地方证监局公告来看,2013 年有超过 1200 家营业设立获批,2014 年超过 400 家
柜台交易业务	50 家券商通过了专业评价,超过一半推出了柜台产品,涵盖场外期权类、收益互换类、量化对冲等创新产品
新三板	扩容至全国,交易结算系统成功上线,各项交易制度逐步完善,主办券商 85 家,挂牌企业超过 2300 家

续表

业务	创新成果
区域股权交易市场	通过联席会议验收的省区市达32个,已建或正在筹建的区域股权交易中心超过30个,券商入股或控股超过一半,挂牌企业超10000家
基金托管	截至2014年5月底已有5家券商获得公募基金托管资格,已有3只公募基金选择券商作为托管人;多家券商获得私募基金托管资格
保证金管理	超过20家券商推出现金管理产品
消费支付试点	10家券商获得消费支付试点资格

资料来源：作者整理。

3. 互联网金融对证券业的影响

（1）互联网金融概念

金融服务实体经济的最基本功能是融通资金，在瓦尔拉斯一般均衡中并无金融中介和金融市场存在，传统金融中介和金融市场之所以存在，是因为能够降低资金配置过程中的成本和减少信息不对称问题。而互联网金融，按照谢平等人的定义，是受互联网技术和互联网精神的影响，从传统金融中介和市场向瓦尔拉斯一般均衡对应的无金融中介或市场情形之间的所有金融交易和组织形式。[①] 也就是说，受互联网技术和精神的影响，传统金融中介和市场的服务模式得到改善甚至消失，使得金融交易中的成本进一步降低，信息不对称问题进一步减少，如第三方支付降低资金转移成本、P2P减少投融资者之间信息不对称问题。同时，在互联网金融中，金融的核心功能不变，仍是在不确定环境中进行资源的时间和空间配置，以服务实体经济。

（2）互联网与金融比较

传统金融机构和互联网金融存在的基础都是因为其能够降低资金配置过程中的成本和减少信息不对称问题。互联网“开放、平等、协作、分享”的精神使其能够在短时间内获取大量的客户资源，聚集客户的大量信息，拥有渠道、客户和信息优势，减少信息不对称问题。搜索引擎、大数据和云计算等技术使得互联网在信息的传递、搜集、存储、处理上更为高效，可以降低信息搜寻成本和交易成本。互联网企业收入依赖但一般不直接来自平台客户，价值核

① 谢平：《互联网金融手册》，中国人民大学出版社，2014。

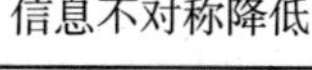

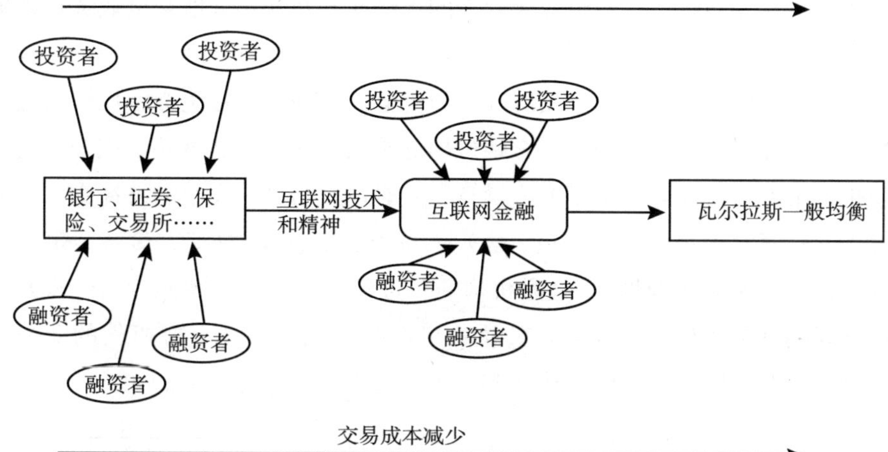

图 7　互联网金融示意

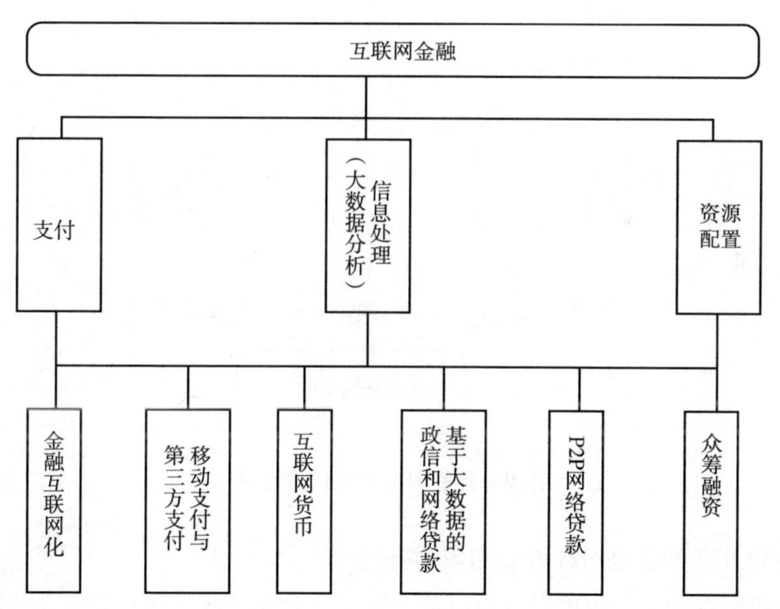

图 8　互联网金融模式

资料来源：《互联网金融手册》。

心就是平台上的客户资源，因此在服务上更加注重客户体验，真正做到以客户为中心。与互联网相比，传统金融中介的优势在于其常年开展金融业务积累下的经验和专业能力，表现为风险的识别和定价、金融信息处理、金融产品设计等，同时，传统金融机构还有品牌和牌照优势。盈利上，传统金融机构通过向客户提供金融服务收取费用，但金融机构处于强势地位，竞争并不充分，造成金融机构服务质量和意识都不令人满意，有时甚至与客户发生利益冲突。总的来说，互联网的优势在于“渠道、客户、技术、信息和服务”，传统金融机构的优势在于“金融专业性”。金融机构的“金融专业性”和牌照管制使得其不会被互联网完全取代，但互联网的优势可以改善或者改变金融机构的业务模式，进一步降低资金配置中的成本和减少信息不对称问题。

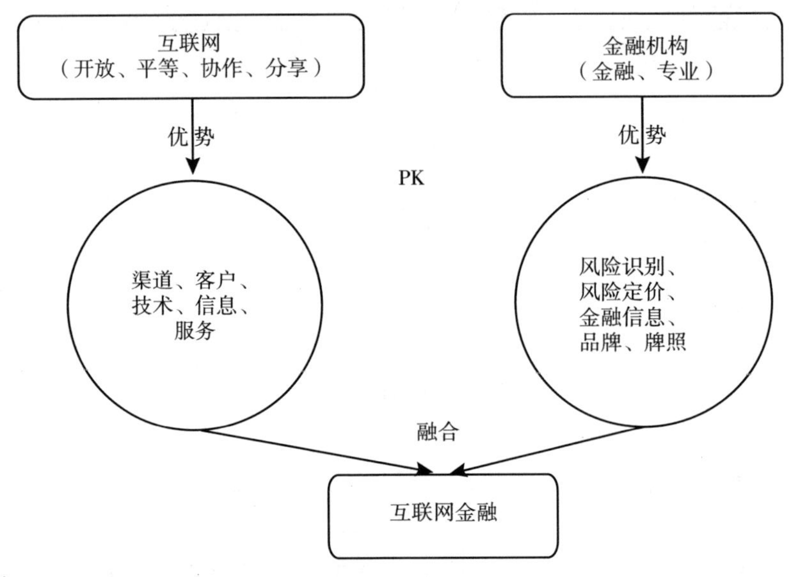

图 9　互联网与金融机构比较

（3）互联网金融对证券业的影响分析

券商现有业务大致可以分为以下三类：一是通道或平台类业务，如经纪和投行；二是投资类业务，如自营和资管；三是资本中介业务，即两融、股票质押、做市等。如果不考虑牌照管制，这些业务几乎都可以通过互联网来改善或改变。这些业务对券商的能力要求不一样，因此改变的顺序不一致。总的来说，互联网金融将首先使得券商通道型业务“互联网化”，即向低价甚至免费、标准化、网络化转变，大大降低了客户的交易成本和时间成本，对证券业的影响是价格下降带来的市场分化。在互联网金融影响下，那些能体现券商“金融专业性”的业务将“金融化”，即能体现券商“金融专业性”的定价和风控能力的作用将更为突出，竞争力强的券商将胜出。

实践中，互联网金融对证券业早有渗入，我们认为短期内互联网金融对证券业的影响分为以下几个阶段。

（1）第一阶段：金融电子化

按照《金融 e 时代》中的表述，金融电子化即传统金融机构借助信息技术提升业务能力和运营效率，如办公流程电子化、通过互联网和移动端提供资讯、网上交易等。这是互联网技术对金融的影响，证券业主动利用互联网技术来提升办公效率、降低成本，且不改变原有的业务模式和金融功能。近期频频报道的券商交易系统出现故障表明这一阶段仍有较大的改善空间。

（2）第二阶段：金融互联网化

随着互联网的普及，互联网的渠道和客户价值开始显现，也成为互联网渗入金融业的一个突破口。业务管制的放开为代销金融产品、非现场开户提供了一个契机。券商主动或被动选择与互联网企业合作，利用互联网平台导流来获取客户。但更多的是互联网技术和服务意识影响着券商，提升券商的服务质量和覆盖面、降低成本。目前处于券商通过互联网平台导流获取客户并学习互联网的服务模式的阶段，改善的业务有网上开户、代销理财产品等。后续进展需要支付、托管功能放开，并且借助互联网技术来打造综合账户，以“一人一户”为基础，依托互联网渠道为客户提供标准化的综合理财服务。

（3）第三阶段：金融服务个性化

这一阶段主要是在获取大量客户基础上，利用互联网在大数据获取、分析中的优势，对客户进行分类管理并主动提供相应的个性化服务。券商的复杂产品设计、风险识别和定价能力能够保证为客户提供个性化服务。这一阶段很好地将金融机构与互联网优势结合起来，互联网的大数据分析只是一个工具，提供差异化产品和服务才是重点，券商具有主动性。现有模式下券商为客户提供个性化服务往往只覆盖高净值客户，互联网金融模式下个性化服务将覆盖绝大部分客户，且是券商通过数据分析主动地挖掘客户个性化需求并提供相应的服务。

4. 市场化、创新、互联网金融加速行业分化

（1）经纪业务市场化加速行业分化

行业创新发展的同时，市场竞争也进一步加剧，最为明显的就是经纪业务。营业部设立和非现场开户的放开，意味着经纪业务的地域限制被打破。证监会向各证监局和协会下发《关于进一步规范证券经纪业务活动有关事项的通知》，彻底放开经纪业务竞争，至此，经纪业务在监管上已基本市场化，价格联盟、区域限制都将不复存在。

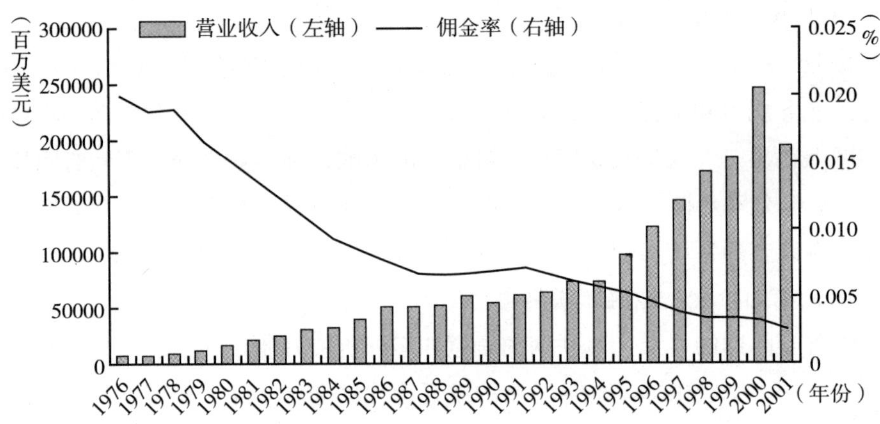

图 10　佣金自由化后美国证券业佣金率及收入变动

资料来源：SIFMA。

美国在 1975 年取消固定佣金制后，佣金率和经纪业务收入占比一路下滑，市场化竞争下投行开始分化，如嘉信理财大幅下调佣金，打造折扣经纪商；美林成立资产管理部门，推出 CMA 账户为客户提供全方位的理财服务；高盛发力反收购业务；所罗门兄弟公司建立规范的资产证券化部门。此后不同阶段的宏观经济的发展特点也给投行带来了新的业务需求，较为完善的多层次资本市场也为投行各项业务的创新奠定了基础。在 80 年代的垃圾债发行和杠杆收购高峰中，投行起了主导和推动作用，在满足初创型小企业融资需求、企业并购的同时，投行债券发行、财务顾问业务也得以发展。90 年代包括资产证券化在内的衍生产品市场迅速发展，在解决储贷危机方面，金融机构资本金发挥了重大作用，也带动了投行交易、投资业务的增长，投行杠杆率提升。投行在服务实体经济的同时，也实现了业务多元化和收入增长。

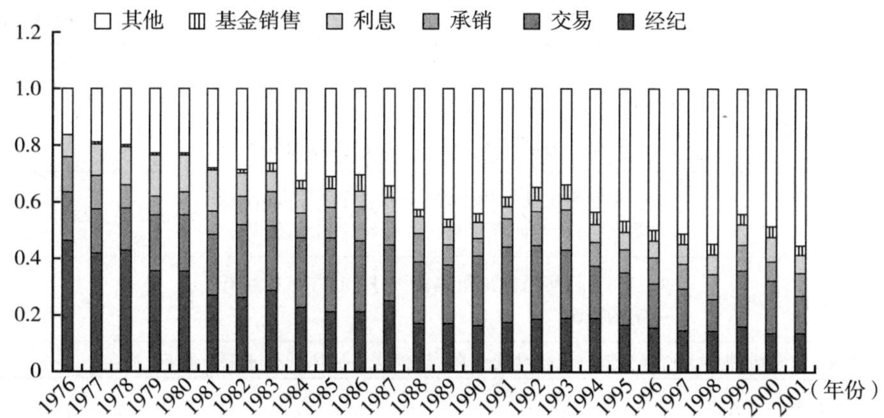

图 11　佣金自由化后美国证券业收入结构变动

资料来源：SIFMA。

经纪业务一直是国内券商最大的收入来源，经纪业务市场化将给券商带来巨大影响。从实际数据来看，经纪业务市场化将带来佣金率下滑、市场集中度提升，既给券商提供差异化发展机遇，也倒逼部分券商转型。

（2）创新业务高门槛加速行业分化

从表 14 中可以发现，创新大会以来，行业在业务创新上硕果累累，但不同业务差异明显。与传统业务人人都能参与不同，创新业务一般有较高的门槛，需要券商在某领域有较强实力，不是所有券商都能够开展的，因此也是未来差异化发展的一个推动力。未来推出的期权、做市商等业务门槛也很高，对券商资金、研究实力都有很高的要求，这些创新业务的发展会推动行业走向分化。

表 8　创新业务核心能力比较

业务	特点	关键能力
个股、股指期权	定价是基础，研究能力很重要。未来可能采取做市商制度，资金和风控是关键	资金、研究、风控
区域股权交易市场、新三板	企业储备很重要，有区域背景的券商占优势。新三板做市也考验做市券商的研究定价和资金实力。新三板企业融资对投行实力有要求	区域资源、资金、投行
直投、另类投资	资金是基础，投资标的是关键，投资、研究能力很重要	资金、研究

续表

业务	特点	关键能力
柜台交易业务	产品更个性化和专业化,对券商产品设计能力要求高。未来有可能采取做市制度,对资金要求也很高	产品设计、资金
资产管理	集合资管为主动管理产品,对投资和产品设计能力要求高;资产证券化重在产品设计和承销	产品设计、投资、承销
IPO 注册制、并购重组	对券商投行实力提出更高的要求,也需要券商有一定的资源	投行
融资融券、股票质押	客户是基础,资金是保障,规模增大后风控很重要	客户、资金

资料来源：笔者整理。

（3）互联网金融渗入加速行业分化

互联网金融冲击下首先受到影响的是经纪业务，从华泰率先喊出“足不出户、万三开户”到国金推出首个互联网证券产品“佣金宝”以来，越来越多的券商开始跟进，“网上开户＋低佣”成为标配，互联网金融的渗入进一步加速了经纪业务市场化，佣金率加速下滑，一些战略领先的券商的经纪业务所占份额大幅提高。部分中小券商希望通过互联网金融实现弯道超车。

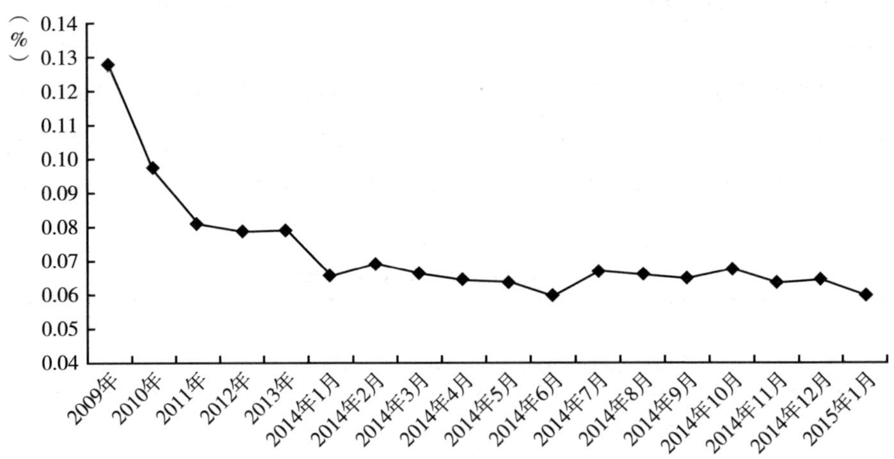

图 12　股基交易佣金率变化

资料来源：证券业协会，Wind 资讯。

国金与腾讯合作推出“佣金宝”以来，券商的互联网金融战略层出不穷，从最开始的网上开户低佣交易和小额股票质押，到自建网络商城、统一账户打通消费支付通道，再到入股互联网企业、设立证通公司等，可以看到券商的互联网金融战略正从个例变为全局行为，从流量导入工具变为账户整合、开辟创新业务的利器。

互联网金融对经纪业务市场化有推动作用，加速佣金率下滑毋庸置疑。从发展阶段来看，目前券商互联网金融正处于前述第二阶段。随着互联网金融渗入加深其给行业带来的变革至少有以下几点：一是佣金率下滑已被逐渐接受，与此对应，经纪业务转型、通过提供增值服务来获取高佣金的共识增强；二是在交易额提升、其他业务收入大幅增长的保护垫下，通过互联网金融主动降佣成为券商传统业务战略转型的选择；三是券商将互联网金融作为突破传统业务的切入口，加速布局综合理财、P2P、众筹等互联网金融业务布局。这些变革也标志着在互联网金融上，券商正从被动应战转为主动融合，变冲击为利器。

表 9　券商互联网金融战略典型案例

时间	券商	互联网金融事件	意义
2013 年 11 月	国金证券	与腾讯开展战略合作,共同打造在线金融服务平台,与腾讯网在网络券商、在线理财、线下高端投资活动等方面展开合作	推出首个互联网证券产品“佣金宝”,标志着互联网金融正式“入侵”证券业
2013 年 12 月	国泰君安	推出综合金融账户“君弘一户通”和综合金融服务平台“君弘金融商城”	券商互联网金融新方向——统一账户体系、打造综合理财服务平台
2014 年 4 月	华泰证券	与网易开展战略合作,获取网易旗下业务平台的宣传资源支持,与网易开展网上开户业务合作,共同打造全新的财经资讯服务和理财平台	大券商首度与互联网企业展开合作,网上开户低佣交易策略延续
2014 年 4 ~ 11 月	中信、兴业、长城等	三批共 24 家券商获互联网证券业务试点资格	互联网金融已成为行业普遍行为,模式多元化
2014 年 7 月	广发证券	广发战略入股 P2P 平台投哪网	券商利用互联网金融业务布局创新业务
2014 年 11 月	兴业、国海等	多家券商共同出资设立证通公司	建立行业联网互通平台,为证券业综合理财、电子商务等提供支持
2014 年 11 月	广发证券	与新浪展开战略合作,打造超级账户,利用大数据挖掘等技术,打造一站式金融服务平台	超级账户超越社交和理财边界,金融与互联网平台整合,大数据挖掘提供主动服务

资料来源：公司公告，网络资源。

三　业绩增长可持续

（一）传统模式下业绩波动大、ROE 水平低

长期以来驱动券商业绩增长的主要是经纪、自营和投行这“三驾马车”，这三类业务都与二级市场密切相关，也造就了券商“靠天吃饭”的特性。其中经纪、投行属通道类、轻资产业务，券商加杠杆的渠道主要来自自营业务，而自营业务风险较大，券商在加杠杆上较为谨慎。与银行和信托靠稳定息差、资产扩张维持利润增长，高杠杆维持高 ROE 的业务模式不同，券商“靠天吃饭”、低杠杆模式使得其业绩波动非常大，竞争日趋激烈下 ROE 较低。

（二）资本中介业务开启加杠杆率之旅，收入增长稳定性增强

创新大会以来，受益于资本中介业务的快速增长，行业开启了加杠杆之旅，利息收入贡献日益显著。资管业务收入也因定向资管规模出现爆发式增长有了较大提升。传统业务也随着市场交投回暖、IPO 重启等恢复增长，ROA 和杠杆率双双提升驱动 ROE 上行。

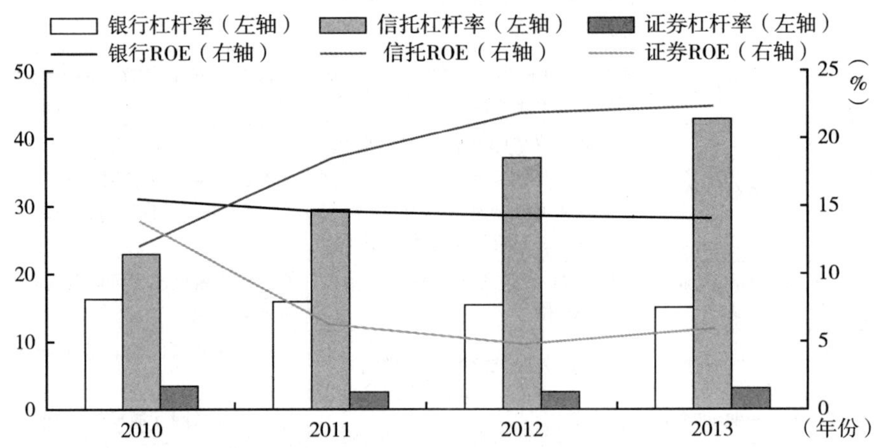

图 13　证券、银行、信托杠杆率和 ROE 比较

资料来源：银监会，证券业协会，信托业协会。

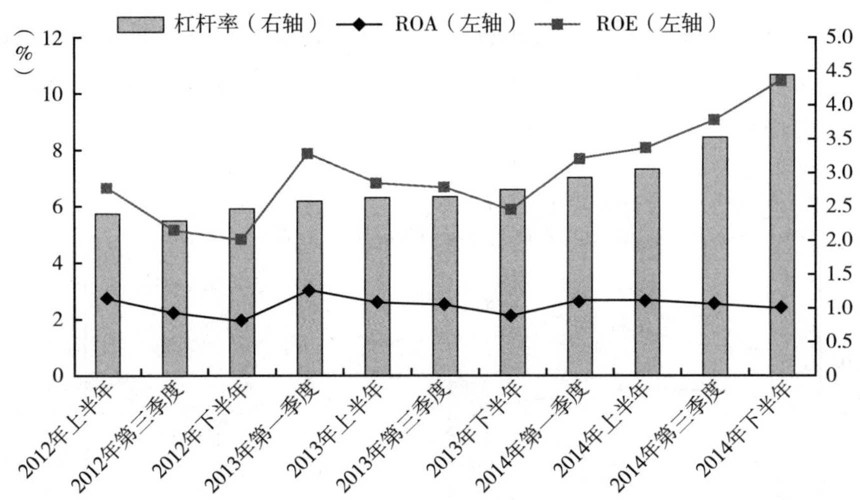

图 14　创新大会以来行业杠杆率和 ROE 提升

注：非年度数据都经过年化处理。

资料来源：证券业协会，Wind 资讯。

行业在收入上正发生一些积极变化，即收入增长对二级市场的依赖性在减弱、对实体经济的依赖性在增强，收入增长确定性在增强。创新大会以来资本中介和资管业务规模增长最显著，其中资管业务中定向资管作为实体经济融资的通道，与二级市场表现无直接关系，其规模出现爆发式增长是近两年资管收入大幅提升的主要原因。资产证券化实施备案制后有望接力定向资管成为资管业务收入的增长点。股票质押属类贷款业务，券商相对银行和信托优势明显，未来质押主体有望拓展到新三板挂牌企业，仍有较大的增长空间。目前两融规模仍处于上升趋势中，股市上涨时融资融券规模增速加快，震荡或下跌时增速放缓但下滑的可能性小，从发达市场的经验来看，两融规模仍有上涨空间。IPO 开闸后投行业务恢复增长，注册制改革趋势不变，IPO 再次暂停的可能性很小。股权融资、并购重组是资本市场服务实体经济的手段之一，在化解产能过剩、降低企业杠杆率和国企改革等方面发挥了重要作用，未来业务空间将继续扩大。经纪和自营一直是券商主要的收入来源，目前来看仍然是，在其他业务收入大幅增长下其占比有下滑趋势。从趋势来看，随着佣金率下滑经纪业务收入的贡献有下滑趋势。自营业务方面越来越多的券商开始采取量化、套利和对冲等策略，相对单边投资来说风险大幅降低，收益较为稳定。券商增资加大了创新型自营业务规模，也有助于稳定收益。

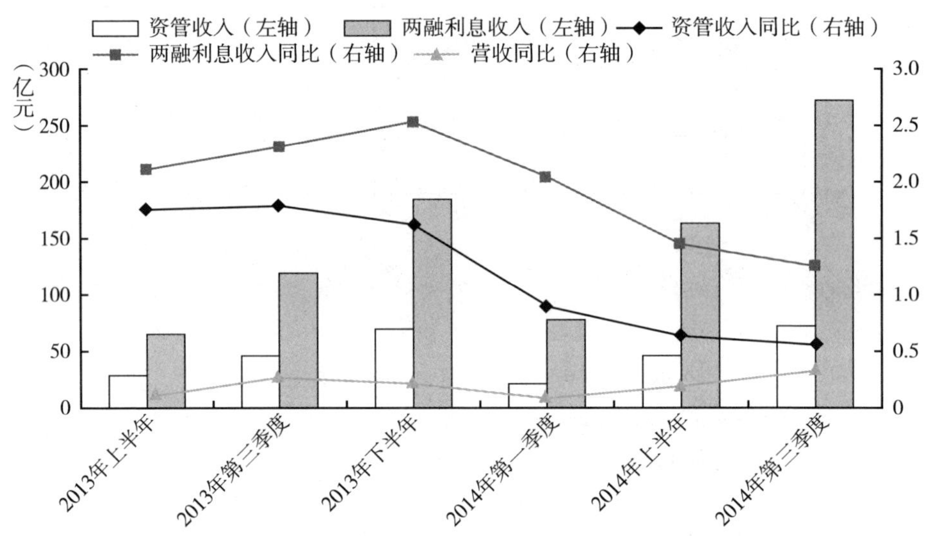

图 15　资管和两融业务收入增长趋势

资料来源：Wind，中航证券金融研究所。

（三）增资加码，创新业务

创新业务发展增加了券商对资金的需求，补充资本和负债融资成为券商的必然选择。年初以来，仅上市券商中就有 12 家完成/计划定增融资，从募集资金用途来看，几乎都包括了加大信用中介、自营、直投等创新业务投入。监管层对券商补充资本已有要求，补充资本更多的是用于创新业务，用于服务实体经济，也是基于风险管理的需要。后续还会有更多的券商跟进，券商全面补充资本金的时代即将到来。而加码创新业务、加杠杆将加速盈利模式从 ROA 提升驱动 ROE 向 ROA、杠杆率提升驱动 ROE 转变，驱动 ROA 提升的因子从传统依靠通道类业务向传统、创新业务并重转变。

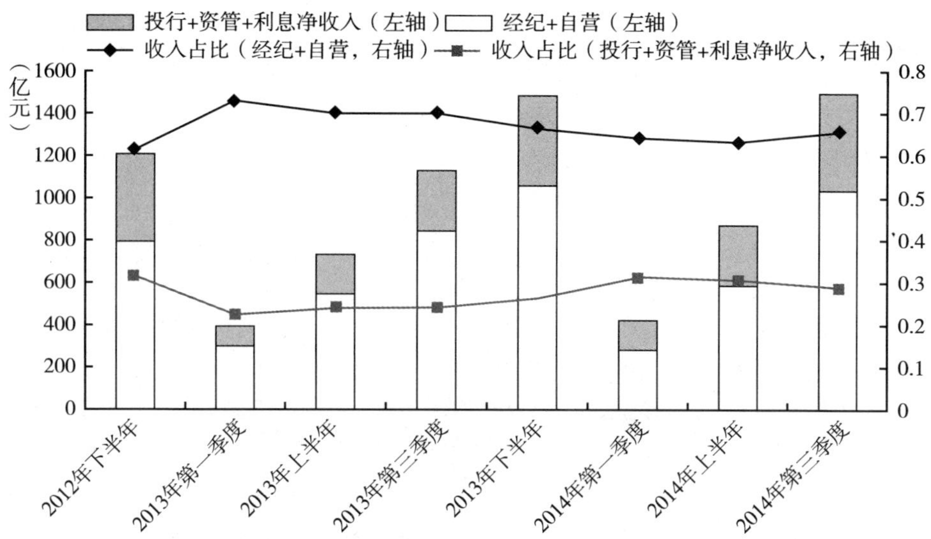

图 16　经纪自营收入占比变动

资料来源：证券业协会，中航证券金融研究所。

表 10　2014 年以来上市券商定增募集（计划）

时间	券商	事件	资金用途
2 月 26 日	西南证券	定增募资 43 亿元	①扩大创新型自有资金投资业务范围及规模；②加大对直投子公司的投入；③适时增加对未来香港子公司的投入；④进一步扩大信用交易、固定收益业务规模；⑤改进信息系统
4 月 3 日	国海证券	拟定增募资不超过 50 亿元	①扩大创新型自营业务规模；②扩大信用交易业务规模；③增加证券承销准备金；④加大资产管理业务投入；⑤加大对子公司的投入
4 月 23 日	太平洋证券	定增募资 37 亿元	①优化经纪业务网点布局；②增加证券承销准备金；③适度提高证券投资业务规模；④对直投子公司适度增资；⑤开展证券资管业务；⑥开展融资融券业务；⑦适时参控股基金公司、并购期货公司、拓展国际业务；⑧加大研发投入；⑨加大信息系统投入
5 月 29 日	招商证券	定增募资 111 亿元	①加大创新（两融、股票质押式回购、直投）业务投入；②增加对香港子公司的资本投入；③加大信息系统的资金投入
6 月 27 日	西部证券	拟定增募资不超过 50 亿元	①扩大两融业务规模；②扩大股票质押式回购及约定购回业务规模；③提高创新型自营投资业务规模

续表

时间	券商	事件	资金用途
8月7日	东吴证券	定增募资51亿元	①扩大创新型自有资金投资业务范围及规模;②加大经纪业务投入;③增加证券承销准备金;④拓展证券资产管理业务;⑤扩大信用交易业务规模;⑥加大对子公司的投入;⑦加大信息系统建设投入
9月30日	国金证券	拟定增募资不超过45亿元	①扩大信用业务规模;②拓展证券资产管理业务;③增加对子公司的投入;④增加证券承销准备金;⑤开展跨境业务;⑥积极开展互联网金融;⑦开展主经纪商业务;⑧加大信息系统投入
11月21日	光大证券	拟定增募资不超过80亿元	①以客户为中心拓展综合金融服务;②以资本中介业务为核心优化公司收入结构;③境内外证券资产收购及投入;④加大信息系统的资金投入
11月22日	广发证券	拟发行H股,不超过发行后总股本20%	增加公司资本金、补充营运资金、推动境内外证券相关业务发展
11月26日	华泰证券	拟发行H股,不超过发行后总股本20%	①战略型发展,如综合性金融控股集团架构的构筑,海外业务开发与拓展等;②应对飞速增长的两融及相关创新业务;③自营金融产品投资及其他业务
2015年1月24日	兴业证券	拟按每10股配售不超过3股的比例向全体股东配售,募资不超过150亿元	①扩大信用交易业务规模;②加大对做市商及柜台市场交易等资本中介业务的投入;③加大对资产证券化业务等创新业务的投入;④适度扩大自营业务规模;⑤加大对子公司的投入,并根据业务发展需要新设其他金融业务子公司;⑥适时进行外延式发展,收购或参股境内外金融类公司
2015年3月10日	山西证券	拟定增募资不超过40亿元	①扩大信用交易业务规模;②加大对投资类业务的投入;③开展互联网证券业务;④其他资金安排

资料来源:笔者整理。

(四)传统创新双轮驱动业绩持续增长

在直接融资占比提升的背景下,资金持续流入股市,市场交投仍将保持活跃,资本中介业务规模继续攀升,行业杠杆率将继续提升,券商基本面持续向好。IPO注册制将落地,资本市场在化解过剩产能、缓解中小企业融资难问题、国企改革、PPP融资等方面将被委以重任,会给券商带来大量并购重组、直接融资业务。传统业务上,除经纪业务可能因佣金率超预期下滑而收入小幅下降以外，自营、投行和资本中介业务收入将继续增长。创新业务上，包括注册制、新三板制度完善等在内的一系列改革都会取得较大进展。新三板挂牌企业到年底有望超过5000家，挂牌企业数大幅增加是基础，股票成交以及企业定增融资规模都会上一个台阶，券商在新三板业务上收入有望翻番。前期券商在直投和另类投资等创新业务上的投入都将逐步转化为收入贡献，资产证券化和股票期权更多的是处于起步阶段，收入贡献不大，但是未来可期。注资后创新业务将全面加码，在带动业务转型的同时对收入的贡献会进一步提升。保守估计2016年净利增速在35%以上。

B.9

环保领域又一块金矿

——沼气

中航证券有限公司课题组

摘　要：随着中国经济的发展，能源需求和环境保护压力日益增加。在这一背景下，大力发展沼气这一可再生能源，对于治理环境、缓解经济发展中的能源压力而言具有十分重要的意义。本文首先回顾了我国沼气行业的四个发展阶段，指出目前我国沼气原料来源丰富，但人均沼气产量低于世界平均水平，市场前景广阔的现状；随后以沼气用于炊事，沼液、沼渣用于肥田的简单利用模式为例，用成本—效益现值分析法评价了农村家用8立方米沼气池的直接经济效益，论证了沼气利用具有经济、社会、生态等多方面的效益；最后，本文认为沼气行业的发展趋势为：在加强农户自用的前提下，推进大中型沼气和集中供气工程建设，真正发挥其作为清洁能源发电的功能。目前我国政策上已为沼气发展做好准备，沼气行业正处于爆发前夜。

关键词：沼气　生物质　可再生能源　沼气工程

一　发展沼气工程意义重大

（一）发展生物质可再生能源，缓解能源危机

由于石油、煤这类化石能源的形成需要经过上万年的时间，具有不可再生

性，随着使用量的增长，这些能源将日益枯竭，20 世纪 70 年代就曾出现两次石油危机。而生物质资源范围广泛、数量巨大，主要有工农业废弃物、畜禽粪便、城市垃圾、污泥、林业废弃物、木柴、能源植物等。世界生物质可以提供相当于当前世界能源消费量一半以上的能源。

根据中国《可再生能源中长期发展规划》对今后生物质能源发展确定的目标：到 2010 年，生物质能源年利用量占到一次能源消费量的 1%，到 2020 年，生物质能源年利用量占到一次能源消费量的 4%。根据有关资料，2008 年我国年产生物质能源总量相当于 4.87 亿吨石油，随着我国工农业的发展以及城镇建设的推进，产生的可利用生物质能源量还会逐步增加。

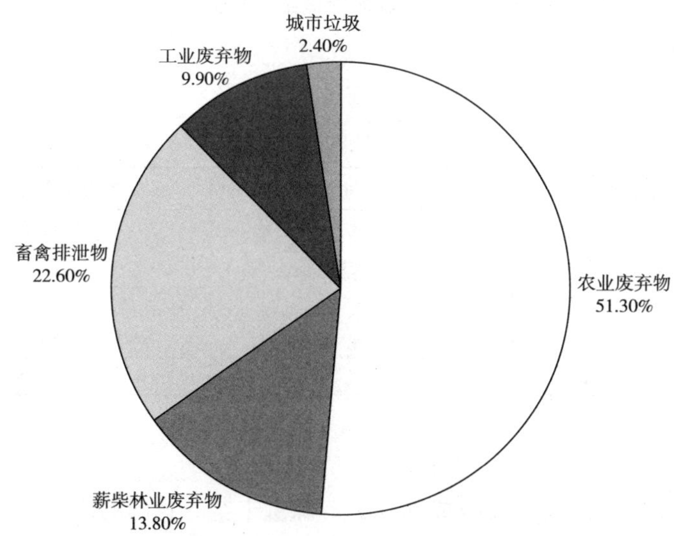

图 1　我国的生物质能源结构

资料来源：Wind 资讯。

我国生物质发电装机规模日益增长，其中沼气产能占了生物质产能的半壁江山。根据国家能源局的统计，到 2010 年底，全国建成各类生物质发电装机合计约 670 万千瓦。其中，蔗渣发电约 170 万千瓦，秸秆林木废弃物发电约 226 万千瓦，城市垃圾发电约 223 万千瓦，沼气和垃圾填埋气发电约 50 万千瓦。

2010 年我国全部沼气产能占生物质能的 68.14%。其中，大中型沼气产能占生物质能的 24.15%。

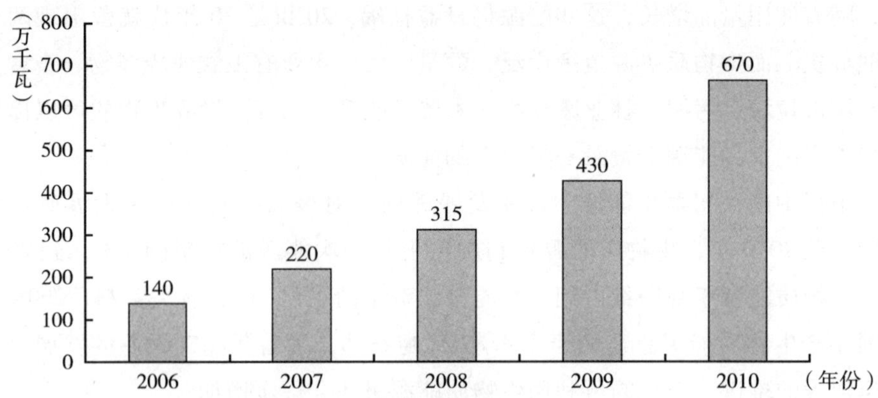

图2　生物质发电装机规模

资料来源：Wind 资讯。

表1　各生物质能产量

生物质能分类	产量	折合标煤(万吨)
沼气	230 亿立方米	1642. 2
燃料乙醇	186. 8 万吨	274. 86
生物柴油	40 万吨	50
秸秆	100 万吨	50
合　计		2017. 06

资料来源：Wind 资讯。

沼气是生物质能的主要组成部分，资源量丰富。我国的沼气原料主要来自工农业排放的废水、废渣和城市生活污水、生活垃圾等。

（二）节能减排和生态环境压力推动沼气工程建设

化石能源的燃烧会产生二氧化碳、二氧化硫、氮氧化物等，造成全球变暖、大气污染等环境问题。当前，中国经济正在高速发展，能源需求和环境保护压力日益增大。2005 年在北京国际可再生能源大会上，我国承诺到 2020 年实现非化石能源占能源消费总量 15% 的目标；在哥本哈根联合国气候变化会议上我国承诺：到 2020 年温室气体排放比 2005 年下降 40% ~45% 。碳减排的紧迫任务促使我国加快发展能效更高、更清洁的可再生能源。沼气的主要可燃成分是甲烷（CH_4），每立方米沼气的热值约 21MJ，相当 1.45 立方米煤气的热值，与煤炭等化石能源相比，沼气产生同等能效的碳排放量较少，有利于节能减排。

兴建沼气池可以减少农民对草场和林木的砍伐，对农村生态的保护有促进作用。目前，柴薪仍是中国农村的主要生活用能来源之一。2009 年，中国农村生活能源消耗柴薪近 1.8 亿吨，相当于 0.28 亿公顷林地的年生物蓄积量，对生态环境造成了极大地破坏。沼气的使用可以大幅减少农民对草场和林木的砍伐。以 1 口 8 立方米的沼气池为例，一年所产沼气能量相当于 3 亩薪炭林一年的产炭能量，或 150 亩干旱草地的地头生物产品能量。

沼气的使用有利于保护水源，减少污染，改善水环境质量，改变农村“脏、乱、差”的卫生面貌。2000～2009 年，我国污水排放量、单位耕地化肥使用量及农药施用量分别以年均 4.0%、3.7% 和 4.0% 的速度增长，工农业生产及居民生活造成的水体污染和土地污染严重制约了经济的可持续发展。沼气池在处理废水的同时可以产生能量和有机化肥，减少 20% 以上的农药和化肥施用量，降低农产品农药残留 1% 以上。此外，沼气池的厌氧发酵处理可以杀死绝大部分寄生虫卵和病菌体，实现人畜粪便的合理排泄和集中处理，改变农村“脏、乱、差”的卫生面貌。

（三）沼气工程有技术优势，适合大规模发展

沼气工程在我国已有 30 多年的历史，我国在沼气工程建造和运行管理等方面积累了丰富的经验。与其他生物质相比，沼气更适合大规模地发展和推广。

表 2　各种生物能的比较

生物质能名称	优势、特点	发展瓶颈
沼气工程	我国在沼气工程的建造和运行管理等方面积累了丰富的实践经验，技术成熟。沼气生产原料多样且资源量丰富，适合大规模、高速发展	
农业废弃物、秸秆	采用堆肥方法，成本低，适用于分散农户的小规模应用	时间长，占地大，受环境影响大，劳动强度大，产出量少

续表

生物质能名称	优势、特点	发展瓶颈
秸秆直接燃烧发电	全国已建成(或正在建设)近70个秸秆直燃发电装置。每个装置平均年耗秸秆20万吨,装机容量25~30兆瓦。秸秆发电是一种很有前景的新型能源利用方式	秸秆电厂燃料来源不稳定,涉及运输、分选、储运、防腐等诸多问题,秸秆收购成本风险较大。大型秸秆电厂一般采用国外大型发电系统,投入大、风险大
燃料乙醇生产	应采用非粮原料生产,若要大规模发展,必须建好非粮原料基地(如薯类原料、芭蕉叶、黄姜),以保证燃料乙醇长期、稳定的生产	长期稳定的原料供应;国内尚无大型工业化装置,试验装置生产成本较高,有一定的技术风险

中国沼气建设起步于20世纪70年代，已有30多年的发展史，主要经历了以下四个阶段。

（1）1973~1983年：仓促发展与回落

政府为解决农民生活燃料严重短缺的问题，在全国推广沼气，1976年形成了全国性的高潮，当年统计推广256.7万户。由于仓促上马、急于求成，且缺乏成熟的技术支持及管理不善等，造成仅在数量上有高速增长，而紧跟着的是大回落阶段，从1976年的700多万户回落到1982年的400万户。

（2）1984~1991年：调整与重视科技

此阶段注重沼气技术方面的科研，修理病态池，放慢发展速度，8年间新增池扣去报废池仅累计增加82.7万户，平均每年增加10万多户。

（3）1992~1998年：回升与效益凸显

由于第二阶段科研与示范工作成效显著，如户用高效沼气池技术、南方恭城模式、北方“四位一体”模式等，沼气与生态建设等有机结合，沼气建设综合效益日益明显，发展加速，每年新增池在50万户左右。

（4）1999年至今：全面提升与快速发展

农业部提出了“能源环保工程”和“生态家园富民工程”，并于2003年得到农村基础设施国债资金10亿元的支持。2003年新建用户数为210万户，沼气池保有量1288.9万户，总产沼气量达45.8亿立方米，沼气建设进入快速发展的新阶段。

二　立足当下：沼气资源量及行业发展状况

我国沼气工程经过多年的发展，取得了十分瞩目的成绩，在沼气产量和已建大中型沼气工程数量方面，均位居世界第一；但人均沼气产量仍低于世界平均水平。我国的沼气原料来源丰富，主要来自工业废水、废渣，农业畜禽养殖场的粪便，以及城市的生活污水和垃圾，这三个领域的沼气资源量充足、市场前景广阔。

（一）沼气产业发展迅速，总产量领先，但人均产量仍低于发达国家水平

我国大中型沼气工程作为目前生物质能的主要组成部分，其原料主要来自工农业排放的废水、废渣和城市生活污水、生活垃圾。沼气产业经过近年来的快速发展，在沼气产量和已建大中型沼气工程数量方面，均位居世界第一。截至 2009 年底，我国大中型沼气工程的沼气产量达 74. 55 亿立方米，工程数量达 25197 座，并且每年以 20% ~30% 的速度增加。

表 3　2009 年全国大中型沼气工程的沼气产量和工程数

单位：亿立方米，座

项目	沼气产量	沼气工程数
工业企业	50. 00	2000
大中型畜禽养殖场	4. 55	22570
城市生活垃圾和污泥	20. 00	627
合　计	74. 55	25197

2009 年我国大中型沼气工程沼气产量为 74. 55 亿立方米，已接近欧洲最发达的德国的沼气产量（90 亿立方米），达到欧洲总量的 41% 。

中国总产量为 210. 0 亿立方米（其中农业沼气为 140 亿立方米，工业和城市废弃物产沼气为 70 亿立方米），对比其他国家，沼气产量居世界之冠。但按主要国家人均沼气产量计算，中国排名第 15 位，不足欧盟平均量（16. 7toe/1000 居民）的 1/2。

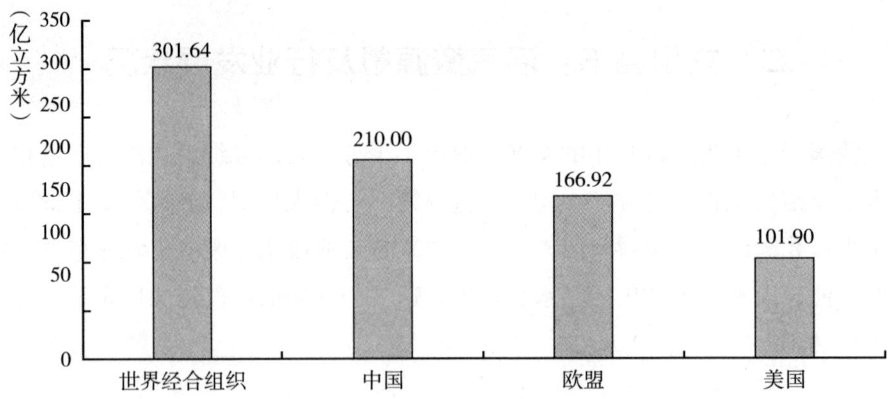

图3　2009 年中外沼气产量对比

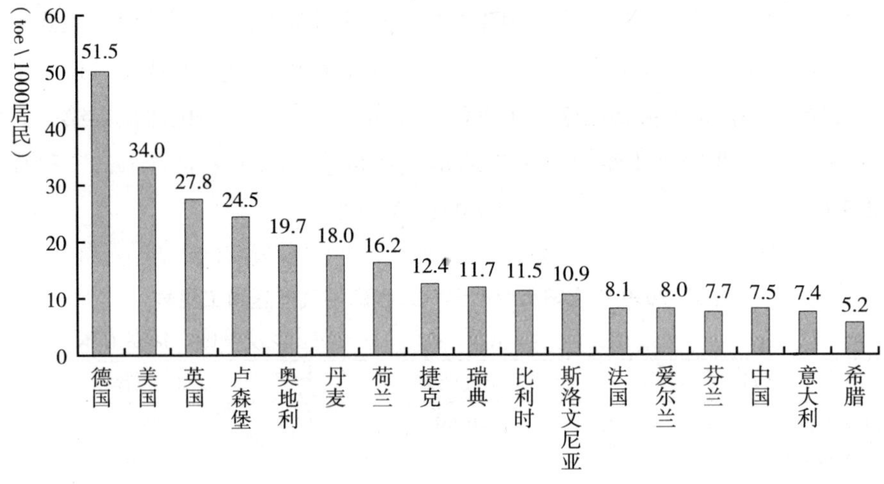

图4　2009 年各主要国家人均沼气产量

欧洲、美国沼气工程产生的沼气基本上用于发电，少部分提纯后代替天然气，用作汽车燃料，如此一来，沼气得到充分利用，效益较高。中国工农业沼气工程产生的沼气仅有少量用于发电，工业企业绝大多数用于锅炉燃料，农场沼气工程仅有 2% 左右的产气用于发电，其余基本上用作养殖食堂炊事燃料，养殖场近 90% 的沼气没有被有效利用。未建沼气发电机组的生活垃圾填埋场，所产沼气也仅有部分用作生活燃料。

（二）工业沼气资源及发展现状

工业沼气资源主要来自于有机废水和废渣，我国工业有机废水的年排放量达43.67亿吨、废渣为9.4558亿吨，可转化为沼气的资源量为280.83亿立方米（含甲烷56%）。细分行业来看，截至2009年，轻工业企业每年排放有机废水17.57亿吨、废渣4322.75万吨，可转化为沼气的资源量为154.23亿立方米；非轻工业企业每年排放有机废水26.1亿吨、废渣为90235.25万吨，可转化为沼气的资源量为126.6亿立方米（含甲烷56%）。

表4　2009年全国大中型沼气工程沼气产量

细分领域	主要行业	有机废水排放量(亿吨)	废渣排放量（万吨）	沼气量（亿立方米）
轻工业企业	酒精、制糖、啤酒、黄酒、白酒、淀粉、味精、饮料和造纸等	17.57	4322.75	154.23
非轻工业企业	制药、屠宰、石化、天然橡胶和糠醛等	26.1	90235.25	126.6
合　计		43.67	94558	280.83

2009年，全国工业有机废水沼气工程近2000座，分布在山东、江苏、河南、安徽、广西等20多个省份，年产沼气量可达50亿立方米，可发电80亿千瓦时。从应用领域分析，酒精、淀粉、啤酒、发酵、食品、豆制品、屠宰、制药和造纸废水处理占所有应用领域的90%以上。

表5　全国工业沼气工程

项目	内　容
已建沼气工程数	近2000座
厌氧工程装置总体积	500万立方米(平均2500立方米/座)
年处理有机废水量	5.0亿立方米以上
年产沼气量	50.0亿立方米(可发电80亿千瓦时) 占总资源量的17.86%
分布省份(按沼气产量)	山东、江苏、河南、安徽、广西、河北、四川、广东、浙江、黑龙江、吉林、内蒙古等省份，约占总量的70%以上
应用领域	酒精、淀粉、啤酒、发酵、食品、豆制品、屠宰、制药和造纸废水处理占所有应用领域的90%以上

与2002年统计相比，沼气工程和沼气产量增长最快的行业是酒精（较2002年增加100多座工程，年增1亿立方米），淀粉（较2004年增加100座以上工程，年增1亿立方米），以及果汁及果汁饮料、中成药、豆制品、造纸行业（已建有200多座沼气工程）。

（三）农业沼气资源及发展现状

农业沼气资源主要来自于集约化畜禽养殖场的粪便，其中猪、牛和禽类是畜禽粪便排放的主要来源。根据农业部的资料，我国畜牧业近几年一直保持8%以上的增长速度，因此畜禽粪便排放量逐年增加。

表6　2009年畜禽粪便排放

项目	存栏量(万头)	日产粪(千克/头)	日产尿(千克/头)	产粪量(万吨)	产尿量(万吨)
牛	10726.5	15	25	58727.588	97879.313
猪	64538.6	3	4	70669.767	94226.356
鸡				19335.237	0
总　计				148732.592	192105.669

理论上，去除1千克COD可产生0.35立方米甲烷，不同种类畜禽粪便的干物质含量和COD含量不同，厌氧发酵工艺产生的沼气量也不同。全国畜禽养殖年排放粪便总量为148732.592万吨，如果采取全部厌氧消化方式处理，可产沼气819.5亿立方米/年。

表7　畜禽粪便产沼气潜力

种类	干物质含量(%)	产气量(立方米/吨鲜粪)	CH_4(%)
牛粪	18～20	40～50	≥60
猪粪	20～25	55～65	≥60
鸡粪	30～32	70～90	≥60

当畜禽养殖场达到一定规模时，采用沼气工程技术处理粪便才是适宜的。根据农业部2007年的统计，大中型畜禽养殖场量占全国养殖总量的8.11%，经计算，大中型畜禽养殖场年排放粪便总量为12062.2万吨，可产沼气资源量66.46亿立方米。

表 8　大中型沼气工程畜禽养殖场规模的界定

类型	猪场/年（出栏，头）	蛋鸡场/年（存栏，万只）	肉鸡场/年（存栏，万只）	奶牛场/年（出栏，头）	肉牛场/年（出栏，头）
中型	3000～10000	5～20	10～40	200～600	500～1200
大型	>10000	>20	>40	>600	>1200

2009 年我国处理农业废弃物大中小型沼气工程共有 56534 座，分布在全国 31 个省份，全年产沼气 76492.17 万立方米。与 2002 年相比，全国处理农业废弃物大中小型沼气工程（共 22570 座）增加了 1.5 倍，产量增加了近 10 倍。

表 9　农业废弃物大中小型沼气工程情况

项目	内容
大型沼气工程（池容 >500 立方米）	3717 座
中型沼气工程（池容为 50～500 立方米）	18853 座
小型沼气工程（池容在 50 立方米以下）	33964 座
全年产沼气	76492.17 万立方米
供气用户	97.1862 万户
发电装机	33203.2 千瓦
年发电	10289.35 万千瓦小时

大中型畜禽养殖场沼气工程的主要特点有：①沼气工程的平均建设规模为 300 立方米/座，与工业废水和城市垃圾填埋场相比规模较小；②沼气工程多分布在畜禽养殖大省和大中城市，如山东、河南、河北、四川、湖南、内蒙古等。

根据不同种类畜禽粪便产沼气潜力的比例可以看出，全国养殖场以及大中型规模化畜禽养殖场不同畜禽粪便产沼气潜力依次为：猪 > 奶牛 > 肉牛 > 蛋鸡 > 肉鸡。

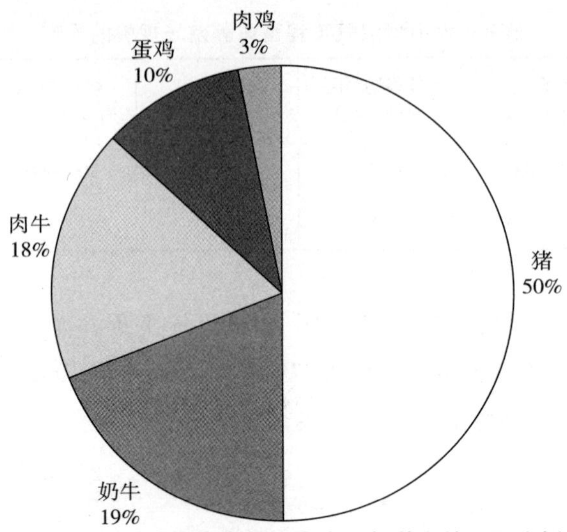

图5　不同种类畜禽粪便总量产沼气潜力的不同比例

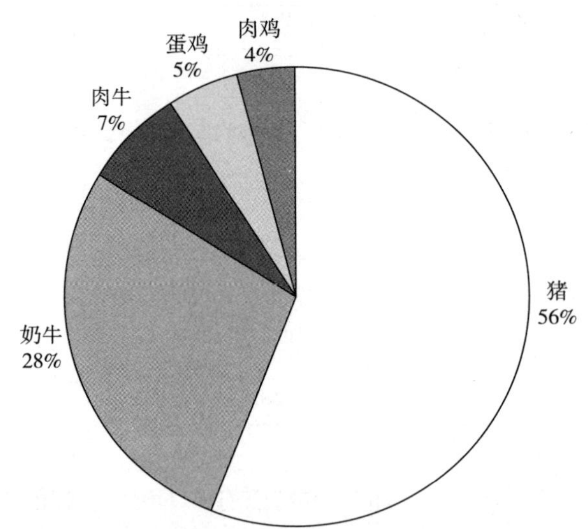

图6　不同种类大中型规模化养殖场畜禽粪便产沼气潜力的不同比例

（四）城市生活垃圾沼气资源及发展现状

在城市生活垃圾领域，生物沼气主要涉及两个方面，一方面是填埋场沼气，另一方面是有机垃圾厌氧消化，目前我国有机垃圾厌氧消化处于起步阶段，投入运行的工程项目较少，沼气利用主要集中为填埋气体利用。

根据2010年《中国城市建设统计年鉴》，截至2009年底，全国654个城市的生活垃圾清运量为1.573亿吨，按我国目前垃圾填埋技术产沼气水平计算，1吨生活垃圾可产100~150立方米沼气（含甲烷50%），则全国生活垃圾产沼气的理论资源量为157亿立方米。

表10　中国部分垃圾场填埋场沼气产量实测数据

项目名称	产气率(m^3/t)	产气寿命(a)	均气体产气率(m^3/t·a)
杭州天子岭	140.46	23	6.11
广州大田山	127.98	18	7.11
广州李坑	115.49	16	7.22
广州兴丰	121.74	18	6.76
香港翠谷	111.12	17	6.54
上海老港	137.34	22	6.24
平　均	125.69	19	6.66

截至2009年底，全国共有567座城市垃圾处理设施，其中填埋场有447座（占总数的78.84%），处理能力为27.3万吨/日，实际处理量为8896万吨/年。与发达国家和地区的生活垃圾成分相比，我国城市垃圾具有餐食等易降解的有机垃圾含量高、含水率相对较大等特点，导致垃圾填埋过程中填埋气呈现产气较快，迅速到达产气高峰，随后快速下降等特点。由于我国填埋场的设备、技术和管理等方面的因素，实际填埋气平均收集率约为20%。据此推算，我国生活垃圾年产沼气量约为18亿立方米（含甲烷50%）。

表11　城市生活垃圾沼气资源情况

项目	数量及内容
全国垃圾填埋场	447座
年产沼气量	18亿立方米
2010年沼气资源量	88.96亿立方米
年产沼气占资源量比例	20.23%

目前，我国填埋场填埋气体收集、处理和利用取得明显进展。杭州、广州、南京、西安、武汉、北京、深圳、福州、石家庄、成都等城市的垃圾填埋场填埋气体发电厂已投入使用或正在筹建中。截至2010年6月，我国已经投入运行的填埋气体利用项目有30个，主要为填埋气体发电，总装机容量近70MW。

（五）城市生活污泥沼气资源及发展现状

城市污泥是城市污水处理在水处理过程中产生的沉淀物质，即含有大量的微生物、有机物质，以及丰富的氮、磷、钾等营养物质，是一种有价值的可利用资源，生活污泥也可转化成沼气。

我国2009年底城市污水排放量为371.2129亿立方米，排放干污泥约为594万吨，据估算，全国生活污泥沼气资源量理论值为11.88亿立方米左右。2009年底全国城市污水处理厂总计约有1850个，我国污水处理厂目前采用污泥消化技术的工厂约占10%。据估算，我国污泥2009年年产实际沼气量约为2亿立方米。

表12　城市生活污水沼气资源情况

项目	数量及内容
污水处理厂污泥工程	180座左右
年产沼气量	2亿立方米
年产沼气占资源量比例	16.8%

现阶段，我国污泥处理处置的主要方法有厌氧消化、堆肥、好氧处理、陆地填埋及其他处置，由于采用焚烧处理方法的成本太高，热解和化学稳定法基于技术、经济、能耗等方面的原因而很少被采用。

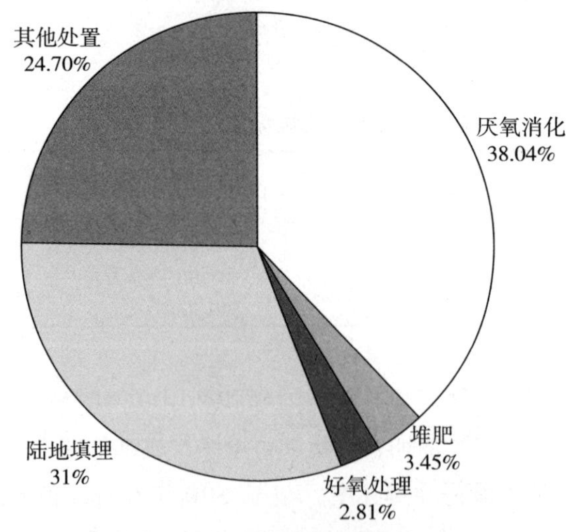

图7　污泥处理处置的主要方法

三 沼气成本及经济效益分析

沼气利用具有经济、社会、生态等多方面的效益。其中，有的可用货币价值度量，有的难以货币化；有的可以定量化，有的则难以定量化。此外，沼气效益还与综合利用程度密切相关。沼气用作炊事燃料与动力燃料，沼液、沼渣用于培养食用菌，其产出效益显然不同。一般是综合利用程度越高，效益越显著，项目评价越复杂。这里以沼气用于炊事，沼液、沼渣用于肥田的简单利用模式为例，用成本—效益现值分析法来评价南部农村家用8立方米沼气池的直接经济效益。

（一）投入的生产费用

1. 建池费用

建池费用包括材料（水泥、砂石、钢材、涂料）费、用工费（技工、小工劳动报酬和招待费等）和配套装置（灶具、灯具、压力计、管道等）费等，可根据用量和单价进行计算。坚持费用因地而异，现取值为1200元，其中材料费830元，占69.17%；用工费200元，占16.67%；配套装置费150元，占12.5%；其他不可预见费用20元，占1.67%。

2. 投料费

发酵原料为粪料，产气率较高且进出料省工。投料费可根据农户人畜年产粪量和单价进行计算。由于粪料尚无确切的价格不便于计算，近似地视为与产出的沼肥的效益相当，均忽略不计。

3. 管理费

包括大出料用工（按每年一次）和维修（每两年一次）工费，平均每年100元。

4. 维修费

维修费是指维修材料、零件费用，平均每年25元。管理费用和维修费构成沼气运行成本，每年125元。其中，用工费占80%。

（二）产出效益

1. 沼气

为简化计算，假设沼气池在年初建成，池容产期率0.25立方米/（立方米·天)，年产沼气730立方米，且各年的产期量相等。产出的价值以与其等量用能的农家燃料的费用替代，按下式计算：

沼气的热值 =（沼气的热值 × 沼气灶热效率）÷（被替代燃料的热值 × 炉灶热效率）× 替代燃料的价格

沼气的热值为20935千焦/立方米，沼气灶热效率为60%，薪柴热值为14236千焦/立方米，柴灶热效率为25%，柴价为0.12元。则：

沼气价值 =（20935 × 0.6）÷（14236 × 0.25）× 0.12 = 0.423 元/立方米

年效益为730 × 0.423 = 308.79元

2. 沼肥

评价沼肥肥效价值，关键是要了解投入沼气池发酵的有机物主要养分（氮、磷等）的保存率及传统堆沤制造肥方法中主要养分的保存率。据资料，人畜粪便的投入沼气发酵全氮保存率为114%，氨态氮增加20%以上，磷、钾等养分没有明显损失。据某农业技术手册提供的数据，沼气发酵全氮保存率比敞口池沤肥保存率68%增加46个百分点，敞口池堆沤中磷、钾保存率仅分别为63.36%和66.67%。据此推算，每口沼气池每年所产沼肥与敞口池堆肥相比可增值200元左右。

由此可见，沼肥用于肥田，其数量和肥效均比直接施用粪肥高，具有增产的效果，且实际产出效益大于投料费投入。为简化计算，近似视为与投料费相等，两相抵消。

3. 沼气池的成本和效益

如表13所示（沼气池使用寿命15年，投资机会成本10%），计算可知：累计成本现值 = 2150.75元；累计效益现值 = 2348.73元；益本比 = 1.09；投资回收期 = 12 − 1 + |−20.14| ÷ 58.62 = 11.34年；净现值 = 184.29元；内部收益率IRR = 11.6%。

表13　沼气池的成本和效益

单位：元

时间（年）	成本（1）	效益（2）	净效益(3) =(2)−(1)	$(1+i)^{-n}$（4）	成本现值（5）=（1）	效益现值（6）=（2）	净效益现值（7）=（3）	累计净效益现值(8)
0	1200	0	−1200	1	1200	0	−1200	−1200
1	125	309	184	0.9091	113.6375	280.9119	167.2744	−1047.94
2	125	309	184	0.8264	103.3	255.3576	152.0576	−895.885

续表

时间（年）	成本（1）	效益（2）	净效益(3)=(2)-(1)	$(1+i)^{-n}$（4）	成本现值（5）=（1）	效益现值（6）=（2）	净效益现值（7）=（3）	累计净效益现值(8)
3	125	309	184	0. 7513	93. 9125	232. 1517	138. 2392	-757. 646
4	125	309	184	0. 683	85. 375	211. 047	125. 672	-631. 974
5	125	309	184	0. 6209	77. 6125	191. 8581	114. 2456	-517. 728
6	125	309	184	0. 5645	70. 5625	174. 4305	103. 868	-413. 86
7	125	309	184	0. 5132	64. 15	158. 5788	94. 4288	-319. 431
8	125	309	184	0. 4665	58. 3125	144. 1485	85. 836	-233. 595
9	125	309	184	0. 4241	53. 0125	131. 0469	78. 0344	-155. 561
10	125	309	184	0. 3855	48. 1875	119. 1195	70. 932	-84. 6288
11	125	309	184	0. 3505	43. 8125	108. 3045	64. 492	-20. 1368
12	125	309	184	0. 3186	39. 825	98. 4474	58. 6224	38. 4856
13	125	309	184	0. 2897	36. 2125	89. 5173	53. 3048	91. 7904
14	125	309	184	0. 2633	32. 9125	81. 3597	48. 4472	140. 2376
15	125	309	184	0. 2394	29. 925	73. 9746	44. 0496	184. 2872

（三）社会效益分析

1. 劳动力效益评价

在评价农村使用沼气节省劳动力的价值时，必须分析沼气池投料管理所用的劳动时间和用于施肥增加的劳动时间，再与传统的打柴、炊事、施肥所用劳动时间进行比较，以评价农村使用沼气的劳动力效益。

按沼气池投料管理及禽畜圈卫生要求，每天需要清除粪便入池一次，每次约 10 分钟，每年折合劳动力 8 个；每年投入的有机物经发酵后，约有 60% 的有机物被消化，余下 40% 有机质（即腐殖质）形成有机质浓度约 5% 的沼肥 15 吨。假设 15 吨沼肥全部用于施肥，共需施肥劳动力 15 个，与施用堆沤所需劳动力（6 个）相比，增加施肥劳动力 9 个，两项合计共 17 个劳动力。

假设满足一家 5 口人炊事用能（不含饲养、烤火用能），一年需要 2. 2 吨柴草，一个劳动力一天可打柴草100千克（干物），一年需要22个劳动力；每天还需要生火添柴1.5小时，一年折合68个劳动力，总计90个劳动力。使用沼气后，可节省上山打柴、割草劳动力（饲养和烤火用能可用农作物剩余秸秆或果枝解决）和生活添柴时间，与传统的打柴、炊事、施肥所耗的90个劳动力相比，农村使用沼气后实际年节省劳动力73个。

2. 环境效益评价

人畜粪便投入沼气池发酵后，能有效地将寄生在人畜粪便的细菌性病源、病毒性病源、寄生性病源及蚊蝇虫卵沉降杀灭。

人畜粪便直接投入沼气池发酵，在沼气池密闭条件下，微生物分解物质和能量代谢呼吸释放出惰性物质可在池内循环利用，不存在堆沤方法产生的环境污染问题；人畜粪便经过沼气池发酵，可直接用于作物肥料、养鱼、喂猪、浸种或直接排入河流，不产生二次污染；农村使用沼气，还能有效地减少传统炊事烟熏火燎所带来的红眼病、哮喘病等疾病。

（1）海外观澜：欧洲沼气发展核心逻辑——政策鼓励和技术进步

随着全球能源和环境问题的日益突出，沼气工程作为一种既能处理工农业废弃物又能回收沼气能源的环境治理技术，在全世界受到重视，在中国同样如此。

（2）全球沼气生产现状

根据国际能源署2010年的统计数据，世界经济合作与发展组织所属国家和地区2009年沼气生产量为301.94亿立方米（相当于5171516千吨油当量）。

表14　源于可再生能源的贡献和发电量

项目	2008年	2009年
经济合作与发展组织(OCED)		
主要能源供应总量(Ktoe)	5422433	5171516
沼气能源的贡献(Ktoe)	13241	15097
沼气/液体生物质能发电量(GWh)	34628	39946

资料来源：国际沼气产业发展现状报告。

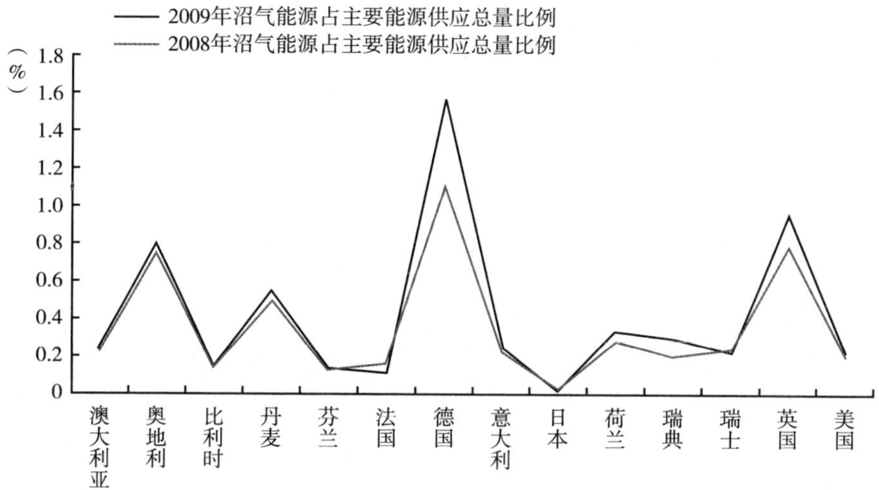

图 8　主要国家沼气能源市场

资料来源：国际沼气产业发展现状报告。

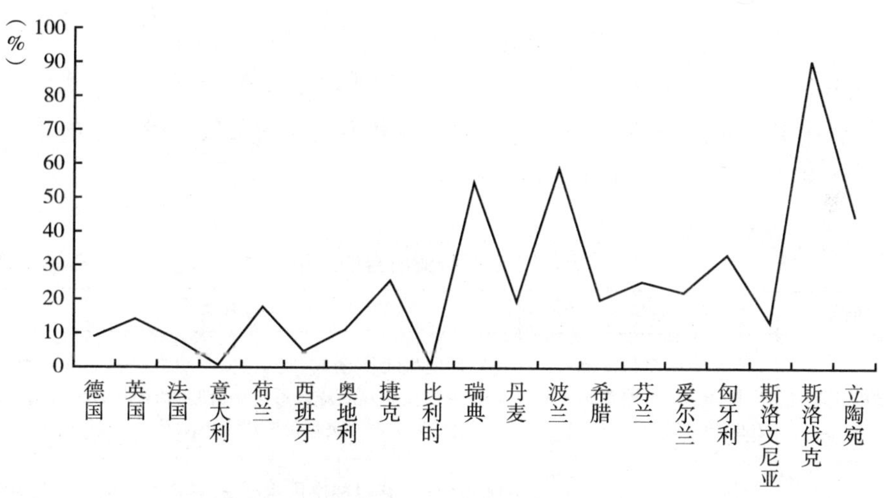

图 9　主要国家污泥气体占沼气的比重

资料来源：国际沼气产业发展现状报告。

非经合组织国家的统计数据显示，2008 年所产沼气热量为 312957TJ，中国占非经合组织总热量的 98. 43%，而全球所产沼气热量为 867423TJ，经合组

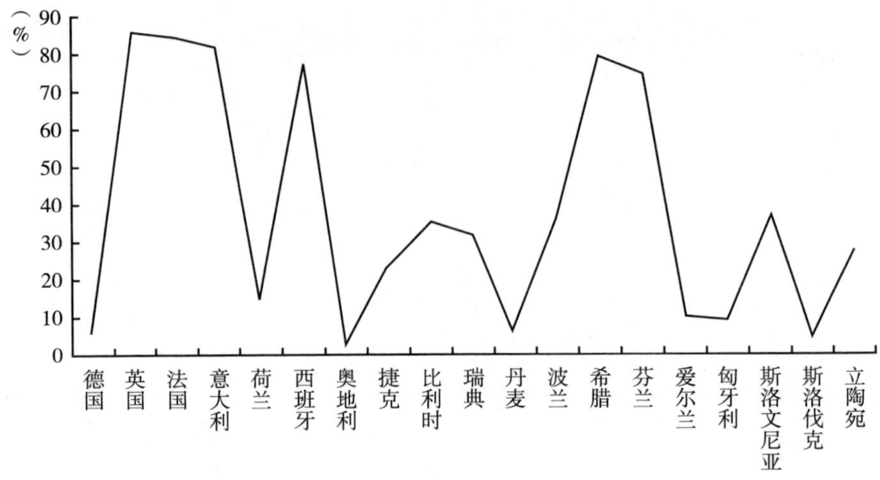

图 10　主要国家埋藏沼气占沼气比重

资料来源：国际沼气产业发展现状报告。

织占 63.92%，非经合组织国家占 36.08%，中国所产沼气热量占全球的 35.5%。沼气来源分为垃圾填埋气、市政和工业污泥厌氧消化产沼气及分散农场沼气工程，市政固体废弃物沼气工程，集中联合发酵沼气工程三类，2009 年三者比率分别为 35.96%、12%、52%。其中占欧洲沼气产量一半的德国集中联合发酵沼气工程占比高达 84.52%。

表 15　沼气行业出台的政策

时间	政策	主要内容
2006 年 2 月	《国家中长期科学和技术发展规划纲要(2006 ~ 2020 年)》	重点研究生物质全成分生物炼制动力燃料的基础理论。研制生物质高效燃烧设备,研究抑制秸秆灰碱金属腐蚀锅炉技术,建立生物质直接燃烧发电示范
2007 年	《农业生物质能产业发展规划(2007 ~ 2015 年)》	到 2010 年,新建规模化养殖场、养殖小区沼气工程 4000 座,年新增沼气 3.36 亿立方米;到 2015 年,建成规模化养殖场、养殖小区沼气工程 8000 座,年产沼气 6.7 亿立方米
2012 年	《可再生能源发展“十二五”规划》	到 2015 年,生物质集中供气用户达到 300 万户。2015 年,全国沼气用户达到 5000 万户,50% 以上的适宜农户用上沼气

续表

时间	政策	主要内容
2012 年 3 月	《国家发展改革委 农业部关于进一步加强农村沼气建设的意见》	推进农村沼气又好又快发展
2012 年 7 月	《生物质能发展"十二五"规划》	到 2015 年,生物质能年利用量超过 5000 万吨标准煤,生物质发电总装机容量达到 1300 万千瓦
2012 年 12 月	《甘肃省农村沼气服务网点建设实施办法》	"十二五"期间,全省适宜地区县级沼气技术服务的覆盖率力争达到 100%,乡村沼气技术服务的覆盖率力争在 70% 以上
2014 年 6 月	《能源发展战略行动计划(2014～2020 年)》	到 2020 年,非化石能源占一次能源消费比重达到 15%,积极发展地热能、生物质能和海洋能
2014 年 11 月	《关于开展生物质成型燃料锅炉供热示范项目建设的通知》	大力推动有实力的大型企业投资建设生物质成型燃料锅炉供热示范项目,加强生物质成型燃料锅炉供热产业体系建设

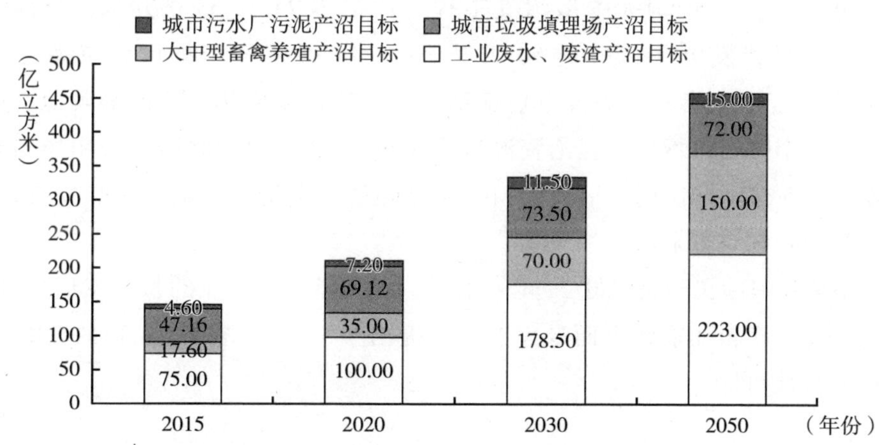

图 11　中国大中型沼气工程中长期发展目标

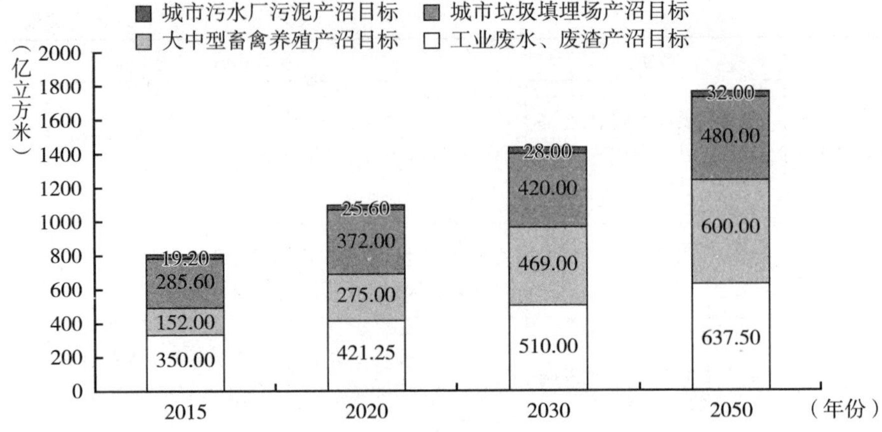

图 12　中国大中型沼气工程沼气资源量

（3）爆发前夜——从政策角度看我国沼气行业发展趋势

趋势很明显：在加强农户自用的前提下，推进大中型沼气和集中供气工程建设，真正发挥其作为清洁能源发电的功能。德国 98% 的生物燃气工程用于发电，2011 年生物燃气发电总装机容量为 2559MW，瑞典率先开发生物燃气净化提纯制车用和管道生物天然气，这也是我国天然气行业未来的趋势。至 2009 年，中国大中型沼气工程生产沼气 74.55 亿立方米，合标煤 532.29 万吨，发电装机容量 50 万千瓦。而上述沼气产量仅为资源量的 16.64%，且总资源量中尚没有包括秸秆、蔬菜瓜果废物、蓝藻等其他有机废弃物。全国农作物秸秆理论资源量为 8.20 亿吨，除去肥田和农用燃料剩下至少 2.5 亿吨可以用作沼气燃料，如每吨秸秆平均可产沼气 400 立方米，那将是 900 亿立方米。

根据我国国民经济“十二五”规划、国民经济各行业的长远发展规划，经过认真测算和征求各方面专家意见，提出中国大中型沼气工程的 2020 ~ 2050 年发展目标。

B.10
医疗服务行业步入投资黄金期

中航证券有限公司课题组

摘　要：我国虽然已经建立覆盖城乡的卫生服务体系，但是医疗资源尤其是优质资源紧缺，且分布不平衡问题较为突出，2009 年以来，人口老龄化加速、社会经济稳定发展、医保制度不断完善、财政投入加大以及城镇化率提升等因素持续撬动国内城乡居民医疗需求释放，同期医疗资源供给不足进一步加剧了医疗服务行业的失衡。在公立医疗机构规模扩张受限的情况下，政府近几年逐步放宽了社会资本进入医疗服务领域的政策限制，在扩大市场供给的同时，促使公立医院改革，提高服务效率，社会办医迎来黄金发展期。

关键词：医疗服务行业　公立医院　社会办医

一　中国医疗服务行业现状

医疗服务是指医疗服务机构对患者进行检查、诊断、治疗、康复和提供预防保健、接生、计划生育等方面的服务以及与这些服务有关的提供药品、医用材料器具、救护车、病房住宿和饮食的业务。

目前在国内，医疗服务依然是一种由政府实行、具有一定福利政策性质的社会公益事业，其最重要的基本功能是医治和预防疾病、保障全民身体健康、提高全民身体素质，在国民经济和社会发展中具有独特的地位，发挥着不可替代的作用。

新中国成立以来，我国医疗卫生服务行业有了巨大的发展，基本上已经建立由医院、公共卫生机构、基层医疗卫生机构等组成的覆盖城乡的卫生服务体系，在提高全民健康保障水平上发挥着巨大的作用，截至2013年末，全国医疗卫生机构总数达到974398个，其中，医院24709个，基层医疗卫生机构915368个，专业公共卫生机构31155个。

我国医疗服务事业性的特征决定了政府主导的公立医疗服务体系在国内医疗服务体系中占据主体地位，其必须依靠充足的财政支持才能健康发展。我国区域、城乡经济发展不均衡，卫生投入差异导致现阶段我国医疗卫生服务资源分布在区域尤其是城乡之间差距极大，市场经济的逐利和聚集效应导致高新技术与先进设备基本上集中在经济发达地区、城市大医院，国内医疗资源尤其是优质资源紧缺，且分布不平衡。

2012年每千人口卫生技术人员数城市为8.54、农村为3.41，相差1.50倍，每千人医疗卫生机构床位数城市和农村分别为6.88和3.11，相差1.21倍。

二　医疗服务市场需求持续增长

伴随国内社会经济的发展、人口老龄化加速，尤其是2009年启动新医改以来，国家持续加大对卫生服务事业的投入力度，基本医疗覆盖率的提升、报销比例的提高，都极大地促使我国城乡居民医疗需求释放，医疗服务量快速增长，2014年全国医疗机构总诊疗人次达78亿人次，同比增长6.6%，入院人数2.05亿人，较上年同期增长6.69%。

（一）老年人口数量持续增加

人口因素是驱动医疗服务行业发展的核心因素之一，国家统计局公布的《2014年国民经济和社会发展统计公报》显示，截至2014年底，全国大陆总人口为13.68亿人，预计到2020年将达到14.11亿人，庞大的人口基数是我国医疗服务行业发展的基础。

我国目前正处于人口老龄化加速阶段，2014年底，我国60周岁及以上人口21242万人，占总人口的15.5%，高出上年0.6个百分点，其中65周岁及以上人口约为1.38亿人，较上年同期增加594万人；根据全国老龄

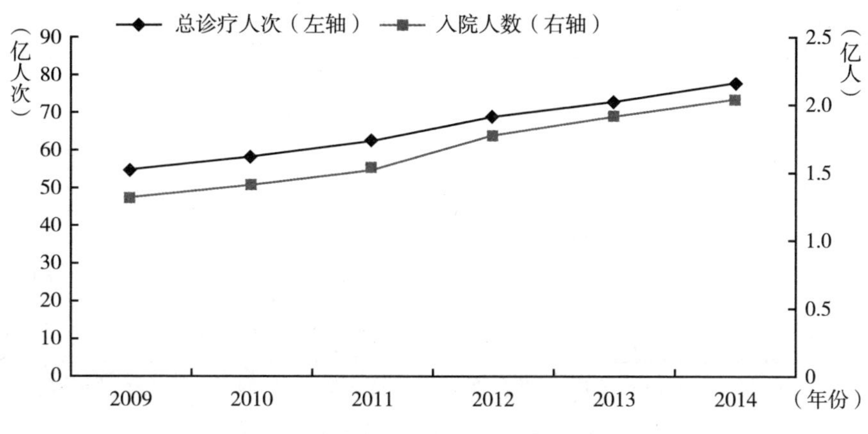

图 1　全国医疗机构服务量持续增长

资料来源：卫计委统计年鉴。

办的数据，到 2020 年我国老年人口将达到 2. 48 亿人，老龄化水平将达到 17% 。

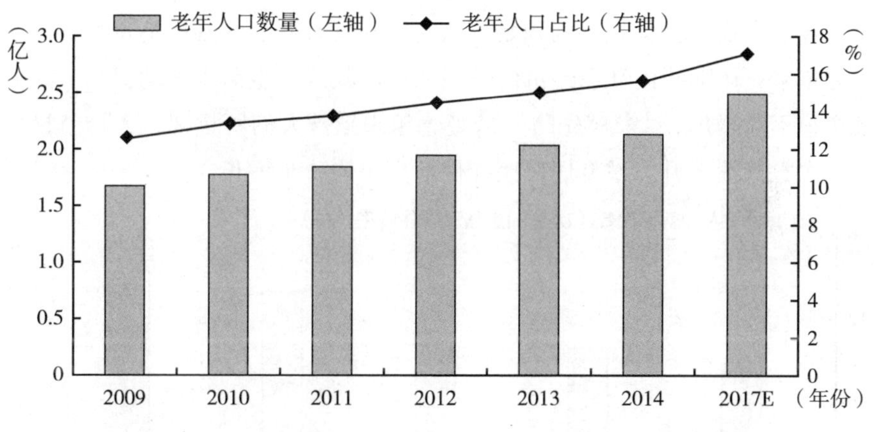

图 2　我国人口老龄化加速

资料来源：国家统计局。

老年人口是医疗消费的主力。卫生部统计数据显示，随着年龄的增长，居民慢性病患病率呈现加速上升趋势。预计未来随着国内老年人口的增加，我国医疗需求也将会持续稳定增长。

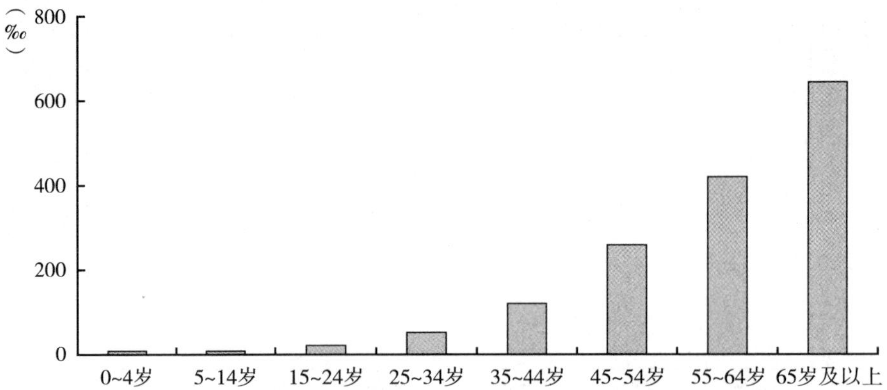

图 3　2008 年我国居民慢性病患病率随年龄变化情况

资料来源：卫计委统计年鉴。

（二）医疗保健支出稳步上升

医疗服务需求是人类最基本的需求之一，在一国居民收入增长的过程中，医疗服务需求通常会优先得到满足，从而使其具有明显的刚性消费特征。

近年来，伴随我国社会经济的发展和居民收入、生活水平的提高，人们的健康意识不断增加，“未病先防”的观念越来越被人们所重视，人均就诊次数和入院次数持续上升，城乡居民医疗保健支出均稳步增长。

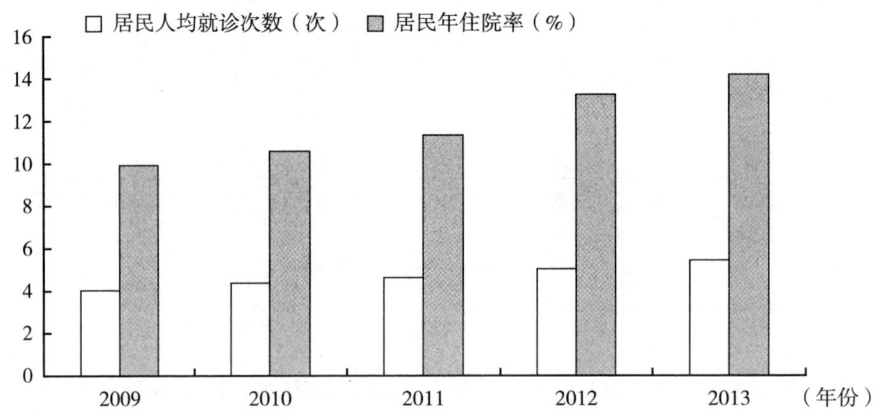

图 4　国内居民人均就诊和年住院率持续上升

资料来源：卫计委统计年鉴。

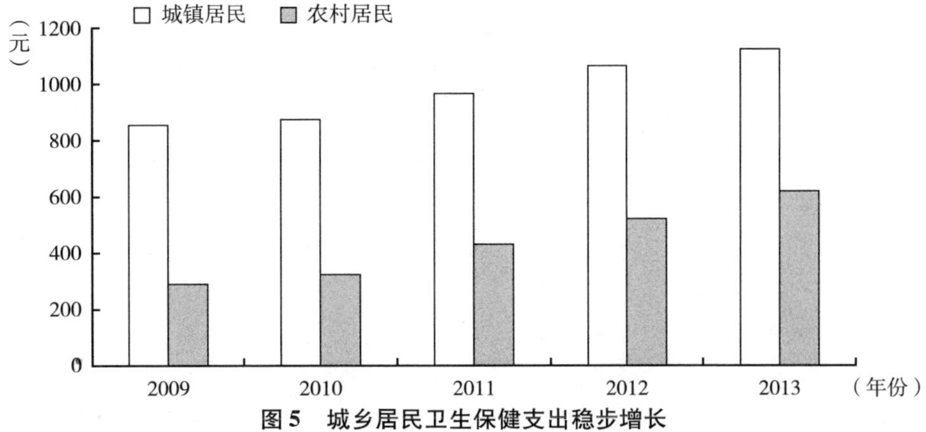

图5　城乡居民卫生保健支出稳步增长

资料来源：卫计委统计年鉴。

（三）医保完善撬动需求释放

自2009年启动新医改以来，我国首先着力构筑基本医疗保障制度，新农合、城镇居民医保、城镇职工医保等多种基本医保制度并存，人口覆盖率稳步提高，以新农合为例，截至2013年底，全国有2489个县（市、区）开展了新型农村合作医疗，参合人口数达8.02亿人，参合率为98.7%。

全民基本医保体系的建立，在一定程度上缓解了居民“看病贵”的问题，个人支付比例逐年下降，撬动了国内尤其是基层市场医疗需求的快速释放。

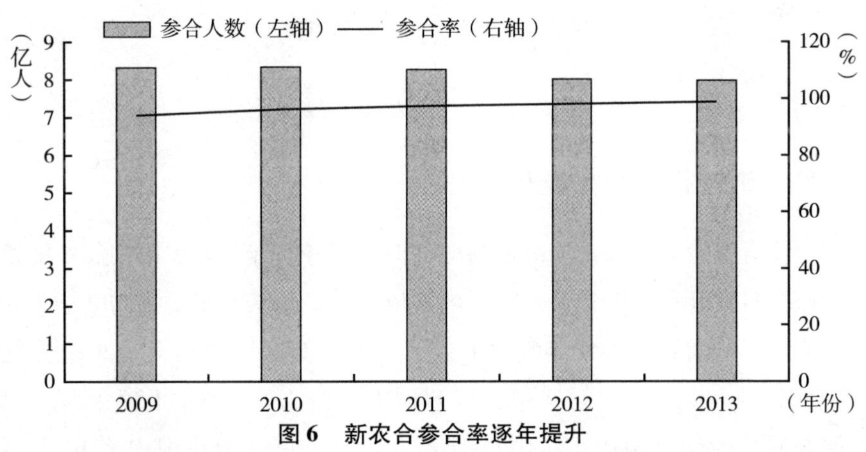

图6　新农合参合率逐年提升

注：部分城市统一实行城乡居民基本医保制度，导致参合人数下降。

资料来源：卫计委统计年鉴。

为了进一步健全多层次的医疗保障体系，提高重特大疾病保障水平，减轻人民群众大病负担，2015 年 1 月 29 日国家卫计委、财政部六部委发布《关于做好 2015 年新型农村合作医疗工作的通知》，指出要全面实施大病保险制度，2015 年底前，以省（区、市）为单位实现城乡居民大病保险的统一政策，统一组织实施。

大病医保是在基本医疗保障的基础上，对大病患者发生的高额医疗费用给予进一步保障的一项制度性安排，开展大病保险，对城乡居民因患大病发生的高额医疗费用给予报销，有助于进一步减少居民个人支付费用、放大保障效用。

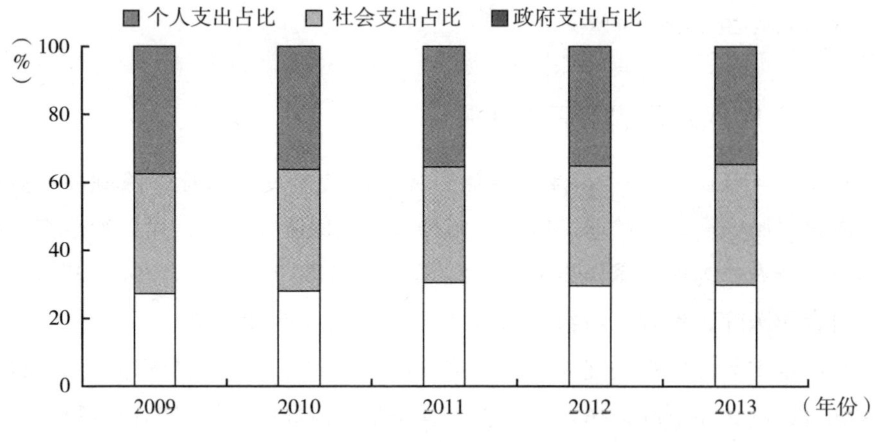

图 7　个人支付比例逐年下降

资料来源：卫计委统计年鉴。

（四）财政投入存在提升空间

作为社会保障体系的重要组成部分，医疗服务行业的发展同国民经济发展计划和综合财政计划紧密相关，经济的发展、人民生活水平的提高带动了我国卫生总费用持续增加，2009 年我国卫生总费用为 17541. 92 亿元，2013 年则提高到 31661. 51 亿元，卫生总费用在当年 GDP 所占比重也基本上逐年提升。

但是同其他国家相比，我国目前无论是卫生总费用在国内 GDP 中所占比重还是人均卫生费用都处于较低水平。世卫组织相关数据表明，2011 年

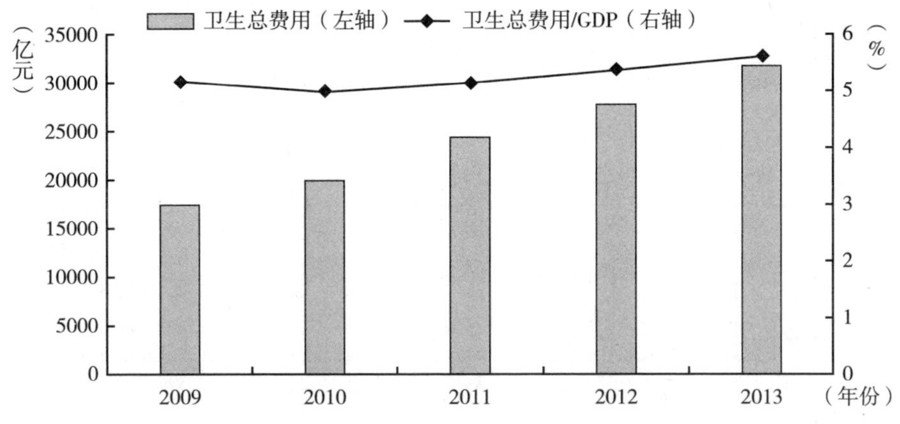

图 8　我国卫生总费用及其占比持续增长

资料来源：卫计委统计年鉴。

我国卫生费用占比约为 5.1%，低于全球 9.1% 的平均值，人均卫生总费用 274 美元，同样远低于全球的平均值 1007 美元，在国内经济持续稳定增长、政策大力扶持的背景下，预计未来我国卫生总费用投入仍存在较大的提升空间。

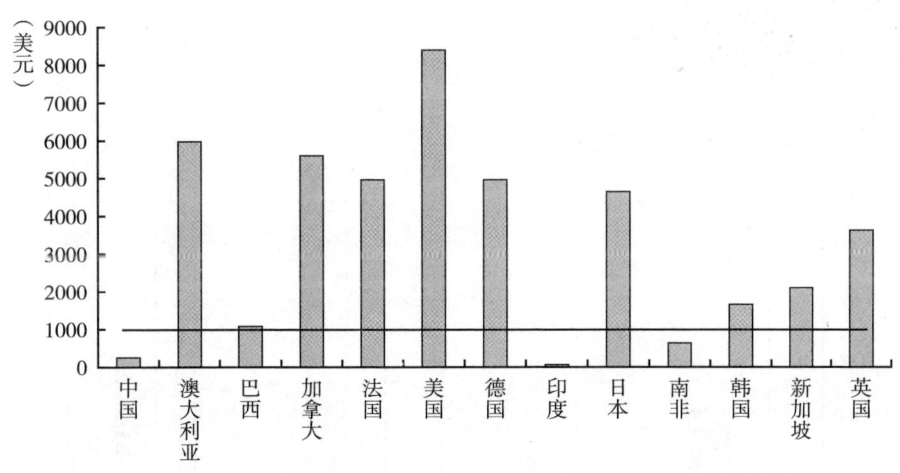

图 9　我国人均卫生费用偏低

资料来源：WHO 统计数据。

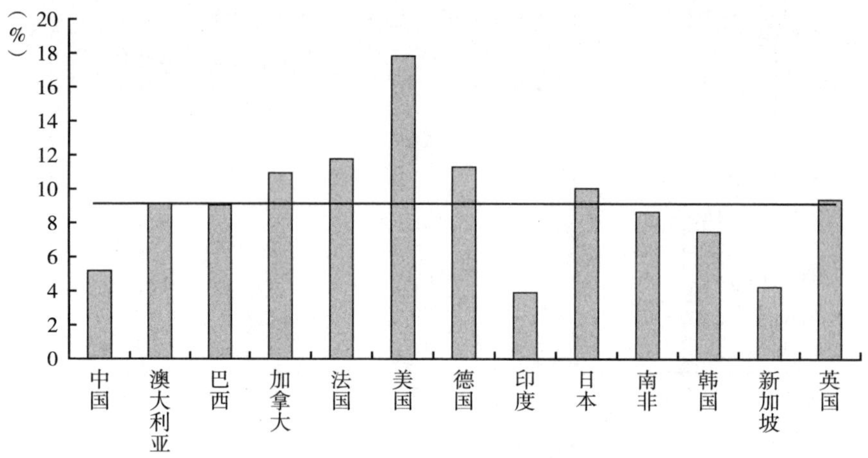

图 10　我国卫生费用投入存在提升空间

资料来源：WHO 统计数据。

（五）城镇化利于推动消费补齐

城乡二元经济结构的存在不仅影响国内医疗资源分配，也导致我国城乡居民卫生支出存在较大的差异，2012 年我国城镇居民和农村居民人均卫生费用分别为 2969. 0 元和 1055. 9 元，相差近两倍。

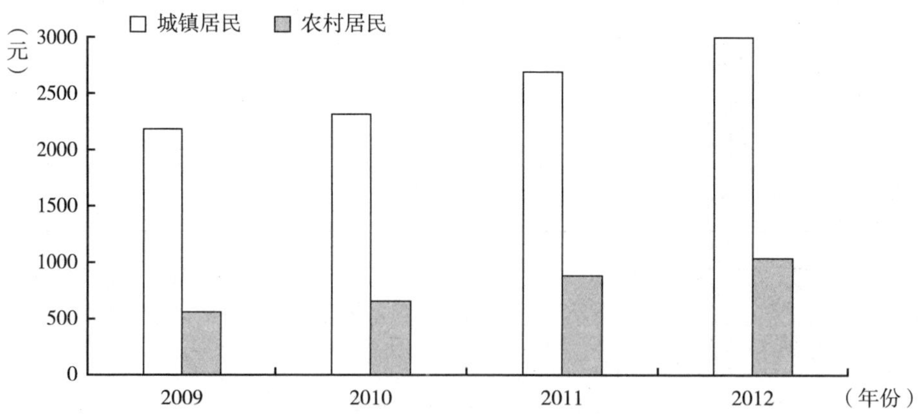

图 11　我国城乡居民人均卫生费用差距明显

资料来源：卫计委统计年鉴。

目前我国已进入全面建成小康社会的决定性阶段，也处于城镇化深入发展的关键时期，2014 年 3 月国务院正式发布《国家新型城镇化规划（2014～2020 年）》，明确发展目标为："常住人口城镇化率达到 60% 左右，户籍人口城镇化率达到 45% 左右，户籍人口城镇化率与常住人口城镇化率差距缩小 2 个百分点左右，努力实现 1 亿左右农业转移人口和其他常住人口在城镇落户。"

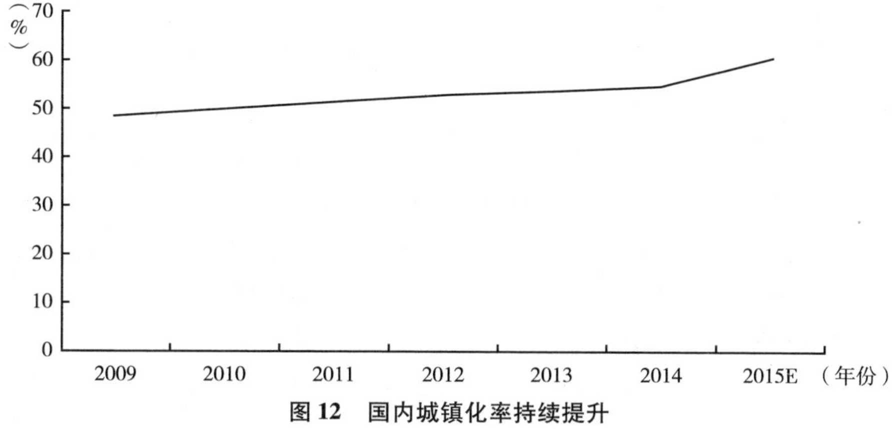

图 12　国内城镇化率持续提升

资料来源：国家统计局。

城镇化率持续提升，促使更多的农民进城，随着其在医疗、养老等公共服务领域平等享受城镇居民的基本公共服务，部分居民医疗消费差距势必将会补齐，这也将是未来推动我国医疗需求持续增长的重要因素之一。

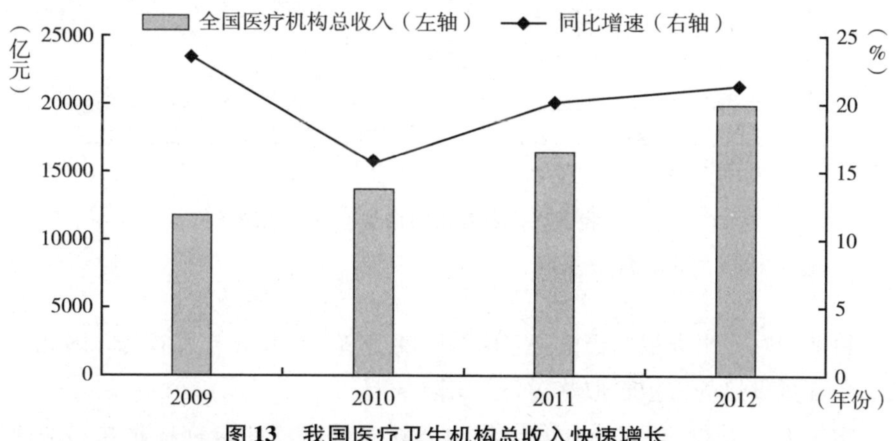

图 13　我国医疗卫生机构总收入快速增长

资料来源：卫计委统计年鉴。

国内医疗需求的释放推动了医疗服务市场的快速增长，2009～2012 年我国医疗卫生机构总收入年均复合增长率接近 19%，2012 年达到近 2 万亿元的水平，我们认为未来国内人口老龄化加速、社会经济稳定发展、医保制度不断完善、财政投入加大以及城镇化率提升等因素将持续撬动国内医疗需求释放，医疗服务市场规模有望随之快速扩张。

三　公立医院扩大供给受限

从供需的角度来看，市场需求的持续增长将会推动供给端的供应扩大，2009～2013 年，我国医疗机构数量由 91.66 万个增加到 97.44 万个，床位数由 441.66 万张增加到 618.19 万张，医疗卫生人员数量由 778.14 万名增加到 979.00 万名，但是相对于同期的医疗服务量增速而言，供给增速依旧慢于需求增速，这就导致国内医院尤其是三甲医院的医师担负工作量增加且病床使用率居高不下。

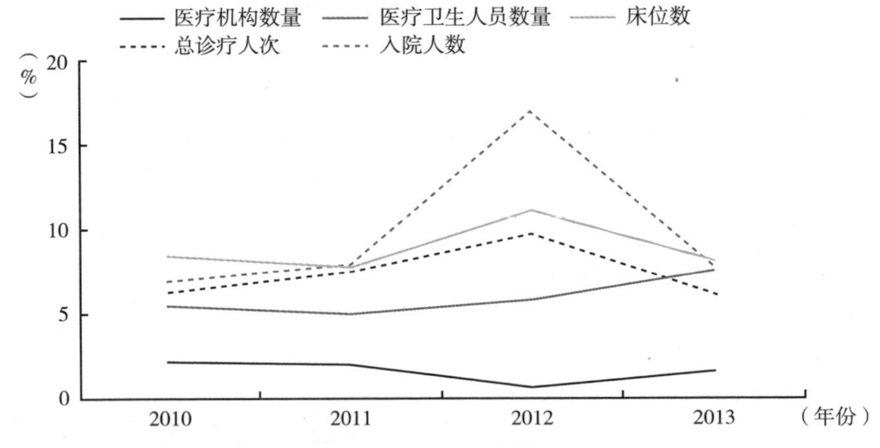

图 14　我国医疗资源供给增长慢于需求增长

资料来源：卫计委统计年鉴。

目前，医疗服务市场仍由公立医院高度垄断，市场化程度较低，因此，扩大医疗服务供给的重担看似落在公立医院身上。

事实上，20 世纪 90 年代起，我国公立医院纷纷通过现址扩建、新建分院、合并、联盟等多种方式谋求规模扩张。统计数据显示，2010 年在全国县

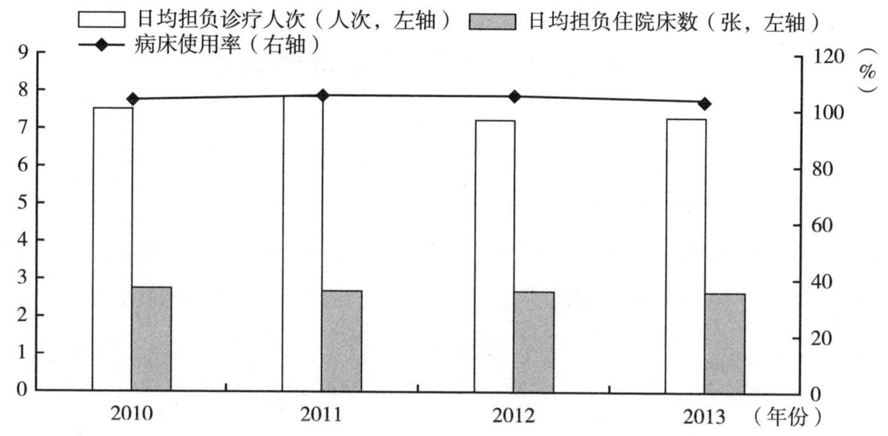

图15　三甲医院病床使用率及医师担负工作量居高不下

资料来源：卫计委统计年鉴。

级医院中拥有1000张床位的医院有45家，到2012年已经达到112家。

公立医院的规模扩张虽然在一定程度上缓解了医疗服务供给不足的问题，但是其无序扩张也存在较大的弊端：首先，公立医院投资建设基本上以财政拨款为主，在财政投入不足和自有资金有限的情况下，医院可能会通过负债融资方式实现规模扩张，高负债率不仅会给医院现金流带来极大压力，还易于诱发其过度逐利的动机，淡化公益性的本质；其次，我国医疗资源分布不平衡，部分公立医院医疗资源供应紧张，而诸多基层医院医疗资源闲置现象明显，在这种情况下部分医院扩大供给易于造成医疗资源浪费，不利于各级医疗机构功能归位；最后，公立医院规模扩大不可避免地会带来管理幅度过宽、层级过多，使得大部分管理资源被财务、人事、设备等方面消耗，对医疗服务的质量、安全等核心管理造成影响和冲击，带来一定的管理经营风险。

鉴于此，2015年1月29日，国务院讨论通过《全国医疗卫生服务体系规划纲要（2015～2020）》，明确要求控制公立医院规模，将公立医院床位标准确定为每千人口3.3张，并作为约束性指标进行管理，遏制其过快扩张。

一方面，我国医疗供需失衡，另一方面，政策限制公立医院规模扩张，因此放宽社会资本进入医疗服务领域的限制，促使民营医院发展成为破解这一矛盾的重要途径。

四　社会办医政策壁垒逐步消除

2010年，国务院办公厅转发《关于进一步鼓励和引导社会资本举办医疗机构的意见》，要求完善和落实优惠政策，消除阻碍非公立医疗机构发展的政策障碍，确保非公立医疗机构在准入、执业等方面与公立医疗机构享受同等待遇，进一步改善社会资本举办医疗机构的执业环境，促进非公立医疗机构持续健康发展。

随后国务院、卫计委等多部门相继推出多个放宽社会资本进入医疗服务领域限制、鼓励民营医院发展的文件，具体如表1所示。

表1　部分鼓励民营医院发展的政策文件

时间	文件名称	文件内容
2010	《关于进一步鼓励和引导社会资本举办医疗机构的意见》	消除阻碍非公立医疗机构发展的政策障碍，促进非公立医疗机构持续健康发展
2012	《“十二五”期间深化医药卫生体制改革规划暨实施方案》	引导社会资本以多种方式参与包括国有企业所办医院在内的部分公立医院改制重组。鼓励社会资本对部分公立医院进行多种形式的公益性投入，以合资合作方式参与改制的不得改变非营利性质
2013	《关于促进健康服务业发展的若干意见》	大力支持社会资本举办非营利性医疗机构、提供基本医疗卫生服务。进一步放宽中外合资、合作办医条件，逐步扩大具备条件的境外资本设立独资医疗机构试点
2014	《关于加快发展社会办医的若干意见》	优先支持社会资本举办非营利性医疗机构，加快形成以非营利性医疗机构为主体、营利性医疗机构为补充的社会办医体系
2014	《关于非公立医疗机构医疗服务实行市场调节价有关问题的通知》	充分发挥市场机制作用，运用价格杠杆鼓励社会办医，扩大医疗服务供给、提高医疗服务效率，促进医疗卫生领域有序竞争和健康发展
2014	《深化医药卫生体制改革2014年重点工作任务》	重点解决社会办医在准入、人才、土地、投融资、服务能力等方面政策落实不到位和支持不足的问题。优先支持社会资本举办非营利性医疗机构，努力形成以非营利性医疗机构为主体、营利性医疗机构为补充的社会办医体系
2014	《关于开展设立外资独资医院试点工作的通知》	允许境外投资者通过新设或并购的方式在北京、天津、上海、江苏、福建、广东、海南设立外资独资医院
2015	《全国医疗卫生服务体系规划纲要（2015～2020）》	到2020年，按照每千常住人口不低于1.5张床位，为社会办医院预留规划空间
2015	《关于推进和规范医师多点执业的若干意见》	促进优质医疗资源平稳有序流动和科学配置，更好地为人民群众提供医疗卫生服务

资料来源：卫计委网站。

在政策引导下，我国民营医院的进入政策壁垒逐步消除，社会资本办医的热情持续高涨，助推民营医院快速发展，截至2013年底，我国拥有民营医院11313家，床位数71.32万张，从业卫生技术人员76.4万人，全年服务诊疗人次2.9亿人次，入院人数1692万人。

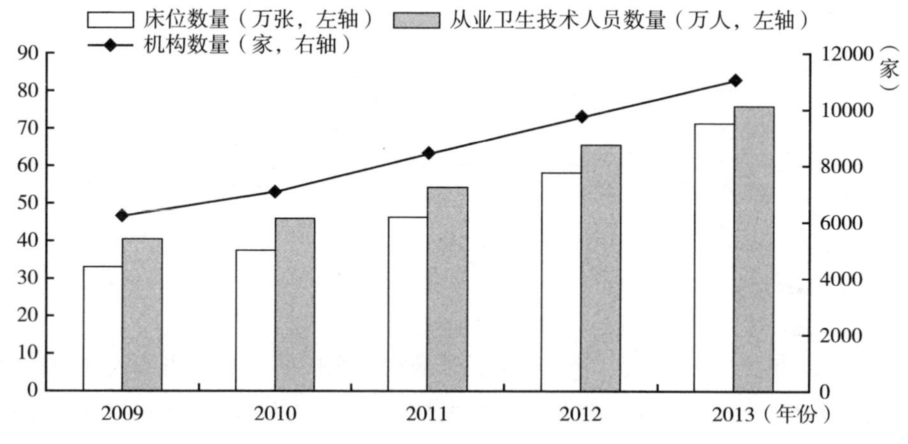

图16 我国民营医院发展迅速

资料来源：卫计委统计年鉴。

五 社会办医市场空间巨大

整体来看，公立医疗机构尤其是公立医院高度垄断了我国医疗服务市场，民营医院虽然在数量上占据近半壁江山，但整体规模仍较小、服务量较少。

《全国医疗卫生服务体系规划纲要（2015～2020）》按照公立医疗服务体系承担70%的服务量来确定公立医疗服务体系与非公立医院之间的资源比例关系，明确提出“到2020年，按照每千常住人口不低于1.5张床位，为社会办医院预留规划空间，同步预留诊疗科目设置和大型医用设备配置空间”。目前，这两项指标仅分别为4%和0.52，差距甚远。鼓励社会资本进入医疗服务领域有利于增加医疗卫生资源，扩大服务供给，满足人民群众多层次、多元化的医疗服务需求；有利于建立竞争机制，倒逼公立医院改革，提高医疗服务效率和质量，完善医疗服务体系，是新医改方案的重要内容之一。

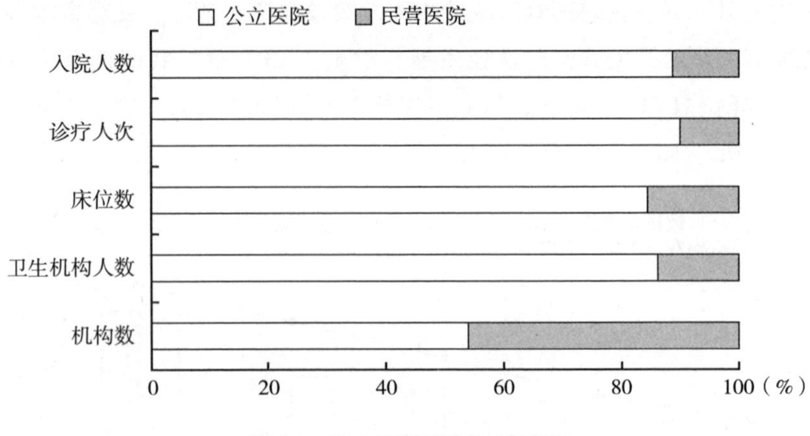

图 17　公立医院垄断医疗市场

资料来源：卫计委统计年鉴。

政府对非公立医疗机构寄予厚望，未来在政策层面上将有望继续鼓励和引导其做大做强，民营医院有望保持较快发展态势，广阔的市场空间将会持续吸引社会资本进入。

六　国内民营医院发展领域

公立医院作为我国医疗服务系统的主体，在长期发展过程中，垄断了专业人才、保险、财政、政策等优质资源，对患者具有较强的吸引力，先天性不足使得民营医院很难与之展开全面竞争，因此寻求差异化的市场定位将会成为我国民营医院的发展途径。

（一）专科连锁市场

公立医院尤其是综合性医院的科室设置往往是“大而全”，医疗资源被进一步分散，民营医院利用自身优势，专注于某一公立医院不太重视的或者对医保依赖度低且较少危及生命的专科领域，如眼科、儿科、口腔科、整形外科、健康体检等，以己之长较其短，更容易获得细分市场的优势地位。

相较而言，我国民营专科医院市场化趋势较为明确，政策风险相对较低，一直是社会资本投资的重点领域。据《中国卫生统计年鉴》，2009～2012 年我国民营专科医院数量由1546家增加到2905家，2012年民营专科医院在全国专科医院总量中所占比重超六成。

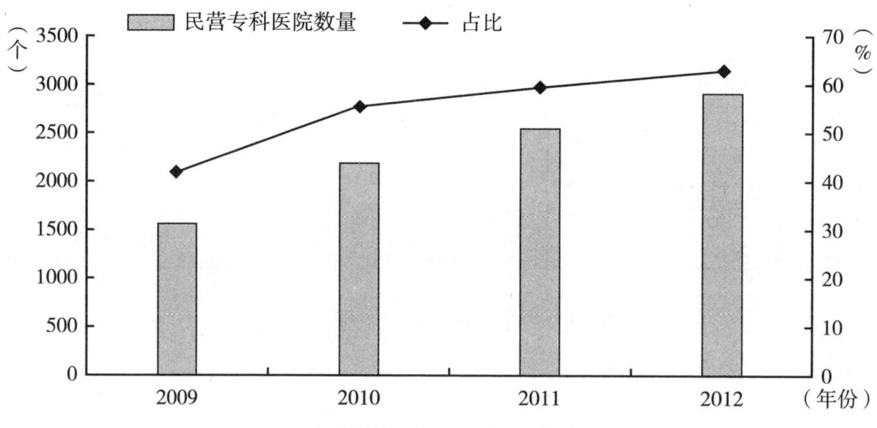

图18　专科医院是社会资本投资的重点

资料来源：卫计委统计年鉴。

经过多年的发展，部分民营专科医院逐步完成技术设备、医护资源、管理人才等核心资源储备，并在细分市场领域上获得了较高的知名度和影响力，开始依托先进的管理理念、高效的管理能力、灵活的融资方式，迈开全国集团化专业连锁步伐，目前仅在A股上市的民营专科医院连锁集团就有爱尔眼科（眼科）、通策医疗（口腔科、生殖科）、马应龙（肛肠科）、复星医药（妇产科）及慈铭体检（体检科）等。

专科医院集团化连锁扩张具有风险小、较易标准化和复制迅速的特点，有利于资源共享、发挥规模效应、抵御市场风险，在这一点上，爱尔眼科的分级连锁商业模式值得借鉴。

目前，我国医院区域经营特征较为明显，同一类型的专科医院数量众多，规模大小不一，市场集中度相对较低。以爱尔眼科为例，截至9月底公司共计拥有眼科医院53家，主要覆盖湖南、湖北及省会城市，在二、三线城市有较大的空白市场。

专科市场是目前国内医疗服务行业市场化程度最高的领域，民营医院数量众多，经过前期积累，部分企业开始走上全国连锁的道路，未来存在较大的市场整合空间，仍将会是社会资本投资的重点。

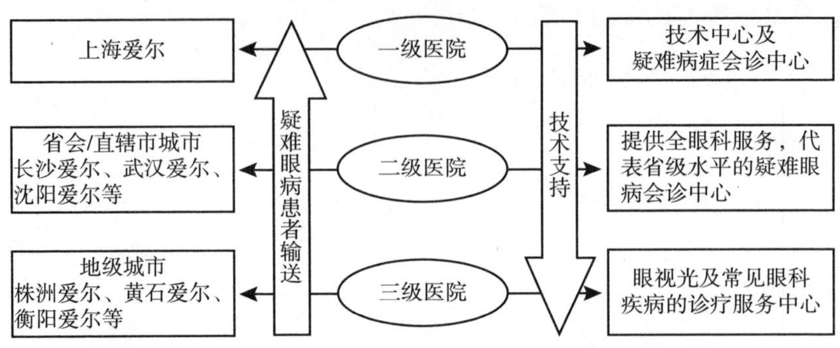

图 19　爱尔眼科分级连锁商业模式

资料来源：公司年报。

（二）高端服务市场

经济的发展带动了居民收入水平的提高，我国中高收入人群不断扩大，麦肯锡研究数据显示，未来 3 年内中国可支配年收入超过 100 万元的家庭数量将会翻番。

富裕阶层的兴起推动国内高端医疗服务需求增加，一方面，他们不再仅满足于就医看病层次，其对健康的关注提升，促使健康管理、私人医生等新型市场兴起；另一方面，他们除了重视医疗结果外，往往还注重医疗过程的舒适性、便捷性和私密性。

很显然，定位于公益性的公立医院难以满足这类患者的需求，这为民营医院在高端医疗服务领域的发展留出了市场空间。

长期以来，主管部门对医疗服务价格实施严格的管控政策，导致行业“重医疗、轻服务”的现象较为明显，医生劳动价值难以得到体现。

2014 年发改委、卫计委、人保部三部委联合下发《关于非公立医疗机构医疗服务实行市场调节价有关问题的通知》，决定“非公立医疗机构服务价格实行市场调节”，“不得以任何方式对非公立医疗机构服务价格进行不当干预”。

民营医院获得按照自身服务质量进行定价的权利，为其向高端医疗服务领域发展扫除了政策障碍，目前在医疗资源较为发达的北京、上海、广州等地，越来越多的境外资本、社会资本、政府资本致力于开拓该市场领域，其中比较著名的机构有上海禾新医院、慈铭·奥亚国际医疗会所等。

（三）新兴医疗市场

随着科技的进步，新技术不断被应用于医疗服务领域，形成新的市场领域，如远程医疗、移动医疗、电子商务等。公立医院长期的体制束缚、创新动力不足、缺乏市场敏感性，使其在新兴市场的开拓上先天不足。

前文提及的我国医疗资源分布不平衡，再加上医生定点执业等政策限制，使得绝大多数的优质医护资源集中在城市大医院，农村患者为了享受更好的诊疗服务，便出现了全国人民排队上协和等社会现象。

2015 年 2 月 27 日，国家发展改革委、国家卫生计生委研究决定，同意宁夏、贵州、西藏分别与解放军总医院，内蒙古与北京协和医院，云南与中日友好医院合作开展远程医疗政策试点工作。

远程医疗服务是一方医疗机构邀请其他医疗机构，运用通信、计算机及网络技术（以下简称“信息化技术”），为本医疗机构诊疗患者提供技术支持的医疗活动。

远程医疗服务的出现有利于优化医疗资源配置、实现优质医疗资源下沉，对于民营医院来说，利用远程医疗有望绕开编制的敏感问题，从而获取优秀医生的技术支持，同时经营范围也突破以往的地域限制。

目前，宜华健康、万达集团、东软信息等多家 A 股上市公司依托自身技术优势纷纷切入远程医疗市场，当然，拥有医护资源的企业也不甘示弱，爱尔眼科、乐普医疗、康美药业等公司也表示将会重点开拓该市场领域。

七　社会资本进入方式

非公医院具有广阔的市场前景，在当前的环境下，社会资本进入医疗服务行业的主要方式有新建、并购、改制、合作。

（一）新建

我国医疗服务行业具有较高的政策壁垒，新设立一家医院不仅需要高额的前期资本投资，还需要经过所属地卫生主管部门的层层审批。

社会资本办医完全靠新建医院进入医疗服务行业，投入大、周期长，难以承受，并且医疗人才、医疗资质等资源难以取得，具有较高的风险性。

目前，新建医院的主体大多是专科连锁医院，它们已经探索出了适合我国的市场扩张模式，在外部积累了新医院开展业务所必需的专业人才、管理人员、医疗设备等资源，并能够通过集团品牌影响力缩短新医院的市场培育期，如爱尔眼科、慈铭体检、马应龙等企业的复制扩张大多是采取这种方式。

相较而言，新建综合医院的投入更大、市场培育期更长，因此综合医院方面新建案例较少，上市公司国际医学（开元投资）旗下西安高新医院、国际医学中心（原圣安医院）属于这种类型。

（二）并购

并购是社会资本进入医疗服务市场领域较常见的方式，并购对象一般为民营医院（公立医院往往需要先行改制），其优点在于收购方无需经历漫长的政策审批期、市场培育期，投资风险较小；缺点就是现有优质医院标的较少，收购竞争比较激烈。目前多家上市公司成立并购基金，以增强自身标的资源的获取能力。

已有成功案例包括复星医药收购佛山禅城医院等综合性医院、信邦制药收购科开医药（旗下的肿瘤医院和安顺医院）、恒康医疗收购四川红十字会医院等。

（三）改制

公立医院改革是我国新医改的重心和深水区，未来主管部门更多的是需要权衡公立医院公益性和效率，在城乡居民享受基本医疗保障的前提下，放手部分公立医院参与市场改制，一方面能够减少财政投入，另一方面能够利用民营医院高效、灵活的管理机制，倒逼公立医院改革，提高医疗服务行业整体运营效率。

社会资本参与原公立医院改制的优点在于能够有效依托公立医院的专业技术人才、口碑信誉、患者、医保定点资格等资源，缩短市场培育期；但是其缺点也较为明显，要协调投资方、地方政府、医院管理层、医院职工等多方利益，不确定性较大。

由于公立医院改制牵涉国有资产流失风险，在政策尚未明朗的情况下，各地政府均比较谨慎，典型的模式主要有以下几种。

（1）扩容改制：政府以原医院资产出资，社会资本以现金出资，共同注册成立新医院，改制后由社会资本控股，如昆明市第一人民医院、儿童医院、口腔医院。

（2）产权转让：社会资本受让部分或全部公立医院资产，再利用其所受让的资产投资设立新医院，如宿迁公立医院改制。

近几年，河南省公立医院改革吸引了社会资本的关注，新乡市引入社会资本（先是华源集团，后为国药集团）以有偿方式整体接收新乡市中心医院、市第二医院、市第三医院、市妇幼保健院、市中医院，政企双方以合作方式组建医院管理公司，进行集团化整合和管理；洛阳市以医院产权制度改革为主，医院员工摘牌，将洛阳市第一人民医院、洛阳市中心医院等 14 家公立医院改制为全院员工持股的民营医院（部分仍有政府持股）。

公立医院中还有相当一部分是国有企业办医院，企业医院是我国计划经济时代的产物。随着我国国企改革、医疗体制改革的推进，企业医院普遍面临较为尴尬的局面，一方面，企业医院的生存和发展主要依靠所在企业拨款来维持，而国企改革则要求减轻企业“社会性”负担，导致大多数企业医院在基础设施、诊疗设备等方面投入不足，诊疗水平同政府医院存在较大差距；另一方面，大多数企业医院主要为企业内部职工及其家属服务，有固定的服务群体，随着城镇医保体系改革的推进，企业职工具有选择医院获得服务的权利，患者流失严重，打破了企业医院独立生存的基础。

2015 年 1 月 14 日印发的《2015 年卫生计生工作要点》提出，“进一步优化发展社会办医的政策环境，规范政府办公立医院改制试点，推进国有企业所办医疗机构改制试点，完善外资办医政策”。

企业医院的先行先试，有望成为近期社会资本办医的切入点，其中国有资本也不甘寂寞，中航、中信、华润、国药等国企已经开始整合旗下优质医疗资源，破除企业医院的发展困境，寻求突破或多元化发展的出路。2014 年 7 月 12 日，中国航空工业集团旗下的医疗集团——中航医疗产业管理有限公司正式揭牌，以 58 家医院资源（包括 9 家三级、二级综合性医院）为依托，发展集医疗护理、康复保健、健身养生（养老）、临终关怀高端医护养为一体的医疗服务模式，打造医疗健康全产业链。

（四）合作

目前，社会资本通过合作方式进入医疗服务行业的方式主要有两种：一种是合同联营，另一种是合作办医。

1. 合同联营

合同联营，即不涉及公立医院所有权的转移，通过委托经营的方式获取医院管理权，典型案例为凤凰医疗集团 IOT（投入 - 运营 - 移交）模式。

IOT 模式下，凤凰医疗集团承诺做出固定投资，改善医院的医疗设施和诊疗设备，以交换在 19 ~ 48 年的期限内管理和营运相关医院并收取基于表现的管理费的权益。某些医院需要在 IOT 协议期内，每年分期偿还凤凰医疗集团的投资。在这种模式下，凤凰医疗集团通过两种方式赢利：一种是医院管理服务，另一种是供应链业务。

2. 合作办医

合作办医主要是利用社会资本的资金优势、管理优势，借助医院牌照、医师和患者资源优势在一定的细分领域合作，进行利润分成的方式。

由于我国医疗牌照主要集中在公立医疗机构手中，借助公立医院的大旗，成为社会资本进入医疗服务领域的方式之一。

以血液透析中心为例，根据《医疗机构血液透析室管理规范》，只允许二甲以上医院建立血透中心，社会资本独立涉足这个市场领域的可能性较小，而部分拥有资质的医院尤其是县级医院往往因资金不足而无法开展该项业务，因此合作共赢成为双方的共同选择。2014 年常山药业管理层透露，公司拟采用与医院合作的方式，以公司投建血透中心、医院负责出医生和护士的方式进入该市场领域。

八　国内主要非公立医疗机构介绍

（一）凤凰医疗集团有限公司

凤凰医疗集团有限公司是我国最大的股份制医院投资管理集团之一，集团的成员医疗机构均坐落于北京，涵盖大型综合医院和社区医疗机构，其中有以控股投资拥有的北京市健宫医院，以 IOT 模式（投入 - 运营 - 移交）管理的北京燕化医院、北京市门头沟区医院、北京京煤集团总医院、北京市门头沟区中医医院以及北京市门头沟区妇幼保健院。

此外，集团的成员医疗机构还包括 7 家一级医院和 28 家社区医疗机构，形成了集社区卫生、基本预防保健、重症诊疗等服务为一体的综合医疗服务体系。截至 2013 年 6 月 30 日，合计开放床位达 3213 张。

（二）北大医疗产业集团有限公司

北大医疗产业集团有限公司依托北京大学医学部，受益于北京大学顶级医教研体系、丰富的专家资源和医院管理经验，积极参与公立医院改革，探索多元化办医的有效途径，目前产业布局包括医疗服务、医药、医疗配套服务。

医疗服务板块，公司以自建、并购等方式构建覆盖全国的强大医疗服务网络，通过学科共建、专家支持、品牌植入、资金引入等方式，提升各所属医院的医疗服务水平，为广大患者提供便捷、高效、高质量的诊疗服务。公司目前拥有北京大学国际医院、吴阶平泌尿外科中心、株洲恺德心血管病医院、北大医疗康复医院、北大医疗肿瘤医院等多家医疗机构。

（三）中航医疗产业管理有限公司

中航医疗产业管理有限公司是 2014 年中航工业整合旗下医疗机构成立的大型医疗集团，拥有包括航空总医院、成都三六三医院、哈尔滨二四二医院等在内的 12 家优质医疗机构资源。

公司在既有医疗资源的基础上，借鉴国际上优秀的医院经营管理模式，开展集团化经营、企业化管理、专业化整合、产业化发展，未来将进一步整合目前隶属于其他板块的医院资源，适时托管、兼并、收购集团外的优质医疗资源，拓展医药、器械、健康等健康服务产业，做大做实做强企业。

（四）中国国际医药卫生公司

中国国际医药卫生公司是国药集团全资子公司，主营业务涵盖国际医药贸易、海外医药投资、国际医疗合作和医疗健康经营等领域。

公司以二线城市（省辖市）优质医疗资源整合为切入点，通过合作共建的区域性医院管理公司为基础平台，逐步建立起若干由各类医院组成的，规模适度、分级齐全、特色明显、富有效率的区域医疗健康服务体系。

2013 年公司与新乡市政府合作组建国药中原医院管理有限公司，所属七家医院，分别是新乡市中心医院、新乡市第二人民医院、新乡市妇幼保健院、新乡市中医院、新乡市第三人民医院、新乡市肿瘤医院、新乡市牧野区卫北社区卫生服务中心。公司所属医院在职员工 5400 余人，其中高级职称专业技术人员 800 余人；总开放床位 4000 多张，年门急诊人次近 200 万人次，年住院总人数 10 多万人次。

（五）华润医疗集团有限公司

华润医疗集团有限公司于 2011 年 10 月在中国香港成立，为华润集团直接领导的一级利润中心。公司着重发展医院投资及运营、医疗设备研发与制造、医疗衍生服务三大业务。

医院网络的构建立足于“公立医疗服务机构的补充”，在一、二线城市布局“大专科、小综合”的医院网络，重点发展脑科、肿瘤科、妇儿科，及连锁专科医院；并在一线城市择机建立三甲旗舰医院，目前下辖医疗资源包括广东三九脑科医院、昆明儿童医院、徐州矿山医院、华润武钢医院。

（六）上海复星医药（集团）有限公司

上海复星医药（集团）有限公司在聚焦发展核心制药业务的同时，积极开拓医疗服务领域，并将医疗服务作为公司未来重点发展的业务领域之一。

2010 年，公司通过与美中互利的战略性合作进入中国高端医疗服务市场，后者拥有国际领先水平的高端医疗服务品牌“和睦家”连锁医院，在北京、上海、天津和广州等城市拥有3家综合性医院和近10家诊所。2014年公司联手TPG收购美中互利，以期加速和睦家在国内高端医疗网点的布局。

此外，公司先后通过投资安徽济民肿瘤医院、岳阳广济医院、宿迁钟吾医院、佛山禅城中心医院有限公司进入中国专科及综合医疗市场，有意以禅城医院为中心，对珠三角及华南地区进行辐射，在该区域迅速并购整合一系列综合或专科医院，打造高水平医院群。

（七）西安国际医学投资股份有限公司

西安国际医学投资股份有限公司（原“西安开元投资集团股份有公司”）2011年通过收购西安高新医院有限公司100%股权进入医疗服务行业。

西安高新医院是全国第一家社会资本举办的三级甲等医院，是陕西省及西安市等11个地市区的城镇职工、城镇居民医保定点医院和陕西省新型农村合作医疗定点医院，拥有床位760张，设立临床、医技科室51个。

2014年，公司公告拟定向增发募集资金用于投资建设西安国际医学中心项目（原“圣安医院项目”），该国际医学中心定位为集医疗、教学、科研为一体，并符合JCI国际医疗服务认证标准的三级甲等规模综合性国际医院，并延续其高端医疗的定位。2015年，公司通过现金认购方式增资北京汉氏联合生物技术有限公司，进入干细胞治疗领域。

（八）爱尔眼科医院集团股份有限公司

爱尔眼科医院集团股份有限公司是中国规模最大的眼科医疗连锁机构，是中国首家IPO上市的医疗机构，是国内首家荣获“中国驰名商标”的眼科机构。

爱尔眼科通过不断的实践，并充分吸纳国际先进的医疗管理经验及运作方法，成功探索出一套适应中国国情和市场环境的眼科医院连锁经营管理模式——“分级连锁”。利用人才、技术和管理等方面的优势，凭借全国各连锁医院良好的诊疗质量、优质的医疗服务和深入的市场推广，爱尔眼科成为中国最具影响力的眼科品牌。

截至2014年，公司在全国24个省（区、市）建立了70余家专业眼科医院，年门诊量超过250万人次，预计到2020年，兴建200家具有竞争力的专业连锁眼科医院，为更多的人提供高质量、多层次的眼科医疗服务。

（九）通策医疗投资股份有限公司

通策医疗投资股份有限公司是目前国内唯一一家以医疗投资、医院管理为主营业务的主板上市公司。

公司以口腔医疗服务为主营方向，在杭州、宁波、昆明、衢州、北京、沧州、黄石、义乌等地拥有多家口腔医院及诊所。2014 年公司公告与郑州市口腔医院签署《合作开办郑州市口腔分院实施方案》，以成熟的区域性“总院 + 分院”模式，大力拓展郑州及周边地区的口腔医疗市场。

此外，公司还计划进军多项专业医疗服务领域，构建以医疗服务为支柱的现代企业发展战略。

（十）慈铭健康体检管理集团股份有限公司

慈铭健康体检管理集团股份有限公司是一家集团化、连锁式全生命健康管理经营机构，业务涵盖健康体检、O2O 全健康管理、绿色就医转诊、保险支付等，旗下拥有“慈铭体检”“慈铭奥亚健康管理医院”“慈铭记健康”等多个子品牌。

慈铭体检：在国内主要城市建立了完善的体检服务网络，在北京、上海、广州、深圳等主要城市设立了 53 家体检中心，并在哈尔滨、乌鲁木齐、兰州、银川等地设立了近 30 家加盟机构，并拥有 100 多家第三方合作机构，是国内最具影响力的健康体检品牌。

慈铭奥亚健康管理医院：中国健康管理领域第一奢侈品牌，主要面向财智领袖提供全面的深度体检、私人医生、个性定制健康管理方案、抗衰老养护、绿色就医通道等全维度、全生命健康管理。

慈铭记健康：利用先进的移动智能硬件，结合慈铭集团近千万健康大数据和丰富的医师资源，通过健康数据经营、运动管理、慢病管理、血压管理、血糖管理、血脂管理等服务形式，首次真正落地了 O2O 健康管理，创新以干预为主的移动健康管理新模式，全天 24 小时无缝隙为企业和个人客户提供全面的健康解决方案，开启全民私人医生时代。

（十一）信邦制药股份有限公司

2013 年信邦制药股份有限公司定向增发收购贵州科开医药股份有限公司

后，形成了集医药工业、医药流通、医疗健康服务为一体的医疗医药产业链。

医疗健康服务方面，目前公司拥有贵州省肿瘤医院有限公司、贵阳医学院附属白云医院、贵阳医学院附属乌当医院、贵医安顺医院有限责任公司等医疗机构，其中，三级甲等医院 1 家、三级综合医院 2 家、二级综合医院 1 家、床位 2500 余张。

同时，公司已完成对仁怀朝阳医院、贵州省六枝特区博大医院有限公司、道真仡佬族苗族自治县中医院等医疗机构的投资。

（十二）金陵药业股份有限公司

金陵药业股份有限公司目前控股宿迁医院（三乙）、仪征医院（二甲）、安庆石化医院（二甲）三家综合性医院。

金陵药业对宿迁医院的改制是我国公立医院改革的样本，引入政府（管理层）、投资方、医院集团三方联盟推动改制一直是市场发展的方向，2013 年宿迁医院实现营业收入 6.81 亿元、净利润 8339.87 万元，保持了较好的成长性。

（十三）马应龙药业集团股份有限公司

马应龙系列产品在国内肛肠治痔领域具有较高的市场占有率，随后公司积极寻求产业链的延伸，成立肛肠连锁专科医院，实现由肛肠药品经营向肛肠疾病医疗领域的延伸，实现“从药到医，从医到药”的良性互动循环。

公司医疗服务领域贯彻“单体完善、复制扩张、连锁经营”的发展思路，持续提升整个连锁医院的经营合力，在武汉、北京、西安、沈阳、大同等地成立肛肠医院及投资管理公司。

目前公司医院诊疗业务相对较小，2013 年实现营业收入 6597.89 万元，在当期主营业务收入中所占比重约为 4.12%，显示了公司业务结构仍以药品生产、流通为主。

（十四）山东新华医疗器械股份有限公司

2012 年山东新华医疗器械股份有限公司同淄博昌国医院合作成立山东新华昌国医院投资管理有限公司，与平阴县人民政府合作成立济南新华医院投资管理公司，开始涉足医疗服务领域。

随后公司成立医院管理部，对公司的医院资源进行统一管理，并先后投资河北新华口腔科技有限公司、合肥东南骨科医院、合肥东南手外科医院、高青县中医院、淄博淄川区医院西院等多家医疗机构。

公司在重点地市级城市建立肾脏病专科医院作为血液透析中心旗舰店，在周边区域建设血液透析中心，开拓血液透析市场，2014 年公司在山东、河南、四川、湖南、湖北等地建立血液透析中心并提供血液透析管理服务。

（十五）恒康医疗集团股份有限公司

恒康医疗集团股份有限公司于 2012 年成立了全资子公司——四川永道医疗投资管理有限公司，先后收购蓬溪县健顺王中医（骨科）医院、德阳美好明天医院、资阳体检医院三家医疗机构及成都平安医院的肿瘤业务收益权，全面介入医疗服务领域。

2014 年公司先后收购四川邛崃福利医院、大连辽渔医院、赣西医院、瓦房店第三医院，进一步增加了业务体量，提高了在医疗服务行业的竞争力。

B.11

再现丝路辉煌

——“一带一路”主题策略专题报告

中航证券有限公司课题组

摘　要：“一带一路”主题投资机会逐渐从愿景投资进入行动投资阶段。循着“十三五”规划、愿景与行动纲领等顶层设计以及“五通”原则内涵，本文论述了“由外及里，先窗口后试验区，先门户后辐射地带，先接入口后承接口”的地图投资逻辑和“基建先行、贸易跟进、金融服务支撑、文化逐渐融合”的行业投资视角。

关键词：“一带一路”　“五通”原则　“十三五”规划

一　“一带一路”纳入国家战略

“一带一路”是“丝绸之路经济带”和“21世纪海上丝绸之路”的简称，“一带一路”不是一个实体和机制，而是合作发展的理念和倡议，是充分依靠中国与有关国家既有的双多边机制，借助既有的、行之有效的区域合作平台，旨在借用古代“丝绸之路”的历史符号，高举和平发展的旗帜，积极主动地发展与沿线国家的经济合作伙伴关系，共同打造政治互信、经济融合、文化包容的利益共同体、命运共同体和责任共同体。

习近平于2013年9月和10月分别提出建设“丝绸之路经济带”和“21世纪海上丝绸之路”的战略构想。2013年9月7日，习近平主席在哈萨克斯坦纳扎尔巴耶夫大学发表重要演讲，首次提出加强政策沟通、道路联通、贸易畅通、货币流通、民心相通，共同建设“丝绸之路经济带”的战略倡议。

2013 年 10 月 3 日，习近平主席在印度尼西亚国会发表重要演讲时明确提出，中国致力于加强同东盟国家的互联互通建设，愿同东盟国家发展好海洋合作伙伴关系，共同建设“21 世纪海上丝绸之路”。同月，习近平在出席 APEC 领导人非正式会议期间提出了中国愿同东盟国家加强海上合作，共同建设“21 世纪海上丝绸之路”的倡议。

当“一带一路”概念被提出后，中国在推进“一带一路”建设的进程上超乎想象，2014 年中央经济工作会议和政府工作报告便把“一带一路”提上议程，2015 年更是正式写入施政纲领：2015 年中央经济工作会议明确提及将重点实施“一带一路”“京津冀协同发展”“长江经济带”三大战略，“一带一路”位列三大战略之首，无疑将成为 2015 年中央经济工作的核心内容。

此后，在 2015 年政府工作报告中李克强总理指出，构建全方位对外开放新格局，推进丝绸之路经济带和 21 世纪海上丝绸之路合作建设，加快互联互通、大通关和国际物流大通道建设。这标志着中国企业进入“走出去时代 2.0 版”。

2015 年 3 月 28 日，国家发展改革委、外交部、商务部联合发布《推动共建丝绸之路经济带和 21 世纪海上丝绸之路的愿景与行动》（以下简称《愿景与行动》），“一带一路”纲领性指导文件落地，版图与方向敲定，将正式进入实施阶段。

表 1　“一带一路”推进时间

时间	重要事件	主要内容
2013 年 9 月	习近平访哈萨克斯坦	可以用创新的合作模式，共同建设“丝绸之路经济带”，逐步形成区域大合作
2013 年 10 月	习近平访东盟国家	中国愿同东盟国家加强海上合作，发展海洋合作伙伴关系，共同建设“21 世纪海上丝绸之路”
2013 年 12 月	中央经济工作会议	推进“丝绸之路经济带”建设，抓紧制定战略规划，加强基础设施互联互通建设。建设“21 世纪海上丝绸之路”，加强海上通道互联互通建设，拉紧相互利益纽带
2014 年 2 月	习近平与普京会谈	就俄罗斯跨欧亚铁路与“丝绸之路经济带”和“21 世纪海上丝绸之路”的对接问题达成共识
2014 年 3 月	政府工作报告	抓紧规划建设丝绸之路经济带、21 世纪海上丝绸之路

续表

时间	重要事件	主要内容
2014 年 4 月	李克强出席博鳌亚洲论坛开幕式并发表主旨演讲	强调要推进"一带一路"建设
2014 年 5 月	中国—哈萨克斯坦(连云港)物流合作基地项目启用	"丝绸之路经济带"首个实体平台,或代表"一带一路"进入实体建设阶段
2014 年 11 月	中央财经领导小组第八次会议	研究丝绸之路经济带和 21 世纪海上丝绸之路规划,发起设立亚洲基础设施投资银行和丝路基金
2014 年 11 月	习近平发表《联通引领发展　伙伴聚焦合作》重要讲话	要以亚洲国家为重点方向,以经济走廊为依托,以交通基础设施为突破,以建设融资平台为抓手,以人文交流为纽带,深化合作,实现"一带一路"和互联互通。中国将出资 400 亿美元成立丝路基金
2014 年 12 月	中央经济工作会议	明确提及将重点实施"一带一路""京津冀协同发展""长江经济带"三大战略
2015 年 3 月	政府工作报告	构建全方位对外开放新格局,推进丝绸之路经济带和 21 世纪海上丝绸之路合作建设。加快互联互通、大通关和国际物流大通道建设
2015 年 3 月	国家发展改革委、外交部、商务部联合发布《推动共建丝绸之路经济带和 21 世纪海上丝绸之路的愿景与行动》	根据"一带一路"走向,陆上依托国际大通道,以沿线中心城市为支撑,以重点经贸产业园区为合作平台,共同打造新亚欧大陆桥、中蒙俄、中国—中亚—西亚、中国—中南半岛等国际经济合作走廊;海上以重点港口为节点,共同建设通畅安全高效的运输大通道。中巴、孟中印缅两个经济走廊与推进"一带一路"建设关联紧密,要进一步推动合作,取得更大进展

资料来源：笔者整理。

二　"一带一路"明确贯通亚欧非大陆

《愿景与行动》明确提出，"一带一路"贯穿亚欧非大陆，丝绸之路经济带重点畅通中国经中亚、俄罗斯至欧洲（波罗的海）；中国经中亚、西亚至波斯湾、地中海；中国至东南亚、南亚、印度洋。21 世纪海上丝绸之路重点方向是从中国沿海港口过南海到印度洋，延伸至欧洲；从中国沿海港口过南海到南太平洋。

《愿景与行动》中明确提到，根据“一带一路”走向，陆上依托国际大通道，以沿线中心城市为支撑，以重点经贸产业园区为合作平台，共同打造新亚欧大陆桥、中蒙俄、中国—中亚—西亚、中国—中南半岛等国际经济合作走廊；海上以重点港口为节点，共同建设通畅安全高效的运输大通道。中巴、孟中印缅两个经济走廊与推进“一带一路”建设关联紧密。

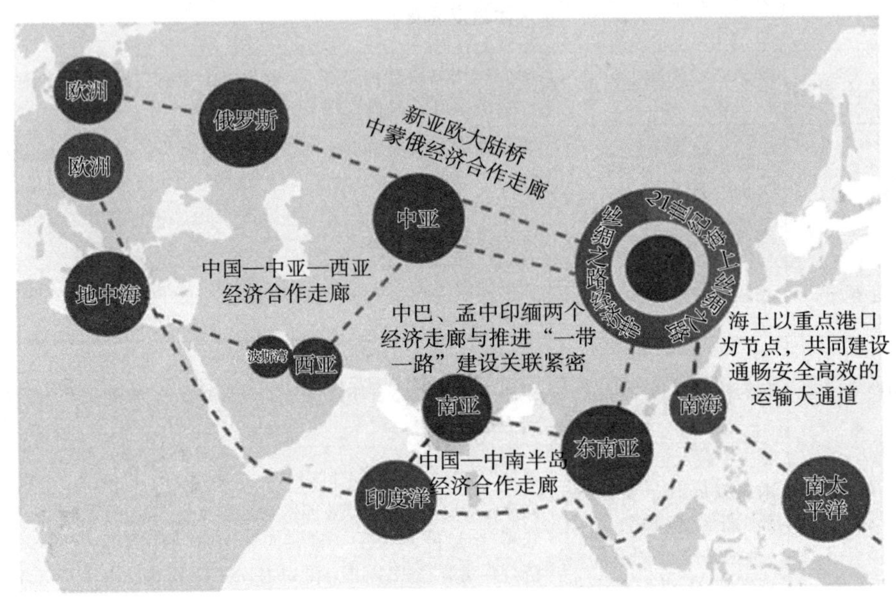

图1 “一带一路”愿景图

资料来源：网络资料。

三 “一带一路”为哪般：向外突围、为内部腾挪空间

“一带一路”战略有着深刻的宏观背景，主要基于以下考虑。

（一）产能过剩制约经济发展与结构转型，去产能任务紧迫

根据欧美的经验，一般认为产能利用率在79%～83%比较合理，产能利用率低于75%即为严重过剩。我国2014年前三季度工业企业产能利用率为

78.7%，处于近4年来的最低水平。工业和信息化部产业政策司副司长苗长兴撰文提到，我国的产能利用率看似与欧美发达国家合理的产能利用率差距不大，但实际上情况已相当严重。同时，产能过剩产业占据大量的金融资源，对新经济产生挤出效应，制约经济结构转型。

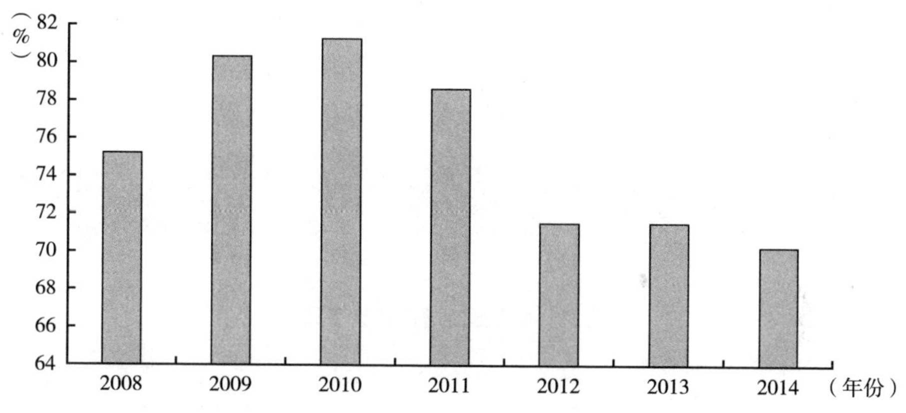

图2 钢铁业产能利用率过低

资料来源：Wind资讯。

（二）出口结构待调整，对发达国家出口比例或已经接近天花板

我国过去出口一般以小家电、纺织品、玩具等消费类产品为主，随着此类产品出口的提高，该类产品的增长已经进入饱和阶段，加工型贸易不仅受制于需求饱和，还受到人力成本优势丧失的侵蚀。投资型出口替代消费型出口成为新动向，中东以及非洲等地区基础设施缺口较大，对投资性产品的需求旺盛，中国未来可能进入投资性出口的新阶段。

（三）巨额外汇储备的投资需求

2014年中国外汇储备余额3.84万亿美元，外汇储备面临着巨大的汇率风险。因投资品种单一，多数投资于美债，美债收益率过低造成外汇储备的浪费，大量外汇资源基本被闲置。借助“一带一路”，中国可以将外汇储备作为储备投资金，从而增加外汇资产的报酬率。周小川在谈及丝路基金时曾提到，丝路基金应大致上看作PE，是回收期限更长的PE，注重长期回报。

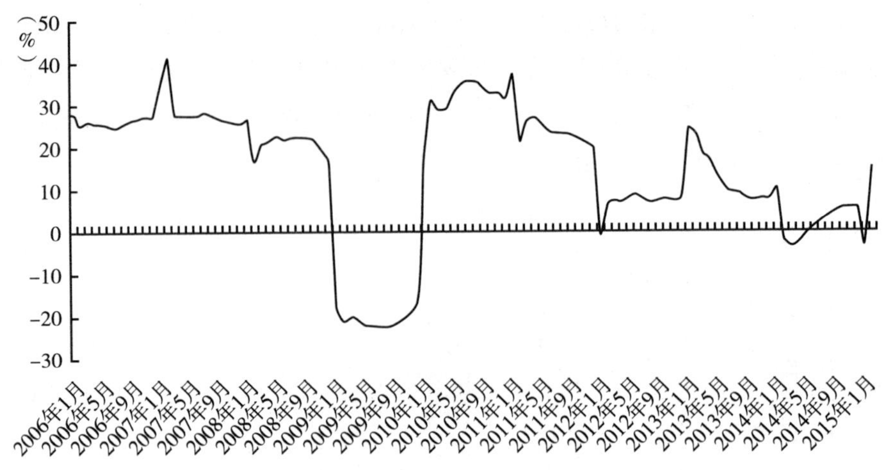

图 3 中国出口增速持续下降

资料来源：Wind 资讯。

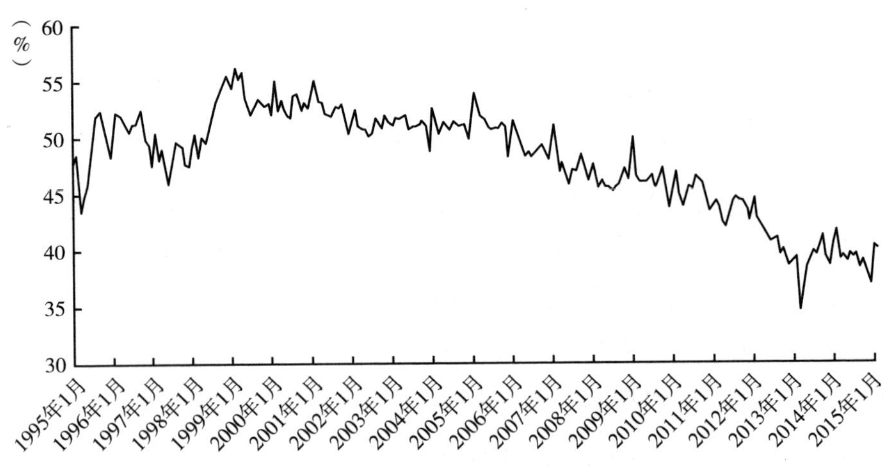

图 4 对发达国家出口占比下降

资料来源：Wind 资讯。

此外，中国也可以逐步探讨人民币作为结算货币的可行性，进一步强化人民币货币价值。

四　“一带一路”：更大的“走出去”范畴

自2001年的“十五”开始，中国启动了“走出去”的国家战略，鼓励和支持有比较优势的企业对外投资，带动商品和劳务出口。这一战略的提出和实施使中国企业对外投资在十年间快速增加。2013年，中国境内投资者对全球156个国家和地区的5090家境外企业进行了直接投资，累计实现非金融类直接投资901.7亿美元，逐步赶超外商直接投资额。

2014年前11个月中国承接“一带一路”沿线国家服务外包合同金额和执行金额分别为106.1亿美元和80.5亿美元，同比增长达22.3%和31.5%。其中承接东南亚11国的服务外包执行金额43.2亿美元，同比增长高达50%。在2014年11月的APEC会议上，习主席表示未来十年中国对外投资将超过1.2万亿美元，预计将优先惠及“一带一路”国家。

“一带一路”战略贯穿亚欧非大陆，覆盖40多个国家，总人口超过40亿，经济总量超过20万亿美元。

五　“一带一路”投资机会展望：沿着愿景进入行动的路径

习近平主席早在2013年就提出了“一带一路”战略设想，但股市从2014年下半年才开始反映，随着南北车合并构想等强化“一带一路”主题投资契机出现，市场以美好的愿景掀起一场波澜壮阔的“一带一路”炒作行情，新丝路指数自2014年下半年至今已经上涨116%。

随着《愿景与行动》的落地，在继续激发愿景行情的同时，市场投资有望进一步深化，将由愿景投资逻辑进入行动投资逻辑阶段。

梳理“一带一路”行动投资逻辑阶段的投资线索，从《愿景与行动》的含义可以看出，由愿景进入行动的投资逻辑后，仍会主要围绕地区和行业两个维度来寻找投资机会，两个维度的投资层次相对比较清晰。

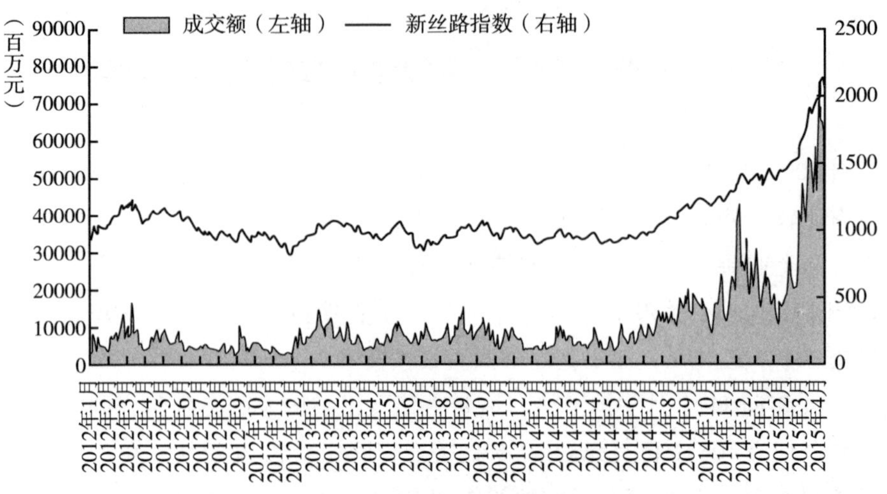

图 5　新丝路板块行情变化

资料来源：Wind 资讯。

（一）地区维度：开启地图模式，由外及里，层层展开

《愿景与行动》揭示出一个层次鲜明的地图投资逻辑，即开放将由外及里，先窗口后试验区，先门户后辐射地带，先接入口后承接口。

接壤边陲，开放的窗口：西北、东北、西南。新疆定位为向西开放的重要窗口，是丝绸之路经济带上重要的交通枢纽、商贸物流和文化科教中心，特色是“丝绸之路经济带核心区”；内蒙古、黑龙江、吉林、辽宁是对外通衢的陆海联运中心，向北开放的重要窗口；云南、广西是重要门户和辐射中心。

海上接入口：沿海。以自贸区的形式，构筑长三角、珠三角、海峡西岸、环渤海等经济区的完善接入口。福建为 21 世纪海上丝绸之路核心区，继续强化上海、广州等国际枢纽机场功能。把沿海地区打造为“一带一路”特别是 21 世纪海上丝绸之路建设的排头兵和主力军。

（二）行业维度：“五通”原则下的产业映射逻辑

《愿景与行动》在合作重点方面，继续强化政策沟通、设施联通、资金融通、贸易畅通以及民心相通的“五通”原则，并深入讨论“五通”原则下的产业发展方向和基本内容，其内容的丰富为产业映射投资提供了详细参考。

1. 设施联通：重点发展铁、公、港

《愿景与行动》明确提出，基础设施互联互通是“一带一路”建设的优先领域，国际骨干通道、连接三大陆基础设施网络、绿色运营体系是“一带一路”基础设施建设的三大要点。具体来看，分为铁、公、港、机四大方面。

（1）铁路、公路通达水平的提升，包括交通设施关键通道、节点和工程，打通缺失路段，畅通瓶颈路段，配套完善道路安全防护设施和交通管理设施设备，铁、公路工程建设与运营相关板块受益明确，以此延伸的铁路、公路配套设备需求增加等。

（2）港口建设与航运通道，包括推动口岸基础设施建设、畅通陆水联运通道、推进港口合作建设、增加海上航线和班次、加强海上物流信息化合作，出口港、航运等海上运输产业链受益明确。

（3）机场受益为最后，仅上海、广州等国际枢纽机场被列入《愿景与行动》，航空基础设施水平的提升将弱于铁、公、港等。

2. 贸易畅通：开放区力度将持续加大

投资贸易合作是“一带一路”建设的重点内容。《愿景与行动》中，大篇幅讨论了贸易便利与投资合作等问题，而贸易便利是投资合作顺利进行的先决条件。从顺序上来看，贸易畅通首先要映射到开放区的发展。

《愿景与行动》中着重提到了“加快推进中国（上海）自由贸易试验区建设，支持福建建设21世纪海上丝绸之路核心区。充分发挥深圳前海、广州南沙、珠海横琴、福建平潭等开放合作区作用，推进浙江海洋经济发展示范区、福建海峡蓝色经济试验区和舟山群岛新区建设，加大海南国际旅游岛开发开放力度”。有了适度的开放，才有可能引入合适的投资合作，贸易畅通的原则要求开放区发展力度持续加大。从行业受益角度来看，物流及区域服务业顺序优先等。

3. 资金融通：开发金融与跨境结算

资金融通是“一带一路”建设的重要支撑。亚洲货币稳定体系、投融资体系和信用体系建设是金融合作的前提，便于融资服务、结算业务的展开。

首先是开发性金融服务，《愿景与行动》提到，通过发展债券市场、组建开发银行及银行贷款的方式进行融资，支持“一带一路”沿线基础设施的开

发建设。除了信用融资服务方式外，还鼓励在丝路基金股权投资带领下，引导商业性股权投资基金和社会资金为"一带一路"重点项目提供融资。

其次是跨境结算金融服务。《愿景与行动》表示，要扩大沿线国家双边本币互换、结算的范围和规模。随着双边贸易规模呈现不断扩大的趋势，贸易结算中对人民币的需求也进一步增长，这为人民币的区域化乃至国际化进程奠定了基础。目前，中国央行已先后与乌兹别克斯坦、哈萨克斯坦等中亚国家中央银行签署了双边本币互换协议。未来人民币将更多地以"载体"的角色，为提高沿线国家贸易的效率及安全性做出贡献。以丝绸之路经济带建设为契机，人民币国际化可能有两个突破口：第一个是积极推进能源交易以人民币计价结算；第二个是扩大中国对丝绸之路经济带的投资和贷款份额。银行优先受益于开发性金融和结算业务的扩大，多元金融机构也有望分一杯羹。

4. 民心相通：文化融合下的盛宴

加深沟通、求同存异，减少摩擦是中国"一带一路"战略需要的软配套设施，文化"走出去"将是中国"一带一路"战略中至关重要的一环，映射产业涉及文化、旅游、体育等文体创意产业。

六 "一带一路"核心映射产业的展望

按照《愿景与行动》的主旨，由愿景转入行动投资阶段，仍以前期铺垫性项目最容易实施和甄别，因而"一带一路"主题中基建唱戏、金融搭台仍是行动投资阶段的主题。

（一）基建是"一带一路"中的互联平台

基础设施建设是"一带一路"中受益最先、最明确的行业。分层来看，分别是互联通道、连接枢纽、互通补给设施及基础设施援建等方面的概念。

1. 骨架已搭，互联通道网络多已成形

"一带一路"规划中，高铁将是中国实践设施联通的重要载体，中国已经承建四条国际高铁线路——欧亚高铁、中亚高铁、泛亚高铁、中俄加美高铁。以这四条国际高铁线路为主干道，未来有望延伸出很多高铁支道，最终形成"连接亚洲各次区域以及亚欧非之间的基础设施网络"。这四条国际高铁线路已经构筑基础设施网络的骨架，互联通道网络成形将是大概率事件。

2. 基础设施援建需求空间大

“一带一路”战略贯穿亚欧非大陆，一头是活跃的东亚经济圈，一头是发达的欧洲经济圈，中间广大腹地上大部分为欠发达国家或地区，基础建设相对落后。以铁路为例，“一带一路”沿线多数国家或地区铁路里程与国土面积比小于 1%，而欧盟和日本等发达国家或地区该比例普遍在 5% 以上，中国和俄罗斯由于国土面积比较大，铁路里程与国土面积比分别为 0.7% 和 0.5%，显著低于发达国家平水平，“一带一路”沿线国家有较大的基建需求。

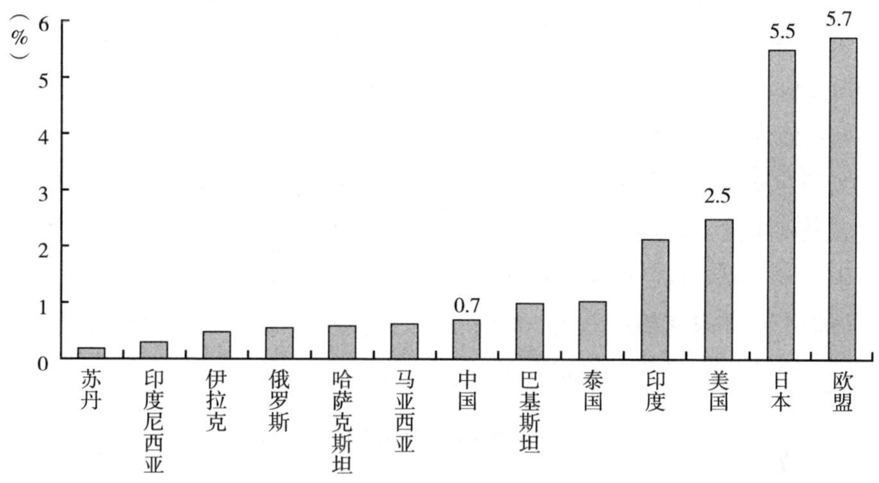

图 6　主要国家和地区铁路网密度对比

资料来源：Wind 资讯。

中国与“一带一路”沿线国家和部分发达国家存在技术上的互补与错位竞争，可以向对象国家进行技术输出和基础设施输出，以提高其基础建设水平，共建互联互通网络。“一带一路”沿线国家的基础建设投资涵盖公路、铁路、高铁、机场、能源等领域。据亚开行测算，2020 年以前亚洲地区每年基础建设投资需求高达 7300 亿美元，预计整个基建投资超 8 万亿美元，未来在构建亚欧非的互联互通网络中，将掀起一轮区域投资的高潮。

目前政府推动的海外投资项目主要集中在中亚和南亚等地区，拟建和在建投资规模达到 524.7 亿美元，主要以能源、铁路、公路等领域的基础设施投资为主。投资主要集中在铁路领域，规模达到194亿美元，包括中老和中泰铁路，其次是电力电网和管道电缆领域的投资，规模超过100亿美元。从各个项目3～5年的建筑周期来看，2015年海外投资将超过105亿美元，假设海外基建投资的1/3来自国内，则现有工程在2015年的投资额为35亿美元。

3. 互通补给生命线的建设需求

在现代社会，能源、通信可类比于社会生产、生活的生命补给，《愿景与行动》明确提到，“加强能源基础设施互联互通合作，共同维护输油、输气管道等运输通道安全，推进跨境电力与输电通道建设，积极开展区域电网升级改造合作。共同推进跨境光缆等通信干线网络建设，提高国际通信互联互通水平，畅通信息丝绸之路。加快推进双边跨境光缆等建设，规划建设洲际海底光缆项目，完善空中（卫星）信息通道，扩大信息交流与合作”，强调了能源、通信共享对现代社会的意义。

我国的电力设备、信息建设企业等一直坚持走自主发展的道路，多年的出口经验与科学技术发展，使我国相关行业拥有了丰富的经验和先进的技术水平，中国企业成本低、产品性价比高，在国际竞争中具有明显的优势。丝绸之路经济带大部分国家都有迫切的电网、信息网建设需求，这给技术水平领先的中国设备企业带来了可观的商机。

（二）金融业：开发性金融与结算业务支撑

资金融通是“一带一路”的重要支撑。深化金融合作，推进亚洲货币稳定体系、投融资体系和信用体系建设是构建“一带一路”金融体系的重要内容，同时也符合人民币国际化的进程，提升人民币的国际影响力。

1. 亚投行等提供的资金仍是杯水车薪

亚洲基础设施建设资金年均约7500亿美元。根据亚洲开发银行的测算，未来8～10年，亚洲每年的基础设施资金需求将达到7300亿美元，世界银行的测算是8000亿美元左右，而当前，亚洲开发银行和世界银行两个最大的开发性金融机构每年在亚洲地区基础设施的投资总和只有300亿美元左右，因此，亚洲基础设施建设面临着巨大的融资缺口。

亚投行等开发性机构仍不能有效解决资金问题。涉及“一带一路”金融开发的机构主要有丝路基金、亚洲基础设施投资银行、金砖组织开发银行和上合组织开发银行，以及国内具有政府背景的商业银行。其中丝路基金和亚洲基础设施投资银行是“一带一路”前期金融服务的主力。亚投行法定初始资本1000亿美元（中国出资500亿美元）。丝路基金首批资本金为100亿美元，出资方为外汇储备、中国投资有限责任公司、中国进出口银行、国家开发银行四家。丝路基金的主要资金来源是外汇储备。据悉，首期资本金100亿美元中，外汇储备通过其投资平台出资65亿美元，中国投资有限责任公司、中国进出口银行、国家开发银行分别出资15亿美元、15亿美元和5亿美元。从规模来看，亚投行与丝路基金联合发放的开发资金规模仍然有限，这意味着势必需要更多的社会资本介入开发性金融服务中。

2. 国内金融机构的资金补充和金融服务需求大

“一带一路”资金缺口巨大，除亚投行和丝路基金这一重要的配套金融支持外，国内金融机构的资金补充和海外金融服务也必不可少。“一带一路”中，国内银行所能提供的金融服务主要涉及以下业务。

首先，日常国际银行业务。“一带一路”沿线涉及26个国家，将近4000亿元投资。初期，沿线国家双边本币互换、信用证、保函、代付、汇兑等常规结算、贸易融资，以及其他财务咨询、风险管理、投资银行等创新业务范围和规模相应增加。随着各国双边贸易的越来越频繁，国际银行业务无疑有更大的增长空间。

其次，买卖方信贷业务。“一带一路”为境外买方提供贷款，用于购买本国产品，以此支持出口；或支持国内企业出口，对境内企业发放贷款，用于生产出口产品，包括船舶、机电设备等。

最后，为境内外企业融资服务。4月20日，中国工商银行董事长姜建清在巴基斯坦首都伊斯兰堡分别与巴基斯坦当地四家项目业主签署了能源电力项目融资协议，包括巴基斯坦苏克阿瑞大型水电站、大沃风电站、萨希瓦尔燃煤电站、塔尔煤电一体化，协议金额总计达到43亿美元，是“一带一路”上中巴双方重点合作和优先推进的重大基础设施项目。中国工商银行是首家在巴基斯坦设立分支机构的银行，为中国国有银行在“一带一路”沿线国家开展融资服务起了示范作用，随着“一带一路”沿线国家基础设施建设需求的增加，中国国有银行在“一带一路”沿线国家的业务开展具备想象空间。

优秀的全球信用资质、综合化的全球服务网络支撑着国际化的国内大型商业银行，为中国企业“走出去”和“一带一路”战略实施提供国际金融服务。

"一带一路"建设的大规模资金需求以及国际贸易活动的日渐频繁使国际金融需求增加，国有股份上市银行将显著受益于"一带一路"多边开发性金融和结算业务的增长。

（三）港口业：国际综合物流链条上枢纽的突围

港口作为海上丝绸之路的核心接入点，需要发挥国际综合物流链条上枢纽的作用。尽管海路联运协同不足、贸易增长减速，但在"21世纪海上丝绸之路"战略的支撑下，港口业有望突出重围，再现古代海上丝绸之路的繁华光景。

1. 陆水联运有较大提升空间

《愿景与行动》中提到，推进口岸基础设施建设，畅通陆水联运通道，推进港口合作建设，加强海上物流信息化合作。重要节点港口的建设重点是提升船舶停靠及海运货物装卸、转运和仓储能力，充分利用海铁联运和海路联运优势，建设高效、便利的贸易平台，提高港口的集散效率，强化集有形商品、技术、信息于一体的物流功能。以海铁联运为例，目前我国的海铁联运发展水平较低，国内主要的海铁联运港口有大连港、营口港、青岛港、连云港、盐田港和宁波港，集装箱海铁联运总量约占全国海铁联运总量的65%，但单个港口海铁联运占比最高仅有6%，远低于欧、美、日等的20%~40%水平，具有巨大的提升空间。

2. 结构调整下吞吐量有望回升

港口吞吐量与外贸增长高度相关，受外贸环境影响，港口吞吐量自2010年以来持续下降。在"一带一路"战略下，中国外贸可能面临结构调整，2014年我国进出口贸易额达到4.3万亿美元，与"一带一路"国家的进出口贸易约占25%，其中出口贸易占比24%，略低于欧盟，高于美国，进口贸易占比26%，明显高于欧、美、日。近几年，中国逐渐注重与"一带一路"主要国家的贸易往来。对欧、美、日的进出口贸易比重逐渐下降，由2005年的43%下降至2014年的34.5%，而对东南亚、印度、俄罗斯和蒙古的进出口贸易比重逐渐提高，由2005年的12%提升至2014年的15.2%。这种贸易结构的变化在未来"一带一路"战略下将表现得更明显。假设中国与"一带一路"国家的进出口贸易占比每年提升1个百分点，则5年内对"一带一路"国家的进出口贸易比重将提升至20%左右。假设港口贸易额在进出口贸易中占比50%，则"一带一路"国家港口贸易额将提升10%。

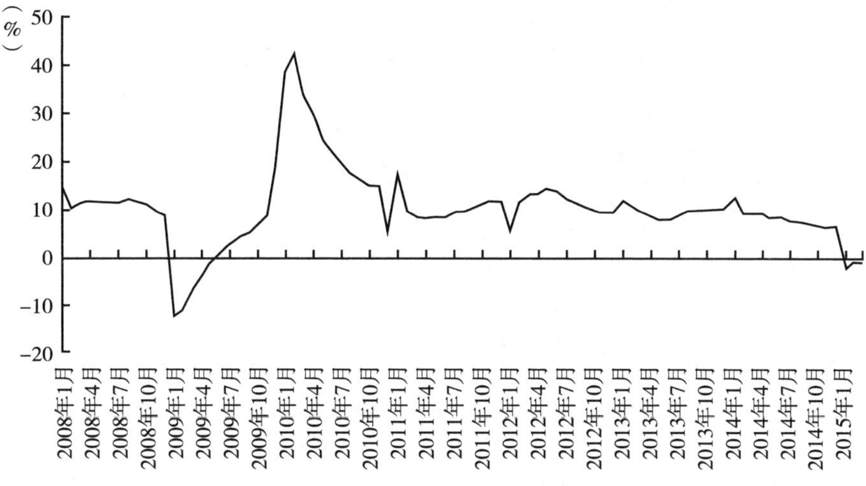

图 7　外贸货物吞吐量占比

资料来源：Wind 资讯。

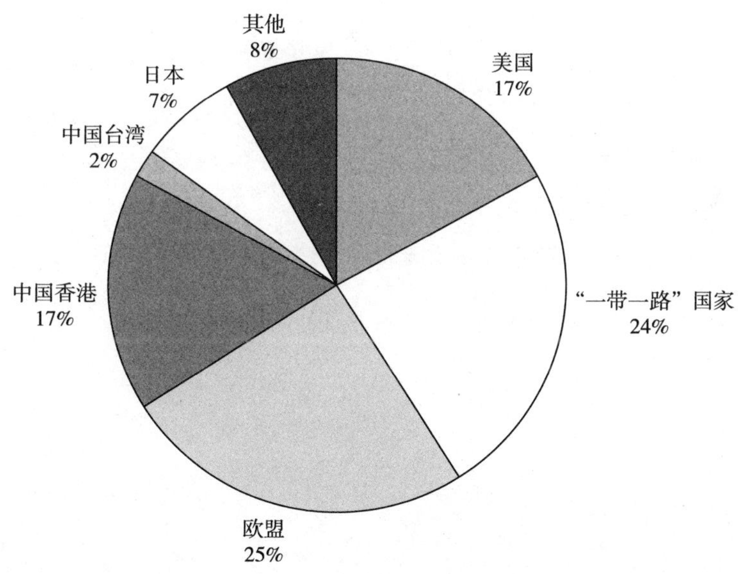

图 8　中国大陆出口贸易对象占比对比

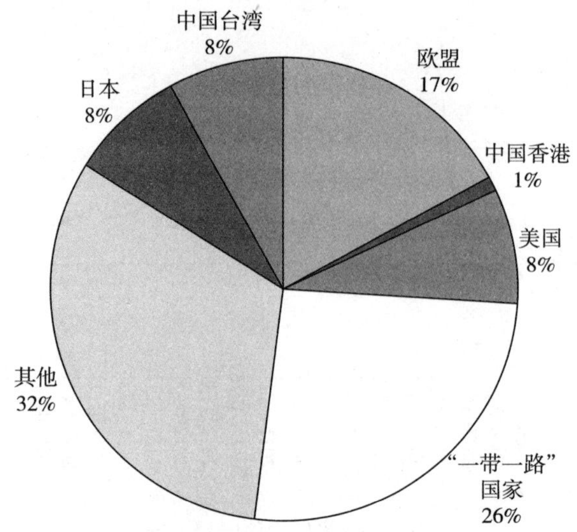

图 9　中国大陆进口贸易对象占比对比

资料来源：Wind 资讯。

B.12
"短板"亦机遇,"空间"皆助力

中航证券有限公司课题组

摘　要：本文通过对军费投入、信息化装备需求、政策支持和资产证券化四个方面进行分析，得出国防科技工业仍将持续景气周期的结论，在此基础上，从两个维度指出行业未来的投资机遇，即从信息化装备升级角度挖掘出的两条投资主线以及国企改革红利催生的行业投资机会。

关键词：国防科技工业　资产证券化　信息化装备　军民融合

一　宏观经济下行，国防科技工业继续景气周期

（一）2015年宏观经济不甚乐观

从实体经济看，2015 年经济下行的压力可能会进一步增大。首先，从中期趋势看，受"三期叠加"的影响，经济增长的调整远未到位。其次，从影响因素看，投资与房地产的调整对 2015 年的经济压力可能会更大。总之，2015 年实体经济下行的压力会大于 2014 年。

但新常态下，经济韧性好、潜力足、回旋空间大，随着新型城镇化的推进，高铁、电子商务等产业的兴起，"一带一路"、长江经济带、京津冀协同发展等区域战略的实施，2015 年经济增长率预计能够实现 7% 的既定目标。2015 年要通过优化政策，保持经济中高速发展；通过促进改革，增强经济发展内生动力；通过调整结构，创造中国经济竞争优势。

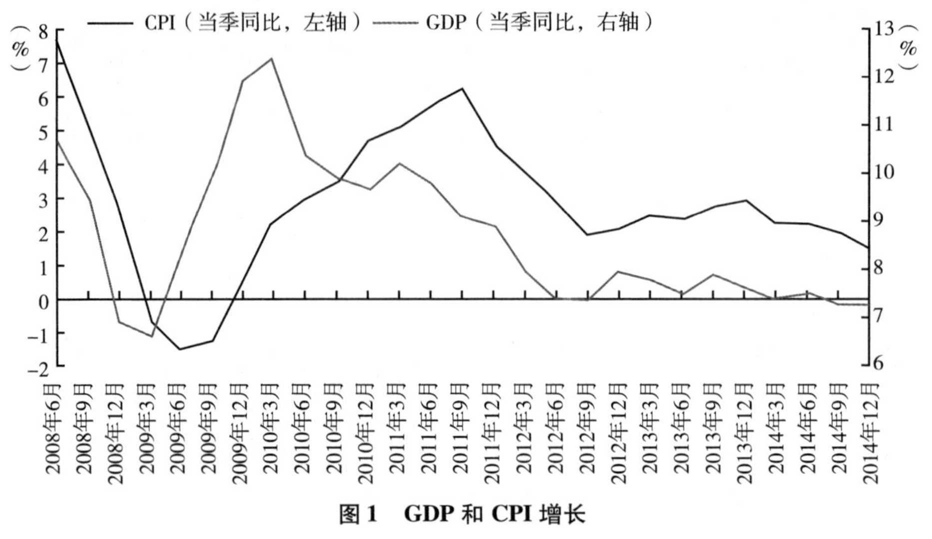

图1　GDP 和 CPI 增长

资料来源：Wind 资讯。

（二）国防科技工业持续景气周期

宏观经济下行时，国防科技工业的成长及盈利性受宏观的影响相对较小，行业跨周期性成长来自军费投入、信息化装备需求、政策支持及资产证券化四个方面的支撑。

1. 军费两位数增长和结构优化预期提升国防科技工业市场空间

2015 年，中国周边安全形势至少面临三大挑战：一是来自美国、日本及其同盟体系对中国崛起的战略挤压；二是管控海上安全，构建海洋新秩序；三是推进“一带一路”以及应对相关的外部压力。作为一项国家大战略，“一带一路”能否顺利推进，取决于中国与周边国家的增信释疑，取决于大国间的博弈与合作，也取决于强大军力的保驾护航。长远来看，中国周边依然围绕着中印边境争端、中日钓鱼岛争端、朝核危机及南海争端等悬而未决的问题，在美国重返亚太战略的挤压下，未来争端或进一步演变为局部冲突或战争。国防军工作为肩负维护国土和经济安全的重要角色变得愈发关键，而军费开支的合理较快增长则为该能力提供了强有力的保障。

2015 年中央和地方预算草案公布国防支出 8868.98 亿元，增长 10.1%，虽比 2014 年 12.2% 的增速略有下降，但仍保持两位数增长。2000

年以前，我国以经济建设为中心，经济实力允许范围为第一考虑因素，军费开支在此背景下一度出现失速，2000 年以后，我国的经济发展保持了强劲增长，积累了殷实的经济基础，军费支出增速开始逐步注重与经济增速并行。随着国家总体实力的不断跃升，保证国家海外资源及公民安全的国防安全战略需求在不断增加。近年国防支出呈现恢复性增长，复合增长率达到 15%，但即便这样，相对于中国经济总量，中国国防支出占 GDP 比重也只有 1.3% 左右，远低于美国、俄罗斯、英国及法国等主要军事国家 2% ~5% 的水平。我们认为未来军费的增长势必要和中国目前的大国地位相匹配。此外，从国家军费开支的构成来看，我国装备支出占军费比例约为 1/3，而同期欧美国家的装备支出占比在 40% 以上，可见我国的军费结构仍有较大的优化空间。

以美国为例，一直以来庞大的军费开支为美国实现全球远程投送、精确打击、信息化网络战等领先的军事能力提供了强有力的支撑。2015 年，美国国防预算总额达到 5850 亿美元，同比小幅减少 480 亿美元，其中主要是人员开支。回顾过去五年，虽然美国军费预算因海外战场投入的减少和削减陆海军兵力而呈下降趋势，但作为其核心项目，高度信息化、集成化的武器装备预算再创历史新高。可见，美国在军费预算减少的情况下，支出结构进一步优化，短期内其军费开支占据全球半壁江山的格局仍将持续。

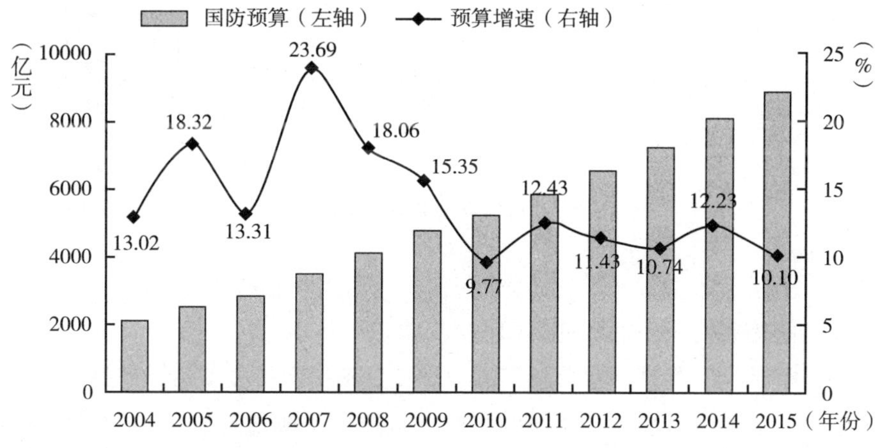

图 2　中国国防预算情况

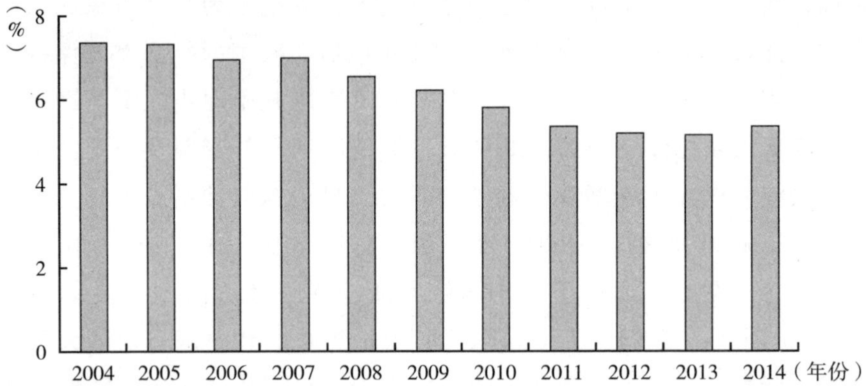

图 3 财政支出比重有上升趋势

资料来源：Wind 资讯。

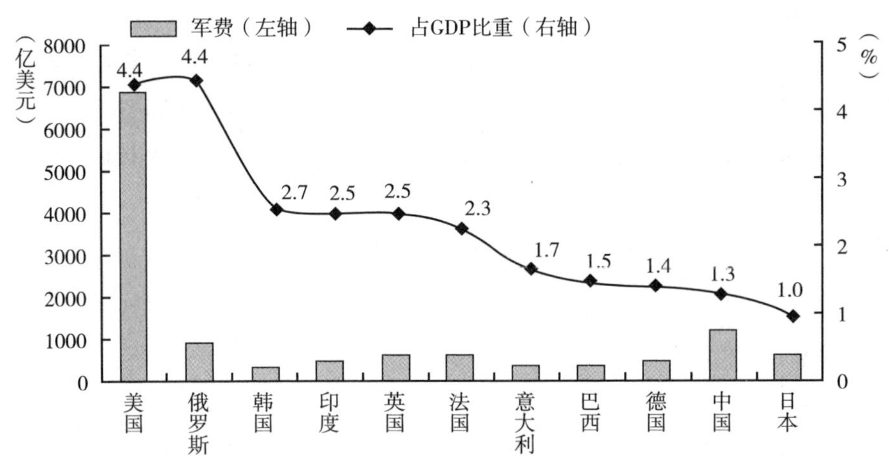

图 4 各国国防支出占 GDP 比重

资料来源：Wind 资讯。

2. 国防信息化——时代的风口

每一个时代，都是一次科技革命的产物；每一次科技革命，都是一个新时代的序幕。信息在重组社会功能的同时，也提出了改造传统国防的时代话题。当前全球范围内正在围绕“信息化”经历着一场新的军事变革，并对我国国防建设敲响警钟。毋庸置疑，信息化战争必将成为未来的主流战争模式，而大量信息化武器装备和信息化技术的联合运用将成为决定战争胜败的关键。

未来战场中，分散对抗将成为历史，更多的是表现为信息化武器系统之间的联合对抗。在此背景下，我国未来重点拓展的军事领域包括：①提升军队信息技术的联合作战能力；②布局外空间站，发展军事航天技术；③发展“蓝海”海军，提升远洋作战能力。在新军事战略转型带动下，我国陆军从区域防卫向全程机动型转变，海军要具备较强近海防御能力以及一定的远洋作业手段，空军由国土防空型向攻防兼备型转变。从装备更新换代的角度，我们认为，空军换装三代机、海军装备航母和舰载机及陆军装备新型武装直升机将成为军备建设重点。

3. 国防信息化建设将催生2000亿元市场空间

从发达国家国防工业的经历来看，国防信息化需经历“单项信息技术应用、信息系统集成、数字化军工”三个阶段。我国国防信息化建设“十二五”末至“十三五”期间将经历武器装备系统集成逐步成熟，并开始向数字化军工转变的过渡时期。由于军民融合的相关政策藩篱尚未打破，国防前沿技术仍

表1　军种能力及主战装备需求

项目	兵种能力	主战装备建设
陆军	机动作战、立体攻防；加快主战装备数字化升级改造、新型武器平台成建制换装，远程机动与综合突击能力显著增强	陆军航空兵装备：新型武装直升机、运输直升机；装甲突击装备：新型主战坦克、步兵战车、装甲输送车；压制武器装备：新型地地战术导弹、大口径自行火炮、重型反坦克导弹；野战防空装备：新型防空导弹、便携式防空导弹和自行高炮
海军	近海防御，增强战略威慑与反击能力，发展远海合作与应对非传统安全威胁能力	航母、新型导弹驱逐舰、导弹护卫舰、新型对海攻击飞机、新型核动力潜艇、常规动力潜艇、新型两栖装甲突击车，实现舰载、机载精确打击兵器的升级换代
空军	攻防兼备；加强以空中进攻、防空反导、战略投送为重点的作战力量体系建设	第三代轻型歼击机、第三代重型歼击机、第二代改进型歼击机和战术运输机、新型轰炸机、加油机、空降作战装备，以及新一代近程、中程、中远程地空导弹
第二炮兵	快速反应、有效突防、精确打击、综合毁伤和生存防护能力，战略威慑和防卫作战能力	新型中远程地地核导弹、新型地地常规导弹，基本形成了核常兼备、射程衔接的地地导弹装备体系

资料来源：笔者整理。

然处于从“示范”到“普及推广”的阶段。我们认为，随着军民融合上升为国家战略，在国家意志强有力的推动下，原有的政策桎梏终将被打破，第一个真正的投资高峰即将到来。

当前，美军信息化装备比重超过 50%，信息技术成本占装备总造价比重也超过 50%，相比而言，我国信息化装备比重还很低（不到 20%）。预计“十三五”末，我国的军事装备将建成“三代为主体，四代装备陆续列装”的国防体系。从第三代升级为第四代的过渡期，国防装备的升级换代孕育着信息化的巨大市场空间。我们假设未来五年国防经费年均复合增长率为 10%，装备支出占军费支出的比例以 2015 年的 35% 为基数逐年增加 1%，而信息化装备支出占装备支出的比例以 2015 年的 30% 为基数逐年增加 4%，信息技术成本占装备总造价比重约为 50%，武器信息化市场与外延市场（存量武器升级、训练装备、科研院等）比例为 1∶1，则 2020 年我国国防信息化市场有望突破 2000 亿元，年均复合增长率为 16.5%。

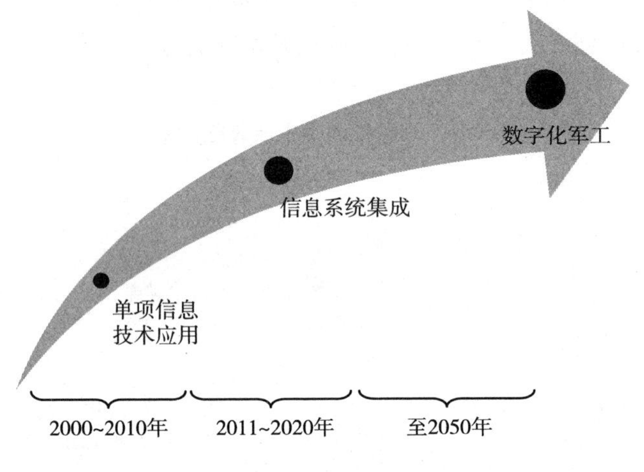

图 5　国防信息化进程

4. 国防科技工业是战略性新兴产业集中地，政策支持力度大

我国正经历经济升级转型的阵痛，在需求增速放缓的情况下，投资驱动、产能过剩的行业空间有限，符合经济结构转型方向的行业机会增加，国防科技工业覆盖高端装备、新一代信息技术及新材料等战略性新兴产业，与经济结构转型方向相一致，将不断享受政策红利。

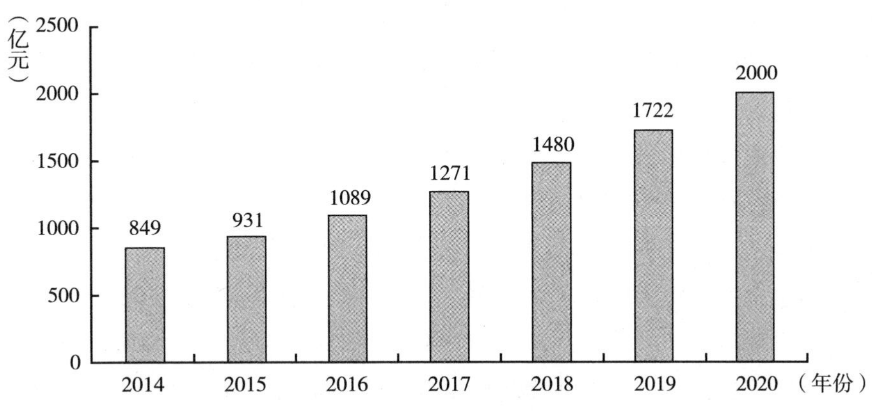

图6　国防信息化市场空间

资料来源：公司公告。

战略性新兴产业是建立在重大前沿科技突破的基础上，代表未来科技和产业发展新方向，目前尚处于成长初期、未来发展潜力巨大，对经济社会具有全局带动和重大引领作用的产业。国防科技是新兴战略性企业最为集中的行业，为国家经济战略性转型及高科技发展双导向行业，代表了科技技术发展的最高端，行业军民融合发展空间广阔，科技溢出效应显著，政策支撑强度大。自“十二五”开局以来，系列促进我国经济战略转型升级的政策纲要陆续出台，包括《国民经济和社会发展第十二个五年规划纲要》《国务院关于加快培育和发展战略性新兴产业的决定》《“十二五”国家战略性新兴产业发展规划》和《工业转型升级规划(2011～2015年)》等，战略性新兴产业政策决定了未来中国经济的可持续发展性。

表2　2014～2015年与战略性新兴产业相关的政策

政策名称	发布日期	公布部门
《工业和信息化部关于推进工业机器人产业发展的指导意见》	2014年1月2日	工信部
《中国人民解放军卫星导航应用管理规定》	2014年5月29日	总参
《国家集成电路产业发展推进纲要》	2014年6月24日	工信部
《国家地理信息产业发展规划(2014～2020年)》	2014年7月24日	发改委、测绘地理信息局
《能源发展战略行动计划(2014～2020年)》	2014年11月9日	国务院办公厅
《海洋工程装备(平台类)行业规范条件》	2014年12月31日	工信部
《国家增材制造产业发展推进计划(2015～2016年)》	2015年2月11日	工信部、发改委、财政部

资料来源：笔者整理。

《国务院关于加快培育和发展战略性新兴产业的决定》提出，七大战略性新兴产业 2015 年增加值将占我国 GDP 比重达到 8%，到 2020 年将升至 15%，要达到预期增长目标，相较于目前小于 2% 的占比，战略性新兴产业的增速以及产业规模增长都将远超传统产业。随着经济发展方式发生重大转变，战略性新兴产业作为拉动中国经济结构转型的主力军，获得了空前的发展。2015 年政府工作报告中提出，新兴产业和新兴业态是竞争高地。要实施高端装备、信息网络、集成电路、新能源、新材料、生物医药、航空发动机、燃气轮机等重大项目，把一批新兴产业培育成主导产业。航空发动机和燃气轮机首次写入政府工作报告，我们认为政府工作报告明确列示或表明推迟数年之久的两机重大专项呼之欲出。

二　信息化装备升级背景下的两条投资主线

（一）“短板”亦机遇

1. “大”飞机平台：能力待跨越

“大”飞机一般指起飞总重量超过 100 吨以上的运输类飞机，包括军用、民用大型运输机，也包括 150 座以上的大型民用客机。大型飞机具有战略性产业地位，产业技术溢出效应显著，对国家经济增长及转型具有重要意义，同国家安全密切相关。

在民用航空领域，目前我国正在自主研制的 C919 新型 150 座级单通道窄体客机的大飞机项目已经顺利启动，按照计划 2015 年底实现首飞，2017 年取得适航证并交付用户。根据波音公司发布的《2014 年中国市场展望》，在未来 20 年，中国需要 6020 架商用飞机，价值 8700 亿美元，占全球总价值量的 1/6。中国将引领亚太地区的新飞机需求，在未来 20 年中国航空公司的新飞机需求量将占亚太区总需求量的近 45%。

在军用航空领域，我国战略运输机数量严重不足且依赖进口。根据《飞行国际》数据，2014 年美国运输机总量为 1062 架，战略运输机 C－5，66 架，战略运输机 C－17，221 架；俄罗斯运输机总量为 329 架，战略运输机 An－22，6 架，战略运输机 An－124，9 架，战略运输机 IL－76，97 架；而我国战略运输机

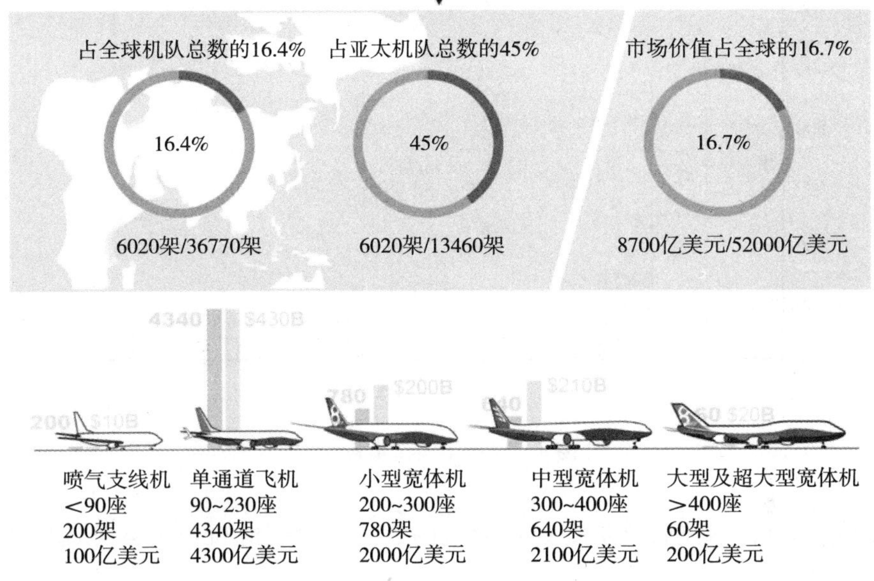

图7　波音公司预测的未来20年中国商用飞机市场

资料来源：波音公司。

仅有14架从俄罗斯购买的IL－76。

发展大飞机平台成为我国战略空军转型的关键。缺乏大规模、远距离兵力投送能力是制约空军转型的主要瓶颈。如何加强航空军用运输力量，是我国国防现代化所面临的重要问题之一。我国空军从规模数量上达到了一个相当的水平，从技术装备上也大批装备了三代歼10，以及未来将要列装歼20、歼31新一代飞机，但从严格意义上来说，如果远程力量的投送能力不能弥补，那么我国空军仍达不到战略空军的层次。根据公开资料我国列装主要以中小型战术运输机为主，起飞重量为60～80吨，载重在20吨左右，航程是3000～4000公里，这类短距离起飞运输机采用螺旋桨，我国的运－8、运－9及美国大力神C130都属于中型战术运输机。运－8是比较成熟的中型运输机，空警－200国产预警机的平台是从中型飞机的平台发展而来的，运－9为运－8系列机型的改进型。我国目前军事航空运输的主力机型是运－8中型中程运输机以及约20架俄伊尔－76大型运输机，空运力

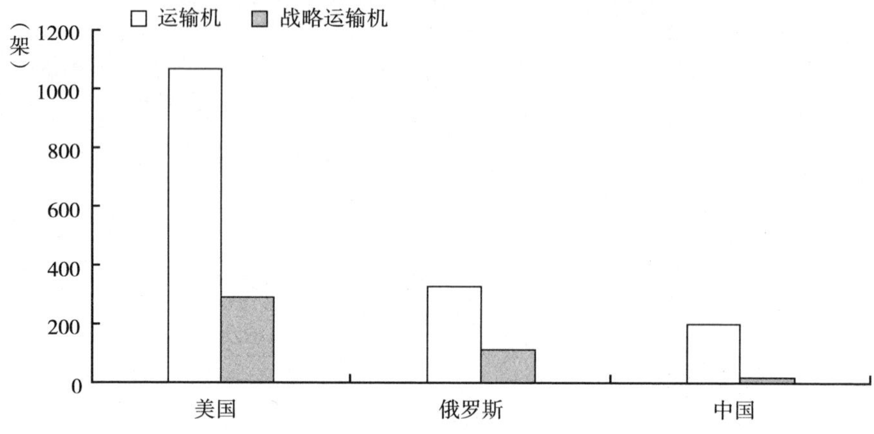

图 8　军用大飞机数量对比

量严重不足，不仅满足不了现代战争的需要，对于应付突发事件而言也是远远不够的。

我国军用运输机正处于整体换代升级的节点。大型军用运输机在未来战争中将起到越来越重要的作用，目前各国普遍重视对其的研制和发展。制空权为战争胜负关键，一直以来军队的兵力投送能力严重制约了中国空军的战略转型，国防现代化发展带来了大量新型重型技术装备的投入使用，军队对大型军用装备运输的需求也在增加。据《中国军民融合发展报告 2014》，我国未来需要 10 个以上的运输机团、400 架以上的运－20 系列飞机，才能满足在亚洲地区执行任务的需求。按单价 10 亿元以上计算，价值有望达到 5000 亿元。

我国军用飞机整机厂商包括由沈飞集团、成飞集团的军机资产，以及洪都集团、西飞。成飞集团、沈飞集团是我国两大最具实力的战斗机研制生产企业，包括歼 10、歼 20 及舰载机歼 15 等，其防务资产未进入上市公司。洪都航空是我国具有相当的研究和设计制造军机能力的特大型航空企业，旗下产品包括强五、军用教练机系列、通用飞机系列。“大飞机”机体构建由中航工业下四大整机制造商主体参与，目前西飞为军用大型运输机的主要研制平台。

表 3　航空制造产业链对应的上市公司

项目	公司	项目	公司
整体制造		动力系统	
机体	中航飞机、中直股份	发动机制造	中航动力
		发动机零部件	成飞科技
机载系统		控制系统	
航电系统	中航电子、中航光电	发动机控制	中航动控
机电系统	中航机电、宝胜股份		
基础件		特种材料	
标准件	贵航股份	复合材料	中直股份、钢研高钠
铸锻件	中航重机、二重重装	基础材料	中国铝业、宝钢股份
刹车系统	博云新材		

资料来源：笔者整理。

2. 航空发动机：瓶颈待突破

航空发动机是影响整个飞机性能和可靠性的关键所在，有“制造业皇冠上的明珠”之称，被看作一个国家科技、工业和国防实力的重要标志。目前世界上能够独立研发高性能航空发动机的国家只有美国、英国、法国、俄罗斯等少数国家，中国国产航空发动机一直属于短板，军用飞机依赖于进口航空发动机和仿制。大型运输机和大型客机重大专项中，发动机也是重中之重的难点。

2005 年定型的“太行”涡扇发动机，完全由国内自主研制，是首个具有自主知识产权的高性能、大推力、加力式涡轮风扇发动机，代表了中国目前航空发动机制造的最高水平。然而“太行”核心机的技术仍源于美国的 F100 核心机，由于可靠性问题，研制成功后很长时间没有被广泛应用于量产的军用机型中。大型运输机运 – 20，最初也使用俄制 D – 30 发动机。与运 – 20 同时立项的国产大型客机 C919 的“心脏”仍然需要进口美国通用电气与法国赛峰集团合资的 CFM 国际公司所研制的 LEAP – X1C 发动机。2009 年成立的中航商用航空发动机公司负责研制的与 C919 飞机配套的长江 1000A 型发动机，预计要到 2020 年左右才能定型量产。

反观美国，其发动机核心机技术已经发展到第六代，用于接替第四代发动机 F-119（用于 F-22）的第五代发动机核心机也已经制造出来。中国与美国的发动机技术相差两代之多，因此集中力量发展航空发动机，解决长期制约我国军工的瓶颈问题成为当务之急。

航空发动机产品的产业链很长，对各学科和技术领域的发展具有巨大的拉动作用。近年来，提升发动机战略性核心装备地位的呼声越来越高，政府已经认识到动力装置的重要性，作为未来航空装备重点发展板块。“十一五”期间，大飞机项目已经列入重大专项工程，并规划未来装配拥有自主知识产权的大涵道比发动机。我们预计 2015 年发动机也将会列入科技重大专项，创建独立研发体系，彻底改变我国目前发动机型号多、研制力量松散的局面。国家将从项目规划到专项投入经费及科研方面，全方位给予重点扶持。

表 4　我国主要航空发动机型号以及研制企业

项目	型号	类型	最大推力	配置机型
沈阳黎明	涡扇 10	大推力涡扇	132 千牛	J11B/J10
	涡扇 15	大推力矢量涡扇	181 千牛	J20
	涡喷 14	中等推力涡喷	82 千牛	J7/J8
西安航动	涡扇 9	中等推力涡扇	92 千牛	JH7
贵州黎阳	涡喷 13	中等推力涡喷	85 千牛	FC1
	涡喷 13B	中等推力涡喷	65 千牛	J7
株洲南方动力	涡扇 11	小推力不加力涡扇	16 千牛	K8、无人机
	涡轴 8G	小功率涡轴	600 千瓦	Z9
	涡轴 6	中等功率涡轴	1150 千瓦	Z8
	涡浆 6	中等功率涡浆	3124 千瓦	Y8
	涡浆 9	小功率涡浆	550 千瓦	Y12
成发集团	涡喷 6	小推力涡喷	32 千牛	J6、Q5
	涡扇 18	大推力涡扇	117.6 千牛	H6K、Y20
东安集团	涡浆 5	中等功率涡浆	2132 千瓦	Y7、H5
中航商发	涡扇 20	大推力涡扇	160 千牛	Y20

资料来源：笔者整理。

（二）“空间”皆助力

1. 通用航空：追赶先进，“空中丝路”市场未来一片蓝海

目前，通用航空产业在全球尤其是发达国家已经取得了空前的发展，但在新兴市场国家尤其是中国刚刚起步。从数据来看，美国有22.4万架通航飞机，每百万人拥有通用航空器约700架，占全球机队规模的75%，通航机场数量约两万个，飞行员数量超过61万人，总产值超过1500亿美元，创造了美国1%的国内生产总值和126万个就业岗位。相比之下，根据2013年底的数据，中国通用航空机队在册总数为1654架，每百万人拥有通用航空器数量约2架，中国人口虽占全球人口的1/5，但通用飞机占有量不到1/400，此外，中国通航机场数量约399个。值得一提的是，同为新兴市场国家的巴西和南非，其每百万人拥有通用航空器分别为98架和225架，远高于中国。我们认为，低空空域尚未全面放开是我国通航产业发展落后的根本原因，由此引申出的配套机场数量少、密度偏低、基础设施落后等是影响通航产业发展的直接因素。

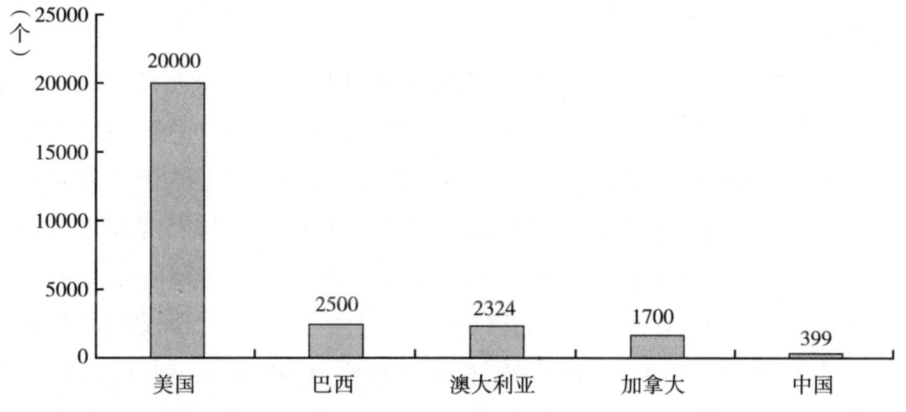

图9　各国通航机场数量对比

资料来源：笔者整理。

我国的通用航空长期以来受制于管制规定，远远落后于欧美等主要国家，甚至严重落后于巴西。2010年《关于深化我国低空空域管理改革的意

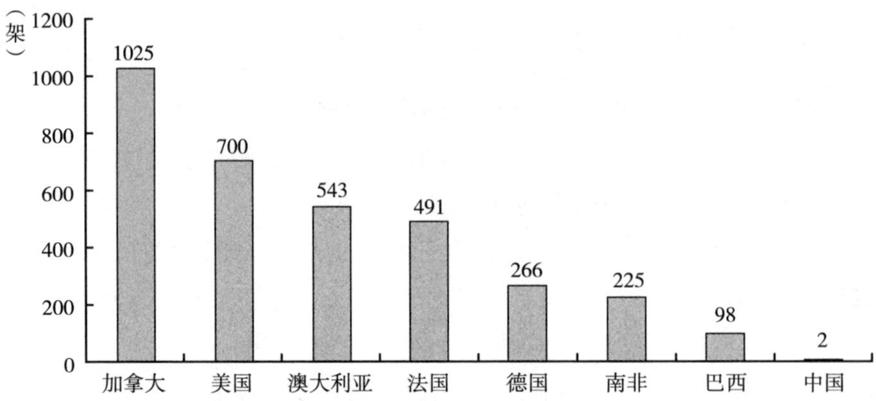

图 10　每百万人拥有通用航空器数量对比

资料来源：笔者整理。

见》的发布标志着我国通用航空改革进入了实质性阶段，这也被看作是迄今为止最明确的支持通用航空产业发展的政策信号。该意见明确的改革目标分为试点、推广和深化三大阶段，但就目前的实施效果来看，显然是低于预期的。

我们认为当前的中国已经具备了发展通用航空产业的人群基础，根据《2014 胡润财富报告》，目前中国千万资产以上富豪有 109 万人，包括亿万富豪 6.7 万人。这些亿万富豪人群平均年龄 43 岁，完全担负得起上千万元的购置费用和每年三四百万元的保养使用费。假设未来十年全国 1/5 的亿万富豪选择购买私人飞机，则需求量轻而易举就超过 1 万架。

中国科协、中国航空学会、通用航空专家委员会对通航市场做出了乐观的预测，认为 2011 ~ 2020 年我国需要通用飞机将逾 10000 架。其中活塞飞机 6000 架，涡桨飞机 2000 架，喷气公务机 500 架，直升机 1500 架。预计 2010 ~ 2020 年我国通用航空飞机需求容量将达到 1000 亿元，通用航空及其带动的产业将形成万亿元以上的市场容量。随着“一带一路”和低空开放政策的不断推进，国际和国内大公司开始抢占通用航空这片“蓝海”市场，通用航空产业的春天或已为时不远。

表 5 近年出台的通用航空相关政策

出台时间	政策主要内容
2007 年 4 月	国家空管委确定我国实施空域分类的目标时间是 2010 年
2008 年	珠三角和东北成为低空空域管理改革试点地区，试点空域高度 1000 米
2009 年 4 月	内蒙古阿拉善盟通勤航空试点启动
2009 年 10 月	民航局正式批复西安航空基地通用航空产业园成为中国民航唯一的通航试点园区
2009 年	民航局制定加快通用航空发展的 15 条具体措施
2010 年 9 月	《通用航空民用机场收费标准》正式实施，机场收费标准大幅降低 40% 以上
2010 年 11 月	国务院和中央军委发布《关于深化我国低空空域管理改革的意见》，标志着我国通用航空改革进入实质性阶段
2011 年 1 月	海南低空空域管理改革试点启动
2011 年 5 月	中国民航"十二五"规划发布，明确提出加快通航事业发展，重点改善通航发展环境。2015 年前，在北京、兰州、济南、南京、成都飞行管制区推广改革试点
2012 年 7 月	国家空管委批复同意重庆飞行管制分区低空空域管理改革试点申请
2013 年 11 月	民航局和总参联合发布《通用航空飞行任务审批与管理规定》，宣布军方将下放不涉及国防的通用航空飞行审批权
预期	《低空空域管理使用规定(试行)》 《通用航空飞行管制条例(修订版)》 低空航图等

资料来源：国务院，民航总局。

2. 卫星导航：服务"一带一路"，"天基丝路"先行

卫星导航系统是国家重大的空间和信息化基础设施，也是体现大国地位和国家综合国力的重要标志。它可以提供全天候、全天时的高精度、高可靠定位、导航和授时功能，这些天基时空基准，是开展军事行动、打赢信息化战争的基础，也是军队信息化建设的重要内容，其在军队作战和指挥中处于不可或缺的地位。

（1）战略地位突出，导航系统百家争鸣

目前，全球卫星导航系统有美国的 GPS、我国的北斗、俄罗斯的 Glonass 和欧盟的 Galileo，均是全球导航卫星系统委员会（ICG）确定的四大全球导航卫星系统核心供应商。

除了上述四个全球系统及其增强系统（美国的 WAAS、欧洲的 EGNOS 和俄国的 SDCM）外，日本和印度等国也在建设自己的区域系统和增强系统，即

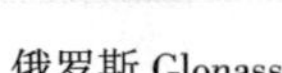

图 11　四大卫星导航系统

资料来源：笔者整理。

日本的 QZSS（准天顶卫星系统）和 MSAS（多功能卫星增强系统），印度的 IRNSS（印度无线电导航卫星系统）和 GAGAN（GPS 与 GEO 静地增强导航），以及尼日利亚运用通信卫星搭载所实现的 NicomSat－1 星基增强。

（2）融合发展将成为竞争制胜的关键

随着四大卫星导航系统的建设与更新，各系统融合与相互竞争并存，与其他应用系统融合是未来发展的主要趋势。第一，在基础元器件环节，多模兼容的导航芯片将成为主流，通过高集成度和多功能系统集成实现低功耗、低成本，不断降低整机产品的成本，扩大应用市场。国际主流卫星导航基带芯片的制造工艺已达到 40nm，最低能耗降至几个毫瓦，多模基带＋高性能 CPU 的多功能一体化 SoC 芯片逐步成为发展趋势。第二是用户设备的融合，导航用户设备可以接受不同系统的信号，从而提高导航、定位精度、可靠性和空间信号完好性。导航用户设备与移动通信设备、汽车等大众通信、交通工具融合。便携式导航设备PND将成为最大的新兴导航市场，并影响汽车导航市场的分化。第三是与移动通信、射频识别、移动互联网等实现融合发展，从单纯提供应用产品、终端向提供位置、时间等多元化增值服务转变，便携式导航设备将成为最大的导航市场。各种各样的应用与服务系统，如移动位置服务系统、车辆信息系统、实时智能交通信息系统、不停车收费系统、车队管理系统、物流运输系统，以及多种多样的专业应用系统陆续投入使用，金融服务、广告、零售、社交等行业应用与卫星导航相互融合、相互交织、相互促进，不断创新应用和服务模式。第四是向室内外的无缝导航定位发展，即通过卫星、无线通信网络、WiFi网络、RFID等多种方式，实现联合定位，使用户无论是在室内还是在室外都能够享受到同样的定位服务。

（3）全球卫星导航产业规模迅速扩大

随着GPS在1993年部署完成，GNSS产品的应用范围已拓展到航空、航海、测绘、时间和同步、机械控制、娱乐、跟踪、车载导航、通信应用等领域，全球导航产业应用得到快速推广，成为继移动通信、互联网之后的第三个最具成长性的电子信息产业细分领域。据GNSS机构（GSA）的统计，全球卫星导航应用产业的规模从2000年的100亿美元增长到2010年的770亿美元，预计2020年将达到2200亿美元，2010～2020年的年均复合增长率达到11%。2010年全球卫星导航系统设备出货量为4.37亿部，到2020年全球卫星导航终端出货量将达到10.89亿部，年均复合增长率为9.6%。

美国、欧洲、日本、中国大陆及中国台湾是卫星导航产业的主要区域。美国是GPS的建设国，在军事应用、车载导航、消费和机械控制等应用领域处于领先地位。欧洲是车用导航设备的最大市场，其卫星导航产业在实用性、功能性、规模上具有优势。日本在汽车导航、通信和测绘等应用领域处于领先位置，且导航电子地图及位置运营服务较为成熟。中国是全球最大的车载导航终端和个人移动终端制造基地，近几年北斗卫星导航产业发展较快。中国台湾依托发达的半导体、IT产业，在导航芯片、模块方面具有一定优势。经过多年的发展，全球卫星导航产业已趋于集中，少数几家大企业占据大部分市场份额。

表 6　全球主要卫星导航厂商

产品	供应商
芯片	CSR,U Blox,德州仪器,Qualcomm,Atmel,Broadcom,意法半导体
模块和板卡	Trimble,Motorola,Rockwell,Garmin,Nocatel,Magellan
终端	TomTom, Trimble, JAVAD, Garmin, NOVATEL, Magellan, Mio Technology, Navman
电子地图	NAVTEQ,Tele Atlas,Zenrin,Toyota MapMaster,IPC
系统集成和运营	Qualcomm,ATX,NTT DoCoMo

资料来源：笔者整理。

（4）北斗系统——冉冉升起的新星

由于我国对 GPS 的不可控性，我国的国防与国家命脉行业都迫切需要属于自己的导航系统。国家意志将主要体现在：首先，举全国科研之力尽快建立完善的北斗天基体系，为卫星应用产业奠定基础；其次，以政策支持、产业基金等方式促进产业化应用。

我国导航定位产业起步于 90 年代中期，90 年代末市场逐步成熟，2002 年以来，随着民用市场产业化、规模化启动，国内 GNSS 产业得到迅猛发展，并有效地推动了地理信息产业的可持续发展。一方面，测量型 GNSS 产品提高了地图精度，地图精度的提升增强了导航定位设备的准确性；另一方面美国政府取消 SA 政策之后，GPS 民用信号定位精度从 100 米提高到了 10 米，使得汽车导航仪、PND 和导航手机等出货量大幅增加，而导航设备的大幅增加也加速了电子地图和地理信息软件的发展。

中国卫星导航产业应用市场规模历经了从弱小到逐步成规模的发展阶段，在全球年均增长 25% 的大环境下，中国卫星导航产业保持了领先于全球平均水平的增长势头，2008 年整个中国卫星导航产业应用市场产值仍然保持了 50% 左右的高速增长。根据《国家卫星导航产业中长期发展规划》，到 2020 年我国卫星导航产业规模超过 4000 亿元，北斗贡献率达到 60%，在重要应用领域北斗贡献率在 80% 以上，而 2013 年中国卫星导航产业规模为 1040 亿元，其中北斗的渗透率仅为 9.8%，这意味着北斗产业规模将从 100 亿元迅速扩张到 2000 亿元以上。

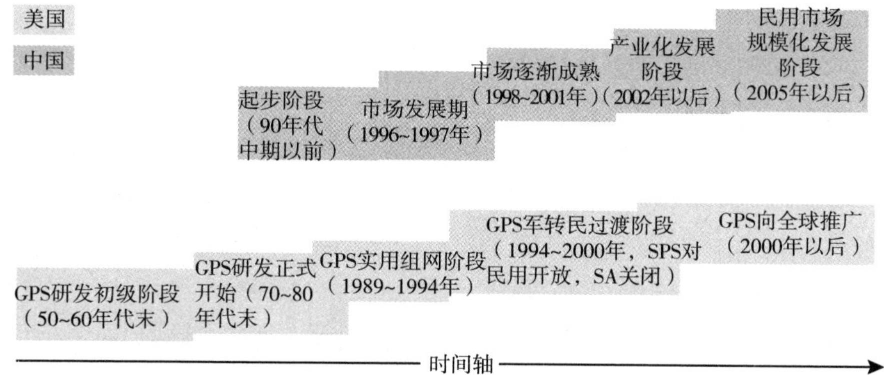

图 12　国内导航定位行业与 GPS 发展历程比较

资料来源：笔者整理。

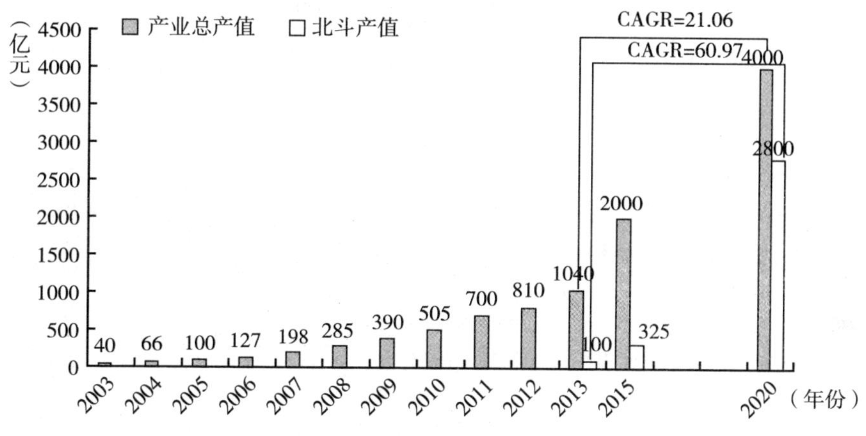

图 13　GNSS 行业发展情况

资料来源：《中国卫星导航与位置服务产业发展白皮书》。

第一，政策密集释放，行业爆发积蓄力量

放眼全球导航市场，就当前产业规模而言，北斗卫星导航还只是“小不点儿”。本土覆盖不错，但局限于军用市场，缺乏规模效应，若想真正打破 GPS 的垄断，单靠军用和行业市场是不可能实现的，所以北斗市场需要尽快下沉。基于此，政府对行业的支持力度渐增。

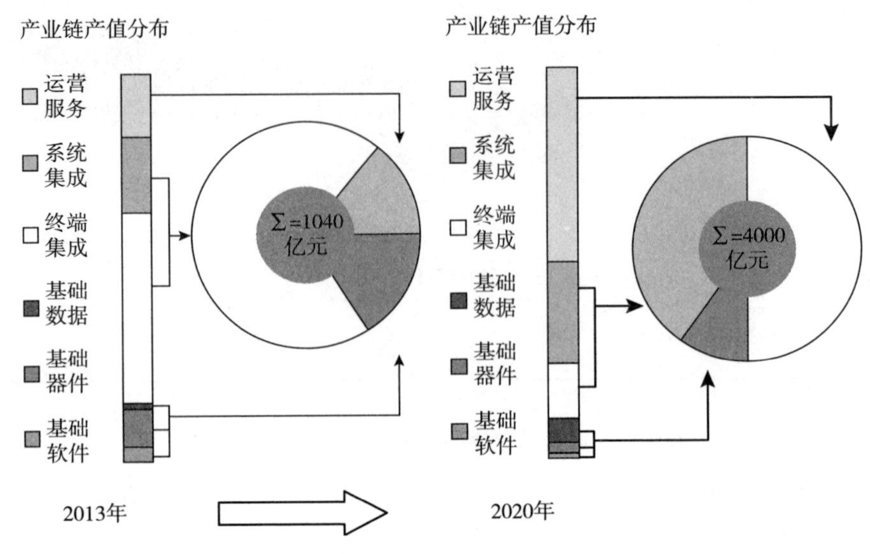

图 14　卫星导航产业链产值分布

资料来源：CCID。

表 7　相关行业政策

时间	法律法规	出处	内容提要
2007 年	《国务院关于加强测绘工作的意见》	国务院	进一步明确了促进我国地理信息产业发展的政策措施,切实提高测绘保障能力和服务水平
	《关于促进卫星应用产业发展的若干意见的通知》	发改委、科工局	明确提出要促进卫星导航产业规模化发展,着力建立业务化、一体化的遥感卫星应用和服务体系
2009 年	《关于 2009 年继续组织实施卫星应用高技术产业化专项的补充通知》	发改委	重点支持卫星导航应用领域和卫星遥感领域的发展
2010 年	《国务院关于加快培育和发展战略性新兴产业的决定》	国务院	积极推进空间基础设施建设,促进卫星及其应用产业发展
2011 年	《测绘地理信息发展“十二五”总体规划纲要》	测绘地理信息局	到 2015 年,建成数字中国地理空间框架和信息化测绘体系,努力实现重大测绘工程中国产装备使用比例超过 50%
2012 年	《导航与位置服务科技发展“十二五”专项规划》	科技部	形成自主可控的导航与位置服务能力,全面提升我国导航与位置服务产业的核心竞争力

续表

时间	法律法规	出处	内容提要
2013 年	《国家卫星导航产业中长期发展规划》	国务院办公厅	2020 年,产业规模超过 4000 亿元,北斗贡献率达到 60%,在重要应用领域北斗贡献率在 80% 以上
2014 年	《关于北斗卫星导航系统推广应用的若干意见》	测绘地理信息局	全面推进"北斗"地基增强系统建设;加快推进高精度高动态时空基准信息应用服务、室内外无缝衔接定位服务和智能位置服务等应用技术创新
	《中国人民解放军卫星导航应用管理规定》	总参谋部	对卫星导航应用的职责任务、规划计划、申请审批、应用组织、技术保障、安全管理等方面做出明确规定
	《关于促进地理信息产业发展的意见》	国务院办公厅	要求提升遥感数据获取和处理能力;培育中高端地理信息技术装备生产大型企业;发展地理信息与导航定位融合服务;促进地理信息深层次应用
	《国家地理信息产业发展规划(2014～2020 年)》	发改委、测绘局	明确要求推动产业重点领域企业的优化组合,培育 3～5 家龙头企业;2020 年产业总产值超过 8000 亿元,年均复合增长率在 20% 以上,成为经济新增长点

资料来源:笔者整理。

第二,北斗导航产业"钱景"无限。

目前,我国专业从事北斗产品研发、销售的企业近百家,2012 年产业规模突破百亿元。未来,北斗的发展将坚持兼容开放的原则,支持北斗、GPS 和其他导航系统的双模、多模终端产品和系统将成为市场主流。狭义的北斗将走向广义的北斗,整个产业都将围绕北斗和其他导航系统形成完整的产业链条和配套体系,为经济和社会发展、国家安全提供安全可靠的时空服务体系。

工信部发布的多期《军用技术转民用推广目录》中,北斗是核心转化方向。此外,2014 年,中国北斗导航产业重大应用示范发展专项要求:到 2016 年,北斗导航及兼容产品应用总量破 3000 万台套。值得注意的是,截至 2013 年底,中国北斗终端社会持有量仅 130 多万台套,未来国内卫星导航产业可谓"钱"景无限。

第三,行业渗透渐深,下游应用或进入爆发前夜。

目前，北斗导航产业化应用已进入实质性阶段，导航产业应用将沿国防应用、行业应用、大众消费三个层次展开。国防应用会率先展开，行业应用迅速跟进，大众消费市场是将来的主导市场。就目前进展来看，我们认为2015年下半年军方集采市场或将进入释放阶段；行业示范项目在总结前期实施的基础上批量启动；随着国内和国际企业针对车载、手机等传统大众市场和新应用领域纷纷推出低成本、低能耗的产品，北斗大众市场启动亦为时不远。可以说，从2015年上半年开始，北斗导航市场将真正进入启动阶段。

未来北斗导航产业将呈现三大特点：一是政府对北斗导航应用产业的支持力度增加，集中表现为专项补贴、示范项目、标准确定和中长期规划支持；二是产业应用将沿军用（集采、专装）延伸至行业应用，继而逐步进入大众市场；三是北斗导航产业的相关企业将针对各自所在的行业领域，集中发布和推广北斗导航芯片、终端及综合应用模式，企业获得收益。

第四，任重道远，产业链成熟尚需时日。

GPS的成熟应用和北斗系统的日渐精进，推动我国卫星导航产业链加速完善。从芯片到板卡、整机再到相关软件应用，我国卫星导航产业链正逐步完善。但与发达国家相比，国内整个产业链仍不健全，产业化道路面临诸多难题。尤其在市场运作、商业模式和需求拓展等方面，需要进一步完善和跟进。将来行业需重点突破融合芯片、组合导航、应用集成、室内外无缝定位等一批基础前沿和共性关键技术，开发一批高性能、低成本的导航器件与产品，为我国北斗技术国际化、应用产业化、市场全球化鸣锣开道。

三　国企改革红利催生行业投资机遇

（一）国企改革时机日渐成熟，军工企业并购重组有望提速

全面深化改革重头戏之一的国资国企改革进程颇受关注。顶层设计方面最重要的有国企改革指导意见和完善国有资产管理体制方案。关系到全局工作的方案有六个：国企功能建立与分类改革方案、国有经济布局与结构调整方案、投资运营公司方案、剥离企业办社会职能和解决历史遗留问题实施方案，以及发展混合所有制经济意见、完善国企公司法人治理结构方案。

随着改革向纵深推进，国企并购重组有望提速。数据显示，国资在二级市场上并购重组数量较上年增加1倍，其中传统产业与新兴产业均在推进并购与转型。随着国企分类明确、混合所有制改革深化及投资运营公司改革，一个大分化、大重组的高潮必将到来。而作为国有企业的集中营，军工的战略性行业地位注定使其在此轮改革中受益。

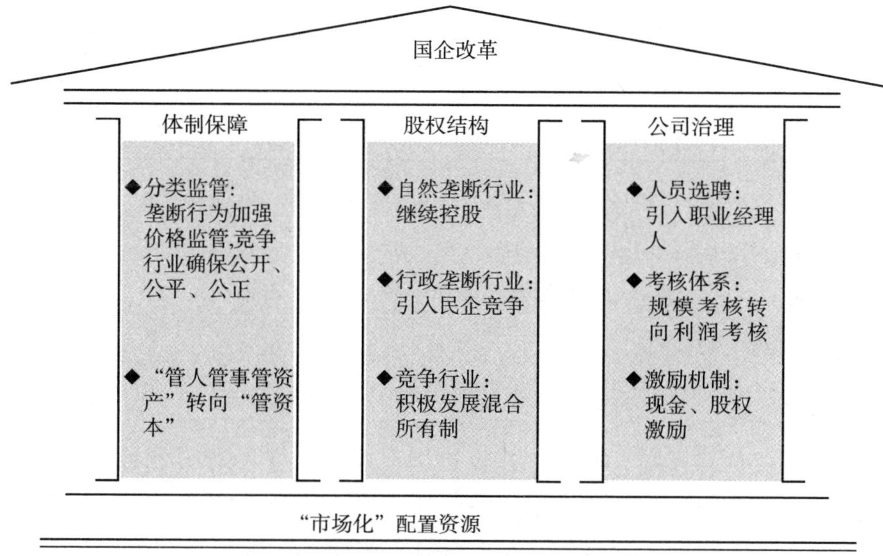

图15 “国企改革”解读

资料来源：中国产业信息网。

（二）改革“组合拳”全面出击，行业将迎来重大发展机遇期

新一届政府和军委成立以来，军工行业正迎来重大的发展机遇。这一机遇不仅体现在以信息化装备为代表的武器装备投入上，也体现为军工企业类资产注入的持续推进，以及军队体制编制、军品定价机制、军民融合、管理层持股、军工科研院所改制等一系列变革中。综合来看，我们认为军工行业的变革将为板块带来中短期业绩改善及中长期成长的驱动力，驱动板块估值中枢上行。资本运作的推进也将提升市场对主要潜在注入平台的预期，驱动相关公司估值提升。

国防科工（委）局及国务院、财政部等出台的系列政策为军工资产上市

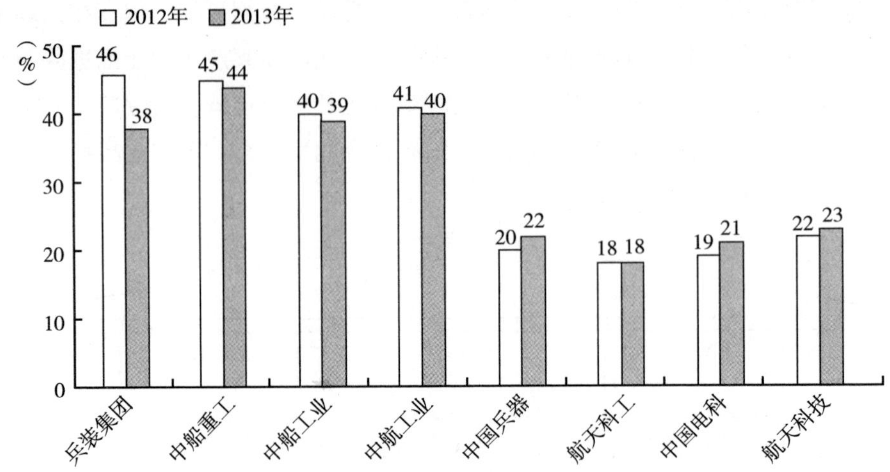

图16　各集团资产证券化率（净资产占比）

资料来源：笔者整理。

逐步扫清了障碍。自2007年以来，国防科工（委）局出台了系列政策，鼓励和引导民间资本进入军工领域，并推进国有军工企业的股份制改造和上市。2011年起国务院开始推进从事生产经营活动事业单位的转企改制。上述政策为军工企业类资产进入上市公司逐步扫清了障碍。随着2012年初国防科工局主要领导的更换，以及新一届政府大力推进改革，各主要监管机构对军工企业类资产注入上市公司的态度发生明显转变，非涉核涉战略武器的总装类资产进入上市公司的障碍基本清除。因此，我们认为企业类资产注入上市公司的进程仍将持续推进。

表8　军工A股上市公司中可能涉及企业类资产证券化的国有军工企业

股票代码	股票简称	对应的军工企业类资产	大股东主营军品业务
600038	中直股份	昌飞和哈飞集团的军用直升机总装、试飞	军民用直升机设计和研制
002338	奥普光电	长春光机所旗下8家相关产业公司	从事发光学、应用光学、光学工程、精密机械与仪器的研发生产
000561	烽火电子	陕西烽火通信集团、陕西电子信息产业集团旗下众多军工资产	雷达、通信、导航、电子专用设备、电子元器件

续表

股票代码	股票简称	对应的军工企业类资产	大股东主营军品业务
000801	四川九洲	除空管和信息外，大股东九洲电器集团旗下其他军品资产	二次雷达、车载指挥通信、卫星导航
600343	航天动力	航天科技六院旗下相关资产	宇航动力系统、热能工程、光机电一体化
000901	航天科技	大股东航天科工三院旗下资产	飞航导弹、无人机等航空装备、新材料
600760	中航黑豹	大股东中航工业金城旗下相关	专用车及汽车零部件
600184	光电股份	大股东光电集团下属资产	军用光电系统、夜视系统等

在本轮国企改革中，管理层持股作为混合所有制实现路径之一被寄予众望。在此背景下，国有企业的管理层持股有可能会引发新一轮的尝试。由于上一轮国有企业改革中出现了国有资产流失问题，目前国有企业管理层持股还是一个相对敏感的话题。然而，我们认为在公司绩效改进效果方面，适当比例的管理层持股有利于公司治理的优化和弱化国有企业体制弊端，进而提升企业活力。随着国企改革的推进，未来军工集团下属非上市单位管理层持股将有望逐步破冰，从低层级公司（如重孙公司）逐步延伸至较高层级公司（如孙公司或子公司）。地方国有军工企业有望先行先试，进而为军工集团下属企业树立标杆。此外，军工上市公司股权激励计划的审核也有望逐步放宽，股权激励的规模可能扩大。管理层/核心技术人员持股后，国有企业的体制弊端有望在一定程度上弱化，从而提升企业运营效率和竞争力。我们看好中航工业集团和中国电科集团在股权激励方面的推进步伐，持续看好烽火电子大股东陕西烽火通信集团和海格通信大股东广州无线电集团等地方性国企以及东北地区国有企业在改革探索上的先行优势。

表 9　近年来已经推行股权激励方案的国有军工上市公司

公司简称	所属集团	激励方式	推行时间	实施阶段
海格通信	广州无线电集团	员工持股计划	2014 年 11 月 12 日	拟实施阶段
贵航股份	中航工业集团	股票期权	2014 年 2 月 27 日	正实施
风帆股份	中国船舶重工集团	限制性股票	2014 年 1 月 24 日	正实施
中航电测	中航工业集团	股票期权	2012 年 6 月 4 日	终止
海康威视	中国电子科技集团	限制性股票	2012 年 4 月 24 日	正实施
烽火电子	陕西烽火通信集团	股票期权	2011 年 11 月 28 日	终止

资料来源：笔者整理。

（三）第四次军品科研生产能力结构调整掀起的“风暴”正在“袭来”

《中央企业布局结构调整总体方案（征求意见稿）》近期经过国资委审议。该意见稿最大的亮点在于要求通过联合重组的方式，促进中央企业的资源向重要行业的优势企业集中，旨在“培育世界一流企业”。中央的这一意图从近期“南北车”“中电投与国核技”的合并便可以一窥端倪。

目前我国的国防科技工业分类鲜明，仍是按机械化战争时代陆、海、空、天、电、核六大领域组织，对应 12 家军工单位。这是经历 1958 年、1982 年、1999 年三次大规模调整后形成的国防科技工业结构体系。虽然随着武器装备现代化的进程，各军工集团在产品上存在一定的互相渗透和互相竞争，但“自成体系、部门封闭、企业全能、产研分离”的状态尚未完全改变，难以满足新形势下军队的需求，不能适应打赢信息化条件下的局部战争的要求，中国的军工体系亟须变革。放眼美国，20 世纪 90 年代初，美国开始了对国防工业的调整与改革，将航天领域中战术导弹行业企业从 13 家减少至 4 家、卫星行业从 8 家减少至 3 家。但美国军工企业的合并在纵向和横向上都是以创新增值的最佳协同性为目的的。

中国的国防科技工业体系从 20 世纪 90 年代起开始逐渐发生变化，以 1998 年开始的国务院机构改革为序幕掀起了国防科技工业历史上力度最大的一次改革，近年来取得的累累硕果尤其是海、空军建设成就有目共睹。但是按照机械化战争时代专业领域划分的军工体系明显不能满足新的战争形式的需求，科研生产能力结构调整成为当务之急，为此，我国即将启动第四次军品科研生产能力结构调整，这意味着中国的军工体系将发生大规模的变动。这无疑会在资本市场上掀起继军工资产证券化之后的更大一波风暴。

附　　录

Appendix

B.13 中国上市公司综合排名

（一）银行

排名	股票代码	公司名称	财务状况	估值与成长性	创值能力	公司治理与社会责任	创新能力与战略资源	市场特征	综合得分
1	002142. SZ	宁波银行	6. 72	4. 83	6. 68	5. 3	3. 81	4. 18	5. 58
2	000001. SZ	平安银行	6. 3	5. 64	6. 26	4. 79	4. 75	4. 18	5. 57
3	601939. SH	建设银行	6. 3	3. 51	2. 75	4. 68	5. 88	6. 8	5. 55
4	600016. SH	民生银行	5. 88	5. 07	6. 04	6. 2	6. 44	4. 18	5. 4
5	601009. SH	南京银行	5. 79	5. 62	6. 31	4. 73	3. 85	4. 18	5. 3
6	601818. SH	光大银行	4. 28	5. 75	5. 91	4. 77	4. 93	6. 8	5. 25
7	600015. SH	华夏银行	4. 59	6. 86	5. 77	5. 57	6. 8	4. 18	5. 19
8	601166. SH	兴业银行	5. 38	5. 87	5. 4	4. 91	3. 24	4. 18	5. 11
9	601398. SH	工商银行	4. 72	4. 13	2. 15	4. 65	5. 61	6. 8	4. 95
10	601169. SH	北京银行	5. 28	4. 83	5. 81	4. 96	4. 62	4. 18	4. 93
11	600036. SH	招商银行	4. 87	4. 96	5. 63	5. 92	4. 57	4. 18	4. 82
12	601998. SH	中信银行	3. 71	4. 08	5. 88	4. 78	5. 07	6. 8	4. 66
13	600000. SH	浦发银行	4. 01	6	5. 06	4. 76	4. 75	4. 18	4. 59
14	601988. SH	中国银行	3. 85	4. 02	2. 73	4. 49	4. 8	6. 8	4. 53
15	601288. SH	农业银行	4. 49	4. 78	3. 32	4. 77	5. 53	4. 18	4. 49
16	601328. SH	交通银行	3. 83	4. 04	4. 29	4. 72	5. 34	4. 18	4. 09

（二）非银行金融

证券

排名	股票代码	公司名称	财务状况	估值与成长性	创值能力	公司治理与社会责任	创新能力与战略资源	市场特征	综合得分
1	600030. SH	中信证券	7	5. 47	1. 79	5. 64	5. 3	5. 97	5. 57
2	601377. SH	兴业证券	5. 21	5. 52	5. 9	5. 03	5. 2	5. 97	5. 31
3	002500. SZ	山西证券	3. 72	3. 7	6. 04	6. 77	4. 79	5. 97	5. 29
4	600999. SH	招商证券	6. 08	4. 72	4. 47	4. 85	5. 56	5. 97	5. 17
5	000686. SZ	东北证券	4. 51	6. 4	5. 83	5. 07	5. 04	3. 48	5. 16
6	601688. SH	华泰证券	6. 28	4. 76	3. 76	4. 89	5. 31	5. 97	5. 16
7	601099. SH	太平洋	3. 85	6. 17	6. 71	5. 41	4. 57	3. 48	5. 15
8	000776. SZ	广发证券	6. 91	4. 74	3. 75	4. 85	5. 03	3. 48	5. 06
9	601788. SH	光大证券	4. 94	4. 59	4. 36	5. 31	5. 23	5. 97	5. 06
10	601555. SH	东吴证券	4. 26	5. 31	5. 65	5. 01	5. 03	5. 97	5. 05
11	600369. SH	西南证券	4. 24	5. 87	5. 37	4. 86	4. 6	5. 97	5. 04
12	600837. SH	海通证券	6. 62	5. 67	1. 26	4. 91	5. 01	3. 48	5. 01
13	600109. SH	国金证券	4. 25	5. 49	6. 17	5. 18	5. 05	3. 48	5
14	002673. SZ	西部证券	4. 69	3. 69	6. 7	5. 05	5. 7	5. 97	4. 96
15	000783. SZ	长江证券	5. 02	4. 69	5. 95	4. 91	5. 15	3. 48	4. 89
16	000728. SZ	国元证券	3. 86	5. 24	5. 03	4. 89	5. 25	5. 97	4. 87
17	000750. SZ	国海证券	4. 4	3. 14	6. 36	5. 03	5. 29	3. 48	4. 54
18	601901. SH	方正证券	4. 16	4. 85	4. 9	2. 34	2. 89	5. 97	3. 71

保险

排名	股票代码	公司名称	财务状况	估值与成长性	创值能力	公司治理与社会责任	创新能力与战略资源	市场特征	综合得分
1	601601. SH	中国太保	5. 05	4. 36	5. 43	5. 65	6	5. 05	5. 35
2	601336. SH	新华保险	5. 79	5. 31	6. 61	4. 55	3. 96	5. 79	5. 18
3	601318. SH	中国平安	5. 58	6. 8	4. 24	4. 95	5. 06	5. 58	5. 11
4	601628. SH	中国人寿	3. 57	3. 53	3. 72	4. 85	4. 97	3. 57	4. 36

多元金融

排名	股票代码	公司名称	财务状况	估值与成长性	创值能力	公司治理与社会责任	创新能力与战略资源	市场特征	综合得分
1	600816. SH	安信信托	6. 63	5. 24	6. 34	5. 04	5. 55	6. 35	5. 94
2	600705. SH	中航资本	5	7. 74	4. 95	5. 12	5. 56	4. 31	5. 59
3	600830. SH	香溢融通	5. 04	4. 81	4. 73	5	5	5. 95	5. 19
4	000415. SZ	渤海租赁	4. 88	5. 16	3. 53	4. 9	4. 44	5. 89	5. 11
5	000666. SZ	经纬纺机	4. 93	4. 94	2. 72	5. 35	4. 89	5. 75	5. 08
6	600635. SH	大众公用	4. 64	4. 8	4. 21	5. 45	4. 75	5. 83	5. 05
7	000563. SZ	陕国投 A	4. 84	5. 02	5. 36	4. 99	4. 71	4. 41	4. 8
8	600643. SH	爱建股份	5. 1	4. 46	5. 01	5. 11	4. 77	4. 57	4. 77
9	600783. SH	鲁信创投	4. 71	4. 47	5. 82	4. 34	4. 8	4. 62	4. 65
10	000996. SZ	中国中期	4. 9	3. 79	6. 61	4. 86	5. 64	4. 2	4. 57
11	600747. SH	大连控股	4. 33	4. 57	5. 7	4. 84	4. 88	3. 12	4. 24

（三）房地产

排名	股票代码	公司名称	财务状况	估值与成长性	创值能力	公司治理与社会责任	创新能力与战略资源	市场特征	综合得分
1	002285. SZ	世联行	5. 45	4. 96	6. 53	6. 32	4. 73	5. 14	5. 96
2	002146. SZ	荣盛发展	6. 36	5. 09	5. 17	6. 66	4. 9	4. 9	5. 89
3	002305. SZ	南国置业	4. 97	5. 41	5. 25	6. 74	4. 87	5. 27	5. 88
4	000502. SZ	绿景控股	4. 12	4. 92	6. 75	5. 9	5. 41	5. 2	5. 77
5	000718. SZ	苏宁环球	5. 71	5. 26	5. 68	6. 12	4. 95	4. 96	5. 73
6	000069. SZ	华侨城 A	6. 23	5. 48	4. 38	6. 46	5. 11	5. 45	5. 7
7	600734. SH	实达集团	5. 1	4. 88	7. 06	5. 53	5. 33	4. 39	5. 67
8	000670. SZ	盈方微	4. 84	5. 18	7. 11	5. 39	4. 92	5. 19	5. 66
9	000671. SZ	阳光城	5. 64	5. 19	5. 16	6. 26	4. 88	4. 9	5. 65
10	600175. SH	美都能源	5. 84	4. 88	5. 28	6. 42	4. 69	3. 85	5. 64
11	600647. SH	同达创业	4. 29	5. 09	6. 77	5. 31	5. 3	5. 54	5. 55
12	600149. SH	廊坊发展	4. 32	2. 98	7. 19	5. 62	4. 83	5. 01	5. 53
13	600208. SH	新湖中宝	5. 8	5. 14	5. 55	5. 79	4. 65	4. 94	5. 52
14	600767. SH	运盛实业	4. 2	4. 77	6. 9	5. 52	4. 81	4. 52	5. 52
15	600340. SH	华夏幸福	7. 42	4. 99	6. 64	4. 93	4. 9	4. 96	5. 52

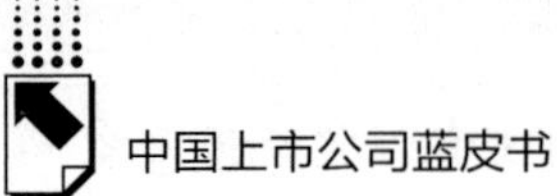

续表

排名	股票代码	公司名称	财务状况	估值与成长性	创值能力	公司治理与社会责任	创新能力与战略资源	市场特征	综合得分
16	000567. SZ	海德股份	3. 54	4. 44	6. 71	5. 67	4. 74	5. 26	5. 52
17	600658. SH	电子城	5. 32	5. 35	5. 27	5. 8	4. 78	5. 6	5. 51
18	600048. SH	保利地产	8. 33	5. 3	5. 08	5. 25	4. 92	5. 55	5. 47
19	600604. SH	市北高新	5. 04	5. 23	6. 3	5. 27	4. 79	5. 5	5. 45
20	000046. SZ	泛海控股	6. 39	5. 04	5. 24	5. 68	4. 76	4. 88	5. 45
21	600890. SH	中房股份	2. 94	3. 81	7. 09	5. 54	4. 76	5	5. 42
22	600576. SH	万好万家	2. 79	4. 6	6. 65	5. 72	4. 74	4. 55	5. 42
23	000011. SZ	深物业 A	4. 52	5. 2	5. 72	5. 53	4. 92	5. 49	5. 41
24	000540. SZ	中天城投	5. 97	5. 03	5. 08	5. 64	5. 06	5. 11	5. 4
25	000803. SZ	金宇车城	4. 42	5. 74	6. 88	5. 03	5	4. 03	5. 36
26	600620. SH	天宸股份	3. 11	4. 74	6. 41	5. 52	4. 73	5. 13	5. 36
27	000931. SZ	中关村	3. 96	5. 02	6. 75	5. 07	5. 26	4. 82	5. 34
28	600158. SH	中体产业	5. 82	4. 74	6. 7	4. 67	5. 14	5. 65	5. 34
29	600684. SH	珠江实业	4. 97	5. 06	4. 99	5. 59	4. 93	5. 59	5. 31
30	600555. SH	九龙山	2. 71	4. 67	6. 24	5. 3	6. 92	4. 36	5. 3
31	000838. SZ	国兴地产	5. 88	7. 59	5. 89	4. 49	5. 21	5. 2	5. 28
32	600240. SH	华业地产	5. 79	5. 2	5. 24	5. 3	4. 9	5. 14	5. 27
33	600716. SH	凤凰股份	5. 14	4. 95	5. 73	5. 26	4. 93	4. 84	5. 27
34	000979. SZ	中弘股份	5. 34	5. 25	5. 59	5. 23	4. 83	4. 98	5. 27
35	000558. SZ	莱茵置业	4. 78	5. 22	5. 5	5. 4	4. 73	4. 95	5. 26
36	000537. SZ	广宇发展	5. 36	5. 1	4. 6	5. 5	5. 14	5. 94	5. 26
37	600773. SH	西藏城投	4. 7	5. 08	5. 83	5. 26	4. 8	4. 65	5. 24
38	600173. SH	卧龙地产	4. 8	5. 18	5. 72	5. 18	4. 86	5. 11	5. 24
39	000014. SZ	沙河股份	4. 24	4. 89	6. 02	5. 03	5. 13	5. 64	5. 23
40	000038. SZ	深大通	3. 67	3. 87	6. 98	5. 01	5. 09	4. 55	5. 22
41	600777. SH	新潮实业	4. 36	5. 13	5. 95	5. 23	4. 99	4. 29	5. 22
42	000006. SZ	深振业 A	5. 28	5. 06	4. 77	5. 43	4. 97	5. 57	5. 21
43	000638. SZ	万方发展	6. 64	5. 02	6. 53	4. 51	5. 01	4. 24	5. 19
44	000002. SZ	万科 A	8. 45	5. 52	4. 82	4. 76	4. 96	5. 09	5. 18
45	000534. SZ	万泽股份	4. 76	5. 04	5. 08	5. 57	4. 7	4. 23	5. 17
46	000691. SZ	亚太实业	4. 29	4. 61	7. 05	4. 64	4. 94	4. 58	5. 17
47	600225. SH	天津松江	4. 19	4. 73	6. 05	5. 2	4. 9	4. 06	5. 15
48	600067. SH	冠城大通	5. 72	5. 19	3. 63	5. 83	4. 85	4. 96	5. 13

续表

排名	股票代码	公司名称	财务状况	估值与成长性	创值能力	公司治理与社会责任	创新能力与战略资源	市场特征	综合得分
49	600743. SH	华远地产	5. 9	5. 62	4. 94	4. 98	4. 65	5. 47	5. 11
50	000809. SZ	铁岭新城	5. 43	5. 16	4. 5	5. 34	4. 8	5. 38	5. 1
51	000029. SZ	深深房 A	4. 47	5. 4	5. 84	4. 74	4. 92	5. 6	5. 1
52	600383. SH	金地集团	7. 94	5. 45	3. 14	5. 53	4. 93	5. 03	5. 1
53	000526. SZ	银润投资	4. 16	4. 67	7. 01	4. 55	4. 73	4. 59	5. 09
54	000965. SZ	天保基建	4. 68	5. 5	4. 85	5. 15	4. 88	5. 61	5. 09
55	600615. SH	丰华股份	3. 74	5. 15	6. 24	4. 86	4. 96	4. 58	5. 09
56	600095. SH	哈高科	4. 32	4. 63	5. 62	5. 15	5. 12	4. 37	5. 08
57	600807. SH	天业股份	4. 48	5. 09	6. 62	4. 45	4. 87	5. 07	5. 07
58	600266. SH	北京城建	5. 21	4. 98	5. 21	4. 92	4. 98	5. 52	5. 07
59	000150. SZ	宜华健康	5	4. 9	6. 65	4. 52	4. 61	4. 42	5. 06
60	002016. SZ	世荣兆业	4. 35	4. 96	5. 78	4. 83	5. 1	5. 14	5. 06
61	000609. SZ	绵世股份	4. 91	1. 67	5. 73	5. 22	5. 64	5. 19	5. 05
62	600094. SH	大名城	5. 22	4. 4	4. 95	5. 17	5	5. 17	5. 05
63	000897. SZ	津滨发展	4. 64	4. 39	6. 28	4. 81	4. 91	4. 22	5. 05
64	000024. SZ	招商地产	6. 52	5. 14	5. 07	4. 7	4. 92	5. 48	5. 05
65	600113. SH	浙江东日	4. 38	4. 08	6. 58	4. 5	4. 96	5. 61	5. 05
66	600621. SH	华鑫股份	5. 46	5. 44	5. 15	4. 81	4. 82	5. 49	5. 05
67	000505. SZ	珠江控股	2. 7	3. 75	7. 35	4. 7	5	4. 3	5. 04
68	000040. SZ	宝安地产	4. 5	5. 3	5. 31	4. 96	5. 02	4. 97	5. 04
69	600223. SH	鲁商置业	4. 95	5. 1	5. 7	4. 61	5. 05	5. 42	5. 02
70	600565. SH	迪马股份	5. 45	5. 64	4. 79	5. 08	4. 63	4. 63	5. 02
71	600463. SH	空港股份	4. 97	5. 38	5. 59	4. 79	4. 83	4. 54	5. 01
72	000506. SZ	中润资源	4. 05	4. 81	6. 08	4. 84	4. 73	4. 53	5. 01
73	000732. SZ	泰禾集团	7. 55	5. 17	5. 09	4. 58	4. 84	4. 54	5
74	600745. SH	中茵股份	4. 04	4. 54	4. 42	5. 46	5. 43	5. 02	5
75	600759. SH	洲际油气	4. 78	4. 93	5. 65	4. 83	4. 8	4. 38	4. 98
76	600185. SH	格力地产	5. 52	5. 14	6	4. 2	5. 14	5. 5	4. 97
77	000005. SZ	世纪星源	3. 71	5. 04	6. 43	4. 52	5. 1	4. 39	4. 96
78	600753. SH	东方银星	4	5. 95	7. 08	3. 92	4. 67	5. 13	4. 96
79	600162. SH	香江控股	4. 87	5	4. 64	5. 05	5. 23	5. 08	4. 96
80	600696. SH	多伦股份	3. 15	3. 87	6. 18	4. 57	6. 29	5. 19	4. 95
81	600052. SH	浙江广厦	5. 04	4. 84	5. 5	4. 81	5. 13	4. 06	4. 95

续表

排名	股票代码	公司名称	财务状况	估值与成长性	创值能力	公司治理与社会责任	创新能力与战略资源	市场特征	综合得分
82	600683. SH	京投银泰	6. 55	5. 06	5. 26	4. 42	4. 98	5. 26	4. 95
83	000036. SZ	华联控股	4. 97	5. 16	4. 69	4. 99	4. 94	5. 16	4. 95
84	000909. SZ	数源科技	4. 8	5. 36	5. 4	4. 58	4. 9	5. 39	4. 94
85	000620. SZ	新华联	4. 9	5. 06	5. 8	4. 43	5. 06	5. 18	4. 94
86	002208. SZ	合肥城建	4. 9	5. 32	4. 42	5. 04	4. 83	5. 52	4. 94
87	600895. SH	张江高科	5. 78	5. 16	5. 08	4. 76	4. 91	4. 43	4. 93
88	002244. SZ	滨江集团	5. 5	5. 41	3. 04	5. 66	4. 74	5. 19	4. 93
89	600791. SH	京能置业	4. 98	5. 53	3. 96	5. 2	4. 88	5. 51	4. 93
90	600639. SH	浦东金桥	4. 91	4. 63	5. 77	4. 52	4. 85	5. 36	4. 93
91	600648. SH	外高桥	4. 85	4. 16	5. 71	4. 74	4. 93	4. 7	4. 93
92	600638. SH	新黄浦	4. 5	5. 37	5	4. 8	4. 79	5. 46	4. 92
93	600606. SH	金丰投资	3. 49	4. 07	5. 76	4. 61	7. 09	4. 42	4. 92
94	000042. SZ	中洲控股	4. 71	5. 41	5. 16	4. 82	4. 88	4. 52	4. 92
95	000863. SZ	三湘股份	5. 65	2. 32	5. 07	5. 17	4. 71	5. 14	4. 91
96	600503. SH	华丽家族	5. 21	4. 93	5. 17	4. 76	5. 12	4. 5	4. 91
97	600724. SH	宁波富达	5. 01	5. 46	4. 61	4. 88	4. 93	5. 08	4. 9
98	002077. SZ	大港股份	6. 31	5. 33	4. 55	4. 91	4. 77	4. 01	4. 89
99	000517. SZ	荣安地产	4. 04	5. 17	5. 01	4. 82	4. 77	5. 59	4. 89
100	600748. SH	上实发展	4. 85	5. 31	4. 79	4. 75	4. 91	5. 46	4. 88
101	000573. SZ	粤宏远 A	4. 35	5. 39	4. 6	5. 04	5. 11	4. 33	4. 86
102	600663. SH	陆家嘴	5. 38	4. 8	5. 89	4. 14	4. 93	5. 36	4. 85
103	000616. SZ	海航投资	5. 46	5. 39	4. 08	4. 95	5. 01	5. 08	4. 85
104	600568. SH	中珠控股	5. 43	5. 02	4. 64	4. 76	4. 85	4. 99	4. 84
105	000981. SZ	银亿股份	4. 1	4. 62	5. 15	4. 78	4. 56	5. 06	4. 8
106	600007. SH	中国国贸	4. 69	5. 71	5. 65	4. 17	4. 93	5. 04	4. 8
107	600393. SH	东华实业	4. 78	5. 19	4. 65	4. 91	4. 79	4. 06	4. 78
108	000668. SZ	荣丰控股	5. 96	4. 67	5. 22	4. 42	4. 84	4. 49	4. 78
109	000402. SZ	金融街	6. 09	5. 3	3. 5	4. 89	4. 91	5. 46	4. 76
110	000886. SZ	海南高速	4. 44	5. 41	4. 28	4. 67	5. 19	5. 61	4. 74
111	000797. SZ	中国武夷	5. 08	5. 15	5. 28	4. 38	4. 81	4. 39	4. 74
112	601588. SH	北辰实业	5. 03	5. 58	3. 72	4. 83	5. 11	5. 4	4. 73
113	600675. SH	中华企业	4. 91	5. 21	4. 15	4. 75	4. 99	4. 77	4. 69
114	600246. SH	万通地产	5. 01	5. 32	3. 97	4. 67	5. 03	5. 04	4. 65

续表

排名	股票代码	公司名称	财务状况	估值与成长性	创值能力	公司治理与社会责任	创新能力与战略资源	市场特征	综合得分
115	000514. SZ	渝开发	4. 72	5. 2	4. 11	4. 66	5. 14	4. 89	4. 64
116	000961. SZ	中南建设	6. 75	5. 14	3. 5	4. 69	4. 75	4. 78	4. 64
117	000656. SZ	金科股份	4. 82	1. 24	3. 91	5. 41	5. 01	5. 04	4. 62
118	000631. SZ	顺发恒业	4. 84	5. 21	4. 79	4. 27	5. 01	4. 9	4. 62
119	600665. SH	天地源	4. 98	5. 52	4. 72	4. 1	4. 97	5. 59	4. 62
120	000090. SZ	天健集团	5. 27	5. 15	4. 7	4. 35	4. 85	4. 47	4. 62
121	600657. SH	信达地产	5. 38	5. 12	3. 78	4. 57	4. 94	5. 38	4. 6
122	000043. SZ	中航地产	5. 59	4. 88	3. 67	4. 62	4. 97	5. 27	4. 59
123	000667. SZ	美好集团	5. 43	5. 59	3. 44	4. 75	5. 03	4. 43	4. 58
124	600533. SH	栖霞建设	4. 92	5. 59	3. 68	4. 54	4. 89	5. 57	4. 58
125	600376. SH	首开股份	5. 41	5. 12	3. 3	4. 75	4. 99	5. 28	4. 57
126	000918. SZ	嘉凯城	5. 49	5. 31	3. 2	4. 82	4. 94	4. 44	4. 54
127	600641. SH	万业企业	4. 56	5. 4	3. 2	4. 88	4. 87	5. 03	4. 53
128	000031. SZ	中粮地产	4. 99	5. 13	3. 49	4. 67	5. 09	4. 98	4. 53
129	000926. SZ	福星股份	5. 18	5. 42	1. 73	5. 39	5. 04	5. 07	4. 5
130	600159. SH	大龙地产	4. 13	5. 31	4. 28	4. 25	4. 88	5. 6	4. 49
131	002133. SZ	广宇集团	5. 07	5. 52	2. 73	4. 7	4. 87	5. 01	4. 4
132	600736. SH	苏州高新	4. 89	5. 25	3. 27	4. 49	5. 2	4. 75	4. 39
133	600622. SH	嘉宝集团	4. 86	5. 47	3. 07	4. 45	4. 89	5. 49	4. 38
134	600239. SH	云南城投	6. 54	5. 19	2. 07	4. 47	5. 27	5. 55	4. 32
135	000056. SZ	深国商	2. 48	0. 92	3. 15	5. 16	7. 05	5. 08	4. 29
136	000736. SZ	中房地产	4. 51	5. 29	1. 82	4. 75	5. 18	5. 6	4. 23
137	600064. SH	南京高科	5. 01	5. 52	2. 15	4. 55	5. 16	5. 02	4. 22
138	600649. SH	城投控股	4. 86	5. 66	2. 35	4. 45	4. 77	5. 33	4. 21
139	600823. SH	世茂股份	4. 96	5. 41	0. 88	5. 12	5	5. 06	4. 18
140	600322. SH	天房发展	4. 8	5. 48	1. 31	4. 72	5. 11	5. 39	4. 12
141	600215. SH	长春经开	4. 06	5. 26	2. 31	4. 53	4. 85	4. 8	4. 11
142	000608. SZ	阳光股份	4. 49	5. 57	1. 14	4. 76	5. 9	4. 57	4. 08
143	600325. SH	华发股份	5. 75	5. 25	0. 66	4. 7	4. 98	5. 31	4

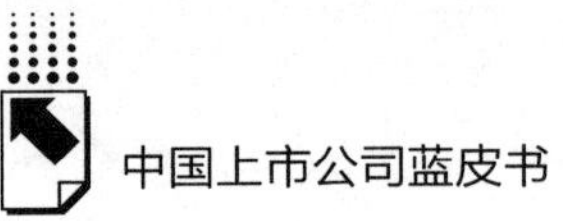

（四）采掘

排名	股票代码	公司名称	财务状况	估值与成长性	创值能力	公司治理与社会责任	创新能力与战略资源	市场特征	综合得分
1	300191. SZ	潜能恒信	7. 61	4. 8	6. 37	5. 21	4. 32	5. 04	5. 91
2	600583. SH	海油工程	6. 61	5. 31	5. 44	5. 12	4. 4	5. 6	5. 71
3	002207. SZ	准油股份	6. 37	4. 89	6. 75	5. 2	4. 34	5. 08	5. 57
4	601857. SH	中国石油	5. 4	5. 28	6. 8	5. 35	4. 89	5. 44	5. 49
5	000835. SZ	长城动漫	5. 56	4. 4	6. 74	5. 18	4. 73	5. 5	5. 47
6	000723. SZ	美锦能源	5. 6	4. 89	6. 37	5	5. 88	5. 05	5. 47
7	600882. SH	华联矿业	6. 79	4. 25	5. 56	3. 89	4. 36	5. 04	5. 46
8	300157. SZ	恒泰艾普	6. 31	5. 91	5. 67	4. 79	5. 59	4. 45	5. 44
9	601088. SH	中国神华	5. 73	5. 18	5. 92	5. 1	4. 46	5. 45	5. 43
10	300084. SZ	海默科技	5. 66	5. 44	6. 21	5. 19	5. 03	5. 06	5. 4
11	000409. SZ	山东地矿	4. 72	7. 01	6. 24	5. 1	5. 14	5. 45	5. 34
12	601808. SH	中海油服	5. 61	5. 13	5. 36	4. 81	4. 4	5. 44	5. 3
13	300164. SZ	通源石油	5. 16	4. 95	5. 75	4. 82	7. 63	4. 46	5. 29
14	002629. SZ	仁智油服	5. 47	4. 89	5. 89	5. 25	5. 08	5. 05	5. 28
15	000655. SZ	金岭矿业	5. 37	5. 16	4. 86	5. 1	4. 95	5. 51	5. 28
16	601898. SH	中煤能源	5. 09	4. 91	2. 78	5. 07	7. 36	5. 44	5. 23
17	002128. SZ	露天煤业	5. 42	4. 86	5. 13	5. 15	4. 49	5. 38	5. 2
18	601001. SH	大同煤业	5. 04	4. 57	3. 78	5. 09	7. 64	4. 9	5. 17
19	600348. SH	阳泉煤业	5. 08	5. 47	4. 81	5. 07	4. 61	5. 54	5. 16
20	600381. SH	贤成矿业	3. 6	6. 5	7. 02	8. 29	4. 92	5. 39	5. 15
21	000762. SZ	西藏矿业	5. 16	5. 14	6	4. 96	4. 93	4. 89	5. 12
22	601101. SH	昊华能源	5. 2	5. 32	4	5. 08	4. 9	5. 44	5. 11
23	600395. SH	盘江股份	5. 25	4. 89	6. 01	5. 09	4. 84	4. 79	5. 1
24	000552. SZ	靖远煤电	4. 87	5. 02	5. 8	5. 02	4. 64	5. 28	5. 09
25	000780. SZ	平庄能源	5. 04	4. 73	4. 23	5. 13	4. 99	5. 49	5. 08
26	600508. SH	上海能源	5. 53	4. 7	3. 04	5. 07	4. 68	5. 45	5. 04
27	600188. SH	兖州煤业	4. 73	5. 48	4. 24	5. 07	5. 35	5. 4	5. 04
28	600123. SH	兰花科创	5. 15	4. 74	3. 78	5. 05	5. 01	5. 4	5. 03
29	601699. SH	潞安环能	4. 76	4. 69	4. 46	5. 13	4. 72	5. 63	5. 02
30	600740. SH	山西焦化	4. 34	5. 32	4. 6	5. 06	4. 73	5. 84	5
31	002554. SZ	惠博普	5. 24	5. 98	6. 04	5. 54	4. 87	4. 16	5
32	600193. SH	创兴资源	4. 3	4. 62	6. 83	3. 65	5. 39	5. 16	4. 98

续表

排名	股票代码	公司名称	财务状况	估值与成长性	创值能力	公司治理与社会责任	创新能力与战略资源	市场特征	综合得分
33	600792. SH	云煤能源	5. 1	4. 63	5. 49	5. 07	4. 73	4. 81	4. 97
34	000571. SZ	新大洲 A	5. 16	4. 92	4. 47	5. 06	5. 99	4. 43	4. 94
35	000983. SZ	西山煤电	4. 69	5. 28	4. 33	5. 07	6	4. 85	4. 93
36	000159. SZ	国际实业	5. 38	5. 38	5. 47	5. 05	4. 93	4. 08	4. 89
37	600714. SH	金瑞矿业	4. 49	4. 39	6. 69	5. 1	4. 7	4. 8	4. 88
38	601666. SH	平煤股份	4. 7	4. 68	3. 8	5. 1	4. 63	5. 4	4. 84
39	600971. SH	恒源煤电	5. 19	4. 91	4. 04	5	4. 62	4. 75	4. 82
40	600532. SH	宏达矿业	5. 13	4. 98	5. 97	5. 36	4. 11	4. 29	4. 82
41	600121. SH	郑州煤电	4. 81	5. 45	3. 62	5. 18	5. 04	4. 78	4. 76
42	600652. SH	游久游戏	4. 91	4. 51	5. 22	5. 26	4. 61	4. 42	4. 74
43	600397. SH	安源煤业	4. 64	5. 01	4. 64	5. 11	4. 48	4. 74	4. 7
44	600403. SH	大有能源	4. 12	4. 4	4. 27	3. 87	4. 92	5. 51	4. 69
45	000629. SZ	攀钢钒钛	4. 24	5. 21	5. 6	3. 65	4. 97	4. 79	4. 69
46	600721. SH	百花村	4. 3	4. 38	5. 57	5. 03	4. 71	4. 75	4. 68
47	000937. SZ	冀中能源	4. 94	4. 25	3. 55	5. 12	4. 62	4. 82	4. 68
48	601011. SH	宝泰隆	4. 85	4. 99	4. 11	5. 31	4. 76	4. 34	4. 63
49	601918. SH	国投新集	4. 21	4. 11	5. 44	4. 9	4. 59	4. 83	4. 62
50	000683. SZ	远兴能源	4. 94	5. 32	2. 24	5. 08	5. 75	4. 38	4. 61
51	600997. SH	开滦股份	4. 75	4. 95	3. 18	5. 06	4. 64	4. 79	4. 61
52	600157. SH	永泰能源	4. 39	6. 39	3. 64	4. 99	4. 38	4. 81	4. 6
53	000968. SZ	煤气化	3. 86	4. 28	4. 7	5	5. 55	4. 79	4. 56
54	000933. SZ	神火股份	4. 23	5. 38	3. 47	4. 79	4. 76	4. 75	4. 49
55	600295. SH	鄂尔多斯	4. 54	5. 17	1. 7	5. 05	5. 06	4. 87	4. 47
56	600546. SH	山煤国际	4. 1	5. 62	4. 04	3. 63	4. 58	4. 71	4. 43
57	600179. SH	黑化股份	1. 56	1. 99	7. 3	3. 53	4. 64	4. 31	3. 6

（五）传媒

排名	股票代码	公司名称	财务状况	估值与成长性	创值能力	公司治理与社会责任	创新能力与战略资源	市场特征	综合得分
1	300295. SZ	三六五网	6. 48	5. 34	6. 06	6. 14	5. 7	5. 22	5. 79
2	300291. SZ	华录百纳	4. 17	5. 31	5. 16	5. 03	6. 33	5. 5	5. 5
3	600386. SH	北巴传媒	5. 83	5. 31	4. 61	5. 94	5. 05	5. 51	5. 46
4	300288. SZ	朗玛信息	7. 6	5. 06	6. 59	5. 52	5. 12	5. 21	5. 45
5	002261. SZ	拓维信息	5. 33	5. 22	5. 48	5. 63	4. 97	5. 22	5. 29

续表

排名	股票代码	公司名称	财务状况	估值与成长性	创值能力	公司治理与社会责任	创新能力与战略资源	市场特征	综合得分
6	300058. SZ	蓝色光标	5	5. 4	5. 95	5. 57	5. 09	4. 85	5. 27
7	002400. SZ	省广股份	4. 21	5. 36	6. 24	5. 4	5. 12	5. 37	5. 26
8	300113. SZ	顺网科技	5. 55	5. 36	5. 75	5. 29	4. 99	5. 44	5. 25
9	002315. SZ	焦点科技	5. 62	5. 23	4. 68	4. 9	5. 54	5. 21	5. 23
10	002148. SZ	北纬通信	5. 96	5. 05	5. 34	5. 26	5. 06	5. 22	5. 21
11	603000. SH	人民网	5. 46	5. 25	5. 54	4. 91	5. 23	5. 53	5. 19
12	600880. SH	博瑞传播	5. 02	5. 26	5. 05	5. 33	4. 93	5. 51	5. 19
13	002095. SZ	生意宝	5. 55	5. 22	6. 29	4. 44	5. 69	5. 22	5. 17
14	600637. SH	百视通	5. 21	5. 25	6. 92	5. 08	4. 94	5. 43	5. 17
15	300059. SZ	东方财富	5. 28	4. 22	5. 45	4. 93	5. 64	5. 22	5. 14
16	000503. SZ	海虹控股	5. 7	5. 19	5. 84	5. 2	4. 88	5. 15	5. 14
17	601999. SH	出版传媒	4. 67	5. 24	3. 96	4. 96	5. 2	5. 52	5. 1
18	300133. SZ	华策影视	4. 75	5. 38	5. 97	5. 64	4. 87	4. 04	5. 1
19	300336. SZ	新文化	4. 49	5. 3	5. 65	5. 4	4. 72	5. 16	5. 09
20	600804. SH	鹏博士	4. 73	5. 28	3. 15	5. 16	5. 26	4. 92	5. 09
21	600633. SH	浙报传媒	5. 3	5. 28	5. 8	4. 77	5. 07	5. 38	5. 08
22	002292. SZ	奥飞动漫	5. 18	5. 31	5. 96	5. 36	4. 84	4. 25	5. 05
23	300104. SZ	乐视网	4. 27	5. 42	6. 14	6. 2	4. 15	4. 1	5. 04
24	000504. SZ	南华生物	2. 43	3. 8	6. 67	4. 82	6. 07	5. 1	5. 04
25	000719. SZ	大地传媒	4. 79	5. 19	4	5. 02	4. 95	5. 5	5. 04
26	601098. SH	中南传媒	5. 1	5. 34	3. 1	4. 77	5. 13	5. 53	5. 03
27	000793. SZ	华闻传媒	5. 14	5. 3	5. 08	4. 92	4. 89	5. 18	5. 01
28	300226. SZ	上海钢联	4. 24	5. 27	6. 1	4. 81	5. 22	4. 81	5. 01
29	601928. SH	凤凰传媒	4. 97	5. 31	1. 36	4. 9	5. 11	5. 51	5
30	600373. SH	中文传媒	4. 63	5. 35	4. 07	4. 94	4. 94	5. 3	5
31	600757. SH	长江传媒	4. 52	4. 89	3. 34	4. 98	5. 05	5. 48	4. 98
32	601801. SH	皖新传媒	4. 99	5. 33	4. 1	4. 59	5. 04	5. 53	4. 97
33	300315. SZ	掌趣科技	5. 83	5. 35	5. 5	4. 73	4. 62	5. 42	4. 96
34	002238. SZ	天威视讯	5. 14	5. 29	3. 94	4. 64	4. 98	5. 53	4. 96
35	300027. SZ	华谊兄弟	4. 51	5. 29	5. 61	5. 32	4. 81	4. 17	4. 96
36	600088. SH	中视传媒	4. 42	5. 21	5. 19	4. 62	5. 02	5. 52	4. 95
37	300071. SZ	华谊嘉信	5. 5	5. 3	5. 77	5. 52	4. 4	4. 09	4. 95
38	300251. SZ	光线传媒	5. 05	5. 3	6. 49	5. 01	4. 43	5. 1	4. 92

续表

排名	股票代码	公司名称	财务状况	估值与成长性	创值能力	公司治理与社会责任	创新能力与战略资源	市场特征	综合得分
39	002181. SZ	粤传媒	5. 35	5. 19	3. 65	4. 29	5. 21	5. 52	4. 91
40	300148. SZ	天舟文化	5. 37	5. 05	4. 94	4. 59	4. 96	5. 22	4. 91
41	600661. SH	新南洋	4. 6	3. 55	5. 31	5. 41	5. 16	4. 44	4. 9
42	300043. SZ	互动娱乐	5	5. 37	5. 3	5. 1	4. 5	4. 78	4. 9
43	600551. SH	时代出版	4. 46	5. 34	3. 15	4. 7	4. 89	5. 44	4. 88
44	000156. SZ	华数传媒	4. 93	5. 22	6. 58	4. 2	5. 15	5. 02	4. 87
45	600831. SH	广电网络	4. 62	5. 29	4. 17	4. 65	5. 07	4. 44	4. 83
46	002174. SZ	游族网络	4. 9	4. 7	6. 3	5. 71	3. 81	4. 83	4. 82
47	601929. SH	吉视传媒	5. 13	5. 28	3. 97	4. 6	4. 95	4. 49	4. 8
48	002555. SZ	顺荣三七	5. 3	4. 67	5. 3	4. 85	4. 7	4. 7	4. 8
49	002354. SZ	天神娱乐	5	5. 14	6. 28	5. 6	3. 79	4. 19	4. 76
50	600825. SH	新华传媒	4. 24	4. 89	3. 36	4. 38	5. 34	4. 35	4. 71
51	000917. SZ	电广传媒	4. 78	4. 53	1. 98	4. 83	4. 93	4. 43	4. 68
52	000665. SZ	湖北广电	5. 46	5. 28	2. 5	4. 63	5. 1	2. 7	4. 59
53	600037. SH	歌华有线	5. 4	5. 27	1. 26	3. 89	4. 91	5. 08	4. 57
54	300052. SZ	中青宝	5. 1	5. 08	5. 17	3. 13	5. 57	4. 52	4. 54
55	000681. SZ	视觉中国	5. 04	0. 82	6. 17	5. 47	4. 28	5. 22	4. 43
56	000673. SZ	当代东方	2. 7	1. 56	6. 74	4. 33	4. 61	4. 7	4. 08

（六）电气设备

排名	股票代码	公司名称	财务状况	估值与成长性	创值能力	公司治理与社会责任	创新能力与战略资源	市场特征	综合得分
1	300286. SZ	安科瑞	7. 46	4. 99	7. 02	6. 86	6. 73	5. 39	6. 73
2	002180. SZ	艾派克	7. 32	4. 55	8. 12	5. 63	6. 36	5. 15	6. 58
3	002058. SZ	威尔泰	6. 41	4. 43	7. 47	4. 87	7. 96	5. 14	6. 28
4	300124. SZ	汇川技术	7. 08	5. 38	7. 01	5. 85	5. 74	5. 97	6. 27
5	300011. SZ	鼎汉技术	6. 56	5. 24	6. 54	6. 29	6. 1	5. 18	6. 23
6	300242. SZ	明家科技	5. 68	3. 96	7. 54	5. 9	5. 07	4. 05	6. 08
7	002184. SZ	海得控制	4. 87	4. 87	6. 7	6. 23	5. 27	4. 44	5. 97
8	002334. SZ	英威腾	7. 37	5. 22	5. 45	6. 32	6. 28	5. 37	5. 96

续表

排名	股票代码	公司名称	财务状况	估值与成长性	创值能力	公司治理与社会责任	创新能力与战略资源	市场特征	综合得分
9	601877. SH	正泰电器	6. 04	5. 16	7. 2	5. 17	4. 56	6. 69	5. 9
10	002527. SZ	新时达	6. 48	5. 35	5. 32	6. 45	5. 38	5. 67	5. 8
11	002364. SZ	中恒电气	5. 83	5. 1	6. 33	5. 77	5. 1	5. 29	5. 79
12	600405. SH	动力源	4. 16	4. 86	6. 78	5. 55	5. 9	3. 78	5. 78
13	600379. SH	宝光股份	5. 33	4. 73	7. 27	4. 89	5. 79	3. 94	5. 78
14	300274. SZ	阳光电源	4. 43	5. 51	6. 22	6	5. 25	5. 05	5. 78
15	002452. SZ	长高集团	5. 93	5. 01	6. 06	6. 01	4. 75	5. 39	5. 74
16	300018. SZ	中元华电	7. 16	5. 12	5. 46	5. 5	6. 59	5. 61	5. 73
17	600406. SH	国电南瑞	5. 42	5. 1	6. 97	4. 5	5. 87	6. 25	5. 73
18	002622. SZ	永大集团	7. 53	4. 85	5. 69	5. 8	5. 4	5. 15	5. 71
19	002168. SZ	深圳惠程	5. 97	4. 72	6. 92	4. 57	6. 38	4. 3	5. 71
20	000585. SZ	东北电气	4. 67	3. 59	7. 9	4. 56	4. 97	4. 87	5. 7
21	300316. SZ	晶盛机电	7. 35	4. 66	6. 57	4. 95	5. 36	5. 24	5. 7
22	002335. SZ	科华恒盛	5. 21	5. 28	5. 98	5. 64	5. 54	5. 55	5. 69
23	002090. SZ	金智科技	4. 58	5. 04	5. 81	6. 21	5. 45	4. 35	5. 68
24	002322. SZ	理工监测	7. 89	5	4. 81	5. 74	6. 96	5. 4	5. 68
25	300222. SZ	科大智能	5. 59	5. 46	5. 88	5. 76	5. 32	5. 03	5. 66
26	002227. SZ	奥特迅	5. 58	4. 96	6. 72	4. 83	5. 67	5. 15	5. 66
27	300283. SZ	温州宏丰	5. 2	5. 27	5. 79	6. 38	4. 73	3. 96	5. 65
28	002074. SZ	东源电器	4. 24	4. 83	7. 17	4. 98	5. 21	4. 06	5. 64
29	002451. SZ	摩恩电气	3. 95	4. 98	6. 47	6. 17	4. 1	3. 96	5. 62
30	600468. SH	百利电气	4. 66	4. 37	7. 41	4. 69	4. 85	4. 88	5. 61
31	002358. SZ	森源电气	4. 75	4. 68	7. 18	5. 07	4. 25	5. 14	5. 61
32	300215. SZ	电科院	5. 08	5. 26	6. 21	5. 74	4. 43	5. 28	5. 6
33	002266. SZ	浙富控股	4. 83	5. 23	6. 14	5. 69	4. 66	5. 01	5. 57
34	600517. SH	置信电气	4. 7	5. 18	6. 81	4. 57	5. 07	6. 48	5. 56
35	300208. SZ	恒顺众昇	5. 43	4. 95	6. 6	5. 55	3. 94	4. 38	5. 54
36	000400. SZ	许继电气	5. 09	5. 27	5. 58	4. 81	6. 83	5. 77	5. 47
37	000806. SZ	银河投资	3. 74	4. 64	7. 02	4. 6	5. 55	3. 65	5. 44
38	002298. SZ	鑫龙电器	4. 85	4. 48	4. 9	6. 18	5. 77	4. 9	5. 43
39	300069. SZ	金利华电	5. 37	4. 97	5. 73	5. 43	4. 93	5. 41	5. 42
40	002606. SZ	大连电瓷	4. 83	4. 75	5. 96	5. 48	4. 95	4. 27	5. 41
41	300141. SZ	和顺电气	5. 76	5. 14	5. 25	5. 98	4. 3	5. 42	5. 39

续表

排名	股票代码	公司名称	财务状况	估值与成长性	创值能力	公司治理与社会责任	创新能力与战略资源	市场特征	综合得分
42	002112. SZ	三变科技	4. 14	4. 89	6. 2	4. 84	5. 87	4. 33	5. 38
43	300001. SZ	特锐德	4. 9	5. 34	6. 45	4. 56	4. 85	5. 31	5. 35
44	300341. SZ	麦迪电气	6. 97	5. 04	6. 17	4. 55	4. 71	5. 14	5. 33
45	002665. SZ	首航节能	4. 77	5. 06	6. 7	4. 83	3. 67	5. 07	5. 31
46	300062. SZ	中能电气	5. 66	5. 28	3. 93	6. 59	5. 14	5. 61	5. 29
47	300265. SZ	通光线缆	5. 08	5. 02	6. 34	4. 35	5. 28	5. 16	5. 29
48	002339. SZ	积成电子	5. 16	5. 37	5. 14	5. 44	5. 25	5. 28	5. 28
49	600525. SH	长园集团	4. 65	4. 42	5. 43	5. 34	5. 34	5. 33	5. 27
50	002121. SZ	科陆电子	3. 8	5. 42	5. 39	5. 75	5. 05	3. 84	5. 27
51	002123. SZ	荣信股份	4. 57	4. 87	4. 38	5. 37	7. 33	5. 2	5. 24
52	002692. SZ	远程电缆	4. 44	5. 33	4. 86	6. 16	4. 45	4. 97	5. 24
53	601567. SH	三星电气	4. 7	5. 26	5. 33	4. 91	5. 1	6. 76	5. 2
54	600112. SH	天成控股	4. 39	5. 07	6. 24	4. 45	5. 39	3. 71	5. 18
55	002249. SZ	大洋电机	5. 17	5. 37	4. 39	6. 04	4. 23	6. 93	5. 18
56	300308. SZ	中际装备	6. 19	3. 98	5. 81	4. 71	4. 68	4. 99	5. 13
57	000922. SZ	佳电股份	4. 92	5. 48	5. 46	4. 64	5. 1	5. 9	5. 13
58	002576. SZ	通达动力	5. 6	5. 4	5. 69	5. 28	4. 01	2. 89	5. 11
59	601012. SH	隆基股份	4. 63	5. 4	5. 32	5. 19	4. 33	5. 42	5. 1
60	002196. SZ	方正电机	5. 3	3. 92	5. 35	5. 47	3. 93	5. 45	5. 1
61	002169. SZ	智光电气	4. 28	4. 89	5. 92	4. 59	5. 24	3. 91	5. 09
62	600537. SH	亿晶光电	3. 28	4. 83	5. 85	5. 19	4. 53	3. 86	5. 09
63	002176. SZ	江特电机	5. 91	4. 98	5. 85	4. 66	4. 18	4. 82	5. 09
64	002617. SZ	露笑科技	3. 95	5. 29	6. 51	4. 63	3. 74	3. 67	5. 06
65	600550. SH	保变电气	1. 75	4. 4	6. 38	4. 54	5. 48	3. 57	5. 06
66	002518. SZ	科士达	5. 57	5. 32	5. 12	4. 67	4. 99	5. 54	5. 02
67	300140. SZ	启源装备	5. 91	4. 48	5. 42	4. 33	5. 31	5. 38	5. 01
68	300105. SZ	龙源技术	5. 34	5. 34	5. 11	4. 14	6. 01	6. 03	5
69	002441. SZ	众业达	5. 2	5. 33	4. 16	5. 57	5. 48	4. 64	4. 99
70	300048. SZ	合康变频	5. 88	5. 21	4. 58	4. 84	5. 47	5. 64	4. 98
71	600202. SH	哈空调	3. 64	4. 85	5. 48	4. 25	6. 25	4. 53	4. 98
72	000682. SZ	东方电子	5. 04	5. 11	4. 67	4. 74	5. 83	4. 97	4. 93
73	002028. SZ	思源电气	5. 26	4. 72	3. 39	5. 96	5. 71	5. 47	4. 92
74	300120. SZ	经纬电材	5. 93	4. 46	5. 1	4. 85	4. 11	5. 66	4. 91

续表

排名	股票代码	公司名称	财务状况	估值与成长性	创值能力	公司治理与社会责任	创新能力与战略资源	市场特征	综合得分
75	002276. SZ	万马股份	5. 06	5. 31	4. 85	4. 53	5. 86	4. 2	4. 9
76	002323. SZ	中联电气	6	4. 88	4. 82	4. 96	4. 34	5. 1	4. 88
77	600885. SH	宏发股份	6. 09	4. 75	5. 09	4. 7	4. 34	4. 68	4. 86
78	002580. SZ	圣阳股份	4. 59	5. 11	3. 95	5. 49	4. 87	6. 21	4. 85
79	600416. SH	湘电股份	1. 94	5. 9	5. 1	4. 33	6. 43	4. 1	4. 84
80	300040. SZ	九洲电气	6. 51	3. 09	2. 82	6. 14	6. 19	5. 4	4. 83
81	002218. SZ	拓日新能	4. 19	5. 45	5. 27	4. 34	4. 97	4. 5	4. 81
82	601126. SH	四方股份	5. 77	5. 39	3. 4	4. 91	6. 61	5. 89	4. 8
83	601222. SH	林洋电子	5. 57	5. 27	4. 71	4. 68	4. 41	5. 44	4. 78
84	600847. SH	万里股份	5. 19	4. 57	5. 34	4. 79	3. 85	3. 49	4. 77
85	002531. SZ	天顺风能	5. 68	5. 3	5. 28	4. 19	3. 95	5. 59	4. 76
86	600312. SH	平高电气	5. 04	5. 26	4. 67	4. 41	4. 76	6. 37	4. 76
87	300111. SZ	向日葵	4. 12	4. 84	5. 78	4. 35	4. 1	3. 56	4. 76
88	002546. SZ	新联电子	6. 94	5. 21	4. 19	4. 62	4. 55	6. 34	4. 74
89	601700. SH	风范股份	4. 87	5. 24	3. 74	5. 58	4. 12	6. 45	4. 73
90	002300. SZ	太阳电缆	4. 72	5. 26	4. 54	4. 62	4. 45	6. 26	4. 71
91	002350. SZ	北京科锐	5. 26	5. 34	4. 17	4. 36	5. 46	5. 7	4. 66
92	601218. SH	吉鑫科技	5. 13	4. 93	4. 71	4. 76	4. 56	2. 83	4. 63
93	002359. SZ	齐星铁塔	4. 7	4. 97	4. 93	4. 54	4. 32	3. 75	4. 63
94	002356. SZ	浩宁达	4. 85	4. 67	4. 63	4. 71	4. 35	4. 45	4. 62
95	600580. SH	卧龙电气	4. 34	5. 14	4. 7	4. 31	4. 56	5. 6	4. 61
96	600475. SH	华光股份	3. 72	5. 09	4. 2	4. 56	4. 74	6. 23	4. 55
97	000967. SZ	上风高科	4. 86	5. 21	4. 4	4. 43	4. 77	3. 86	4. 51
98	600110. SH	中科英华	3. 02	4. 83	5. 79	3. 54	4. 49	3. 29	4. 47
99	002534. SZ	杭锅股份	4. 49	4. 93	4. 14	4. 39	4. 42	6. 15	4. 46
100	300356. SZ	光一科技	5. 34	5. 3	3. 63	4. 81	4. 57	5. 06	4. 46
101	600151. SH	航天机电	4. 12	6. 05	4. 07	4. 54	4. 27	4. 82	4. 42
102	002630. SZ	华西能源	3. 85	5. 33	3. 88	4. 96	4. 06	5. 02	4. 42
103	300029. SZ	天龙光电	4. 24	3. 17	3. 9	4. 39	6. 24	4. 28	4. 41
104	002255. SZ	海陆重工	4. 54	5. 16	3. 56	5. 08	4. 13	5. 18	4. 41
105	601908. SH	京运通	5. 31	3. 55	4. 19	4. 43	4. 93	4. 17	4. 41
106	002309. SZ	中利科技	3. 12	5. 46	3. 36	5. 69	4. 22	3. 69	4. 4
107	300068. SZ	南都电源	5. 28	5. 38	3. 27	5. 06	4. 48	4. 82	4. 4

续表

排名	股票代码	公司名称	财务状况	估值与成长性	创值能力	公司治理与社会责任	创新能力与战略资源	市场特征	综合得分
108	300153. SZ	科泰电源	6. 18	5. 23	3. 92	4. 16	4. 75	4. 84	4. 39
109	002212. SZ	南洋股份	5. 21	5. 24	2. 85	5. 7	4	4. 31	4. 35
110	600290. SH	华仪电气	4. 2	5. 13	4. 38	4. 32	4. 29	3. 48	4. 33
111	600353. SH	旭光股份	5. 6	4. 27	3. 9	4. 15	4. 48	5. 78	4. 31
112	600192. SH	长城电工	4. 26	4. 98	3. 74	4. 47	4. 72	4. 72	4. 3
113	600869. SH	智慧能源	3. 41	5	4. 57	4. 03	3. 91	4. 81	4. 26
114	002498. SZ	汉缆股份	5. 83	5. 11	3. 39	4. 25	4. 35	5. 89	4. 22
115	300129. SZ	泰胜风能	5. 06	5. 3	2. 56	5. 3	4. 28	5. 36	4. 22
116	601616. SH	广电电气	5. 86	4. 92	2. 66	4. 84	5	5. 1	4. 22
117	600875. SH	东方电气	2. 37	5. 2	3. 33	4. 37	5. 27	6. 26	4. 2
118	002533. SZ	金杯电工	5. 9	5. 35	2. 23	4. 84	5. 3	5. 92	4. 2
119	002471. SZ	中超电缆	3. 44	5. 49	4. 32	3. 93	4. 22	4. 25	4. 19
120	600973. SH	宝胜股份	2. 9	5. 42	3. 51	4. 52	4. 71	4. 65	4. 18
121	603333. SH	明星电缆	6. 06	5. 09	3. 2	4. 08	4. 7	5. 59	4. 15
122	601727. SH	上海电气	3. 43	5. 11	3. 33	4. 31	4. 37	6. 65	4. 13
123	002202. SZ	金风科技	3. 96	5. 28	3. 23	4. 32	4. 49	5. 8	4. 11
124	002610. SZ	爱康科技	3. 25	5. 17	4. 23	4. 16	3. 77	3. 49	4. 09
125	600590. SH	泰豪科技	4. 14	5. 08	3. 07	4. 54	4. 45	4. 12	4. 02
126	000862. SZ	银星能源	2. 83	5. 08	3. 62	4. 47	3. 66	4. 62	4. 01
127	601179. SH	中国西电	4. 82	5. 13	2. 44	4. 42	4. 74	6. 48	4
128	002560. SZ	通达股份	5. 38	5. 16	1. 84	5. 63	3. 51	5. 5	3. 99
129	002545. SZ	东方铁塔	5. 4	5. 06	0. 89	5. 89	4. 91	5. 41	3. 96
130	300152. SZ	燃控科技	4. 66	5. 33	2. 8	4. 3	4. 62	4. 4	3. 93
131	300118. SZ	东方日升	4. 27	5. 34	2. 21	4. 94	4. 6	4. 12	3. 91
132	600268. SH	国电南自	2. 71	5	2. 28	4. 56	5. 15	5. 55	3. 86
133	601558. SH	华锐风电	4. 23	3. 56	2. 47	3. 15	7. 32	4. 98	3. 75
134	600089. SH	特变电工	3. 86	5. 35	1. 88	4. 56	4. 73	4. 51	3. 69

（七）电子

排名	股票代码	公司名称	财务状况	估值与成长性	创值能力	公司治理与社会责任	创新能力与战略资源	市场特征	综合得分
1	300183. SZ	东软载波	7. 34	5. 5	6. 51	5. 43	7. 06	5. 29	6. 09
2	300077. SZ	国民技术	6. 07	4. 69	3. 43	5. 19	8. 36	4. 86	6. 09
3	300327. SZ	中颖电子	5. 95	5. 35	5. 31	5. 6	6. 64	5. 3	5. 87
4	300331. SZ	苏大维格	4. 21	5. 16	6. 15	6. 02	5. 92	5. 6	5. 71
5	300223. SZ	北京君正	7. 26	3. 1	4. 84	4. 79	7. 86	4. 86	5. 7
6	002587. SZ	奥拓电子	5. 55	5. 44	6. 08	5. 48	6. 1	5. 29	5. 67
7	002371. SZ	七星电子	4. 81	4. 8	5. 78	4. 47	7. 24	5. 6	5. 62
8	002214. SZ	大立科技	4. 67	5. 24	6. 01	5. 74	6. 39	4. 11	5. 61
9	300296. SZ	利亚德	4. 53	5. 41	6. 47	6. 25	5. 32	5. 03	5. 58
10	002139. SZ	拓邦股份	5. 92	5. 48	6. 11	5. 7	5. 44	5. 28	5. 56
11	002025. SZ	航天电器	5. 1	5. 46	4. 72	5. 51	5. 68	5. 65	5. 53
12	002161. SZ	远望谷	5. 66	5. 4	5. 4	5. 08	5. 96	5. 52	5. 51
13	002049. SZ	同方国芯	5. 39	4. 93	5. 99	4. 59	6. 51	5. 68	5. 49
14	300136. SZ	信维通信	4. 65	4. 83	6. 42	5. 91	5. 33	5. 47	5. 46
15	600563. SH	法拉电子	6. 41	5. 53	5. 98	5. 64	5. 02	5. 29	5. 44
16	300322. SZ	硕贝德	4. 94	5. 46	6. 51	5. 69	5. 09	5. 2	5. 38
17	002222. SZ	福晶科技	5. 47	5. 36	5. 99	4. 91	5. 62	5. 71	5. 37
18	600288. SH	大恒科技	4. 7	5. 38	3. 85	5. 54	5. 97	4. 12	5. 36
19	300053. SZ	欧比特	5. 99	5. 33	6. 14	4. 42	6. 1	5. 3	5. 35
20	300227. SZ	光韵达	5	5. 38	6. 48	5. 3	5. 46	5. 03	5. 34
21	600206. SH	有研新材	5. 22	4. 09	4. 7	5. 95	5. 51	4. 93	5. 34
22	002189. SZ	利达光电	5. 15	5. 14	6. 48	4. 99	5. 08	6. 75	5. 33
23	002351. SZ	漫步者	8. 37	5. 03	5. 21	5. 11	5. 09	5. 29	5. 32
24	002045. SZ	国光电器	4. 78	5. 39	2. 72	5. 5	4. 97	6. 32	5. 29
25	300317. SZ	珈伟股份	4. 09	5. 23	6. 12	4. 66	5. 79	6	5. 29
26	000988. SZ	华工科技	4. 67	5. 18	4. 3	4. 87	5. 43	6. 42	5. 27
27	002436. SZ	兴森科技	5. 05	5. 59	5. 48	5. 47	4. 99	5. 08	5. 26
28	300162. SZ	雷曼光电	5. 3	5. 21	6. 59	4. 91	5. 44	5. 3	5. 25
29	300115. SZ	长盈精密	5. 37	5. 7	6. 17	5. 57	4. 9	4. 5	5. 24
30	002241. SZ	歌尔声学	4. 94	5. 77	7. 47	5. 61	4. 64	4. 85	5. 24
31	600171. SH	上海贝岭	5. 4	4. 51	4. 94	5	5. 76	5. 24	5. 23
32	300219. SZ	鸿利光电	5. 34	5. 57	4. 95	5. 41	4. 9	5. 28	5. 23

续表

排名	股票代码	公司名称	财务状况	估值与成长性	创值能力	公司治理与社会责任	创新能力与战略资源	市场特征	综合得分
33	300014. SZ	亿纬锂能	4. 66	5. 24	6. 38	5. 25	5. 08	5. 43	5. 22
34	002008. SZ	大族激光	5. 1	4. 15	5. 54	5. 79	5. 68	3. 76	5. 22
35	300220. SZ	金运激光	4. 81	4. 82	6. 92	4. 77	5. 66	5. 22	5. 19
36	002179. SZ	中航光电	4. 68	5. 57	5. 15	5. 11	5. 41	4. 73	5. 19
37	002076. SZ	雪莱特	4. 67	5. 34	5. 97	5. 18	5. 1	5. 32	5. 19
38	300078. SZ	中瑞思创	6. 27	5. 5	4. 7	5. 03	5. 01	5. 29	5. 19
39	000532. SZ	力合股份	6. 03	4. 2	5. 97	5. 76	4. 54	5. 66	5. 17
40	002273. SZ	水晶光电	4. 8	5. 58	6. 3	5. 5	4. 57	5. 29	5. 17
41	300232. SZ	洲明科技	4. 54	5. 53	5. 64	5. 27	4. 96	5. 24	5. 17
42	600654. SH	中安消	4. 84	4. 58	5. 33	5. 73	4. 79	5. 38	5. 16
43	300303. SZ	聚飞光电	5. 48	5. 55	6. 03	5. 67	4. 29	5. 29	5. 16
44	300269. SZ	联建光电	5. 02	5. 41	5. 73	5. 65	4. 41	5. 3	5. 14
45	000541. SZ	佛山照明	5. 59	4. 99	5. 25	5. 01	5. 12	5. 31	5. 12
46	300083. SZ	劲胜精密	4. 61	5. 67	4. 78	5. 42	4. 71	5. 13	5. 12
47	300076. SZ	GQY 视讯	5. 56	5. 31	4. 52	4. 8	5. 4	4. 83	5. 1
48	300346. SZ	南大光电	6. 27	5. 54	4. 78	4. 74	5. 22	4. 76	5. 1
49	601231. SH	环旭电子	6. 08	5. 38	6. 45	5. 21	4. 61	4. 91	5. 09
50	002056. SZ	横店东磁	5. 56	5. 35	3. 41	5. 51	4. 61	5. 14	5. 09
51	600460. SH	士兰微	4. 87	5. 23	3. 72	5. 25	5. 42	4. 16	5. 08
52	000733. SZ	振华科技	4. 89	5. 49	2. 68	5. 34	4. 96	4. 93	5. 07
53	600651. SH	飞乐音响	4. 65	5. 34	4. 54	5. 24	5. 06	4. 71	5. 07
54	000823. SZ	超声电子	5. 15	5. 6	3. 7	5. 32	4. 75	4. 99	5. 07
55	002079. SZ	苏州固锝	5. 5	5. 4	5. 22	4. 87	4. 92	5. 27	5. 06
56	002484. SZ	江海股份	5. 62	5. 51	4. 83	4. 98	4. 76	5. 28	5. 06
57	600261. SH	阳光照明	4. 95	5. 53	4. 31	4. 92	4. 99	5. 25	5. 05
58	002655. SZ	共达电声	4. 87	5. 24	6. 03	5. 19	5. 01	4. 45	5. 05
59	000636. SZ	风华高科	5. 18	5. 32	2. 69	4. 86	4. 59	6. 73	5. 03
60	002654. SZ	万润科技	4. 89	5. 5	5. 77	4. 92	4. 82	5. 25	5. 03
61	002402. SZ	和而泰	4. 98	5. 52	5. 05	4. 95	4. 78	5. 31	5. 02
62	300139. SZ	福星晓程	5. 34	5. 37	5. 59	4. 61	5. 23	4. 81	5. 01
63	000050. SZ	深天马 A	5. 2	5. 1	2. 55	4. 95	5. 06	5. 44	5. 01
64	300241. SZ	瑞丰光电	5. 11	5. 56	5. 65	4. 82	4. 78	5. 25	5. 01
65	300282. SZ	汇冠股份	4. 95	5. 5	4. 61	5. 45	4. 46	4. 86	5

续表

排名	股票代码	公司名称	财务状况	估值与成长性	创值能力	公司治理与社会责任	创新能力与战略资源	市场特征	综合得分
66	002185. SZ	华天科技	5. 33	5. 47	5. 05	5. 09	4. 88	4. 4	5
67	300319. SZ	麦捷科技	5. 13	5. 41	6	4. 96	4. 61	5. 25	4. 99
68	002635. SZ	安洁科技	5. 29	5. 39	6	4. 96	4. 66	5. 08	4. 99
69	002660. SZ	茂硕电源	4. 6	5. 34	5. 19	4. 86	4. 93	5. 2	4. 99
70	002504. SZ	东光微电	2. 98	4. 02	6. 42	6. 29	4. 25	5. 07	4. 98
71	002618. SZ	丹邦科技	5. 34	5. 5	4. 86	4. 74	4. 85	5. 14	4. 97
72	002475. SZ	立讯精密	5. 95	5. 73	6. 22	4. 92	4. 42	4. 85	4. 96
73	300184. SZ	力源信息	4. 93	5. 55	5. 34	4. 82	4. 52	5. 48	4. 94
74	300046. SZ	台基股份	6. 2	5. 37	4. 56	4. 24	5. 09	5. 29	4. 93
75	002156. SZ	通富微电	5. 12	5. 42	3. 25	4. 74	4. 78	5. 55	4. 93
76	002188. SZ	新嘉联	5. 24	3. 35	6. 25	5. 19	4. 92	5. 37	4. 92
77	002141. SZ	蓉胜超微	4. 97	4. 87	6. 53	5. 19	4. 86	3. 91	4. 9
78	002106. SZ	莱宝高科	5. 28	5. 83	3. 57	4. 52	4. 82	5. 21	4. 9
79	300279. SZ	和晶科技	4. 56	5. 52	6. 09	4. 98	4. 39	5. 18	4. 9
80	300328. SZ	宜安科技	5. 26	5. 33	6. 21	5. 47	3. 8	5. 25	4. 9
81	002456. SZ	欧菲光	4. 56	5. 64	4. 47	5. 28	4. 64	4. 08	4. 89
82	002636. SZ	金安国纪	4. 99	5. 52	4. 32	4. 72	4. 67	5. 3	4. 89
83	600703. SH	三安光电	5. 2	4. 27	3. 66	5. 15	4. 82	5. 18	4. 89
84	600183. SH	生益科技	4. 9	5. 42	4. 2	4. 85	4. 88	4. 5	4. 87
85	000049. SZ	德赛电池	3. 52	5. 3	7. 23	5. 2	4. 52	4. 45	4. 86
86	300323. SZ	华灿光电	4. 54	3. 48	3. 86	4. 69	5. 6	5. 16	4. 85
87	300102. SZ	乾照光电	5. 47	5. 39	3. 46	4. 54	4. 74	5. 32	4. 85
88	002137. SZ	实益达	4. 76	4. 91	6. 29	4. 94	4. 68	4. 63	4. 84
89	000045. SZ	深纺织 A	5. 04	4. 25	3. 24	5	4. 85	5. 25	4. 83
90	002449. SZ	国星光电	5. 43	5. 47	2. 7	4. 62	4. 76	5. 04	4. 82
91	000727. SZ	华东科技	3. 26	3. 75	5. 93	4. 95	4. 74	6. 22	4. 82
92	600363. SH	联创光电	4. 71	5. 44	3. 5	4. 97	4. 48	5. 03	4. 82
93	002138. SZ	顺络电子	5. 62	5. 45	5. 29	5. 04	4. 22	4. 58	4. 81
94	300128. SZ	锦富新材	4. 93	5. 67	4. 44	4. 84	4. 19	5. 37	4. 81
95	000020. SZ	深华发 A	4. 23	4. 98	6. 65	5. 02	4. 73	4. 14	4. 81
96	600360. SH	华微电子	4. 87	5. 22	3. 15	4. 56	5. 02	4. 79	4. 8
97	002638. SZ	勤上光电	4. 94	5. 47	3. 33	4. 38	4. 93	5. 07	4. 79
98	002579. SZ	中京电子	4. 75	5. 4	5. 79	4. 45	4. 59	5. 24	4. 79

续表

排名	股票代码	公司名称	财务状况	估值与成长性	创值能力	公司治理与社会责任	创新能力与战略资源	市场特征	综合得分
99	002055. SZ	得润电子	4. 46	5. 57	5. 2	4. 98	4. 51	4. 2	4. 78
100	600203. SH	福日电子	4. 96	5. 16	3. 9	4. 98	4. 56	4. 44	4. 76
101	300088. SZ	长信科技	5. 25	5. 58	5. 8	4. 48	4. 31	5. 23	4. 76
102	002134. SZ	天津普林	4. 79	3. 5	4. 97	4. 33	5. 06	6. 23	4. 75
103	600667. SH	太极实业	5. 19	5. 78	4. 37	4. 77	4. 47	4. 21	4. 74
104	300340. SZ	科恒股份	5. 27	4. 93	3. 89	4. 69	4. 68	4. 81	4. 74
105	002547. SZ	春兴精工	4. 47	5. 51	4. 72	5. 02	4. 35	4. 39	4. 74
106	002512. SZ	达华智能	4. 88	5. 45	5. 45	5. 15	3. 77	5. 12	4. 74
107	002199. SZ	东晶电子	4. 09	2. 82	4. 89	5. 9	4. 62	4. 38	4. 73
108	002119. SZ	康强电子	4. 64	5. 47	5. 11	5. 19	4. 35	3. 75	4. 73
109	002414. SZ	高德红外	5. 13	5. 21	5. 05	2. 59	6. 32	5. 26	4. 73
110	600584. SH	长电科技	4. 7	5. 05	3. 19	5. 1	4. 81	3. 65	4. 72
111	600602. SH	仪电电子	5. 3	2. 52	3. 94	5. 03	4. 86	5. 7	4. 71
112	300301. SZ	长方照明	4. 57	5. 71	5. 99	5. 11	3. 79	4. 58	4. 69
113	002389. SZ	南洋科技	5. 34	5. 33	4. 06	4. 5	4. 35	5. 18	4. 69
114	002369. SZ	卓翼科技	4. 79	5. 69	5. 25	4. 34	4. 47	4. 74	4. 67
115	300131. SZ	英唐智控	3. 41	3. 73	6. 71	5. 48	4. 29	4. 43	4. 64
116	002463. SZ	沪电股份	5. 12	5. 53	4. 18	3. 91	4. 66	5. 22	4. 62
117	002288. SZ	超华科技	4. 32	5. 67	5. 25	4. 53	4. 16	4. 74	4. 6
118	000413. SZ	东旭光电	2. 9	4. 19	5. 87	5. 1	4. 38	4. 74	4. 59
119	300256. SZ	星星科技	4. 38	4. 85	3. 76	4. 86	4. 37	4. 48	4. 59
120	600237. SH	铜峰电子	4. 69	4. 98	4. 21	4. 39	4. 6	4. 37	4. 55
121	002129. SZ	中环股份	4. 29	5. 55	1. 88	4. 59	4. 54	3. 96	4. 52
122	300032. SZ	金龙机电	4. 63	5. 34	5. 14	4. 91	3. 64	4. 61	4. 51
123	600800. SH	天津磁卡	2. 1	0. 71	6. 88	4. 39	5. 89	5. 34	4. 44
124	600707. SH	彩虹股份	3. 21	-0. 78	1. 54	2. 79	8. 57	4. 97	4. 44
125	300207. SZ	欣旺达	4. 11	5. 69	5. 63	4. 7	4. 16	3. 14	4. 44
126	002384. SZ	东山精密	3. 97	5. 4	5. 63	4. 36	4. 11	3. 86	4. 37
127	002289. SZ	宇顺电子	4. 18	3. 68	4. 08	4. 98	4. 23	3. 49	4. 29
128	002388. SZ	新亚制程	5. 62	5. 34	5. 92	3. 62	3. 64	5. 29	4. 27
129	600074. SH	保千里	5. 11	-0. 81	6. 29	5. 45	5. 26	3. 31	4. 27
130	000536. SZ	华映科技	4. 77	5. 2	4. 74	4. 78	3. 08	4. 22	4. 21
131	000725. SZ	京东方 A	5. 12	1. 34	-2. 81	4. 5	4. 98	5. 52	4. 18
132	002005. SZ	德豪润达	4. 32	5. 44	1. 15	2. 92	5	4. 04	4. 1

（八）纺织服装

排名	股票代码	公司名称	财务状况	估值与成长性	创值能力	公司治理与社会责任	创新能力与战略资源	市场特征	综合得分
1	300005. SZ	探路者	6. 69	6. 77	6. 69	5. 89	6. 65	5. 55	6. 35
2	002327. SZ	富安娜	6. 75	5. 75	7. 04	5. 83	5. 48	5. 71	6. 07
3	002293. SZ	罗莱家纺	6. 48	5. 76	7. 04	5. 33	6. 44	5. 53	5. 98
4	002003. SZ	伟星股份	6. 98	4. 95	5. 63	6. 17	5. 29	5. 61	5. 82
5	600987. SH	航民股份	7. 03	5. 15	6. 41	4. 95	5. 17	5. 41	5. 79
6	002699. SZ	美盛文化	5. 75	6. 26	5. 99	5. 49	4. 5	5. 55	5. 75
7	002394. SZ	联发股份	5. 66	5. 6	4. 92	4. 75	5. 22	6. 14	5. 63
8	002503. SZ	搜于特	5. 02	6. 42	6. 82	5. 12	4. 82	5. 52	5. 63
9	601566. SH	九牧王	6	5. 12	6. 51	5. 08	5. 24	5. 64	5. 58
10	002397. SZ	梦洁家纺	5. 12	5. 76	5. 17	5. 81	7. 01	5. 53	5. 57
11	002563. SZ	森马服饰	5. 97	5. 42	5. 95	5. 04	4. 8	5. 53	5. 56
12	600398. SH	海澜之家	5. 88	5. 66	4. 88	5. 28	4. 63	5. 55	5. 56
13	000726. SZ	鲁泰 A	5. 82	5. 12	7. 01	5. 21	5. 92	5. 35	5. 54
14	002029. SZ	七匹狼	5. 6	4. 83	7. 11	5. 18	6. 31	5. 64	5. 5
15	002687. SZ	乔治白	5. 35	5. 6	5. 46	5. 13	6. 04	5. 55	5. 5
16	002656. SZ	卡奴迪路	4. 74	5. 92	6. 03	5. 38	6. 63	5. 45	5. 48
17	002144. SZ	宏达高科	5. 77	5. 27	5. 16	4. 88	5. 23	5. 55	5. 44
18	002634. SZ	棒杰股份	5. 27	5. 46	5. 53	5. 18	5. 34	5. 6	5. 42
19	002154. SZ	报喜鸟	5. 01	5. 47	5. 19	5. 97	6. 4	5. 37	5. 4
20	603001. SH	奥康国际	4. 95	5. 34	6. 54	5. 34	4. 85	5. 55	5. 33
21	600107. SH	美尔雅	5. 51	4. 84	5. 11	4. 79	5. 99	5. 69	5. 33
22	002640. SZ	百圆裤业	4. 11	5. 9	5. 76	5. 56	5. 3	5. 72	5. 3
23	002044. SZ	江苏三友	5. 32	4. 84	5. 87	5. 08	3. 55	5. 93	5. 27
24	002486. SZ	嘉麟杰	5. 12	5. 22	5. 33	5. 05	5. 7	5. 4	5. 26
25	002612. SZ	朗姿股份	4. 88	6. 47	4. 99	5. 46	7. 22	4. 01	5. 26
26	600232. SH	金鹰股份	4. 84	5. 06	4. 22	4. 85	4. 69	6. 28	5. 24
27	002674. SZ	兴业科技	5. 62	5. 84	5. 42	5. 18	5. 08	4. 28	5. 24
28	002269. SZ	美邦服饰	6. 19	4. 93	9. 59	4. 92	5. 92	3. 57	5. 23
29	600626. SH	申达股份	5. 39	4. 92	3. 91	5. 07	4. 21	5. 88	5. 21
30	002425. SZ	凯撒股份	4. 88	5. 19	4. 95	4. 92	5. 87	5. 53	5. 2
31	002516. SZ	江苏旷达	5. 27	5. 94	5. 31	5. 78	4. 77	4. 17	5. 17
32	600370. SH	三房巷	5. 54	4. 62	4. 16	4. 71	5. 13	5. 55	5. 13

续表

排名	股票代码	公司名称	财务状况	估值与成长性	创值能力	公司治理与社会责任	创新能力与战略资源	市场特征	综合得分
33	600630. SH	龙头股份	6. 17	4. 93	4. 1	5. 26	4. 47	4. 52	5. 1
34	601718. SH	际华集团	5. 15	5. 27	2	4. 86	3. 9	5. 86	5. 09
35	002291. SZ	星期六	4. 23	5. 43	4. 75	4. 92	5. 85	5. 55	5. 09
36	002494. SZ	华斯股份	4. 07	5. 66	4. 98	5. 01	5. 54	5. 47	5. 08
37	600137. SH	浪莎股份	4. 63	4. 96	5. 46	4. 92	5. 31	5. 56	5. 08
38	002239. SZ	金飞达	5. 43	4. 38	5. 61	4. 74	3. 61	5. 56	5. 04
39	600272. SH	开开实业	4. 89	4. 38	5. 56	5. 18	4. 04	5. 89	5. 03
40	000810. SZ	创维数字	4. 75	4. 7	5. 24	5. 09	5. 2	5. 35	4. 98
41	600689. SH	上海三毛	4. 27	4. 54	4. 5	5. 26	3. 61	6. 32	4. 94
42	600483. SH	福能股份	5. 1	4. 86	5. 14	5. 56	4. 67	4. 62	4. 92
43	600070. SH	浙江富润	5. 19	4. 57	4. 96	4. 63	3. 82	5. 26	4. 91
44	601339. SH	百隆东方	4. 7	4. 99	1. 54	5	5. 4	5. 4	4. 84
45	600400. SH	红豆股份	4. 43	6. 17	3. 59	4. 94	4. 82	4. 17	4. 84
46	600177. SH	雅戈尔	5	4. 65	4. 51	4. 95	4. 39	4. 95	4. 82
47	600233. SH	大杨创世	5. 3	4. 64	4. 93	4. 71	4. 94	4. 45	4. 8
48	002036. SZ	汉麻产业	4. 76	5. 04	5. 02	5. 08	4. 13	4. 41	4. 74
49	002087. SZ	新野纺织	4. 78	5. 37	4. 7	4. 78	4. 51	4. 13	4. 74
50	000850. SZ	华茂股份	5. 01	4. 52	0. 3	4. 93	5. 04	5. 43	4. 71
51	002034. SZ	美欣达	5. 2	4. 51	5	5. 47	4. 77	3. 99	4. 67
52	002569. SZ	步森股份	4. 04	3. 91	5. 8	5. 14	5. 22	5. 56	4. 67
53	600273. SH	嘉化能源	5. 36	4. 74	4. 13	5. 23	4. 39	3. 92	4. 67
54	002404. SZ	嘉欣丝绸	4. 65	4. 96	4. 88	5. 24	4. 49	4. 22	4. 67
55	002485. SZ	希努尔	4. 57	4. 77	4. 54	4. 55	6. 42	4. 26	4. 65
56	601599. SH	鹿港科技	4. 76	5. 29	4. 51	4. 89	4. 17	3. 94	4. 64
57	600156. SH	华升股份	3. 4	4. 2	4. 86	4. 86	4. 2	6. 21	4. 61
58	002083. SZ	孚日股份	4. 98	4. 84	3. 88	4. 98	5. 2	3. 89	4. 6
59	600510. SH	黑牡丹	3. 51	5. 44	1. 78	4. 84	3. 97	5. 5	4. 59
60	002098. SZ	浔兴股份	4. 27	4. 95	5. 53	5. 53	5. 15	3. 94	4. 59
61	000158. SZ	常山股份	4. 47	5. 41	2. 51	5. 01	4. 3	4. 27	4. 58
62	002517. SZ	泰亚股份	4. 87	3. 84	5. 49	4. 9	5. 7	4. 46	4. 57
63	600448. SH	华纺股份	4. 5	5. 12	5. 73	4. 99	3. 64	3. 91	4. 57
64	000982. SZ	中银绒业	3. 98	6. 47	5. 72	-0. 29	3. 56	4. 54	4. 55
65	002042. SZ	华孚色纺	4. 44	5. 33	2. 42	5. 55	4. 48	3. 98	4. 52

续表

排名	股票代码	公司名称	财务状况	估值与成长性	创值能力	公司治理与社会责任	创新能力与战略资源	市场特征	综合得分
66	000779. SZ	三毛派神	3. 99	4. 31	5. 57	5. 04	4. 31	4. 77	4. 48
67	002193. SZ	山东如意	4. 26	4. 8	5. 55	4. 74	5. 31	3. 8	4. 46
68	600493. SH	凤竹纺织	4. 59	4. 63	4. 7	4. 87	3. 96	4. 02	4. 44
69	000902. SZ	新洋丰	4. 76	4. 27	4. 93	5. 61	4. 27	3. 7	4. 39
70	002070. SZ	众和股份	4. 28	5. 03	4. 66	-0. 43	5. 39	4. 19	4. 19
71	000955. SZ	欣龙控股	4. 21	1. 73	4. 89	5. 66	5. 5	5. 72	4. 17
72	000971. SZ	蓝鼎控股	3. 12	3. 06	5. 61	5. 81	4. 35	4. 87	4
73	002072. SZ	凯瑞德	4. 26	3. 58	5. 57	4. 52	5. 56	3. 31	4
74	600152. SH	维科精华	3. 83	3. 69	2. 77	5. 02	4. 1	3. 85	3. 84
75	600220. SH	江苏阳光	4. 3	1. 65	1. 33	5. 06	3. 92	3. 93	3. 35

（九）钢铁

排名	股票代码	公司名称	财务状况	估值与成长性	创值能力	公司治理与社会责任	创新能力与战略资源	市场特征	综合得分
1	002478. SZ	常宝股份	7. 81	5. 67	5. 33	8. 58	5. 95	5. 5	6. 69
2	002318. SZ	久立特材	7. 47	5. 26	7. 42	5. 96	6. 14	4. 08	6. 41
3	600507. SH	方大特钢	5. 32	5. 13	6. 48	6. 83	4. 18	5. 16	6. 02
4	600784. SH	鲁银投资	4. 18	4. 71	7. 13	5. 02	6. 19	5. 91	5. 89
5	000906. SZ	物产中拓	4. 58	5. 24	7. 3	4. 89	4. 49	6. 45	5. 73
6	600399. SH	抚顺特钢	3. 61	4. 15	8. 05	4. 88	4. 27	4. 22	5. 69
7	002443. SZ	金洲管道	7	5. 38	5. 66	5. 19	5. 2	5. 54	5. 49
8	600581. SH	八一钢铁	2. 43	7. 38	6. 82	4. 18	6. 08	4. 66	5. 46
9	002075. SZ	沙钢股份	6. 29	4. 36	5. 89	4. 59	6. 43	4. 42	5. 38
10	600010. SH	包钢股份	4. 17	4. 66	6. 93	4. 29	4. 49	4. 98	5. 26
11	000708. SZ	大冶特钢	5. 95	5. 53	4. 88	5. 26	5. 38	5. 17	5. 2
12	601003. SH	柳钢股份	4. 32	5. 49	5. 89	5. 03	4. 46	4. 63	5. 19
13	000717. SZ	韶钢松山	3. 72	2. 62	6. 58	4. 42	5. 01	4. 5	5. 08
14	600307. SH	酒钢宏兴	4. 64	3. 91	5. 5	5. 23	4. 48	4. 83	5. 07
15	002110. SZ	三钢闽光	5. 12	5. 24	4. 81	4. 93	5. 49	4. 81	5
16	601005. SH	重庆钢铁	4. 34	3. 46	5. 1	5. 02	4. 84	4. 91	4. 88

续表

排名	股票代码	公司名称	财务状况	估值与成长性	创值能力	公司治理与社会责任	创新能力与战略资源	市场特征	综合得分
17	000778. SZ	新兴铸管	5. 08	5. 65	4. 83	4. 48	4. 93	6. 01	4. 86
18	600126. SH	杭钢股份	6	4. 56	5. 16	4. 13	5. 26	5. 07	4. 84
19	600231. SH	凌钢股份	4. 71	5. 67	4. 96	4. 61	4. 78	4. 76	4. 83
20	600022. SH	山东钢铁	4. 35	4. 32	5. 24	4. 97	4	4. 85	4. 83
21	600282. SH	南钢股份	4. 55	5. 24	5. 01	4. 63	5	4. 04	4. 81
22	000825. SZ	太钢不锈	5. 32	5. 46	4. 22	4. 99	5. 04	5. 09	4. 79
23	000761. SZ	本钢板材	4. 91	5. 3	3. 84	4. 73	6. 09	4. 98	4. 7
24	600117. SH	西宁特钢	3. 05	4. 43	4. 02	5. 24	5. 07	4. 58	4. 59
25	600005. SH	武钢股份	5. 19	5. 54	3. 42	4. 95	4. 43	5	4. 41
26	600019. SH	宝钢股份	6. 53	5. 3	2. 79	5. 04	4. 62	6. 21	4. 4
27	600808. SH	马钢股份	5. 3	5. 01	3. 77	4. 65	4. 3	5. 07	4. 39
28	600569. SH	安阳钢铁	4. 6	4. 79	3. 49	4. 89	4. 87	4. 79	4. 39
29	600782. SH	新钢股份	4. 83	5. 38	3. 69	4. 29	5. 05	4. 89	4. 34
30	000709. SZ	河北钢铁	4. 61	5. 31	2. 94	5. 09	4. 42	4. 93	4. 25
31	000898. SZ	鞍钢股份	5. 75	5. 35	2. 23	4. 88	5. 42	5. 14	4. 17
32	000959. SZ	首钢股份	5. 21	4. 54	3. 19	4. 35	4. 74	5. 2	4. 13
33	000932. SZ	华菱钢铁	4. 07	4. 96	2. 4	4. 75	3. 93	4. 63	3. 81

（十）公用事业

排名	股票代码	公司名称	财务状况	估值与成长性	创值能力	公司治理与社会责任	创新能力与战略资源	市场特征	综合得分
1	300070. SZ	碧水源	5. 55	6. 07	6. 56	7. 13	4. 92	5. 29	6. 28
2	300335. SZ	迪森股份	5. 43	6. 23	6. 35	6. 54	4. 99	5. 7	6. 1
3	002672. SZ	东江环保	5. 7	5. 14	6. 16	6. 58	4. 92	5. 08	5. 92
4	002700. SZ	新疆浩源	5. 85	5. 57	6. 62	5. 73	4. 64	5. 19	5. 85
5	600769. SH	祥龙电业	4. 69	1. 28	7. 38	6. 23	4. 98	5. 77	5. 82
6	300262. SZ	巴安水务	4. 74	5. 06	6. 9	6. 1	5. 01	4. 48	5. 75
7	600617. SH	国新能源	4. 58	5. 06	6. 5	4. 55	6. 23	8. 09	5. 73
8	300056. SZ	三维丝	4. 99	5. 32	6. 68	6. 13	5. 25	4. 17	5. 72
9	000826. SZ	桑德环境	5	5. 73	6. 17	6. 01	4. 83	5. 02	5. 68

续表

排名	股票代码	公司名称	财务状况	估值与成长性	创值能力	公司治理与社会责任	创新能力与战略资源	市场特征	综合得分
10	000690. SZ	宝新能源	6. 54	5. 1	4. 83	6. 62	4. 98	4. 88	5. 67
11	000712. SZ	锦龙股份	5. 86	4. 08	6. 48	5. 34	4. 9	5. 23	5. 6
12	600900. SH	长江电力	5. 74	5. 37	6. 44	5. 16	5. 02	5. 1	5. 59
13	300172. SZ	中电环保	5. 16	5. 18	6. 02	5. 76	5. 01	5. 18	5. 57
14	000035. SZ	中国天楹	4. 15	6. 2	6. 38	5. 42	6. 39	5. 22	5. 57
15	300266. SZ	兴源环境	5. 4	5. 11	6. 69	5. 01	4. 88	5. 13	5. 54
16	300332. SZ	天壕节能	5. 21	6. 07	5. 58	5. 74	4. 91	5. 17	5. 51
17	000925. SZ	众合科技	4. 24	5. 06	6. 67	5. 95	4. 91	4. 16	5. 51
18	300055. SZ	万邦达	5. 2	5. 23	6. 06	5. 48	4. 98	5. 15	5. 5
19	300190. SZ	维尔利	4. 97	5. 92	5. 5	5. 87	4. 97	5. 17	5. 49
20	300334. SZ	津膜科技	5. 06	5. 61	6. 56	4. 88	4. 98	5. 16	5. 47
21	002341. SZ	新纶科技	4. 69	5. 48	5. 9	5. 93	4. 77	4. 67	5. 46
22	000958. SZ	东方能源	5. 11	4. 38	6. 7	4. 78	5	5. 5	5. 44
23	002573. SZ	国电清新	4. 67	5. 5	6. 44	5. 1	4. 94	5. 12	5. 42
24	300187. SZ	永清环保	4. 67	5. 21	6. 65	4. 93	4. 99	5. 18	5. 42
25	600452. SH	涪陵电力	5. 32	2. 52	6. 31	5. 24	5. 06	5. 62	5. 39
26	600758. SH	红阳能源	5. 3	4. 76	6. 37	4. 65	4. 99	5. 52	5. 37
27	000531. SZ	穗恒运 A	5. 83	5. 05	5. 28	5. 46	5. 02	4. 91	5. 33
28	601158. SH	重庆水务	6. 2	4. 96	5. 47	4. 78	4. 98	5. 51	5. 31
29	300156. SZ	神雾环保	5. 09	5. 38	6. 13	5. 07	4. 66	4. 01	5. 21
30	600995. SH	文山电力	5. 54	5. 04	5. 26	5. 17	4. 99	4. 81	5. 18
31	000695. SZ	滨海能源	4. 65	4. 18	6. 85	4. 61	5. 06	4. 3	5. 17
32	600167. SH	联美控股	5. 36	5. 27	5. 4	4. 87	4. 99	5. 19	5. 17
33	600187. SH	国中水务	5. 33	5. 65	5. 99	4. 51	4. 91	4. 66	5. 16
34	600505. SH	西昌电力	5. 1	4. 98	5. 89	4. 68	4. 94	5. 01	5. 16
35	600131. SH	岷江水电	5. 03	5. 11	6. 07	4. 58	4. 99	4. 85	5. 15
36	600011. SH	华能国际	4. 76	5. 12	5. 43	5. 25	5	4. 88	5. 15
37	000598. SZ	兴蓉投资	5. 43	5. 05	5. 56	4. 49	4. 97	5. 53	5. 14
38	600982. SH	宁波热电	5. 62	4. 57	4. 86	5. 13	4. 96	5. 53	5. 14
39	000791. SZ	甘肃电投	5. 35	4. 93	5. 49	4. 61	4. 97	5. 43	5. 12
40	600292. SH	中电远达	4. 67	4. 98	5. 26	4. 69	4. 98	6. 22	5. 11
41	001896. SZ	豫能控股	5. 33	5	4. 83	5. 19	5. 16	5. 12	5. 09
42	000939. SZ	凯迪电力	4. 34	5. 05	5. 4	5. 84	4. 97	3. 67	5. 08

续表

排名	股票代码	公司名称	财务状况	估值与成长性	创值能力	公司治理与社会责任	创新能力与战略资源	市场特征	综合得分
43	002479. SZ	富春环保	5. 23	5. 72	5. 33	4. 95	4. 81	4. 44	5. 07
44	000544. SZ	中原环保	4. 92	5. 03	5. 88	4. 62	4. 97	4. 7	5. 07
45	601199. SH	江南水务	5. 59	5. 3	4. 87	4. 69	4. 96	5. 52	5. 05
46	600674. SH	川投能源	5. 67	5	5. 13	4. 54	4. 96	5. 33	5. 04
47	300090. SZ	盛运环保	4. 68	5. 46	5. 77	4. 89	4. 86	4. 22	5. 04
48	600868. SH	梅雁吉祥	4. 91	4. 84	5. 59	4. 83	4. 99	4. 69	5. 04
49	600116. SH	三峡水利	4. 88	5. 14	5. 62	4. 53	4. 98	5. 1	5. 03
50	600323. SH	瀚蓝环境	5. 13	5. 23	5. 38	4. 48	4. 91	5. 31	5. 02
51	600008. SH	首创股份	4. 68	5. 06	5. 38	4. 71	4. 97	5. 01	4. 97
52	000899. SZ	赣能股份	4. 84	4. 78	4. 65	5. 49	5. 16	4. 62	4. 96
53	600874. SH	创业环保	3. 93	4. 9	5. 94	4. 68	4. 97	4. 81	4. 96
54	600283. SH	钱江水利	4. 53	4. 42	5. 76	4. 89	4. 97	4. 32	4. 96
55	600719. SH	大连热电	4. 99	4. 66	5. 02	4. 8	5. 06	5. 17	4. 94
56	000966. SZ	长源电力	4. 41	4. 76	5. 44	5. 04	5. 08	4. 34	4. 93
57	600236. SH	桂冠电力	5. 88	5	4. 15	5. 07	4. 99	5. 03	4. 92
58	601139. SH	深圳燃气	4. 9	5. 27	5. 36	4. 39	4. 98	4. 99	4. 91
59	600396. SH	金山股份	5. 23	5. 35	4. 48	5. 08	4. 99	4. 7	4. 9
60	000720. SZ	新能泰山	4. 64	4. 2	5. 68	4. 89	5. 03	3. 89	4. 88
61	002267. SZ	陕天然气	4. 81	5. 26	5. 21	4. 44	4. 98	4. 96	4. 87
62	600461. SH	洪城水业	4. 86	6. 44	4. 52	4. 79	4. 97	4. 81	4. 86
63	600578. SH	京能电力	5. 18	5. 19	3. 92	5. 17	4. 98	5. 27	4. 84
64	600101. SH	明星电力	5. 76	5. 03	3. 85	4. 84	5	5. 56	4. 83
65	000993. SZ	闽东电力	4. 71	5. 5	4. 64	4. 88	4. 83	4. 75	4. 81
66	000669. SZ	金鸿能源	5. 12	2. 65	5. 32	4. 68	4. 97	4. 83	4. 81
67	000685. SZ	中山公用	5. 7	4. 89	4. 58	4. 42	4. 97	4. 9	4. 79
68	600023. SH	浙能电力	5. 07	4. 99	3. 88	5. 12	4. 99	5. 27	4. 78
69	600780. SH	通宝能源	5. 21	5. 13	4. 09	5. 04	4. 99	4. 64	4. 75
70	600168. SH	武汉控股	4. 87	4. 88	4. 72	4. 46	5. 02	4. 97	4. 73
71	600509. SH	天富能源	4. 82	5. 22	4. 39	4. 62	4. 92	5. 14	4. 72
72	600864. SH	哈投股份	5. 08	4. 86	3. 83	4. 85	4. 98	5. 53	4. 71
73	000883. SZ	湖北能源	4. 87	4. 78	4. 5	4. 54	4. 98	5. 13	4. 71
74	000600. SZ	建投能源	5. 14	5. 45	3. 61	4. 94	4. 99	5. 18	4. 68
75	600333. SH	长春燃气	4. 49	4. 57	4. 57	4. 62	4. 98	4. 94	4. 65

续表

排名	股票代码	公司名称	财务状况	估值与成长性	创值能力	公司治理与社会责任	创新能力与战略资源	市场特征	综合得分
76	000722. SZ	湖南发展	6. 24	4. 81	3. 5	4. 42	4. 96	5. 44	4. 64
77	000692. SZ	惠天热电	4. 51	5. 09	4. 4	4. 48	5	5. 2	4. 64
78	600969. SH	郴电国际	4. 88	5. 04	3. 8	4. 8	4. 98	5. 24	4. 63
79	300125. SZ	易世达	4. 94	4. 65	4. 16	4. 57	4. 95	5. 19	4. 63
80	000539. SZ	粤电力 A	5. 21	4. 97	3. 21	5. 21	5	5. 13	4. 62
81	000037. SZ	深南电 A	4. 32	4. 15	5. 28	4. 73	5. 15	3. 38	4. 6
82	600027. SH	华电国际	4. 1	5. 48	3. 83	5. 06	4. 98	4. 88	4. 58
83	000601. SZ	韶能股份	4. 67	5. 16	3. 72	4. 85	4. 97	4. 8	4. 54
84	601991. SH	大唐发电	5. 35	5. 02	2. 84	5. 09	4. 97	5. 09	4. 5
85	600863. SH	内蒙华电	4. 21	4. 98	4. 42	4. 14	4. 98	5. 21	4. 49
86	600726. SH	华电能源	4. 5	4	4. 79	4. 37	5	3. 82	4. 43
87	002039. SZ	黔源电力	5. 6	5. 69	2. 05	5. 13	4. 97	5. 33	4. 42
88	600744. SH	华银电力	3. 27	4. 15	4. 66	4. 69	5	4. 19	4. 37
89	600098. SH	广州发展	4. 88	5. 17	2. 88	4. 68	5. 01	5. 29	4. 36
90	000875. SZ	吉电股份	4. 43	4. 01	3. 52	4. 9	4. 98	4. 49	4. 33
91	600021. SH	上海电力	4. 68	5. 07	2. 38	5. 13	5	5. 18	4. 31
92	600979. SH	广安爱众	4. 64	5. 1	4. 9	3. 05	4. 94	4. 8	4. 3
93	000767. SZ	漳泽电力	4. 5	3. 68	4. 36	4. 06	5	4. 17	4. 25
94	000027. SZ	深圳能源	4. 88	4. 89	3. 04	4. 29	5	4. 88	4. 2
95	600886. SH	国投电力	4. 97	5. 27	2. 22	4. 69	4. 97	5. 3	4. 2
96	600310. SH	桂东电力	4. 55	5. 22	2. 23	4. 7	5. 01	4. 57	4. 04
97	000543. SZ	皖能电力	5. 05	5. 68	1. 74	4. 11	4. 99	5. 37	3. 95
98	600642. SH	申能股份	3. 98	5. 09	0. 95	5. 33	5. 02	5. 39	3. 91
99	600795. SH	国电电力	4. 43	5. 07	0. 98	4. 8	4. 97	4. 96	3. 75

（十一）国防军工

排名	股票代码	公司名称	财务状况	估值与成长性	创值能力	公司治理与社会责任	创新能力与战略资源	市场特征	综合得分
1	600038. SH	中直股份	4. 93	5. 27	5. 31	5. 27	6. 86	5. 54	5. 87
2	300101. SZ	振芯科技	5. 67	5. 52	5. 99	5. 03	5. 96	5. 4	5. 69
3	600990. SH	四创电子	5. 64	5. 76	6. 07	5. 24	5. 39	5. 32	5. 51
4	002023. SZ	海特高新	6. 71	5. 55	5. 6	5. 5	4. 66	5. 32	5. 36
5	600372. SH	中航电子	5. 97	4. 43	5. 83	5. 29	5. 1	5. 23	5. 35
6	600118. SH	中国卫星	6. 29	5. 17	5. 79	5. 34	4. 74	5. 51	5. 34

续表

排名	股票代码	公司名称	财务状况	估值与成长性	创值能力	公司治理与社会责任	创新能力与战略资源	市场特征	综合得分
7	000801. SZ	四川九洲	5. 38	4. 21	5. 7	5. 34	5. 59	4. 54	5. 32
8	002151. SZ	北斗星通	5. 65	5. 91	5. 84	6. 62	4. 41	5. 26	5. 29
9	002190. SZ	成飞集成	5. 01	5. 77	5. 35	4. 99	5. 21	5. 68	5. 26
10	002013. SZ	中航机电	5. 77	5. 01	5. 21	5. 56	4. 81	5. 05	5. 16
11	600435. SH	北方导航	4. 97	3. 82	5. 66	4. 94	5. 41	4. 58	5. 12
12	600343. SH	航天动力	4. 59	5. 2	5. 48	4. 63	5. 14	5. 4	5. 08
13	000738. SZ	中航动控	5. 54	4. 95	5. 43	4. 61	4. 67	5. 59	5. 05
14	600893. SH	中航动力	5. 43	4. 96	5. 15	5. 37	4. 9	4. 21	4. 98
15	300008. SZ	上海佳豪	5. 47	8. 2	5. 56	6. 3	3. 46	5. 47	4. 96
16	601890. SH	亚星锚链	4. 96	3. 99	4. 42	5. 32	5. 21	4. 72	4. 95
17	600677. SH	航天通信	4. 43	5. 19	5. 41	5. 37	5. 1	4. 01	4. 92
18	600184. SH	光电股份	4. 22	2. 7	5. 86	5. 12	5. 06	4. 72	4. 9
19	600391. SH	成发科技	4. 47	4. 56	5. 5	4. 93	4. 93	4. 6	4. 88
20	600685. SH	广船国际	4. 81	4. 57	4. 9	5. 08	4. 58	5. 43	4. 86
21	300123. SZ	太阳鸟	5. 14	6. 19	5. 5	5. 66	4. 17	4. 36	4. 82
22	002297. SZ	博云新材	4. 35	5. 39	5. 38	2. 78	5. 2	5. 41	4. 8
23	600879. SH	航天电子	5. 08	5. 27	4. 94	4. 06	4. 86	4. 59	4. 77
24	600316. SH	洪都航空	4. 11	5. 25	4. 95	4. 98	4. 54	5. 51	4. 77
25	000768. SZ	中航飞机	4. 32	5. 08	3. 63	5. 12	4. 88	5. 54	4. 76
26	600072. SH	钢构工程	2. 78	3. 67	5. 41	5. 27	5. 12	3. 96	4. 59
27	600760. SH	中航黑豹	3. 73	4. 83	5. 51	2. 51	5. 19	4. 16	4. 47
28	601989. SH	中国重工	4. 74	4. 26	-0. 73	5. 19	5. 07	5. 2	4. 22
29	600150. SH	中国船舶	4. 87	4. 33	0. 35	3. 57	4. 75	4. 69	3. 97

（十二）化工

排名	股票代码	公司名称	财务状况	估值与成长性	创值能力	公司治理与社会责任	创新能力与战略资源	市场特征	综合得分
1	600315. SH	上海家化	6. 12	4. 92	6. 91	6. 74	6. 57	5. 98	6. 58
2	300285. SZ	国瓷材料	6. 32	5. 29	6. 47	6. 69	5. 1	5. 3	6. 19
3	002250. SZ	联化科技	5. 53	5. 19	5. 87	7. 49	4. 86	5. 18	6. 16
4	002581. SZ	万昌科技	8. 05	4. 83	6. 91	5. 63	5. 32	5. 33	6. 09
5	300067. SZ	安诺其	6. 74	5. 24	5. 83	6. 75	5. 48	5. 33	6. 07
6	300109. SZ	新开源	6. 13	4. 82	7. 01	5. 76	5. 26	5. 33	6. 04
7	300236. SZ	上海新阳	6. 35	5. 23	6. 16	5. 9	6. 56	5. 32	6. 04

续表

排名	股票代码	公司名称	财务状况	估值与成长性	创值能力	公司治理与社会责任	创新能力与战略资源	市场特征	综合得分
8	300054. SZ	鼎龙股份	5. 95	5. 16	6. 35	5. 97	5. 74	5. 29	5. 97
9	002669. SZ	康达新材	5. 97	5. 11	6. 23	5. 85	6. 23	5. 31	5. 96
10	002224. SZ	三力士	7. 23	4. 97	6. 35	5. 91	5. 24	5. 32	5. 94
11	300019. SZ	硅宝科技	6. 01	5. 13	6. 27	5. 87	5. 72	5. 31	5. 91
12	300121. SZ	阳谷华泰	4. 3	5. 04	6. 48	6. 49	4. 61	5. 27	5. 91
13	300230. SZ	永利带业	6. 41	5. 14	5. 32	6. 23	6. 8	5. 33	5. 9
14	002215. SZ	诺普信	5. 27	4. 99	6. 07	5. 84	6. 43	5. 31	5. 89
15	300196. SZ	长海股份	5. 81	5. 24	6. 12	6. 16	5. 27	5. 27	5. 88
16	002170. SZ	芭田股份	5. 3	4. 96	6. 46	5. 96	5. 24	5. 18	5. 87
17	300107. SZ	建新股份	7. 87	5. 07	5. 52	6. 67	4. 38	5. 33	5. 84
18	300243. SZ	瑞丰高材	4. 8	5. 07	6	6. 22	5. 89	4. 24	5. 82
19	300041. SZ	回天新材	5. 63	5. 23	5. 7	5. 85	6. 48	5. 32	5. 81
20	002324. SZ	普利特	5. 53	5. 28	5. 81	6. 38	5. 06	5. 31	5. 81
21	300037. SZ	新宙邦	6. 4	5. 1	5. 99	5. 89	5. 29	5. 32	5. 78
22	300072. SZ	三聚环保	4. 45	5. 36	6. 8	5. 29	5. 4	5. 13	5. 76
23	002217. SZ	合力泰	5. 01	5. 28	6. 79	5. 76	4. 3	4. 37	5. 73
24	603003. SH	龙宇燃油	4. 69	4. 65	6. 68	4. 76	7. 11	4. 34	5. 72
25	300063. SZ	天龙集团	4. 78	3. 05	6. 51	6. 07	5. 01	4. 4	5. 69
26	002588. SZ	史丹利	5. 65	5. 11	5. 97	5. 97	4. 84	5. 31	5. 69
27	002409. SZ	雅克科技	5. 77	5. 12	5. 05	6. 61	5. 3	5. 33	5. 68
28	002591. SZ	恒大高新	4. 82	4. 5	5. 57	6. 5	5. 02	5. 33	5. 67
29	300343. SZ	联创节能	4. 59	4. 96	6. 2	6. 03	4. 48	5. 29	5. 65
30	002442. SZ	龙星化工	4. 35	4. 74	5. 77	6. 34	5. 34	4. 07	5. 64
31	002549. SZ	凯美特气	5. 7	4. 46	6. 99	4. 09	6. 7	5. 31	5. 64
32	002256. SZ	彩虹精化	4. 77	4. 79	6. 71	4. 88	5. 76	5. 28	5. 64
33	600155. SH	宝硕股份	1. 87	0. 91	7. 92	5. 75	4. 57	3. 48	5. 63
34	300225. SZ	金力泰	6. 3	5. 08	5. 64	5. 79	5. 28	5. 33	5. 62
35	300192. SZ	科斯伍德	5. 81	5. 14	5. 82	5. 61	5. 42	5. 33	5. 62
36	002562. SZ	兄弟科技	5. 42	4. 83	5. 56	6. 37	4. 87	4. 2	5. 59
37	002666. SZ	德联集团	5. 91	5. 2	5. 08	6. 54	4. 74	5. 32	5. 59
38	300174. SZ	元力股份	5. 75	5. 05	5. 44	5. 67	5. 97	5. 32	5. 58
39	600378. SH	天科股份	5. 49	4. 79	6. 76	4. 56	5. 41	5. 97	5. 58
40	002496. SZ	辉丰股份	4. 42	5. 22	5. 45	6. 53	4. 5	5. 18	5. 58

续表

排名	股票代码	公司名称	财务状况	估值与成长性	创值能力	公司治理与社会责任	创新能力与战略资源	市场特征	综合得分
41	002360. SZ	同德化工	6. 22	5. 27	5. 21	6. 15	5. 1	5. 27	5. 58
42	002450. SZ	康得新	4. 81	5. 49	6. 76	5. 31	4. 52	3. 9	5. 57
43	300200. SZ	高盟新材	6. 72	5. 06	6. 12	4. 6	6. 32	5. 33	5. 57
44	000737. SZ	南风化工	2. 48	4. 42	7. 03	4. 83	6. 14	4. 08	5. 55
45	600061. SH	中纺投资	4. 29	6. 09	7. 64	4. 23	4. 36	4. 86	5. 54
46	600746. SH	江苏索普	5. 75	4. 7	6. 57	4. 33	7. 13	3. 2	5. 54
47	000819. SZ	岳阳兴长	6. 95	4. 83	6. 75	4. 68	4. 25	5. 97	5. 53
48	002391. SZ	长青股份	6. 54	5. 2	4. 54	6. 51	5. 26	5. 29	5. 51
49	002584. SZ	西陇化工	5. 38	5. 16	5. 39	6. 25	4. 35	5. 39	5. 51
50	002326. SZ	永太科技	5. 27	5. 07	5. 63	6. 26	4. 61	3. 49	5. 5
51	002411. SZ	九九久	4. 98	4. 91	6. 05	5. 47	5. 25	4. 34	5. 5
52	600228. SH	昌九生化	3. 04	3. 96	7. 64	3. 23	7. 51	5. 2	5. 5
53	002497. SZ	雅化集团	6. 07	5. 11	5. 04	6	5. 34	5. 31	5. 49
54	300132. SZ	青松股份	4. 87	5. 08	6. 34	5. 39	4. 7	4. 27	5. 49
55	002145. SZ	中核钛白	4. 23	4. 63	5. 71	6. 17	4. 77	4. 21	5. 48
56	002381. SZ	双箭股份	5. 86	5. 1	4. 91	6. 08	5. 42	5. 33	5. 47
57	002127. SZ	新民科技	4. 63	4. 56	7. 09	4. 71	4. 77	4. 18	5. 47
58	300320. SZ	海达股份	5. 43	5. 15	5. 77	5. 38	5. 15	5. 37	5. 46
59	002643. SZ	万润股份	6. 3	5. 17	5. 54	5. 12	5. 58	5. 97	5. 46
60	600143. SH	金发科技	5. 14	5. 15	4. 37	6. 64	5. 18	6. 03	5. 45
61	300321. SZ	同大股份	5. 75	4. 96	6. 37	4. 98	4. 56	5. 27	5. 44
62	300108. SZ	双龙股份	5. 99	5. 33	4. 93	5. 79	5. 63	5. 29	5. 43
63	300163. SZ	先锋新材	7. 16	5. 34	4. 82	5. 78	5. 33	5. 32	5. 42
64	300305. SZ	裕兴股份	7. 95	5. 16	4. 57	5. 84	5. 12	6. 11	5. 41
65	300221. SZ	银禧科技	4. 98	4. 91	6. 03	5. 22	4. 89	5. 16	5. 4
66	300031. SZ	宝通带业	6. 21	5. 09	5. 34	5. 49	5. 18	5. 33	5. 4
67	601216. SH	内蒙君正	5. 01	5. 3	5. 61	5. 63	4. 65	5. 27	5. 4
68	600538. SH	国发股份	5. 05	4. 53	6. 35	4. 89	5. 21	4. 33	5. 38
69	000553. SZ	沙隆达 A	6. 09	5. 05	6. 18	5. 02	4. 34	5	5. 37
70	600618. SH	氯碱化工	4. 54	4. 72	6. 49	4. 79	4. 5	5. 97	5. 37
71	300135. SZ	宝利沥青	4. 91	5. 15	5. 7	5. 43	4. 8	5. 14	5. 36
72	600309. SH	万华化学	4. 35	5. 11	6. 28	4. 74	4. 99	5. 8	5. 36
73	002470. SZ	金正大	5. 39	5. 24	5. 49	5. 32	5. 19	5. 27	5. 35

续表

排名	股票代码	公司名称	财务状况	估值与成长性	创值能力	公司治理与社会责任	创新能力与战略资源	市场特征	综合得分
74	002440. SZ	闰土股份	6	5. 19	4. 54	6. 29	4. 86	5. 31	5. 35
75	000554. SZ	泰山石油	7. 04	4. 79	6. 35	4. 32	4. 7	6. 01	5. 35
76	000985. SZ	大庆华科	6. 17	4. 96	6. 06	4. 98	4. 46	5. 14	5. 34
77	600844. SH	丹化科技	4. 63	5	5. 91	4. 95	5. 3	5. 05	5. 31
78	601208. SH	东材科技	6. 71	5. 13	4. 71	5. 65	5. 35	5. 3	5. 3
79	002201. SZ	九鼎新材	3. 94	4. 85	6. 28	4. 71	5. 44	4. 18	5. 27
80	002018. SZ	华信国际	5. 12	5. 13	6. 83	4. 19	4. 66	4. 42	5. 27
81	600985. SH	雷鸣科化	5. 52	5. 15	5. 01	5. 41	5. 17	5. 98	5. 27
82	002361. SZ	神剑股份	5. 26	5. 22	5. 18	5. 56	4. 78	5. 41	5. 27
83	000565. SZ	渝三峡 A	5. 28	4. 3	5. 9	4. 81	5. 38	4. 95	5. 27
84	002464. SZ	金利科技	6. 42	5. 06	5. 78	4. 74	5. 17	4. 49	5. 26
85	002319. SZ	乐通股份	5. 32	4. 87	5. 84	4. 7	5. 61	4. 41	5. 25
86	000637. SZ	茂化实华	5. 92	4. 97	5. 96	4. 86	4. 69	4. 39	5. 25
87	002165. SZ	红宝丽	5. 2	5. 11	5. 71	5. 01	5. 16	4. 34	5. 24
88	002246. SZ	北化股份	5. 56	5. 24	5. 89	4. 61	5. 07	5. 09	5. 23
89	002254. SZ	泰和新材	6. 67	5. 02	5. 29	4. 54	5. 74	6	5. 22
90	600731. SH	湖南海利	4. 64	4. 53	5. 84	4. 85	5. 3	4. 81	5. 22
91	002172. SZ	澳洋科技	3. 97	4. 73	6. 68	4. 71	4. 22	3. 93	5. 21
92	600352. SH	浙江龙盛	5. 02	5. 19	4. 62	5. 71	5. 44	5. 2	5. 2
93	603002. SH	宏昌电子	5. 33	4. 96	5. 74	4. 22	6. 15	5. 29	5. 2
94	000953. SZ	河池化工	2. 84	3. 57	7. 22	4. 3	3. 95	5. 73	5. 18
95	002476. SZ	宝莫股份	5. 66	4. 87	6. 26	4. 29	4. 6	5. 32	5. 18
96	000545. SZ	金浦钛业	5. 84	4. 57	5. 65	4. 31	5. 87	5. 53	5. 18
97	002211. SZ	宏达新材	5. 08	3. 43	6. 31	4. 72	4. 67	4. 34	5. 16
98	002683. SZ	宏大爆破	5. 07	5. 18	4. 97	5. 65	4. 59	5	5. 16
99	000662. SZ	索芙特	5. 07	4. 36	5. 55	4. 09	6. 69	5. 88	5. 15
100	002382. SZ	蓝帆医疗	5. 35	5. 14	6. 1	4. 64	4. 43	4. 3	5. 15
101	600028. SH	中国石化	4. 8	5. 22	4. 97	5. 65	4. 23	5. 84	5. 14
102	600389. SH	江山股份	4. 68	4. 85	6. 09	4. 72	4. 38	4. 89	5. 14
103	000523. SZ	广州浪奇	4. 26	5. 3	6. 19	4. 49	4. 59	4. 96	5. 14
104	002064. SZ	华峰氨纶	5. 75	5. 1	5. 29	4. 98	4. 81	5. 23	5. 13
105	300073. SZ	当升科技	5. 8	4. 99	5. 81	4. 21	5. 26	5. 14	5. 1
106	002455. SZ	百川股份	4. 31	5. 2	4. 99	5. 72	4. 51	4. 13	5. 08

续表

排名	股票代码	公司名称	财务状况	估值与成长性	创值能力	公司治理与社会责任	创新能力与战略资源	市场特征	综合得分
107	002377. SZ	国创高新	4. 35	5. 17	5. 74	4. 96	4. 47	4. 21	5. 08
108	600367. SH	红星发展	5. 33	4. 92	4. 82	4. 7	6. 11	5. 96	5. 08
109	002453. SZ	天马精化	5. 11	5. 05	5. 93	4. 54	4. 59	4. 35	5. 07
110	002637. SZ	赞宇科技	5. 09	5. 23	4. 8	5. 49	4. 9	4. 36	5. 06
111	600458. SH	时代新材	3. 99	5. 14	5. 19	4. 72	5. 57	5. 96	5. 06
112	002054. SZ	德美化工	5. 79	4. 73	3. 01	6. 78	5. 87	4. 46	5. 06
113	300218. SZ	安利股份	5. 13	5. 11	4. 25	5. 61	5. 48	5. 22	5. 05
114	002539. SZ	新都化工	4. 32	5. 19	4. 6	6. 43	3. 54	4. 22	5. 05
115	002125. SZ	湘潭电化	3. 27	4. 76	6. 38	4. 5	4. 26	4. 72	5. 05
116	300180. SZ	华峰超纤	6. 91	5. 19	4. 88	4. 82	4. 93	5. 33	5. 04
117	600251. SH	冠农股份	4. 86	4. 96	5. 79	4. 52	4. 28	5. 76	5. 03
118	600176. SH	中国巨石	3. 64	5. 05	5. 69	4. 7	4. 75	5. 26	5. 03
119	000584. SZ	友利控股	5	5. 29	4. 14	4. 93	6. 99	5. 3	5. 02
120	002053. SZ	云南盐化	3. 85	4. 94	5. 32	4. 84	5. 29	4. 95	5. 02
121	002407. SZ	多氟多	4. 88	5. 43	4. 58	5. 59	4. 85	4. 39	5. 02
122	002601. SZ	佰利联	4. 92	5. 24	3. 6	6. 43	4. 84	5. 23	5. 01
123	600871. SH	石化油服	3. 45	4. 89	5. 66	4. 88	4. 48	5. 04	5. 01
124	002221. SZ	东华能源	4. 02	5. 33	5. 77	5. 11	3. 41	4. 78	5
125	600623. SH	双钱股份	4. 02	5. 04	5. 1	4. 7	5. 51	5. 73	5
126	600486. SH	扬农化工	5. 65	5. 07	5. 27	4. 61	4. 82	5. 31	5
127	002632. SZ	道明光学	5. 73	5	4. 97	4. 72	5. 21	5. 33	4. 99
128	002136. SZ	安纳达	4. 77	5. 32	5. 82	4. 16	4. 95	4. 97	4. 99
129	600182. SH	S 佳通	5. 74	4. 94	5. 42	4. 48	4. 63	5. 23	4. 97
130	300325. SZ	德威新材	4. 68	5. 18	5. 73	4. 31	4. 59	5. 19	4. 96
131	002343. SZ	禾欣股份	5. 88	5. 05	3. 89	5. 52	5. 44	5. 32	4. 95
132	300214. SZ	日科化学	6. 81	5. 26	3. 66	5. 53	5. 45	5. 32	4. 94
133	600299. SH	蓝星新材	1. 47	4. 67	6. 38	4. 56	4. 39	4. 12	4. 94
134	002096. SZ	南岭民爆	5. 54	5. 26	4. 13	5. 32	5. 39	4. 94	4. 92
135	000627. SZ	天茂集团	5. 21	4. 37	5. 93	4. 41	4. 14	4. 37	4. 92
136	002648. SZ	卫星石化	5	5. 14	5. 24	4. 52	4. 86	5. 27	4. 92
137	600636. SH	三爱富	4. 89	5. 09	4. 85	4. 75	5. 3	4. 99	4. 91
138	600281. SH	太化股份	3. 7	4. 86	6. 19	2. 97	7. 03	4. 52	4. 9
139	002010. SZ	传化股份	4. 82	5. 18	4. 23	5. 24	5. 41	5. 18	4. 89

续表

排名	股票代码	公司名称	财务状况	估值与成长性	创值能力	公司治理与社会责任	创新能力与战略资源	市场特征	综合得分
140	002068. SZ	黑猫股份	3. 6	5. 24	5. 3	4. 38	5. 66	4. 51	4. 89
141	000420. SZ	吉林化纤	3. 85	4. 33	5. 87	4. 63	4. 25	4. 1	4. 89
142	002108. SZ	沧州明珠	5. 32	5. 18	5. 46	4. 37	4. 38	5. 16	4. 89
143	600527. SH	江南高纤	7. 87	5. 06	4. 29	4. 85	4. 7	5. 33	4. 86
144	000782. SZ	美达股份	4. 78	4. 96	5. 6	4. 27	4. 74	4. 21	4. 86
145	600688. SH	上海石化	4. 87	5. 16	3. 99	5. 68	4. 75	4. 98	4. 85
146	002004. SZ	华邦颖泰	4. 58	5. 21	4. 25	5. 28	5. 4	4. 3	4. 85
147	000859. SZ	国风塑业	5. 3	4. 95	4. 78	4. 67	5. 06	5. 03	4. 84
148	002226. SZ	江南化工	5. 84	5. 69	3. 33	5. 59	5. 5	5. 33	4. 83
149	000687. SZ	恒天天鹅	5. 15	4. 61	4. 9	4. 76	4. 49	5. 36	4. 82
150	600339. SH	天利高新	3. 84	5. 3	5. 49	4. 08	5. 04	4. 58	4. 79
151	000973. SZ	佛塑科技	4. 62	4. 51	5. 08	4. 55	4. 74	4. 92	4. 78
152	002037. SZ	久联发展	3. 78	5. 26	4. 72	4. 89	4. 44	5. 71	4. 77
153	600725. SH	云维股份	1. 47	4. 31	6. 19	4. 33	4. 29	4. 08	4. 76
154	002206. SZ	海利得	5. 18	5. 24	3. 57	5. 56	4. 99	5. 26	4. 75
155	002427. SZ	尤夫股份	4. 52	5. 36	4. 91	4. 62	4. 6	4. 23	4. 73
156	000615. SZ	湖北金环	4. 73	4. 87	5. 12	4. 26	4. 92	4. 31	4. 72
157	002258. SZ	利尔化学	5. 58	5. 26	4. 39	4. 5	5. 11	5. 31	4. 71
158	002538. SZ	司尔特	4. 88	5. 12	5. 01	4. 23	5	4. 34	4. 71
159	600803. SH	新奥股份	5. 04	4. 89	4. 77	4. 78	4. 35	4. 27	4. 7
160	002556. SZ	辉隆股份	4. 42	5. 09	5. 23	4. 51	4. 11	4. 14	4. 7
161	600889. SH	南京化纤	4. 23	5. 6	4. 75	4. 66	4. 33	4. 99	4. 69
162	300169. SZ	天晟新材	5. 1	5. 31	4. 49	4. 58	5. 11	4. 34	4. 69
163	600229. SH	青岛碱业	4. 46	4. 55	5. 01	4. 36	4. 77	4. 86	4. 69
164	600319. SH	亚星化学	1. 59	3. 99	7. 13	2. 79	5. 23	4. 08	4. 68
165	000407. SZ	胜利股份	4. 62	7. 17	4. 67	4. 37	4. 6	4. 27	4. 68
166	002408. SZ	齐翔腾达	4. 64	5. 25	4. 89	4. 51	4. 16	5. 21	4. 68
167	000096. SZ	广聚能源	6. 4	4. 88	4. 48	3. 91	5. 52	5. 97	4. 68
168	002002. SZ	鸿达兴业	3. 92	4. 7	5. 25	4. 59	3. 67	5	4. 67
169	601113. SH	华鼎股份	4. 78	5. 2	4. 58	4. 32	4. 85	5. 16	4. 62
170	002109. SZ	兴化股份	5. 12	4. 98	3. 77	4. 55	5. 01	7. 75	4. 61
171	002395. SZ	双象股份	5. 37	4. 98	4. 58	4. 3	4. 56	5. 31	4. 6
172	002080. SZ	中材科技	4. 2	5. 22	3. 85	4. 69	5. 74	4. 98	4. 58

续表

排名	股票代码	公司名称	财务状况	估值与成长性	创值能力	公司治理与社会责任	创新能力与战略资源	市场特征	综合得分
173	600328. SH	兰太实业	3. 35	6. 04	4. 58	4. 24	5. 18	4. 8	4. 58
174	002061. SZ	江山化工	4. 4	5. 13	4. 49	4. 41	4. 7	4. 92	4. 56
175	600256. SH	广汇能源	4. 13	4. 86	5. 11	4. 13	4. 06	5. 11	4. 55
176	600469. SH	风神股份	4. 6	5. 12	3. 26	4. 8	6. 22	4. 98	4. 51
177	601058. SH	赛轮金宇	4. 19	5. 38	3. 92	4. 67	5. 08	4. 83	4. 51
178	600387. SH	海越股份	2. 9	5. 52	5. 06	4. 17	3. 92	5. 12	4. 49
179	600078. SH	澄星股份	4. 38	4. 72	4. 66	4. 32	4. 31	4. 01	4. 44
180	603077. SH	和邦股份	4. 77	4. 66	4. 27	4. 43	4. 16	5. 25	4. 42
181	000822. SZ	山东海化	5	4. 93	3. 98	4. 28	4. 64	5. 87	4. 41
182	000525. SZ	红太阳	4. 36	5. 16	4. 18	4. 39	4. 32	5. 01	4. 39
183	600423. SH	柳化股份	3. 85	5. 15	3. 73	4. 51	5. 33	4. 59	4. 37
184	000949. SZ	新乡化纤	4. 91	4. 98	3. 84	4. 26	4. 89	4. 89	4. 33
185	002513. SZ	蓝丰生化	4. 54	5. 17	4. 24	4. 13	4. 58	4. 3	4. 33
186	600249. SH	两面针	4. 74	5. 03	2. 53	4. 82	5. 99	6. 08	4. 31
187	601678. SH	滨化股份	5. 76	5. 16	2. 83	5. 3	4. 1	5. 2	4. 31
188	600727. SH	鲁北化工	5. 71	3. 05	3. 99	4. 35	4. 42	5. 13	4. 29
189	002597. SZ	金禾实业	5. 65	5. 21	3. 73	4. 16	4. 76	4. 44	4. 28
190	600230. SH	沧州大化	4. 73	5. 16	3. 54	4. 65	4. 2	5. 07	4. 27
191	600063. SH	皖维高新	4. 82	5. 19	3. 8	4. 12	4. 74	4. 87	4. 26
192	600160. SH	巨化股份	5. 86	5. 16	3. 21	4. 44	4. 42	5. 97	4. 25
193	600409. SH	三友化工	4. 01	5. 2	3. 28	4. 57	4. 63	5. 62	4. 22
194	000731. SZ	四川美丰	5. 16	5. 08	3. 86	4. 15	4. 08	4. 96	4. 21
195	600227. SH	赤天化	4. 58	5. 03	3. 81	4. 12	4. 57	4. 46	4. 19
196	000936. SZ	华西股份	5. 17	4. 9	3. 97	4. 11	4. 38	3. 59	4. 18
197	300082. SZ	奥克股份	5. 19	5. 3	2. 42	4. 76	5. 37	5. 29	4. 16
198	000707. SZ	双环科技	2. 87	4. 91	3. 16	4. 52	5. 61	4. 45	4. 15
199	600096. SH	云天化	1. 63	5. 01	3. 66	4. 56	4. 88	4. 32	4. 14
200	600589. SH	广东榕泰	5	4. 9	3. 37	4. 34	4. 7	4. 24	4. 14
201	600596. SH	新安股份	5. 17	5. 08	2. 66	4. 89	4. 82	4. 4	4. 13
202	600426. SH	华鲁恒升	5. 2	5. 24	2. 96	4. 19	4. 92	5. 94	4. 12
203	000818. SZ	方大化工	5. 59	4. 2	2. 52	5. 37	3. 75	5. 12	4. 1
204	000635. SZ	英力特	6. 37	5. 01	2. 24	4. 69	4. 8	5. 95	4. 09
205	000792. SZ	盐湖股份	4. 01	5. 11	3. 03	4. 04	5. 34	5. 87	4. 07

续表

排名	股票代码	公司名称	财务状况	估值与成长性	创值能力	公司治理与社会责任	创新能力与战略资源	市场特征	综合得分
206	600470. SH	六国化工	4. 09	5. 15	3. 13	4. 29	4. 63	4. 95	4. 04
207	000599. SZ	青岛双星	3. 78	4. 98	3. 04	4. 28	5. 01	4. 87	4. 02
208	600075. SH	新疆天业	4. 94	5. 04	2. 4	4. 35	5. 69	4. 96	4. 01
209	000589. SZ	黔轮胎 A	4. 54	5. 06	2. 33	4. 6	5. 21	4. 68	3. 96
210	000755. SZ	山西三维	3. 89	5. 24	2. 4	4. 31	5. 87	4. 59	3. 95
211	002274. SZ	华昌化工	3. 99	5. 13	3. 51	3. 86	4. 06	4. 04	3. 87
212	000950. SZ	建峰化工	4. 36	4. 98	2. 89	4. 1	4. 45	4. 93	3. 87
213	601233. SH	桐昆股份	4. 93	5. 16	2. 58	4. 67	3. 71	4. 26	3. 85
214	600500. SH	中化国际	4. 66	4. 45	2. 42	4. 4	4. 08	5. 74	3. 79
215	002493. SZ	荣盛石化	3. 79	5. 3	2. 65	4. 36	4. 08	4. 13	3. 75
216	000703. SZ	恒逸石化	3. 62	5. 14	2. 62	4. 42	4. 12	4. 01	3. 75
217	600141. SH	兴发集团	3. 98	5. 19	2. 12	4. 35	4. 12	5. 62	3. 67
218	000830. SZ	鲁西化工	4. 06	5. 19	2	4. 28	4. 28	5. 52	3. 63
219	600810. SH	神马股份	4. 16	5. 2	1. 65	4. 32	4. 09	4. 73	3. 46
220	000698. SZ	沈阳化工	4. 48	5. 25	0. 61	4. 61	4. 69	4. 99	3. 34
221	002092. SZ	中泰化学	4. 34	5. 37	0. 36	4. 26	5. 52	4. 83	3. 25
222	000422. SZ	湖北宜化	3. 48	5. 31	0. 82	4. 33	4. 55	4. 67	3. 22
223	002386. SZ	天原集团	3. 94	5. 24	0. 6	4. 32	4. 26	4. 71	3. 12

（十三）机械设备

排名	股票代码	公司名称	财务状况	估值与成长性	创值能力	公司治理与社会责任	创新能力与战略资源	市场特征	综合得分
1	300354. SZ	东华测试	7. 12	4. 79	6. 82	6. 58	6. 97	5. 28	6. 56
2	000908. SZ	景峰医药	4. 67	4. 02	7. 46	6. 72	7. 05	3. 71	6. 55
3	002690. SZ	美亚光电	7. 83	4. 75	7. 05	6. 36	5. 54	5. 28	6. 39
4	300112. SZ	万讯自控	5. 95	5. 05	6. 6	6. 57	6. 58	5. 26	6. 37
5	002658. SZ	雪迪龙	6. 01	4. 87	6. 68	6. 18	5. 1	5. 27	6. 04
6	300351. SZ	永贵电器	7. 12	5. 12	6. 8	5. 58	5. 39	5. 28	6. 01
7	002651. SZ	利君股份	6. 37	4. 96	6. 46	6. 45	4. 57	5. 27	6
8	002367. SZ	康力电梯	5. 14	5. 27	6. 09	6. 68	5. 04	5. 28	5. 97

续表

排名	股票代码	公司名称	财务状况	估值与成长性	创值能力	公司治理与社会责任	创新能力与战略资源	市场特征	综合得分
9	300275. SZ	梅安森	6. 27	5. 19	5. 76	6. 14	6. 55	5. 27	5. 97
10	002611. SZ	东方精工	5. 19	5. 4	6. 39	6. 6	4. 47	5. 27	5. 97
11	300097. SZ	智云股份	5. 86	4. 99	6. 28	6. 29	5. 04	5. 27	5. 93
12	300263. SZ	隆华节能	5	5. 42	6. 19	6. 66	4. 53	5. 22	5. 92
13	300023. SZ	宝德股份	5. 12	4. 72	6. 09	6. 05	6. 6	4. 41	5. 91
14	002282. SZ	博深工具	5. 71	4. 88	6. 31	5. 87	5. 55	5. 24	5. 86
15	000676. SZ	智度投资	3. 09	4. 18	7. 68	5. 21	5. 88	3. 72	5. 85
16	300228. SZ	富瑞特装	4	5. 36	6. 67	6. 28	4. 7	3. 89	5. 84
17	002689. SZ	博林特	4. 78	5. 07	5. 61	6. 59	5. 62	5. 29	5. 84
18	300306. SZ	远方光电	7. 93	5. 24	5. 11	6. 25	6. 14	5. 27	5. 83
19	300099. SZ	尤洛卡	6. 9	4. 69	5. 1	6. 05	7. 11	5. 26	5. 81
20	600579. SH	天华院	4. 46	2. 78	6. 73	5. 17	7. 32	4. 92	5. 81
21	300276. SZ	三丰智能	5. 19	5. 13	6. 56	5. 76	4. 88	5. 26	5. 79
22	300145. SZ	南方泵业	6. 02	5. 33	5. 88	6. 09	5. 18	5. 28	5. 79
23	002698. SZ	博实股份	6. 1	4. 91	6. 82	5. 17	5. 26	5. 27	5. 78
24	300259. SZ	新天科技	6. 83	5. 22	6. 2	5. 68	5. 01	5. 27	5. 77
25	000607. SZ	华媒控股	5. 22	4. 75	7. 17	4. 56	6. 31	4. 81	5. 76
26	000920. SZ	南方汇通	5. 39	6. 42	6. 97	4. 99	4. 56	5. 98	5. 76
27	300024. SZ	机器人	5. 12	4. 66	7. 63	4. 85	4. 25	5. 93	5. 76
28	600610. SH	中毅达	5. 35	2. 02	7. 22	5. 08	6. 32	4. 09	5. 75
29	002338. SZ	奥普光电	5. 98	4. 75	6. 93	5. 12	4. 93	5. 26	5. 74
30	300349. SZ	金卡股份	6. 07	5. 38	6. 47	5. 27	5. 14	5. 27	5. 71
31	000777. SZ	中核科技	5. 02	4. 66	7. 31	4. 47	5. 32	6. 21	5. 7
32	002438. SZ	江苏神通	5. 41	5. 02	6. 26	5. 47	5. 48	5. 28	5. 69
33	300210. SZ	森远股份	4. 82	5. 33	5. 98	6. 04	4. 95	5. 18	5. 69
34	300137. SZ	先河环保	6. 21	5. 2	6. 3	5. 05	5. 73	5. 28	5. 66
35	300203. SZ	聚光科技	5. 65	5. 07	6. 02	5. 1	6. 5	5. 27	5. 66
36	300007. SZ	汉威电子	5. 44	5. 22	5. 5	5. 49	6. 75	5. 21	5. 64
37	002595. SZ	豪迈科技	7. 6	5. 34	5. 96	5. 65	4. 38	5. 28	5. 64
38	002680. SZ	黄海机械	6. 68	4. 68	5. 6	6. 05	4. 89	5. 27	5. 63
39	000901. SZ	航天科技	5. 03	4. 61	7. 04	4. 65	5	5. 97	5. 6
40	300309. SZ	吉艾科技	6. 22	5. 31	5. 32	6. 14	5. 04	5. 28	5. 6
41	000852. SZ	江钻股份	4. 72	4. 76	7	4. 83	5. 18	4. 79	5. 59

续表

排名	股票代码	公司名称	财务状况	估值与成长性	创值能力	公司治理与社会责任	创新能力与战略资源	市场特征	综合得分
42	300159. SZ	新研股份	6. 87	5. 29	6. 56	4. 8	4. 93	5. 28	5. 59
43	300151. SZ	昌红科技	6. 23	5. 25	5. 97	5. 88	4. 1	5. 25	5. 59
44	000633. SZ	合金投资	5. 01	3. 66	7. 87	4. 8	3. 75	4. 31	5. 58
45	002621. SZ	大连三垒	7. 96	4. 95	4. 63	5. 84	6. 54	5. 27	5. 58
46	002686. SZ	亿利达	5. 79	5. 13	6. 05	5. 53	4. 86	5. 22	5. 58
47	300338. SZ	开元仪器	6. 15	5. 18	4. 6	6. 24	6. 32	5. 28	5. 58
48	002353. SZ	杰瑞股份	5. 52	5. 49	6. 04	5. 56	4. 74	5. 28	5. 57
49	300114. SZ	中航电测	5. 56	5. 06	6. 44	4. 77	5. 45	5. 96	5. 57
50	300034. SZ	钢研高纳	6	4. 98	6. 79	4. 96	4. 09	5. 94	5. 57
51	300165. SZ	天瑞仪器	6. 8	4. 79	4. 08	5. 87	8. 08	5. 27	5. 56
52	600031. SH	三一重工	4. 25	5. 03	6. 48	5. 11	5. 36	5. 15	5. 55
53	002270. SZ	法因数控	5. 52	4. 75	5. 83	5. 06	6. 44	5. 28	5. 55
54	000617. SZ	石油济柴	3. 09	4. 72	6. 26	4. 41	7. 4	6. 59	5. 54
55	600843. SH	上工申贝	5. 16	4. 84	6. 25	4. 9	5. 51	6. 31	5. 54
56	002520. SZ	日发精机	4. 66	5	7. 25	4. 48	4. 68	5. 17	5. 52
57	300091. SZ	金通灵	4. 05	4. 58	7. 02	5. 02	4. 43	4. 22	5. 46
58	002175. SZ	广陆数测	5. 37	5. 01	6. 43	4. 9	4. 43	6. 16	5. 45
59	002667. SZ	鞍重股份	5. 89	5. 07	5. 2	5. 58	5. 79	5. 27	5. 45
60	002552. SZ	宝鼎重工	6. 51	4. 78	5. 86	5. 6	4. 08	5. 27	5. 45
61	002337. SZ	赛象科技	5. 56	4. 87	5. 79	5. 39	5. 06	5. 28	5. 45
62	002598. SZ	山东章鼓	5. 94	4. 98	5. 83	5. 07	5. 17	5. 93	5. 44
63	300179. SZ	四方达	7. 21	4. 63	5. 31	5. 48	5. 27	5. 27	5. 43
64	600388. SH	龙净环保	3. 35	5. 03	6. 29	5. 24	4. 66	6. 14	5. 43
65	002426. SZ	胜利精密	4. 97	5. 26	5. 38	6. 34	4. 21	4. 12	5. 42
66	300103. SZ	达刚路机	6. 3	5. 19	6. 21	4. 77	4. 61	5. 93	5. 42
67	002691. SZ	石中装备	6. 11	4. 94	5. 82	4. 77	5. 88	5. 26	5. 41
68	601313. SH	江南嘉捷	5. 06	5. 21	4. 46	6. 53	5. 22	5. 28	5. 4
69	002131. SZ	利欧股份	4. 44	5. 18	6. 13	5. 48	4. 15	4. 19	5. 34
70	002006. SZ	精功科技	3. 99	5. 09	6. 05	4. 97	5. 76	3. 92	5. 34
71	300281. SZ	金明精机	5. 28	5. 24	5. 2	6. 21	4. 53	3. 31	5. 33
72	002509. SZ	天广消防	6. 22	4. 94	5. 82	5. 26	4. 13	5. 26	5. 32
73	600520. SH	中发科技	4. 86	4. 87	6. 3	4. 9	4. 94	4. 07	5. 32
74	300280. SZ	南通锻压	5. 7	5. 37	5. 06	5. 89	4. 79	4. 3	5. 31

续表

排名	股票代码	公司名称	财务状况	估值与成长性	创值能力	公司治理与社会责任	创新能力与战略资源	市场特征	综合得分
75	002645. SZ	华宏科技	5. 73	6. 58	6. 03	4. 52	4. 74	5. 28	5. 3
76	002499. SZ	科林环保	4. 9	3. 39	5. 98	5. 36	4. 61	5. 24	5. 3
77	600848. SH	自仪股份	1. 89	4. 4	7. 99	3. 76	5. 14	3. 56	5. 29
78	300116. SZ	坚瑞消防	4. 87	5. 79	4. 36	6. 31	5. 04	5. 26	5. 28
79	600967. SH	北方创业	5. 2	4. 94	6. 39	4. 51	4. 41	5. 94	5. 28
80	300345. SZ	红宇新材	5. 49	5. 02	5. 18	5. 2	5. 67	5. 24	5. 27
81	002532. SZ	新界泵业	6. 18	5. 19	5. 07	5. 4	4. 48	6. 81	5. 27
82	600499. SH	科达洁能	4. 5	5. 18	5. 24	5. 66	4. 76	5. 23	5. 26
83	300293. SZ	蓝英装备	2. 71	5. 25	6. 99	4. 42	4. 43	4. 87	5. 26
84	002111. SZ	威海广泰	4. 46	5. 16	5. 94	5. 01	5. 08	4. 16	5. 25
85	300257. SZ	开山股份	6. 45	5. 15	6. 26	4. 53	4. 15	5. 26	5. 25
86	300004. SZ	南风股份	5. 84	5. 27	5. 6	5. 31	4. 45	4. 34	5. 25
87	002150. SZ	通润装备	5. 29	5. 15	5. 64	4. 68	5. 43	5. 34	5. 22
88	300126. SZ	锐奇股份	6. 09	5. 12	5. 67	4. 94	4. 47	5. 28	5. 21
89	002158. SZ	汉钟精机	4. 59	5. 16	6. 36	4. 69	4. 62	3. 96	5. 21
90	300201. SZ	海伦哲	4. 82	5. 06	5. 68	4. 77	5. 34	5. 31	5. 21
91	300095. SZ	华伍股份	5. 42	5. 04	4. 3	6. 35	4. 7	5. 18	5. 21
92	002613. SZ	北玻股份	5. 68	4. 64	4. 41	5. 99	5. 28	5. 27	5. 21
93	300092. SZ	科新机电	5. 06	5. 12	5. 02	5. 64	5. 04	4. 27	5. 19
94	300278. SZ	华昌达	4. 84	5. 47	5. 46	5. 37	4. 15	5. 29	5. 19
95	600526. SH	菲达环保	3. 13	5. 04	6. 27	4. 45	5. 44	4. 76	5. 18
96	300161. SZ	华中数控	5. 22	4. 9	4. 63	5. 09	6. 65	5. 24	5. 17
97	600262. SH	北方股份	3. 95	4. 92	5. 19	4. 44	7. 47	4. 72	5. 16
98	000595. SZ	西北轴承	3. 1	4. 01	6. 92	4. 2	5. 16	3. 57	5. 14
99	600495. SH	晋西车轴	5. 48	4. 46	6. 32	4. 32	4. 09	5. 97	5. 13
100	601002. SH	晋亿实业	5. 12	4. 96	6. 51	4. 23	4. 3	4. 24	5. 1
101	600501. SH	航天晨光	3. 66	5. 06	5. 72	4. 54	5. 59	4. 71	5. 08
102	002021. SZ	中捷资源	3. 97	5. 22	5. 26	5. 28	4. 96	4. 19	5. 08
103	300195. SZ	长荣股份	6. 21	5. 39	4. 16	5. 66	5. 15	5. 26	5. 08
104	002209. SZ	达意隆	4. 19	5. 04	4. 88	5. 35	5. 57	4. 22	5. 07
105	300173. SZ	智慧松德	5. 23	5. 01	4. 84	5. 13	5. 25	5. 3	5. 06
106	002278. SZ	神开股份	5. 33	5. 08	4. 85	4. 65	6. 18	5. 27	5. 05
107	601028. SH	玉龙股份	5. 3	5. 06	4. 79	5. 47	4. 41	5. 18	5. 03

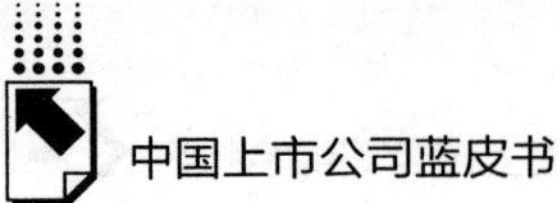

续表

排名	股票代码	公司名称	财务状况	估值与成长性	创值能力	公司治理与社会责任	创新能力与战略资源	市场特征	综合得分
108	300066. SZ	三川股份	6. 76	5. 14	5. 24	4. 53	4. 77	5. 27	5. 02
109	002529. SZ	海源机械	5. 3	6. 5	4. 34	4. 59	6. 94	4. 38	5
110	002352. SZ	鼎泰新材	5. 6	5. 15	4. 67	5. 49	4. 68	4. 17	5
111	300035. SZ	中科电气	5. 9	4. 77	4. 14	5. 26	5. 9	5. 26	4. 99
112	600862. SH	南通科技	1. 91	4. 73	6. 55	4. 4	4. 22	4. 88	4. 99
113	002009. SZ	天奇股份	3. 96	5. 2	5. 43	5. 14	4. 28	3. 92	4. 97
114	600806. SH	昆明机床	3. 92	4. 73	5. 27	4. 71	5. 35	5. 01	4. 96
115	300307. SZ	慈星股份	6. 65	5. 29	3. 18	6. 13	5. 4	5. 26	4. 96
116	600560. SH	金自天正	3. 49	4. 92	5. 67	4. 32	4. 94	6. 03	4. 96
117	002514. SZ	宝馨科技	5. 7	5. 08	5. 41	4. 51	4. 47	5. 25	4. 96
118	002459. SZ	天业通联	5. 46	4. 46	5. 06	4. 83	5. 19	4. 22	4. 94
119	300260. SZ	新莱应材	4. 99	5. 19	4. 29	5. 65	4. 81	4. 25	4. 92
120	002073. SZ	软控股份	4. 3	5. 15	4. 26	5. 62	5. 18	4. 13	4. 9
121	002031. SZ	巨轮股份	5. 48	5. 26	4. 56	5. 48	3. 69	5. 44	4. 89
122	002559. SZ	亚威股份	5. 85	5. 26	4. 45	4. 81	5. 33	5. 28	4. 89
123	002530. SZ	丰东股份	5. 44	5. 08	5	4. 55	4. 9	5. 28	4. 88
124	002444. SZ	巨星科技	6. 21	5. 12	5. 06	4. 58	4. 29	5. 31	4. 87
125	002445. SZ	中南重工	3. 93	5. 01	6. 2	4. 19	3. 62	5. 21	4. 87
126	002272. SZ	川润股份	4. 81	5. 31	4. 25	5. 49	4. 57	5. 25	4. 87
127	600761. SH	安徽合力	5. 56	5. 24	4. 47	4. 83	4. 88	5. 92	4. 85
128	000811. SZ	烟台冰轮	5. 04	5	4. 85	4. 46	5. 53	4. 95	4. 85
129	300154. SZ	瑞凌股份	6. 6	5. 22	4. 05	5. 14	4. 84	5. 27	4. 83
130	002639. SZ	雪人股份	5. 61	5. 34	4. 16	5. 03	5. 13	5. 23	4. 82
131	000923. SZ	河北宣工	3. 21	4. 54	5. 99	3. 83	5. 04	4. 82	4. 8
132	000410. SZ	沈阳机床	1. 74	5. 16	5. 58	4. 29	5. 69	3. 55	4. 78
133	600558. SH	大西洋	5. 42	4. 97	5. 07	4. 3	4. 83	4. 83	4. 78
134	002685. SZ	华东重机	4. 92	4. 95	5. 58	3. 93	4. 51	5. 29	4. 77
135	000519. SZ	江南红箭	5. 44	4. 87	4. 51	4. 73	4. 58	6. 08	4. 77
136	002480. SZ	新筑股份	4. 84	5. 1	4. 81	4. 84	4. 55	4. 01	4. 75
137	000856. SZ	冀东装备	2. 28	4. 66	5. 52	4. 45	4. 71	4. 64	4. 74
138	002132. SZ	恒星科技	3. 97	5. 09	4. 45	5. 46	4. 25	3. 92	4. 74
139	002046. SZ	轴研科技	4. 77	3. 85	4. 98	4. 16	6. 07	3. 97	4. 73
140	600841. SH	上柴股份	5. 29	4. 99	4. 71	4. 29	4. 79	5. 95	4. 71

续表

排名	股票代码	公司名称	财务状况	估值与成长性	创值能力	公司治理与社会责任	创新能力与战略资源	市场特征	综合得分
141	600346. SH	大橡塑	2. 79	5	5. 05	4. 81	4. 41	4. 53	4. 7
142	601608. SH	中信重工	4. 04	4. 96	4. 23	4. 75	5. 29	5. 82	4. 69
143	002347. SZ	泰尔重工	5. 06	4. 47	3. 38	5. 5	5. 21	5. 3	4. 65
144	002510. SZ	天汽模	4. 4	5. 29	3. 95	5. 07	4. 69	5. 4	4. 63
145	600218. SH	全柴动力	4. 3	5. 02	4. 78	4. 32	4. 39	5. 92	4. 62
146	000821. SZ	京山轻机	4. 92	5	4. 88	4. 37	4. 71	3. 65	4. 62
147	601369. SH	陕鼓动力	4. 27	5. 1	4. 26	4. 48	5. 17	5. 92	4. 62
148	600481. SII	双良节能	3. 75	5. 13	5. 4	4. 23	4. 21	3. 75	4. 62
149	600894. SH	广日股份	5. 3	4. 71	4. 31	4. 52	4. 51	5. 99	4. 6
150	600302. SH	标准股份	5. 33	5. 05	3. 26	5. 09	5. 76	5. 12	4. 59
151	002490. SZ	山东墨龙	4. 33	4. 82	4. 49	4. 83	4. 42	4. 16	4. 59
152	002423. SZ	中原特钢	4. 74	4. 81	4. 68	4. 43	4. 43	4. 94	4. 58
153	002487. SZ	大金重工	6	4. 55	3. 63	5. 36	4. 49	4. 42	4. 58
154	601100. SH	恒立油缸	6. 71	5. 1	4. 26	4. 25	4. 68	5. 27	4. 58
155	000570. SZ	苏常柴 A	5. 01	5. 02	4. 41	3. 95	5. 43	5. 95	4. 57
156	601038. SH	一拖股份	4. 13	5. 36	4. 36	4. 45	4. 7	5. 8	4. 57
157	000837. SZ	秦川机床	4. 38	5. 54	3. 93	4. 71	5. 14	4. 84	4. 55
158	000530. SZ	大冷股份	5. 02	5. 02	3. 37	5. 03	5. 45	5. 28	4. 55
159	601798. SH	蓝科高新	5. 18	5. 07	4. 03	4. 36	4. 81	5. 96	4. 51
160	600835. SH	上海机电	3. 18	5. 12	3. 9	4. 53	5. 46	5. 93	4. 5
161	300193. SZ	佳士科技	6. 62	5. 2	2. 88	5. 08	5. 23	5. 27	4. 48
162	000880. SZ	潍柴重机	3. 89	5. 1	4. 48	4. 15	4. 49	5. 95	4. 46
163	600765. SH	中航重机	3. 4	5. 02	4. 76	4. 4	3. 95	4. 78	4. 45
164	002097. SZ	山河智能	3. 88	5. 22	3. 58	5. 06	5	3. 91	4. 43
165	600577. SH	精达股份	5. 25	5. 28	4. 25	4. 63	3. 79	4. 02	4. 42
166	600165. SH	新日恒力	3. 8	4. 79	4. 96	4. 11	3. 96	4. 05	4. 39
167	002204. SZ	大连重工	3. 82	5. 09	2. 86	4. 47	7. 4	4. 81	4. 39
168	002342. SZ	巨力索具	4. 89	4. 96	4. 37	3. 99	4. 82	4. 19	4. 37
169	600860. SH	京城股份	3. 93	4. 36	3. 52	4. 88	5. 03	4. 87	4. 36
170	000890. SZ	法尔胜	3. 86	5. 13	4. 51	4. 35	4. 09	3. 92	4. 35
171	002523. SZ	天桥起重	5. 34	4. 57	3. 36	4. 53	4. 95	6. 15	4. 35
172	300064. SZ	豫金刚石	4. 73	5. 33	4. 37	4. 09	3. 9	5. 09	4. 33
173	000816. SZ	江淮动力	4. 52	5. 32	4. 05	4. 63	3. 97	3. 89	4. 33

续表

排名	股票代码	公司名称	财务状况	估值与成长性	创值能力	公司治理与社会责任	创新能力与战略资源	市场特征	综合得分
174	002164. SZ	宁波东力	4. 84	4. 96	3. 78	4. 61	4. 38	4. 18	4. 31
175	600169. SH	太原重工	2. 13	5. 25	4. 68	3. 73	5. 08	4. 71	4. 3
176	000680. SZ	山推股份	3. 75	5. 79	3. 3	4. 53	5. 49	4. 69	4. 3
177	002248. SZ	华东数控	4. 14	4. 15	3. 33	4. 71	5. 64	4. 15	4. 29
178	601177. SH	杭齿前进	4. 32	5. 04	3. 59	4. 53	4. 6	4. 87	4. 27
179	600243. SH	青海华鼎	3. 6	5	3. 84	4. 36	4. 54	4. 81	4. 23
180	002535. SZ	林州重机	3. 61	5. 24	3. 31	5. 53	3. 48	3. 5	4. 22
181	002526. SZ	山东矿机	4. 53	5. 23	3. 32	4. 83	4. 49	3. 79	4. 22
182	002026. SZ	山东威达	5. 6	5. 14	3. 43	4. 39	4. 29	4. 29	4. 17
183	002564. SZ	天沃科技	3. 86	5. 25	3. 13	5. 18	3. 94	4. 06	4. 17
184	002435. SZ	长江润发	5. 25	5. 18	4. 05	4. 2	3. 4	4. 25	4. 16
185	600592. SH	龙溪股份	5. 41	5. 16	2. 9	4. 23	4. 99	6. 35	4. 16
186	600382. SH	广东明珠	5. 48	2. 34	3. 39	5. 09	3. 32	5. 49	4. 14
187	600992. SH	贵绳股份	4. 94	5. 11	3. 37	3. 65	5. 9	4. 91	4. 14
188	002430. SZ	杭氧股份	4. 11	5. 21	3. 19	4. 57	4. 1	5. 88	4. 13
189	600960. SH	渤海活塞	5. 48	4. 96	2. 93	4. 54	4. 62	4. 78	4. 11
190	002147. SZ	方圆支承	4. 95	5. 27	4. 35	3	4. 52	4. 24	4. 01
191	002122. SZ	天马股份	5. 12	4. 81	2. 78	4. 43	4. 56	4. 3	3. 95
192	600375. SH	华菱星马	4. 16	5. 08	3	4. 19	4. 48	4. 8	3. 93
193	600172. SH	黄河旋风	4. 76	5. 36	2. 78	4. 19	4. 28	4. 93	3. 88
194	000157. SZ	中联重科	4. 18	5. 12	2. 42	4. 04	5. 43	5. 12	3. 85
195	600815. SH	厦工股份	3. 75	4. 94	3. 03	3. 94	4. 71	4. 69	3. 84
196	000425. SZ	徐工机械	4. 03	5. 04	2. 32	4. 3	4. 95	5. 67	3. 84
197	000039. SZ	中集集团	3. 39	5. 44	2. 5	4. 57	4. 26	5. 03	3. 84
198	601766. SH	中国南车	3. 62	5. 31	1. 98	4. 64	4. 79	5. 83	3. 82
199	002483. SZ	润邦股份	5. 07	5. 22	2. 42	4. 21	4. 53	4. 4	3. 79
200	002647. SZ	宏磊股份	3. 59	5. 18	2. 63	4. 49	3. 7	5. 13	3. 78
201	601106. SH	中国一重	3. 69	4. 91	2. 51	4. 16	4. 33	4. 8	3. 69
202	601717. SH	郑煤机	5. 53	5. 15	1. 71	4. 15	4. 27	5. 95	3. 61
203	600320. SH	振华重工	3. 36	5. 02	2. 51	4. 18	3. 95	3. 79	3. 56
204	002537. SZ	海立美达	4. 63	5. 22	1. 88	4. 63	3. 53	4. 23	3. 56
205	300080. SZ	新大新材	4. 7	5. 57	0. 96	4. 66	4. 87	4. 87	3. 53
206	000528. SZ	柳工	4. 4	5. 04	1. 09	4. 36	5. 62	4. 79	3. 52
207	600582. SH	天地科技	4. 54	5. 16	1. 03	4. 42	4. 86	5. 91	3. 5
208	300185. SZ	通裕重工	4. 48	5. 14	1. 14	4. 7	3. 9	4. 13	3. 37

（十四）计算机

排名	股票代码	公司名称	财务状况	估值与成长性	创值能力	公司治理与社会责任	创新能力与战略资源	市场特征	综合得分
1	600570. SH	恒生电子	5. 48	4. 96	6. 17	5. 96	7. 34	5. 1	6. 13
2	002410. SZ	广联达	6. 65	5. 43	5. 61	5. 94	6. 3	6. 69	6. 12
3	002279. SZ	久其软件	6. 07	4. 85	5. 51	5. 72	6. 93	5. 73	6. 01
4	002405. SZ	四维图新	5. 59	5. 21	4. 67	5. 89	7. 04	4. 99	5. 99
5	600571. SH	信雅达	5. 11	5. 11	5. 89	5. 99	6. 11	5. 31	5. 76
6	600588. SH	用友网络	4. 84	5. 19	4. 64	5. 63	5. 72	6. 51	5. 64
7	002230. SZ	科大讯飞	5. 16	5. 32	5. 3	5. 12	6. 4	5. 49	5. 61
8	300079. SZ	数码视讯	6. 32	4. 63	3. 69	4. 72	7	5. 42	5. 59
9	002063. SZ	远光软件	6. 33	5. 35	6. 08	5. 4	5. 75	5. 33	5. 57
10	300085. SZ	银之杰	6. 01	4. 95	6. 16	4. 98	6. 35	5. 26	5. 55
11	002415. SZ	海康威视	5. 35	5. 67	9. 06	5. 42	4. 85	6. 09	5. 47
12	600271. SH	航天信息	5. 57	5. 53	6. 68	5. 57	4. 29	7. 53	5. 45
13	300036. SZ	超图软件	5. 2	4. 62	4. 69	5. 18	6. 39	4. 89	5. 44
14	600536. SH	中国软件	4. 26	5. 31	3. 64	5. 71	5. 89	4. 79	5. 44
15	002528. SZ	英飞拓	5. 12	5. 37	2. 38	5. 11	5. 64	6. 53	5. 42
16	002439. SZ	启明星辰	5. 07	5. 18	5. 54	5. 13	6. 06	4. 83	5. 4
17	300229. SZ	拓尔思	5. 98	5. 16	4. 37	4. 96	6. 17	4. 76	5. 39
18	002373. SZ	千方科技	3. 2	4. 76	5. 95	6. 94	4. 04	6. 34	5. 38
19	300270. SZ	中威电子	5. 22	5. 39	5. 09	5. 46	5. 58	4. 72	5. 37
20	300333. SZ	兆日科技	7. 09	5. 48	4. 84	4. 74	5. 37	5. 99	5. 35
21	300348. SZ	长亮科技	5. 63	5	6. 33	5. 39	5. 64	4. 49	5. 34
22	002308. SZ	威创股份	5. 81	5. 16	4. 55	4. 46	5. 42	7. 35	5. 33
23	002236. SZ	大华股份	4. 61	5. 75	6. 63	5. 81	4. 96	4. 69	5. 33
24	600446. SH	金证股份	4. 53	5. 19	6. 36	5. 48	4. 59	6. 9	5. 32
25	002268. SZ	卫士通	4. 7	5. 07	5. 93	5. 45	5. 46	4. 84	5. 29
26	300235. SZ	方直科技	6. 93	4. 52	5. 81	4. 94	5. 65	5. 18	5. 29
27	300002. SZ	神州泰岳	5. 55	5. 54	5. 2	5. 14	4. 97	6. 04	5. 29
28	300074. SZ	华平股份	6. 2	4. 92	4. 91	4. 93	5. 76	4. 91	5. 27
29	300188. SZ	美亚柏科	5. 11	5. 21	5. 51	5. 29	5. 52	4. 62	5. 26
30	300045. SZ	华力创通	5. 04	3. 88	5. 42	5. 08	6. 29	4. 58	5. 25
31	300352. SZ	北信源	5. 35	4. 6	6. 17	5. 4	5. 51	4. 6	5. 24
32	002152. SZ	广电运通	4. 88	5. 23	5. 74	4. 72	5. 05	6. 61	5. 19

续表

排名	股票代码	公司名称	财务状况	估值与成长性	创值能力	公司治理与社会责任	创新能力与战略资源	市场特征	综合得分
33	002153. SZ	石基信息	5. 35	4. 78	6. 81	5. 7	4. 75	4. 92	5. 18
34	000555. SZ	神州信息	4. 29	3. 67	5. 71	4. 13	7. 47	3. 85	5. 16
35	002609. SZ	捷顺科技	5. 55	5. 4	5. 59	5. 27	4. 98	4. 73	5. 15
36	300248. SZ	新开普	5. 32	5. 33	5. 99	4. 94	5. 24	4. 97	5. 15
37	002065. SZ	东华软件	5. 93	5. 57	6. 25	5. 06	4. 72	5. 3	5. 14
38	300130. SZ	新国都	5. 02	5. 5	3. 41	5. 2	5. 19	4. 93	5. 13
39	300177. SZ	中海达	5. 31	5. 45	5. 26	4. 85	5. 33	4. 9	5. 13
40	300155. SZ	安居宝	5. 24	5. 44	5. 3	4. 93	4. 82	5. 95	5. 13
41	600845. SH	宝信软件	4. 34	5. 45	5. 62	5. 09	4. 76	6. 02	5. 13
42	600850. SH	华东电脑	4. 49	5. 26	6. 24	5. 64	4. 46	5. 38	5. 13
43	300253. SZ	卫宁软件	5. 11	5. 13	6. 58	4. 98	5. 32	4. 55	5. 11
44	300264. SZ	佳创视讯	6. 31	5. 26	4. 17	4. 02	5. 84	5. 46	5. 11
45	300271. SZ	华宇软件	4. 84	5. 47	5. 42	4. 69	5. 39	4. 95	5. 09
46	601519. SH	大智慧	5. 09	1. 39	2. 05	5. 7	6. 58	4. 41	5. 08
47	300202. SZ	聚龙股份	5. 19	4. 92	6. 55	5. 41	4. 8	4. 63	5. 07
48	300311. SZ	任子行	5. 19	5. 3	5. 59	5. 66	4. 41	4. 74	5. 06
49	002657. SZ	中科金财	4. 78	5. 52	5. 32	5. 33	4. 93	4. 07	5. 03
50	002380. SZ	科远股份	5. 29	5. 21	3. 43	4. 84	5. 2	5. 08	5. 02
51	300096. SZ	易联众	5. 18	5. 33	5. 64	4. 84	4. 92	5. 08	5. 01
52	300245. SZ	天玑科技	5. 67	5. 42	5. 22	4. 86	4. 77	5. 12	5
53	000938. SZ	紫光股份	4. 28	5. 52	3. 97	5	4. 44	6. 37	5
54	300047. SZ	天源迪科	4. 61	5. 62	4. 25	4. 69	5. 28	4. 66	4. 98
55	300075. SZ	数字政通	5. 06	5. 11	4. 91	4. 81	5. 11	4. 91	4. 98
56	000997. SZ	新大陆	4. 69	5. 28	5. 32	5. 62	4. 39	4. 59	4. 98
57	002280. SZ	联络互动	5. 81	4. 07	6. 2	6. 01	3. 56	6. 05	4. 97
58	002177. SZ	御银股份	6. 59	5. 28	4. 23	4. 86	4. 81	4. 68	4. 96
59	002232. SZ	启明信息	4. 76	5. 38	4. 55	5. 45	4. 49	4. 64	4. 96
60	002195. SZ	二三四五	6. 55	5. 4	4. 85	5. 89	3. 49	5. 08	4. 95
61	300297. SZ	蓝盾股份	4. 74	5. 12	5. 32	5. 34	4. 86	4. 1	4. 95
62	300182. SZ	捷成股份	5	5. 6	5. 52	5. 28	4. 13	5. 35	4. 95
63	300324. SZ	旋极信息	4. 93	5. 17	6. 55	5. 47	4. 45	4. 29	4. 95
64	300150. SZ	世纪瑞尔	5. 56	3. 76	3. 83	4. 56	4. 9	7. 11	4. 94
65	300170. SZ	汉得信息	5. 9	5. 37	5. 09	4. 72	4. 6	5. 41	4. 94

续表

排名	股票代码	公司名称	财务状况	估值与成长性	创值能力	公司治理与社会责任	创新能力与战略资源	市场特征	综合得分
66	600718. SH	东软集团	4. 77	5. 4	3. 72	4. 85	4. 83	5. 26	4. 93
67	300166. SZ	东方国信	4. 47	5. 62	5. 46	4. 47	5. 27	4. 59	4. 93
68	002253. SZ	川大智胜	5. 24	4. 48	4. 66	4	5. 74	5. 5	4. 92
69	300302. SZ	同有科技	5. 21	5. 32	5. 2	4. 96	4. 76	4. 55	4. 91
70	002368. SZ	太极股份	4. 27	5. 44	5. 67	4. 93	4. 37	5. 6	4. 89
71	002421. SZ	达实智能	4. 7	5. 54	5. 23	5. 36	4. 17	4. 81	4. 88
72	002474. SZ	榕基软件	5. 27	5. 68	5. 09	4. 32	4. 85	5. 13	4. 86
73	000948. SZ	南天信息	4. 53	5. 26	3. 07	4. 9	4. 78	4. 94	4. 84
74	300231. SZ	银信科技	4. 53	5. 44	6. 16	4. 76	4. 46	5. 14	4. 83
75	300010. SZ	立思辰	5. 24	5. 3	4. 99	4. 47	4. 76	5. 16	4. 83
76	300209. SZ	天泽信息	5. 62	5. 3	4. 1	4. 97	4. 82	3. 82	4. 82
77	600756. SH	浪潮软件	4. 24	5. 28	5. 5	5. 03	4. 47	4. 75	4. 81
78	002401. SZ	中海科技	4. 59	5. 27	5. 67	4. 9	4. 38	5. 04	4. 81
79	300168. SZ	万达信息	4. 47	5. 33	6. 4	4. 95	4. 58	4. 25	4. 81
80	002296. SZ	辉煌科技	4. 87	5. 26	5. 01	4. 05	4. 84	5. 95	4. 8
81	300051. SZ	三五互联	4. 98	3. 49	5. 4	4. 77	5. 52	4. 22	4. 8
82	300065. SZ	海兰信	4. 87	5. 3	5. 07	4. 76	4. 88	4. 09	4. 8
83	300290. SZ	荣科科技	3. 61	5. 36	5. 87	5. 28	4. 19	4. 8	4. 79
84	002376. SZ	新北洋	4. 91	3. 56	4. 41	4. 54	5. 07	6	4. 79
85	000977. SZ	浪潮信息	3. 61	5. 12	5. 43	5. 29	4. 71	3. 77	4. 78
86	300044. SZ	赛为智能	4. 7	5. 41	5. 01	4. 93	4. 39	4. 72	4. 78
87	002649. SZ	博彦科技	6. 93	5. 44	4. 51	4. 05	4. 62	5. 35	4. 78
88	300339. SZ	润和软件	4. 98	5. 52	4. 74	4. 92	4. 01	5. 43	4. 78
89	300020. SZ	银江股份	4. 32	5. 57	5. 03	5. 33	4. 19	4. 17	4. 77
90	300212. SZ	易华录	3. 53	5. 25	5. 94	4. 88	4. 83	4. 16	4. 77
91	002312. SZ	三泰控股	4. 39	5. 29	5. 53	4. 81	4. 44	4. 87	4. 76
92	300033. SZ	同花顺	5. 73	5. 06	5. 72	1. 78	7. 3	4. 81	4. 75
93	002331. SZ	皖通科技	4. 73	5. 46	4. 36	4. 73	4. 37	5. 12	4. 75
94	000748. SZ	长城信息	4. 42	5. 08	5. 05	4. 52	4. 64	5. 25	4. 74
95	002383. SZ	合众思壮	5. 35	2. 43	3. 27	5. 31	5. 01	5. 08	4. 74
96	600855. SH	航天长峰	4. 18	4. 92	5. 88	4. 7	4. 67	4. 77	4. 74
97	600455. SH	博通股份	3. 79	4. 4	5. 91	5. 35	4. 28	4. 81	4. 73
98	002362. SZ	汉王科技	5. 02	1. 82	4. 52	5. 18	5. 87	3. 72	4. 73

续表

排名	股票代码	公司名称	财务状况	估值与成长性	创值能力	公司治理与社会责任	创新能力与战略资源	市场特征	综合得分
99	002642. SZ	荣之联	5. 9	5. 58	5. 16	4. 74	4. 06	4. 72	4. 71
100	300300. SZ	汉鼎股份	4. 58	5. 42	5. 67	5. 24	3. 87	4. 54	4. 7
101	300330. SZ	华虹计通	4. 27	4. 78	5. 19	4. 66	4. 35	5. 64	4. 7
102	600476. SH	湘邮科技	4. 4	1. 57	6. 23	5. 39	4. 58	6. 17	4. 69
103	300287. SZ	飞利信	3. 3	5. 62	5. 47	5. 14	4. 19	4. 21	4. 68
104	002197. SZ	证通电子	4. 46	5. 37	4. 63	4. 66	4. 5	4. 45	4. 66
105	300167. SZ	迪威视讯	3. 9	5. 21	5. 23	4. 46	4. 29	5. 11	4. 58
106	300277. SZ	海联讯	4. 61	5. 06	4. 73	4. 73	4. 31	4. 24	4. 57
107	600410. SH	华胜天成	3. 64	5. 25	4. 88	4. 56	4. 39	4. 32	4. 52
108	300042. SZ	朗科科技	6. 04	4. 94	2. 96	4. 4	4. 04	4. 89	4. 48
109	600764. SH	中电广通	4. 08	4. 79	4. 95	4. 78	4. 49	3. 26	4. 45
110	002577. SZ	雷柏科技	5. 49	5. 18	5. 1	3. 82	4. 06	5. 4	4. 43
111	002027. SZ	七喜控股	5. 17	5. 06	4. 86	4. 77	3. 91	3. 53	4. 39
112	600680. SH	上海普天	3. 98	5. 18	4. 09	4. 66	4. 3	3. 38	4. 39
113	000066. SZ	长城电脑	3. 71	5. 71	-1. 93	4. 7	4. 37	4	4. 37
114	600797. SH	浙大网新	4. 01	5. 01	3. 89	5. 01	4. 29	2. 45	4. 34
115	600100. SH	同方股份	3. 82	5. 31	-1. 92	4. 46	4. 53	4. 11	4. 31
116	600728. SH	佳都科技	4. 05	1. 37	5. 24	4. 83	4. 5	4. 36	4. 17
117	000021. SZ	深科技	4. 07	5. 32	0. 34	4. 08	4. 16	3. 89	4. 13
118	600601. SH	方正科技	4. 46	2. 81	2. 42	4. 38	4. 26	4. 29	4. 06

（十五）家用电器

排名	股票代码	公司名称	财务状况	估值与成长性	创值能力	公司治理与社会责任	创新能力与战略资源	市场特征	综合得分
1	000651. SZ	格力电器	6. 81	6. 11	9. 29	5. 44	4. 53	7. 11	6. 61
2	002508. SZ	老板电器	6. 26	6. 4	5. 56	5. 23	6. 82	5. 43	5. 99
3	002035. SZ	华帝股份	6. 33	5. 94	5. 32	5. 32	6. 1	5. 79	5. 93
4	600690. SH	青岛海尔	5. 97	5. 26	8. 84	5. 79	5. 09	5. 83	5. 84
5	603366. SH	日出东方	6. 42	4. 83	4. 94	4. 96	5. 65	6. 41	5. 75
6	002242. SZ	九阳股份	5. 89	4. 6	5. 66	5. 13	5. 26	7	5. 73

续表

排名	股票代码	公司名称	财务状况	估值与成长性	创值能力	公司治理与社会责任	创新能力与战略资源	市场特征	综合得分
7	002032. SZ	苏泊尔	6. 17	5. 57	5. 44	5. 2	4. 28	5. 89	5. 71
8	002677. SZ	浙江美大	6. 87	4. 4	5. 46	5. 38	5. 8	5. 67	5. 63
9	000418. SZ	小天鹅 A	5. 91	5. 24	4. 6	4. 55	5. 52	6. 25	5. 62
10	002519. SZ	银河电子	5. 22	5. 37	5. 19	5. 59	5. 38	6. 23	5. 57
11	300272. SZ	开能环保	5. 82	5. 65	5. 5	5. 25	4. 85	5. 36	5. 53
12	002681. SZ	奋达科技	6. 49	5. 21	5. 53	5. 33	4. 56	5. 14	5. 52
13	600060. SH	海信电器	5. 2	4. 98	5. 3	4. 86	5. 1	6. 41	5. 44
14	300342. SZ	天银机电	5. 75	5. 21	5. 44	5. 45	4. 23	5. 59	5. 43
15	000921. SZ	海信科龙	5. 53	5. 06	5. 44	5. 21	5. 28	5. 58	5. 37
16	002543. SZ	万和电气	4. 92	5. 56	4. 97	4. 92	5. 53	5. 72	5. 35
17	600983. SH	惠而浦	4. 87	5. 84	5. 4	5	6. 05	5. 13	5. 31
18	300160. SZ	秀强股份	5. 16	5. 51	5. 11	4. 91	4. 61	5. 22	5. 22
19	002429. SZ	兆驰股份	5. 2	5. 78	5. 28	4. 69	4. 1	5. 01	5. 21
20	000404. SZ	华意压缩	4. 99	5. 28	4. 87	5. 19	4. 17	5. 09	5. 06
21	300249. SZ	依米康	3. 89	6. 1	5. 09	5. 04	5. 93	4. 98	5. 05
22	002676. SZ	顺威股份	4. 3	5. 5	5. 08	5. 17	4. 17	5. 52	5. 05
23	002614. SZ	蒙发利	4. 94	5. 2	4. 78	5. 14	5. 24	4. 99	5. 05
24	002413. SZ	常发股份	4. 73	5. 48	5. 22	4. 36	3. 64	5. 35	5. 04
25	300217. SZ	东方电热	4. 35	5. 7	5. 28	4. 88	4. 33	5. 1	5. 01
26	000521. SZ	美菱电器	4. 61	4. 94	4. 41	4. 64	4. 84	5. 58	4. 96
27	002668. SZ	奥马电器	3. 99	5. 28	5. 11	5. 17	5. 03	5. 47	4. 95
28	002366. SZ	丹甫股份	4. 79	4. 25	5. 41	4. 67	4. 98	5. 68	4. 92
29	002670. SZ	华声股份	4. 9	5. 36	5. 35	5. 05	4. 88	4. 22	4. 88
30	300247. SZ	桑乐金	4. 28	4. 78	5. 22	4. 62	5. 62	5. 23	4. 83
31	002616. SZ	长青集团	4. 52	4. 83	4. 95	5. 09	3. 94	5. 22	4. 83
32	600336. SH	澳柯玛	4. 44	4. 45	5. 26	5. 12	4. 92	5. 3	4. 8
33	000533. SZ	万家乐	4. 37	4. 49	4. 76	4. 98	5. 38	5. 22	4. 76
34	000100. SZ	TCL 集团	4. 59	5. 46	-0. 38	5	4. 82	5. 26	4. 76
35	002050. SZ	三花股份	4. 64	5. 9	5. 12	4. 97	4. 49	3. 64	4. 76
36	002403. SZ	爱仕达	4. 97	4. 54	4. 61	4. 9	5. 97	4. 35	4. 72
37	002260. SZ	伊立浦	4. 22	3. 87	5. 6	4. 87	6. 37	5. 14	4. 63
38	002290. SZ	禾盛新材	4. 75	4. 16	5. 08	4. 71	4. 29	4. 2	4. 43
39	002011. SZ	盾安环境	3. 94	5. 76	4. 84	5. 1	3. 97	3. 39	4. 43

续表

排名	股票代码	公司名称	财务状况	估值与成长性	创值能力	公司治理与社会责任	创新能力与战略资源	市场特征	综合得分
40	600619. SH	海立股份	4. 02	4. 86	5. 14	4. 78	4. 31	4. 17	4. 42
41	000333. SZ	美的集团	5. 72	5. 37	0. 17	5. 19	4. 8	2. 55	4. 35
42	002418. SZ	康盛股份	4. 21	4. 93	5. 14	4. 73	3. 91	3. 27	4. 23
43	002420. SZ	毅昌股份	4. 3	4. 83	4. 58	4. 54	5. 04	3. 11	4. 2
44	600839. SH	四川长虹	4. 26	5. 13	1. 68	4. 65	4. 35	3. 56	4. 19
45	002473. SZ	圣莱达	4. 58	3. 06	5. 58	4. 89	4. 72	4. 13	4. 14
46	000016. SZ	深康佳 A	3. 98	4. 6	4. 13	4. 54	4. 55	3. 25	4. 04
47	600854. SH	春兰股份	4. 08	1. 7	4. 32	4. 89	5. 58	3. 53	3. 45
48	002052. SZ	同洲电子	3. 84	1. 66	5. 36	4. 92	7. 02	2. 74	3. 32

（十六）建筑材料

排名	股票代码	公司名称	财务状况	估值与成长性	创值能力	公司治理与社会责任	创新能力与战略资源	市场特征	综合得分
1	300234. SZ	开尔新材	5. 85	5. 37	7. 1	6. 67	5. 15	5. 04	6. 36
2	002271. SZ	东方雨虹	5. 57	5. 45	6. 46	7. 29	5. 2	5. 05	6. 35
3	600562. SH	国睿科技	5. 28	4. 86	7. 57	5. 03	5. 33	5. 65	5. 96
4	002372. SZ	伟星新材	6. 6	5. 19	6. 09	5. 77	5. 48	6. 78	5. 91
5	002624. SZ	完美环球	4. 62	5. 01	7. 4	5. 26	5. 33	4. 89	5. 91
6	000509. SZ	华塑控股	1. 98	4. 18	7. 99	4. 59	7. 17	3. 56	5. 87
7	300344. SZ	太空板业	5. 54	4. 98	5. 45	6. 57	5. 66	5. 02	5. 81
8	002671. SZ	龙泉股份	5. 3	5. 34	5. 78	6. 44	4. 82	5. 62	5. 79
9	002392. SZ	北京利尔	5. 68	5. 23	5. 58	6. 1	5. 58	5. 24	5. 72
10	002652. SZ	扬子新材	5. 24	5. 02	6. 58	5. 74	4. 15	5. 37	5. 69
11	600876. SH	洛阳玻璃	1. 57	4. 3	8. 05	4. 5	5. 03	4. 98	5. 61
12	002225. SZ	濮耐股份	4. 88	5. 16	5. 34	5. 77	6. 22	5. 67	5. 6
13	600678. SH	四川金顶	1. 27	2. 14	7. 87	5. 57	4. 51	3. 33	5. 57
14	002619. SZ	巨龙管业	4. 89	4. 53	6. 42	5. 04	5. 56	4. 89	5. 53
15	000672. SZ	上峰水泥	5. 25	5. 49	6. 49	4. 94	4. 54	5. 87	5. 51
16	600629. SH	棱光实业	5. 57	5. 01	6. 68	4. 76	4. 89	4. 69	5. 48
17	002043. SZ	兔宝宝	5. 83	5. 02	5. 98	5. 1	5. 13	5. 37	5. 45

续表

排名	股票代码	公司名称	财务状况	估值与成长性	创值能力	公司治理与社会责任	创新能力与战略资源	市场特征	综合得分
18	300198. SZ	纳川股份	5. 81	5. 37	5. 52	5. 56	4. 9	5. 29	5. 44
19	002398. SZ	建研集团	6. 01	5. 38	5. 18	5. 7	5. 14	5. 26	5. 41
20	002468. SZ	艾迪西	4. 67	4. 61	6. 95	4. 63	4. 88	3. 92	5. 4
21	002162. SZ	斯米克	4. 23	5. 08	6. 33	4. 6	6. 25	4. 07	5. 4
22	600552. SH	方兴科技	5. 72	4. 93	6. 45	4. 48	4. 7	5. 47	5. 33
23	002082. SZ	栋梁新材	6. 19	5. 12	4. 26	5. 5	7. 14	4. 3	5. 27
24	002596. SZ	海南瑞泽	5. 31	5. 04	5. 07	5. 91	4. 4	5. 01	5. 26
25	002346. SZ	柘中股份	6. 85	5. 07	5. 88	4. 78	4. 63	4. 36	5. 24
26	002088. SZ	鲁阳股份	6. 01	5. 05	4. 72	5. 13	5. 68	6	5. 18
27	002233. SZ	塔牌集团	6. 44	5. 12	4. 88	5. 55	4. 64	4. 72	5. 17
28	002641. SZ	永高股份	5. 74	5. 16	4. 53	5. 57	4. 93	5. 54	5. 11
29	000023. SZ	深天地 A	3. 91	4. 92	6. 77	4. 28	4. 2	3. 79	5. 09
30	002163. SZ	中航三鑫	3. 41	5. 2	5. 22	5. 19	5. 1	4. 74	5. 05
31	600318. SH	巢东股份	5. 58	5. 19	5. 37	4. 77	4. 84	4. 11	5. 01
32	000885. SZ	同力水泥	5. 33	5. 07	4. 59	5. 2	4. 85	5. 53	4. 96
33	002457. SZ	青龙管业	5. 9	5. 02	4. 67	4. 89	5. 24	5. 24	4. 96
34	002066. SZ	瑞泰科技	3. 58	5. 39	5. 35	4. 69	5. 25	4. 56	4. 96
35	000012. SZ	南玻 A	5. 29	5. 03	4. 53	5. 15	4. 7	6. 21	4. 94
36	002694. SZ	顾地科技	4. 59	5. 07	5. 59	4. 18	4. 58	6. 64	4. 94
37	000786. SZ	北新建材	5. 5	5. 2	5. 09	4. 5	4. 72	6. 23	4. 94
38	300093. SZ	金刚玻璃	5. 38	4. 99	5. 41	4. 31	4. 96	5. 08	4. 93
39	002333. SZ	罗普斯金	6. 38	4. 98	4. 9	4. 25	4. 96	5. 99	4. 85
40	600668. SH	尖峰集团	5. 25	5. 11	4. 79	4. 48	5	6. 09	4. 84
41	601636. SH	旗滨集团	4. 75	5. 23	4. 14	6. 1	3. 65	4. 37	4. 84
42	002623. SZ	亚玛顿	6. 42	5. 31	3. 95	5. 57	4. 58	4. 16	4. 83
43	600819. SH	耀皮玻璃	4. 77	5. 27	4. 63	4. 84	4. 98	4. 65	4. 8
44	600293. SH	三峡新材	3. 88	4. 85	5. 73	4. 44	4. 4	2. 83	4. 76
45	002205. SZ	国统股份	5. 16	5. 15	4. 64	4. 32	5. 21	4. 44	4. 67
46	300117. SZ	嘉寓股份	4. 17	5. 14	4. 17	5. 12	4. 7	4. 92	4. 67
47	600585. SH	海螺水泥	6. 52	5. 2	3. 85	4. 6	4. 87	6. 29	4. 64
48	002314. SZ	雅致股份	4. 76	4. 87	4. 72	4. 18	5	4. 18	4. 56
49	002302. SZ	西部建设	4. 41	5. 27	4. 65	4. 17	4. 59	4. 66	4. 51
50	600321. SH	国栋建设	4. 96	4. 14	4. 69	4. 22	4. 35	4. 15	4. 43

续表

排名	股票代码	公司名称	财务状况	估值与成长性	创值能力	公司治理与社会责任	创新能力与战略资源	市场特征	综合得分
51	600720. SH	祁连山	4. 9	5. 19	3. 47	4. 56	4. 95	5. 92	4. 39
52	600801. SH	华新水泥	4. 94	5. 19	3. 29	4. 62	5. 12	5. 23	4. 34
53	600802. SH	福建水泥	4. 25	5. 53	3. 7	4. 54	4. 63	4. 49	4. 31
54	000789. SZ	万年青	4. 93	5. 21	3. 02	4. 72	4. 83	6. 12	4. 29
55	000619. SZ	海螺型材	6. 41	4. 96	3. 22	4. 41	4. 93	4. 97	4. 28
56	600449. SH	宁夏建材	5. 13	5. 15	2. 63	4. 52	5. 38	5. 22	4. 13
57	600425. SH	青松建化	4. 75	5. 21	3. 02	4. 42	4. 55	5. 12	4. 08
58	600586. SH	金晶科技	4. 59	5. 09	2. 8	4. 75	4. 67	3. 85	4. 04
59	601992. SH	金隅股份	4	5. 23	2. 14	4. 6	4. 86	5. 66	3. 88
60	000935. SZ	四川双马	5. 69	4. 83	2. 61	4. 23	4. 59	4. 03	3. 86
61	000401. SZ	冀东水泥	4. 12	5. 3	2. 02	4. 81	4. 56	4. 63	3. 81
62	600881. SH	亚泰集团	3. 2	3. 56	1. 78	4. 43	5. 18	4. 71	3. 55
63	000877. SZ	天山股份	4. 28	4. 76	1. 3	4. 41	5. 02	5. 23	3. 52

（十七）建筑装饰

排名	股票代码	公司名称	财务状况	估值与成长性	创值能力	公司治理与社会责任	创新能力与战略资源	市场特征	综合得分
1	002310. SZ	东方园林	5. 7	5. 48	5. 87	7. 14	4. 49	5. 48	6. 03
2	300197. SZ	铁汉生态	4. 91	5. 42	6	7. 17	4. 45	4. 44	5. 96
3	002116. SZ	中国海诚	5. 44	5. 12	6. 86	5. 63	5. 26	6	5. 96
4	600681. SH	万鸿集团	3. 21	1. 37	8. 14	4. 77	7. 16	4. 48	5. 94
5	002178. SZ	延华智能	7. 2	5. 04	6. 74	5. 88	4. 72	4. 17	5. 92
6	002542. SZ	中化岩土	6. 57	5. 35	6. 14	6. 11	4. 09	5. 26	5. 75
7	300355. SZ	蒙草抗旱	5. 52	5. 31	6. 42	5. 75	4. 59	5. 07	5. 72
8	002663. SZ	普邦园林	5. 81	5. 32	5. 11	6. 74	4. 67	5. 78	5. 68
9	002431. SZ	棕榈园林	4. 94	5. 44	5. 72	6. 44	4. 45	4. 89	5. 66
10	002469. SZ	三维工程	7. 42	5. 3	6. 31	5. 09	4. 97	5. 35	5. 65
11	002047. SZ	宝鹰股份	4. 97	4. 9	5. 67	5. 78	6. 57	3. 7	5. 63
12	300284. SZ	苏交科	6. 54	5. 18	5. 17	6. 43	4. 79	5. 18	5. 62
13	002325. SZ	洪涛股份	5. 89	5. 18	5. 56	5. 93	4. 88	5. 45	5. 57

续表

排名	股票代码	公司名称	财务状况	估值与成长性	创值能力	公司治理与社会责任	创新能力与战略资源	市场特征	综合得分
14	600477. SH	杭萧钢构	4. 32	4. 97	4. 35	7. 52	5. 2	3. 59	5. 52
15	000055. SZ	方大集团	5. 27	4. 94	6. 87	4. 55	4. 79	5. 48	5. 49
16	002140. SZ	东华科技	5. 29	5. 07	6. 44	4. 5	5. 49	6	5. 47
17	600209. SH	罗顿发展	5. 48	4. 2	6. 58	4. 9	4. 77	4. 36	5. 4
18	002081. SZ	金螳螂	6. 06	5. 31	6. 35	4. 57	4. 81	5. 33	5. 38
19	000065. SZ	北方国际	5. 1	5. 09	6. 14	4. 17	5. 61	5. 9	5. 26
20	002375. SZ	亚厦股份	6	5. 37	5. 03	5. 37	4. 71	5. 36	5. 2
21	002200. SZ	云投生态	4. 61	4. 29	6. 05	4. 84	4. 96	4. 45	5. 19
22	600326. SH	西藏天路	5. 94	4. 95	5. 84	4. 58	4. 79	4. 81	5. 15
23	600528. SH	中铁二局	3. 35	4. 97	5. 7	4. 49	6. 11	5. 12	5. 14
24	002051. SZ	中工国际	5. 73	5. 12	6. 03	4. 11	4. 87	5. 89	5. 13
25	002659. SZ	中泰桥梁	4. 56	4. 74	6. 59	4. 21	4. 73	3. 88	5. 12
26	600545. SH	新疆城建	4. 63	5. 09	5. 9	4. 32	5	5. 49	5. 09
27	600970. SH	中材国际	4. 53	4. 87	5. 81	4. 3	5. 1	5. 93	5. 07
28	002307. SZ	北新路桥	3. 48	3. 4	6. 53	4. 4	4. 8	4. 49	5. 06
29	600502. SH	安徽水利	3. 8	5. 28	5. 49	4. 85	4. 87	5. 3	5. 06
30	600512. SH	腾达建设	4. 37	4. 83	5. 17	4. 81	5. 64	4. 74	5. 03
31	600986. SH	科达股份	3. 84	5. 02	5. 55	4. 22	5. 85	5. 38	5
32	600853. SH	龙建股份	3. 46	4. 82	5. 92	4. 18	5. 64	4. 21	4. 98
33	002482. SZ	广田股份	5. 4	5. 4	3. 82	5. 7	4. 87	5. 92	4. 92
34	002586. SZ	围海股份	6. 02	5. 1	5. 3	4. 61	4. 76	3. 42	4. 9
35	002620. SZ	瑞和股份	5. 78	5. 15	4. 1	5. 3	4. 83	5. 37	4. 85
36	002524. SZ	光正集团	6. 16	4. 88	5. 6	4. 09	4. 61	4. 02	4. 84
37	600248. SH	延长化建	5. 68	5. 1	4. 93	4. 27	4. 95	5. 99	4. 83
38	601186. SH	中国铁建	4. 04	5. 11	4. 9	4. 64	4. 96	5. 52	4. 82
39	000498. SZ	山东路桥	5	4. 78	4. 1	4. 96	5. 49	5. 52	4. 78
40	601789. SH	宁波建工	4. 48	5. 14	4. 21	4. 91	5. 42	3. 74	4. 67
41	600491. SH	龙元建设	4. 04	5. 15	3. 93	4. 91	6. 12	3. 93	4. 67
42	002135. SZ	东南网架	4. 73	5. 01	4. 59	4. 86	4. 54	3. 81	4. 66
43	601800. SH	中国交建	4. 55	5. 1	4. 45	4. 48	4. 81	5. 42	4. 62
44	600496. SH	精工钢构	5. 2	5. 08	4. 06	4. 97	4. 83	3. 69	4. 59
45	601117. SH	中国化学	4. 95	5. 18	4. 02	4. 55	4. 87	5. 99	4. 57
46	600170. SH	上海建工	4. 29	5. 12	4. 05	4. 49	4. 95	5. 85	4. 52

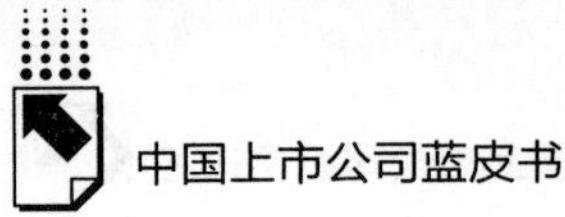

续表

排名	股票代码	公司名称	财务状况	估值与成长性	创值能力	公司治理与社会责任	创新能力与战略资源	市场特征	综合得分
47	601390. SH	中国中铁	4. 05	5. 12	4. 03	4. 64	4. 93	5. 37	4. 52
48	601886. SH	江河创建	5. 07	5. 26	3. 33	5. 38	4. 48	5. 03	4. 51
49	002541. SZ	鸿路钢构	5. 1	5. 22	2. 93	5. 72	4. 5	3. 65	4. 41
50	600039. SH	四川路桥	4. 17	5. 22	4. 25	4. 12	4. 78	5. 35	4. 41
51	002062. SZ	宏润建设	4. 11	5. 05	3. 7	4. 94	4. 42	4. 68	4. 39
52	002628. SZ	成都路桥	5. 21	5. 18	3. 26	4. 62	4. 99	4. 91	4. 31
53	600068. SH	葛洲坝	4. 81	5. 2	3. 32	4. 44	4. 88	5. 67	4. 28
54	601669. SH	中国电建	4. 14	5. 17	3. 44	4. 42	4. 79	5. 53	4. 25
55	002060. SZ	粤水电	4. 56	5. 1	3. 62	4. 17	4. 77	4. 59	4. 18
56	600820. SH	隧道股份	5. 19	5. 05	2. 97	4. 49	4. 77	5. 57	4. 17
57	601668. SH	中国建筑	4. 39	5. 26	2. 02	4. 66	4. 93	5. 54	3. 89
58	601618. SH	中国中冶	4. 25	5. 02	2. 37	4. 48	5. 16	4. 35	3. 89
59	600284. SH	浦东建设	5. 67	5. 07	1. 64	4. 44	4. 74	5. 62	3. 73

（十八）交通运输

排名	股票代码	公司名称	财务状况	估值与成长性	创值能力	公司治理与社会责任	创新能力与战略资源	市场特征	综合得分
1	600751. SH	天津海运	7. 22	6. 93	6	6. 21	5. 34	7. 22	6. 35
2	601006. SH	大秦铁路	5. 61	5. 21	8. 6	5. 49	4. 98	5. 61	6. 35
3	000088. SZ	盐田港	7. 7	4. 79	5. 77	4. 89	4. 97	7. 7	6. 13
4	600377. SH	宁沪高速	5. 3	5. 18	5. 92	5. 31	4. 97	5. 3	5. 89
5	600897. SH	厦门空港	6. 4	5. 13	5. 7	5. 39	4. 97	6. 4	5. 83
6	600009. SH	上海机场	6. 63	5. 19	5. 21	4. 75	5	6. 63	5. 83
7	002320. SZ	海峡股份	7. 09	4. 87	5. 48	5. 1	4. 97	7. 09	5. 83
8	600004. SH	白云机场	5. 31	5. 25	4. 69	5. 48	5. 02	5. 31	5. 71
9	600270. SH	外运发展	6. 5	5. 17	5. 05	4. 02	4. 98	6. 5	5. 69
10	600012. SH	皖通高速	5. 5	5. 22	4. 36	5. 28	4. 97	5. 5	5. 66
11	002357. SZ	富临运业	6. 05	5. 07	5. 91	5. 78	4. 47	5. 38	5. 61
12	000022. SZ	深赤湾 A	5. 67	4. 93	5. 89	5. 08	4. 98	5. 86	5. 57
13	600650. SH	锦江投资	5. 37	4. 84	5. 94	4. 93	4. 98	6. 05	5. 52

续表

排名	股票代码	公司名称	财务状况	估值与成长性	创值能力	公司治理与社会责任	创新能力与战略资源	市场特征	综合得分
14	600834. SH	申通地铁	5. 09	4. 83	6. 04	5. 5	8. 15	5. 55	5. 48
15	600794. SH	保税科技	5. 33	5	6. 32	5. 4	4. 97	5. 57	5. 47
16	600350. SH	山东高速	5. 12	5. 25	4. 27	5. 19	4. 97	6. 51	5. 46
17	600548. SH	深高速	5. 13	5. 25	4. 58	4. 9	4. 98	6. 45	5. 45
18	601018. SH	宁波港	5. 29	5. 21	4. 65	5. 11	4. 97	6. 05	5. 4
19	600018. SH	上港集团	5. 14	5. 09	4. 64	5. 15	4. 98	6. 12	5. 37
20	600033. SH	福建高速	5. 03	5. 19	3. 91	4. 85	4. 98	6. 48	5. 33
21	300240. SZ	飞力达	5. 44	4. 96	4. 94	5. 77	4. 99	5. 38	5. 31
22	601333. SH	广深铁路	5. 4	5. 08	3. 76	4. 98	4. 98	6. 01	5. 28
23	000548. SZ	湖南投资	5. 3	4. 14	5. 56	5. 3	5. 01	5. 62	5. 26
24	002492. SZ	恒基达鑫	5. 59	4. 93	5. 62	5. 1	4. 95	4. 97	5. 24
25	601518. SH	吉林高速	7. 37	5. 17	4. 85	3. 06	4. 97	3. 96	5. 23
26	601188. SH	龙江交通	4. 93	5. 18	4. 86	5. 2	4. 97	5. 68	5. 21
27	000099. SZ	中信海直	5. 2	4. 98	5. 84	4. 96	4. 97	5. 14	5. 2
28	002627. SZ	宜昌交运	4. 93	5. 07	5. 01	5. 01	4. 98	5. 6	5. 17
29	601107. SH	四川成渝	4. 81	5. 31	4. 6	4. 84	4. 97	5. 8	5. 16
30	601000. SH	唐山港	4. 73	5. 2	5. 69	5. 21	4. 98	5. 34	5. 15
31	600317. SH	营口港	5. 11	4. 91	5. 69	4. 88	5	5. 19	5. 15
32	000828. SZ	东莞控股	5. 5	5. 2	5. 3	5	4. 97	4. 78	5. 15
33	600035. SH	楚天高速	4. 93	5. 16	4. 37	4. 82	4. 97	5. 8	5. 15
34	300350. SZ	华鹏飞	5. 02	4. 79	6. 16	6. 39	4. 62	4. 69	5. 14
35	600717. SH	天津港	4. 87	5. 19	4. 47	5. 18	4. 98	5. 65	5. 14
36	600106. SH	重庆路桥	5. 15	5. 13	4. 96	4. 64	4. 87	5. 34	5. 12
37	002245. SZ	澳洋顺昌	5. 16	5. 1	5. 7	5. 32	4. 89	4. 78	5. 11
38	000916. SZ	华北高速	6. 33	5. 12	3. 89	4. 92	4. 97	4. 4	5. 09
39	000582. SZ	北部湾港	4. 67	5. 15	6. 26	5. 07	4. 98	4. 93	5. 06
40	600561. SH	江西长运	4. 57	5. 2	4. 95	5. 31	4. 87	5. 43	5. 04
41	600180. SH	瑞茂通	4. 49	4. 81	6. 55	5. 77	5. 09	4. 79	5. 02
42	000089. SZ	深圳机场	5. 05	5. 1	3. 8	4. 44	4. 97	5. 59	5. 01
43	600017. SH	日照港	4. 96	5. 18	4. 18	4. 67	4. 97	5. 36	4. 99
44	600153. SH	建发股份	4. 2	5. 3	4. 99	5. 01	4. 97	5. 62	4. 98
45	300013. SZ	新宁物流	5. 01	3. 65	6. 38	5. 23	4. 89	4. 79	4. 94
46	000900. SZ	现代投资	4. 71	5. 3	3. 62	4. 99	4. 97	5. 46	4. 92

续表

排名	股票代码	公司名称	财务状况	估值与成长性	创值能力	公司治理与社会责任	创新能力与战略资源	市场特征	综合得分
47	600119. SH	长江投资	4. 33	4. 39	6. 19	4. 83	4. 98	5. 19	4. 9
48	600787. SH	中储股份	4. 65	4. 67	5. 69	4. 95	5. 03	4. 89	4. 9
49	600692. SH	亚通股份	4. 02	3. 47	6. 51	5. 12	4. 98	5. 67	4. 89
50	000507. SZ	珠海港	4. 77	6. 55	5. 53	4. 94	4. 97	3. 95	4. 88
51	600662. SH	强生控股	4. 81	4. 92	5. 64	5. 4	4. 98	4. 43	4. 87
52	600221. SH	海南航空	4. 48	5. 38	4	4. 76	4. 92	5. 4	4. 86
53	603167. SH	渤海轮渡	5. 44	5. 03	5. 17	4. 45	4. 97	4. 19	4. 86
54	600020. SH	中原高速	4. 16	5. 31	4. 15	4. 82	4. 97	5. 55	4. 83
55	600676. SH	交运股份	4. 91	5. 16	4. 98	5. 39	4. 98	4. 35	4. 83
56	002682. SZ	龙洲股份	4. 66	4. 33	4. 5	5. 48	4. 98	4. 98	4. 78
57	601111. SH	中国国航	4. 26	5. 12	4. 82	4. 62	4. 98	5. 1	4. 76
58	000905. SZ	厦门港务	4. 98	4. 95	5. 81	5. 04	4. 98	3. 91	4. 76
59	600125. SH	铁龙物流	5. 38	5. 12	5. 66	5. 01	4. 98	3. 45	4. 74
60	601008. SH	连云港	4. 65	4. 88	5. 4	5. 77	4. 97	4. 12	4. 73
61	002040. SZ	南京港	4. 96	4. 4	6. 09	5. 19	4. 98	3. 81	4. 69
62	600077. SH	宋都股份	4. 11	4. 48	5. 12	5. 31	4. 8	4. 94	4. 68
63	600029. SH	南方航空	4. 31	5. 42	2. 35	4. 51	4. 98	5. 61	4. 66
64	600269. SH	赣粤高速	4. 8	5. 18	2. 77	4. 89	4. 97	4. 9	4. 65
65	601880. SH	大连港	4. 86	5. 13	3. 89	4. 91	4. 97	4. 29	4. 61
66	000429. SZ	粤高速 A	4. 72	5. 21	3. 4	5. 1	4. 97	4. 35	4. 56
67	600115. SH	东方航空	3. 87	6. 49	3. 83	4. 49	4. 98	4. 65	4. 56
68	600611. SH	大众交通	4. 87	4. 77	5. 65	5. 12	4. 97	3. 43	4. 54
69	600798. SH	宁波海运	4. 39	5. 88	4. 92	4. 83	5. 02	3. 76	4. 53
70	600279. SH	重庆港九	4. 74	4. 99	4. 2	5. 02	4. 98	4. 02	4. 52
71	002210. SZ	飞马国际	3. 9	5. 04	6. 78	5. 25	4. 87	3. 58	4. 47
72	601872. SH	招商轮船	4. 5	4. 95	4. 44	5. 24	4. 97	3. 9	4. 46
73	600368. SH	五洲交通	4. 1	5. 52	4. 63	2. 6	5	4. 55	4. 39
74	603128. SH	华贸物流	4. 53	4. 86	6. 19	5. 15	5. 14	2. 99	4. 39
75	600190. SH	锦州港	4. 52	4. 95	4. 76	4. 72	4. 47	3. 74	4. 39
76	600428. SH	中远航运	4. 37	3. 94	4. 72	4. 99	4. 98	3. 93	4. 3
77	002183. SZ	怡亚通	3. 58	5. 03	5. 91	5. 74	4. 89	3. 52	4. 3
78	600575. SH	皖江物流	3. 98	6. 35	6. 18	2. 83	5. 01	3. 11	4. 24
79	600896. SH	中海海盛	4. 02	4. 34	4. 4	4. 77	4. 97	3. 58	4. 08
80	600057. SH	象屿股份	3. 46	4. 82	5. 24	5. 01	5. 1	2. 95	3. 92
81	601919. SH	中国远洋	4. 34	5. 3	1. 02	4. 6	4. 98	3. 58	3. 88
82	601866. SH	中海集运	4. 48	2. 67	1. 84	4. 8	4. 98	3. 76	3. 75
83	600026. SH	中海发展	4. 19	2. 12	1. 68	4. 49	4. 97	4. 22	3. 67

（十九）农林牧渔

排名	股票代码	公司名称	财务状况	估值与成长性	创值能力	公司治理与社会责任	创新能力与战略资源	市场特征	综合得分
1	002385. SZ	大北农	5. 79	6. 16	7. 06	5. 85	5. 41	5. 79	5. 94
2	002041. SZ	登海种业	6. 62	5. 52	6. 46	5. 19	5. 48	6. 62	5. 91
3	000639. SZ	西王食品	6. 55	5. 43	6. 21	5. 17	5. 69	6. 55	5. 89
4	300149. SZ	量子高科	6. 09	5. 66	5. 81	4. 94	5. 87	6. 09	5. 77
5	300087. SZ	荃银高科	5. 34	5. 75	5. 43	5. 62	6. 07	5. 34	5. 73
6	002447. SZ	壹桥海参	5. 78	5. 93	6. 02	5. 46	4. 27	5. 78	5. 7
7	300186. SZ	大华农	6. 01	5. 36	5. 56	5. 53	5. 85	6. 01	5. 7
8	300313. SZ	天山生物	4. 85	5. 91	6. 15	5. 95	5. 58	4. 85	5. 57
9	600313. SH	农发种业	5. 47	6. 71	5. 17	5. 21	4. 44	5. 47	5. 57
10	002688. SZ	金河生物	5. 62	5. 27	6. 11	5. 52	4. 95	5. 62	5. 55
11	600201. SH	金宇集团	6. 98	5. 05	6. 31	5. 41	6. 21	4. 32	5. 54
12	600195. SH	中牧股份	5. 37	5. 26	5. 54	5. 1	5. 46	6. 05	5. 52
13	300119. SZ	瑞普生物	4. 88	5. 48	5. 56	5. 59	6. 99	5. 75	5. 5
14	002548. SZ	金新农	5. 47	5. 27	5. 78	5. 5	4. 78	5. 76	5. 48
15	002311. SZ	海大集团	5. 67	6. 04	6. 52	5. 85	4. 49	4. 44	5. 43
16	600127. SH	金健米业	4. 82	4. 47	5. 51	5. 2	5. 44	6. 9	5. 39
17	002124. SZ	天邦股份	5. 38	5. 48	5. 58	5. 78	4. 83	5. 17	5. 36
18	600298. SH	安琪酵母	5. 14	5. 43	4. 47	4. 96	5. 7	5. 7	5. 35
19	600506. SH	香梨股份	4. 39	6. 57	6. 11	5	5. 08	5	5. 33
20	002696. SZ	百洋股份	5. 39	6. 07	5. 4	5. 43	4. 39	4. 55	5. 29
21	000998. SZ	隆平高科	5. 48	4. 89	5. 8	5. 02	5. 14	5. 46	5. 28
22	000798. SZ	中水渔业	5. 06	4. 85	5. 59	4. 88	4. 96	6. 04	5. 28
23	600371. SH	万向德农	5. 36	4. 37	6. 39	5. 01	5. 79	5. 75	5. 26
24	002220. SZ	天宝股份	5	5. 37	5. 69	4. 84	4. 58	5. 54	5. 25
25	002604. SZ	龙力生物	5. 4	4. 83	5. 06	4. 97	4. 68	5. 74	5. 24
26	600108. SH	亚盛集团	5. 19	4. 97	4. 35	4. 97	4. 35	5. 98	5. 23
27	002143. SZ	印纪传媒	5. 11	5. 15	5. 66	5. 56	4. 45	5. 31	5. 2
28	002679. SZ	福建金森	4. 07	5. 38	5. 86	5. 72	4. 39	5. 99	5. 19
29	002100. SZ	天康生物	5. 76	5. 34	5. 4	5. 06	5. 07	4. 42	5. 17
30	000876. SZ	新希望	6. 19	5. 18	-0. 82	5. 07	4. 45	5. 6	5. 16
31	601118. SH	海南橡胶	5. 08	5. 76	0. 12	4. 63	4. 43	6	5. 15
32	300175. SZ	朗源股份	4. 27	5. 55	5. 74	4. 98	4. 84	5. 6	5. 15

续表

排名	股票代码	公司名称	财务状况	估值与成长性	创值能力	公司治理与社会责任	创新能力与战略资源	市场特征	综合得分
33	600097. SH	开创国际	5. 93	4. 8	5. 02	4. 93	5. 57	4. 66	5. 14
34	002567. SZ	唐人神	4. 96	5. 66	5. 26	5. 8	4. 7	4. 6	5. 12
35	000702. SZ	正虹科技	5. 77	4. 48	5. 98	5. 13	4. 76	4. 89	5. 09
36	000860. SZ	顺鑫农业	4. 69	5. 16	4. 33	5. 42	5. 45	5. 34	5. 07
37	002286. SZ	保龄宝	5. 19	5. 28	5. 58	5. 17	5. 04	4. 58	5. 06
38	002505. SZ	大康牧业	4. 98	5. 65	5. 48	5. 63	4	4. 46	5. 04
39	002477. SZ	雏鹰农牧	4. 96	5. 73	5. 04	5. 13	4. 6	4. 48	5. 03
40	600438. SH	通威股份	5. 78	5. 07	4. 82	5. 18	4. 61	4. 31	5. 03
41	300138. SZ	晨光生物	4. 71	5. 83	5. 3	5. 05	4. 6	4. 56	5. 03
42	002157. SZ	正邦科技	4. 95	5. 92	4. 86	5. 32	4. 23	4. 31	5. 02
43	002234. SZ	民和股份	4. 32	5. 18	4. 16	4. 99	4. 47	5. 72	4. 98
44	300106. SZ	西部牧业	4. 35	5. 71	5. 69	4. 83	4. 67	4. 75	4. 95
45	600467. SH	好当家	5. 41	5. 2	4. 41	4. 55	4. 5	4. 57	4. 95
46	600965. SH	福成五丰	5. 52	5. 09	6. 08	5	6. 88	3. 52	4. 94
47	300021. SZ	大禹节水	4. 57	5. 47	6. 26	5. 21	5. 33	4. 2	4. 91
48	300189. SZ	神农大丰	4. 72	4. 92	4. 95	4. 88	5. 92	4. 72	4. 87
49	600226. SH	升华拜克	5. 39	4. 68	4. 8	4. 93	4. 65	4. 58	4. 87
50	000713. SZ	丰乐种业	3. 25	5. 03	5. 28	4. 93	5. 31	6. 11	4. 87
51	600975. SH	新五丰	4. 35	5. 19	5. 78	4. 84	4. 71	4. 87	4. 86
52	000592. SZ	平潭发展	4. 54	5. 19	5. 27	5. 01	4. 74	4. 67	4. 84
53	000930. SZ	中粮生化	5. 01	4. 98	3. 53	5. 05	4. 71	4. 66	4. 8
54	000048. SZ	康达尔	5. 19	4. 52	5. 81	0. 76	4. 47	5. 63	4. 79
55	000735. SZ	罗牛山	4. 65	5. 15	3. 99	5. 03	4. 38	4. 71	4. 77
56	002086. SZ	东方海洋	4. 7	5. 04	5. 4	4. 95	4. 37	4. 48	4. 77
57	600257. SH	大湖股份	4. 71	4. 65	5. 76	5. 28	5. 13	4. 48	4. 76
58	600540. SH	新赛股份	5. 04	4. 73	4. 29	5. 04	4. 37	4. 56	4. 75
59	300143. SZ	星河生物	4. 31	4. 6	5. 67	5. 09	5. 69	4. 65	4. 7
60	600191. SH	华资实业	4. 51	4. 99	4. 04	5. 15	4. 53	4. 65	4. 7
61	000663. SZ	永安林业	4. 7	4. 43	5. 71	5. 02	4. 63	4. 57	4. 67
62	600189. SH	吉林森工	4. 48	4. 8	3. 9	4. 9	5. 37	4. 58	4. 64
63	002173. SZ	千足珍珠	4. 55	4. 36	6. 19	5. 22	5. 01	4. 34	4. 61
64	600598. SH	北大荒	5. 21	4. 69	0. 02	5. 38	4. 56	4. 7	4. 6
65	002458. SZ	益生股份	4. 47	4. 49	5. 37	5. 37	4. 44	4. 37	4. 57

续表

排名	股票代码	公司名称	财务状况	估值与成长性	创值能力	公司治理与社会责任	创新能力与战略资源	市场特征	综合得分
66	300094. SZ	国联水产	4. 44	4. 53	3. 71	5. 05	4. 77	4. 57	4. 52
67	600695. SH	绿庭投资	4. 61	3. 34	5. 5	5. 62	6. 58	4. 47	4. 47
68	600354. SH	敦煌种业	4. 85	3. 67	4. 39	5. 02	5. 79	4. 41	4. 46
69	002069. SZ	獐子岛	3. 97	4. 32	5. 29	4. 72	5. 04	4. 25	4. 33
70	002299. SZ	圣农发展	4. 68	4	3. 04	4. 76	4. 32	4. 34	4. 3
71	000893. SZ	东凌粮油	4. 42	4. 95	4. 43	5. 51	4. 33	3. 11	4. 29
72	600359. SH	新农开发	4. 47	1. 57	5. 62	5. 51	4. 66	5. 95	4. 24
73	000911. SZ	南宁糖业	4. 11	4. 35	3. 23	4. 98	4. 51	3. 98	4. 18
74	002321. SZ	华英农业	4. 47	4. 17	4. 59	4. 76	4. 42	3. 44	4. 14
75	600737. SH	中粮屯河	4. 17	4. 1	0	5. 18	5. 14	4. 46	4. 12
76	300268. SZ	万福生科	4. 53	2. 38	5. 76	0. 7	4. 74	4. 72	3. 8
77	000972. SZ	新中基	2. 84	2. 46	3. 81	0. 02	6. 21	4. 76	3. 3

（二十）汽车

排名	股票代码	公司名称	财务状况	估值与成长性	创值能力	公司治理与社会责任	创新能力与战略资源	市场特征	综合得分
1	000550. SZ	江铃汽车	7. 28	5. 46	6	5. 41	6. 56	7. 28	6. 12
2	600660. SH	福耀玻璃	7. 52	5. 3	7. 22	5. 33	5. 9	7. 52	6. 03
3	601633. SH	长城汽车	5. 18	6. 23	10. 29	5. 11	4. 63	5. 18	5. 82
4	600104. SH	上汽集团	5. 34	6. 14	8. 09	5. 02	4. 63	5. 34	5. 77
5	600066. SH	宇通客车	5. 9	5. 64	6. 54	5. 69	5. 56	5. 9	5. 74
6	002662. SZ	京威股份	6. 01	5. 8	5. 55	5. 14	4. 28	6. 01	5. 63
7	600081. SH	东风科技	5. 67	5. 91	5. 44	5. 26	4. 77	5. 67	5. 62
8	600418. SH	江淮汽车	6. 32	5. 04	4. 41	5. 15	5. 56	6. 32	5. 58
9	000887. SZ	中鼎股份	5. 84	5. 78	5. 69	4. 93	5. 38	5. 84	5. 57
10	002553. SZ	南方轴承	6. 14	5. 24	5. 49	4. 96	5. 32	6. 14	5. 55
11	002448. SZ	中原内配	5. 76	5. 13	5. 19	5. 01	7. 09	5. 56	5. 53
12	002406. SZ	远东传动	5. 6	5. 3	4. 73	5. 26	6. 58	5. 53	5. 48
13	603766. SH	隆鑫通用	6. 25	4. 97	5. 43	5. 37	4. 17	5. 54	5. 48
14	002664. SZ	信质电机	5. 01	6. 17	5. 59	5. 16	4. 24	5. 58	5. 47

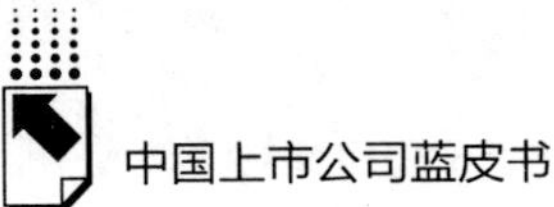

续表

排名	股票代码	公司名称	财务状况	估值与成长性	创值能力	公司治理与社会责任	创新能力与战略资源	市场特征	综合得分
15	002085. SZ	万丰奥威	6. 11	5. 28	5. 77	5. 18	4. 49	5. 27	5. 47
16	601311. SH	骆驼股份	5. 49	5. 59	5. 37	5. 34	5. 12	5. 47	5. 47
17	300304. SZ	云意电气	5. 6	5. 45	5. 4	5. 06	5. 36	5. 5	5. 46
18	002213. SZ	特尔佳	5. 26	5. 02	5. 7	5. 25	7. 65	5. 64	5. 46
19	601799. SH	星宇股份	5. 08	5. 91	5. 21	5. 44	5. 11	5. 49	5. 45
20	002454. SZ	松芝股份	5. 16	5. 55	5. 18	5. 28	6. 49	5. 49	5. 44
21	300258. SZ	精锻科技	5. 48	5. 61	5. 39	5. 05	4. 95	5. 42	5. 43
22	002625. SZ	龙生股份	5. 38	5. 43	5. 6	5. 51	5. 06	5. 49	5. 43
23	300237. SZ	美晨科技	4. 66	5. 96	5. 45	5. 1	6. 28	5. 56	5. 43
24	002284. SZ	亚太股份	5. 19	5. 44	5. 15	5. 07	4. 56	5. 98	5. 42
25	002048. SZ	宁波华翔	5. 09	5. 67	4. 81	5. 21	4. 36	5. 87	5. 41
26	000581. SZ	威孚高科	5. 51	5. 35	4. 38	4. 88	4. 94	5. 76	5. 38
27	000957. SZ	中通客车	4. 95	5. 46	5. 43	5. 02	5. 69	5. 73	5. 38
28	002602. SZ	世纪华通	5. 02	5. 66	5. 41	5. 07	5. 26	5. 52	5. 37
29	000338. SZ	潍柴动力	5. 65	5. 5	2. 22	4. 94	5. 7	5. 68	5. 37
30	000868. SZ	安凯客车	5. 07	5. 32	5. 27	5. 04	5. 32	5. 77	5. 35
31	002592. SZ	八菱科技	5. 54	5. 13	5. 52	5. 12	4. 69	5. 5	5. 34
32	600742. SH	一汽富维	5. 33	5. 75	4. 3	4. 96	2. 83	5. 74	5. 32
33	601965. SH	中国汽研	5. 53	4. 94	5. 01	5. 09	4. 03	5. 78	5. 28
34	600741. SH	华域汽车	5. 92	5. 72	-0. 61	5. 24	3. 55	5. 72	5. 24
35	002703. SZ	浙江世宝	4. 78	5. 29	5. 69	5. 17	5. 81	5. 41	5. 23
36	600686. SH	金龙汽车	5. 03	5. 16	4. 71	4. 83	4. 86	5. 79	5. 22
37	002101. SZ	广东鸿图	4. 86	6. 13	5. 24	4. 91	6. 51	4. 48	5. 22
38	600699. SH	均胜电子	5. 71	4. 73	5. 61	5. 16	4. 9	5. 2	5. 22
39	002434. SZ	万里扬	5. 02	5. 2	5	5. 04	5. 43	5. 45	5. 21
40	600093. SH	禾嘉股份	5. 14	4. 66	5. 69	5. 13	3. 48	6. 05	5. 19
41	002283. SZ	天润曲轴	4. 69	5. 47	4. 3	5. 47	5. 53	5. 42	5. 18
42	600148. SH	长春一东	5. 57	5. 05	5. 68	5. 25	6. 18	4. 51	5. 16
43	000559. SZ	万向钱潮	5. 15	5. 03	5. 24	5. 05	4. 86	5. 33	5. 15
44	601238. SH	广汽集团	4. 84	5. 63	-0. 53	5. 13	7. 09	5. 75	5. 14
45	001696. SZ	宗申动力	5. 35	4. 81	5. 38	5. 01	4. 04	5. 44	5. 13
46	000700. SZ	模塑科技	5. 02	5. 22	5. 48	5. 29	4. 23	5. 04	5. 08
47	300176. SZ	鸿特精密	4. 9	5. 93	5. 42	4. 97	5. 8	4. 13	5. 06

续表

排名	股票代码	公司名称	财务状况	估值与成长性	创值能力	公司治理与社会责任	创新能力与战略资源	市场特征	综合得分
48	600698. SH	湖南天雁	5. 41	3. 36	5. 73	5. 2	6. 89	5. 81	5. 06
49	002328. SZ	新朋股份	5. 35	5. 68	4. 48	5. 2	3. 66	4. 39	5. 02
50	600805. SH	悦达投资	5. 13	5	4. 02	4. 99	3. 15	5. 48	5
51	300100. SZ	双林股份	4. 98	5. 55	5. 31	5. 71	4. 58	4. 25	4. 99
52	600679. SH	金山开发	5. 02	4. 22	5. 52	5. 29	3. 88	5. 74	4. 98
53	600166. SH	福田汽车	4. 66	4. 37	4. 65	4. 99	5. 83	5. 75	4. 97
54	002472. SZ	双环传动	4. 78	5. 47	5. 25	5. 76	5. 08	4. 3	4. 96
55	002126. SZ	银轮股份	4. 89	5. 57	5. 09	5. 72	5. 12	4. 12	4. 96
56	600480. SH	凌云股份	4. 86	5. 45	4. 93	5. 05	5. 52	4. 39	4. 95
57	600482. SH	风帆股份	4. 79	5. 31	5. 25	5. 23	5. 2	4. 46	4. 93
58	002355. SZ	兴民钢圈	4. 37	4. 81	4. 99	5. 04	4. 63	5. 46	4. 89
59	000757. SZ	浩物股份	5. 41	3. 29	5. 78	5. 46	4. 2	5. 63	4. 85
60	000572. SZ	海马汽车	5. 1	5. 28	3. 17	5. 86	4. 81	4. 24	4. 84
61	600523. SH	贵航股份	4. 74	5. 09	5. 06	5. 4	4. 7	4. 41	4. 81
62	000951. SZ	中国重汽	4. 39	4. 64	4. 48	4. 99	4. 14	5. 5	4. 79
63	000625. SZ	长安汽车	5. 09	5. 32	0. 36	4. 98	6. 79	4. 37	4. 77
64	002590. SZ	万安科技	4. 66	5. 27	5. 45	5. 18	5. 88	3. 86	4. 77
65	002536. SZ	西泵股份	4. 21	5. 44	5. 09	5. 25	5. 37	4. 24	4. 75
66	000800. SZ	一汽轿车	5. 11	4. 51	1. 42	5. 49	6. 33	4. 57	4. 69
67	600335. SH	国机汽车	3. 99	5. 64	5. 52	5	2. 96	4. 49	4. 68
68	000903. SZ	云内动力	4. 79	4. 52	4. 63	5. 03	5. 2	4. 49	4. 67
69	002593. SZ	日上集团	3. 88	5. 38	5. 17	5. 59	5. 17	4. 21	4. 65
70	600653. SH	申华控股	4. 29	5. 82	4. 39	5. 06	2. 69	4. 21	4. 65
71	002105. SZ	信隆实业	4. 84	4. 8	5. 58	5. 08	4. 27	4. 06	4. 65
72	600099. SH	林海股份	4. 27	4. 79	5. 46	5. 18	3. 68	4. 76	4. 64
73	000678. SZ	襄阳轴承	3. 48	5. 48	5. 26	4. 94	5. 53	4. 55	4. 64
74	601777. SH	力帆股份	4. 06	5. 3	4. 41	5. 57	6. 4	3. 92	4. 63
75	002607. SZ	亚夏汽车	4. 8	5. 25	5. 4	5. 06	3. 11	3. 85	4. 62
76	002363. SZ	隆基机械	4. 66	4. 92	5. 44	4. 48	5. 25	3. 97	4. 61
77	002488. SZ	金固股份	4. 64	5. 78	5. 37	5. 15	5. 2	2. 95	4. 61
78	000025. SZ	特力 A	4. 67	4. 48	5. 73	5. 09	3. 76	4. 47	4. 61
79	000980. SZ	金马股份	4. 32	5. 22	5. 01	4. 83	3. 76	4. 26	4. 59
80	002684. SZ	猛狮科技	4. 29	5. 26	5. 64	5. 26	5. 41	3. 59	4. 58

续表

排名	股票代码	公司名称	财务状况	估值与成长性	创值能力	公司治理与社会责任	创新能力与战略资源	市场特征	综合得分
81	000710. SZ	天兴仪表	4. 93	2. 97	5. 8	5. 2	4. 58	5. 4	4. 58
82	600006. SH	东风汽车	4. 16	4. 78	3. 26	5. 03	5. 51	4. 74	4. 57
83	601258. SH	庞大集团	4. 92	4. 99	4. 3	5. 07	3. 65	3. 79	4. 54
84	000760. SZ	斯太尔	4	4. 68	5. 55	5	6. 14	4. 01	4. 48
85	000913. SZ	钱江摩托	4. 34	3. 14	4. 57	0. 08	5. 1	6. 87	4. 43
86	002265. SZ	西仪股份	4. 04	4. 25	5. 52	5. 06	4. 72	4. 41	4. 4
87	600303. SH	曙光股份	4. 46	4. 51	4. 66	5. 11	4. 15	4. 01	4. 4
88	002594. SZ	比亚迪	4. 5	4. 71	-0. 08	5. 05	5. 7	4. 23	4. 33
89	000622. SZ	恒立实业	3. 82	2. 84	5. 71	5. 27	4. 34	5. 54	4. 27
90	000017. SZ	深中华 A	5. 42	2. 23	5. 81	1	3. 62	5. 48	4. 16
91	600178. SH	东安动力	3. 88	3. 21	4. 41	5. 24	4. 89	4. 81	4. 14
92	600213. SH	亚星客车	4. 3	2. 99	5. 79	5. 04	5. 89	3. 9	4. 08
93	600609. SH	金杯汽车	4. 38	4	5. 51	0	4. 06	3. 37	3. 72
94	600877. SH	中国嘉陵	3. 92	1. 7	5. 29	5. 27	5. 17	3. 06	3. 35
95	000030. SZ	富奥股份	3. 09	1. 52	5. 35	3. 43	4. 53	4. 51	3. 29

（二十一）轻工制造

排名	股票代码	公司名称	财务状况	估值与成长性	创值能力	公司治理与社会责任	创新能力与战略资源	市场特征	综合得分
1	002572. SZ	索菲亚	6. 66	5. 41	6. 14	6. 85	5. 49	5. 34	6. 22
2	601515. SH	东风股份	6. 43	4. 96	6. 51	6. 36	4. 67	5. 25	6. 01
3	600612. SH	老凤祥	4. 25	5. 23	6. 76	5. 06	6. 76	5. 72	5. 88
4	300061. SZ	康耐特	4. 75	5. 25	5. 88	6. 81	4. 84	4. 86	5. 87
5	002235. SZ	安妮股份	4. 78	4. 63	6. 67	5. 6	5. 18	6. 92	5. 87
6	002303. SZ	美盈森	5. 84	5. 1	5. 9	6. 27	5. 38	5. 34	5. 86
7	002615. SZ	哈尔斯	5. 9	5. 2	5. 86	6. 13	5. 63	5. 33	5. 85
8	300329. SZ	海伦钢琴	5. 64	5. 02	5. 81	6. 05	5. 65	5. 29	5. 78
9	002117. SZ	东港股份	5. 88	5. 02	6. 32	5. 25	6. 12	5. 34	5. 77
10	002522. SZ	浙江众成	5. 65	4. 8	6. 38	5. 98	4. 52	5. 29	5. 76
11	002229. SZ	鸿博股份	5. 25	5. 16	6. 16	5. 71	4. 78	5. 44	5. 65

续表

排名	股票代码	公司名称	财务状况	估值与成长性	创值能力	公司治理与社会责任	创新能力与战略资源	市场特征	综合得分
12	002701. SZ	奥瑞金	5. 11	5. 34	5. 84	6. 31	4. 42	4. 22	5. 62
13	002502. SZ	骅威股份	6. 93	4. 9	5. 78	5. 56	5. 14	5. 34	5. 6
14	002605. SZ	姚记扑克	5. 64	4. 88	6. 61	5. 59	3. 73	5. 28	5. 59
15	002678. SZ	珠江钢琴	5. 64	4. 88	6. 54	4. 62	5. 44	6. 18	5. 56
16	002565. SZ	上海绿新	5. 15	5. 11	5. 51	6. 17	4. 72	5. 23	5. 55
17	600599. SH	熊猫金控	5. 33	4. 62	6. 31	5. 52	4. 28	4. 29	5. 46
18	002120. SZ	新海股份	5. 6	4. 92	5. 41	6. 04	4. 49	5. 25	5. 46
19	002071. SZ	长城影视	4. 98	4. 65	6. 7	5. 25	3. 64	4. 92	5. 42
20	603008. SH	喜临门	5. 2	5. 09	5. 94	4. 74	5. 99	5. 29	5. 41
21	002240. SZ	威华股份	4. 65	3. 7	6. 09	5. 46	5. 21	4. 3	5. 41
22	002571. SZ	德力股份	5. 3	6. 78	5. 02	5. 76	4. 9	5. 32	5. 39
23	000587. SZ	金叶珠宝	4. 27	4. 19	6. 29	4. 43	6. 59	5. 06	5. 39
24	002247. SZ	帝龙新材	5. 9	5. 33	5. 33	5. 66	4. 64	5. 34	5. 37
25	600135. SH	乐凯胶片	6. 26	4. 79	5. 69	4. 62	5. 89	6. 17	5. 37
26	002084. SZ	海鸥卫浴	4. 45	4. 95	6. 05	4. 93	5. 74	4. 18	5. 35
27	002191. SZ	劲嘉股份	5. 97	5. 02	5. 28	5. 46	5. 14	5. 23	5. 34
28	002348. SZ	高乐股份	8. 81	4. 91	5. 63	4. 63	5. 06	5. 33	5. 34
29	002094. SZ	青岛金王	4. 83	5. 07	6. 36	4. 5	5. 04	5. 4	5. 31
30	002103. SZ	广博股份	5. 11	5. 23	5. 63	5. 14	5. 05	5. 36	5. 31
31	002599. SZ	盛通股份	4. 78	5	5. 61	5. 53	4. 41	5. 26	5. 29
32	600433. SH	冠豪高新	4. 53	4. 6	6. 43	4. 37	4. 73	5. 94	5. 23
33	002301. SZ	齐心集团	4. 86	5. 11	5. 26	5. 36	5	5. 29	5. 22
34	600462. SH	石岘纸业	4. 9	2. 66	6. 58	4. 58	4. 9	4. 47	5. 19
35	002575. SZ	群兴玩具	6. 71	4. 83	5. 7	4. 55	4. 91	5. 32	5. 18
36	300089. SZ	长城集团	5. 2	4. 76	4. 71	5. 75	5. 15	4. 17	5. 12
37	002228. SZ	合兴包装	4. 29	5. 22	6. 02	4. 76	4. 35	4. 8	5. 12
38	000026. SZ	飞亚达 A	4. 19	5. 26	5. 14	4. 57	6. 31	5. 62	5. 11
39	600086. SH	东方金钰	2. 03	5. 11	7. 04	4. 07	4. 4	4. 8	5. 09
40	002345. SZ	潮宏基	4. 9	5. 38	5. 45	4. 27	6. 31	4. 19	5. 07
41	600337. SH	美克家居	5. 37	5. 12	4. 27	5. 3	6. 05	5. 32	5. 06
42	600836. SH	界龙实业	2. 14	5. 68	6. 59	4. 38	4. 57	3. 9	5. 06
43	002631. SZ	德尔家居	6. 19	5. 11	5. 03	4. 87	4. 95	5. 34	5. 06

续表

排名	股票代码	公司名称	财务状况	估值与成长性	创值能力	公司治理与社会责任	创新能力与战略资源	市场特征	综合得分
44	002012. SZ	凯恩股份	5. 72	5. 08	4. 98	4. 63	5. 64	5. 25	5. 03
45	000820. SZ	金城股份	3. 27	3. 03	6. 58	4. 47	4. 17	5. 37	5. 02
46	002014. SZ	永新股份	5. 87	5. 15	4. 22	5. 3	5. 44	5. 98	5. 02
47	002259. SZ	升达林业	4. 35	4. 91	5. 65	4. 85	4. 42	4. 02	4. 98
48	000833. SZ	贵糖股份	5. 22	4. 96	5. 38	4. 14	5. 05	6. 15	4. 93
49	000576. SZ	广东甘化	4. 94	4. 67	6. 15	4. 13	4. 08	4. 9	4. 93
50	300057. SZ	万顺股份	4. 25	5. 43	4. 21	5. 67	4. 62	5. 07	4. 89
51	000812. SZ	陕西金叶	4. 8	4. 9	5. 29	4. 62	4. 38	5. 22	4. 87
52	002243. SZ	通产丽星	5. 55	5. 25	4. 53	4. 68	5. 53	5. 13	4. 87
53	002521. SZ	齐峰新材	5. 5	5. 29	3. 96	5. 48	4. 88	5. 17	4. 85
54	002374. SZ	丽鹏股份	5. 09	5. 11	4. 42	4. 92	4. 4	5. 17	4. 71
55	002489. SZ	浙江永强	4. 91	5. 08	4. 31	4. 96	4. 77	4. 29	4. 68
56	601996. SH	丰林集团	6. 69	5. 11	4. 45	4. 26	4. 73	5. 33	4. 66
57	600103. SH	青山纸业	3. 9	4. 82	4. 7	4. 34	4. 57	5. 04	4. 54
58	002511. SZ	中顺洁柔	4. 74	5. 11	4. 02	4. 29	5. 63	5. 11	4. 53
59	600235. SH	民丰特纸	4. 87	5. 13	3. 78	4. 8	4. 99	5. 01	4. 52
60	600439. SH	瑞贝卡	4. 42	5. 07	4. 15	4. 41	5. 45	4. 12	4. 5
61	600210. SH	紫江企业	3. 8	5. 09	4. 11	4. 58	4. 49	3. 9	4. 35
62	002078. SZ	太阳纸业	3. 82	5. 16	3. 62	4. 6	5. 15	3. 82	4. 29
63	600978. SH	宜华木业	5. 03	5. 24	3. 08	4. 76	5. 15	4. 08	4. 26
64	002585. SZ	双星新材	5. 89	5. 4	2. 69	4. 87	4. 73	5. 33	4. 24
65	002574. SZ	明牌珠宝	5. 46	5. 23	3. 94	3. 95	4. 14	5. 18	4. 22
66	000910. SZ	大亚科技	3. 87	5. 11	2. 72	4. 75	5. 89	3. 88	4. 16
67	600356. SH	恒丰纸业	5. 04	5. 12	2. 83	4. 42	4. 99	4. 96	4. 09
68	002263. SZ	大东南	5. 25	4. 95	3. 28	4. 3	4. 07	5. 29	4. 08
69	002067. SZ	景兴纸业	4. 62	4. 85	2. 75	4. 8	4. 7	4. 1	4. 05
70	600567. SH	山鹰纸业	3. 46	5. 12	3. 78	3. 2	4. 78	3. 83	3. 8
71	600963. SH	岳阳林纸	3. 38	5. 2	1. 33	4. 18	5. 32	4. 82	3. 45
72	600308. SH	华泰股份	3. 96	5. 23	0. 55	4. 28	4. 69	4. 09	3. 12
73	000488. SZ	晨鸣纸业	2. 78	5. 07	-0. 34	4. 72	4. 72	4. 47	2. 92
74	600966. SH	博汇纸业	3. 25	5. 17	0. 69	3. 81	4. 23	3. 69	2. 87

（二十二）商业贸易

排名	股票代码	公司名称	财务状况	估值与成长性	创值能力	公司治理与社会责任	创新能力与战略资源	市场特征	综合得分
1	000061. SZ	农产品	4. 83	5. 39	4. 78	7. 68	4. 89	4. 83	6. 09
2	002416. SZ	爱施德	5. 22	5. 95	4. 01	7. 07	4. 47	5. 22	5. 78
3	000501. SZ	鄂武商 A	4. 4	5. 35	5. 22	6. 61	5. 18	4. 4	5. 76
4	002264. SZ	新华都	4. 43	5. 29	6. 09	7. 1	5. 34	4. 43	5. 75
5	000715. SZ	中兴商业	6. 29	5	5. 59	5. 82	4. 82	6. 29	5. 75
6	002277. SZ	友阿股份	5. 15	5. 33	4. 69	6. 32	4. 84	5. 15	5. 7
7	002561. SZ	徐家汇	6. 71	4. 96	5. 53	5. 27	4. 83	6. 71	5. 58
8	002344. SZ	海宁皮城	6. 39	5. 6	6. 78	5. 04	4. 71	6. 39	5. 56
9	000560. SZ	昆百大 A	4. 35	5. 15	5. 03	6. 99	4. 83	4. 35	5. 56
10	002091. SZ	江苏国泰	5. 8	5. 22	5. 86	5. 43	4. 95	5. 8	5. 55
11	002697. SZ	红旗连锁	5. 69	5. 1	5. 93	5. 85	5. 48	4. 89	5. 52
12	002024. SZ	苏宁云商	4. 82	5. 27	3. 62	6. 13	5. 18	5. 51	5. 47
13	600859. SH	王府井	8. 34	5. 31	3. 46	4. 77	5. 12	5. 54	5. 44
14	601933. SH	永辉超市	5. 09	5. 43	6. 64	5. 52	5. 21	4. 86	5. 35
15	600814. SH	杭州解百	5. 16	4. 82	5. 25	5. 28	4. 91	5. 64	5. 33
16	000759. SZ	中百集团	4. 73	5. 21	4. 47	5. 56	5. 21	5. 59	5. 32
17	600824. SH	益民集团	5. 7	5. 17	5. 85	4. 96	5. 04	5. 54	5. 32
18	000987. SZ	广州友谊	5. 9	4. 9	6. 15	4. 74	5. 13	5. 64	5. 31
19	600693. SH	东百集团	4. 43	4. 83	5. 11	6. 01	4. 98	4. 85	5. 29
20	000416. SZ	民生控股	7. 05	3. 75	6. 46	4. 79	4. 8	4. 89	5. 26
21	002419. SZ	天虹商场	5. 07	5. 31	5. 37	5. 02	5. 32	5. 64	5. 25
22	600739. SH	辽宁成大	5. 67	5. 28	3. 18	5. 32	4. 94	5. 6	5. 25
23	600723. SH	首商股份	5. 53	5. 22	3. 97	5. 17	5. 11	5. 64	5. 25
24	000417. SZ	合肥百货	5. 19	5. 24	4. 16	5. 24	4. 83	5. 64	5. 24
25	600735. SH	新华锦	6. 22	4. 28	6. 84	4. 9	5. 11	4. 87	5. 24
26	000151. SZ	中成股份	5. 5	5. 2	6. 67	4. 5	5. 34	5. 64	5. 22
27	603123. SH	翠微股份	5. 41	5. 15	4. 54	4. 95	5. 21	5. 64	5. 2
28	600694. SH	大商股份	5. 19	5. 3	5. 81	5. 26	5	4. 86	5. 18
29	600838. SH	上海九百	5. 37	4. 11	6. 32	4. 91	5. 59	5. 17	5. 17
30	000785. SZ	武汉中商	4. 7	5. 01	4. 82	5. 19	4. 75	5. 55	5. 16
31	000301. SZ	东方市场	6. 32	4. 96	4. 31	4. 62	4. 7	5. 67	5. 16
32	000062. SZ	深圳华强	5. 5	5. 27	6. 36	4. 97	4. 97	4. 88	5. 16

续表

排名	股票代码	公司名称	财务状况	估值与成长性	创值能力	公司治理与社会责任	创新能力与战略资源	市场特征	综合得分
33	600712. SH	南宁百货	4. 94	5. 06	5. 36	4. 89	4. 93	5. 62	5. 16
34	600826. SH	兰生股份	5. 77	4. 71	4. 17	4. 88	4. 75	5. 64	5. 15
35	000419. SZ	通程控股	5. 13	5. 27	4. 28	4. 99	4. 84	5. 61	5. 13
36	600774. SH	汉商集团	4. 67	4. 98	6. 04	5. 12	4. 69	5. 15	5. 12
37	000889. SZ	茂业物流	5. 82	5. 07	5. 55	4. 9	5	4. 89	5. 1
38	002187. SZ	广百股份	5. 33	5. 27	4. 13	4. 8	5. 18	5. 64	5. 09
39	000861. SZ	海印股份	5. 18	5. 12	6. 26	4. 97	4. 53	4. 84	5. 07
40	000516. SZ	国际医学	5. 05	4. 78	6. 73	4. 99	4. 7	4. 76	5. 06
41	600628. SH	新世界	5. 08	5. 07	4. 79	4. 89	4. 85	5. 41	5. 06
42	600790. SH	轻纺城	5. 56	5. 38	4. 1	4. 66	4. 76	5. 64	5. 06
43	600898. SH	三联商社	5. 43	4. 48	6. 78	4. 69	4. 91	4. 9	5. 04
44	601116. SH	三江购物	6. 39	4. 97	4. 91	4. 66	5. 3	4. 89	5. 04
45	600278. SH	东方创业	5. 27	5. 09	4. 38	4. 68	4. 8	5. 63	5. 03
46	600778. SH	友好集团	4. 56	5. 84	3. 47	5. 11	4. 95	5. 52	5. 02
47	000058. SZ	深赛格	5. 2	4. 98	5. 89	4. 72	4. 69	5. 1	5. 01
48	600655. SH	豫园商城	5. 68	5. 4	3. 67	4. 8	4. 81	5. 28	4. 99
49	600122. SH	宏图高科	5. 04	5. 35	1. 19	6. 2	4. 86	4. 32	4. 98
50	600858. SH	银座股份	4. 61	5. 41	3. 74	5. 03	5. 14	5. 41	4. 98
51	600828. SH	成商集团	5. 23	4. 9	5. 73	4. 81	5. 03	4. 86	4. 98
52	600287. SH	江苏舜天	4. 52	4. 83	5. 99	4. 68	4. 86	5. 3	4. 96
53	002251. SZ	步步高	4. 82	5. 31	5. 34	4. 98	5. 29	4. 78	4. 95
54	600865. SH	百大集团	6. 15	4. 87	4. 36	4. 73	4. 91	4. 82	4. 95
55	600128. SH	弘业股份	5. 08	5. 19	4. 09	4. 63	4. 85	5. 56	4. 94
56	600738. SH	兰州民百	5. 57	5. 19	5. 08	4. 72	4. 86	4. 88	4. 94
57	600082. SH	海泰发展	4. 89	4. 93	4. 97	4. 65	6. 13	5. 2	4. 93
58	600729. SH	重庆百货	4. 91	5. 19	5. 24	4. 35	5. 1	5. 64	4. 93
59	600821. SH	津劝业	4. 35	4. 34	6. 06	4. 94	4. 99	4. 92	4. 92
60	002102. SZ	冠福股份	4. 74	5. 15	5. 15	5. 3	5. 1	4. 31	4. 91
61	600857. SH	宁波中百	6. 09	4. 75	6. 67	4. 14	4. 82	4. 9	4. 91
62	600415. SH	小商品城	4. 47	4. 71	6. 01	4. 69	4. 84	5. 13	4. 9
63	600785. SH	新华百货	5	5. 36	4. 46	4. 89	5. 13	4. 91	4. 9
64	601010. SH	文峰股份	5. 4	5. 23	4. 3	4. 81	4. 9	4. 89	4. 89
65	600827. SH	百联股份	4. 92	5. 1	2. 78	4. 75	5. 27	5. 62	4. 88

续表

排名	股票代码	公司名称	财务状况	估值与成长性	创值能力	公司治理与社会责任	创新能力与战略资源	市场特征	综合得分
66	600280. SH	中央商场	3. 43	4. 9	6. 49	5. 8	4. 55	3. 86	4. 88
67	600605. SH	汇通能源	5. 45	4. 84	6. 01	4. 74	4. 82	4. 41	4. 87
68	600120. SH	浙江东方	4. 69	5. 45	3. 92	4. 61	4. 79	5. 53	4. 86
69	600755. SH	厦门国贸	4. 23	5. 46	5. 09	4. 6	4. 82	5. 36	4. 84
70	000753. SZ	漳州发展	4. 72	5. 32	4. 29	4. 86	4. 87	4. 95	4. 83
71	600856. SH	长百集团	4. 5	1. 99	7. 58	5. 1	4. 94	4. 11	4. 82
72	600241. SH	时代万恒	4. 19	4. 6	5. 67	4. 78	4. 76	4. 96	4. 81
73	600515. SH	海岛建设	4. 35	4. 94	6. 19	4. 96	5. 01	4. 38	4. 81
74	000408. SZ	金谷源	4. 34	3. 49	7. 6	4. 59	6. 1	4. 46	4. 79
75	600697. SH	欧亚集团	3. 82	5. 47	2. 82	5. 05	4. 81	5. 3	4. 75
76	600250. SH	南纺股份	3. 64	4. 08	6. 82	4. 95	5. 78	4. 26	4. 72
77	600327. SH	大东方	4. 61	5. 13	4. 9	4. 91	4. 76	4. 31	4. 7
78	600704. SH	物产中大	4. 08	5. 16	3. 13	4. 77	4. 8	5. 32	4. 7
79	600981. SH	汇鸿股份	4	5. 3	4. 45	4. 65	4. 93	4. 98	4. 66
80	600682. SH	南京新百	3. 66	5. 83	6. 07	4. 81	4. 88	4. 35	4. 66
81	000829. SZ	天音控股	4. 28	5. 12	5. 38	4. 76	5. 21	4. 1	4. 58
82	600361. SH	华联综超	4. 6	4. 94	2. 85	4. 7	5. 38	4. 74	4. 57
83	600058. SH	五矿发展	4. 04	5. 25	2. 48	4. 81	4. 89	4. 96	4. 56
84	300022. SZ	吉峰农机	2. 69	3. 13	7. 35	4. 88	5. 11	4. 24	4. 53
85	000679. SZ	大连友谊	3. 97	5. 08	2. 57	4. 81	4. 8	4. 57	4. 43
86	600861. SH	北京城乡	5. 38	5. 22	2. 61	4. 66	5. 02	3. 93	4. 42
87	000564. SZ	西安民生	4. 4	5. 29	3. 49	4. 39	4. 95	4. 52	4. 41
88	000626. SZ	如意集团	3. 31	5. 43	3. 9	4. 81	4. 75	3. 98	4. 3
89	600306. SH	商业城	2. 39	2. 66	7. 24	5. 08	4. 79	3. 11	4. 21
90	600891. SH	秋林集团	5. 72	5. 22	5. 18	2. 45	4. 77	4. 9	4. 05
91	000882. SZ	华联股份	5. 02	5. 47	2. 38	4. 72	5. 44	2. 57	4. 01
92	002336. SZ	人人乐	5	4. 7	2. 96	2. 44	5. 35	4. 54	3. 65
93	600822. SH	上海物贸	3. 51	4. 88	5. 03	2. 36	5. 39	4. 02	3. 44

（二十三）食品饮料

排名	股票代码	公司名称	财务状况	估值与成长性	创值能力	公司治理与社会责任	创新能力与战略资源	市场特征	综合得分
1	300146. SZ	汤臣倍健	6. 26	6. 73	5. 1	5. 37	5. 54	5. 34	5. 96
2	600519. SH	贵州茅台	5. 78	5. 91	10. 92	5. 45	4. 19	5. 6	5. 95
3	002304. SZ	洋河股份	5. 74	6. 23	9. 5	5. 21	4. 5	5. 56	5. 93
4	000858. SZ	五粮液	5. 38	5. 42	10. 35	4. 95	5. 05	5. 58	5. 68
5	000596. SZ	古井贡酒	5. 31	5. 98	5. 16	5. 31	5. 83	5. 57	5. 58
6	000895. SZ	双汇发展	6. 53	5. 03	6. 55	5. 35	4. 18	5. 34	5. 58
7	000848. SZ	承德露露	6. 38	5. 1	5. 23	4. 9	5. 44	5. 35	5. 53
8	600872. SH	中炬高新	5. 39	5. 71	4. 45	5. 03	4. 42	5. 94	5. 49
9	002661. SZ	克明面业	5. 4	5. 82	4. 77	6. 28	4. 26	5. 33	5. 46
10	002216. SZ	三全食品	5. 17	5. 65	4. 72	4. 97	5. 85	5. 67	5. 43
11	002646. SZ	青青稞酒	5. 41	5. 82	4. 89	5. 16	4. 84	5. 35	5. 42
12	600809. SH	山西汾酒	5. 15	5. 33	6. 04	5. 29	5. 76	5. 59	5. 41
13	002507. SZ	涪陵榨菜	5. 75	5. 27	4. 89	4. 84	4. 98	5. 58	5. 41
14	600199. SH	金种子酒	5. 33	5. 3	4. 87	5. 13	6. 18	5. 58	5. 4
15	002568. SZ	百润股份	6. 28	4. 84	5. 11	5. 28	4. 36	5. 34	5. 38
16	000869. SZ	张裕 A	6. 02	4. 63	5. 87	4. 94	5. 69	5. 32	5. 35
17	600197. SH	伊力特	5. 51	5. 22	4. 67	4. 9	4. 35	5. 68	5. 32
18	600597. SH	光明乳业	4. 94	5. 56	4. 52	5. 31	5. 87	5. 46	5. 3
19	600887. SH	伊利股份	5. 31	5. 36	5. 14	6. 2	5. 18	5. 04	5. 3
20	000796. SZ	易食股份	5. 64	5. 24	4. 44	4. 98	5	5. 29	5. 28
21	600600. SH	青岛啤酒	5. 27	5. 08	5. 18	4. 99	5. 28	5. 53	5. 26
22	002695. SZ	煌上煌	5. 04	5. 36	4. 34	6. 03	4. 32	5. 35	5. 2
23	002557. SZ	洽洽食品	4. 61	5. 33	4. 32	4. 68	4. 57	6. 11	5. 19
24	000568. SZ	泸州老窖	5. 63	5. 11	8. 01	0. 59	4. 53	5. 6	5. 17
25	002570. SZ	贝因美	4. 96	4. 9	5. 1	5. 04	6. 91	5. 33	5. 17
26	000752. SZ	西藏发展	6. 4	4. 13	4. 51	4. 91	4. 41	5. 27	5. 15
27	600702. SH	沱牌舍得	4. 15	5. 36	4. 68	5. 01	5. 65	5. 9	5. 13
28	002481. SZ	双塔食品	4. 59	6	4. 57	5. 15	3. 93	5. 12	5. 11
29	002495. SZ	佳隆股份	5. 39	4. 75	4. 73	5. 11	4. 63	5. 33	5. 1
30	002702. SZ	海欣食品	4. 59	5. 26	4. 55	5. 46	5. 19	5. 35	5. 07
31	002582. SZ	好想你	4. 49	5. 58	4. 05	5	5. 22	5. 2	5. 03
32	000729. SZ	燕京啤酒	4. 86	5. 04	3. 89	5. 21	4. 74	5. 39	5. 01

续表

排名	股票代码	公司名称	财务状况	估值与成长性	创值能力	公司治理与社会责任	创新能力与战略资源	市场特征	综合得分
33	600616. SH	金枫酒业	4. 8	4. 59	4. 38	5. 32	5. 27	5. 57	4. 99
34	002650. SZ	加加食品	5	4. 96	4. 6	4. 78	4. 29	5. 31	4. 99
35	600090. SH	啤酒花	5. 44	4. 37	4. 73	5. 01	4. 67	5. 24	4. 98
36	600559. SH	老白干酒	4. 16	5. 02	5. 18	5. 37	5. 76	5. 19	4. 92
37	002329. SZ	皇氏集团	4. 84	5. 89	4. 72	4. 99	4. 88	3. 94	4. 88
38	000019. SZ	深深宝 A	4. 41	4. 73	4. 22	5. 19	4. 32	5. 6	4. 86
39	600873. SH	梅花生物	4. 72	5. 54	3. 8	4. 95	4. 17	4. 66	4. 85
40	002461. SZ	珠江啤酒	5. 74	4. 8	4. 13	5. 18	5. 03	4. 03	4. 85
41	000929. SZ	兰州黄河	4. 9	4. 41	3. 89	4. 87	5. 03	5. 34	4. 83
42	002387. SZ	黑牛食品	4. 32	4. 68	4. 57	5. 13	5. 27	5. 19	4. 78
43	600132. SH	重庆啤酒	4. 58	4. 58	4. 78	5. 25	4. 86	4. 73	4. 7
44	600365. SH	通葡股份	3. 36	5	4. 6	5. 74	5. 54	5. 28	4. 7
45	600238. SH	海南椰岛	4. 03	3. 44	4. 92	5. 15	4. 79	6. 27	4. 66
46	600543. SH	莫高股份	4. 78	4. 38	4. 4	4. 94	5. 97	4. 42	4. 63
47	002330. SZ	得利斯	4. 69	5. 07	4. 35	4. 85	4. 34	4. 18	4. 63
48	600059. SH	古越龙山	4. 16	5. 26	4	4. 95	4. 91	4. 23	4. 57
49	600573. SH	惠泉啤酒	4. 93	4. 15	4. 04	5. 03	4. 77	4. 47	4. 54
50	000716. SZ	黑芝麻	4. 69	4. 7	4. 23	5. 91	5. 41	3. 73	4. 54
51	600073. SH	上海梅林	4. 5	5. 37	4. 24	5. 04	4. 58	3. 58	4. 52
52	600429. SH	三元股份	4. 36	4. 4	4. 52	4. 62	5. 42	4. 15	4. 41
53	002515. SZ	金字火腿	4. 47	4. 76	4. 63	5. 03	5. 28	3. 29	4. 33
54	600300. SH	维维股份	4. 01	5. 08	4. 09	5. 12	5. 03	3. 58	4. 33
55	600305. SH	恒顺醋业	4. 86	4. 28	4. 69	5. 32	4. 79	3. 28	4. 3
56	600084. SH	中葡股份	3. 44	4. 45	4. 37	5. 34	6. 46	2. 57	3. 85
57	600866. SH	星湖科技	3. 96	2. 14	4. 1	5. 04	4. 03	3. 9	3. 55
58	600186. SH	莲花味精	4. 17	1. 9	4. 72	-0. 11	4. 3	3. 29	3. 04

（二十四）通信

排名	股票代码	公司名称	财务状况	估值与成长性	创值能力	公司治理与社会责任	创新能力与战略资源	市场特征	综合得分
1	600485. SH	信威集团	5. 11	4. 65	6. 07	7. 15	6. 7	5. 22	6. 26
2	300353. SZ	东土科技	6. 72	5. 36	5. 79	5. 58	6. 66	5. 28	5. 93
3	002396. SZ	星网锐捷	5. 51	5. 4	5. 22	5. 55	5. 73	5. 64	5. 59
4	002583. SZ	海能达	4. 76	5. 29	5. 03	5. 55	6. 35	4. 47	5. 56
5	002465. SZ	海格通信	5. 78	5. 5	4. 94	4. 87	6. 26	5. 52	5. 55

续表

排名	股票代码	公司名称	财务状况	估值与成长性	创值能力	公司治理与社会责任	创新能力与战略资源	市场特征	综合得分
6	300017. SZ	网宿科技	7. 32	5. 56	6. 05	5. 57	5. 08	5. 57	5. 53
7	600289. SH	亿阳信通	5. 53	5. 16	4. 81	5. 81	5. 52	5. 14	5. 49
8	002467. SZ	二六三	6. 36	4. 45	5. 41	5. 21	6. 12	5. 3	5. 49
9	300050. SZ	世纪鼎利	6. 34	4. 79	3. 58	3. 97	7. 39	4. 79	5. 41
10	000561. SZ	烽火电子	4. 75	5. 2	5. 53	5. 36	5. 59	5. 56	5. 41
11	300250. SZ	初灵信息	6. 13	5. 34	5. 91	5. 51	5. 15	5. 29	5. 39
12	002104. SZ	恒宝股份	7. 38	5. 45	5. 89	5. 68	4. 67	5. 32	5. 39
13	600498. SH	烽火通信	4. 62	5. 46	4. 04	5. 18	5. 71	5. 57	5. 37
14	300310. SZ	宜通世纪	5. 09	5. 38	5. 6	5. 91	4. 82	5. 3	5. 35
15	000032. SZ	深桑达 A	5. 15	4. 87	4. 52	5. 42	5. 32	5. 66	5. 3
16	300213. SZ	佳讯飞鸿	5. 52	5. 39	5. 71	5. 63	4. 7	5. 28	5. 25
17	002281. SZ	光迅科技	5. 33	5. 33	5. 01	4. 83	5. 32	5. 88	5. 23
18	300205. SZ	天喻信息	4. 49	5. 45	5. 58	4. 71	5. 77	4. 99	5. 2
19	002017. SZ	东信和平	5. 35	5. 33	5. 55	5. 07	4. 95	5. 64	5. 17
20	300098. SZ	高新兴	4. 74	4. 98	5. 35	5. 1	5. 41	4. 63	5. 11
21	300081. SZ	恒信移动	5. 27	4. 81	5. 32	4. 94	5. 49	4. 71	5. 1
22	002231. SZ	奥维通信	4. 94	5. 32	5. 39	4. 71	5. 33	5. 27	5. 1
23	300134. SZ	大富科技	4. 4	4. 97	5. 26	5. 69	4. 62	5. 21	5. 1
24	000547. SZ	闽福发 A	5. 2	4. 87	5. 52	4. 73	5. 03	6. 06	5. 08
25	002115. SZ	三维通信	4. 6	5. 3	5. 26	4. 63	5. 76	4. 32	5. 06
26	300025. SZ	华星创业	4. 52	5. 64	5. 69	5. 37	4. 6	4. 76	5. 04
27	600198. SH	大唐电信	3. 89	5. 36	4. 87	4. 98	5. 5	4. 26	5. 03
28	000063. SZ	中兴通讯	4	5. 13	5. 65	4. 96	5. 85	3. 13	4. 99
29	300312. SZ	邦讯技术	4. 33	5. 42	5. 36	4. 49	5. 34	5. 08	4. 98
30	300028. SZ	金亚科技	4. 69	4. 93	5. 67	5. 78	4. 49	4. 2	4. 97
31	002093. SZ	国脉科技	4. 56	4. 93	5. 26	4. 66	5. 37	4. 81	4. 96
32	600355. SH	精伦电子	4. 91	3. 23	5. 3	4. 63	6. 01	4. 84	4. 95
33	600776. SH	东方通信	5. 36	5. 25	5. 01	4. 87	4. 52	5. 65	4. 95
34	002544. SZ	杰赛科技	4. 47	5. 2	6. 15	4. 73	4. 8	5. 4	4. 93
35	002194. SZ	武汉凡谷	5. 64	5. 23	4. 79	4. 71	4. 7	5. 29	4. 91
36	002316. SZ	键桥通讯	4. 47	5. 35	5. 35	4. 89	4. 57	5. 3	4. 89
37	002313. SZ	日海通讯	4. 44	6. 02	3. 47	4. 77	4. 89	4. 58	4. 89
38	002089. SZ	新海宜	4. 69	5. 35	5. 32	5. 16	4. 44	4. 77	4. 88

续表

排名	股票代码	公司名称	财务状况	估值与成长性	创值能力	公司治理与社会责任	创新能力与战略资源	市场特征	综合得分
39	000586. SZ	汇源通信	4. 28	3. 89	5. 95	4. 88	5. 07	5. 28	4. 86
40	300299. SZ	富春通信	5. 22	5. 41	5. 63	5. 02	4. 05	5. 23	4. 82
41	300211. SZ	亿通科技	5. 8	5. 2	5. 1	4. 71	4. 33	5. 29	4. 81
42	000070. SZ	特发信息	4. 62	5. 36	4. 51	4. 59	4. 6	4. 99	4. 75
43	002446. SZ	盛路通信	5. 45	4. 84	5. 35	4. 94	4. 1	5. 28	4. 74
44	600130. SH	波导股份	5. 48	5. 27	5. 38	4. 79	4. 05	5. 28	4. 74
45	600522. SH	中天科技	5. 06	5. 48	3. 66	4. 9	4. 41	4. 24	4. 7
46	600345. SH	长江通信	5. 01	5. 13	4. 2	4. 8	4. 27	4. 87	4. 68
47	300292. SZ	吴通通讯	5. 07	5. 53	5. 36	4. 9	3. 71	5. 23	4. 67
48	300038. SZ	梅泰诺	4. 17	5. 39	4. 76	4. 81	4. 16	4. 98	4. 66
49	000851. SZ	高鸿股份	4. 4	5. 55	4. 45	4. 86	4. 06	4. 6	4. 62
50	600775. SH	南京熊猫	5. 01	4. 82	4. 68	4. 96	3. 69	5. 61	4. 61
51	300252. SZ	金信诺	4. 26	5. 27	5. 95	4. 89	3. 96	4. 52	4. 59
52	600487. SH	亨通光电	4. 3	5. 46	3. 83	5. 12	3. 92	3. 89	4. 53
53	000034. SZ	深信泰丰	4. 15	2. 97	6. 18	4. 99	4. 14	5. 33	4. 48
54	600050. SH	中国联通	5. 03	5. 41	-5. 17	4. 75	4. 36	5. 09	4. 46
55	600105. SH	永鼎股份	5. 18	4. 48	4. 17	4. 59	4. 67	2. 66	4. 36
56	002491. SZ	通鼎互联	4. 32	5. 51	5. 17	4. 83	3. 31	4. 33	4. 35
57	000836. SZ	鑫茂科技	4. 1	3. 84	4. 75	4. 58	3. 74	4. 3	4. 15
58	600076. SH	青鸟华光	2. 72	-1. 42	5. 86	1. 73	6. 92	5. 3	3. 64

（二十五）休闲服务

排名	股票代码	公司名称	财务状况	估值与成长性	创值能力	公司治理与社会责任	创新能力与战略资源	市场特征	综合得分
1	300178. SZ	腾邦国际	5. 05	5. 3	5. 88	7. 45	4. 79	4. 92	6. 04
2	300144. SZ	宋城演艺	6. 88	5. 39	5. 76	5. 4	4. 85	5. 05	5. 65
3	000430. SZ	张家界	5. 68	6. 07	6. 23	5. 06	4. 58	6. 33	5. 6
4	002558. SZ	世纪游轮	6. 72	4. 97	4. 93	5. 62	4. 92	5. 03	5. 59
5	000802. SZ	北京文化	5. 25	5. 49	5. 57	6. 75	4. 62	4. 05	5. 59
6	000008. SZ	神州高铁	5. 95	3. 68	6. 91	5. 39	4. 76	5. 06	5. 49

续表

排名	股票代码	公司名称	财务状况	估值与成长性	创值能力	公司治理与社会责任	创新能力与战略资源	市场特征	综合得分
7	601888.SH	中国国旅	5.46	5.45	6.83	4.96	5.17	5.69	5.44
8	002186.SZ	全聚德	4.72	5.05	5.88	5.24	5.11	5.75	5.29
9	000888.SZ	峨眉山A	5.96	5.3	4.76	4.88	4.89	5.64	5.27
10	000524.SZ	东方宾馆	5.27	4.83	6.11	4.86	4.97	5.71	5.26
11	600054.SH	黄山旅游	4.93	5.23	5.33	4.96	4.87	5.93	5.2
12	600640.SH	号百控股	5.91	4.59	3.73	4.94	4.83	5.69	5.16
13	000610.SZ	西安旅游	4.34	5.23	5.76	5.16	5.05	5.68	5.16
14	600258.SH	首旅酒店	5.02	5.2	4.6	5.15	5.07	5.31	5.1
15	600754.SH	锦江股份	5.37	5.25	3.44	4.93	5.32	5.52	5.03
16	000613.SZ	大东海A	4.43	3.02	7.31	4.9	5.38	5.06	5.02
17	002059.SZ	云南旅游	4.79	5.17	3.72	4.78	5.04	5.56	4.87
18	000721.SZ	西安饮食	5.02	4.89	5.56	4.73	5.22	4.53	4.86
19	002033.SZ	丽江旅游	5.92	5.46	3.61	4.93	4.91	4.1	4.85
20	600138.SH	中青旅	4.9	5.32	3.71	4.69	4.97	5.49	4.84
21	600593.SH	大连圣亚	4.85	5.31	5.43	4.86	4.93	4.31	4.82
22	600749.SH	西藏旅游	4.3	5.49	4.88	4.76	4.9	4.09	4.57
23	000978.SZ	桂林旅游	4.37	5.8	3.01	4.83	4.84	4.37	4.5
24	600358.SH	国旅联合	3.81	3.46	6.3	4.84	5.38	3.64	4.48
25	600706.SH	曲江文旅	4.12	3.91	5.06	4.62	4.95	4.27	4.47
26	002159.SZ	三特索道	4.42	5.22	3.91	4.89	4.79	3.61	4.43
27	601007.SH	金陵饭店	4.54	5.22	1.16	4.4	5.04	5.68	4.43
28	000428.SZ	华天酒店	2.49	5.11	3.02	4.91	4.65	4.06	4.02
29	000007.SZ	零七股份	4.53	4.59	6.62	2.12	6.2	4.86	3.96

（二十六）医药生物

排名	股票代码	公司名称	财务状况	估值与成长性	创值能力	公司治理与社会责任	创新能力与战略资源	市场特征	综合得分
1	600276.SH	恒瑞医药	5.93	5.06	6.81	5.31	6.69	5.93	5.98
2	300298.SZ	三诺生物	6.14	5.24	5.98	7.55	5.57	6.14	5.91
3	300267.SZ	尔康制药	6.06	4.57	6.9	6.14	4.56	6.06	5.87
4	300347.SZ	泰格医药	6.06	4.96	6.36	6.6	4.92	6.06	5.85
5	300238.SZ	冠昊生物	5.79	4.45	6.89	4.48	7	5.79	5.84
6	300199.SZ	翰宇药业	6.14	4.55	6.56	5.6	5.09	6.14	5.82
7	002022.SZ	科华生物	5.83	4.76	6.66	4.69	5.2	5.83	5.75

续表

排名	股票代码	公司名称	财务状况	估值与成长性	创值能力	公司治理与社会责任	创新能力与战略资源	市场特征	综合得分
8	002294. SZ	信立泰	5. 71	5. 21	6. 39	4. 55	5. 8	5. 71	5. 74
9	002653. SZ	海思科	5. 86	4. 55	6. 72	6. 51	4. 13	5. 86	5. 74
10	002107. SZ	沃华医药	5. 8	5. 03	6. 1	4. 43	7. 07	5. 8	5. 74
11	002287. SZ	奇正藏药	6. 05	5. 04	6. 05	4. 37	5. 66	5. 51	5. 73
12	300009. SZ	安科生物	5. 56	4. 88	6. 26	6. 55	6. 61	5. 51	5. 72
13	002038. SZ	双鹭药业	6. 21	3. 94	6. 17	5. 92	5. 56	5. 69	5. 7
14	300039. SZ	上海凯宝	6. 05	5. 41	5. 39	5. 86	6. 25	5. 51	5. 7
15	600763. SH	通策医疗	5. 87	4. 26	7	4. 66	3. 63	5. 51	5. 68
16	300122. SZ	智飞生物	5. 82	4. 84	6. 18	6. 29	4. 9	5. 51	5. 67
17	300314. SZ	戴维医疗	5. 98	5. 28	5. 84	6. 54	3. 99	5. 52	5. 67
18	300015. SZ	爱尔眼科	5. 42	4. 79	6. 71	6. 84	4. 41	5. 52	5. 66
19	002007. SZ	华兰生物	6. 13	4. 92	5. 81	4. 83	5. 12	5. 49	5. 66
20	300003. SZ	乐普医疗	5. 65	5. 19	6. 09	4. 81	5. 83	5. 48	5. 65
21	300246. SZ	宝莱特	5. 53	4. 92	6. 39	5. 06	5. 57	5. 51	5. 64
22	002693. SZ	双成药业	6. 16	5. 09	5. 16	6. 02	5. 93	5. 51	5. 61
23	000661. SZ	长春高新	5. 66	4. 83	6. 1	4. 82	5. 83	5. 61	5. 61
24	002262. SZ	恩华药业	5. 34	4. 74	6. 77	5. 16	5. 23	5. 36	5. 61
25	300016. SZ	北陆药业	5. 41	4. 94	6. 31	5. 75	5. 7	5. 46	5. 61
26	300216. SZ	千山药机	5. 01	4. 95	6. 28	7. 18	4. 93	6. 46	5. 61
27	300294. SZ	博雅生物	6. 03	5. 27	5. 63	4. 8	4. 39	5. 51	5. 59
28	002252. SZ	上海莱士	5. 75	4. 99	6. 46	5. 41	2. 76	5. 35	5. 58
29	300181. SZ	佐力药业	5. 88	5. 33	5. 48	4. 79	5. 5	5. 45	5. 56
30	300244. SZ	迪安诊断	4. 97	4. 22	7. 08	6. 68	5	5. 44	5. 53
31	300326. SZ	凯利泰	5. 87	5. 14	5. 09	5. 93	5. 73	5. 7	5. 51
32	600594. SH	益佰制药	5. 63	5. 53	5. 16	6. 29	6. 22	5. 34	5. 51
33	002626. SZ	金达威	5. 86	5. 3	5. 6	4. 4	4. 08	5. 52	5. 5
34	300289. SZ	利德曼	5. 75	5. 42	5. 16	6. 32	5. 05	5. 5	5. 49
35	002219. SZ	恒康医疗	5. 45	4. 36	6. 94	5. 39	2. 98	5. 18	5. 49
36	002437. SZ	誉衡药业	5. 51	5. 03	5. 84	6. 14	4. 63	5. 46	5. 48
37	002030. SZ	达安基因	5. 06	4. 03	6. 97	5. 05	6. 18	5. 25	5. 48
38	002223. SZ	鱼跃医疗	5. 09	4. 93	6. 52	4. 6	5. 13	5. 51	5. 48
39	002275. SZ	桂林三金	5. 49	5. 31	5. 62	4. 81	5. 55	5. 51	5. 48
40	000423. SZ	东阿阿胶	5. 55	5. 41	5. 54	4. 58	5. 32	5. 52	5. 47

续表

排名	股票代码	公司名称	财务状况	估值与成长性	创值能力	公司治理与社会责任	创新能力与战略资源	市场特征	综合得分
41	600479. SH	千金药业	6. 38	5. 41	4. 28	4. 52	5. 47	5. 62	5. 45
42	300049. SZ	福瑞股份	5. 49	5. 09	5. 46	6. 06	5. 6	5. 43	5. 44
43	300318. SZ	博晖创新	5. 79	5. 07	5. 06	5. 78	5. 54	5. 52	5. 43
44	000999. SZ	华润三九	5. 83	5. 53	4. 8	4. 42	5. 55	5. 65	5. 42
45	002424. SZ	贵州百灵	5. 22	4. 87	6. 58	6. 2	3	5. 14	5. 42
46	300261. SZ	雅本化学	5. 2	5. 25	5. 87	5. 66	4. 93	5. 4	5. 41
47	600422. SH	昆药集团	5. 66	5. 45	5. 26	4. 64	4. 8	5. 43	5. 4
48	600557. SH	康缘药业	5. 27	5. 36	5. 51	4. 85	6. 81	5. 14	5. 4
49	600566. SH	济川药业	5. 05	4. 95	6. 18	5. 25	5. 26	5. 27	5. 38
50	300206. SZ	理邦仪器	5. 77	5. 63	4. 28	5. 71	6. 85	5. 51	5. 38
51	300254. SZ	仟源医药	5. 69	5. 17	5. 17	5. 18	4. 93	5. 44	5. 37
52	300204. SZ	舒泰神	5. 68	5. 56	5. 01	4. 51	4. 63	5. 51	5. 36
53	300239. SZ	东宝生物	5. 1	4. 98	6. 17	4. 29	5	5. 3	5. 35
54	600645. SH	中源协和	4. 69	3. 71	7	5. 18	5. 67	5. 51	5. 32
55	300233. SZ	金城医药	5. 27	5. 35	5. 3	6. 4	4. 77	5. 37	5. 32
56	600436. SH	片仔癀	5. 8	5. 25	5. 7	4. 54	4. 9	3. 8	5. 31
57	002644. SZ	佛慈制药	5. 19	5	5. 64	4. 34	5	5. 62	5. 3
58	600511. SH	国药股份	4. 89	5. 21	5. 97	4. 51	4. 41	5. 62	5. 28
59	002603. SZ	以岭药业	5. 43	5. 47	4. 58	5. 91	6. 16	5. 51	5. 28
60	600829. SH	人民同泰	5. 33	5. 44	4. 46	4. 46	5. 29	6. 74	5. 28
61	300273. SZ	和佳股份	4. 49	4. 37	6. 89	5. 01	5. 37	5. 31	5. 28
62	002675. SZ	东诚药业	5. 72	5. 44	4. 73	4. 44	4. 59	5. 49	5. 27
63	600513. SH	联环药业	5. 37	5. 26	5. 87	4. 55	5. 57	3. 91	5. 27
64	600055. SH	华润万东	5. 19	5. 06	6. 03	4. 48	5. 62	4. 29	5. 26
65	300030. SZ	阳普医疗	5. 06	5. 37	5. 41	4. 45	5. 2	5. 49	5. 24
66	002412. SZ	汉森制药	5. 36	5. 49	4. 92	3. 8	5. 41	5. 5	5. 23
67	600211. SH	西藏药业	4. 52	4. 06	7. 07	4. 48	4. 75	5. 27	5. 23
68	002551. SZ	尚荣医疗	4. 8	5. 33	5. 65	5. 54	4. 78	5. 48	5. 23
69	600867. SH	通化东宝	5. 51	2. 93	6. 25	5. 09	5. 06	5. 4	5. 22
70	600613. SH	神奇制药	5. 31	5. 49	4. 91	5. 13	4. 49	5. 53	5. 21
71	600993. SH	马应龙	5. 33	5. 31	5. 07	4. 07	4. 85	5. 49	5. 21
72	300255. SZ	常山药业	5. 15	5. 38	5. 49	6. 28	5. 53	4. 09	5. 19
73	000915. SZ	山大华特	6. 07	5. 32	4. 49	4. 62	5. 33	4. 19	5. 18

续表

排名	股票代码	公司名称	财务状况	估值与成长性	创值能力	公司治理与社会责任	创新能力与战略资源	市场特征	综合得分
74	002550. SZ	千红制药	6. 27	5. 22	4. 16	5. 37	5. 42	4. 17	5. 17
75	000518. SZ	四环生物	5. 2	4. 02	6. 43	4. 57	5. 06	4. 26	5. 17
76	000963. SZ	华东医药	4. 15	4. 63	7. 12	4. 68	4. 75	4. 87	5. 16
77	300194. SZ	福安药业	5. 7	5. 56	4. 19	5. 7	3. 91	5. 51	5. 15
78	600252. SH	中恒集团	5. 9	4. 59	4. 43	4. 77	5. 42	5. 32	5. 15
79	000513. SZ	丽珠集团	5	5. 49	4. 79	5. 55	6. 08	5. 33	5. 15
80	002001. SZ	新和成	6. 21	5. 64	3. 39	4. 43	4. 96	5. 49	5. 14
81	600161. SH	天坛生物	4. 49	5. 01	5. 96	4. 45	5. 1	5. 53	5. 14
82	600521. SH	华海药业	5. 6	5. 44	4. 75	7. 21	5. 13	3. 64	5. 11
83	600833. SH	第一医药	4. 67	5. 41	5. 37	4. 5	4. 71	5. 66	5. 11
84	002198. SZ	嘉应制药	6	3. 07	5. 82	4. 65	5. 62	3. 87	5. 11
85	300147. SZ	香雪制药	4. 92	5. 4	5. 33	4. 71	4. 87	4. 99	5. 11
86	002020. SZ	京新药业	5. 17	5. 56	4. 56	5. 15	5. 09	5. 44	5. 1
87	600535. SH	天士力	4. 63	4. 8	6. 94	4. 54	5. 04	3. 29	5. 1
88	600329. SH	中新药业	4. 99	5. 43	4. 99	4. 47	5. 06	5. 32	5. 09
89	600297. SH	美罗药业	5. 31	5. 17	4. 91	4. 43	3. 57	5. 53	5. 08
90	600976. SH	健民集团	4. 72	5. 39	5. 24	4. 82	4. 74	5. 51	5. 08
91	002432. SZ	九安医疗	4. 93	3. 37	6. 87	4. 26	4. 78	4. 25	5. 06
92	000538. SZ	云南白药	3. 68	5. 13	6. 61	4. 59	4. 79	5. 68	5. 06
93	000790. SZ	华神集团	4. 93	4. 71	5. 99	5. 4	5. 6	3. 56	5. 04
94	300026. SZ	红日药业	3. 66	5. 3	6. 11	6. 23	5. 79	5. 48	5. 03
95	000650. SZ	仁和药业	4. 74	5. 5	4. 81	6. 2	4. 47	5. 52	5. 03
96	002370. SZ	亚太药业	5. 42	5. 32	5. 11	4. 34	3. 31	4. 35	5. 02
97	600750. SH	江中药业	5. 42	5. 58	3. 96	4. 39	4. 85	5. 4	4. 99
98	002399. SZ	海普瑞	6. 12	5. 67	3. 03	4. 25	4. 41	5. 5	4. 99
99	600420. SH	现代制药	4. 41	5. 3	5. 29	4. 49	5. 29	5. 45	4. 99
100	300171. SZ	东富龙	5. 12	5. 68	3. 78	6. 87	5. 27	5. 51	4. 98
101	600062. SH	华润双鹤	6. 31	5. 61	2. 45	4. 48	5	5. 67	4. 96
102	300006. SZ	莱美药业	4. 53	5	6. 03	5. 21	4. 68	3. 84	4. 94
103	002349. SZ	精华制药	5. 14	5. 3	4. 91	4. 58	4. 29	4. 42	4. 94
104	600085. SH	同仁堂	4. 69	5. 32	4. 76	4. 53	4. 88	5. 55	4. 94
105	600285. SH	羚锐制药	5. 2	5. 22	3. 93	5. 99	5. 75	5. 18	4. 93
106	000766. SZ	通化金马	4. 69	5. 13	5. 27	4. 51	5. 64	4. 32	4. 91

续表

排名	股票代码	公司名称	财务状况	估值与成长性	创值能力	公司治理与社会责任	创新能力与战略资源	市场特征	综合得分
107	000989. SZ	九芝堂	4. 89	5. 16	4. 35	4. 47	5. 6	5. 52	4. 9
108	300110. SZ	华仁药业	5	5. 53	4. 4	6. 17	3. 4	5. 14	4. 9
109	002332. SZ	仙琚制药	4. 58	5. 39	5. 43	4. 66	5. 15	4. 02	4. 89
110	000705. SZ	浙江震元	5. 14	5. 66	3. 81	4. 41	4. 56	5. 69	4. 89
111	600781. SH	辅仁药业	4. 3	4. 53	6. 54	4. 43	4. 93	3. 72	4. 89
112	002390. SZ	信邦制药	4. 71	5. 56	5. 14	4. 95	4. 72	3. 96	4. 87
113	600466. SH	蓝光发展	3. 44	5. 14	6. 06	4. 59	5. 61	5. 52	4. 86
114	000028. SZ	国药一致	4. 44	5. 57	5. 06	4. 63	4. 47	4. 88	4. 86
115	600572. SH	康恩贝	5. 03	5. 28	4. 75	4. 94	5. 26	3. 69	4. 82
116	600488. SH	天药股份	5. 46	5. 66	3. 07	4. 47	4. 66	5. 7	4. 82
117	000566. SZ	海南海药	4. 63	5. 08	5. 24	6. 33	5. 17	3. 63	4. 82
118	600796. SH	钱江生化	4. 88	5. 14	4. 91	4. 26	4. 84	4. 03	4. 79
119	000739. SZ	普洛药业	4. 86	5. 35	4. 98	4. 66	4. 47	3. 61	4. 77
120	002317. SZ	众生药业	3. 68	5. 51	4. 93	6. 25	5. 65	5. 49	4. 76
121	600056. SH	中国医药	4. 42	5. 6	4. 4	4. 46	4. 54	5. 44	4. 76
122	000004. SZ	国农科技	3. 75	3. 45	6. 58	4. 53	4. 4	5. 54	4. 76
123	600351. SH	亚宝药业	4. 9	5. 49	4. 43	4. 55	5. 24	3. 91	4. 74
124	000605. SZ	渤海股份	4. 57	5. 15	4. 24	5. 16	4. 59	5. 54	4. 73
125	002566. SZ	益盛药业	4. 89	5. 58	3. 21	5. 57	6. 2	5. 4	4. 73
126	600587. SH	新华医疗	4. 45	5. 53	4. 87	4. 62	4. 87	4. 09	4. 72
127	000919. SZ	金陵药业	5. 11	5. 58	3. 28	4. 15	4. 59	5. 64	4. 71
128	000153. SZ	丰原药业	4. 68	5. 53	4. 5	4. 72	4. 88	4. 06	4. 7
129	002433. SZ	太安堂	5. 27	5. 77	2. 73	4. 93	4. 29	5. 46	4. 64
130	000591. SZ	桐君阁	2. 81	4. 44	6. 55	4. 16	4. 4	6. 06	4. 64
131	002393. SZ	力生制药	5. 64	5. 2	2. 29	4. 28	5. 47	5. 69	4. 64
132	002365. SZ	永安药业	5. 44	5. 7	2. 3	4. 83	4. 94	5. 52	4. 62
133	600332. SH	白云山	3. 21	5. 45	5. 23	4. 64	5. 09	5. 66	4. 6
134	600079. SH	人福医药	4. 65	5. 69	3. 23	6. 15	5. 18	5. 03	4. 58
135	600222. SH	太龙药业	4. 75	5. 53	4. 11	4. 19	4. 61	4. 01	4. 58
136	300086. SZ	康芝药业	5. 88	5. 49	2. 51	3. 83	3. 95	4. 36	4. 54
137	600518. SH	康美药业	5. 16	5. 84	2. 69	4. 54	3. 82	5. 26	4. 54
138	000990. SZ	诚志股份	4. 98	5. 6	3. 9	4. 4	3. 94	3. 64	4. 54
139	600196. SH	复星医药	4. 92	5. 51	2. 84	4. 5	5. 53	5. 17	4. 53

续表

排名	股票代码	公司名称	财务状况	估值与成长性	创值能力	公司治理与社会责任	创新能力与战略资源	市场特征	综合得分
140	600666. SH	西南药业	3. 09	4. 75	6. 68	4. 43	5. 01	3. 53	4. 52
141	002589. SZ	瑞康医药	3. 94	5. 58	5. 05	5. 67	3. 8	3. 69	4. 52
142	000952. SZ	广济药业	3. 83	4. 13	5. 72	4. 48	4. 93	4. 21	4. 51
143	002099. SZ	海翔药业	5. 24	5. 65	2. 03	6. 97	4. 96	5. 03	4. 48
144	000788. SZ	北大医药	3. 58	4. 31	6. 2	3. 44	4. 68	3. 73	4. 47
145	600080. SH	金花股份	5. 14	3. 6	3. 87	4. 47	5. 48	4. 3	4. 43
146	600998. SH	九州通	4. 08	5. 53	4. 84	5. 3	2. 57	3. 49	4. 39
147	000606. SZ	青海明胶	4. 85	4. 19	4. 62	4. 23	4. 43	3. 06	4. 39
148	002462. SZ	嘉事堂	3. 05	5. 34	4. 96	4. 22	4. 43	5. 47	4. 38
149	600671. SH	天目药业	3. 61	2. 17	7. 33	3. 62	4. 74	3. 29	4. 37
150	600529. SH	山东药玻	5. 99	5. 8	0. 45	4. 32	4. 53	5. 78	4. 33
151	600789. SH	鲁抗医药	4. 22	4. 94	4. 02	4. 2	5. 17	4. 15	4. 33
152	002118. SZ	紫鑫药业	4. 29	5. 42	4. 07	4. 33	3. 45	3. 77	4. 3
153	002019. SZ	亿帆鑫富	3. 35	4. 88	4. 95	6. 45	4. 67	3. 74	4. 26
154	002422. SZ	科伦药业	4. 92	5. 73	1. 68	5. 8	4. 5	5. 06	4. 23
155	600664. SH	哈药股份	4. 67	5. 71	1. 78	3. 99	4. 93	5. 68	4. 21
156	600216. SH	浙江医药	5. 43	5. 78	0. 76	4. 4	4. 92	5. 52	4. 21
157	600530. SH	交大昂立	5. 18	5. 18	1. 05	4. 44	6	5. 59	4. 17
158	600267. SH	海正药业	4. 67	5. 74	1. 63	4. 49	5. 35	5. 23	4. 16
159	000623. SZ	吉林敖东	5. 22	2. 5	2. 67	4. 25	5. 76	5. 51	4. 14
160	000411. SZ	英特集团	2. 92	4. 94	4. 52	4. 44	4. 52	5. 05	4. 11
161	300142. SZ	沃森生物	4. 58	2. 4	3. 93	5. 73	6. 43	3. 88	4. 1
162	000756. SZ	新华制药	4. 6	5. 62	1. 89	4. 32	4. 85	4. 31	4. 02
163	601607. SH	上海医药	4. 77	5. 84	0. 77	4. 38	4. 54	5. 8	4. 01
164	600380. SH	健康元	4. 88	5. 7	0. 92	4. 45	4. 59	5. 24	3. 99
165	600385. SH	山东金泰	1. 72	0. 43	7. 58	4. 26	5. 31	6. 43	3. 99
166	000078. SZ	海王生物	2. 7	5. 27	5. 04	4. 37	4. 32	3. 2	3. 96
167	600129. SH	太极集团	2. 53	4. 39	5. 24	4. 45	4. 77	3. 34	3. 85
168	002166. SZ	莱茵生物	2. 45	1. 61	7. 01	4. 95	3. 89	3. 28	3. 79
169	600771. SH	广誉远	2. 81	-0. 62	7. 74	4. 69	5. 75	2. 83	3. 77
170	600713. SH	南京医药	2. 98	5. 21	3. 61	4. 58	4. 41	3. 32	3. 7
171	600812. SH	华北制药	4. 05	5. 66	1. 38	4. 69	4. 62	4. 04	3. 67
172	300158. SZ	振东制药	3. 62	5. 74	1. 92	4. 34	4. 47	3. 02	3. 51
173	000597. SZ	东北制药	3. 9	5. 01	1. 28	4. 06	5. 07	3. 38	3. 4

（二十七）有色金属

排名	股票代码	公司名称	财务状况	估值与成长性	创值能力	公司治理与社会责任	创新能力与战略资源	市场特征	综合得分
1	000831. SZ	五矿稀土	7. 03	4. 6	7	5. 43	4. 41	7. 03	6
2	600490. SH	鹏欣资源	6. 79	5. 4	5. 96	5. 06	5. 33	6. 79	5. 82
3	300127. SZ	银河磁体	6. 87	5. 07	5. 5	5. 36	5. 41	6. 87	5. 8
4	000603. SZ	盛达矿业	7	4. 73	6. 87	4. 55	4. 23	7	5. 78
5	600980. SH	北矿磁材	5. 5	4. 64	6. 69	4. 97	6. 66	5. 5	5. 77
6	002057. SZ	中钢天源	5. 6	4. 82	6. 06	4. 81	6. 94	5. 6	5. 75
7	000688. SZ	建新矿业	6. 76	4. 82	6. 49	4. 93	4. 48	6. 76	5. 71
8	000970. SZ	中科三环	6. 11	5. 14	5. 58	4. 79	5. 47	6. 11	5. 69
9	000697. SZ	炼石有色	6. 67	4. 78	6. 51	5. 31	4. 14	6. 67	5. 66
10	000975. SZ	银泰资源	6. 37	5. 23	5. 39	5. 38	4. 9	6. 37	5. 65
11	002540. SZ	亚太科技	6. 76	5. 15	4. 92	4. 93	5. 01	5. 22	5. 64
12	000657. SZ	中钨高新	4. 53	5. 82	4. 65	5. 43	5. 66	6. 6	5. 49
13	600114. SH	东睦股份	5. 55	5. 14	5. 21	7. 12	6. 02	5. 07	5. 48
14	600139. SH	西部资源	5. 68	5. 13	5. 49	4. 63	6. 17	5. 19	5. 47
15	002460. SZ	赣锋锂业	5. 46	5. 12	5. 58	6. 17	5. 68	5. 21	5. 44
16	000693. SZ	华泽钴镍	4. 35	9. 48	6. 79	5. 29	5. 34	5. 24	5. 41
17	300224. SZ	正海磁材	5. 6	5. 11	5. 55	6. 11	5. 08	5. 21	5. 4
18	000751. SZ	锌业股份	5. 15	4. 63	5. 79	4. 57	5. 31	5. 73	5. 36
19	002428. SZ	云南锗业	5. 68	5	6. 2	4. 68	4. 55	5. 23	5. 35
20	002600. SZ	江粉磁材	5. 7	5. 23	4. 28	4. 85	5. 94	5. 19	5. 34
21	002130. SZ	沃尔核材	4. 84	5. 04	6. 26	6. 46	7. 34	4. 53	5. 32
22	002155. SZ	湖南黄金	5. 57	5. 16	5. 16	4. 95	4. 43	5. 55	5. 31
23	601958. SH	金钼股份	6. 64	5. 07	3. 44	4. 83	4. 39	5. 08	5. 3
24	600111. SH	北方稀土	5. 19	5. 04	6. 03	4. 9	4. 48	5. 51	5. 27
25	600311. SH	荣华实业	6. 14	4. 98	5. 93	4. 8	4. 33	4. 66	5. 26
26	002167. SZ	东方锆业	4. 75	5. 03	5. 62	4. 68	6. 3	5. 37	5. 26
27	002501. SZ	利源精制	5. 24	5. 11	5. 49	4. 99	4. 36	5. 58	5. 24
28	600459. SH	贵研铂业	5. 28	5. 3	4. 53	4. 85	4. 43	5. 79	5. 23
29	601899. SH	紫金矿业	4. 87	5. 17	6. 16	4. 71	4. 74	5. 56	5. 23
30	002578. SZ	闽发铝业	5. 62	5. 12	5. 14	4. 87	4. 41	5. 21	5. 21
31	600549. SH	厦门钨业	5. 07	5. 09	4. 93	4. 97	5. 07	5. 55	5. 2
32	600392. SH	盛和资源	4. 67	4. 58	6. 69	4. 92	4. 54	5. 54	5. 16

续表

排名	股票代码	公司名称	财务状况	估值与成长性	创值能力	公司治理与社会责任	创新能力与战略资源	市场特征	综合得分
33	000426. SZ	兴业矿业	5. 29	5. 1	4. 53	4. 98	5. 34	5. 19	5. 15
34	600478. SH	科力远	4. 72	4. 5	6. 52	7. 16	5. 94	4. 52	5. 13
35	600547. SH	山东黄金	5. 03	5. 11	5. 47	4. 96	4. 19	5. 51	5. 12
36	600516. SH	方大炭素	5. 41	5. 17	4. 75	4. 9	6. 66	4. 35	5. 12
37	600255. SH	鑫科材料	5. 15	5. 08	5. 38	4. 66	4. 62	5. 24	5. 1
38	600366. SH	宁波韵升	4. 68	5. 14	4. 61	6. 96	5. 44	5. 23	5. 1
39	600146. SH	大元股份	4. 95	3. 49	7. 09	2. 6	6. 7	4. 64	5. 1
40	000511. SZ	烯碳新材	4. 61	4. 92	6. 39	4. 88	4. 89	5. 25	5. 08
41	000969. SZ	安泰科技	5. 13	5. 06	2. 92	5. 7	5. 5	5. 49	5. 08
42	000060. SZ	中金岭南	4. 88	5. 15	4. 78	4. 81	4. 83	5. 51	5. 08
43	002114. SZ	罗平锌电	4. 98	4. 62	5. 98	4. 99	5. 25	4. 78	5. 04
44	601137. SH	博威合金	5. 46	5. 18	3. 68	4. 84	4. 72	5. 18	5. 03
45	300337. SZ	银邦股份	5. 47	5. 13	4. 62	5. 12	5. 22	4. 6	5. 03
46	600330. SH	天通股份	4. 91	4. 85	5. 49	5. 02	6. 26	4. 52	5. 02
47	600687. SH	刚泰控股	4. 52	6. 38	6. 35	5	4. 03	5. 19	5. 02
48	600489. SH	中金黄金	4. 77	4. 94	5. 07	4. 89	4. 24	5. 58	5. 01
49	600390. SH	金瑞科技	4. 69	4. 9	5. 86	4. 04	5. 72	4. 94	5. 01
50	603993. SH	洛阳钼业	5. 74	5. 13	4. 88	4. 84	4. 55	4. 51	5. 01
51	000795. SZ	太原刚玉	4. 6	4. 97	5. 76	4. 98	5. 45	4. 84	4. 96
52	002378. SZ	章源钨业	5. 28	4. 96	6. 01	4. 87	4. 38	4. 52	4. 96
53	601388. SH	怡球资源	5. 18	5. 24	4. 03	4. 89	4. 69	5. 07	4. 94
54	002171. SZ	精诚铜业	5. 1	4. 95	5. 84	4. 77	4. 79	4. 47	4. 91
55	002466. SZ	天齐锂业	5. 49	4. 96	3. 98	4. 9	4. 85	4. 62	4. 9
56	601677. SH	明泰铝业	5. 17	5. 19	3. 16	7. 32	5. 02	4. 61	4. 87
57	600711. SH	盛屯矿业	5. 27	5. 56	4. 72	4. 84	4. 07	4. 48	4. 79
58	002295. SZ	精艺股份	5. 24	4. 92	4. 4	4. 65	4. 61	4. 49	4. 77
59	600988. SH	赤峰黄金	3. 99	5. 04	6. 58	5. 31	4. 04	5. 1	4. 77
60	600362. SH	江西铜业	5. 03	5. 28	1. 69	4. 77	4. 29	5. 64	4. 77
61	000962. SZ	东方钽业	4. 86	4. 31	4. 24	4. 83	4. 73	4. 95	4. 77

续表

排名	股票代码	公司名称	财务状况	估值与成长性	创值能力	公司治理与社会责任	创新能力与战略资源	市场特征	综合得分
62	600259. SH	广晟有色	3. 97	4. 56	7. 06	4. 88	4. 59	4. 85	4. 76
63	002203. SZ	海亮股份	4. 77	5. 07	5. 68	5. 15	4. 63	4. 35	4. 76
64	002149. SZ	西部材料	4. 5	5. 12	4. 43	4. 87	5. 03	4. 87	4. 74
65	002340. SZ	格林美	4. 59	5. 34	4. 27	4. 46	4. 68	5	4. 74
66	600456. SH	宝钛股份	5. 02	4. 36	3. 13	4. 89	4. 9	4. 97	4. 73
67	002182. SZ	云海金属	4. 62	5. 16	4. 85	5. 27	5. 21	4. 42	4. 73
68	000612. SZ	焦作万方	4. 93	5. 23	4. 08	6. 26	4. 33	4. 53	4. 72
69	600219. SH	南山铝业	5. 43	5. 23	0. 49	4. 79	5. 14	5. 13	4. 71
70	600673. SH	东阳光科	4. 6	5. 06	5. 22	4. 54	5. 1	4. 44	4. 71
71	000928. SZ	中钢国际	3. 96	4. 2	5. 34	5. 04	5. 76	4. 79	4. 69
72	603399. SH	新华龙	4. 6	5. 04	5. 26	5. 4	4. 37	4. 46	4. 67
73	600432. SH	吉恩镍业	4. 27	5. 12	4. 35	4. 64	5. 49	4. 61	4. 62
74	000630. SZ	铜陵有色	4. 41	5. 15	2. 87	4. 84	4. 28	5. 41	4. 62
75	002160. SZ	常铝股份	4. 36	5	4. 85	4. 98	5. 6	4. 26	4. 62
76	601168. SH	西部矿业	4. 91	5. 17	2. 44	4. 83	4. 48	4. 92	4. 6
77	000758. SZ	中色股份	4. 24	5. 23	3. 62	4. 87	4. 89	4. 94	4. 58
78	002237. SZ	恒邦股份	4. 47	5. 3	3. 78	4. 72	4. 15	4. 87	4. 55
79	600331. SH	宏达股份	4. 81	4. 74	4. 22	2. 49	5. 77	4. 17	4. 54
80	600888. SH	新疆众和	4. 57	5. 21	2. 48	4. 74	5. 72	4. 5	4. 52
81	600497. SH	驰宏锌锗	4. 25	5. 18	2. 19	4. 74	4. 26	5. 47	4. 51
82	000960. SZ	锡业股份	4. 28	4. 98	4. 12	4. 93	4. 53	4. 65	4. 49
83	600338. SH	西藏珠峰	3. 19	3. 4	7. 41	4. 95	4. 7	4. 85	4. 49
84	000878. SZ	云南铜业	4. 25	4. 21	4. 36	4. 88	4. 52	4. 74	4. 48
85	002379. SZ	鲁丰环保	4. 08	4. 55	4. 9	4. 8	5. 5	4. 26	4. 48
86	600766. SH	园城黄金	3. 61	3. 15	7. 53	4. 82	4. 41	4. 32	4. 4
87	600961. SH	株冶集团	3. 14	4. 45	6. 17	4. 87	4. 54	4. 46	4. 25
88	600531. SH	豫光金铅	3. 38	4. 98	4. 7	4. 71	4. 2	4. 69	4. 23
89	600768. SH	宁波富邦	3. 18	4. 49	7. 07	4. 9	4. 48	3. 99	4. 21
90	000807. SZ	云铝股份	3. 46	4. 85	2. 64	4. 74	5. 14	4. 82	4. 19
91	600595. SH	中孚实业	3. 98	4. 97	2. 43	4. 56	4. 26	4. 42	4. 08
92	601600. SH	中国铝业	3. 52	4. 5	1. 39	4. 65	4. 76	4. 8	3. 99

（二十八）综合

排名	股票代码	公司名称	财务状况	估值与成长性	创值能力	公司治理与社会责任	创新能力与战略资源	市场特征	综合得分
1	300012. SZ	华测检测	7. 96	5. 3	5. 71	6. 01	5. 93	5. 39	6. 15
2	000529. SZ	广弘控股	5. 54	5. 27	5. 73	5. 25	4. 97	6. 04	5. 53
3	600083. SH	博信股份	5. 01	6. 09	6. 85	5. 94	4. 67	5. 42	5. 53
4	600730. SH	中国高科	5. 68	5. 52	4. 35	5. 27	5. 18	5. 28	5. 39
5	000593. SZ	大通燃气	5. 37	5. 5	5. 14	5. 31	5. 43	5. 33	5. 38
6	000421. SZ	南京中北	5. 39	5. 25	3. 11	5. 17	5. 13	6	5. 37
7	000018. SZ	中冠 A	5. 31	6. 23	6. 78	2. 2	5. 46	5. 41	5. 35
8	600733. SH	S 前锋	5. 38	4. 51	6. 67	5. 22	4. 92	6. 04	5. 32
9	600136. SH	道博股份	5. 3	4. 95	6. 4	5. 18	4. 82	5. 5	5. 25
10	600846. SH	同济科技	4. 87	5. 24	4	5. 24	4. 74	5. 97	5. 23
11	600556. SH	慧球科技	5. 4	4. 8	6. 98	5. 05	4. 77	5. 41	5. 22
12	000546. SZ	金圆股份	4. 86	5. 52	4. 83	5. 78	4. 71	5. 23	5. 2
13	600851. SH	海欣股份	4. 95	5. 42	3. 51	5. 14	5. 25	5. 46	5. 18
14	600708. SH	海博股份	4. 92	5. 23	4. 26	5. 29	4. 78	5. 63	5. 18
15	600053. SH	中江地产	4. 84	5. 39	5. 44	5. 07	5. 9	5. 02	5. 17
16	600419. SH	天润乳业	5. 05	4. 88	5. 95	5. 35	5. 43	5. 22	5. 15
17	600892. SH	宝诚股份	5. 49	5. 03	6. 88	5. 1	5. 71	4. 45	5. 15
18	000813. SZ	天山纺织	5. 26	5. 06	4. 81	5. 27	5. 03	5. 11	5. 13
19	600212. SH	江泉实业	5. 54	4. 79	5. 41	2. 15	4. 75	6. 15	5. 1
20	000009. SZ	中国宝安	4. 84	5. 17	3. 97	5. 47	5. 61	5. 11	5. 09
21	600624. SH	复旦复华	5. 05	5. 23	5. 67	5. 32	5. 11	4. 77	5. 08
22	000551. SZ	创元科技	4. 94	5. 37	4. 11	5. 36	5. 01	5. 01	5. 08
23	600883. SH	博闻科技	6. 03	4. 78	5. 26	4. 9	4. 81	4. 57	5. 08
24	600421. SH	仰帆控股	5. 21	5. 35	6. 89	2. 5	4. 84	5. 37	5. 07
25	600260. SH	凯乐科技	4. 81	5. 25	4. 56	5. 41	5. 18	4. 96	5. 04
26	600811. SH	东方集团	5. 06	5. 44	1. 58	5. 2	4. 74	5. 06	4. 99
27	600614. SH	鼎立股份	4. 62	5. 21	5. 16	5. 14	4. 67	5. 15	4. 98
28	000881. SZ	大连国际	4. 99	5. 21	1. 78	5. 1	4. 71	5. 28	4. 97
29	002113. SZ	天润控股	4. 64	4. 61	6. 59	5. 08	4. 56	5. 42	4. 95
30	000628. SZ	高新发展	4. 61	5. 02	6. 46	5. 06	5. 26	4. 78	4. 94
31	600603. SH	大洲兴业	4. 07	4. 87	6. 67	5. 75	4. 73	5. 34	4. 93
32	600701. SH	工大高新	4. 83	5. 07	4. 6	5. 17	5. 79	4. 46	4. 91

续表

排名	股票代码	公司名称	财务状况	估值与成长性	创值能力	公司治理与社会责任	创新能力与战略资源	市场特征	综合得分
33	000632. SZ	三木集团	4. 63	5. 17	3. 56	5. 78	4. 79	4. 78	4. 89
34	600818. SH	中路股份	4. 81	5. 12	6. 56	5. 44	4. 82	4. 23	4. 87
35	600634. SH	中技控股	4. 61	5. 65	4. 92	5. 53	4. 61	4. 19	4. 87
36	600770. SH	综艺股份	5. 4	4. 57	3. 32	5. 78	4. 84	4. 39	4. 82
37	600200. SH	江苏吴中	4. 82	5. 16	5. 88	5. 22	4. 97	4. 12	4. 82
38	000839. SZ	中信国安	5. 14	5. 18	3. 51	5. 09	5. 14	4. 12	4. 82
39	600884. SH	杉杉股份	4. 78	5. 26	2. 62	5. 25	5. 16	4. 24	4. 75
40	000701. SZ	厦门信达	4. 75	5. 37	3. 59	5. 17	4. 63	4. 19	4. 74
41	000010. SZ	深华新	4. 8	4. 18	6. 23	5. 46	5. 29	4. 52	4. 74
42	600051. SH	宁波联合	4. 48	5. 26	2. 2	5. 46	4. 91	4. 24	4. 65
43	600277. SH	亿利能源	4. 77	5. 35	2. 83	4. 57	4. 5	4. 18	4. 64
44	600234. SH	山水文化	4. 4	5. 32	6. 74	2. 72	4. 8	4. 23	4. 57
45	600275. SH	武昌鱼	3. 75	4. 79	6. 47	2. 23	4. 64	5. 53	4. 53
46	600133. SH	东湖高新	4. 33	3. 95	5. 19	5. 1	4. 66	4. 76	4. 49
47	600207. SH	安彩高科	4. 1	2. 53	5. 07	5. 6	4. 94	4. 44	4. 05
48	000652. SZ	泰达股份	4. 59	0. 6	5. 22	5. 13	4. 7	4. 49	3. 63

本书作为国家社会科学基金重大招标课题“加快经济结构调整与促进经济自主协调发展研究”和中国社会科学院经济研究所创新项目“中国经济新增长阶段的主要特征与结构调整研究”的阶段性成果，得到了国家社会科学基金以及中国社会科学院正在实施的创新工程资助，在此致以衷心的感谢！

法律声明

“皮书系列”（含蓝皮书、绿皮书、黄皮书）之品牌由社会科学文献出版社最早使用并持续至今，现已被中国图书市场所熟知。“皮书系列”的 LOGO（ ）与“经济蓝皮书”“社会蓝皮书”均已在中华人民共和国国家工商行政管理总局商标局登记注册。“皮书系列”图书的注册商标专用权及封面设计、版式设计的著作权均为社会科学文献出版社所有。未经社会科学文献出版社书面授权许可，任何使用与“皮书系列”图书注册商标、封面设计、版式设计相同或者近似的文字、图形或其组合的行为均系侵权行为。

经作者授权，本书的专有出版权及信息网络传播权为社会科学文献出版社享有。未经社会科学文献出版社书面授权许可，任何就本书内容的复制、发行或以数字形式进行网络传播的行为均系侵权行为。

社会科学文献出版社将通过法律途径追究上述侵权行为的法律责任，维护自身合法权益。

欢迎社会各界人士对侵犯社会科学文献出版社上述权利的侵权行为进行举报。电话：010－59367121，电子邮箱：fawubu@ssap.cn。

社会科学文献出版社

权威报告·热点资讯·特色资源

皮书数据库

ANNUAL REPORT(YEARBOOK) DATABASE

当代中国与世界发展高端智库平台

WWW.PISHU.COM.CN

皮书俱乐部会员服务指南

1. 谁能成为皮书俱乐部成员?

- 皮书作者自动成为俱乐部会员
- 购买了皮书产品（纸质书/电子书）的个人用户

2. 会员可以享受的增值服务

- 免费获赠皮书数据库100元充值卡
- 加入皮书俱乐部，免费获赠该纸质图书的电子书
- 免费定期获赠皮书电子期刊
- 优先参与各类皮书学术活动
- 优先享受皮书产品的最新优惠

3. 如何享受增值服务?

（1）免费获赠100元皮书数据库体验卡

第1步 刮开附赠充值的涂层（右下）；

第2步 登录皮书数据库网站（www.pishu.com.cn），注册账号；

第3步 登录并进入“会员中心”—“在线充值”—“充值卡充值”，充值成功后即可使用。

（2）加入皮书俱乐部，凭数据库体验卡获赠该书的电子书

第1步 登录社会科学文献出版社官网（www.ssap.com.cn），注册账号；

第2步 登录并进入“会员中心”—“皮书俱乐部”，提交加入皮书俱乐部申请；

第3步 审核通过后，再次进入皮书俱乐部，填写页面所需图书、体验卡信息即可自动兑换相应电子书。

4. 声明

解释权归社会科学文献出版社所有

皮书俱乐部会员可享受社会科学文献出版社其他相关免费增值服务，有任何疑问，均可与我们联系。

图书销售热线：010-59367070/7028
图书服务QQ：800045692
图书服务邮箱：duzhe@ssap.cn

数据库服务热线：400-008-6695
数据库服务QQ：2475522410
数据库服务邮箱：database@ssap.cn

欢迎登录社会科学文献出版社官网（www.ssap.com.cn）和中国皮书网（www.pishu.cn）了解更多信息

社会科学文献出版社 SOCIAL SCIENCES ACADEMIC PRESS (CHINA) 皮书系列

卡号：410488485876

密码：

S 子库介绍
Sub-Database Introduction

中国经济发展数据库

涵盖宏观经济、农业经济、工业经济、产业经济、财政金融、交通旅游、商业贸易、劳动经济、企业经济、房地产经济、城市经济、区域经济等领域，为用户实时了解经济运行态势、把握经济发展规律、洞察经济形势、做出经济决策提供参考和依据。

中国社会发展数据库

全面整合国内外有关中国社会发展的统计数据、深度分析报告、专家解读和热点资讯构建而成的专业学术数据库。涉及宗教、社会、人口、政治、外交、法律、文化、教育、体育、文学艺术、医药卫生、资源环境等多个领域。

中国行业发展数据库

以中国国民经济行业分类为依据，跟踪分析国民经济各行业市场运行状况和政策导向，提供行业发展最前沿的资讯，为用户投资、从业及各种经济决策提供理论基础和实践指导。内容涵盖农业，能源与矿产业，交通运输业，制造业，金融业，房地产业，租赁和商务服务业，科学研究，环境和公共设施管理，居民服务业，教育，卫生和社会保障，文化、体育和娱乐业等 100 余个行业。

中国区域发展数据库

以特定区域内的经济、社会、文化、法治、资源环境等领域的现状与发展情况进行分析和预测。涵盖中部、西部、东北、西北等地区，长三角、珠三角、黄三角、京津冀、环渤海、合肥经济圈、长株潭城市群、关中—天水经济区、海峡经济区等区域经济体和城市圈，北京、上海、浙江、河南、陕西等 34 个省份及中国台湾地区。

中国文化传媒数据库

包括文化事业、文化产业、宗教、群众文化、图书馆事业、博物馆事业、档案事业、语言文字、文学、历史地理、新闻传播、广播电视、出版事业、艺术、电影、娱乐等多个子库。

世界经济与国际政治数据库

以皮书系列中涉及世界经济与国际政治的研究成果为基础，全面整合国内外有关世界经济与国际政治的统计数据、深度分析报告、专家解读和热点资讯构建而成的专业学术数据库。包括世界经济、世界政治、世界文化、国际社会、国际关系、国际组织、区域发展、国别发展等多个子库。